THE GOAL

더 골1　당신의 목표는 무엇인가?

The Goal

Eliyahu M. Goldratt & Jeff Cox

Originally published by North River Press USA

© 1984, 1986, 1992, 2004 Eliyahu M. Goldratt

Special edition © 2013 Goldratt1 Ltd.

In memory of the author, the late Eliyahu M. Goldratt.

Words cannot describe our esteem and respect for his lifeworks.

"Standing on the Shoulders of Giants"

© 2008 Eliyahu M. Goldratt

© 2013 Goldratt1 Ltd.

This article was written by Eliyahu M. Goldratt to mark the 25th anniversary
of publishing The Goal. The article was originally published in December 2008 issue
of Weekly Diamond, Japan.

THE GOAL

A Process of Ongoing Improvement

출간 30주년 기념 개정판

더 골 1

당신의 목표는 무엇인가?

엘리 골드렛, 제프 콕스 지음 | 강승덕, 김일운, 김효 옮김

동양북스

일러두기

• 이 책의 원 저작물은 1984년 미국에서 첫 출간되었고, 국내 번역본은 2001년 12월에 1판 1쇄가 출간되었으며, 이 개정판은 2014년 미국에서 출간된 30주년 기념 개정판을 기준으로 내용을 수정·보완한 것입니다.

• 부록으로 들어간 엘리 골드렛의 특별 기고문, 「거인의 어깨 위에서 사고하라」는 저자 엘리 골드렛이 『더 골』 출간 25주년 기념으로 쓴 칼럼으로 일본의 주간지인 〈위클리 다이아몬드〉 2008년 12월호에 게재된 바 있습니다.

• 개정판 머리말과 부록으로 들어간 엘리 골드렛의 특별 기고문은 황금진 씨의 번역본입니다.

당신이 지금 하고 있는 일의 대부분은
다른 사람들과 연결되어 있으며,
세상일은 언제나 예측 불가능한 변수로 가득하다.

배운다는 것의 최대 장애물은 답을 가르쳐주는 것이 아닐까?
그것은 스스로 답을 찾아낼 기회를 영원히 박탈해버리기 때문이다.
스스로 생각해서 답을 찾아내야 진정한 배움을 얻을 수 있다고,
나는 믿는다.
'생각하는 인간'을 만들려면
명령형인 ' ! ' 부호보다
의문형인 ' ? ' 부호가 훨씬 더 좋다.

— 엘리 골드렛

주어진 목표가 아닌
스스로 만들어낸 목표의 위력
테크놀로지 시대에도 여전히 유용한 경영 지침서

이토록 장엄하고 화려한 문명을 인간은 어떻게 만들어낼 수 있었을까? 그것은 우리 뇌 안에 명확하게 목표를 수립하는 전전두엽과, 목표에 다가갈수록 기쁨을 느끼는 보상 중추와, 목표를 달성하기 위해 대규모 집단적 협력을 이끌어내는 사회성 영역이 함께 존재했기 때문이다. 모두가 같은 목표를 향해 상호 협력함으로써, 결국 호모 사피엔스는 다른 동물들과는 비교할 수도 없는 사회, 국가, 그리고 문명을 만들어낼 수 있었다.

구글 딥마인드의 인공 지능 알파고는 어떻게 우리 시대 최고의 명인 이세돌을 이길 수 있었을까? 지난 수십 년간 인간이 둔 바둑의 기보(棋譜) 40만 장을 분석해 바둑판 위에서 이기는 패턴을 파악하고, 매 순간 승률 계산을 했다. 또 버전이 다른 알파고끼리 바둑 대국을 3000만 번 이상 수행하면서, 이기는 패턴을 만들어내기 위해 각 수마다 승률 계산을 반복했다.

이렇듯 자연 지능이든 인공 지능이든, 지능을 가진 개체는 목표를 명확하게 설정하고, 자신을 구성하는 모든 유기적인 요소들이 목표를 향해 기능하도록 만든다. 이때 생길 수 있는 현실적 한계와 환경적

어려움을 극복하기 위해, 생존 기계인 우리는 '지능'이란 걸 발달시켜 왔다. 위대한 지적 성취의 대부분은 우리가 목표를 잊지 않고 돌진한 결과물이다.

테크놀로지 시대에도 변하지 않는 질문: 당신의 목표는 무엇인가?
'경영서의 고전'이라 할 수 있는 엘리 골드렛의 『더 골』은 기업을 경영하고 공장을 운영할 때 평범해 보이지만 가장 중요한 핵심 가치인 '기업의 목표'에 대해 우리로 하여금 근본적으로 다시 생각하게 만든다. 이것이 지난 35년간 이 책을 모두가 읽어야 할 고전으로 만들어놓은 힘이다.

2019년을 지나는 지금, 우리는 4차 산업혁명을 맞이하고 있다. 공장에서 벌어지는 모든 현상과 작업 과정을 사물 인터넷(IoT, Internet of Things)을 통해 고스란히 데이터화하고, 이렇게 디지털 트윈이 만들어지면 이를 인공 지능으로 분석해 비용을 절감하고 효율을 극대화하며 이전에 제공하지 않았던 서비스와 혜택을 고객에게 제공해줄 수 있는 시대가 된 것이다. 이른바 스마트 공장이 제조업의 혁신을 만들어낼 거라는 기대가 팽배하다.

하지만 4차 산업혁명을 이끄는 스마트 기술은 그저 도구일 뿐, 스마트 공장이 성공하기 위해서는 우선 본질적인 질문, 단 하나의 제대로 된 질문에 답해야 한다.

"이 공장의 목표는 무엇인가?"
"당신이 만든 제품이 고객에게 제공하려는 목표는 무엇인가?"

결국 이 질문에 명확히 답하는 기업은 살아남고, 이 질문에 제대로 답하지 못하는 기업은 테크놀로지가 발전한다고 해도 속수무책일 수밖에 없다. 이 질문에 명확하게 대답한 기업에는 자연스레 그다음 질문이 꼬리에 꼬리를 물며 기다리고 있다.

> "기업의 목표를 달성하는 과정에서 가장 시급하게 해결해야 할 제약 요인은 무엇인가?"

복잡하게 얽혀 있는 문제의 실타래에서 가장 핵심이 되는 제약 요인을 찾는 일이 얼마나 중요한가를 저자는 600페이지에 가까운 이 흥미로운 소설을 통해 집요하게 추적한다. 아무리 기술이 유행처럼 바뀌어도 결국 변하지 않는 근본적인 질문에 답하는 과정이 결국 '경영'인 것이다. 이 책의 매력은 신입 사원부터 기업의 총수까지 우리 모두에게 경영자의 마음을 심어준다는 데 있다. 내가 처음 이 책을 읽었을 무렵은 15년 전으로 과학자인 나에게도 이 책은 경영자의 마음을 심어주었으니, 놀랍고 유익한 책이라 할 수 있다.

목표 의식의 공유와 공감

실제로 기업이 목표를 명확하게 정의하고, 이를 달성하기 위해 제약 요인들을 제거하면서 효율을 증대하고 목표를 달성하기 위해서는 기업의 모든 구성원들이 이 과정을 공유해야 한다. 저자 엘리 골드렛이 강조한 것도 바로 이 점이다. 기업의 리더와 경영자만이 목표에 천착한다면, 성공하기는 결코 쉽지 않다.

이 책의 미덕은 '경영의 정수'를 경영서답지 않게 아주 흥미로운 추리소설로 보여줌으로써 우리 모두에게 '공감'을 이끌어낸다는 점이다. 우리 회사에 잠입해 효율을 떨어뜨리고 목표를 달성하지 못하게 만드는 X맨 같은 제약 요인을 찾아내는 과정을 모두가 공감할 수 있는 추리소설의 언어로 서술하고 있어, 고개를 끄덕이며 이 책의 마지막 페이지까지 도달하게 만든다.

인간의 뇌처럼 생존과 짝짓기라는 목표를 향해 돌진하는 기관은 모든 신경 세포들이 이를 위해 유기적으로 기능해야 한다. 이와 마찬가지로 기업이라는 하나의 유기체도 모든 직원들이 회사의 목표를 이해하고 제약 요인을 찾는 과정에 함께 동참해야 한다. 그래서 이 책은 지난 35년간 개정판을 거듭 출간하면서 공감의 언어로 계속 다듬어져왔다.

기업은 살아 움직이는 생명체다

물리학을 전공했던 엘리 골드렛은 공장을 하나의 거대한 기계 장치로 파악했다. 목표를 향해 정교한 톱니바퀴가 오차 없이 작동하는 아름다운 기계 말이다. 제약 요인들만 제거한다면, 공장을 효율적으로 운영하는 것은 마치 지렛대로 지구를 들어 올리는 것처럼 예측 가능한 과정이라 믿었다. 이것만 명확히 할 수 있다면, 물리학자들과 산업공학자들이 만들어낸 '최적화 이론들'을 고스란히 공장에 적용할 수 있으니, 더없이 효율적으로 보였을 것이다.

그러나 2011년 세상을 떠난 그는 지난 10년간 세상이 얼마나 복잡해졌는지, 그리고 이제는 제조업 공장의 과정을 스마트 테크놀로지를 통해 정교하게 추적할 정도로 세상이 발전했다는 사실을 제대로 목격하지 못했다. 이제 공장은, 더 나아가서 기업은 거대한 톱니바퀴 속 기계 장치가 아니라 스스로 목표를 향해 자기 조직화하는 생명체로 간주해야 한다. 몸의 각 기관들이 유기적으로 상호 작용하며 생존이라는 목표를 이뤄내는 것처럼, 공장도 이제는 목표 의식을 공유하여 유기적이면서 효율적인 자기 조직화를 이끌어내야 한다.

스스로 만들어낸 목표, 강력한 성장의 도구

역설적이게도, 엘리 골드렛이 그토록 강조했던 상식과도 같은 '목표 의식'과 그것을 소설의 언어로 '공감'하게 만들었던 접근법은 그가 세상을 떠난 후에 더욱 빛을 발할 것이다. 이제 우리 모두는, 복잡한 수식의 기술서와 함께, 이 책을 다시금 들여다보며 공장이나 기업의 목표를 정확하게 정의해야 하는 상황에 직면해 있기 때문이다.

평생 세상이 던져준 문제만 풀어온 대한민국 사회에, 스스로 문제를 파악하고 목표를 명확하게 정의하라는 엘리 골드렛의 주문은 그가 그토록 걱정한 대로 우리를 더욱 강력한 성장으로 이끌 것이다.

'업의 본질이 무엇인가?', '당신의 목표는 무엇인가?'를 따져 묻는 이 책은 테크놀로지의 혁신으로 끊임없이 새로운 시대를 맞이하고 있는 우리에게 경영의 본질을 되새기게 만드는 통찰을 제공할 것이다.

2019년 7월

정재승(KAIST 바이오및뇌공학과 교수, 문술미래전략대학원장)

▣ 차례

'늘 하던 방식'을 의심하라!

『더 골』은 과학과 교육에 관한 이야기이다. 나는 이 두 단어가 남용되다 못해 과도한 숭상과 신비라는 안개 속에서 원래 의미를 잃었다고 생각한다. 나에게도, 훌륭한 과학자들 대다수에게도, 과학은 자연의 비밀도, 심지어 진리도 아니다. 과학은 그저 우리가 단순한 논리적 도출을 통해 여러 가지 자연현상의 존재를 설명할 수 있는 최소한의 가정을 상정할 때 쓰는 방법에 지나지 않는다.

물리학에서 말하는 에너지 보존 법칙은 진리가 아니다. 그저 어마어마한 양의 자연현상을 설명하는 데 유효한 하나의 가정일 뿐이다. 그러한 가정으로 설명할 수 있는 무한한 현상조차 보편적 적용이 가능하다는 것을 보여주지는 못하므로 결코 입증 가능한 진리가 아니다. 그러나 입증이 불가능하다고 해서 그 가정의 유효성이 손상되는 것은 아니다. 다만 더욱 유효한 가정이 하나 더 필요하다거나 존재한다는 사실을 드러내 보일 뿐이다. 에너지 및 질량이 보존된다는 아인슈타인의 더욱 광범위한(그리고 더욱 유효한) 가정에 대체된 에너지 보존 가설이 여기에 해당한다. 이전 가정이 '참'이 아니었듯 아인슈타인의 가정 또한 참이 아니다.

어째서인지 몰라도 우리는 과학의 의미를 극히 선별적이고 얼마 안 되는 자연현상의 집합체로 제한해버렸다. 물리학이나 화학, 생물학을 우리는 과학이라 칭한다. 그러나 우리는 이러한 범주에 속하지 않는 자연현상이 실은 더 많다는 사실 또한 깨달아야 한다. 가령, 우리가 조직, 그중에서도 특히 산업조직에서 보는 현상들이 그렇다. 이러한 현상이 자연현상이 아니라면 무엇이겠는가? 왜 우리는 여러 조직에서 일어나는 일들을 현실보다는 허구의 영역에 포함시키고 싶어 하는 걸까?

이 책은 우리가 소수의 가정을 사실로 상정한 다음 그러한 가정을 활용하여 매우 광범위한 산업현상을 설명할 수 있다는 걸 보여주기 위한 하나의 시도이다. 독자인 당신은 우리가 우리의 공장에서 매일매일 보는 현상에 대한 가정에서 도출한 논리가 너무나 흠잡을 데 없이 완벽해서 상식이라 부를 수 있을지 그 여부를 스스로 판단할 수 있다. 그런데 사실 상식은 우리가 알고 있는 것처럼 그다지 보편적인 것이 아니다. 오히려 그것은 우리가 어떤 일련의 논리적 결론에 부여할 수 있는 최고의 찬사이다. 상식에 그런 찬사를 보낸다면 그건 근본적으로 과학을 학계라는 상아탑에서 그것이 원래 속한 곳, 즉 우리 모두가 범접할 수 있고 우리 주변에서 흔히 겪는 일이나 사물, 즉 현실 세계에 적용할 수 있게 되는 셈이다. 내가 이 책에서 말하고 싶은 것은 새로운 과학을 구축하거나 기존 과학을 확장하는 데 반드시 비범한 지능이 필요한 건 아니라는 사실이다. 모순에 직면했을 때 '늘 하던 방식' 때문이라는 이유 하나로 달아나지 않겠다는 용기만 있으면 된다.

나는 이 책에 겁도 없이 한 가정의 고투를 담았다. 추측컨대 자기 일에 어느 정도 집착하고 있는 관리자라면 누구에게나 이런 고투가 꽤 낯익게 다가올 것이다. 이렇게 아등바등 살고 있는 가정의 이야기를 엮은 것은 단지 이 책의 인기를 높이기 위해서가 아니라 우리가 주변에서 일어나는 수많은 자연현상을 과학과는 무관하다고 간주해버리는 경향이 있다는 걸 말하고 싶었기 때문이다. 또 나는 이 책을 통해 교육의 의미도 이야기하고 싶었다. 나는 우리가 배움을 얻을 수 있는 유일한 길이 연역적방법(演繹的方法)*을 이용하는 것이라 믿어 의심치 않는다. 최종 결론이나 정답을 제시하는 것은 배움의 방법이 아니다. 그런 방법은 기껏해야 훈련 정도밖에 되지 않는다.

바로 그렇기 때문에 나는 이 책에 담긴 메시지를 소크라테스의 방식으로 전달하려고 했다. 요나 교수는 해결책을 알고 있으면서도 알렉스에게 느낌표 대신 물음표를 던져줌으로써 그를 자극하여 스스로 추론하게끔 했다. 나는 바로 이런 방법 때문에 독자인 당신은 알렉스보다 훨씬 먼저 답을 추론해낼 수 있으리라 믿는다. 이 책이 재미있다고 느껴진다면 그건 아마도 이것이야말로 올바른 교육 방법이고, 이것이야말로 우리가 교과서를 집필하는 데 써먹어야 할 방법이라는 나의 의견에 당신도 동의하기 때문일 것이다. 교과서는 최종 결과만 잇따라 알려주는 것이 아니라 독자가 스스로 생각하는 과정을 겪을 수 있도록 유도해야 한다. 이 책을 통해 과학과 교육에 대한 당신의 인식이 조금이나마 바뀐다면, 나는 큰 기쁨과 보람을 느낄 것이다.

---

* 이미 알고 있는 일반적인 진리를 근거로 연역적 추리에 의하여 바르고 참된 인식에 도달하는 방법.

의욕 상실에 감염된 일터는
어떻게 열정의 일터로 바뀌었을까?

『더 골』은 전 세계의 여러 제조업체에 적용할 새로운 원칙을 제시하는 책이다. 이 책에는 거대한 네트워크 환경 속에서 현재의 상황을 잘이해하고 더 나은 세계를 만들기 위해 노력하는 사람들의 이야기가나온다. 굳이 제조업이 아니라도 이 시대를 살아가는 샐러리맨들과경제활동의 근간이 되는 생산자 모두가 고려해보아야 할 문제들을 제기한다. 누구나 한 번쯤 겪게 되는 조직 내의 문제들을 논리적으로 일관성 있게 사고함으로써, 개인의 행동과 그 행동에 따르는 결과물 사이의 인과관계를 밝혀 좀더 안정적인 관계를 만들어내는 과정을 보여준다. 독자인 당신은 아마도 이 책의 마지막 장을 덮는 순간, 직장 폐쇄 위기에 몰린 공장이 어떻게 성공했는지, 또 의욕 상실과 권위주의에 감염된 일터가 어떻게 활력을 얻어가는지를 확인할 수 있을 것이며, 성공에 필요한 기본 원칙들을 되새길 수 있을 것이다.

이 책의 저변에 깔린 제약이론(TOC : Theory Of Constraints)은 더 나은 인간의 삶을 추구하기 위한 접근 방법으로 쓰였다. 나는 과학이란세상을 현 상태 그대로 이해하고, '왜 그런 상태로 나아가는가'를 고민하는 학문이라고 생각한다. 어떤 주어진 시점에서, 우리가 이해하고 있는 기술의 현재 상태, 이것이 과학적인 지식이다. 같은 맥락에서 풀이하면 우리가 믿어 의심치 않는 절대 불변의 진리는 없다고 할 수 있다. 때때로 절대적 진리는 세상을 더 깊게 이해해보고자 노력하는 인간의 의지를 막기 때문이다. 우리가 확고한 답을 얻었다고 생각하는 순간, 진보, 과학의 발전, 더 나은 해석은 불가능할 수밖에 없다. 그렇다고 해서 이 세상을 이해하는 것이 인간의 궁극적인 목표가 될 수는 없다. 우리가 얻어내고자 하는 과학적 지식은 단지 이 세상을 좀더 살기 좋게 만들고, 인간의 삶을 개선하기 위한 도구로 써야 하기 때문이다.

내가 이 책을 소설 형태로 쓴 데에는 몇 가지 이유가 있다.

첫째, 내가 제시하는 원리들을 독자들이 더 쉽게 받아들이기를 바랐기 때문이다. 또한 불신과 무질서가 난무하는 공장이 어떻게 질서를 되찾아가는지를 명확하게 보여주고 싶었기 때문이다.

둘째, 내가 제시한 일련의 원리를 이해함으로써 얻을 수 있는 효과를 더 극대화시키기 위해서였다. 이 책에 등장하는 공장 운영 개선의 결과물들은 픽션이 아니다. 실제로 많은 공장이 이 기본 원리를 이용해서 성공을 일구어냈고, 지금 이 순간에도 세계 도처에서 이 원리를 적용해서 일하고 있다. 물론 여기에 제시된 원리는 앞서 언급한 대로 제조업체뿐만 아니라 은행, 병원, 보험회사 그리고 일반 가정에서도 이용할 수 있다.

마지막으로 우리 내부에 잠재된 과학적 능력을 극적으로 드러내 보이기 위해서였다. 우리는 모두 훌륭한 과학자가 될 수 있다. 꼭 천재로 태어나야 훌륭한 과학자가 되는 것은 아니다. 우리에게는 이미 충분한 지적 능력이 있다. 우리에게 필요한 건 현실을 직시할 수 있는 이성, 눈앞에 펼쳐진 현상을 논리적으로 받아들이는 사고력, 정확히 이해할 수 있는 판단력이다.

이 가운데 가장 중요한 것은 우리가 본 것과 유추한 것, 그리고 실제로 일이 되어가는 방식 사이에 모순이 있을 수 있다는 걸 받아들이는 용기이다. 미래로 도약하기 위해서는 당연하다고 여겼던 기본 가정들에 질문을 던져야 한다. 예를 들어 공장에서 일해본 경험이 있는 사람들은 작업 통제를 위해 사용되고 있는 원가 계산에 기반을 둔 기존의 성과 측정 시스템에 문제가 많다는 점을 알고 있을 것이다. 그러나 대다수의 사람들은 이 관습적인 시스템을 절대적인 것이라 여기고 의심조차 하지 않는다.

우리가 세상을 더 정확하게 해석하기 위해서는 세상이 어떻게, 그리고 왜 이렇게 흘러왔는지 그 기본 가정에 이의를 제기해야 한다. 우리가 사는 세상과 그 세상을 이끌어가는 기본 원리들을 더 잘 이해할 수 있다면, 우리의 삶은 더 나아질 것이다.

1막

공장 폐쇄 명령을 받다

"도대체 어디서부터 뭐가 잘못된 걸까?"

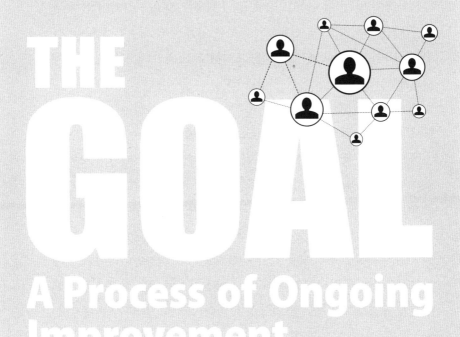

THE
GOAL
A Process of Ongoing
Improvement

1

인생은 다음 두 가지로 성립된다.
'하고 싶지만 할 수 없다'와 '할 수 있지만 하고 싶지 않다'.
—괴테

#오전 7시 30분

나는 평소보다 이른 시각에 공장 정문으로 들어섰다. 공장은 오늘도
어김없이 느린 기계음과 함께 무기력하게 돌아가고 있었다. 무심코
공장 안을 둘러보던 나의 뇌리에 불길한 예감이 스쳐 지나갔다. 낯익
은 진홍색 벤츠가 공장 사무실 옆 내가 주로 쓰는 주차장을 장악하고
있었던 것이다.

'젠장, 빌 피치가 온 모양이로군.'

주차장이 텅 빈 이 이른 시각에 '방문객용'이라고 표시되어 있는 주
차 공간을 무시하고, 제멋대로 주차하는 인물은 빌 피치밖에 없다. 빌
은 항상 이런 식으로 내게 불만을 표시했다. 빌의 주차 시위는 자신의
분노를 드러내는 가장 손쉬운 수단이다.

'대체 오늘은 또 무슨 일일까? 그래, 좋다. 그는 사업본부장이고 나
는 일개 공장장일 뿐이니, 내가 양보할 수밖에…….'

나는 '회계부장용'이라고 명시된 자리에 차를 댔다. 나란히 주차된
벤츠와 내 차 마쓰다는 절묘한 대조를 이루었다. 의기양양하게 자리
를 꿰차고 있는 '넘버원' 벤츠는 빌 피치 본부장의 것이 틀림없다. '넘
버원'이라는 번호판은 빌에게 딱 맞는 말이다. 넘버원이 되고자 하는
빌 피치의 야망을 우리 모두 알고 있기 때문이다. 직장인이라면 누구나
최고경영자가 되길 꿈꾼다. 나 역시 마찬가지이지만, 유감스럽게도
나에게는 정상까지 올라갈 가능성이 없다. 그러나 빌 피치는 다르다.

그에게는 야망이 있고, 확실한 수단도 있다.

나는 별 도리 없이 사무실로 향했다. 벌써부터 가슴이 두근거리기 시작했다.

'대체 무슨 일인 거야?'

그의 등장에 따른 압박감은 오늘 아침에 처리해야 할 일거리에 대한 의욕마저 앗아가버렸다. 하루 만에 처리하기에는 벅찬 그 일감 때문에 아침 일찍 출근했건만 모든 계획이 수포로 돌아갈 것 같은 예감이 온몸을 타고 내렸다.

사무실 문을 막 열려는 순간, 누군가가 나를 불러 세웠다.

"로고 공장장님!"

공장 옆문이 벌컥 열리며 직원 넷이 달려 나왔다.

그들은 작업주임 뎀프시, 노조 간부 마르티네즈, 시간급 임시 직원, 그리고 현장감독 레이였다. 네 사람 모두 앞다투어 입을 열기 시작했다. 뎀프시는 뭔가 일이 터진 것 같다고 하고, 마르티네즈는 목에 핏대를 세우며 곧 파업이 일어날 거라고 소리쳤다. 차별 운운하는 임시 직원의 투덜거림 사이로 부품 부족 상황을 열거하며 작업 지연 사태를 설명하는 레이의 목소리가 비집고 들어왔다. 나는 그들의 말을 도무지 이해할 수가 없었다. 퀭한 시선으로 바라보는 나를 향해 그들은 쉴 새 없이 자신들의 말만 지껄여댔다.

'젠장, 도대체 나더러 어쩌라는 거야? 아직 난 모닝커피 한 잔도 못 마셨다고! 아무튼 무슨 일이 터지긴 한 모양이군.'

나는 우선 그들을 진정시킨 뒤 무슨 일이 있었는지 물었다. 문제의 발단은 고객 주문번호 41427이었다. 무슨 영문에서인지 한 시간 반 전에 출근한 빌 피치 본부장이 41427의 진행 상황을 체크했다. 그러나 불행하게도 41427에 관해 아는 사람이 아무도 없었다. 이에 격분한 빌 피치는 그 즉시 공장 직원 모두에게 41427의 진행 상황을 알아보도록 지시했다. 곧 41427이 대규모 주문인데도 작업은 계속 지연되고 있다는 것이 밝혀졌다.

'그래서 어떻다는 말이지? 이 공장 제품의 대부분이 납품일을 지키지 못하는 것은 기정사실 아닌가?'

실제로 이 공장에서는 모든 것이 지연되고 있었다. 물론 규칙은 있다. 우선 주문을 받으면 네 단계로 우선순위를 심사한 뒤 생산에 돌입한다. '보통', '긴급', '초긴급', '즉시 작업 요함'. 작업자의 판단에 따라 정해진 등급이었으나, 모든 작업이 납품일을 맞추지 못했기 때문에 어느 것 하나 급하지 않은 것이 없었다.

빌 피치는 주문번호 41427이 아직 출하 준비조차 되지 않았다는 사실을 알고는 펄펄 뛰기 시작했다. 그는 공장 안을 이리저리 돌아다니며 호통을 쳤고, 작업주임 뎀프시에게 당장 작업 지시를 내리라며 으르렁거렸다. 빌의 기세에 기가 눌린 작업자들은 우왕좌왕하며 필요한 부품들을 산더미처럼 쌓아놓았다. 마침내 주문번호 41427은 조립라인 앞에 자리를 잡았다. 그러나 바로 작업에 들어갈 수는 없었다. 중간 부품 하나가 빠진 것이다. 중간 부품이 없으므로 조립할 수 없는 것은 당연했다. 물론 조립하지 않은 제품은 선적은커녕 출하할 수도 없다.

쩔쩔매던 직원들이 부품을 찾느라 30여 분을 씨름했다. 중간 조립 부품은 가공 공정을 거치기 위해 수치 제어기(n/c) 앞에 쌓여 있었고, 그사이 조립라인에서는 '즉시 작업 요함' 등급의 다른 주문을 조립하고 있었다.

문제가 확대되기 시작한 것은 빌 피치 본부장이 작업자와 팽팽히 맞서면서부터였다. 보고를 받은 본부장은 레이에게 작업대에서 돌아가고 있는 '즉시 작업 요함' 등급 주문의 생산을 중단하고, 41427을 조립라인에 올리라고 지시했다. 빌은 다른 제품 생산에는 털끝만큼도 관심이 없었다. 그의 관심사는 오로지 41427 제품이 완성되어 공장 문을 나서는 것이었다. 레이는 작업주임 뎀프시와 숙련된 기계공을 불러들여 다른 주문은 무시하고, 즉시 주문번호 41427에 필요한 부품을 생산하라고 명령했다. 숙련공은 어이가 없다는 듯 레이, 뎀프시, 빌 피치를 번갈아 쳐다보았다. 조립라인 위를 돌아가고 있던 '즉시 작업 요함' 주문은 한 시간 반 전부터 하던 작업 준비를 끝내고 이제 막 부품 생산을 시작하려는 참이었다. 마침내 숙련공의 입에서 험악한 소리가 튀어나왔다.

"모두들 제정신이야? 이건 미친 짓이야! 나는 새벽 5시 30분부터 이 작업 하려고 조수랑 같이 조립라인에서 준비하고 있었다고! 근데 이제 와서 모두 원점으로 돌리라고? 이런 빌어먹을!"

이에 빌 피치는 싸늘한 웃음과 함께 당장 작업을 시작하지 않으면 숙련공을 해고해버리겠다고 협박했다. 다시 몇 마디 언쟁이 오간 뒤, 숙련공은 그만두겠다고 맞섰다. 옆에서 상황을 지켜보던 노조 간부 마르티네즈까지 합세하자, 문제는 제품 생산에서 노사문제로까지 확대되었다.

모두들 그야말로 제정신이 아니었다. 숙련공의 퇴장과 더불어 노조 간부와 작업반장 휘하의 모든 기술자들이 격분했고, 아무도 일을 하려 들지 않는 상황으로 치달았다. 그리고 불행하게도 나는 지금 성난 황소 같은 이들 네 사람을 마주하고 있는 것이다.

나는 일의 순서를 정했다. 문제를 풀어나가기 위해서는 빌을 만나야 했지만, 우선은 이들의 감정부터 수습해야 했다. 나는 뎀프시에게 물었다.

"그럼, 빌 피치 본부장님은 지금 어디에 계시죠?"

"공장장님 사무실에요."

"좋습니다. 본부장님께 제가 곧 찾아뵙겠다고 말씀 좀 전해주시겠어요?"

뎀프시는 황급히 내 사무실 쪽으로 사라졌다. 나는 마르티네즈와 시간급 임시 직원으로 착각했던 숙련공을 향해 몸을 돌렸다.

"여러분의 이야기는 충분히 알아들었습니다. 하지만 제가 아는 한 어떤 해고 조치나 대기 발령도 없을 것입니다. 제 생각에 오늘 일은 모두 오해에서 비롯된 것 같습니다."

내 설득에 마르티네즈는 처음에는 그리 신통치 않은 반응을 보였으나, 숙련공이 빌 피치로부터 공식 사과를 들어야겠다고 대꾸하자 이내 기세등등하게 노조 탄압을 운운했다. 하지만 나는 노사문제에까지 끼어들고 싶지 않았다. 마르티네즈 역시 파업을 선언할 권한이 없었다. 잠시 고심 끝에 나는 만일 노조가 이번 일에 대해 공식적으로 문제를 제기하고자 한다면 그렇게 하라고 말했다. 상황이 파업으로까지 확대된다면 오늘 오후에 지역 노조 위원장 마이크 오도넬과 협의해서 파업에 관한 정당한 절차를 밟겠다고 선언했다. 어찌 되었든 오도넬에게 승인을 받기 전에는 어떤 행동도 더 취할 수 없다는 사실을 깨달은 마르티네즈는 결국 내 말을 수긍했다. 그는 숙련공과 함께 공장으로 돌아갔다. 한 차례 폭풍이 휩쓸고 지나간 뒤, 나는 레이와 다음 작업을 상의했다.

"그럼, 다시 작업 지시를 내리도록 합시다."

"예. 하지만 어떤 작업부터 들어가야 될지 판단이 서지 않는데요. 지금 우리가 준비해놓은 작업을 해야 하는 건지, 아니면 빌 피치 본부장님이 말씀하신 작업을 해야 하는 건지……."

"빌 피치 본부장님이 지시한 일을 하도록 하세요."

"네, 알겠습니다. 하지만 본부장님의 지시대로 작업을 진행하면 다른 작업을 준비하는 데 들인 시간은 전부 버리는 셈이 됩니다."

"그렇더라도 그냥 그렇게 합시다. 솔직히 말해서 저는 아직 상황이 어떻게 된 것인지 잘 모릅니다. 근데 본부장님이 직접 여기까지 왔다는 것은 어떤 긴급사태가 발생했다는 뜻 아니겠습니까?"

"그렇겠죠. 전 단지 지금 어떤 일을 해야 옳은지 확실히 해두고 싶을 뿐입니다."

나는 그의 기분을 조금 풀어주어야겠다고 생각했다.

"레이 씨 말처럼 시간 낭비를 하는 건지도 모릅니다. 하지만 어쩌겠습니까? 본부장님 지시인걸. 자, 이제 불쾌한 감정은 날려버리고 최대한 빨리 부품을 가공하도록 합시다."

"예."

막 사무실 쪽으로 발길을 옮기려는 나에게 안색이 창백해진 뎀프시가 다가와 한마디 건넸다.

"말씀 잘 나눠보세요, 공장장님."

되도록 빨리 그 자리를 벗어나고 싶다는 듯 그는 고개를 흔들며 공장 안으로 황급히 사라졌다. 사무실 문은 활짝 열려 있었다. 나는 일단 기선을 제압하기 위해 뚜벅뚜벅 걸어 들어갔다. 빌 피치 본부장은 내 책상 의자에 앉아 있었다. 내가 서류 가방을 내려놓자 그는 당장 잡아먹을 듯한 표정으로 나를 노려보았다.

"본부장님, 무슨 일이시죠?"

"할 얘기가 있으니 우선 자리에 앉게."

"그러고 싶지만, 본부장님께서 제 자리에 앉아 계시지 않습니까?"

내 말이 끝나기가 무섭게 빌 피치의 얼굴이 굳어졌다.

'제길, 내가 말실수를 한 모양이군. 또 말꼬리 잡히겠어.'

"내가 왜 이 이른 시각에 자네 사무실에 와 있는지 궁금하지 않나? 나는 자네를 이 엉망진창인 상황에서 구해주려고 이 자리에 앉아 있는 거야."

"글쎄요. 제 생각은 좀 다릅니다. 직원들의 얘기를 종합해보면, 본부장님은 저희 공장의 노사관계를 악화시키기 위해 오신 게 아닌가 하는 의문이 듭니다만."

빌 피치는 내 눈을 똑바로 응시하면서 차갑게 내뱉었다.

"단언컨대, 지금 당장 조치를 취하지 않는다면 자네는 노사문제는 커녕 영원히 집에서 편히 쉬게 될 거야."

"본부장님, 저는 시시비비를 가리자는 게 아닙니다. 제가 충분히 이해할 수 있도록 상황을 좀더 구체적으로 설명해주시겠습니까? 41427 주문에 도대체 무슨 문제가 생긴 겁니까?"

잠시 심호흡을 하던 빌 피치는 흥분을 가라앉히고 사건의 경위를 설명했다. 사건의 발단은 지난밤 10시경, 유니코의 가장 중요한 고객인 버키 번사이드 사장의 느닷없는 항의 전화와 함께 시작되었다. 버키 사장은 주문번호 41427이 납품일을 7주나 넘기고 있다는 사실에 노발대발했다. 화가 머리끝까지 치민 버키 사장의 일장 연설은 거의 한 시간이 넘게 계속되었고, 빌 피치는 대꾸할 여력도 없이 묵묵히 그의 화를 견뎌내야 했다.

버키 사장에게는 나름대로 이유가 있었다. 사실 그의 회사에서는 이번 일을 우리 회사의 경쟁사 쪽으로 발주하기로 했는데, 그가 직접 나서서 우리 공장으로 일을 돌렸던 것이다. 게다가 버키 사장이 자신의 고객들 몇 명과 식사를 같이하던 중, 납품일 문제가 화제로 떠오르자 일방적으로 공격당하기까지 했다니 상황은 더욱 꼬일 수밖에 없었던 것이다. 버키 사장은 막무가내로 빌 피치를 다그쳤고, 빌은 자신이 직접 나서서 그 문제를 처리하겠노라고 약속한 뒤에야 전화를 끊을 수 있었다.

"이제 좀 알겠나? 난 버키 사장한테 무슨 일이 있어도 오늘 내로 그 주문을 완성해주기로 약속했다고. 이 약속은 반드시 지켜야 해. 죽는 한이 있더라도!"

"네, 잘 알겠습니다. 저희 쪽 과실입니다. 죄송합니다. 오늘 안으로 해결할 수 있도록 특별 지시를 내리겠습니다. 하지만 본부장님, 오늘 본부장님께서 직원들에게 하신 일은 너무 지나쳤습니다. 직원들도 모두 최선을 다하고 있습니다. 다들 회사 내부의 방침대로 일을 진행하고 있습니다. 그런데 본부장님께서 앞뒤 설명도 없이 일의 순서를 뒤바꾸신 것은 저도 납득이 가지 않았습니다. 이 문제는 본부장님이 직접 해결해주셨으면 합니다."

나는 최대한 예의를 갖추어 본부장에게 화해를 신청했다. 빌 피치는 자신의 회색 머리칼을 쓸어 넘기며 한동안 나를 응시했다.

"이보게, 로고 공장장. 자네 도대체 어젯밤에 어디에 있었나? 내가 자네랑 이 사태를 상의하려고 몇 번이나 전화했는지 아나?"

나는 빌의 시선을 피해 속으로 대꾸했다.

'본부장, 나한테도 사생활이란 게 있다고!'

내 머릿속으로 지난밤에 있었던 일들이 주마등처럼 스쳐갔다. 그 시각, 나는 집에서 아내와 말다툼을 하고 있었다. 그 와중에 전화가 두 통이나 걸려왔지만, 집안일에 무관심한 나를 다그치는 아내와 언쟁을 벌이던 중이라 전화를 받을 상황이 아니었다. 세 번째 전화가 울릴 즈음에는 아내와 화해를 시도하고 있었다. 난 결국 옹색한 변명으로 빌의 추궁을 빠져나갔다.

"부부 동반 모임이 있어서 밤늦게 들어갔습니다."

빌 피치는 한심하다는 표정을 짓더니 이내 납품일 지연 문제를 물고 늘어졌다.

"자네 공장장 아닌가? 근데 왜 아직도 공장의 내부 상황을 완전히 파악하지 못하고 있는 건가? 납품일은 매번 늦어지고 말이야……. 그리고 도대체 고객의 불평불만은 왜 다 나한테 돌아오나? 난 이 넌덜머리 나는 클레임이 지긋지긋하다고."

나는 어이가 없었다. 어째서 내가 모든 책임을 져야 한단 말인가? 나는 뻔뻔스러운 빌 피치를 향해 일침을 가했다.

"본부장님, 한 말씀 드려도 되겠습니까? 석 달 전에 주문량이 20퍼센트 줄었다는 이유로 2차 인원 감축을 단행하셨습니다. 본부장님 직권으로 말입니다. 아시다시피 지금 인원으로 납품일을 맞추는 것은 사실상 불가능합니다. 납품일을 맞추고……."

빌 피치는 재빨리 특유의 비아냥거림으로 내 말문을 막았다.

"알렉스 로고 공장장, 이리저리 핑계 댈 시간에 그 제품 빨리 완성하는 게 자네한테 유리할 텐데?"

"그렇다면 필요한 인원을 배치해주십시오."

빌은 거의 협박에 가까운 목소리로 응수했다.

"작업 인원은 지금으로도 충분하다고 생각하는데? 제발 머리를 좀 써. 자네는 일을 효율적으로 처리하질 못해. 봐봐, 공장 곳곳에서 놀고 먹는 인원이 넘쳐나고 있어. 자네가 공장 운영을 좀더 효율적으로 하기 전까지는 절대로 충원 못 해줘. 내 말 명심하게."

빌의 말도 안 되는 협박에 반박하려고 입을 열었지만, 그는 손을 내저으며 말문을 막아버렸다.

'빌어먹을, 나더러 어쩌란 거야? 사표라도 내라는 거야, 뭐야?'

빌은 무슨 마음을 먹었는지 사무실 밖으로 향하던 발걸음을 되돌렸다.

"어이, 로고 공장장, 좀 앉아보게."

빌 피치는 거드름을 피우며 내 자리에 다시 앉았다. 앉지도 못하고 줄곧 서서 당하고 있던 나는 접대용 의자에 걸터앉았다.

"로고 공장장, 이 문제를 두고 자네랑 나랑 논쟁을 해봤자 무슨 소용인가? 지난번 자네가 올린 업무보고서와 지난 몇 달 동안의 작업 성과가 지금 상황을 너무도 잘 대변해준다고 보는데. 아닌가?"

"네, 본부장님 말씀이 맞습니다. 하지만 지금 이 문제는 버키 사장의 주문이……."

빌 피치는 가소롭다는 듯 코웃음을 치며 내 말을 가로챘다.

"젠장! 자네는 아직도 내 말귀를 못 알아들었군. 사태를 좀 정확히 파악하게. 버키 사장의 주문이 문제가 아니야. 이봐, 알렉스 로고 공장장. 잘 듣게. 41427건은 빙산의 일각일 뿐이야. 지금 이 공장은 적자에서 벗어나지 못하고 있어. 내가 제품 납품일 하나 때문에 여기까지 왔다고 생각하나? 자네 눈엔 내가 그렇게 한가한 사람으로 보여?"

빌은 말을 멈추고 섬뜩한 노기를 품은 짙은 회색 눈동자로 나를 쏘아보았다.

"사태를 더 구체적으로 설명해주지, 이건 단순히 납품일 지연 문제가 아니라는 말일세. 난 자네하고 자네 부하 직원들한테 마지막 충고를 해주려고 왔다고."

빌은 흥분을 가라앉히려 잠시 숨을 고르는가 싶더니, 갑자기 책상을 주먹으로 거칠게 내리쳤다. 마침내 빌은 내게 손가락질을 하며 굶주린 맹수처럼 경고했다.

"알렉스 로고 공장장, 이제 내가 할 수 있는 말은 오늘 안에 41427건을 마무리하라는 거네. 방법을 모른다면 내가 알려주지. 그래도 제품을 생산하지 못한다면 나는 결정을 내릴 거야. 자네를 해고하든지, 공장을 폐쇄하든지. 알겠나?"

"본부장님, 잠깐만 제 말 좀 들어주십시오."

"어이, 난 지금 1분 1초의 여유도 없어."

빌은 으르렁거리며 나를 집어삼킬 듯이 노려보았다.

"나는 자네의 하찮은 변명 따위를 들을 시간이 없어. 더 이상은 시간 낭비일 뿐이야. 지금 나한테 필요한 건 성과야. 자네가 내 앞에 가져올 결과물 말이야. 제때 일을 마무리하고 출하해서 수익을 올리라 그 말이야!"

"네. 저도 상황을 모르는 건 아닙니다."

"한 가지 더 알려줄까? 로고 공장장, 자네가 모르는 중요한 사실이 있네. 지금 우리 사업부는 창업 이래 최대 위기 상황에 처해 있다고. 사업부 중에 제일 적자가 크단 말일세. 지금 우리 사업부를 최악의 구렁텅이로 몰아넣고 있는 주범이 바로 자네가 책임자로 있는 이 공장이라 이 말이야!"

갑자기 알 수 없는 피로감이 밀려왔다. 빌 피치와 언쟁을 벌이는 동안 나는 조금씩 탈진해가고 있었다. 나에게는 더 이상 물러설 공간이 없었다.

"본부장님, 그렇다면 제가 어떻게 하길 바라십니까? 전 이곳에 온지 겨우 6개월밖에 안 됐습니다. 제가 부임한 이후 공장 상태가 좋아지기는커녕 오히려 더 악화되었다는 사실은 인정합니다. 하지만 저는 제가 할 수 있는 모든 노력을 다했습니다."

"사업부의 결정이 궁금한 건가? 그렇다면 솔직히 얘기해주지. 사업부는 공장 회생 가능성에 대한 시한을 3개월로 못 박았네. 3개월 안에 어떠한 변화도 없다면 그에 따른 조치를 내릴 거야."

"만약 그 기간 내에 상황이 좋아지지 않는다면 어떻게 되는 겁니까?"

"경영위원회에 공장 폐쇄를 제안할 거야."

빌은 단호하게 말했다.

나는 더 이상 아무 말도 할 수 없었다. 전혀 예상치 못했던 대답이었다. 아니, 어쩌면 이미 예상하고 있었는지도 모른다. 오늘 아침 뇌리를 스쳤던 불길한 예감이 그대로 맞아떨어진 것이다. 창밖에는 여느 때처럼 아침 교대조 직원들의 차가 속속 주차장을 메우고 있었다. 나는 멍한 시선으로 빌 피치를 바라보았다. 이런 내 모습이 측은해 보였는지 빌 피치가 내 어깨를 두드리며 격려의 말을 건넸다.

"로고 공장장, 물론 나도 자네가 최악의 상태에서 공장을 떠맡았다는 건 충분히 알고 있네. 하지만 내가 자네를 선택한 이유는 자네만이 이 공장의 적자를 흑자로 바꿀 수 있는 유일한 인물이라고 판단했기 때문이라고. 아니, 적어도 슬럼프에 빠진 공장에 활력을 불어넣을 수 있는 인물이라고 확신했지. 그리고 그 생각은 지금도 변함이 없어. 하지만 자네가 여기서 계속 월급 받으면서 일하려면 확실한 성과를 보여주라 이 말이야."

"본부장님, 시간을 조금 더 주실 수는 없습니까?"

"이런 말을 하는 나는 뭐 속이 편하겠나. 유감스럽게도 시간은 3개월밖에 없어. 사태가 더 악화된다면 그나마 3개월도 넘기기가 어려워."

빌 피치는 할 말을 다 했다는 듯 시계를 쳐다보며 자리에서 일어났다.

이것으로 공장 회생에 관한 모든 논의는 끝이 난 것이다. 그는 나에게 엄청난 숙제를 떠넘기고는 의기양양하게 다음 먹잇감을 향해 출발했다.

"지금 출발해도 첫 회의에는 못 들어갈 것 같아."

나는 그를 배웅하기 위해 후들거리는 다리를 억지로 일으켜세웠다. 빌은 다시 한번 오늘의 일과를 확인했다.

"아침에 공장 간부급 사원에게 단단히 일러두었으니 도움이 될 거야. 41427건은 오늘 안에 잘 해결되겠지?"

"그렇게 하도록 하겠습니다."

잠시 후, 나는 창가에 서서 빌이 진홍색 벤츠를 몰고 사라져가는 모습을 멍하니 지켜보았다.

'3개월.'

내가 언제 창가를 떠났는지 기억조차 나지 않았다. 내 머릿속에는 온통 3개월이라는 시간만이 맴돌고 있었다. 얼마나 많은 시간이 흘렀을까? 정신을 차리고 보니, 어느새 나는 책상에 앉아 허공을 응시하고 있었다. 문득 공장이 어떻게 돌아가고 있는지 내려가서 직접 확인해봐야겠다는 생각이 들었다. 더 이상 생각할 여력이 없었다. 나는 문 옆 선반에서 안전모와 보안경을 챙겨 서둘러 밖으로 나왔다.

공장 입구에 들어서자 서늘한 냉기와 함께 매캐한 연기가 뿜어져 나왔다. 나는 언제나 이 공간이 자랑스러웠다. 적어도 빌 피치와의 면담이 있기 전까지는. 한때 나는 이곳을 천사와 악마가 빚어놓은 마법의 공간이라고 생각했다. 주위의 모든 풍경이 항상 낯설면서도 낯익었고, 세속적이면서도 성스럽게 느껴지는 내 생활의 전부였기 때문이다. 그러나 동료들의 생각은 달랐다. 어쨌든 나는 내 느낌을 믿었다.

사무실과 공장을 나누는 이중문을 지나면 전혀 다른 세상이 펼쳐졌다. 천장 끝에 매달린 오렌지색 나트륨 등이 공장 내부를 따스하게 비추고 있었다. 나는 등불 아래로 들어가 공장 내부를 둘러보았다. 공장 내부는 어마어마한 규모를 자랑하는 선반들이 미로처럼 얽혀 있다. 천장에서 바닥까지 이어진 거대한 선반 안에는 완제품을 만들기 위한 재료와 부품 상자가 가득 쌓여 있고, 천장에 매달린 선로를 따라 크레인이 움직였다. 작업자들은 때때로 동선을 줄이기 위해 크레인에 달린 작은 바구니를 타고 이동하기도 했다. 작업장 바닥에는 둥그렇게 말린 얇은 철제 강판이 몇 초 간격으로 철커덩 소리를 내며 기계 속으로 빨려 들어가고 있었다.

기계들……. 어쩌면 공장은 수많은 기계로 이루어진 거대한 숲인지도 모른다. 각종 기계들은 블록 단위로 연결되어 있으며, 공장 내부는 각 블록 사이의 통로로 구분된다. 각종 선반이 나무라면 그 사이에 빛나는 선 굵은 꽃들은 기계의 빛깔로 묘사할 수 있다. 대부분의 기계는 오렌지색, 노란색, 파란색, 보라색 등 선명한 빛깔이었고, 디지털 방식으로 운영되는 새로 들여온 기계는 진홍빛 계기판을 반짝이고 있었다. 일일이 사람의 손을 거치지 않아도 되는 로봇의 손은 정해진 프로그램에 따라 춤을 추는 나비처럼 작동했다.

작업자들은 기계 숲 사이에 여기저기 흩어져 있어 그 모습을 찾아내는 일도 제법 재미있다. 간혹 내가 옆을 지나칠 때면 작업자들은 손을 흔들어 아는 체했다. 답례로 손을 흔드는데, 윙윙거리는 소리와 함께 소형 전기차를 탄 뚱뚱한 직원이 무뚝뚝하게 인사를 건넸다. 작업 테이블에서는 여직원들이 무지개색 전선을 다듬고 있었다. 그 건너편으로 기름때가 묻은 작업복 차림의 용접공이 불꽃을 튀기며 용접하는 모습이 보였다. 불꽃 사이로 빨간 머리의 여직원이 주황색 계기판이 달린 컴퓨터 단말기의 자판을 두드리고 있었다.

공장 풍경을 한층 더 현장감 있게 연출하는 것은 바로 소음이다. 모터 소리, 공기를 빨아들이는 환풍기 소리, 작업장의 열기를 식히는 선풍기 소리 등등 상당히 시끄럽기는 하지만, 이 소음들이야말로 공장이 살아 숨 쉬고 있다는 증거였다. 천둥 치는 듯한 굉음이 가끔씩 지속적인 소음의 기본 화음을 비집고 여기저기에서 들려왔다. 바로 그때 내 등 뒤에서 크레인의 알람이 울렸다. 뒤이어 사이렌 소리와 함께 전기계량기가 똑딱거리는 소리가 들렸다. 확성장치에서 신의 소리처럼 크고 명료한 기계음이 울려나왔다.

'뭔가 잘못된 걸까?'

나의 걱정과는 달리 간헐적인 기계음은 간격을 두고 천천히 안정감을 되찾았다. 공장 안의 모든 것이 제자리를 찾아 돌아갈 즈음, 기계음의 화음을 가르며 날카로운 호각 소리가 들렸다. 깜짝 놀라 뒤를 돌아보니 밥 도노번이 나에게 손짓을 했다. 195센티미터에 120킬로그램이라는 거구를 자랑하는 밥 도노번은 산처럼 솟아오른 맥주통 같은 배를 앞세우며 느릿느릿한 걸음으로 거리를 좁혀왔다. 귀여운 구석이라고는 좀처럼 찾아볼 수 없는 생김새에 해병대 스타일로 바짝 깎은 머리 때문에 조금은 거칠어 보이지만, 그는 인정이 넘치는 사람이었다. 입에 발린 소리는 거의 하지 않고 무뚝뚝했지만, 그것은 그의 또 다른 매력이었다. 9년차 생산부장으로 근무한 이력에 걸맞게 밥은 베테랑다운 일솜씨를 자랑했다. 직원들은 문제가 발생하면 일단 그에게 달려가 상의했다. 밥은 언제나 현명한 대답으로 슬기롭게 문제를 풀어나갔다. 1분 뒤, 우리는 서로의 얼굴을 마주할 수 있었다. 오늘따라 밥의 안색이 어두워 보였다.

'대체 무슨 일일까?'

밥 역시 내 안색을 살피며 안부를 물었다.

"안녕하십니까요, 공장장님?"

"안녕이라……. 밤새 안녕이란 말을 오늘에야 실감했네요. 그건 그렇고 오늘 아침에 우리 공장에 누가 왔는지 아십니까?"

"예. 공장 전체가 한바탕 난리굿을 떨었습죠."

"그럼, 주문번호 41427이 얼마나 다급한 건지도 알고 있겠네요."

무심코 내뱉은 말에 밥의 얼굴이 붉어지기 시작했다.

"저, 실은 제가 공장장님께 드릴 말씀도 바로 그 문젭니다만."

"왜, 무슨 일이 있습니까?"

"혹시 오늘 아침 본부장님과 말싸움을 했던 숙련공 토니 씨를 기억하십니까요? 그 친구가 좀 전에 사표 내고 나가버렸습니다요."

"이런, 젠장!"

나도 모르게 욕설이 튀어나왔다.

'왜 이렇게 일이 꼬이는 걸까? 내가 뭘 얼마나 잘못했다고!'

"공장장님, 그만한 친구는 흔치 않습니다요. 지금 당장 토니 씨만 한 사람을 구하기는 쉽지 않을 겁니다요."

"토니 씨를 다시 데려올 수는 없겠습니까?"

"글쎄요. 지금으로서는 그것도 쉽지가 않습니다. 문제가 생겼거든요. 아직 정확히 밝혀지지는 않았지만……. 저희 팀은 레이 씨가 지시한 대로 작업 준비를 마치고 나서 기계 자동 작동 스위치를 눌렀습니다요. 근데 조정 나사 두 개가 풀려 있는 겁니다요. 지금 기계를 보수하고 있습니다만, 작업이 지연될 것 같습니다요."

"버려야 할 부품이 얼마나 됩니까?"

"글쎄요, 그렇게 많지는 않습니다요. 작동 후 곧바로 멈췄으니까요."

"지금 남아 있는 부품으로 41427 주문을 오늘 안에 끝낼 수 있겠습니까?"

"조사해봐야 알겠지만, 문제는 부품이 아니라 기계라서요. 고치려면 시간이 좀 걸릴 것 같습니다요."

"어느 기계를 말하는 겁니까?"

빌 피치의 등장과 함께 시작된 불운이 제발 여기서 끝나기를 간절히 바라며 밥에게 물었다.

"NCX-10입니다요."

하늘은 내 편이 아니었다. 공장에 단 한 대밖에 없는 기계가 서버린 것이다. 손은 얼음장처럼 차가워졌고, 내장은 타들어가는 듯했다. 나는 다급히 밥에게 매달렸다.

"얼마나 심각합니까?"

"그게 말입니다요. 아직 잘 모르겠습니다요. 반쯤 분해해봤는데, 아직 원인도 못 찾았다니까요. 지금 다른 직원들이 NCX-10 제조 회사에 전화해서 상담을 하고 있습니다요."

나는 직접 눈으로 확인하는 것이 나을 것 같아 문제가 생긴 곳으로 재빨리 발걸음을 옮겼다.

'어디서부터 문제를 풀어야 하지? 유예기간으로 겨우 3개월밖에 안 남았는데……'

나는 먼저 문제의 실마리를 찾기로 했다. 나와 보폭을 맞추느라 분주히 움직이고 있는 밥을 힐끗 돌아보며 말을 꺼냈다.

"도노번 부장, 솔직한 생각을 듣고 싶습니다. 당신 생각에는 토니 씨가 일부러 기계를 고장 낸 것 같습니까?"

밥은 내 질문에 몹시 당황한 듯했다.

"글쎄요, 뭐라 말씀드려야 할지……. 제 생각엔 토니 씨가 너무 흥분해서 잠시 이성을 잃었던 것 같습니다요."

"이성을 잃었다……?"

지금 내게 가장 절실히 필요한 것 역시 이성적인 판단이다. 나는 마음속으로 현명한 판단을 내리고 있는 내 모습을 상상했다. 그러나 그 장면 위로 짙은 회색 눈동자를 굴리며 나를 비웃는 빌 피치의 얼굴이 그려졌다. 갑자기 참을 수 없는 분노가 치밀어올랐다.

'그래. 오늘 생긴 모든 문제는 망할 놈의 빌 피치와 함께 등장했다. 빌어먹을 놈의 빌 피치! 내 전용 주차 구역도 모자라 내 사무실까지 꿰차고 앉더니만, 토니마저 달아나게 하다니……. 그러면서 나더러 3개월 안에 이 망할 놈의 공장을 회생시키라고?'

당장 전화를 걸어 욕설이라도 퍼붓고 싶은 심정이었다. 그 순간, 내 책상에 버티고 앉아 오늘 안으로 41427 주문을 해결할 방법을 알려주겠다고 으름장을 놓던 그의 얼굴이 떠올랐다.

'그래, 본부장. 당신이 기껏 가르쳐주겠다던 것이 바로 이거였군.'

2

그대를 괴롭히고 슬프게 하는 일들을
하나의 시련이라고 생각하라. 쇠는 불에 달구어야 강해진다.
— 마르쿠스 아우렐리우스

이렇게 가정해보자. 다들 별 탈 없이 편안한데, 유독 자신만 궁지에 몰린 상황이라면 과연 어떤 기분이 들까?

'왜 내게 이런 시련이 닥쳤을까? 대체 내가 뭘 얼마나 잘못했길래…….'

인간은 더 이상 물러설 자리가 없을 때 현실을 직시하게 된다. 그것이 절망의 나락이건, 새로운 생의 의지건 간에 말이다. 가슴 한구석에서 벌어지는 전쟁, 나는 오늘 그것을 절실하게 경험했다. 선과 악의 시나리오를 잡고 무엇을 선택해야 할지 도무지 갈피를 잡을 수 없었다.

'왜 하필 나야?'

#오후 6시 30분

나는 지독한 피로감을 느끼며 집으로 향했다. 현관에 들어서자 TV 소리가 귓전을 때렸다. 인기척을 느낀 아내가 상기된 얼굴로 나를 맞았다.

"이제 와? 나 오늘 머리 했는데, 어때?"

가늘고 곧은 갈색 머리칼에 굵은 웨이브가 져 있었다. 언뜻 보니 예전보다 훨씬 밝은색으로 염색도 한 것 같았다. 나는 심드렁하게 대꾸했다.

"좋아 보이네."

"미용사가 그러는데, 헤어스타일을 바꾸니까 눈이 더 커 보인대."

아내는 기다란 속눈썹을 깜박이면서 내 반응을 살폈다. 아내 줄리의 눈은 예뻤다. 거기에 반해 결혼했지만…… 어쨌든 내 생각에는 아내의 눈을 더 돋보이게 할 필요는 없을 것 같았다. 하긴 내가 여성의 헤어스타일에 대해 뭘 알겠는가? 나는 아내의 머리 모양새보다는 지금 나를 짓누르고 있는 현실이 더 뼈에 사무쳤다.

"좋은데."

"정말? 치, 거짓말! 자기는 내가 뭘 하든 관심도 없잖아."

아내에게 속마음을 들킨 것 같아 미안한 생각이 들었다.

"미안해. 오늘 진짜 피곤해서 그래."

"그러고 보니, 자기 안색이 많이 안 좋아 보이네. 알렉스! 좋은 생각이 있어. 우리 맛있는 거 먹으러 나가자. 그럼 만사를 잊어버릴 수 있을 거야."

아내는 들뜬 표정으로 나를 올려다보았지만, 나는 그럴 기분이 전혀 아니었다.

"안 돼. 얼른 저녁 먹고 다시 공장에 가봐야 돼."

그러자 아내가 발끈하며 일어서더니 그동안 쌓인 불만을 내뱉었다.

"나 원 참, 자기만 힘든 줄 알아? 나도 오늘 하루 종일 애들한테 시달렸단 말이야!"

"내 입장 좀 생각해줘. 아까도 말했잖아. 오늘은 정말 지옥 같은 날이었다고! 빌어먹을 놈의 본부장이 아침에 들이닥쳐서 오늘 안에 모든 일을 마무리 지으라고 협박했어. 그런데 망할 놈의 기계가 말썽을 부려서……. 아무튼 오늘은 어려워. 빨리 기계를 손봐서 물량을 소화하려면 한시가 급해."

아내에게 화를 낼 이유는 없었다. 그러나 막무가내로 우기는 아내의 말을 듣고 있자니 울화가 치밀었다. 잠시 침묵하던 아내는 냉정한 어조로 말했다.

"기억 안 나? 어제 자기가 그랬잖아. 오늘 외식하러 가자고. 그래서 저녁 준비도 안 해놨다고. 몰라. 저녁은 알아서 해결해, 그럼."

아뿔싸! 이제야 기억이 났다. 어제 아내와 다투고 난 뒤 화해하면서 외식을 약속했던 것이다.

'젠장, 마가 끼었군.'

나는 얼른 사태를 수습하려 했다.

"미안해, 자기야. 깜빡했어. 그럼, 한 시간 안에 돌아올게."

"그걸 말이라고 해? 됐어!"

"줄리, 진정하고 내 말 좀 들어봐. 자기 생각보다 회사 상황이 많이 안 좋아. 빌 피치 본부장이 그러더라고. 공장을 폐쇄할 수도 있다고 말이야."

그 순간 아내의 눈동자가 흔들렸다. 그녀는 만감이 교차하는 표정으로 되물었다.

"공장이 문을…… 닫아? 정말이야?"

"응. 상황이 점점 더 어려워지고 있어."

"그럼, 이제 다른 곳으로 발령 나는 거야?"

아내는 아직도 사태를 제대로 파악하지 못하고 있었다. 나는 다시 무거운 마음으로 입을 열었다.

"아니. 다음 일에 관해서는 전혀 언급이 없었어. 지금 내 자리는 여기야. 이 도시, 바로 이 공장이란 말이야!"

"공장이 문을 닫을지도 모른다면서 그다음 일은 관심도 없단 말이야? 자기야, 난 그게 더 걱정이야."

"빌어먹을 본부장이 공장 폐쇄 얘기만 떠들고 갔을 뿐이라고. 알아듣겠어?"

"아……."

아내의 입에서 깊은 한숨이 흘러나왔다. 문득 아내의 얼굴을 들여다본 순간 나는 틈만 나면 이 도시를 떠나고 싶어하는 아내에게 화가 났다.

"자기는 하루라도 빨리 이 도시를 떠나고 싶지?"

"나 원 참, 자기는 왜 항상 자기 생각만 하는데? 난 솔직히 이 도시에 자기만큼 애착이 없어. 내 고향도 아니고……."

"여기 이사 온 지 겨우 6개월밖에 안 됐잖아."

"겨우 6개월이라고? 아는 사람 하나 없는 곳에서 사는 게 얼마나 갑갑한지 알기나 해? 난 자기 말고는 얘기할 친구도 없단 말이야. 근데 자기는 늘 바깥으로만 돌고. 물론 자기 가족들이 있긴 하지. 그래, 정말 좋은 분들이야. 근데 난 어머님이랑 한 시간만 같이 있어도 정말 미쳐버릴 것 같아. 나한테는 6개월이 600년 같다고!"

"그래서 대체 나더러 어쩌란 말이야! 내가 자원해서 이리로 왔어? 회사에서 발령을 낸 거잖아. 잘 알면서 왜 그래? 자기야, 어쩌겠어. 운명이지 뭐."

"뭐? 운명? 그래 그럴싸한 말이네."

"나 지금 자기랑 싸우고 있을 시간이 없어."

내 단호한 대답에 아내는 마침내 울음을 터뜨렸다.

"그래, 가! 가란 말이야. 언제는 자기가 내 옆에 있었어? 가서 기름 냄새나 실컷 맡아!"

"자기야."

오늘따라 아내의 울음소리가 한없이 애처로웠다.

'제길, 왜 하필 나란 말이야!'

나는 아내를 살포시 감싸 안았다. 우리는 한동안 그렇게 말없이 서 있었다. 아내는 차차 안정을 찾아갔다. 그녀는 살며시 나를 몸에서 떼어내며 말했다.

"미안해. 어서 가봐. 급하게 처리할 일도 있다면서."

"괜찮은 거야? 자기한테 이렇게 화낼 건 아니었는데, 내가 많이 피곤한가 봐. 외식은 내일로 미루면 어때?"

"그래, 좋을 대로 해. 자기 저녁은 어떻게 할 거야?"

아내와 실랑이를 하느라 저녁식사는 까마득히 잊고 있었다.

"공장으로 돌아가는 길에 간단히 먹지 뭐. 그런데 자기하고 애들은 어쩌지?"

"냉동실에 저녁거리가 좀 있을 거야. 신경 쓰지 말고 어서 가기나 해."

아내를 등지고 돌아서자 놀랍게도 식욕이 말끔히 사라졌다.

자동차 시동을 거는 내내 가슴 한쪽에 무지근한 체기가 느껴졌다. 나는 잠시 지난날을 회상해보았다. 우리 가족이 베어링턴으로 옮겨 온 이후, 아내는 힘겨운 나날을 보냈다. 전근 발령을 받던 날, 아내는 극도로 신경질적인 반응을 보였다.

"베어링턴이라고? 세상에! 알렉스, 자기 정말 거기로 갈 거야? 난, 모르겠어. 내가 왜 그리로 가야 해? 난 새장 속의 새가 되고 싶진 않아. 가족들이랑 친구들이랑 다 여기 있는데. 거기엔 아무도 없잖아. 아무도! 제발 좀……."

아내는 거의 울먹이는 목소리로 간청했다. 그러나 우리는 이곳에 정착했고, 이미 6개월이란 시간이 흘렀다. 그간 아내와 나는 서로 다른 입장에서 각기 힘겨운 싸움을 했다. 나는 나대로, 아내는 아내대로. 하지만 나는 언제나 내 입장에 서서 아내의 불평을 묵살했다. 우리 부부의 무모한 소모전은 언제나 원점을 맴돌았다. 사실 아내 입장에서 보면 확실히 이곳은 그리 살기 좋은 도시가 아니었다. 일가친척 하나 없는 낯선 땅에서 아내는 그동안 많이 외로웠을 것이다. 나 역시 새로운 직장 환경에 적응해야 하는 부담이 있었기에 아내를 충분히 배려하지 못했던 것이 사실이다.

솔직히 말해, 나는 이 도시에 남다른 애착과 소속감을 가지고 있었다. 아내와는 달리 내게 베어링턴은 마음의 안식처였다. 태어나 18년 동안 자란 고향이었으니 나에게는 모든 것이 익숙했다. 낯익은 거리와 술집, 발길 닿는 곳마다 맺혀 있는 추억거리 등 무엇 하나 빼놓을 수 없는 편안한 둥지였던 것이다. 물론 베어링턴은 내가 추억하는 것만큼 매력적인 도시는 아니다. 공장 도시인 이곳에는 내세울 만한 자랑거리가 그다지 없었다. 특별히 이렇다 할 만한 관광지도 아니었고, 미국의 여느 도시처럼 쇼핑센터와 패스트푸드 음식점, 백화점 몇 곳이 거리를 메우고 있는 평범한 도시였던 것이다. 도심으로 나서면 더욱 실망스러웠다. 도로를 가득 메운 희뿌연 매연가스, 금방이라도 쓰러질 것만 같은 낡은 건물, 골목 어귀에 함부로 버려져 있는 베니어합판, 기차 소리마저 드문 공허한 철로 등 환상만으로는 도저히 애정을 갖기 어려운 도시인 건 맞다. 게다가 도시 전체에서 풍기는 우울한 느낌은 마음까지 위축시켰다.

도시를 더욱 을씨년스럽게 만드는 건물도 있었다. 메인 가와 링컨 가가 만나는 지점에 위치한 이 14층짜리 건물은, 10년 전 베어링턴의 상징으로 완공되어 최고의 주가를 누렸지만 지금은 '급매'라는 꼬리표를 단 채 초췌한 몰골로 서 있다. 우리의 인생이 그러하듯 이 건물도 한때는 '잘나가던 시절'이 있었다. 준공 당시에는 시민들도 도시 최고의 상징물이라는 말에 손색이 없을 정도로 열렬한 반응을 보였다. 소방서에서는 이 건물 꼭대기까지 올라가려면 상당히 긴 사다리차가 필요하다는 핑계로 새로운 소방차를 구입하기도 했다(그날 이후, 난 가끔씩 정말로 건물에 불이 나서 사다리차가 오르내리는 광경을 상상하곤 했다! 하지만 나는 아무에게도 내 이 불순한(?) 상상을 말하지는 않았다). 지역 유지 중 몇몇은 이 빌딩이야말로 베어링턴에 생기를 불어넣을 유일한 건물이라며 입을 모았다. 그러나 10년이 지난 지금은 도시 한구석을 흉물스럽게 차지하고 있는 애물단지로 전락해 있었다. 건물만큼이나 초췌한 베어링턴의 풍경은 도시 전체가 급매 대상이 된 듯한 착각을 불러일으켰다.

유감스럽지만 바로 이것이 베어링턴의 현재 모습이다. 실제로 회사 근처에는 일찌감치 이주한 공장 터가 남아 있었다. 나는 매일 아침 이곳을 지나치면서 가시철망으로 얽혀 있는 녹슨 철조망을 바라보고는 했다. 과거 기계 소리와 함께 숨 가쁘게 돌아갔을 공장 내부는 적막하기만 했다. 철조망 너머 6000여 평을 웃도는 드넓은 주차장은 폐허가 된 공장의 모습을 적나라하게 드러내고 있었다. 쩍쩍 갈라진 콘크리트 바닥 틈새로 무성하게 자라난 잡초 더미가 흉물스럽게 고개를 바짝 세우고 낯선 침입자를 경계했다. 주차장 뒤에는 페인트칠이 벗겨진 공장 건물이 우뚝 서 있었다. 동네 부랑아들이 칠해놓은 낙서와 함께 희미하게나마 공장 이름이 남아 있었지만, 제대로 알아볼 수 없을 정도였다.

흉측한 자취를 남기고 떠난 이 공장은 남쪽 노스캐롤라이나 주 어딘가로 옮겨 갔다. 공장이 이주한 원인에 대한 의견이 분분한데, 소문에 따르면 노조와의 마찰 때문이었다고 한다. 어쨌든 공장 이주 후 베어링턴은 막대한 손실을 입었다. 하루아침에 이천 명의 실업자들이 거리로 나왔고, 지역 경제도 그만큼 불황에 시달렸다. 이에 격분한 노조가 5년 뒤 공장을 따라 그곳으로 이주해 투쟁 중이라는 후문도 있었다. 분명한 사실은 그 회사가 베어링턴에서 생산 활동을 벌이는 동안 누구의 방해도 받지 않았으리라는 점이었다. '저임금과 높은 생산력', 이만하면 그들이 노린 먹잇감으로는 충분하지 않았을까? 새로운 경영관리라는 측면에서 본다면 5년의 세월은 엄청났다. 5년 동안 그 회사는 저임금의 근로자를 고용해 노조의 저항을 무시하며 또 다른 이익을 챙겼을 것이다.

6개월 전, 유니코에 부임하자마자 우연히 이 공장 내부를 들여다볼 기회가 있었다. 공장 근처에 싼 창고 자리를 찾던 중 이 공장이 물망에 올랐던 것이다. 그때만 해도 내게는 커다란 포부가 있었다. 공장을 잘 운영해 규모를 넓혀 보겠다는……. 그러나 동료 몇 명과 공장 안으로 들어선 순간 나는 미래에 닥쳐올 '불운'을 희미하게나마 감지했다. 참으로 묘한 느낌이었다. 그리고 모든 것이 너무나 조용했다. 텅 빈 공장 안에는 썩어가는 곤충이 군데군데 널려 있을 뿐, '적막함'이라는 표현이 절묘하게 어울렸다.

"늙은 패잔병의 말로치고는 화려한데?"

공장 문을 나서며 던졌던 우스갯소리가 아직도 생생하다.

'석 달 뒤 우리 공장이 그렇게 되지 말란 법도 없지.'

나는 다시금 불안해졌다. 지금 이 순간에도 나는 폐허 속에 남아 있는 공장을 지켜보면서 '미래의 환영'에 몸서리를 쳤다.

'절대로 그런 일이 일어나서는 안 돼. 절대로!'

베어링턴에 있는 회사들은 1970년대 중반 이후 간혹 다른 도시로 이주해 가는 경우가 있기는 했지만, 연평균 하나 꼴로 문을 닫았다. 모든 일은 한꺼번에 일어났다. 꼬리에 꼬리를 물고, 마치 약속이라도 한 듯 순번을 달며 속속 빠져나가버렸다. 그리고 그다음 차례는 우리가 될 가능성이 높았다. 내가 처음 이곳 공장장으로 부임했을 때 〈베어링턴 헤럴드〉는 1면 머리기사로 나를 취재했다. 기억이 가물거리지만 '베어링턴 출신 소년의 성공 스토리!'라는 기사였던 것 같다. 그 때문에 나는 한동안 유명세를 치러야 했다. 아내의 불평대로 그동안 나는 공장에 매여 살았다. 업무체계 분석, 시스템 관리, 고용관리, 생산관리, 원가회계 등 크고 작은 일들이 24시간이 멀다 하고 숨 가쁘게 터져나왔다. 그렇지만 예상대로라면 3개월 뒤에는 더욱 감당할 수 없는 유명세를 치르게 될지도 모른다. '유니코 베어링턴의 마지막 공장장 알렉스 로고—직장 폐쇄 스토리의 전말!'이라는 타이틀이 되지 않을까? 문득 나 자신이 베어링턴 시민들의 기대를 저버린 배신자라도 된 듯한 착각에 빠졌다.

공장에 들어서자, 밥 도노번은 전기판에 오른 실험용 생쥐처럼 잔뜩 신경을 곤두세우고 있었다. 그는 성난 고릴라처럼 소리치며 기계 사이를 비집고 다녔다.

"이봐! 거기, 대체 뭐 하는 거야? 이래서야 오늘 안에 출고할 수 있겠어?"

그의 얼굴은 하루 사이에 매우 수척해졌다. 전에는 볼 수 없었던 묘한 긴장감이 감돌았다. 밥은 단 몇 초도 한자리에 있지 않았다. 그를 큰 소리로 불렀지만 거리가 멀어 듣지 못했다. NCX-10 근처에 가서야 겨우 그를 따라잡을 수 있었다. 나를 발견한 밥은 몹시 놀라는 눈치였다.

"도노번 부장, 잘될 것 같습니까?"

"노력 중입니다요."

"노력 중인 건 알고 있습니다. 41427건을 오늘 안에 출하할 수 있는 겁니까, 없는 겁니까?"

나는 약간 짜증 섞인 기색을 드러내며 밥을 다그쳤다.

"최선을 다하고 있습니다요, 공장장님!"

밥은 육중한 몸을 돌려 재빨리 작업 라인으로 뛰어갔다. 나는 NCX-10을 바라봤다. 어마어마하게 큰 덩치를 자랑하는 NCX-10은 묵묵히 제 몫을 다하고 있었다. 유일하게 엷은 자주색 페인트로 단장하고 있는 NCX-10은 우리 공장에서 가장 비싼 수치 제어기였다. 규모만큼이나 복잡한 시스템으로 운영되는 NCX-10의 한쪽 면에는 다양한 색깔의 제어판이 달려 있는데, 주요 구성 요소로는 빨간색, 초록색, 노란색 전등과 토글 스위치(toggle switch), 테이프 드라이브(tape drive), 컴퓨터 디스플레이 등을 꼽을 수 있었다. 이중 제일 먼저 시선을 끄는 것은 NCX-10 한복판에서 진행되고 있는 금속 작업으로, 현재 기계 상태를 가장 잘 알려주는 바로미터였다. 나는 가만히 금속 작업 공정을 지켜보았다. 기계 하나가 강철 조각을 쥐고 있고, 금속 부스러기들이 절단기를 통과해 청록색 윤활유로 마무리 공정을 빠져나오고 있었다. 어쨌든 NCX-10은 움직이고 있었다. 어쩌면 움직이고 있다는 사실 자체가 기적일지도 모른다.

오늘은 운이 좋았다. 당초 예상과는 달리 심각한 손상을 입지는 않왔던 것이다. 그러나 NCX-10은 정확히 오후 4시 30분, 두 번째 교대조의 마감 시간과 맞물려 작동을 시작했다. 작업은 지연될 수밖에 없었다. 나는 작업 시간을 보충하기 위해 잔업을 지시했다. 사업장 규칙에 따르면 잔업은 위법이었으나, 사안이 사안인 만큼 선택의 여지가 없었다. 나는 그 즉시 조립라인을 풀가동시켰다.

이 많은 잔업수당을 어디서 충당할지는 미지수였지만, 분명한 사실은 오늘 안에 41427건을 출하해야 한다는 것이었다. 41427건에 관해 압력을 행사하는 인물은 빌 피치뿐만이 아니었다. 마케팅 부장 조니 존스는 지금까지 무려 네 통의 전화를 걸어 41427건의 진척 상황을 캐물었다. 그 역시 빌 피치 본부장과 영업사원들, 그리고 고객들로부터 계속 닦달을 당하고 있었던 것이다. 작업 지연이라는 말은 충분한 명분이 될 수 없었다. 나는, 아니 우리 공장 식구 모두 이유를 불문하고 무슨 일이 있어도 오늘 안에 반드시 41427건을 출하해야 했다.

'제발 더 이상 문제가 생기지 않았으면…….'

나는 그저 속으로 아무 탈 없이 진행되기만을 간절히 바라며, 작업 공정을 지켜보았다. 먼저 생산된 부품은 다음 조립 단계로 넘어갔다. 작업반장은 반제품을 받아 중간 공정을 거친 뒤, 최종 조립 단계로 옮겨놓았다. 과정은 단순했지만, 이동 시간에 문제가 있었다. 작업장에서는 생산품 하나하나를 일일이 손으로 옮겨야 하기 때문에 1인당 생산성은 그야말로 제로에 가까웠다. 작업 능률은 고사하고 생산량을 감당하기에도 벅찬 수준이었다.

'이건 미친 짓이야! 밥은 대체 이 많은 인원을 어디서 구한 거지?'

천천히 공장 내부를 살펴보았다. 현재 41427건이 아닌 다른 작업을 진행하고 있는 사람은 단 한 사람도 없었다. 모두가 41427건에 매달려 전쟁을 치르고 있었다. 밥은 그 나름대로 자신이 확보할 수 있는 최대한의 인원을 동원했다. 그러나 유감스럽게도 이것은 전혀 효율적인 방법이 아닐뿐더러, 원칙상 그래서도 안 되는 일이었다.

41427건은 밤 11시를 넘기고 나서야 선적 작업에 들어갔다. 작업자들은 모두 선적장에 모여 41427건이 마무리되는 과정을 지켜보았다. 41427건은 출하 도크 위를 지나 트레일러 뒤쪽에 실렸다. 운전사가 뒷문을 닫고 사이드브레이크를 풀었다. 거대한 트럭이 굉음을 남기고 유유히 사라져갔다. 나는 밥과 시선을 교환했다.

"수고하셨습니다!"

"고맙습니다요. 그치만 어떻게 이 많은 일을 처리했는지는 묻지 마십시요. 생각하기도 싫습니다요."

"좋아요. 묻지 않겠습니다. 자축하는 의미에서 함께 저녁이라도 하시겠습니까?"

오늘 처음으로 밥의 얼굴에 환한 미소가 번졌다. 밥의 어깨 너머로 공장 문을 나서는 트럭의 모습이 눈에 들어왔다. 우리는 서둘러 주차장으로 갔다. 시장기가 돌기도 했지만, 일단 공장에서 빨리 벗어나고 싶었다. 나는 밥의 차를 타고 시가지로 나갔다. 자정이 가까워서인지 문 닫은 가게들이 많았다. 우리는 밤늦게까지 문을 여는 공장 지대 쪽으로 가기로 했다. 밥은 내 지시대로 16번가에서 다리를 건너 베서머를 지나, 사우스플랫까지 차를 몰았다. 길이 점점 좁아지면서 골목길로 접어들었다. 주택이 밀집한 지역이라 길이 매우 비좁았고, 주민들이 주차해놓은 차 때문에 운전하기가 여간 고약하지 않았다. 땀에 젖은 밥이 간신히 세드니크 바 앞에 멈춰 섰다. 밥은 의아하다는 표정으로 내게 물었다.

"여기가 맞습니까요?"

"물론! 자, 들어갑시다. 이 집 햄버거 맛은 베어링턴 최고라고요!"

우리는 안쪽 구석자리에 자리를 잡았다. 예전부터 알고 지내던 맥신이 다가와 반갑게 안부를 물었다. 맥신의 요란한 환영 인사가 끝나고 우리는 햄버거와 감자튀김, 맥주를 주문했다.

밥이 주위를 둘러보며 물었다.

"어떻게 이런 델 알게 되셨어요?"

"아, 제가 처음으로 맥주를 마신 곳이 바로 저쪽 자리거든요. 왼쪽에서 세 번째 자리였던 것 같은데…….. 아마 맥주 한 캔을 숨도 쉬지 않고 들이켰을 겁니다."

"술을 늦게 시작하신 겁니까요? 아니면 여기가 고향이신 겁니까요?"

"여기서 두 구역 떨어진 곳에서 자랐거든요. 아버진 길모퉁이에서 조그만 상점을 운영하셨고. 아, 지금은 형이 맡아서 해요."

"베어링턴 출신이신 줄은 몰랐네요."

"여러 곳을 옮겨 다니느라 이곳에 다시 돌아오는 데 꼬박 15년이 걸렸습니다."

맥신은 맥주잔을 들고 와 선심 쓰듯 말했다.

"여기 두 잔은 조가 냅답니다."

바에 앉아 있던 조 세드니크가 반갑게 인사를 건넸다. 나는 가볍게 손을 흔들어 감사의 표시를 했다. 밥은 상기된 얼굴로 잔을 높이 들고 건배를 제의했다.

"41427건의 완성을 자축하며 축배를 드십시다요!"

"위하여!"

나는 밥의 잔에 내 잔을 부딪쳤다. 술기운이 돌자 밥은 긴장이 많이 풀어지는 것 같았다. 하지만 내 머릿속은 여전히 복잡했다.

"이렇게 자축하기까지 참 많은 대가를 치렀습니다. 숙련공 하나를 잃었고, NCX-10의 수리비가 들었고, 게다가 잔업까지……."

"한 가지 더 있습니다요, 공장장님. NCX-10이 고장 난 동안 그 기계를 고치느라 시간을 낭비했으니까요. 그래도 우리 직원들이 합심해서 41427건을 완성했다는 사실이 더 중요하지 않을까요? 매일매일이 오늘 같으면 좋겠습니다요."

나는 팔을 내저어 보이며 말했다.

"전 사양하고 싶습니다. 오늘 같은 경험은 두 번 다시 하고 싶지 않네요."

"네. 물론 저도 본부장님이 매일같이 들이닥쳐서 이것저것 간섭하는 건 싫습니다요. 다만 시간 내에 주문을 완성했다는 것 자체가 좋았다는 거죠, 뭐."

"도노번 부장, 주문을 제때에 출하하는 것은 찬성하지만, 오늘 같은 방식은 절대 안 됩니다."

"어쨌든 출하한 건 사실이잖습니까?"

밥은 도저히 납득이 가지 않는다는 표정으로 나를 바라보았다.

"물론 그렇죠. 하지만 비정상적인 방법으로 한 거 아닙니까?"

"공장장님, 저는 그저 우리가 해야 할 일만 생각했습니다요. 그래서 모든 사람들이 41427건에 매달리도록 지시했고요. 워낙 긴급한 상황인지라……."

"도노번 부장한테 뭐라고 하는 게 아니에요. 이렇게 생각해봅시다. 만일 우리가 매일 오늘 같은 방식으로 공장을 운영한다면 어떻게 될까요? 효율성 면에서 따져봅시다. 공장 전체가 한꺼번에 하나의 주문에만 매달리게 되면, 규모의 경제는 사라지게 될 겁니다. 또 그만큼 비용도 천정부지로 치솟을 거고요. 지금보다 상황이 훨씬 더 악화될 것은 불을 보듯 훤한 일이라 그 말입니다. 경험과 육감에만 의존할 수는 없잖습니까?"

밥은 아무런 대꾸 없이 고개를 숙이고 있다가 마침내 입을 열었다.

"제가 작업촉진자(expeditor)였을 때 나쁜 것만 배운 모양이구만요."

"도노번 부장, 기운을 내요. 당신 오늘 엄청난 일을 해냈잖아요. 정말 굉장했다고요! 하지만 우린 결정을 내려야 합니다. 생산에 또 차질을 빚으면 본부장님이 이달 말이라도 다시 들이닥쳐서 잔소리를 해대며 문제를 일으킬 게 뻔한 일 아닙니까?"

밥은 멍하니 나를 바라보다 문득 이런 질문을 했다.

"그럼 다음번에 이런 일이 다시 일어난다면 어떻게 해야 하는 겁니까?"

"그렇다면…… 오늘과 똑같이 해야 되지 않을까 싶습니다."

나는 씁쓸한 여운을 남기고는 맥신을 불렀다.

"맥신, 여기 맥주 두 잔 더, 아니, 그럴 것 없이 아예 피처에 담아줘요. 여러 번 왔다 갔다 하려면 번거롭잖아."

어쨌든 오늘의 위기는 잘 넘겼다. 간신히 승리를 거둔 것이다. 나는 밥을 집으로 돌려보내고 나서 조용히 술잔을 기울였다. 취기가 돌기 시작했다.

'뭐, 특별히 축하할 일도 아니잖아? 지연된 주문을 겨우 끝냈을 뿐인데……'

이런 생각을 하니 더욱 씁쓸해졌다. 정작 중요한 문제는 우리 공장이 공중분해 위기에 처해 있다는 점이었다. 빌 피치는 공장이 3개월 안에 정상화되지 않으면 폐쇄할 거라고 못 박았다. 시간이 얼마 남지 않았다. 빌 피치의 마음을 돌려놓을 수 있는 유일한 카드는 월간 보고서뿐이다. 그런데 그것도 이제 두세 번밖에는 남지 않았다. 만약 이 상태를 계속 유지한다면, 빌 피치는 공장의 현황을 수치화한 보고서로 작성해 최고경영진에게 올릴 것이다. 상상조차 하기 싫은 일이지만, 테이블에 앉은 임원들은 그랜비 회장의 결정에 동의할 것이다. 그랜비 회장은 최종 결정에 앞서 몇 가지 질문을 할 테고 다시 한번 그 수치들을 확인할 것이다. 마침내 그가 고개를 끄덕이면 그것으로 모든 것은 끝난다. 일단 경영진이 결정을 내리면 천지가 개벽하지 않는 이상 뒤바뀔 일은 없을 테니까.

나머지 일을 정리할 수 있는 약간의 유예기간은 주어지겠지만, 그 다음 순서는 공장 폐쇄일 것이다. 나를 비롯해 직장을 잃은 육백 명의 가장들은 실업자 신세로 전락해 거리에 나앉게 될 것이다. 그나마 위안이라면, 몇 개월 전에 정리해고 된 육백 명의 동료가 있다는 사실뿐이었다. 모든 것이 암담하게만 보였다. 그렇다면 유니웨어 사업부는 어떻게 될 것인가? 아마도 유니웨어 사업부는 경쟁력을 상실한 또 하나의 제품라인에서 손을 떼고 새로운 돌파구를 찾아 나설 것이다. 이런 현상은 다른 회사에서도 일어나고 있다. 값싸고 좋은 제품을 신속하게 생산하거나 일본 제품을 이길 만한 경쟁력이 없는 이상 국제시장에서 살아남을 수 없었다. '더 싸고, 빠르고, 질 좋은 상품'을 모토로 하지 않는 한 도태되는 것은 시간문제였다. 유니웨어 사업부 역시 유니코 소속의 여타 계열사들과 마찬가지로 경쟁 우위 확보를 위해 품질관리 공장을 만들었다. 그런데 지금 우리 공장의 상태는 경쟁 우위는커녕 시장의 먹잇감이 되고 있었다. 유니웨어의 책임자인 빌 피치는 외과적 수술 조치를 단행할 것이다. 전사적으로 볼 때 유니코는 경쟁력을 상실한 사업 부문을 다른 사업 조직에 흡수, 통합해왔다.

지금 생각해봤자 소용없는 일이지만, 우리 공장이 지금의 상황을 개선하기 위해 부단히 노력했다면 유니코의 훌륭한 사업 파트너가 될 수 있었을 것이다. 공장의 문제점들을 개선하고 사업 영역을 확장했더라면, 오히려 다른 패배자 그룹—경쟁력을 상실한 사업부—을 흡수, 합병하여 새로운 경영 혁신의 모델이 되었을지도 모른다. 그러나 이제 와서 그런 말을 한들 다 무슨 소용이란 말인가? 6개월마다 한 번씩 본사에서는 공장 내 고질적인 제반 문제를 치료할 수 있는 만병통치약 같은 모종의 새로운 프로그램을 내려보냈다. 기획은 그럴듯했으나 별다른 특효약은 되지 못했다. 결과는 매달 지지부진했고, 상황은 악화 일로에 있었다.

'이봐, 알렉스. 넌 최선을 다하고 있어. 그만 좀 투덜거려. 이봐, 친구. 진정해, 진정하라고! 좀더 이성적으로 분석해보자고. 지금 네 곁엔 아무도 없잖아. 전화기도 꺼져 있고, 널 방해할 사람은 아무도 없어. 네 내면에 귀를 기울여봐. 상황이 왜 이렇게 꼬인 거지? 왜 공장은 경쟁력을 잃은 거지? 잘 생각해봐. 적은 비용으로 양질의 제품을 제때 출하할 수 있는 묘안이 있을 거야. 분명히!'

그렇다! 분명 뭔가가 잘못되고 있었다. 아직 원인을 확실하게 규명할 수는 없었지만, 근본적인 문제가 있는 것은 확실했다.

'그래! 묘안이 있을 거야, 틀림없이! 그런데 대체 뭐가 잘못된 거지?'

공장 자체만 놓고 보면, 별다른 문제가 없어 보였다. 아니, 정말 괜찮은 공장이었다. 우리에겐 기술적인 노하우도 있었고, 값비싼 수치 제어기도 몇 대나 있었다. 그뿐인가? 수작업을 거치지 않아도 작업을 진행할 수 있는 로봇과 커피 심부름만 빼고는 무엇이든 할 수 있는 만능 컴퓨터 시스템도 구비하고 있었다. 또 10년 이상의 경력을 자랑하는 인력 시스템도 갖추고 있었다.

아니, 몇 가지 결함이 있기는 했다. 비좁은 주차장, 허술한 작업환경, 노조 등……. 그러나 이것들도 따지고 보면 별반 걸림돌이 될 만한 사안은 아니었다. 주차장은 삼교대 근무이므로 약간의 불편만 감수하면 된다. 작업환경은 노조에서 들먹이는 몇 가지 이유가 있기는 해도 열악한 수준은 아니었다. 노조 역시 동종 업계와 비슷한 수준이었다. 아니, 오히려 더 우호적이라고 해야 할까? 가끔씩 눈엣가시처럼 불을 켜는 노조 간부가 있기는 해도 위기 상황에서는 늘 '공생을 위한 양보'를 위해 협상의 미덕을 발휘했다.

그렇다. 우리에게는 인력도 있고, 기계도 있다. 필요한 원자재도 넘친다. 경쟁사의 제품이 팔리는 한 우리에게도 시장 진입 가능성은 있다. 그렇다면 대체 무엇이 문제인가?

문제는 경쟁자들이다. 바로 이 점이 나와 우리 공장의 숨통을 옥죄고 있는 것이다. 일본 업계가 시장에 들어온 이래 믿을 수 없을 정도로 살벌한 경쟁이 벌어지고 있었다. 3년 전부터 그들은 품질과 제품 디자인 면에서 우리를 앞질렀다. 겨우 기술적 문제를 극복한 시점인데, 이들은 다시 가격과 유통 면에서 우리를 누르고 있다. 이들의 성장 비결이 뭔지 알고 싶었다. 경쟁력을 키우기 위해 우리가 실천할 수 있는 일이 무엇일까?

비용 절감에 관해서는 우리 사업부 내에서 나보다 잘해낸 사람은 없을 것이다. 나는 부임과 동시에 비용 절감 조치를 단행했다. 역대 공장장 중에서 나만큼 비용 절감에 성공한 사람은 없었다. 더 이상 절감의 여지가 남아 있지 않을 정도니까. 또 한 가지, 내부 효율성 문제를 들먹인 빌 피치 본부장의 지적과는 달리 우리 공장은 상당히 효율성이 높은 편에 속했다. 지금까지 모은 정보를 살펴보면 유니웨어 사업부 내에 우리 공장보다 효율적으로 운영되는 곳은 단 한 군데도 없다. 단, 공중분해의 위기 속에서도 그들이 살아남을 수 있었던 유일한 이유는 우리와 달리 경쟁자가 없다는 점이었다.

아니다. 이게 다 자기합리화인지도 모른다. 분명 빌 피치의 지적대로 업무의 효율성을 높일 만한 방법이 있을 것이다. 하지만 안타깝게도 그 해답은 허공을 맴돌고 있을 뿐이었다. 공장은 지금도 숨 가쁘게 돌아가고 있다. 그런데도 더 이상의 묘안이 나오지 않는다. 최고 속력으로 달리는 말에 채찍질을 가하라는 건데……. 대체 어떻게 해야 한단 말인가?

지금의 현실을 돌이켜보아야 하지 않을까? 납품일 지연 문제는 만성질환처럼 공장 내부를 좀먹고 있었다. 현재 공장의 스케줄은 납품 물량을 간신히 처리하는 정도였다. 재촉을 받고 나서야 겨우 출하했다. 재고가 산더미처럼 적체해 있었다. 일정에 맞춰 원자재를 투입하지만 예정된 시간에 완성되는 일은 결코 없었다. 하지만 이런 일은 비단 우리만 겪는 문제가 아니다. 여느 공장에서 흔히 볼 수 있는 일이었다. 대개 공장에는 작업촉진자들이 배치되어 있으며, 우리 공장 정도의 규모라면 미국 내 어디를 가더라도 비슷한 재고량을 안고 있다. 다른 공장과 비교해볼 때, 오히려 우리 공장은 상황이 좋은 편에 속한다.

그럼에도 불구하고 우리는 적자를 내고 있다. 대체 무엇이 문제란 말인가? 도무지 갈피를 잡을 수가 없었다.

지금 내게 간절한 바람이 있다면 남아 있는 재고 물량만이라도 제때에 출하하는 것이다. 나는 가끔씩 환상을 본다. 재고 물량이 미세한 바이러스로 변해 작업 공정 곳곳을 허물어버리는 상상! 놈들은 끈질긴 번식력을 무기로 작업자들의 능률을 갉아먹고, 기계를 망가뜨렸다. 단언컨대 재고 물량이야말로 시스템 붕괴의 주범일 것이다.

아니다. 어쩌면 내 능력에 문제가 있는지도 모른다. 하지만 난 공과대학을 나왔고, 경영대학원까지 우수한 성적으로 졸업했다. 빌 피치가 판단하기에 내 능력이 모자랐다면 나를 이 자리에 앉히지도 않았을 것이다.

화려했던 지난날이 머리속을 스쳤다. 스포트라이트를 받으며 인재로 특채되어 산업공학에 첫발을 내디딘 것이 어림잡아도 십수 년은 되었다. 정확히 15년! 결코 짧은 세월이 아니다. 그때만 해도 나는 무엇이든 할 수 있고, 내가 원하는 것은 무엇이든 이룰 수 있다고 생각했다. 열두 살 생일을 치르고 난 뒤부터 나는 사회생활에 적응하기 시작했다. 수업이 끝나면 아버지 가게에서 일을 도우며 용돈을 벌어 썼다. 고등학교 때도 줄곧 아르바이트를 했고, 대학에 다닐 때도 여름방학이면 근처 밀가루 공장에서 일하며 학비를 벌었다. 아버지는 내게 열심히 일하면 언젠가는 보상받게 된다고 말씀하셨다. 물론 맞는 말이다. 하지만 내 형은 달랐다. 맏아들로 태어났다는 특권 하나만으로 아버지의 대를 이어 편안한 삶을 살아가고 있다. 반면에 나는 어떤가? 열심히 일했고, 땀 흘려 번 돈으로 잠도 아껴가며 공대를 졸업해 대기업에 취직했지만 아직도 일에 치여 살고 있다. 가족까지 나를 등한시한다. 유니코 사를 위해서 내가 할 수 있는 일은 뭐든지 다했다. 하고 또 했다. 그런데도 지금의 나는 어떤가? 서른여덟을 넘긴 초라한 공장장이 되어 있을 뿐이다. 아내도 아이들도 외면하는 남루한 가장의 몸뚱이로 말이다.

시계를 보니 새벽 3시가 넘어가고 있었다. 집으로 돌아가야 할 시간이었다.

'제길, 오늘 하루도 이렇게 가버리는군. 내일은 내일의 태양이 뜰까?'

나는 졸린 눈을 비비는 맥신를 뒤로하고 무거운 발걸음을 재촉했다.

3

우리가 두려워하는 공포는 종종 허상에 불과하지만,
그럼에도 불구하고 실제 고통을 초래한다.
— 프리드리히 실러

#오전 6시 3분

새벽 단잠을 깨우는 알람 소리에 눈을 떠보니 아내가 잠결에 내 품을
빠져나가 자명종을 찾아 더듬거리고 있었다. 6시 정각에 맞춰놓은 알
람은 3분씩이나 쳇소리를 내면서 내 머릿속에 남아 있던 꿈의 잔상을
밀어냈다. 아내는 신경질적으로 자명종 스위치를 누르고 침대에 쓰러
져 다시 고른 숨소리를 냈다. 나의 남루한 일상은 언제나 이렇게 출발
한다.

#오전 6시 45분

나는 옷장 깊숙이 들여놓았던 회색 정장을 갖춰 입고 차고로 내려와
시동을 걸었다. 주위는 아직도 어둠 속에 잠들어 있었다. 지금 출발해
몇 마일쯤 달리면 새벽하늘을 가르고 동이 틀 것이다. 그리고 얼마쯤
을 더 달리면 태양이 내 머리 꼭대기에서 작열할 것이다. 하지만 그때
쯤이면 나는 일상의 끈끈한 상념에 젖어 시간의 흐름조차 까맣게 잊
고 있을 것이다.

　얼마를 달렸을까? 문득 도로 옆을 바라보니, 태양이 벌써 나뭇가지
위에서 나를 내려다보고 있었다. 이럴 때면 무척이나 비참한 느낌에
사로잡힌다. 무조건 앞만 보고 달려오는 동안 세상은 조금씩 그렇게
키를 높여갔다. 시간이 흐르고, 계절이 바뀌고, 나이를 먹어가는 것이
다. 이른 아침 한적한 시간을 즐길 여유조차 없고, 다가올 미래에 대한

불안에 지레 고민하고 있는 나 자신을 생각하니 왠지 가슴 한구석이 뻥 뚫린 듯한 기분이 들었다. 그 간극을 비집고 오늘 아침 8시에 예정된 전체 회의가 떠올랐다.

빌 피치 본부장이 어제 오후, 전화로 사업부 전체에 긴급회의 소집령을 내렸다. 그래 봤자 공장장 몇 명과 참모진이 전부겠지만, 어쩐지 불안한 예감이 들었다. 정체 모를 두려움이라고 해야 할까. 오늘 회의만 해도 나는 이렇다 할 정보를 입수하지 못했다. 정황으로 미루어볼 때 극비리에 진행될 회의였건만, 아직 회의 안건조차 정확히 파악하지 못한 상태였다.

'빌 피치, 이 빌어먹을 놈! 대체 왜 내 인생에 끼어든 거야!'

갑자기 눈앞에 안개가 낀 듯 모든 것이 모호해졌다. 나를 옥죄고 있는 사슬에서 벗어나고 싶다는 생각만이 머릿속에 앙금처럼 남았다. 그러나 벗어나려고 하면 할수록 오기가 생겼다.

'그래, 다시 한번 차근차근 되짚어보자. 무슨 방법이 있을지도 모르잖아?'

나는 빌 피치 본부장의 말을 곱씹으며 단서 하나하나를 조합해보았다. 정각 8시까지 사업부 실적보고서와 사업조직 활동평가서를 가지고 집합하라는 명령을 유추해보면 아마도 1분기 각 사업부의 상황 평가와 함께 2분기 사업 실적에 관한 내용을 논의할 게 분명하다. 정통한 소식통에 따르면, 빌 피치 본부장은 오늘 회의를 빌미로 회사 내 규율을 바로잡고 현재 경영 여건의 긴박함을 극적으로 부각하려는 음모를 꾸미고 있다고 했다.

'교활한 놈 같으니라고!'

그런데 뭔가 미심쩍은 구석이 있었다. 빌 피치는 왜 하필 오전 8시를 고집했을까? 아이러니하게도 본부장의 무모한 직권 남용은 오히려 역효과만 발휘할 게 뻔해 보인다. 우선 오전 8시 정각까지 전원이 모이려면 절반 정도의 인원은 어제 저녁 미리 비행기를 예약해 이곳에 도착해 있어야 한다. 그러자면 비행기표, 숙박비, 식대까지 족히 2000~3000달러의 지출을 감수해야 한다. 회의 시간을 한두 시간만 늦췄다면 경비를 낭비할 필요가 없는데 왜 그렇게 해야 하는 건가.

생각의 고리를 더듬고 있자니 혹시 빌 피치에게 심경의 변화가 찾아온 것은 아닐까 하는 생각이 들었다. 최근 그의 동향을 분석해보면 몇 가지 징후가 있었다. 각 사업부 조직이 얼마나 형편없이 일을 처리했는지를 증명하기 위해 2000달러에서 3000달러의 손실을 감수하는 것하며, 권한 이양을 꺼리는 히스테릭한 반응이 그러했다. 그는 마치 패전을 눈앞에 둔 장수가 전략을 잃고 지푸라기라도 잡는 심정으로 부하들을 닦달하는 것처럼 보였다. 확실히 그는 예년과 달랐다. 자신감에 차 있던 그의 모습은 강박증에 시달리는 만성신경증 환자처럼 초췌하게 변해 있었다. 자신의 권한을 티끌만큼도 양보하지 않으려는 인색한 모습은 그를 더욱 초라하게 만들었다. 하지만 2, 3년 전만 해도 그는 지금과는 전혀 다른 모습이었다. 그의 혁신적인 정책들은 모두에게 인정받았고, 그만큼 그를 신뢰하는 그룹이 사업부 곳곳에 포진해 있었다. 그는 사업부 내에서 적정한 이윤만 보장된다면 창조적인 아이디어를 마음껏 발휘할 수 있도록 공장장들에게 재량권을 위임하고, 정책적인 지원을 아끼지 않았다. 그 스스로도 '현명한 리더'가 되기 위한 노력을 주저하지 않았다. 지금처럼 모든 일과를 하루하루 체크하는 좀스런 상사가 아니었던 것이다.

며칠 전 생산성 증진 워크숍 강연 후 빌 피치와 컨설턴트가 나눈 대화가 그 단적인 예이다. 컨설턴트는 사업부 내 생산성 혁신을 위해서는 직원들의 사기를 높일 수 있는 근로 환경을 조성해주어야 한다고 조언했다. 예전 같았으면, 아니 적어도 사업부 내 생산성이 하강 곡선을 그리기 전이었다면 그는 흔쾌히 컨설턴트의 말에 귀를 기울였을 것이다. 그러나 그의 답변은 단호했다.

"어림 반 푼어치도 없는 소리 마시죠. 직원들이 즐겁게 일하든 말든 그게 나랑 무슨 상관입니까? 도대체 그 인간들이 회사를 위해서 뭐 대단한 일을 했다고 우리가 그렇게 많은 걸 해줘야 하냐고요. 난 그 인간들을 위해 단 1달러도 쓸 생각이 없습니다!"

그리고 바로 어제 그 불똥이 나에게 튀었다. 빌 피치는 공장 문을 박차고 들어와서는 '고객서비스 개선안'을 들먹이며 집어삼킬 듯한 기세로 나를 몰아세웠다. 나는 내 이성이 제어할 수 있는 한도 내에서 그를 설득해봤지만 헛수고였다. 결국 언성이 높아졌고, 우리는 증오심을 불태우며 서로 등을 돌렸다. 사실 본부장과 다툰 것이 어제가 처음은 아니었다. 그간 크고 작은 의견 충돌이 있었지만, 그것은 어디까지나 서로에 대한 믿음을 바탕으로 옥신각신하는 논쟁 수준이었다. 하지만 어제의 경우는 달랐다. 우리는 상대방의 자존심에 생채기를 내기 위해 서로를 깎아내렸고, 그간 쌓아온 우정마저도 짓밟아버렸다. 그것이 바로 내가 혼란스러운 진짜 이유였다.

예전에 우리는 오랜 친구 사이가 무색할 정도로 깊은 교감을 나누었다. 내가 그의 직속 관할에 있었을 당시, 우리는 하루 일과를 마치고 나서도 꽤 오랜 시간 담소를 나누며 서로에 대한 신뢰를 쌓아갔다. 그것도 모자라서 회사 밖에서 술잔을 기울이며 이러저러한 인생살이를 논하기도 했다. 어떤 이들은 내가 빌 피치에게 잘 보이기 위해 아첨을 한다고 했지만, 정작 그가 나를 높이 산 이유는 내가 그의 비위를 맞추는 일 따위에 연연하지 않았기 때문이라고 생각한다. 나는 내가 하고 싶은 일을 열심히 했고, 빌 피치는 그런 나의 열정을 높이 샀기에 우리는 '최강 콤비'라는 애칭까지 얻었다. 적어도 내가 이곳에 부임하기 전까지는……

'젠장! 왜 이렇게 꼬여버린 걸까?'

또 하나 내 마음이 무거운 이유는 유니코 사에서 나의 가능성을 알아본 인물이 바로 빌 피치 본부장이라는 점이었다. 그는 나의 미래를 이 회사에 걸어도 좋다는 확신을 주었다. 내가 일개 프로젝트 엔지니어로 유니코 사에 첫발을 내디뎠을 무렵, 그는 내게 미래의 청사진을 그려주었다. 그는 포부와 야망을 역설하며 오늘날의 나를 만들었다. 본사 승진, 그리고 베어링턴의 공장장에 이르기까지 그의 손길이 미치지 않은 곳이 없었다. 다시 학교로 돌아가 MBA 코스를 마칠 수 있도록 배려해준 사람도 다름 아닌 그였다. 그런데 지금은 견원지간이 되어버렸으니, 참으로 알다가도 모를 일이다.

#오전 7시 50분

어느새 세상은 어둠을 밝히고 분주히 새로운 아침을 준비하고 있었다. 나는 거세당한 늙은 종마처럼 조용히 유니코 사 지하 주차장에 차를 세웠다. 악마의 입속처럼 어두컴컴한 지하 주차장 내부는 아직까지는 한산해 보였다. 나는 차 트렁크에서 서류 가방을 꺼내 들었다. 어깨가 뻐근했다. 공장 현황보고서와 각종 데이터 자료들의 무게가 어림잡아도 족히 5킬로그램은 나갈 분량이니 그럴 만도 했다. 본관 15층까지 가려면 힘깨나 써야겠다는 생각이 들어 한숨이 절로 나왔다. 빌어먹을 빌 피치가 15층 사무실에 앉아서 한가로이 커피나 즐기고 있을 시간에 말이다. 아무튼 불길한 예감처럼 무겁게 내려앉은 어깨를 추스르며 본관 엘리베이터 쪽으로 걸음을 옮겼다.

"알렉스 공장장님!"

등 뒤에서 누군가가 나를 부르는 소리가 들렸다. 뒤를 돌아보니, 네이선 셀윈이 내 쪽으로 걸어오고 있었다.

"여기요, 여기! 알렉스 공장장님, 아유 진짜 오랜만이네요. 일은 잘 돼가십니까?"

"그냥 그렇죠, 뭐. 아무튼 다시 뵙게 돼서 반갑습니다."

나란히 걸음을 옮기며, 나는 그의 의중을 떠보았다.

"빌 피치 본부장님이 사업부로 부르셨다면서요. 축하드립니다."

"고마워요. 하지만 축하를 받을 일인지는 모르겠네요. 지금 상황으로 볼 때, 그리 만만치만은 않으니…….”

“왜요? 본부장님이 심하게 닦달이라도 하십니까?”

“아니, 그런 게 아니라요…….”

그는 잠시 말을 끊고, 내 표정을 살폈다. 뭔가 있는 게 확실했다.

“소식 못 들으셨어요?”

“무슨 소식 말씀입니까?”

네이선은 갑자기 걸음을 멈추고는 주위를 살펴보았다. 우리 두 사람 외에는 아무도 없다는 걸 확인하자 마침내 그가 말문을 열었다.

“우리 사업부에 관한 소식 말이에요.”

네이선은 목소리를 한껏 낮추어 속삭였다. 그러나 나는 도무지 갈피를 잡을 수 없었다.

‘뭔가 벌어지고 있는 게 확실해! 그런데 무슨 일이지? 내가 모르는 사업부 소식이 있단 말인가?’

나는 다급하게 그의 대답을 재촉했다.

“대체 무슨 말씀이십니까?”

“우리 유니웨어 사업부 전체가 매각될 거라는 소문 말이에요. 회장실에서 흘러나온 소식이니 정확할 거예요. 그랜비 회장님이 일주일 전에 본부장님 면전에 대고 그러셨대요. 올해 말까지 이렇다 할 실적을 못 올리면 사업부 전체는 물론이고, 본부장님도 잘릴 거라고요.”

나는 도무지 믿어지지 않아 다시 한번 네이선에게 확인을 했다.

“확실한 건가요?”

네이선은 고개를 끄덕였다.

“꽤 오래전부터 나온 이야기라는 건 분명해요.”

그러자 잠시 무거운 침묵이 흘렀고 더 이상 말문을 열 수가 없었다. 아니, 그럴 만한 용기가 나지 않았다. 이제야 본부장이 왜 그토록 초조해했는지, 왜 이토록 무모한 도전을 하고 있는지 명확하게 알 것 같았다. 최근 본부장이 보였던 이상 징후의 배경에는 사업부 전체의 위기가 숨어 있었던 것이다. 그가 평생을 걸고 매달린 사업이 지금 추락 직전의 위기에 처해 있다. 예상대로 우리 사업부가 다른 회사로 합병된다면 새로운 사주는 대대적으로 물갈이를 하려 들 것이다. 그렇게 되면 본부장 역시 해고될 것이 분명하다.

'드디어 올 것이 왔군! 그럼 나는 어떻게 되는 거지? 과연 다른 일자리를 찾을 수 있을까? 좋은 질문이다, 알렉스! 솔직히 이 엄청난 소식을 듣기 전까지는 공장이 정말 폐쇄된다 해도 본부장이 다른 일자리를 주선해줄 거라고 생각했잖아? 본부장은 늘 나의 버팀목이 돼주었으니까. 하지만 지금은 상황이 달라! 본부장도 벼랑 끝에서 아슬아슬한 줄타기를 하고 있으니……'

문득 본부장이 어제 내게 일자리를 잃게 될지도 모른다며 위협했던 장면이 떠올랐다.

'빌어먹을, 내가 3개월 뒤에 거리로 나앉게 되다니! 난 아무런 준비도 안 됐는데!'

한 평 반 남짓한 사각의 공간이 마치 감옥처럼 느껴졌다. 거대한 악마의 손이 내 목을 조여오는 듯한 공포감이 전신을 훑었다. 정신이 혼미한 가운데 네이선의 음성이 희미하게 들려왔다.

"알렉스 공장장님, 제가 말했다고는 아무한테도 얘기하시면 안 돼요. 무슨 말인 줄 아시죠? 유니웨어 사업부 간부급들은 벌써 다른 직장 알아보느라 정신이 없더라고요. 공장장님도 미리미리 준비해두시는 게 좋을 거예요!"

네이선은 의미심장한 미소를 지으며 슬그머니 사라져버렸다. 나는 15층 복도에 서서 멍하니 빌 피치의 사무실을 바라보았다. 갑자기 모든 것이 낯설게 보였다. 나는 미로 속에 갇힌 미아처럼 어찌할 바를 몰라 하며 한동안 그곳을 떠나지 못했다.

그러나 결국 따지고 보면 누구나 예상하고 있던 일이 진행되고 있을 뿐이었다. 결론이 여기에 이르자 오히려 홀가분하다는 생각이 들었다. 나는 멍청하게 주위를 둘러보다 그제야 회의 시각이 임박했음을 깨달았다. 사람들이 속속 회의실로 모여들었다. 황급히 사람들의 뒤를 쫓아 회의실로 들어서니 빌 피치의 창백한 얼굴이 보였다. 그는 테이블 맨 끝에 서서 OHP 기기와 슬라이드 프로젝터를 점검하고 있었다.

#오전 8시

회의가 시작되었다. 빌 피치는 참석자 스무 명 전원을 일일이 확인한 뒤, 곧바로 회의 안건을 상정했다. 참석자들은 그의 일사불란한 진행에 따라 묵묵히 회의 자료에 시선을 고정했다. 나는 회의실 내부를 둘러보았다. 몇몇은 심각한 표정으로 빌 피치의 안색을 살피고 있었고, 나머지는 빌 피치의 날카로운 감시망에서 탈출하기 위해 회의 자료에 파묻혀 있었다. 그중 단 한 사람, 힐튼 스미스 공장장이 나에게 의미심장한 눈짓을 보냈다. 그는 마치 자신은 면죄부를 쥐고 있다는 듯, 껄끄러운 시선으로 나를 응시했다. 나는 곱지 않은 시선으로 그를 마주 보았다. 내가 그의 시선을 달가워하지 않는 이유는 평소 호감이 없었던 탓도 있지만, 무엇보다 그가 일하는 스타일이 마음에 들지 않았기 때문이다. 그는 언제나 누구든 생각할 수 있는 그저 그런 아이템을 대단한 발견이라도 한 것처럼 떠벌리고 다녔다. 어쨌든 그는 나에게 취조하는 듯한 눈길을 보냈다. 혹시 내가 동요하고 있다는 걸 감지한 걸까? 나는 잠시 그가 사업부 매각에 대해 어디까지 알고 있을지 궁금해졌다.

서로 생각의 골이 깊어가는 가운데 미묘한 신경전이 계속되었지만 이 싸움에서 힐튼 스미스에게 지고 싶지 않았다. 마침내 힐튼 스미스가 백기를 들었다. 그는 마지못해 빌 피치에게로 시선을 옮기며, 씁쓸한 미소를 지어 보였다.

내가 빌 피치 본부장의 이야기에 귀를 기울이기 시작했을 때, 본부장은 유니웨어의 회계부장 에탄 프로스트에게 다음 순서를 넘겨주고 있었다. 에탄은 사업부 내에서 막강한 영향력을 발휘하고 있는 사람으로 그다지 좋은 인상이 아니었다. 외모에서 풍기는 깐깐함 때문에 여간해서는 접근하기가 어려운 인물이라는 평이 대부분이었다. 비쩍 마른 체구에 관료주의가 배어 나오는 태도는 상대방의 저항력을 마비시키는 촉매로 작용했다. 빌 피치가 오늘 아침 회의 내용 전달자로 그를 선택한 이유도 바로 거기에 있을 것이다. 주된 발표 내용은 귀에 못이 박히도록 들어온 원가절감과 생산성 향상에 관한 동기 유발, 그리고 1분기 사업부 실적에 관한 고리타분한 것들이었다. 특기할 만한 것은 빌 피치의 다음 공략을 위해 그가 마련한 포석이었다. 그는 사업부 실적이 얼마나 형편없었는가를 표시해둔 그래프를 짚어 보이며, 참석자들의 심리적인 방어벽을 무참히 짓밟았다.

에탄 프로스트가 발표를 마치자 빌 피치 본부장이 굳은 표정으로 단상으로 걸어 나왔다. 그는 단호한 어투로 현재의 사업부 위기에 관한 메시지를 전한 뒤, 생산성 향상과 매출 증대 방안에 대해 역설하기 시작했다. 나는 그의 말에 최대한 귀를 기울이려고 노력했지만 도무지 집중이 되지 않았다. 내가 기억하는 바로는 대강 다음과 같은 내용이었던 것 같다.

"……하강 곡선을 그리고 있는 현재의 위기를 최소화하기 위해서는……지금의 마케팅 방향에 맞는 원가절감과 구조조정이 필수적이고……무엇보다 모든 사업 부문에서 생산성을 향상하기 위해서는 희생이 필요……사업부는 불필요한 인력 충원이나 아웃소싱에 대해 더 이상 지원할 수 있는 여력이 없으며……."

OHP 프로젝터에 침체 위기를 맞고 있는 사업부 내 실적 그래프가 떠올랐다. 각종 데이터가 올라오는 와중에 빌 피치 본부장과 참석자들 사이에서는 추정된 수치를 둘러싼 격렬한 논쟁이 벌어졌다. 지목하는 입장이나 지목받는 입장 모두가 합의점을 만들 수 있는 사안이 아니었다. 회의실은 순식간에 아수라장이 되고 말았다.

"전년도 대비, 1분기 매출은 22퍼센트 줄어든 데 비해……총 원재료 원가는 30퍼센트 이상 올랐으며……임금과 적정 근로시간의 비율은 3주 이상 높게 책정되어 임금 인상 압력이 가중되었고……생산에 투입된 시간과 평균 시간의 비율을 살펴보면 우리 사업부는 효율성 면에서 12퍼센트 이상이나 뒤떨어져 있다……."

의견이 분분한 가운데 어떠한 결론도 나지 않았다. 유니웨어 사업부 회의장은 말 그대로 미로 속을 헤매고 있었다. 저마다 자신의 의견을 관철시키려 들었고 한 치의 양보도 없었다. 나는 갈 곳을 잃은 나그네처럼 어느 곳에도 적을 둘 수가 없었다. 그러나 어떻게든 정신을 수습해야 했다. 나는 메모할 펜을 찾아 재킷 안주머니를 더듬었다. 바로 그때였다. 빌 피치는 그가 사용할 수 있는 최고의 무기로 기선을 제압했다.

"그러나 한 가지 분명한 사실은 우리 사업부의 미래가 불과 몇 개월밖에 남지 않았다는 점입니다. 나는 사업부 본부장으로서 여러분께 분명히 말씀드리겠습니다. 생산성 향상과 원가절감, 이 두 가지 문제를 반드시 해결하십시오!"

그 순간 회의실 안에는 무거운 정적이 감돌았고 누구도 선뜻 말을 꺼내지 못했다. 이제 회의의 주도권은 빌 피치에게 넘어간 듯했다.

'젠장! 대체 펜은 어디 있는 거지?'

펜을 찾아 뒤적거리던 내 손에 묵직한 시가 한 개비가 잡혔다. 언제부터 주머니에 들어 있었는지 기억은 나지 않았지만, 쿠바산 제품이라는 로고만은 선명하게 남아 있었다. 나는 한동안 시가를 쳐다봤다. 그리고 마침내 그것의 정체를 기억해냈다.

소크라테스를 만나다
"자네 공장의 목표가 뭔가?"

THE
GOAL
A Process of Ongoing
Improvement

4

나는 아무도 가르친 적이 없다.
오직 그들이 생각하도록 만들었을 뿐이다.
— 소크라테스

2주 전 시카고 공항. 시카고 시 북서쪽에 위치한 시카고 오헤어 국제
공항의 날씨는 맑고 쾌적했다. 지금 입고 있는 회색 정장이 칙칙해 보
일 만큼 사람들의 옷차림도 매우 간편해 보였다. 눈에 보이는 모든 것
들이 생기발랄하게 돌아가고 있었고, 나 역시 그때만 해도 일이 순조
롭게 풀릴 거라는 생각에 일말의 의심도 없었다.

아무튼 나는 출장이라기보다는 여행에 가까운 기분으로 휴스턴행
비행기를 기다리고 있었다. 두 시간 정도의 대기시간을 메우기 위해
공항 이곳저곳을 둘러보다 라운지로 갔다. 그곳은 출장 준비를 서두
르는 비즈니스맨들과 국내 여행객들로 북적이고 있었다. 나는 빈 의
자를 찾아 혼잡한 인파 속을 뒤졌다. 다행히 스트라이프 무늬 정장을
입은 중년 신사와 수수한 재킷을 입은 발랄한 이십대 여성 사이에 빈
자리가 있었다. 가까이 다가가 자리에 앉으려는데, 왠지 낯익어 보이
는 얼굴이 있었다.

'기억이 날 듯한데…… 누구지?'

나는 한 걸음 떨어져서 그의 모습을 찬찬히 훑어보았다. 유대인 남
자들이 머리에 쓰는 키파를 쓰고, 희미한 전등불 아래서 시가를 피우
며 책을 읽고 있는 모습이 영락없이 요나 교수였다. 때마침 그의 옆자
리가 비어 있었다. 나는 황급히 자리에 앉아 그의 모습을 다시 한번 확
인했다.

하루 평균 이십만 명이 오가는 시카고 오헤어 국제공항 라운지에서 수년 만에 우연히 스승을 만난다는 것은 믿기 어려운 일일 것이다. 나도 처음에는 그가 정말 요나 교수인지 의심스러워 망설였지만, 그 특유의 옷차림과 행동으로 볼 때 요나 교수가 틀림없었다. 텔레파시라도 통했던 것일까. 내가 막 자리에 앉으려는 순간, 그가 나에게로 눈길을 돌렸다. 나는 그의 눈빛에서 똑같은 질문을 읽어낼 수 있었다.

'혹시, 저 모르시겠습니까?'

하지만 다짜고짜 반갑다는 인사를 건넬 수는 없었다. 그 많은 학생들 중 그가 기억하는 사람이 몇이나 될까 싶은 생각에 우선 정중히 운을 떼었다.

"저…… 혹시 요나 교수님 아니십니까?"

"그렇습니다만……?"

요나 교수는 코끝에 걸린 안경을 끌어올리며 미심쩍은 표정을 지어 보였다.

"기억하실지 모르겠지만, 전 알렉스 로고라고 합니다. 석사과정을 밟을 때, 교수님께 지도받았던 학생입니다."

그의 표정을 보니 확실히 기억하는 눈치는 아니었다.

"아마 3년 전쯤이었을 겁니다. 교수님 연구 진행 보조로 몇 개월간 교수님의 연구를 도와드렸는데요. 그때는 수염을 길러서 지금은 알아보기 힘드시겠지만……."

마침내 그의 얼굴에 반가운 기색이 어렸다.

"아하, 물론 기억하고말고. 알렉스, 자네가 정말 알렉스 로고인가?"

"네. 맞습니다."

잠시 이야기를 나누는 사이 웨이트리스가 다가와 주문을 받았다.

"교수님은 어떤 걸로 하시겠습니까?"

"아니, 난 비행기 시간이 얼마 남지 않아서……. 자네만 주문하지."

나는 웨이트리스에게 스카치위스키 한 잔을 주문했다.

"요즘 어떻게 지내십니까?"

내가 먼저 안부 인사를 건넸다.

"바쁘네. 눈코 뜰 새 없을 만큼. 그래, 자네는 어떤가?"

"저도 마찬가지예요. 지금은 휴스턴으로 가는 중입니다. 교수님께
서는 무슨 일로 공항에……?"

"난 지금 뉴욕으로 가는 중이네. 이런, 시간이 벌써 이렇게 됐군!"

요나 교수는 이러저러한 안부 인사를 지겨워하는 눈치였다. 그는
시간이 촉박하다는 핑계로 대화를 끝내려는 뜻을 비쳤지만, 그와의
만남을 이대로 끝내고 싶지는 않았다. 여기서 그를 놓친다면 언제 다
시 그를 만날 수 있을지 모를 일이었다. 나는 우리 둘 사이에 공통된
주제를 찾으려 애썼다. 남다른 건 아니지만, 내게는 어색한 침묵을 무
마하는 데 꽤 유용한 재주가 있었다.

"그때만 해도 연구소에서 계속 공부할 계획이었는데……. 다행인지
불행인지 지금은 유니코 사에서 공장장으로 일하고 있습니다."

요나 교수는 흥미롭다는 시선을 건넸다. 그러고는 시가 연기를 깊
이 들이마시며 그윽한 눈초리로 관심을 보였다.

"사실은 지금도 휴스턴에서 열리는 로봇공학 세미나 때문에 출장차
가는 길입니다. 제조업 협회에서 개최하는 세미나인데 유니코 사를
게스트로 초대했거든요. 제가 운영하고 있는 공장이 로봇에 관한 경
험이 많은 데라 회사에서 저를 보낸 거죠."

"그럼, 세미나 주제로 기술적인 문제를 이야기하는 건가?"

"아뇨, 그것보다는 수익성에 관한 내용이 주요 안건이에요. 아, 여기
그 자료가 있어요."

나는 협회에서 보낸 공문을 서류 가방에서 꺼냈다.

"주제, 로봇공학. 구성 인원, 사용자와 전문가 집단으로 구성된 토론
단. 안건, 미국의 생산성 위기에 대한 해결책. 현재 미국 내 산업로봇
시스템의 현황과 로봇산업이 미국 제조업계에 미칠 영향에 관한 심포

지엄에서는……."

그는 서류 내용을 잠시 훑어보더니 이내 심드렁한 표정을 지었다.

'물리학자니 그럴 만도 하겠지. 사업에 관해 저 양반이 뭘 알겠어.'

잠시 생각에 빠져 있는 사이 그가 로봇에 관한 질문을 했다.

"자네 공장에서 로봇을 사용하고 있다고?"

요나 교수는 서류 내용보다는 우리 공장의 생산 시스템에 관심을 보였다.

"네. 두 부서에서 그렇게 하고 있습니다."

"그래? 흠, 그 산업로봇이 자네 공장의 생산성 향상에 실질적으로 얼마만큼이나 도움이 되었나?"

"수치화한다면……."

나는 구체적인 데이터가 떠오르지 않아 잠시 머뭇거렸다.

"제 기억이 정확하다면, 한 부문에서 생산성이 36퍼센트 정도 향상된 것으로 알고 있습니다."

"그런가? 놀라운 수치군. 36퍼센트라…… 그렇다면 자네 회사는 로봇을 설치해서 36퍼센트의 이윤을 더 얻고 있다는 말이 되는데, 정말 믿어지지 않는구먼."

요나 교수의 질문에 나는 슬며시 미소를 지어 보였다.

"글쎄요……. 손익계산이 현실과는 많이 다르더라고요. 현장에서 실제로 수익을 내고 있는 부문은 좀 전에 말씀드린 대로 한 부문에 지나지 않거든요. 회사 측에서도 기대치보다 성과가 적어서 난색을 표하고 있고요."

요나 교수는 끝까지 타들어간 시가를 재떨이에 비벼 끄며, 예상치 못한 지적을 했다.

"그렇다면 실제로는 생산성이 나아진 게 아니겠군."

내 얼굴 위에 머물던 미소가 순식간에 얼어붙는 느낌이었다.

"교수님 말씀이 잘 이해가 안 되는데요."

"한 가지만 더 물어보세. 솔직히 대답해보게. 로봇을 설치한 이후, 하루에 단 하나라도 더 많은 제품을 생산한 적이 있나?"

"아니, 저, 확인해본 적은 없지만……."

나는 그의 지적에 대꾸할 말을 찾을 수가 없었다.

"직원을 해고했나?"

요나 교수의 집요한 추궁은 나를 어리둥절하게 했다. 나는 상체를 뒤로 젖히면서 그를 바라보았다.

'이 양반, 지금 대체 무슨 말을 하는 거야?'

그는 마치 내 속마음을 꿰뚫어보고 있다는 표정으로 대답을 재촉했다.

"인원 감축을 말씀하시는 겁니까? 천만에요. 그럴 순 없죠. 아시잖습니까. 노조의 반발이 워낙 강해서 그럴 만한 엄두도 못 냈습니다. 저희는 로봇을 도입할 때 노조와 생산성 향상을 이유로 그 어느 누구도 해고하지 않겠다는 합의를 봤습니다. 그 대신 몇 명을 다른 부서에 배치했고요. 물론 사업이 침체될 때는 해고하기도 합니다만."

"그렇다면 로봇이 자네 공장의 인건비를 절감해준 것도 아니군그래."

"네. 그런 셈이죠."

"그렇다면 현재 재고 상태는 어떤가?"

요나 교수는 문제의 핵심을 정확히 공략했다. 나는 짐짓 여유를 부리며 그에게 물었다.

"교수님, 그건 왜 물으시는 거죠?"

"말해보게. 재고량이 줄었나?"

"일단 데이터를 확인해봐야 알겠지만, 그렇지 않은 것으로 알고 있습니다. 아마도 그전과 별다른 차이는 없을 텐데요."

"한번 확인해보는 게 좋을 것 같네. 알렉스, 자네가 공장의 효율성을 검토해보려고 한다면 말이야. 재고가 쌓이고, 인건비 절감도 안 되고, 출하량에도 별반 도움이 안 된다면, 결코 생산성이 향상되었다고 말할 수가 없는 걸세."

　요나 교수의 마지막 일격에 나의 하드웨어는 일순간 정지해버렸다. 케이블이 끊긴 엘리베이터 안에 갇힌 느낌이랄까. 갑자기 명치끝에 싸한 통증이 느껴졌다.

　"아, 네…… 이제야 이해가 되는군요. 근데 저희 공장의 효율성은 이전에 비해서는 월등히 높아졌고 비용도 줄어들었는데요."

　"그런가?"

　요나 교수는 읽고 있던 책을 덮으며, 내게 미심쩍다는 눈빛을 보냈다.

　"네, 확실합니다. 효율성은 평균 90퍼센트를 웃돌고 있고, 부품당 원가비용도 엄청나게 절감했습니다. 회사도 그렇고, 저도 무한 경쟁 시대에서 살아남기 위해서 효율성과 비용 절감을 하려고 최선을 다하고 있습니다. 산업로봇도 그래서 도입했구요."

　나는 열과 성을 다해 설명했지만 요나 교수의 표정에는 별다른 변화가 없었다. 어색한 침묵이 흐르는 가운데 웨이트리스가 스카치위스키를 내 앞에 내려놓았다.

　"그렇게 높은 효율성을 달성하자면 로봇을 끊임없이 가동시켜야겠군."

　"물론이죠. 만약 로봇 가동을 중단한다면 부품당 원가비용이 오르는 것은 물론 효율성도 떨어지게 될 테니까요. 로봇만의 문제는 아니죠. 다른 생산 자원 역시 같은 맥락에서 검증해야 한다고 봅니다. 무엇보다 효율성을 높이고 원가비용을 절감하기 위해서는 생산을 멈출 수가 없습니다."

　"정말 그렇게 생각하나?"

　"네."

　나는 확신에 찬 표정으로 대꾸했다. 그러나 한 가지 그에게만은 고백하고 싶은 것이 있었다.

　"뭐, 그렇다고 해서 저희 공장에 아무 문제가 없다는 얘기는 아닙니다."

요나 교수는 잠시 생각에 잠겨 있다 온화한 미소를 지으며 물었다.

"자, 그럼 우리 좀더 솔직해지기로 하세. 자네 공장의 재고가 계속 늘고만 있지 않나? 안 그런가?"

나는 요나 교수를 물끄러미 쳐다보았다. 도대체 그걸 어떻게 알았을까?

"재고를 말씀하시는 거라면……."

"물론, 모든 재고량을 말하는 거지."

"글쎄요. 제품에 따라 다르긴 하지만……, 솔직히 창고 절반 이상이 재고 물량으로 가득합니다."

"재고량이 그 정도라면, 제품 납품일도 지연되고 있겠구먼. 제때 출하되는 제품이 몇 개나 되나? 혹시 하나도 없는 건 아닌가?"

나는 그의 날카로운 분석에 혀를 내두를 수밖에 없었다.

"네, 맞습니다. 납품일 지연 문제는 저희 공장이 풀어야 할 가장 큰 과제예요. 고객들의 클레임도 감당할 수 없는 정도구요."

요나 교수는 마치 이 모든 사실을 예견하고 있었다는 듯 고개를 끄덕였다.

"교수님, 한 가지 여쭤봐도 될까요? 어떻게 그걸 다 아신 겁니까?"

요나 교수의 입가에 다시금 온화한 미소가 번졌다.

"글쎄…… 육감이라고 해두지. 아니 통계라고 하면 적합하겠군. 자네 공장만의 문제가 아니거든. 대다수의 제조업 공장들이 같은 문제로 고민하고 있어. 또 나는 그 여러 징후들을 봐왔고 말이야."

"하지만 교수님은 물리학자시잖아요?"

"물리학도 과학이지. 요즘 내가 연구하고 있는 분야는 조직과학이라네. 특히 제조업 조직에 관해서 연구하고 있네."

"그런 학문이 있는 줄은 미처 몰랐습니다."

"새로 생긴 학문일세."

"솔직히 교수님께서 연구하고 계신 학문이 어떤 분야인지는 잘 모르지만, 교수님은 저희 공장의 가장 큰 문제점을 정확히 지적해주셨습니다. 그 문제에 관해 좀더 여쭤보고 싶은데……."

말을 채 끝마치기도 전에 나는 입을 다물 수밖에 없었다. 요나 교수가 무슨 큰일이라도 난 것처럼 낡은 회중시계를 꺼내 들고는 히브리어로 뭔가를 중얼거리며 자리에서 일어나버린 것이다.

"미안하네, 알렉스. 서두르지 않으면 비행기 놓치겠어."

요나 교수는 내게 짧은 작별 인사를 건네며 외투를 집어 들었다.

"저, 교수님, 교수님이 지적하신 몇 가지 사안을 좀더 상의드리고 싶은데, 언제 또 뵐 수 있을까요?"

나의 진심이 통한 것일까. 요나 교수가 나를 돌아보며 한마디 덧붙였다.

"자네가 지금까지 이야기했던 내용을 다시 한번 곰곰이 생각해본다면, 그 문제를 해결할 새로운 방법을 찾을 수 있을 게야."

"잠시만요. 교수님, 뭔가 오해를 하고 계신 것 같네요. 교수님 말씀대로 공장이 몇 가지 문제점을 떠안고 있는 것은 사실이지만 그리 어려운 상황은 아닙니다."

요나 교수는 내 눈을 똑바로 바라봤다. 그러고는 마치 공장의 상황을 꿰뚫어보고 있다는 듯 냉소를 머금었다.

"그렇다면 할 수 없지. 판단은 자네 몫이니까!"

어쩌면 내게 새로운 돌파구를 마련해줄지도 모를 구원자를 이대로 보낼 수는 없다는 생각이 들었다. 나는 어떻게 해서든 그를 붙잡고 이야기를 해야 할 것 같았다.

"교수님, 이렇게 하면 어떨까요? 전 비행기 시간이 아직 남았거든요. 괜찮으시다면 탑승구까지 같이 가면서 이 문제를 좀더 이야기하고 싶은데요."

"좋을 대로 하게. 하지만 서둘러야 할 걸세."

갑자기 심한 갈증이 느껴졌다.

'그래, 서둘러야지.'

나는 음료수로 목을 축인 뒤 코트와 서류 가방을 집어 들고 재빨리 요나 교수의 뒤를 쫓았다. 어찌 된 일인지 목을 축여도 갈증은 쉽게 사라지지 않았다. 출입문 쪽에 서 있던 요나 교수가 손짓을 했다. 나는 마른침을 삼키며 요나 교수 쪽으로 성큼 다가섰다. 복도에는 이동하는 사람들로 가득해서 그 사이를 비집고 요나 교수와의 거리를 좁히는 데에도 상당한 시간이 걸렸다. 내게는 시간이 없었다. 무엇부터 물어야 할지 막막했지만, 일단 그의 의견을 들어야 했다.

"교수님, 궁금한 게 있는데요. 저희 공장의 문제점을 어떻게 아셨습니까?"

"자네 스스로 말하지 않았나."

"글쎄, 전 말씀드린 적이 없는 것 같은데요."

"알렉스, 자네 말을 분석해보면 금세 알 수 있지. 문제는 자네가 믿고 있는 효율성이 오히려 비생산적이라는 거라네. 현재 자네 공장의 운영 상태는 자네 생각과는 정반대로 돌아가고 있는 게 분명하네. 효율성을 가장한 비효율성 말일세."

"수치로 보면 전혀 그렇지 않습니다. 설마 제 부하 직원들이 허위 보고서를 작성했다는 말씀을 하시려는 건 아니죠?"

"물론이지. 부하 직원들이 자네를 속일 리가 있겠나? 근데 말일세, 수치들은 분명 자네를 속이고 있을 걸세. 데이터가 모든 것을 말해주는 건 아니지. 데이터를 점검해보면 잘못된 수치를 발견할 수 있을 거네."

"네. 잘 알겠습니다. 솔직히 인정하죠. 저 역시 가끔 수치를 조작할 때가 있습니다. 하지만 다른 사람들도 모두 그렇게 하고 있는 게 현실 아닌가요?"

"문제의 핵심을 놓치고 있구먼. 자네는 지금 잘못된 신념을 고수하고 있네. 효율적으로 공장을 운영하고 있다는 자기 합리화의 늪에 빠져 있는 거지."

"전 그렇게 생각하지 않아요. 제 사고방식과 다른 관리자들의 사고방식에는 별다른 차이가 없을 것으로 판단합니다만."

"아니, 분명한 차이가 있네."

"무슨 말씀이시죠?"

나는 요나 교수의 단호한 답변에 심한 모욕감마저 느꼈다.

"알렉스, 이 세상을 살아가는 대다수의 사람들이 그렇듯 자네도 많은 것들을 별 의심 없이 받아들이는 것 같군. 생각을 깊이 안 한다는 얘기지."

"아뇨. 교수님, 전 항상 신중히 생각하고 결정을 내립니다. 그게 제 업무니까요."

요나 교수는 냉담한 표정으로 고개를 저었다.

"알렉스, 자네 공장의 로봇이 구체적으로 어떻게 효율성을 올려놓았는지 다시 한번 설명해주겠나?"

"로봇 도입 후, 단위당 원가비용을 절감했습니다. 그에 비례해서 생산성도 높아졌고요."

"그렇다면 생산성의 정의를 내릴 수 있겠나?"

'생산성의 정의라……'

나는 잠시 곰곰이 생각에 잠겼다.

"저희 회사 측의 공식에 따르면 생산성이란 종업원 한 사람이 생산해내는 부가가치에 관한 어떤 것……."

나는 일단 주워들은 내용을 그에게 설명했다. 그러나 그는 여전히 고개를 저었다.

"자네 공장에서 생산성을 어떻게 정의하든 그건 자네 생각이 아니지. 따지고 보면 생산성의 진정한 의미는 그런 것과는 무관하고. 공식 따위는 집어치우고 자네 경험에 비추어 생산성을 정의해보게. 다시 한번 묻겠네. 생산성이 뭐라고 생각하나?"

막연한 생각만이 머릿속을 맴돌 뿐, 명확한 정의는 떠오르지 않았다.

'대체 생산성이 뭐지?'

가슴이 터질 듯 방망이질 쳤다. 생각이 꼬리를 물어도 도무지 구체적인 개념이 잡히지 않았다. 요나 교수의 발걸음은 더욱 빨라졌다. 그의 뒤를 쫓는 것조차 버겁다는 생각이 들었다. 어느 틈엔가 우리는 CIQ 보안경비대 앞에 이르러 있었다. 금속 탐지기를 든 보안 요원들이 보였다.

'이제 교수님을 보내드려야 할 텐데…….'

무슨 생각에서인지 요나 교수는 질문의 고삐를 늦추지 않고 재차 나에게 생산성의 정의를 물었다.

"시간이 없군. 빨리 얘기해보게. 생산성이라는 건 도대체 어떤 의미지?"

요나 교수는 금속 탐지기를 통과하면서 나에게 의미심장한 카드를 내보였다. 이제 그는 금속 탐지기 저편에 서서 레테의 강 기슭에 서 있는 나를 다시 한번 일깨웠다.

"자네 개인적인 의견에 초점을 맞추고 말해보게."

생각하고 자시고 할 여유가 없었다. 나는 무언의 힘에 이끌려 요나 교수의 뒤를 따라 금속 탐지기를 통과했다.

'대체 저 양반이 원하는 답이 뭐지?'

일단은 생각의 고리에 집중해야 했다. 그리고 마침내 내 입에서 흘러나온 대답은 이것이었다.

"제 생각에는…… 뭔가 일을 완수한다는 것과 같은 의미가 아닐까 싶은데요?"

"바로 그걸세. 그럼, 어떤 면에서 완수한다는 말인가?"

"물론, 목표 면에서 봤을 때의 완수죠."

"그렇지."

요나 교수는 어느 때보다도 온화한 표정을 지으며, 재킷 안주머니에서 쿠바산 시가 한 개비를 꺼내 건네주었다.

"맞게. 답을 알아맞힌 대가네. 정리하면 이렇게 되겠지. 생산성이란 바로 기업의 목표 면에서 무언가를 완수하는 것이지. 안 그런가?"

"맞습니다."

온몸에 알싸한 전율이 느껴졌다. 묘한 기대감과 더불어 씁쓸한 자괴감이 들었다. 몇 개의 게이트를 지나는 동안, 요나 교수는 히브리어를 중얼거리며 깊은 생각에 빠져 있었다. 약간의 시간이 흐른 뒤, 요나 교수가 먼저 입을 뗐다.

"알렉스, 생산성이란 한 회사가 그 회사의 목표치에 점점 다가가는 일련의 행위라고 생각하네. 회사가 목표치에 접근할 수 있도록 하는 모든 행위를 생산적이라고 한다면, 그 반대의 행위는 비생산적이라고 할 수 있겠지. 이해가 되나?"

"네. 하지만 교수님, 제겐 너무 상식적인 이야기로만 들리는데요?"

"평범함 속에 진리가 있다는 말도 모르나?"

요나 교수는 재킷에서 항공권을 꺼내 들고는 재빨리 탑승구로 걸어갔다. 그는 좌석 번호를 확인한 뒤, 내게 시선을 돌렸다.

"교수님, 좀더 자세히 말씀해주실 순 없나요? 목표를 향해 나아가고 있다면 생산적인 것이고, 그렇지 않다면 비생산적인 거라면, 그래서 어쨌다는 거죠?"

"알렉스, 내가 자네한테 말하고 싶은 건 이걸세. 자네가 자네 공장의 목표를 정확히 파악하지 못하는 한 생산성이라는 말은 아무런 의미도 없다는 거야."

"아, 네. 좋습니다. 그럼, 이렇게 정리하면 되겠군요. 저희 공장의 목표 중 하나가 효율성을 높이는 거니까 생산의 효율성이 높아지면 생산적이라고 할 수 있겠군요."

요나 교수는 어이가 없다는 표정으로 되물었다.

"알렉스, 자네가 풀어야 할 문제가 정확히 무엇인지 알고는 있는 건가?"

"그럼요. 효율성을 높이는 일 아닙니까?"

"아니, 아니지. 자네는 지금 자네 공장의 목표가 뭔지 전혀 감을 못 잡고 있어. 자네 공장도 그렇고 어떤 기업이든 목표는 하나뿐이야. 자넨 그걸 전혀 모르고 있네. 그것이 바로 자네가 풀어야 할 숙제일 걸세."

그 순간 나는 걷잡을 수 없는 나락으로 내팽개쳐진 듯한 충격에 사로잡혔다. 요나 교수는 이제 막 탑승구로 들어가려 했다. 더 이상 시간이 없었다. 다른 승객들은 모두 탑승한 뒤였고, 요나 교수 역시 이제 내게 할애할 시간이 없었다.

"교수님, 잠시만요! 제가 저희 공장의 목표를 전혀 모른다는 게 무슨 뜻이죠? 맹세컨대 전 저희 공장의 목표를 분명히 알고 있습니다."

요나 교수는 탑승구 앞에서 잠시 머뭇거리다 안쪽에 서 있는 스튜어디스에게 양해를 구하며, 아직 내가 풀지 못한 화두를 건넸다.

"그래? 그럼 한번 말해보게. 자네 공장의 목표가 뭔가?"

"아, 네. 최대한 효율적으로 제품을 생산하는 겁니다."

"틀렸네. 그런 게 목표가 될 수는 없어. 아직도 진짜 목표를 모르겠나?"

나는 도무지 그의 의도를 파악할 수가 없었다. 내가 할 수 있는 일이라고는 멍하니 그를 바라보는 일밖에 없었다. 마침내 스튜어디스가 밖으로 얼굴을 내밀었다.

"두 분 뉴욕행 비행기에 탑승하실 건가요?"

"아, 미안하지만 잠시만 더 기다려주겠습니까?"

요나 교수는 분명한 어조로 되물었다.

"시간이 없네. 빨리 말해보게. 기업의 목표가 뭔가?"

"권력이 아닐까요?"

요나 교수는 황당하다는 듯한 표정을 지어 보였다.

"글쎄, 전혀 틀린 말은 아니네만……, 뭔가를 생산했다고 해서 권력을 얻는 건 아니지."

스튜어디스는 인내심의 한계를 느꼈는지, 차가운 어조로 단호하게 말했다.

"지금 탑승하지 않으실 거면 돌아가셔서 표를 환불하십시오. 지금은 다른 승객 분들을 위해 비행기 문을 닫아야 할 시간입니다."

요나 교수는 그녀의 말에 아랑곳없이 대화에 열중했다.

"알렉스, 기업의 목표가 무엇인지 확실하게 모르면, 자넨 생산성이 어떤 의미인지 이해할 수도 없어. 그건 단지 숫자놀이나 말장난에 불과한 거야."

"그럼, 시장 점유율이 목표 아닐까요?"

"정말로 그렇게 생각하나?"

요나 교수는 알 듯 모를 듯한 미소를 지어 보이고는 비행기 안으로 사라져버렸다.

"교수님! 제게 그 해답을 알려주실 순 없습니까?"

나는 그의 등 뒤에서 구원의 목소리를 기다렸다. 하지만 그가 마지막으로 남긴 말은 나를 더욱 혼란스럽게 했다.

"그 문제에 대해 잘 생각해보게. 충분히 자네 스스로 답을 찾아낼 수 있을 걸세."

짜증스러워하던 스튜어디스의 얼굴에 안도하는 미소가 스쳤다. 요나 교수는 손을 흔들어 작별 인사를 건넸다. 이제 내가 할 수 있는 일은 그에게 답례를 보내는 것뿐이었다. 문득 내 손에 쥐어진 쿠바산 시가를 발견했다. 나는 그것을 무심히 양복 안주머니에 찔러 넣었다.

5

인생의 위대한 목표는
지식이 아니라 행동이다.
— 올더스 헉슬리

이름만큼이나 좋은 시가였다. 나는 흡연실 구석에 앉아 시가 향을 음미해보았다. 담배 맛을 아는 이들이라면 약간 눅눅하다는 느낌을 받을 수도 있겠지만, 2주 동안이나 옷장 속에 묵혀두었던 것치고는 맛과 향이 탁월했다. 또 하나 빌 피치 본부장의 회의 시간 중에 즐긴다는 점이 나의 흥미를 자극했다. 어쨌거나 약간은 황당했던 만남이었지만, 요나 교수는 내가 안고 있는 문제점을 정확히 지적해주었다.

다시 회의실로 돌아갔을 때, 본부장은 단상에 서서 지휘봉으로 그래프 중간 부분을 가리키며 무언가를 열심히 설명하고 있었다. 계산기를 두드리고 있는 회계부장 에탄을 비롯해, 나를 제외한 모든 이들이 본부장의 설명에 따라 메모를 하거나 코멘트를 하면서 회의에 열중하고 있었다.

"……일관된 매개변수……확보해야 할 본질적인 사안……경쟁 우위의 기반……수익 회복을 위한 광범위한 대안……운영 지표……탄젠트의 표준도수를 제공하고……."

정말로 지겨운 회의였다. 나는 하드웨어가 마비된 시스템처럼 그저 멍하니 앉아 있었다. 회의 내용 중 그 무엇도 받아들일 수가 없었다. 내가 알아들을 수 있는 내용이라고는 낯설고 이질적인 대화 중간에 등장하는 제품 생산 관련 용어들뿐이었다. 문득 요나 교수가 했던 말이 떠올랐다.

"알렉스, 기업의 목표가 무엇인지 확실하게 알지 못한다면, 자넨 생산성이 어떤 의미인지 이해할 수도 없네. 그건 단지 숫자놀이나 말장난에 불과한 거야."

어쩌면 본부장을 비롯한 모든 유니웨어 사업부 관리자들은 요나 교수의 지적대로 말장난을 하고 있는 건지도 모른다. 나는 다시 시간의 벽을 넘어 2주 전, 시카고 오헤어 국제공항으로 건너갔다. 요나 교수는 분명 내게 좋은 지적을 해주었지만, 그의 이론은 현실과 동떨어진 과학 그 이상도 그 이하도 아니었다. 나는 요나 교수를 떠나보내고 난 뒤, 허겁지겁 휴스턴행 비행기에 올라타, 로봇 관련 세미나 준비에 골몰했다. 그러고는 모든 것을 잊고 있었다. 그런데 2주가 흐른 지금, 나는 유니웨어 사업부 회의실에 앉아 요나 교수의 조언을 곱씹으면서 기업 목표에 관한 화두를 정리하고 있었다. 불현듯 여기 모인 유니웨어 사업부 식구 중 어느 누구도 우리가 지금 무엇을 하고 있는지 전혀 감을 못 잡고 있다는 생각이 들었다. 과연 우리 회사의 실질적인 목표는 무엇인가? 이 자리에 모인 그 누구도 가장 기본적인 명제를 묻지 않았다. 본부장은 녹음기를 틀어놓은 것처럼 기회비용 운운하며 '생산성 향상의 기치'만을 떠벌리고 있다. 힐튼 스미스는 빌 피치의 말끝마다 지당한 말씀이라고 맞장구를 쳤다. 모든 게 뒤죽박죽이었다. 지금 우리가 하고 있는 일에 대해 진정으로 이해하는 사람이 단 한 명이라도 있을지 의심스러웠다.

#오전 10시

드디어 본부장이 휴식 시간을 갖자고 제의했다. 모두들 기다리고 있었다는 듯 속속 회의실을 빠져나갔다. 나는 모든 사람들이 나갈 때까지 자리를 지키고 있었다.

'젠장! 내가 지금 여기서 뭘 하고 있는 거지?'

알 수 없는 피로감이 몰려들었다.

'대체 회의 주제조차 파악하지 못하는 작자들하고 뭘 의논한단 말이야? 하루 종일 이어지는 이런 회의가 과연 우리 공장의 경쟁력을 얼마나 키워줄까? 내 자리를 보장해주나? 그것도 아니라면 사업부 내 다른 공장에 일말의 도움이라도 주나?'

나는 아무런 확신이 들지 않았다. 아직까지 생산성의 개념조차 제대로 파악하지 못한 내가 무슨 자격으로 이곳에 눌러앉아 있어야 한단 말인가? 아니, 무의미한 논쟁만 무성한 이곳에서 무엇을 어떻게 논의한단 말인가? 나는 조용히 서류 가방을 챙겨 회의실 밖으로 빠져나왔다.

일단은 운이 좋았다. 엘리베이터로 가는 동안 누구도 내게 말을 걸지 않았다. 그러나 그것도 잠시, 막 버튼을 누르려는 찰나 약삭빠른 힐튼 스미스가 다가와 아는 체를 했다.

"어이, 알렉스 공장장. 벌써 가려고?"

그의 질문을 무시하려고 했지만, 그가 빌 피치에게 어떤 고자질을 할지 난감했다. 나는 일단 생각나는 대로 둘러댔다.

"공장에서 급한 연락이 와서 말이야. 아무래도 가봐야 할 것 같아."

"무슨 일이야? 혹시 비상사태라도 벌어진 거야?"

"그렇다고 할 수 있지."

때마침 도착한 엘리베이터 때문에 힐튼 스미스의 교활한 눈빛에서 벗어날 수 있었지만, 그는 엘리베이터 문이 닫힐 때까지 의혹의 눈빛을 거두지 않았다.

회의장에서 무단이탈한 것 때문에 빌 피치가 나를 해고할 수도 있다는 생각이 언뜻 들었다. 그러나 주차장으로 내려가는 동안 내 마음은 오히려 홀가분해졌다. 3개월 뒤에 정리해고되거나 지금 당장 해고되거나 어차피 내 손익계산은 마이너스일 뿐이다. 내가 무엇을 두려워하겠는가? 나는 무작정 차를 몰아 교외로 나갔다. 지금 내가 있는 곳이 어디든 상관없었다. 회의장에서 벗어날 수만 있다면, 그 어떤 대가도 치를 각오가 되어 있었다. 최고 속도가 주는 스릴을 즐기며 지칠 때까지 액셀러레이터를 밟았다. 자유란 이런 것이었다. 그것이 지겨워지기 전까지는 일종의 환희를 안겨주는 흥분제! 자유를 만끽하기에는 더할 나위 없는 날씨였다. 태양은 눈부시게 빛났고 하늘에는 구름 한 점 없었다. 대지는 이른 봄의 준엄한 자태로 만물에 생기를 불어넣고 있었다. 나는 머릿속을 비워냈다. 아무것도 없는 텅 빈 상태가 될 때까지 비우고 또 비웠다. 두어 시간쯤 달리자 어느 정도 안정감이 들기 시작했다. 나는 핸들을 돌려 공장으로 향했다.

#오후 2시

공장으로 막 들어서는 순간 왠지 억울하다는 생각이 들었다. 나는 다시 힘껏 액셀러레이터를 밟았다. 참을 수 없는 허기가 느껴졌다. 허기부터 달래야겠다는 생각에 차를 돌린 것은 사실이지만, 공장에 들어서지 않은 진짜 이유는 다른 데 있었다. 누구에게도 방해받고 싶지 않다는 것이 솔직한 심정이었다. 무엇보다 나 자신과의 교감이 필요했다.

길을 따라 1마일쯤 올라가니 작은 이탈리안 피자가게가 보였다. 점심시간이 지난 뒤여서인지 가게 안은 한산했다. 처음엔 가볍게 허기만 달랠 요량이었지만, 막상 가게 안에 들어서니 누르고 있던 식욕이 요동쳤다. 무엇을 시킬까 고민하다 치즈, 페퍼로니, 소시지, 버섯, 피망, 고추, 올리브, 양파, 그리고 안초비를 곁들인 중간 사이즈의 피자를 주문했다. 기다리는 동안 음식 냄새를 맡은 탓인지 계산대 옆에 진열된 간식거리의 유혹을 뿌리칠 수가 없었다. 땅콩 두 봉지와 타코칩을 집어 들었다. 주인은 며칠을 굶은 게 아니냐며 농담을 건넸지만 채울 수 없는 공복감을 그가 어찌 알겠는가!

터무니없는 소리처럼 들리겠지만, 내 식욕은 마음의 상처에서 비롯되었다. 채워도 채워도 채워지지 않는 밑 빠진 독처럼 나는 땅콩을 입속으로 욱여넣었다. 목이 말랐다. 맥주가 필요했다. 낮술을 즐기는 편이 아니었지만, 어쨌든 맥주가 필요했다. 냉장고 안에 있는 차가운 캔 맥주를 보는 순간 내 결심은 확고해졌다.

"이런 걸 '샐리의 법칙'이라고들 하지!"

나는 버드와이저 여섯 캔과 따끈한 피자, 그리고 안주거리를 챙겨 들고 밖으로 나왔다. 구석진 피자가게 안에서 내 '화려한 외출'을 망치고 싶지는 않았다. 나는 공장 맞은편, 변전소 진입로에 위치한 언덕진 자갈길을 떠올렸다. 그곳이라면 얼마간의 자유로움 속에서 누구의 방해도 받지 않고 나만의 시간을 즐길 수 있으리라는 판단이 들었다. 나는 본능적으로 핸들을 꺾었다. 내 차 마쓰다가 요란한 소리와 함께 먼지구름을 일으키며 곧장 언덕 위로 돌진했다. 그 바람에 음식들이 바닥에 떨어질 뻔했지만, 오랜만에 즐기는 랠리는 그리 나쁘지 않았다. 나는 시동을 끄고 평평한 곳에 자리를 잡았다. 넥타이와 와이셔츠 단추를 풀어헤치고 나니 그제야 숨통이 트이는 것 같았다.

고속도로 너머로 내가 일하고 있는 유니코 사 건물이 한눈에 들어왔다. 창문 하나 없는 거대한 콘크리트 건물 사이로 빼곡히 들어찬 주차장, 그리고 회색 철강 박스. 그 안에는 주간조 사백여 명이 바쁘게 움직이고 있을 것이다. 공장 전체의 모습을 대변이라도 하듯 모든 것이 시나리오대로 움직이고 있었다. 이제 막 도착한 트레일러에서는 원자재와 기계 부품이 들어오고 있었고, 그 반대쪽에는 완제품을 출고하는 트레일러가 대기 중이었다. 간단해 보이지만, 이것이 바로 우리 공장이 진행하고 있는 일의 전부다. 따라서 내 임무란 이 모든 과정이 효율적으로 돌아가게끔 관리하는 일이었다.

타는 듯한 갈증에 맥주 캔을 따 단숨에 들이켰다. 공장은 랜드마크 같았다. 언제나 그곳에 있었고, 앞으로도 계속 그곳에 있을 것처럼 보였다. 문득 우리 공장의 역사가 15년밖에 안 됐다는 사실이 떠올랐다. 과연 앞으로 15년을 더 버틸 수 있을지가 의문이다.

'우리 공장의 목표는 뭘까? 내가 여기서 진행해야 할 과제는 뭐지? 대체 어떤 방식으로 공장을 운영해야 할까? 공장을 지탱하는 힘의 근원은 뭐지? 우리에게 가장 중요한 것은 과연 뭘까……'

요나 교수는 분명 단 하나의 목표가 있을 뿐이라고 했다. 글쎄, 과연 그럴까? 우리는 작업 일정에 따라 그날그날 많은 일을 진행하고 있다. 작업의 우선순위를 배제하더라도 고객과의 약속이 걸린 일은 하나같이 중요했다.

'빌어먹을, 그 모든 것을 목표라고 할 수 있잖아?'

가령, 원자재 구매만 해도 그렇다. 원자재란 제품 생산을 위한 필요충분조건이며, 시장 선점을 유도하는 주요 매개변수로 작용했다. 따라서 원자재를 싸게 사는 것은 여타 모든 제조 공장에 주어진 숙명의 과제였다. 때문에 양질의 원자재를 싼값에 구매하는 일 역시 매우 중요한 업무였다.

바스락거리는 소리에 돌아보니 포장지에 싸인 피자가 그대로 놓여있었다.

'젠장, 허기도 잊고 있었군.'

그건 그렇고, 피자가 우선이다. 두 번째 피자 조각을 베어 무는데, 내 안의 작은 목소리가 질문을 던졌다.

'이것이 우리 공장의 목표인가? 최소한의 비용으로 원자재를 구입하는 것이 공장의 존재 이유란 말이야?'

갑자기 웃음이 터져나왔다. 먹고 있던 피자 조각이 목에 걸렸는지 한동안 기침이 나왔다.

아니, 아주 틀린 생각은 아니다. 구매부 담당자들은 분명 그것이 우리 회사의 목표인 양 행동할 것이다. 재고 적체 문제는 관심 밖에 둔 채, 자기들이 저가에 구입한 모든 잡동사니들을 창고 깊숙이 쌓아두기에 급급했다.

'지금 우리가 가진 것은 뭐지? 32개월분의 구리철사? 7개월분의 스

테인리스 강철판? 다른 모든 자재들?'

하지만 우리는 이만한 원자재를 감당하기에 너무도 벅찼다. 현실적으로 구매부 담당자들이 사들인 수백만 달러어치의 원자재들이 창고에서 썩고 있는 실정이었다. 참으로 엄청난 액수가 아닌가! 그렇다면 원자재의 저가 매입은 우리 공장의 목표가 될 수 없다.

'좀 다른 측면에서 접근해야 하는 게 아닐까?'

우리는 종업원을 고용하고 있다. 우리 공장 하나만 떼어놓고 봐도 수백 명을 채용했고 유니코 그룹 전체를 통틀어보면 수만 명을 고용했다. 어느 일간지에 실린 광고 카피처럼 인적 자원은 유니코 사의 '가장 중요한 자산'임에 틀림없다. 다양한 기술과 전문성을 지닌 훌륭한 인력 없이 회사가 운영될 수 없다는 것은 분명한 사실이다.

나 개인적으로도 유니코 사가 많은 일자리와 안정된 급여를 제공해주는 것을 기쁘게 생각한다. 하지만 고용 창출이 기업의 존재 이유가 될 수는 없다. 지금까지 우리가 해고한 사람들만 봐도 알 수 있다.

만약 우리 공장이 몇몇 일본 기업들처럼 종신고용제를 실시하고 있다 해도, 일자리가 목표라고는 단언할 수 없다. 일부에서는 마치 그것이 기업의 목표인 것처럼 행동하고 있지만 그것은 미끼에 불과하다. 공장은 월급을 주고 사람들에게 일거리를 주기 위해 만들어진 게 아니다.

'좋다. 그럼, 초점을 바꿔 우리 공장의 설립 취지를 생각해보자.'

공장을 설립한 첫째 이유는 무엇인가? 물론 제품을 생산하기 위한 것이다. 왜 그것이 목표가 될 수 없는가? 잠시 혼란스러워졌다. 생각의 바퀴를 굴려야 했다. 다시 개념을 정리해보자. 우리는 공장. 즉, 생산업체에서 일한다. 이것은 우리가 뭔가를 생산해야 한다는 의미다. 당연히 제품을 생산하는 것이 목표가 아니란 말인가? 그러나 요나 교수는 생산이 목표가 될 수 없다고 분명히 말했다. 그렇다면 우리는 왜 여기에 있는 것인가?

최근 여러 언론 매체에 자주 등장하는 유행어 하나가 떠올랐다. 품질관리는 어떤가? 이것이라면 가능성이 있어 보였다. 만약 제조 공장이 양질의 제품을 생산하지 못한다면, 결국 값비싼 대가를 치르게 될 것이다. 제조 공장은 양질의 제품으로 고객의 욕구를 채워줘야 한다. 그렇지 않으면 이내 경쟁력을 상실할 것은 불 보듯 훤한 일이다. 하지만 이것은 유니코 사가 혹독한 대가를 치르고 나서 뼈저리게 터득한 교훈이다. 유니코 사는 과거부터 현재까지 품질 향상을 위해 신개념 프로젝트를 도입하는 등의 수고를 아끼지 않았다. 우리 공장도 이에 일조해왔는데, 어째서 공장의 미래는 보장되지 않는가? 실례로 품질관리가 기업의 목표라면 롤스로이스처럼 품질 면에서 월등한 기업이 왜 부도 직전의 위기에 몰려 있단 말인가? 그렇다면 품질 자체가 목표일 수 없다는 결론이 나온다. 물론 품질관리는 제조 공장들이 기본적으로 지켜야 할 과제이지만, 목표는 아니다.

'그럼 뭐가 문제지? 비용?'

만약 저원가 생산을 담보해야 한다면 효율성이 가장 유력한 대안이다. 그렇다면 해답은 품질과 효율성으로 좁혀진다. 이 두 가지는 서로 상관관계를 지니고 있다. 불량률이 낮을수록 재작업은 줄어들고, 그 결과 생산원가는 낮아진다. 어쩌면 요나 교수가 지적한 것이 이것이었는지도 모르겠다. 좋은 품질의 제품을 효율적으로 생산하는 것. 이것이 목표일 것이다. '품질과 효율성', 참으로 절묘한 해답을 찾은 것 같다.

시간이 얼마나 흘렀는지, 빌 피치에게 닦달 전화가 걸려 오지는 않았는지 잡다한 생각이 들었지만 모두 무시하고 자동차 시트에 몸을 깊숙이 파묻고 네 번째 맥주 캔을 땄다. 어쨌든 요나 교수의 수수께끼를 풀었다는 생각에 잠시나마 온몸의 긴장이 풀렸다. 기분 좋은 나른함을 즐기고 있는 사이, 또 다른 의구심이 나를 일깨웠다.

'뭔가 석연치 않은 구석이 있어.'

단지 식사 후의 소화불량 같은 느낌이 아니었다. 좋은 품질의 제품을 효율적으로 생산한다는 것은 좋은 목표처럼 느껴졌다. 하지만 그런 목표가 공장을 지탱하는 힘이 될 수 있을지 의문이었다.

머릿속에 몇 가지 사례가 떠올라 다시 혼란의 늪으로 빠져들었다. 폭스바겐은 무슨 이유로 그들의 트레이드마크인 딱정벌레 차 생산을 중도에 포기했는가? 그 제품은 적은 비용으로도 충분히 생산 가능한 히트작이었다. 아니, 좀더 거슬러올라가서 더글러스 사는 왜 DC-3 기종을 더 이상 만들어내지 않는가? 각종 데이터들이 입증하듯 DC-3 기종은 최고의 항공기였다. 단언하건대 더글러스 사가 DC-3 기종을 꾸준히 생산했다면, 현재 그들은 새롭게 출시된 DC-10 기종보다 나은 조건에서 DC-3 기종으로 수익을 올릴 수 있었을 것이다.

그렇다면 지금까지 내가 찾은 해답은 전면적으로 수정해야 한다. 양질의 제품을 효율적으로 생산한다는 것만으로는 충분치 않았다. 다른 무언가가 있었다. 대체 기업의 목표가 뭐란 말인가? 맥주를 마시며, 나는 손에 쥐고 있는 알루미늄 캔의 부드러운 끝처리를 응시했다. 대량생산 기법의 진수가 절묘하게 드러났다. 이 맥주 캔은 얼마 전까지만 해도 땅속에서 광석 상태로 버려져 있었을 것이다. 그런데 알루미늄 제조업자는 과학기술과 기계를 이용해 광석을 반영구적인 형태의 금속으로 바꿔놓은 것이다. 이 얼마나 놀라운 일인가. 잠깐! 이 대목에 이르러 나는 다시 생각을 전진시켰다. 맞다, 바로 이것이다. 기술! 이것이야말로 기업의 목표에 가장 근접해 있다. 우리는 기술적인 우위를 선점해야 한다. 최첨단 기술력을 보유하고 있다면 시장 점유 가능성은 더 커진다. 기술 발전 속도에 보조를 맞추지 못한다면 그것으로 끝장이다.

'그래, 기업의 목표는 바로 기술인 거야.'

한 번 더 생각해보자. 아니, 이것도 석연치 않은 구석이 있다. 만약 제조 공장의 실질적인 목표가 기술이라면, 기업 내 요직은 연구·개발부(R&D)에 속해 있어야 한다. 그러나 유감스럽게도 연구 · 개발 부서는 빈 공간을 채우기 위한 도구처럼 항상 옆자리에 밀려나 있다. 우리에게 최첨단 기계가 구비되어 있다고 가정해보자. 과연 그것이 3개월 뒤의 미래를 보장할 수 있는가? 물론 그렇지 않다. 기술은 제조 공장이 보유해야 할 마지노선이긴 해도 목표가 될 수는 없다.

어쨌든 빨리 결론을 내리고 싶었다. 지금까지의 예측을 종합하면 기업의 목표는 효율성, 품질, 그리고 기술이 삼위일체를 이루는 조화라고 할 수 있다. 하지만 이렇게 되면 요나 교수의 말은 접어두고라도 우리의 목표는 분산될 수밖에 없다. 이것 역시 아니다. 결국 아무 의미 없는 헛수고를 한 것이란 말인가? 생각의 골이 깊어갈수록 내 혼란은 거듭되었다. 잠시 눈을 들어 언덕 아래 내 사무실을 바라보았다. 성냥갑만 한 크기의 컨테이너 박스 안에서 비서가 분주히 전화 메모를 정리하고 있었다.

맥주 한 모금을 길게 들이켰다. 고개를 들어 다시 한번 공장을 내려다보았다. 공장 너머 뒤편으로 창고 건물이 보였다. 그곳에는 예비 부품과 아직 팔리지 않은 재고품이 산더미처럼 쌓여 있다. 금액으로 환산하면 족히 2억 달러는 나갈 것이다. 완제품은 모두 최첨단 기계 설비로 효율적인 공정을 거쳐 제작된 양질의 제품이다. 한데 내 상식으로는 도저히 이해할 수 없는 어떤 이유로 재고품들이 품질 보증서와 함께 플라스틱 포장재로 밀봉된 채, 창고 안의 퀴퀴한 냄새 속에서 팔려 나갈 날만을 손꼽아 기다리고 있다.

'혹시 이게?'

그렇다. 유니코 사는 재고품을 창고에 쌓아두려고 공장을 운영하는 것이 아니다. 기업의 목표는 바로 판매에 있다. 하지만 판매가 목표라면 요나 교수는 왜 시장 점유율을 목표로 보지 않았는가? 목표를 기준으로 볼 때, 시장 점유율은 판매보다 훨씬 더 중요하다. 시장에서 우위를 확보하고 있다면, 그 분야에서 최고의 판매 실적을 올릴 수 있다.

'시장을 잡아라! 그러면 성공이 보장된다.'

오래된 격언 하나가 떠올랐다. 그러나…… 그렇지 않을지도 모른다는 생각이 들었다.

"우린 돈을 벌지 못하고 있지만, 판매량만은 누구에게도 뒤지지 않는다."

계속 적자를 보면서도 그저 재고량을 줄이기 위해 판매하는 회사들―유니코도 그런 회사 중의 하나이다―이 있다. 시장 점유율은 높지만 계속해서 돈을 벌어들이지 못하는 회사가 있을 수 있다는 말이다. 기업이 수익을 내지 못한다면 무슨 의미가 있는가?

돈. 그렇다. 제조 공장의 최대 목표는 돈을 벌어들이는 것이다. 바로 이 금전적 부담감 때문에 빌 피치 본부장은 우리 공장을 폐쇄해야겠다는 결론을 내린 건지도 모른다. 그렇다면 내 역할은 분명해진다. 손실분을 만회할 수 있는 방법을 찾아내는 일, 이것이 내가 해결해야 할 과제다. 아니지, 아냐! 만약 내가 적자를 만회하고 이익과 비용을 같은 수준까지 끌어올리는 기적을 이루어낸다고 가정해보자. 공장이 회생할 수 있겠는가? 아마도 장기적으로는 그렇지 않을 것이다. 기업이 손익분기점을 맞추기 위해 공장을 설립했겠는가? 기업은 수익을 창출할 때 존재의 의의를 갖는다.

이제야 명확한 구도가 그려지기 시작했다. 제조 공장의 목표는 오로지 돈을 버는 데 있다. 일찍이 유니코 사의 창립자인 바르톨로뮤 그랜비가 1881년 기업을 창립하고 개량 석탄 난로를 무기로 시장에 진입한 이유가 이것 말고 또 무엇이 있겠는가? 석탄 난로에 대한 애정 때문에? 아니면 수백만 명의 대중들에게 따뜻하고 편안한 생활을 선사하기 위해? 천만의 말씀. 그랜비는 사회사업가가 아니다. 그는 철저한 기업가였고, 떼돈을 벌어들이기 위해 유니코 사를 설립했다. 그의 예상은 적중했고, 마침내 성공을 거머쥐었다. 당시 유니코 사의 석탄 난로를 능가할 만한 제품이 없었다는 점이 가장 유력한 요인으로 지목됐다. 가능성을 예감한 투자자들은 벌떼처럼 몰려들었고, 그는 유니코 사 주식을 주식시장에 상장했다. 오늘날 그랜비 회장의 신화는 이렇게 만들어진 것이었다.

하지만 돈을 버는 것이 기업의 유일한 목표인가? 그렇다면 지금까지 내가 생각했던 이 모든 것들은 다 무엇이란 말인가? 혹시 다른 것이 있지는 않을까? 나는 서류 가방에서 노란 메모지를 꺼내, 기업의 목표라고 생각했던 항목을 리스트로 만들어보았다. 원자재의 저가 매입, 우수 인력 확보, 첨단 기술, 양질의 제품 판매, 시장 점유 등에서 정보 흐름과 고객 만족도에 이르기까지, 판단의 기준이 될 만한 모든 사항을 나열했다.

이 모든 항목은 성공적인 기업 운영과 밀접한 관련을 맺고 있다. 이 각각이 의미하는 궁극적인 목표는 무엇인가? 항목의 대다수가 회사에 돈을 벌어다주고는 있지만, 목표 자체가 될 수는 없다. 굳이 정의를 내리자면 목표를 달성하는 수단에 불과했다.

확실한가? 글쎄, 아직까지 확실하다고는 단언할 수 없다. 아무튼 기업의 목표가 '돈을 벌어들이는 것'이라는 가정은 타당하다고 생각한다. 회사가 돈을 벌어들이지 못한다면 위에 열거한 모든 항목들은 일고의 가치도 없기 때문이다.

어쨌거나 이제는 결론을 내려야 할 시간이다. 기업이 돈을 벌지 못한다면 어떻게 될까? 제품 생산, 판매가 중단되고, 기존 거래선이 끊기고, 자산 매각 여유분마저 전혀 없는 상태라면, 기업은 더 이상 제 기능을 다할 수 없을 것이다. 목표는 돈이다. 그 밖에 다른 어떤 것도 이것을 대체하지 못한다.

다른 각도에서 검증해보자. 요나 교수의 논리에 따라 기업의 목표가 돈을 버는 데 있다고 가정하면, 돈을 버는 쪽으로 연결되는 모든 행위는 생산적인 것이고, 그 반대의 경우는 비생산적인 것이 된다. 지난 2, 3년간 우리 공장은 목표점에서 벗어나 있었다. 따라서 우리 공장이 회생하기 위해서는 공장이 더 생산적으로 변해야 한다. 다시 말해 유니코 사에 돈을 벌어다주는 방향으로 공장 운영의 가이드라인을 잡아야 한다는 말이다. 현재 상황을 극도로 단순화한 공식처럼 보일지 몰라도 정곡을 찌르는 묘수다. 적어도 이만한 논리라면 공장이 회생할 수 있는 출발점이 될 수 있다.

차창 밖의 세상은 이른 봄의 기운을 간직한 채 아늑한 평화를 전하고 있었다. 아침나절보다 몇 배는 강렬해진 햇살이 차 유리를 비집고 들어왔다. 나는 방금 어두컴컴한 터널을 빠져나온 이방인처럼 주위를 둘러보았다. 눈에 익은 모든 풍경이 새롭게 느껴졌다. 나는 마지막 맥주 캔을 음미하며 새로운 목표를 되새겼다. 목젖을 타고 새로운 의지가 불타올랐다. 있어야 할 자리가 분명해졌다.

6

위대한 인물에게는 목표가 있고,
평범한 인물에게는 소망이 있다.
— 워싱턴 어빙

#오후 4시 30분

나는 공장 정문 앞에 차를 댔다. 새로운 의욕이 넘치는 순간에도 공장
의 암울한 미래는 깊어가고 있었다. 내가 오늘 한 일 중 유일하게 성공
한 것은 아마도 쥐도 새도 모르게 공장에 들어선 일일 것이다. 성냥갑
만 한 내 사무실은 폭풍 전야의 고요함을 간직한 채, 숨죽여 내 입성을
기다리고 있었다. 나는 내 뒤통수를 노리는 직원들의 포위망을 벗어
나 조심스레 공장 안으로 들어갔다.

'진짜 싸움은 이제부터야!'

나는 역전의 용사가 그러하듯 나 자신을 재정비했다. 모든 것들을
새로운 시각에서 보고 싶었다. 아니, 우리 공장의 현실을 내 눈으로 직
접 확인해야 했다. 공장 문을 열고 선반에서 안전모를 꺼내 든 뒤 깊게
심호흡을 했다.

모퉁이를 돌아 1작업장에 들어섰을 때 가장 먼저 마주한 풍경은 한
가로이 신문을 들여다보면서 잡담을 늘어놓고 있는 세 명의 시간급
직공들이었다. 그중 하나가 나를 발견하고는 두 사람의 옆구리를 찔
렀다. 그들은 천적을 만난 뱀처럼 재빨리 신문을 접고 태연하게 흩어
졌다. 여느 때 같았으면 그냥 지나쳐버릴 수도 있는 일이었다. 하지만
이제는 달라져야 했다. 우리에게 주어진 시간은 고작해야 3개월에 불
과하다. 나도 모르게 불평이 터져나왔다.

'빌어먹을! 모두들 제정신이 아냐. 제정신이라면 우리 공장 상황을

모를 리 없을 텐데. 얼마 전에 정리해고했던 걸 벌써 잊은 거야? 대체 무슨 생각들을 하고 있는 거지?'

모두가 살아남기 위해서는 회사원 전부가 위기감을 느끼고 변화해야 한다. 그러나 유감스럽게도 내가 만난 세 사람은 나와는 전혀 다른 생각을 하고 있었다. 기껏해야 한 시간에 열두어 개의 버클을 만들면서 시간당 12달러의 급료를 챙기기에 여념이 없었다. 이것은 분명 근무 태만이다. 나는 즉시 감독자를 찾아가 시간급 직원 관리를 문책했다. 그런데 이건 또 뭔가? 감독자는 오히려 자신의 책임을 회피하며 그들을 두둔했다.

"공장장님, 뭔가 오해하신 것 같습니다. 저 사람들은 자기 할당량을 마치고, 다음 공정을 기다리던 중입니다."

나는 화가 머리끝까지 치밀었다.

"똑똑히 들으십시오. 지금 당장 저 세 사람이 일거리를 찾지 못한다면 당신은 바로 해고입니다. 시간급 직공 관리가 당신 일 아닙니까. 만약 이 일을 제대로 처리하지 못한다면 인사고과에 그대로 반영할 것입니다. 제 말 알아듣겠습니까?"

예상대로 감독자는 부리나케 달려가 세 명의 직공을 불러 모았다. 복도를 따라 걸으며 어깨 너머로 감독자의 다음 동태를 지켜보니 더욱 가관이었다. 감독자가 그들에게 시킨 일이라고는 복도 끝에 쌓인 원자재를 다음 라인으로 옮기는 것이 전부였다. 도대체 이게 무슨 꼴인가. 하지만 굳이 위안을 찾는다면 그들이 움직이고 있다는 사실이다. 만약 내가 저들의 근무 태만을 묵과했다면 그들은 아마도 오늘 일당의 절반에도 미치지 못할 일거리를 끌어안고 빠져나갈 궁리만을 하고 있었을 게 뻔하다.

문득 돈에 관한 생각이 떠올랐다. 저 세 사람이 지금 하고 있는 일이 우리에게 돈을 벌어다주는 일인가? 저들의 불필요한 노동이 생산성에 얼마나 도움이 되고 있는가? 물론 일고의 가치도 없다. 감독자에게 돌아가 실질적인 일을 지시하라고 꾸짖고 싶었지만, 그대로 내버려두었다. 어쩌면 감독자의 말대로 지금 당장 그들이 맡을 만한 일거리가 없을지도 모른다. 설령 내가 나서서 그들을 재배치한다 해도 그 일이 우리에게 수익을 가져다준다는 보장도 없다. 형언할 수 없는 기묘한 느낌이 들었다. 어떻게 직원들에게 일을 시키는 것과 돈을 버는 것이 같다는 개념을 각인시킬 수 있단 말인가! 예전에는 너무도 쉽게 이런 말들을 했고, 또 그렇게 처리해왔다. 기본 규정에 따라 기계와 직원들을 풀가동했고, 생산된 제품을 공장 밖으로 밀어냈다. 일거리가 없을 때는 일거리를 만들어주었고, 만들어낼 만한 일거리가 없을 때는 인원을 재배치했으며, 그래도 할 일이 없을 때에는 그들을 해고했다.

나는 크레인에 올라 공장 내부를 둘러보았다. 대부분의 사람들이 자신의 일에 몰두하고 있었고, 일손을 놓고 있는 사람들은 손으로 꼽을 정도였다. 그러나 유감스럽게도 우리는 적자에 허덕이고 있었다. 매 순간 복잡다단한 과정들이 반복적으로 일어나고 있지만, 언제 어떤 변수가 생길지는 모르는 일이었다. 우리 공장 역시 다른 제조 공장과 마찬가지로 복잡한 수순을 거쳐 완제품을 만들고 있었다.

그런데 현장에서 벌어지는 변수를 무시한 채 현재 진행되고 있는 일을 어떻게 통제할 수 있을까? 이 공장에서 이루어지고 있는 여러 가지 활동들 중 수익을 내는 생산적인 활동과 비생산적인 활동을 어떻게 구분할 것인가? 이론적으로는 내 묵직한 서류 가방 속에 그 답이 들어 있어야 한다. 분명 이 안에는 우리 공장의 회계부장 루이스가 오늘 아침 회의를 위해 준비해준 보고서와 자료가 들어 있었다. 나는 그동안 각종 수치가 우리 공장의 효율성을 대변해준다는 것을 믿어 의심치 않았다. 하지만 그 자료들의 실제 효용 가치는 내 밑에서 일하는 이들이 회사가 급여를 지불한 시간 동안 실제로 일을 얼마나 처리했는지를 체크하는 정도밖에 되지 않았다. 생산 비용이나 직원 1인당 생산량, 직접노동 변화 수치 따위가 수익을 창출하는 것은 아니었다. 요나 교수의 지적대로 나는 어쩌면 숫자놀음에 빠져 있었던 건지도 모른다. 이 둘 사이에는 분명 어떤 연결고리가 있을 것이다. 그 연결고리를 찾는 일부터 시작해야겠다는 판단이 섰다. 나는 크레인 사다리를 타고 내려와 즉시 사무실로 향했다.

#오후 7시

사무실은 고요 속에 잠들어 있었다. 개미 새끼 한 마리 얼씬거리지 않는 침묵이 그리 달갑지만은 않았다. 정시 출근, 정시 퇴근이 삶의 유일한 낙인 내 비서 프란은 내게 온 메시지들을 잔뜩 쌓아두고 퇴근해버렸다. 간혹 비서의 자질이 의심스러운 그녀의 행동에 묘한 배신감마저 들었다. 메시지의 절반 정도는 빌 피치 본부장에게서 온 것이었다. 아마도 그는 내가 회의 도중에 사라진 것에 격분했을 것이다. 마지못해 수화기를 들고 그에게 전화를 걸었다. 그러나 신은 자비로웠다. 2분이나 전화벨이 울렸지만 아무도 받지 않았다. 나는 작은 한숨을 내뱉으며 수화기를 내려놓았다. 초저녁 무렵의 여문 노을을 바라보면서 나는 한동안 상념에 잠겼다.

'대자연의 섭리처럼 공장 회생에 관한 명확한 구도가 그려진다면 더할 나위 없을 텐데. 흠, 회사 실적을 평가하는 방법과 규정을 연결하는 묘수가 있지 않을까? 생산 스케줄에 들어맞는 납품일, 재고 회전율, 총 매출액, 총비용 등등을 수익과 연결할 수 있는 간단한 방법이 없을까?'

누군가 문을 두드리는 소리가 들렸다. 회계부장 루이스였다. 정년 퇴임을 2년 앞둔 그는 전형적인 장년의 샐러리맨이었다. 두꺼운 뿔테 안경과 볼록한 배가 그의 트레이드마크였다. 값비싼 옷으로 치장하고 다녀도 어딘지 모르게 촌스러워 보이지만, 온화한 성품 덕에 많은 이들이 따랐다. 그러나 그에게도 남모를 아픔이 있었다. 20년 전, 본사에서 이곳으로 좌천된 그는 공인회계사 시절 누렸던 영광의 그늘에 묻혀 남모르는 콤플렉스에 시달렸다. 그래서인지 간혹 누군가가 그의 권위에 도전해오면 그는 가차 없이 어떤 형태로든 응징했다.

"공장장님!"

나는 루이스에게 들어오라는 손짓을 했다.

"오늘 오후 본부장님께서 공장장님을 많이 찾으시더군요. 혹시, 오늘 본부장님 회의에 불참하셨습니까?"

"본부장님이 뭐라고 했습니까?"

나는 질문의 의도가 의심스러웠다. 내가 회의에 참석하지 않은 이유로 해고당하기를 바라기라도 하는 사람처럼 호기심을 드러내는 말투가 싫었다. 나는 그의 질문에 답하지 않고 내가 묻고 싶은 것만 물었다.

"최근 사업부 동향 보고서가 필요하다며 자료를 요청하셨습니다. 이런 말씀을 드려야 할지 어떨지 모르겠지만, 본부장님의 심기가 많이 불편해 보였습니다."

"필요한 것들을 넘겨드렸습니까?"

"내일 아침에 보실 수 있도록 조치해두었습니다. 공장장님께 드렸던 것과 거의 같은 자료죠."

"그 외에 다른 건 없었습니까?"

"다시 정리해야 할 사항이 몇 가지 남아 있지만, 나머지는 내일 중으로 보내드릴 생각입니다."

"좋습니다. 그쪽에 보내기 전에 저한테 먼저 보여주시겠습니까? 제가 먼저 봤으면 좋겠는데요."

"네. 바로 가져다드리겠습니다."

"루이스 부장님, 저랑 얘기할 시간 있습니까?"

"지시하신 일 말고는 별다른 일은 없습니다. 제게 무슨 하실 말씀이라도?"

루이스는 호기심이 어린 얼굴로 내 눈치를 살폈다.

"일단, 앉으시죠."

루이스는 의자를 끌어당겨 앉았다. 어떻게 이야기를 시작해야 할지 잠시 망설였지만, 일단 그에게만은 회사 상황을 정확히 알려주어야겠다는 판단이 섰다. 루이스는 기대에 찬 얼굴로 내 말을 기다렸다.

"아주 단순하고 근본적인 질문입니다만."

루이스는 내 말에 미소를 지으면서 맞장구를 쳤다.

"그런 질문, 좋아합니다."

"우리 회사의 목표가 돈을 버는 데 있다고 생각하십니까?"

루이스는 실소를 터뜨렸다.

"지금 농담하시는 겁니까? 아님 절 테스트하시는 겁니까?"

"루이스 부장님, 솔직한 답변을 듣고 싶습니다. 회사의 목표가 돈을 버는 데 있다는 것이 맞는다고 생각하십니까?"

"그렇겠죠. 그리고 양질의 제품을 생산해야 하고요."

"제품 생산은 단지 목표 달성의 수단일 뿐이죠."

나는 루이스에게 내 기본 논리를 차근차근 설명했다. 한때 공인회계사로 명성을 날렸던 만큼 루이스는 상당히 똑똑한 사람이었다. 세세한 설명을 덧붙일 필요가 없었다. 내 이야기가 끝나자 그는 내 생각에 동의했다.

"그렇다면 공장장님이 제게 질문하시는 것을 어떻게 해석해야 합니까?"

"우리가 돈을 벌고 있는지, 아니면 적자를 보고 있는지 그 여부를 알고 싶습니다. 어떻게 하면 알 수 있겠습니까?"

"글쎄요, 여러 가지 방법이 있겠죠."

루이스는 그 방법들을 열거하기 시작했다. 총 매출액, 시장 점유율, 수익성, 그리고 주주 배당금……. 결국 나는 손을 들어 그의 말을 제지했다.

"그런 걸 묻는 게 아닙니다. 우리는 입장을 바꿔놓고 시작해야 합니다. 부장님이 교과서를 새로 쓰는 입장에 서 있다고 가정해봅시다. 지금 부장님한텐 아무런 단서도 없습니다. 부장님 나름대로 새로운 측정 방법을 구상해내야 한다면, 우리가 돈을 벌고 있는지 여부를 알기 위해서는 어떤 성과 측정 지표를 선택하겠습니까?"

루이스는 두꺼운 렌즈 아래로 시선을 떨어뜨리고 잠시 생각에 잠겼다.

"글쎄요. 절대적인 측정 지표들이 필요하겠죠. 얼마나 벌었는지를 달러나 엔 아니면 다른 화폐 단위로 말해줄 수 있는 무언가가 있어야겠죠."

"순이익 같은 것을 말하는 겁니까?"

"네, 순이익이죠. 하지만 그것만으로는 안 될 겁니다. 왜냐하면 절대적인 측정 지표 하나로는 충분하지가 않아요."

"그렇습니까? 내가 얼마나 벌었는지 안다면 왜 그 밖의 다른 것을 더 알아야 하는 거죠? 내가 번 것을 모두 더하고, 거기에 들어간 비용을 뺀다면 남는 것이 순이익일 텐데. 그렇다면 뭘 더 알아야 하는 겁니까? 가령 1000만 달러를 벌었다, 또는 2000만 달러를 벌었다 하는 계산이 나오면 그것으로 끝나는 거 아닙니까?"

루이스는 한심하다는 듯 나를 바라보았다.

"공장장님의 말씀이 틀린 건 아닙니다. 하지만 계산 결과 1000만 달러의 순이익이 나왔다고 해볼까요. 절대적인 기준으로 말이죠. 겉으로는 엄청나게 많은 돈을 긁어모은 것처럼 보이지만, 실제로는 그렇지가 않아요. 처음에 얼마를 갖고 시작했죠?"

루이스는 내 이해 정도를 가늠하기 위해 잠시 내 표정을 들여다보았다.

"초기 투자 비용에 관한 문제입니다. 1000만 달러를 벌기 위해 얼마를 투자했습니까? 100만 달러? 그렇다면 투자한 돈의 열 배를 거두어들인 셈이 되죠. 10 대 1이라면 상당히 높은 성과입니다. 하지만 공장장님이 10억 달러를 투자했다고 합시다. 그런데 겨우 1000만 달러

밖에 벌지 못했다면 형편없는 성과죠."

"그건 알고 있습니다."

"그래서 상대적인 지표가 필요한 겁니다. 투자수익률, 즉 투자한 돈에 대해 벌어들인 돈의 비교 수치 같은 것도 필요한 거고요."

"좋습니다. 루이스 부장님의 이야기대로라면 우리는 이 두 가지 지표만 가지고도 회사 전체가 얼마나 효율적으로 운영되고 있는지 파악할 수 있어야 하는 거 아닙니까?"

루이스는 고개를 돌려 먼 산을 바라보았다. 그러나 그는 대화를 피하지는 않았다.

"맞는 말씀입니다. 하지만 아시다시피 엄청난 투자수익률과 순이익을 자랑하는 기업도 파산하는 경우가 비일비재합니다."

"현금이 부족한 경우 말입니까?"

"네. 파산한 기업의 대부분은 현금 흐름이 나빴기 때문에 부도를 막지 못했죠."

"그렇다면 세 번째 측정 지표로 현금 유동성을 고려해야 한다는 말입니까?"

충분히 수긍할 수 있는 논리였지만, 나는 일단 그의 의중을 떠보기로 했다.

"기업의 1년간 총비용을 감당할 만큼 매달 현금이 충분히 유입되고 있다고 가정해봅시다. 이 경우엔 현금 유동성은 그리 중요한 사안이 아닐 텐데요?"

"그 반대의 경우를 생각하셔야죠. 기업 회계 분석에 있어 현금 유동성보다 중요한 측정치는 없습니다. 현금의 흐름은 기업의 생존 지표입니다. 다시 말해 일정한 선 위쪽에 위치해 있다면 괜찮지만, 그 아래로 내려가면 끝이죠."

우리는 서로의 눈을 똑바로 바라봤다. 루이스는 금세 내 의도를 간파했다.

"이런! 이게 바로 우리 회사의 현실입니까?"

나는 루이스의 질문에 조용히 고개를 끄덕였다. 루이스는 아무 말 없이 창밖을 바라보았다. 우리는 누가 먼저랄 것도 없이 긴 한숨을 내쉬었다.

"결국 예상하던 일이 현실로 나타나고 말았군요. 왜 하필 지금입니까? 그럼 우리 공장 직원들은 어떻게 되는 겁니까? 본부장님은 뭐라고 하던가요?"

"우리 공장을 폐쇄하는 문제에 대해 고려하고 있다고 했습니다."

"합병하는 건가요?"

문제는 다시 원점으로 돌아갔다. 루이스는 나와는 다른 시각에서 사태를 진단하고 있었다. 그는 자신의 일자리가 유지될지 어떨지에 초점을 맞추고 있었던 것이다.

"솔직히 저도 구체적인 건 모릅니다. 몇몇 사람들은 다른 사업부나 다른 공장으로 고용 승계를 받을 겁니다. 하지만 대다수는……."

루이스는 침울한 표정으로 담배를 꺼내 물었다.

"제길, 정년퇴직이 2년밖에 안 남았는데……."

루이스는 본격적으로 불평을 터뜨렸다. 하지만 그도 현실을 직시해야 했다.

"루이스 부장님, 부장님께 일어날 수 있는 최악의 상황은 아마도 조기 퇴직일 겁니다."

"빌어먹을! 저는 조기 퇴직 같은 건 하고 싶지 않다고요."

루이스는 불안함을 감추지 못했다. 평소와 다른 어조는 그의 불편한 심기를 그대로 드러냈다. 그는 재가 다 타들어갈 때까지 담배 연기를 빨아들였다. 보기에도 안쓰러운 표정에 나는 할 말을 잊었다. 길고 긴 침묵 끝에 내가 먼저 운을 뗐다.

"루이스 부장님, 전 포기하지 않을 겁니다."

"공장장님, 만일 본부장님 입에서 우리 공장을 폐쇄한다는 말이 나오게 된다면…….”

“아직은 그때가 아닙니다. 우리에겐 시간이 조금 있습니다.”

“얼마나요?”

“3개월.”

그는 어이없다는 듯이 웃었다.

“공장장님, 포기하세요. 대체 3개월 동안 뭘 어떻게 할 수 있습니까?”

“잊지 마십시오. 전 분명히 포기하지 않겠다고 했습니다.”

그는 아무 말도 하지 않았다. 나 역시 내가 말한 것에 대해 확신이 서지 않았다. 그러나 한 가지 우리가 깨달은 사실은 3개월 안에 수익을 내도록 공장을 운영해야 한다는 것이었다. 루이스가 담배 연기를 길게 내뿜는 소리가 들렸다. 그는 체념이 가득한 목소리로 말문을 열었다.

“좋아요, 공장장님. 제가 할 수 있는 한 뭐든 도와드리죠. 하지만 너무 큰 기대는 마십시오.”

루이스는 애써 침울한 표정을 감추며 말문을 닫았다.

“루이스 부장님, 전 당신의 도움이 필요합니다. 우선 이 사실을 당분간 비밀에 부쳐주시기 바랍니다. 이 소식이 새어나간다면 직원들의 동요는 걷잡을 수 없을 겁니다.”

“네. 하지만 이 비밀이 언제까지고 지켜질 거라고는 생각하지 마십시오.”

나 역시 충분히 공감하는 이야기였다.

“공장장님, 우리 공장을 회생시킬 수 있는 구체적인 계획은 뭡니까?”

“우리가 해야 할 일을 명확히 파악하는 일이 우선이라고 생각합니다.”

“아, 그래서 지표 얘길 하셨군요. 공장장님, 그런 건 시간 낭비에 불과합니다. 시스템은 어디까지나 시스템입니다. 뭐가 잘못된 것인지, 무엇이 문제인지는 제가 설명해드릴 수 있습니다.”

그의 설명은 무려 한 시간이나 이어졌다. 대부분이 익히 들어 알고 있는 내용이었다. 무한 경쟁 시대의 경영 환경과 맞서 싸우려면 제품의 완성도에 심혈을 기울여야 한다느니, 좀더 열심히 일하기만 한다면 누구든 수익을 창출할 수 있다느니, 경영의 노하우를 얻기 위해서는 일본 기업들에서 차용할 것은 과감히 빌려와야 한다느니 등등 두서없는 이야기들이 죽 이어졌다. 그는 이야기를 늘어놓으면서 자신의 울분을 삭이는 것처럼 보였다. 어쩌면 그것이 내가 바라던 바였는지도 모르겠다.

루이스의 이야기와는 반대로 나는 계속 혼란 속으로 빠져들었다. 그의 이야기를 듣고 있자니, 인력 관리란 무엇인가에 관한 의문이 생겼다. 실제로 루이스는 명석하고 쾌활했다. 유니코 사 출신 사원들의 대다수는 루이스처럼 명석한 두뇌를 자랑하는 잘 훈련된 인재들이었다. 선발 기준 자체가 그랬다. 그렇다면 루이스는 그럴 듯한 포장으로 자신의 울분을 토하는 대신, 왜 회사가 시시각각 어려워지는지를 고민해야 했다.

주위가 어둠에 물들어갈 즈음, 루이스는 퇴근해야겠다며 사무실 문을 나섰다. 나는 루이스를 배웅하고 나서도 계속 사무실을 지켰다. 책상머리 메모지에는 루이스가 제시한 세 가지 지표—순이익, 투자수익률, 현금 유동성—가 적혀 있었다.

나는 이 세 가지 지표 중, 기업의 목표에 가장 근접한 지표를 끄집어내기 위해 여러 각도에서 기회비용을 산출해보았다. 내 경험으로 미루어볼 때, 기업을 이끄는 CEO들은 종종 이것과 비슷한 게임을 즐긴다. 그들은 순이익을 극대화하기 위한 전략으로 장기적인 투자를 외면하는 습성이 있다. 예를 들면 연구개발비를 한 푼도 투자하지 않는다거나 해서 말이다. 그것은 자기 자본의 위험 부담을 줄이는 동시에 주력 산업의 지표를 극대화할 수 있는 묘안이기 때문이다. 어쨌든 기업 경영의 필수 요소라는 관점에서 본다면 위 세 가지 요소가 매우 다양한 각도에서 밀접하게 연결되어 있다는 점은 확실했다.

나는 여기까지 생각한 다음 의자 깊숙이 몸을 묻었다. 내가 만일 그랜비 3세라면, 아니 적어도 이 공장의 경영권을 확실하게 틀어쥐고 있다면, 나는 이 같은 숫자놀음을 하지 않았을 것이다. 이보다는 세 가지 지표가 지속적으로 꾸준히 증가하기를 바랐을 것이다. 이것을 근거로 다시 기업의 목표를 생각해보자. 만일 세 가지 지표가 동시에 지속적인 상승 곡선을 그리고 있다면 우리는 진정한 의미의 수익을 내고 있는 것이다. 그렇다면 목표는 다음과 같이 정의할 수 있지 않을까?

'기업의 목표란 투자수익률과 현금 유동성을 높이는 동시에 순이익을 늘려 돈을 벌어들이는 것!'

나는 메모지에 지금까지 생각한 것을 적었다. 일이 진척되고 있다는 느낌이 들었다. 아귀가 맞지 않던 퍼즐 조각이 서서히 그 실체를 드러내고 있는 것 같았다. 드디어 명쾌한 기업의 목표를 찾아낸 것이다. 그렇다면 이 세 가지 지표가 동시에 개선될 수 있도록 노력해야 한다. 오늘 하루만의 성과치고는 제법 괜찮아 보였다. 요나 교수가 이 사실을 안다면 나를 자랑스러워하지 않을까.

이제 나 자신에게 질문을 던졌다. 그렇다면 이 세 가지 지표를 어떻게 직접적으로 연결할 것인가? 이것을 공장에서 어떻게 실행에 옮길 것인가? 내가 이 문제를 해결한다면, 나는 어떤 것이 생산적이고, 또 어떤 것이 비생산적인 것인지―목표를 향해 나아가고 있는지, 아니면 뒷걸음질하고 있는지―를 판단할 수 있는 기초를 마련할 수 있을 것이다.

나는 창가에 서서 어둠 속을 응시했다. 30분 정도 지나자 창밖의 어둠처럼 내 마음도 어두워졌다. 수익률, 자본 투자, 직접노동량 등의 상투적인 개념들이 머릿속을 어지럽혔다. 내가 여기서 생각의 고삐를 늦추고 수백 년간 전해 내려온 일반적인 사고방식을 따른다면, 나 역시 다른 사람들과 엇비슷한 결론에 도달하게 될 것이다. 이것은 공장의 현실을 파악하는 데 전혀 도움이 되지 않을뿐더러, 기업의 목표와는 정반대 방향으로 흐르게 하는 요인이 될 것이다. 더 이상 나아갈 수도, 물러설 수도 없는 벽이 내 앞을 가로막았다.

가슴이 답답한 나머지 서가에서 책을 꺼내 뒤적이다 이내 덮어버렸다. 글자 하나 글귀 한 줄이 눈에 들어오지 않았다. 불안감과 초조감이 공포처럼 밀려들었다. 얼마나 지났을까? 시계는 벌써 밤 10시를 지나고 있었다.

'이런! 줄리한테 전화하는 걸 깜빡했군. 단단히 화났겠지.'

나는 즉시 수화기를 집어 들고 버튼을 눌렀다.

"여보세요?"

"별일 없지? 자기야, 정말 힘든 하루였어."

"흥, 뭐 새로울 게 있어? 나도 똑같은 하루였어."

"우리 둘 다 우울한 하루를 보낸 셈이네. 미안해. 미리 전화했어야 하는데, 일이 좀 남아서……."

긴 침묵이 흘렀다.

"어차피 나도 베이비시터를 못 구했어."

그제야 어젯밤에 아내와 약속했던 것이 기억났다.

"오! 이런, 자기야. 정말 미안해. 오늘 아침 회의 준비 때문에 깜빡했어."

"아냐. 돌이킬 수도 없는 일이잖아? 두 시간이 지나도 자기가 안 오길래 우리끼리 그냥 먹었어. 집에 와서 저녁 먹을 거면 전자레인지에 데워 먹든지."

"고마워."

"아, 근데 자기 딸 기억나? 자기를 정말 사랑하는 작은 여자애 말야."

"빈정거리지 마."

"그 애가 저녁 내내 창가에 서서 자기를 기다리다가 이제 막 잠들었다구."

나는 자책감에 그만 두 눈을 감아버렸다.

"왜, 무슨 일인데?"

"자기를 깜짝 놀라게 해줄 일이 있대."

"한 시간 안에 갈게. 조금만……."

"아니, 그렇게 서두를 필요 없어."

아내는 내가 말을 끝내기도 전에 차갑게 전화를 끊어버렸다.

굳이 서둘러 집으로 돌아가야 할 이유가 없었다. 나는 안전모와 보안경을 집어 들고 공장 쪽으로 발길을 옮겼다. 늦은 김에 2교대 작업 감독자인 에디를 만나 진척 상황을 체크하고 가는 게 나을 듯했다.

시계를 보니 에디가 현장에 나가 있을 시간이었다. 나는 그를 호출한 뒤, 사무실에서 기다렸다. 3작업장에서 에디가 느릿느릿 걸어 나오는 모습이 보였다. 나는 그의 모습을 죽 관찰했다. 어림잡아 5분쯤 걸린 것 같았다. 에디에게는 뭔가 껄끄러운 구석이 있었다. 그는 아주 열심히 일하는 사람이었다. 그리 뛰어나지는 않았지만, 모자라지도 않았다. 모난 구석이라고는 눈을 씻고 봐도 찾을 수 없는 원만한 인간형이었다. '껄끄럽다'는 건 좀 다른 의미였다.

'대체 뭐가 문제지?'

나는 에디의 걸음걸이를 살펴보았다. 그의 걸음걸이는 '규칙맨'이라는 애칭에 걸맞게 자로 잰 듯 규칙적인 템포와 보폭을 유지했다. 어쩌면 이것이 내가 그를 못마땅해하는 이유인지도 모른다. 어떤 의미에서 걸음걸이란 인간이 이동하는 모습만 이르는 것이 아니라, 그 사람의 됨됨이를 대변해주기도 한다. 에디의 규칙적인 걸음걸이의 또 다른 특징은 걸을 때마다 뻣뻣하게 팔을 앞으로 내미는 손동작에 있다. 자신의 발자국 하나하나를 확인이라도 하듯 언제나 그 자세를 유지했다. 그의 걸음걸이를 보고 있노라면, 〈모던 타임스〉의 찰리 채플린이 떠올랐다. 기계와 같은 인간을 손꼽자면 그가 제격이다.

어쨌거나 나는 생산 스케줄표를 들춰보며 진행 중인 주문 처리 현황에 대해 물었다. 평소와 마찬가지로 모든 것이 통제 불능 상태였다.

물론 우리의 '규칙맨' 에디는 그 사실을 전혀 깨닫지 못하고 있었다. 에디에게는 이것이 정상이었다. 어제와 같은 방식대로 납품일이 지연되는 것은 언제나 옳은 일이었다. 에디는 오늘밤 안에 완성해야 할 납품번호를 주워섬기며, 얼마나 지연될지를 일일이 보고했다. 도대체이 따위 보고가 무슨 의미가 있단 말인가. 나는 복받치는 감정을 억제하느라 안간힘을 썼다. 내가 정작 그에게 묻고 싶었던 건 이런 것들이었다.

'에디, 2교대 야간반이 한 시간 동안 우리 공장의 투자수익률에 끼친 영향은 어떻습니까? 현금 유동성을 개선하기 위해 작업조에서는 어떤 대안을 세웠죠? 우리가 지금 돈을 벌어들이고 있는 겁니까?'

아마도 에디는 이런 표현들을 감히 상상해본 적도 없을 것이다. 이 모든 것이 에디와는 동떨어진 세계의 것들이었다. 그의 관심사는 오로지 시간당 부품 생산량, 시간당 노동량, 처리된 주문 건수 등일 것이다. 그는 그가 알고 있는 범주 내에서 최선을 다하고 있지만 표준 작업 시간, 불량 요인, 평균 기계 가동 시간, 납품일, 순이익, 투자수익률, 현금 유동성 같은 지표는 본사 경영진의 문제로 치부해버린다. 이 세 가지 지표로 에디의 세계를 측정하겠다는 것은 무모한 도전일지도 모른다. 에디로서는 작업반의 생산량과 회사 전체의 수익을 연관 짓는 일이 무의미하게 여겨질 것이다. 설령 에디의 시야를 넓힐 수 있다 해도 생산 현장의 가치와 유니코 사 수뇌부의 가치 사이에 명확한 관계를 설정해낸다는 것은 여전히 어려운 일일 것이다. 보고 도중, 에디는 내가 자신을 관찰하고 있다는 것을 알아차렸다.

"뭐가 잘못됐나요?"

7

시간이 덜어주거나 부드럽게 해주지 않는 슬픔이란
하나도 없다.
— 키케로

#오후 11시

현관 입구에는 낮은 실내등 하나만 켜져 있었다. 되도록 소리를 죽여
가며 집 안으로 들어섰다. 피곤한 하루였는지 모두들 벌써 깊이 잠든
것 같았다. 넥타이를 풀고 거실에 앉아 아내의 얼굴을 떠올려보았다.
문득 아내가 내게 지쳐가고 있다는 생각이 들었다. 갑자기 허기가 밀
려왔다.

'젠장, 배고픈 하루구만!'

부엌 전자레인지 속에는 아내의 정성이 가득 담긴 음식이 들어 있
었다. 막 레인지 버튼을 누르려는 순간, 등 뒤에서 바스락거리는 소리
가 들렸다. 아내일까 싶어 고개를 돌렸다. 그런데 이게 누군가? 내 귀
여운 분신 샤론이었다. 식탁 의자에 오도카니 앉아 초롱초롱한 눈망
울을 굴리던 샤론이 다가와 내 목에 매달렸다.

"아니, 우리 예쁜 아가씨 아냐? 왜 아직까지 안 자고 있었어?"

샤론은 살포시 미소를 지으며 또박또박한 말투로 대꾸했다.

"아빠를 기다렸지! 좋은 소식이 있어!"

샤론은 조막만 한 손으로 작은 봉투를 집어 들고는 내 무릎에 앉아
조잘거렸다.

"아빠, 빨리 열어봐봐! 내 성적표야."

"음, 우리 공주님이 얼마나 장한 일을 하셨나 한번 볼까?"

샤론은 대답 대신 깜찍한 미소를 지었다.

"우와! 모두 A구나!"

나는 샤론을 끌어안고 뺨에 뽀뽀를 해주었다.

"샤론, 아빠 네가 정말 자랑스럽단다. 암, 자랑스럽고말고. 우리 예쁜 공주님. 반에서 모두 A를 받은 건 너 하나뿐이지?"

샤론은 한껏 신이 난 목소리로 학교에서 일어났던 일을 하나하나 늘어놓았다. 하지만 그것도 잠시, 샤론의 눈가에 잠기운이 어렸다. 잠투정할 나이는 아니었지만, 나는 샤론을 안고 아이가 잠들 때까지 자장가를 불러주었다. 너무 피곤했지만 오히려 잠이 오지 않았다. 시간은 벌써 자정을 넘어서고 있었다. 나는 식탁에 앉아 늦은 저녁식사를 하며 상념에 잠겼다. 나는 사업에서 유급당할 위기에 있는데, 2학년짜리 내 어린 딸은 모두 'A'를 받아 왔다. 씁쓸한 여운이 나를 감쌌다.

'여기가 끝이 아닐까?'

어쩌면 이쯤에서 포기해야 하는 건지도 모르겠다. 네이선 셀윈은 빨리 다른 회사를 알아보라고 충고했다. 유니웨어 사업부 내 간부급들과 내가 무엇이 다른가? 헤드헌터에게 상담을 해볼까도 생각했지만, 나는 그렇게 하지 않았다. 행운의 여신이 내 손을 들어준다면 번듯한 직장을 잡을 수도 있다. 또 아내의 소원대로 이 도시를 벗어날 수도 있으리라. 그러나 그럴 가능성은 희박했다. 공장장으로서 내 경력이 아직은 부족하다는 점이 마음에 걸렸다. 또 하나 내가 이직을 포기한 이유는 왠지 도피하는 것 같은 느낌이 들었기 때문이다. 단순히 '도피자'라는 오명 때문에 재취업을 포기했다고는 생각지 마시라. 그렇다고 해서 하찮은 애사심이나 애향심에 연연한 것은 더더욱 아니다. 책임감, 그것이 정답이다. 우리 공장에 대한 책임감은 접어두더라도, 나는 내 청춘의 대부분을 이곳 유니코 사에 바쳤다. 그러니 이곳에서 성과를 거두기를 바랐다. 처음이자 마지막으로 주어진 3개월은 유예기간이긴 했지만 내 능력을 시험해볼 수 있는 기회이기도 하다.

'그래, 포기할 수 없다면 도전해야지! 3개월은 결코 짧은 기간이 아냐.'

그러나 막상 이렇게 결정은 내렸어도 풀어야 할 과제는 산 너머 산이었다. 도대체 내가 할 수 있는 일이란 무엇인가? 나는 생산성을 높이기 위해 동원 가능한 모든 방법들을 이용했다. 문제는 그럼에도 불구하고 아무것도 나아지지 않았다는 점이다. 다시 1년 정도 학교로 돌아가 여러 이론을 공부할 시간은커녕 신문이나 잡지, 논문이나 내 책상 위에 놓인 보고서를 읽을 시간도 없었다. 또한 전문 컨설턴트와 상담할 돈도 없었다. 설령 내게 시간과 돈을 지불할 능력이 있다 해도 내가 상상하는 일련의 과정들이 내게 훌륭한 통찰력을 안겨줄지는 미지수였다.

나는 내가 지금까지 생각해보지 않았던 몇 가지 가능성을 점쳐보았다. 앞으로 공장의 회생에 필요한 것이라면 무엇이든지 의심하고 숙고해봐야 한다. 공장에서 매 순간 일어나는 문제 상황에 대해 그 어떤 것도 당연한 것으로 받아들여서는 안 된다. 기본적으로 무슨 일이 일어나고 있는지 자세히 관찰하고, 신중하게 판단해야 할 것이다. 한 번에 한 걸음씩 아주 천천히 내디뎌야 할 것이다. 내가 믿을 수 있는 유일한 도구는—비록 제한적인 것일지는 모르지만—내 눈과 귀, 내 손, 내 목소리, 그리고 내 정신뿐이라는 사실을 서서히 깨닫게 되었다. 그렇다. 나 자신이 내가 가진 전부인 것이다. 충분하다고는 할 수 없지만 이런 생각들이 나 자신을 일깨웠다.

이제는 자야 할 시간이다. 내가 막 침대 속으로 파고들었을 때, 아내는 오늘 아침, 내가 집을 나서면서 본 마지막 모습 그대로 단잠에 빠져 있었다. 아내 옆에 몸을 누였지만 여전히 잠을 이루지 못했다. 한 시간가량을 뒤척이다 막 선잠이 들려는 순간, 요나 교수의 얼굴이 떠올랐다.

'그래, 부딪혀보자. 어쩌면 그가 내 마지막 보루가 되어줄지도 모른다.'

8

어제는 어젯밤에 끝났다. 오늘은 새로운 시작이다.
잊는 기술을 배우고, 앞으로 전진하라!
— 노먼 필

#오전 6시

죽을힘을 다해 울어대는 알람 소리에 간신히 눈을 떴지만 꼼짝도 하기 싫었다. 일할 수 있는 기간이 단 3개월밖에 주어지지 않았다면 피곤해하는 시간조차 사치리라. 그러나 육신의 고단함을 이겨내기란 생각만큼 쉽지가 않았다. 고개를 흔들어 잠기운을 털어내도 침대 속으로 다시 기어들어가고 싶은 유혹을 뿌리치기는 힘들었다. 아내는 벌써 일어났는지 빈 베개만이 덩그러니 놓여 있었다. 나는 피곤에 찌든 몸을 이끌고 욕실로 향했다. 샤워를 하고 나니 그나마 조금은 정신이 드는 듯했다. 아이들은 내게 아무런 말도 건네지 않는 아내와 나를 번갈아 보며 우리 부부 사이에 흐르는 냉기를 감지했다. 아내는 일단 냉전 기류가 형성되면 대화 자체를 피했다. 내가 대처할 수 있는 방법은 기껏해야 그녀가 침묵을 깰 때까지 기다리는 일밖에 없었다. 알싸한 새벽 공기를 가르며 공장으로 향하는 동안 나는 어젯밤에 결심한 대로 요나 교수의 연락처를 추적할 방법을 찾느라 머리를 쥐어짰다. 이것이 문제였다.

'그를 찾아야만 도움을 청할 수 있다.'

사무실에 도착하자마자 빌 피치의 호출이 나를 급습했다. 나는 허겁지겁 수화기를 집어 들었다.

"네, 본부장님."

"자네 지금 뭐 하는 건가! 다시는 내 회의 도중에 빠져나가지 말게,

알아듣겠나?"

"알겠습니다."

"그리고 어제 자네가 무단이탈해서 생긴 몇 가지 데이터 공백을 점검해야겠어. 준비가 되면 전화 주라고."

정확히 5분 뒤, 루이스가 내 사무실로 들어왔다. 우리는 본부장의 질문 내용을 정리해 구두로 보고했다. 본부장은 회계장부 대조를 평계로 에탄 프로스트까지 끌어들여 긴급 4자 통화를 소집했다. 본부장과의 전화 미팅이 끝난 뒤, 지난주부터 미뤘던 회의를 했다. 여섯 명이 머리를 맞대고 수치를 점검했지만 이렇다 할 소득을 얻지는 못했다.

어느 틈엔가 벌써 땅거미가 지고 있었다. 요나 교수와의 접촉은 아직 시도조차 하지 못했는데 말이다. 가장 중요한 일이 가장 뒤로 밀리고 있었다. 생각하고 자시고 할 여유도 없이 지루한 회의가 이어졌다. 마지막 회의를 마친 뒤, 나는 황급히 서류 가방을 챙겨 들었다. 시동을 켜고 몇 마일을 달린 후에야 나는 비로소 지난밤의 기억을 떠올렸다. 문득 시계를 들여다보니 오후 7시를 지나고 있었다.

'이런, 큰일 났군!'

나는 두 블록쯤 더 지나면서, 대학 시절의 주소록을 기억해냈다. 주유소에 차를 세우고 아내에게 전화를 걸었다.

"여보세요."

아내는 시큰둥한 목소리로 전화를 받았다.

"자기야, 난데…… 일이 있어서 어머니한테 다녀와야 할 것 같아. 오래 걸릴지 모르니까 내가 없더라도 애들하고 먼저 저녁 먹어."

"어련하시겠어. 우리가 언제 저녁 같이 먹은 적 있어?"

"아, 참, 미안해. 어쩔 수 없는 상황이야. 우리 가족의 미래가 걸린 아주 중요한 일이라고."

시간의 틈을 두고 아내는 무심히 전화를 끊어버렸다.

태어나고 자란 곳은 언제나 조금은 낯선 설렘을 안겨준다. 희미한 기억 속에 떠오르는 추억의 갈피가 많아서일까? 길 한옆에 안젤리나와 첫 키스를 나누었던 오솔길이 보였다. 그 뒤로 아버지의 시보레 자동차를 몰고 나갔다가 앞 범퍼를 들이받았던 전신주도 한눈에 들어왔다(그후 나는 자동차 수리비를 갚기 위해 두 달간 아버지 가게에서 무보수로 일해야 했다). 집 근처에 다다를수록 추억이 새록새록 떠올랐다. 따뜻하면서도 약간은 불편한 긴장감이 나를 에워쌌다. 아내는 이곳을 무척 불편해했다. 나와 아내가 베어링턴으로 처음 이사 왔을 때만 해도 우리는 매주 어머니와 형 대니, 그리고 형수 니콜을 만나기 위해 어머니가 살고 있는 집을 찾았다. 언제부터인지는 기억이 나지 않지만 아내와 나는 집으로 돌아갈 때마다 말다툼을 벌였고, 부부싸움의 횟수가 늘어감에 따라 어머니를 찾는 횟수도 줄었다. 지금은 나만 가끔 찾는 정도이다. 아내가 이곳을 불편해하는 이유는 충분히 이해할 수 있었지만 아내의 거부반응이 때로 서운하게 느껴지기도 했다. 이제는 형의 소유로 넘어간 아버지 가게 모퉁이 근처에 차를 세워두었다. 6시에 칼퇴근을 하는 형의 가게는 간판 불빛도 꺼져 있었다. 나는 문 앞에 서서 잠시 망설였다. 어머니에 대한 자책감이라고나 할까? 나는 숨을 깊이 들이마시고 초인종을 눌렀다.

"아니, 이게 누구야? 갑자기 웬일이니? 누가 죽기라도 한 거니?"

어머니는 반가움과 서운함이 섞인 인사로 나를 반겼다.

"아무도 안 죽었어요, 어머니."

"혹시 줄리가 널 두고 떠나버렸니?"

"아이, 참. 아니에요, 어머니."

어머니와 아내 사이에 뭐라고 딱 꼬집어 말할 수 있는 문제는 없었다. 그러나 이 두 사람 사이에는 이미 건널 수 없는 강이 놓인 것 같았다.

"그래, 아무렴 어떠냐. 엄마는 널 보는 것만으로도 좋지. 근데 별일 없는 거지?"

"네, 어머니. 뭘 좀 찾으려고 들렀어요."

"뭔데? 뭘 찾으러 왔다는 건데?"

어머니는 나를 그때까지 현관 앞에 세워둔 것이 미안하셨는지 내 팔을 끌었다.

"들어와. 어서 들어와. 아직 바람이 차다. 같은 하늘 아래 살면서도 이렇게 보기가 힘들어서야 원. 이젠 높은 사람 됐다고 이 늙은 엄마한 테는 관심도 없는 거니?"

"죄송해요. 공장 일 때문에 바빴어요."

"그럼, 바빠야지. 근데 알렉스, 너 배 안 고프니?"

어머니는 종종걸음을 치며 부엌으로 들어가셨다.

"괜찮아요. 신경 쓰지 마세요."

"아니지. 아직 밤공기가 찬데, 홍차라도 마시면 몸이 좀 풀릴 게다. 샐러드도 같이 좀 주련?"

"커피나 한 잔 주세요. 그거면 돼요. 어머니, 옛날 주소록 좀 찾아보 려고 하는데……. 대학 다닐 때 쓰던 거 말이에요. 어디 있는지 아세 요?"

나는 어머니를 따라 부엌으로 갔다.

"네가 쓰던 주소록이라……."

어머니는 커피를 따르면서 기억을 되살리려고 애썼다. 하지만 나이 탓인지 기억이 가물가물해 보였다.

"알렉스, 케이크 좀 먹을래? 대니가 어제 저녁에 가게에서 팔다 남 은 걸 좀 가져왔더라고."

어머니는 내 야윈 얼굴이 안쓰러우셨는지, 연신 뭘 좀 먹으라고 권 하셨다.

"아니, 괜찮아요. 그보다…… 제 옛날 수첩이나 노트 속에 끼어 있을 텐데."

어머니는 커피를 건네주면서 흐릿한 기억을 더듬었다.

"그래? 옛날 노트라…….."

"혹시 어디 있는지 아세요?"

곰곰이 생각에 잠겨 있던 어머니는 단서를 끄집어냈다.

"글쎄, 기억이 잘 안 나네. 아, 그래. 맞다. 네 물건들은 전부 다락에 넣어놨어."

"그래요? 그럼, 제가 찾아볼게요."

나는 커피 잔을 들고 다락방으로 향했다.

"거기 없으면 아마 지하실에 있을 거야."

등 뒤로 어머니의 목소리가 희미하게 들려왔다.

'대체 어디서 이 많은 물건이 나온 거지?'

대학 1학년 때 그렸던 스케치와 어린 시절 파일럿을 꿈꾸게 했던 모형 비행기, 로큰롤 스타가 된답시고 형이 퉁겼던 악기, 내 졸업앨범, 아버지가 평생을 모아온 영수증 가방, 해묵은 연애편지, 낡은 사진, 낡은 신문, 그 밖에 추억의 잡동사니가 먼지 속에 파묻혀 있었다. 세 시간이 넘도록 먼지 구덩이 속을 이 잡듯 뒤져보았지만 주소록은 나타나지 않았다. 다락방은 이제 포기해야 했다. 어머니와 나는 다시 지하실을 뒤져보기로 했다.

"알렉스, 이것 좀 보렴."

"찾았어요, 어머니?"

"아니다. 근데 이것 좀 봐라. 여기 폴 아저씨 사진이 있구나. 횡령죄로 구속되기 전 사진인 것 같다. 내가 그 얘기를 너한테 한 적이 있니?"

어머니는 먼지 더미 속에서 지난 시절을 회상하고 계셨지만, 나는 분주히 지하실을 오가며 구석구석을 샅샅이 뒤졌다. 하지만 폴 아저씨 사진 말고는 아무것도 손에 넣지 못했다. 도대체 어디에 있단 말인가?

"이상하네. 분명 여기 아님 다락방에 있을 텐데. 아, 그래. 네 방에 한번 가봐야겠다. 거기서도 못 찾으면 나도 더 이상은 모르겠네."

나는 어린 시절, 형과 아옹다옹하며 살을 맞대고 지내던 방으로 올라갔다. 사춘기를 함께했던 낡은 책상이 그대로 놓여 있었다. 나는 맨 위 서랍을 열어보았다. 내가 찾던 주소록이 바로 거기에 있었다.

"어머니, 전화 좀 쓸게요."

우리 집안의 역사를 대변해주는 1936년산 골동품 전화기는 층계 난간 근처에 자리 잡고 있었다. 나는 난간에 걸터앉아 요나 교수의 연락처를 알 만한 사람들을 추적해나갔다. 묵직한 수화기의 무게 때문에 몇 통 걸지 않았는데도 한쪽 어깨가 뻐근해졌다. 부모님의 검소한 생활은 익히 알고 있었지만, 아무래도 이 수화기는 다른 용도로 쓰일 수도 있겠다는 생각이 들었다. 혹시 집안에 침입한 강도가 이 수화기를 본다면 당장 집 밖으로 뛰쳐나갈 것이 분명했다. 아무튼 전화번호 추적은 몇 시간 더 이어졌다.

#오전 1시

자정이 지나 어느새 날짜가 바뀌었고, 나는 지금 지구 반대편에 위치한 이스라엘에 전화를 걸고 있다. 여기가 밤이면 그곳은 얼추 낮일 테니, 전화 걸기에 나쁜 시간은 아니었다. 전화 수십 통 끝에 나는 드디어 요나 교수와 선이 닿아 있는 대학 동창과 통화할 수 있었다. 그는 요나 교수와 직통으로 연결할 수 있을 번호 몇 개를 일러주었다. 새벽 2시경에 이르자, 무릎 위에 놓인 수첩에는 전화번호가 빼곡히 들어찼고, 요나 교수와 함께 일하고 있는 사람 몇 명과 통화할 수 있었다. 나는 그들 중 한 사람에게서 요나 교수의 소재를 알아냈다. 그는 런던에 있었다. 요나 교수의 개인 사무실인지 아닌지는 모르겠지만, 나는 비서에게 내 메모를 전달했다. 큰 기대는 하지 않았지만, 나는 전화기 옆에서 꾸벅꾸벅 졸면서 전화를 기다렸다. 45분 뒤, 전화벨이 울렸다.

"알렉스?"

요나 교수의 목소리였다.

"네, 접니다. 교수님."

"자네의 메모를 받았네."

"네. 제가 전화드렸어요. 교수님, 혹시 시카고 오헤어 공항에서 나누었던 이야기를 기억하십니까?"

"그럼, 물론 기억하고 있지. 지금쯤 내게 뭔가 할 얘기가 있을 거라고 생각하는데?"

순간 몸이 굳었다. 요나 교수는 보름 전의 질문을 분명히 기억하고 있었다. 그가 기다리고 있는 것은 기업의 목표에 관한 답변이었다.

"실은 여쭤볼 말씀이 있어서 전화드린 겁니다만, 우선 대답부터 할까요?"

"말해보게."

나는 잠시 머뭇거렸다. 혹시나 내가 고민 끝에 생각해낸 답이 너무 단순해 보여 그가 비웃지는 않을지 두려운 마음이 들었다.

"제조 공장의 목표는 돈을 버는 것입니다. 그리고 우리가 하고 있는 그 밖의 모든 일들은 목표를 달성하기 위한 수단에 불과합니다."

나는 조심스레 수화기 너머 요나 교수의 기색을 살폈다. 그는 예상 밖의 반응을 보였다.

"좋아. 아주 좋아, 알렉스."

"감사합니다. 교수님, 제가 전화드린 이유는 지난번 공항에서 하셨던 말씀 중에 한 가지 궁금한 내용이 있어서인데요."

"그게 뭔가?"

"어떻게 말씀드려야 할지……."

"말해보게."

"저희 공장이 회사에 돈을 벌어주고 있는지를 알기 위해서는 일정한 지표를 가지고 있어야 한다고 생각합니다. 제 생각이 맞습니까?"

"그렇지."

"그리고 제가 판단하기로는 경영 수뇌부들은 순이익이나 투자수익률, 현금 유동성과 같은 지표를 통해, 전체 사업부의 목표가 어느 정도 진척되고 있는지를 체크합니다."

"계속해보게."

"하지만 저처럼 사업부 하부 단위에 속한 직원들에게는 그런 지표들이 별 의미가 없습니다. 저희 공장 내부에서 사용하는 기준에 대해…… 단언할 수는 없지만…… 윗분들이 정보를 공유하지는 않는 것 같습니다."

"무슨 뜻인지 잘 알겠네."

"그래서 말씀인데요. 저희 공장에서 벌어지고 있는 일련의 제품 생산이 과연 비생산적인지 생산적인지를 어떻게 알 수 있을까요? 명확한 구별 방법이 있습니까?"

잠시 전화기 저편에서 어수선한 소리가 들렸다.

"이 통화를 끝내고 곧바로 가겠다고 전해주게나."

요나 교수는 다음 일정 때문에 무척 바빠 보였다. 그는 다시 대화에 몰입했다.

"알렉스, 자네는 아주 중요한 문제를 지적했네. 유감스럽게도 내가 자네랑 이야기할 시간이 몇 분밖에 없긴 하지만, 자네를 도울 수 있는 몇 가지 제안을 하겠네. 내 말을 잘 듣게. 목표를 표현하는 방식은 여러 가지네. 즉 동일한 목표라 해도 그것을 입안하는 사람에 따라 다양한 기준치가 더해진단 뜻일세. 그러나 궁극적인 목표만 떼어놓고 보면 결국 모든 것은 '돈을 번다'는 것으로 정리되네. 이해가 가나?"

"네. 투자수익률과 현금 유동성을 키우는 동시에 순이익을 높이는 것이 목표라고 말한다면, 그것 역시 최종 목표는 '돈을 번다'는 의미로 향한다는 거군요."

"바로 그걸세. 하나의 표현 방식은 다른 표현 방식과도 동일한 의미를 지닌다고 할 수 있지. 하지만 자네가 발견한 것처럼 자네 목표를 표현하기 위해 사용한 기존의 지표들은 제조 공장의 일상적인 운영에는 맞지 않아. 그래서 나는 또 다른 기준을 세워보았네."

"어떤 종류의 기준입니까?"

"돈을 번다는 목표를 완벽하게 표현하는 지표들이지. 이것들은 자네 공장의 효율적인 운영 규칙을 개발하는 데에도 큰 도움을 줄 걸세. 그것을 정의하면 이 세 가지로 요약할 수 있네. 현금 창출률, 재고, 운영비!"

"낯익은 단어들이군요."

"그런가? 하지만 내가 말하는 지표들의 정의는 일반적인 것과는 조금 다르네. 받아 적을 수 있겠나?"

나는 즉시 메모지와 펜을 집어 들었다.

"네. 준비됐습니다."

"'현금 창출률.' 이것은 판매를 통해서 돈을 창출해내는 비율이라네."

나는 한 자 한 자 또박또박 적어 내려갔다. 하지만 뭔가 석연치 않은 구석이 있었다. 판매보다 앞선 제품 생산에 관한 항목이 빠진 것이다.

"교수님, 그럼 생산은 어떻게 되는 겁니까? 생산을 통해서 이익을 창출하는 비율이라고 말하는 것이 좀더 정확한 표현 아닐까요?"

"아닐세. 생산을 통해서가 아니라 판매를 통해서지. 만약 자네가 제품을 하나 생산해놓고도 그것을 판매할 수 없다면, 엄밀히 말해 현금 창출이 아니지. 이해가 되나?"

"네, 교수님 말씀이 맞는 것 같습니다. 아마도 제가 공장장이기 때문에……."

요나 교수는 내 입을 막았다.

"알렉스! 미안하네만, 시간이 별로 없네. 일단 내 말을 계속 듣게. 그러고 나서 종합적인 분석을 해보게. 자네에겐 이 정의들이 단순하게 들릴지 모르겠지만 매우 정확한 것들이네. 명확한 정의가 내려지지 않은 지표는 차라리 없는 편이 나아. 다시 한번 말하지만, 이 지표들을 종합적으로 잘 살펴보게. 만일 이 지표들 가운데 하나가 바뀐다면 나머지도 바뀌어야 할 걸세. 내 말 명심하게."

"알겠습니다."

나는 조심스럽게 대답했다.

"다음 지표는 '재고'라네. 재고는 판매하려는 물품을 만드는 데 투자한 총액을 말하지."

나는 요나 교수의 토씨 하나까지 빠짐없이 받아 적었다. 하지만 기존의 정의와는 너무도 달라서 왠지 미심쩍다는 생각이 들었다.

"맨 마지막 지표는 뭐죠?"

"'운영비'일세. 운영비란 재고를 현금으로 전환하기 위해 쓰는 총비용이라고 정의할 수 있지."

"알겠습니다. 그렇다면 재고에 투자된 노무비도 운영비의 일부라고 할 수 있나요?"

"내려진 정의에 따라 판단하면 되네."

"하지만 직접노동의 결과로 제품에 부가된 가치는 재고의 일부로 봐야 하는 거 아닌가요?"

"그럴 수도 있지만, 꼭 그렇게 할 필요는 없네."

"무슨 뜻이죠?"

"아주 간단한 이론이네. 부가가치란 때때로 혼란을 가중하는 역할을 하지. 따라서 부가가치를 배제하면, 제품 생산과 판매 과정 중 발생하는 이익이 투자인지 비용인지를 둘러싸고 벌어지는 논란을 없앨 수 있네. 바로 이러한 이유 때문에 재고와 운영비를 그런 식으로 정의내린 걸세."

"네. 이제야 알 것 같습니다. 그런데 그런 지표들을 저희 공장과 어떻게 접목해야 할까요?"

"내 생각에는 공장에서 관리하는 모든 공정이 이 지표와 관련되어 있을 것 같은데?"

"모든 공정이요?"

나는 도무지 믿어지지가 않았다.

"그렇지만, 교수님. 원점으로 되돌아가서 생각해보면, 이 기준들과 생산성의 상관관계는 그리 밀접해 보이지 않는데요? 어떻게 이 기준들로 생산성을 평가할 수 있다는 겁니까?"

"글쎄, 일단 자네는 이 세 가지 지표의 관점에서 목표를 세워야 할 걸세. 알렉스, 잠깐만 기다려주겠나!"

그를 재촉하는 비서의 목소리가 선명하게 들렸다.

"1분 뒤에 간다고 전해주게."

"그렇다면 목표는 어떻게 표현해야 합니까?"

나는 요나 교수와의 대화를 이어갈 수 있을지 내심 걱정이 되었다.

"이런, 알렉스 미안하게 됐네. 이만 전화를 끊어야겠네. 지금 곧바로 뛰어가도 늦을 것 같군. 자네는 명석하니 스스로 충분히 알아낼 수 있을 거라고 생각하네. 아, 그리고 우리가 나눈 대화가 조직 전반에 관한 사안이었다는 점을 잊지 말게. 한 공장이나 생산 부서, 혹은 공장 내의 특정 부서에 한정된 이야기가 아니란 말이네. 이 점을 명심하게. 우리는 부분적인 최적 조건에 대해 이야기를 나눈 게 아니라는 점 말이야."

"부분적인 최적 조건이요?"

요나 교수는 긴 한숨을 내쉬며 말했다.

"그 문제에 대해서는 다음 기회에 설명해야 할 것 같군."

"하지만 교수님. 이것만으로는 너무 부족합니다. 설령 제가 이러한 지표들을 사용해 목표를 만들어낸다 해도 저희 공장의 운영 규칙은 어떻게 끌어낼 수 있겠습니까?"

"알렉스, 내가 나중에라도 연락할 수 있는 전화번호를 일러주게."

나는 그에게 사무실 직통 번호를 남겼다.

"알렉스, 즐거운 대화였네. 이만 끊겠네."

"네, 교수님. 정말 감사했습니다."

부리나케 수화기를 내려놓는 소리가 저편에서 들렸다. 나는 난간에 걸터앉아, 요나 교수가 일러준 세 가지 정의들을 음미해보았다. 어느 틈엔가 스르르 눈꺼풀이 감겼다. 내가 다시 눈을 떴을 때, 거실 커튼 사이로 여명이 비쳐들고 있었다. 시계를 들여다보니 아직 출근하기에 는 이른 시간이었다. 2층 내 방으로 올라가 어릴 적에 쓰던 침대에 몸 을 누였다. 어머니 품속 같은 포근함이 온몸으로 퍼져나갔다.

새로운 운영 지표를 찾다

3막

"직원들이 쉬지 않고
일하는 회사는 과연 효율적일까?"

THE
GOAL
A Process of Ongoing
Improvement

9

인간의 가능성은 무한하다.
이와는 모순되지만 인간의 불가능성도 무한하다.
이 두 개의 개념 사이에는 인간의 고향이 있다.
— 게오르크 지멜

오전 11시

따가운 햇살에 눈이 부셔 부스스 자리에서 일어난 순간, 나는 기겁했다. 직장 생활을 하면서 몸에 밴 습관이 어디로 달아나버린 것인지 늦잠을 자고 말았다. 나는 프란에게 전화를 걸어 상황을 알렸다.

"네, 알렉스 로고 공장장님 사무실입니다."

프란은 공손히 전화를 받았다.

"나예요."

"웬일이세요? 어디 편찮으세요? 막 댁으로 전화드리려던 참이었어요."

"아니, 피치 못할 사정이 있었어요."

"별일 아니셔야 할 텐데요."

"특별한 전달 사항은 없나요?"

"잠시만요, 체크 좀 해보겠습니다."

프란은 아마도 내 메시지 쪽지를 체크하고 있을 것이다.

"밥 도노번 부장님이 남긴 메모인데요. G통로에 있는 테스팅 기계 두 대가 고장이 났는데, 테스트 과정을 거치지 않고 그대로 출하해도 되는지 물었습니다."

"절대로 안 된다고 하세요."

"네. 그리고 본사 마케팅 팀에서 전화가 왔는데요. 왜 납품이 지연되고 있는지 알고 싶답니다. 아, 그리고 루이스 부장님이 빌 피치 본부장님께 전달할 데이터에 관해 상의하고 싶답니다. 그리고 좋은 소식과 나쁜 소식이 있는데 어떤 것부터 알려드릴까요?"

나는 두 눈을 부릅떴다.

"나쁜 소식."

"지난 밤 2교대 작업장에서 불미스러운 일이 있었습니다. 직원들끼리 몸싸움이 있었어요. 그리고 오늘 아침 한 일간지 기자가 전화해서는 우리 공장이 언제쯤 폐쇄되는지를 물어보더라고요. 공장장님께 직접 여쭤보라고 했는데, 괜찮으시죠?"

"잘했어요."

나는 씁쓸한 여운을 곱씹으며 대꾸했다.

"좋은 소식은요. 본사 홍보팀의 한 여직원이 〈생산성과 로봇에 관한 비디오〉 제작 건으로 그랜비 회장님과 함께 공장에 올 예정이라는 거예요. 대단하지 않아요?"

"지금 그랜비 회장이라고 했어요?"

"네, 그렇습니다."

"그 여직원의 이름과 전화번호는 받아놨습니까?"

프란은 내게 여직원의 이름과 전화번호를 알려주었다.

"고마워요. 이따 봅시다."

나는 수화기를 내려놓자마자 본사 홍보실로 전화를 걸었다. 그랜비 회장이 우리 공장에 온다는 사실이 도무지 믿어지지 않았다. 무슨 착오가 있는 게 분명했다. 그랜비 회장의 리무진이 우리 공장 정문에 도착할 무렵이면, 공장은 이미 폐쇄되고 난 뒤일 확률이 높았다. 그러나 홍보팀 여직원은 분명 다음 달 중순경, 그랜비 회장이 홍보팀을 이끌고 이곳에 올 거라는 사실을 확인해주었다.

"그랜비 회장님이 기업 홍보를 하시는 동안 배경 그림으로 로봇이 필요합니다."

"왜 하필이면 베어링턴 공장을 선택한 거죠?"

"비디오 제작 감독이 슬라이드를 보고는 로봇 색깔이 마음에 든다고 했답니다. 그랜비 회장님이 그 앞에 서 계시면 잘 어울릴 거라고요."

"잘 알겠습니다. 이 일을 빌 피치 본부장님과도 상의했습니까?"

"아뇨. 그럴 필요가 있나요? 왜 그러세요? 무슨 문제라도 있습니까?"

"저보다는 사업부 대표님과 먼저 상의한 뒤에 처리하는 게 좋다고 생각합니다. 하지만 홍보팀에서 결정하셨다고 하니까 알아서 판단해 주십시오. 아, 그리고 촬영 날짜가 잡히면 제게 먼저 알려주십시오. 노조에 알려서 청소를 좀 해야 하니까요."

"네, 그럼 연락드리겠습니다."

나는 전화를 끊고 난간에 걸터앉아 메마른 소리로 중얼거렸다.

"로봇 색깔이 마음에 든다고?"

"무슨 전화니?"

어머니는 호기심 가득한 얼굴로 물었다.

"본사 회장님이 이곳에 오신대요."

"그래? 굉장한걸? 알렉스, 이리 좀 와봐라."

나는 안 먹겠다고 했지만, 어머니는 나를 부득부득 식탁에 끌어다 앉혀놓고, 오믈렛을 떠주셨다.

"회장님 이름이 뭐라고 했지?"

"그랜비요."

"높으신 양반이 널 만나려고 이 먼 곳까지 오시는구나. 세상에나!"

"그렇지도 않아요. 우리 공장의 산업로봇을 배경으로 비디오를 제작하러 오는 거래요."

어머니는 눈을 깜빡였다.

"로봇이라고? 혹시 TV에 나오는 무시무시한 외계인 같은 걸 말하는 거니?"

"아뇨, 어머니. 외계인이 아니고 산업로봇을 말하는 거예요. TV에서 보는 것들이랑은 다른 거예요."

"그래?"

어머니는 호기심이 발동할 때마다 눈을 깜빡이는 버릇이 있었다.

"그런데 알렉스. 그것들도 눈, 코, 입이 달렸니?"

"아뇨. 아직은 얼굴이 없어요. 대부분 팔만 달려 있죠. 그 팔로 용접을 하거나 원자재를 쌓거나 도장 작업을 하거나 해요. 로봇은 컴퓨터로 조종하는데, 다른 프로그램을 입력하면 다른 작업을 할 수도 있어요."

어머니는 고개를 끄덕여 보이면서 마음속으로 로봇의 모습을 상상하는 것 같았다.

"그런데 그 그랜비라는 양반은 왜 얼굴도 없는 로봇과 촬영을 한다는 거니?"

"우리 공장의 로봇이 최첨단 시스템을 갖추고 있기 때문일 거예요. 그리고 우리가 로봇을 좀더 많이 사용해야 한다는 것을 회사 내 모든 사람들한테 홍보하려는 생각도 있을 것 같구요."

나는 말을 멈추고 전화기를 바라봤다. 문득 요나 교수의 시가 향이 그리워졌다.

"뭐 때문이라고?"

어머니는 도무지 알 수 없다는 표정으로 되물었다.

"그래야 우리가 생산성을 높일 수 있기 때문이죠."

나는 오믈렛을 한 입 떠 넣으면서 중얼거렸다.

'로봇······. 그러고 보니 요나 교수님은 로봇이 공장에서 실질적으로 이익을 내고 있는지를 물었었다. 나는 그때 확신에 차서 그렇다고 대꾸했다. 요나 교수님은 내가 가지고 있던 잘못된 신념을 가차 없이 지적해주었다. 빌어먹을! 홍보용 비디오 배경 그림으로 등장하는 로봇이 생산성에 무슨 보탬이 된다는 거야! 제길, 어떻게 해야 그 로봇으로 생산성을 높이지?'

내가 잠시 그런 생각에 빠져들어 있는 사이, 오믈렛 소스가 셔츠에 떨어졌다.

"알렉스, 괜찮니?"

어머니는 근심스러운 표정으로 내 얼굴을 들여다보았다.

"네, 괜찮아요. 뭘 좀 생각하느라고요. 아무것도 아니에요."

"뭔데? 안 좋은 일이야?"

"아니에요. 어젯밤에 대학원 때 지도교수님이랑 통화를 했거든요. 그분이랑 했던 얘기를 생각하느라 그래요. 걱정 마세요."

어머니는 내 어깨에 살포시 손을 얹었다.

"알렉스, 난 아무래도 걱정이 되는구나. 나한테 얘기하면 안 되겠니? 한동안 안 오더니 어젯밤에 갑자기 와서 계속 우울한 얼굴을 하고 있는 걸 보면 너 분명 무슨 일이 있는 것 같은데……. 회사에 안 좋은 일이라도 생긴 거니? 속 시원히 말 좀 해봐라."

모성이란 이런 것일까? 어머니는 본능적으로 내 문제를 느꼈다.

"어머니, 공장 일이 잘 안 풀리고 있어요. 계속 적자거든요."

그 순간 어머니의 안색이 어두워졌다.

"어떡하니……. 내가 뭐 도와줄 일은 없니?"

나는 어머니의 메마른 손을 어루만졌다.

"아뇨. 어머닌 그냥 여기 이렇게 계셔주면 돼요. 자주 찾아뵙지 못해서 너무 죄송스러워요. 어머니, 조만간 다시 들를게요. 회사에 밀린 일이 좀 많아서요."

나는 서류 가방을 챙겨 들고 자리에서 일어났다.

"원, 먹는 게 이렇게 부실해서 어떡하니. 오후엔 출출해질 텐데, 샌드위치라도 싸줄까?"

어머니가 문밖까지 따라 나오며 말했다. 오믈렛을 먹다 말고 가니까 마음에 걸리는 듯했다. 어머니는 돌아서는 나를 붙잡아 품에 꼭 안아주었다.

"귀여운 내 아들. 너무 걱정하지 마라. 네 뒤엔 이 엄마가 있어. 그랜비라는 작자가 널 괴롭히면 곧바로 내게 알려라. 내가 그 작자에게 전화를 걸어서 네가 회사를 위해 얼마나 열심히 일하는지 말해줄 테니까. 엄마가 혼쭐을 내줄게."

나는 어머니의 말에 빙그레 웃어 보였다. 늘 이렇게 아늑하고 따뜻한 느낌만 받으면서 살 수 있다면!

"네, 어머니는 충분히 그러고도 남으실 거예요."

"너도 내 성격 알지?"

어머니는 왼쪽 눈을 찡긋해 보이며 내 어깨를 두드렸다.

한낮의 태양은 머리 위에서 눈부시게 빛나고 있었다. 차에 올라 내 모습을 살펴보니 가관이었다. 여기저기 주름진 양복 재킷과 덥수룩하게 자라난 턱수염. 도저히 이 꼴로는 사무실로 갈 수가 없었다. 나는 핸들을 집 방향으로 틀었다. 두 번째 교차로를 지나 정지 신호를 받았을 때, 어디선가 요나 교수의 음성이 들려오는 듯한 착각에 사로잡혔다.

'그렇다면 자네 회사는 로봇을 설치해서 36퍼센트의 이윤을 더 얻고 있다는 말인데, 정말 믿어지지 않는구먼.'

나는 요나 교수와 이야기하는 동안 내심 그를 비웃었다. 나는 그를 제조업의 현실을 모르는 문외한으로 치부했던 것이다. 그러나 지금은? 나는 그 앞에 서면 한없이 초라해지는 느낌을 받는다. 그는 내가 앞으로 헤쳐나가야 할 거대한 산맥을 관통할 수 있는 이정표를 제시해주었다. 그랬다. 기업이든 공장이든 그것의 공통 목표는 돈을 버는 것이다. 나는 이제야 그 사실을 깨달았다. 요나 교수의 지적이 옳았다. 우리가 수백만 달러를 지불하고 들여온 최첨단 로봇 시스템은 36퍼센트라는 눈가림으로 나를 교란했다. 과연 로봇이 우리에게 안겨준 것은 무엇인가? 생산성 향상은 어디에서 비롯된 것인가? 솔직히 나는 아직도 이에 대한 명확한 해답을 얻지는 못했다. 하지만 요나 교수는 그것을 어떻게 알았을까? 그는 내가 준 몇 개의 단서만으로도 생산성이 향상되지 않았다는 점을 곧바로 지적했다. 나는 그가 내게 던진 몇 개의 화두를 떠올려보았다.

'로봇을 설치한 이후, 하루에 단 하나라도 더 많은 제품을 생산한 적이 있나? 직원을 해고했나? 현재 재고 상태는 어떤가?'

그는 아주 기본적인 질문을 던졌지만, 내 능력이 모자란 건진 몰라도, 도무지 풀 수 없는 불가사의한 명제로만 느껴졌다. 그와 다시 만날수 있을까? 그와 만난다면 묻고 싶은 것이 너무도 많았다. 비록 그가 내게 해답의 열쇠를 건네주지 않는다 해도!

집에 도착했을 때 아내의 차는 보이지 않았다. 어딘가 외출한 모양이었다. 오히려 잘된 일이다. 얼굴을 마주했다면 아마도 불같이 화를 냈을 것이다. 그리고 나는 지금 당장 그녀에게 상황을 설명할 시간이 없다. 나는 집 안으로 들어가서 우선 서류 가방을 열고 지금까지 내가 생각한 내용과 지난밤 요나 교수가 말해준 지표를 적은 목록을 함께 살펴보았다.

'그래, 이거야!'

이 둘 사이에는 분명한 연결 고리가 있었다. 요나 교수는 바로 이 같은 방법을 통해 우리 공장의 현실을 알아냈던 것이다. 나는 산업로봇 도입에 관한 내 직감이 맞는지 알아보기 위해 간단한 공식을 만들었다.

첫째, 제품 판매량이 늘었는가? → 현금 창출률이 증가했는가?

둘째, 직원을 해고했는가? → 운영비가 줄었는가?

셋째, 재고가 줄었는가?

나는 요나 교수의 지표를 사용하여 목표를 표현하는 방법을 곧 깨달았다. 아직은 그가 내린 정의에 약간의 의혹은 남아 있지만, 모든 기업의 목표가 현금 창출률을 높이는 데 있다는 점은 분명했다. 또한 모든 기업은 나머지 두 가지 지표, 즉 운영비와 재고를 줄이는 데에도 주

안점을 두고 있다. 만약 이 세 가지 지표를 동시에 성취한다면 기업의 상태는 최고 수준에 도달하게 될 것이다. 이는 모두 내가 루이스와 알아냈던 순이익, 투자수익률, 현금 유동성이라는 세 가지 지표와 동일하다.

그렇다면 목표는 다음과 같이 표현할 수 있는가?

'재고와 운영비를 줄이면서 현금 창출률을 높이는 것.'

이 말의 의미는, 만일 로봇이 현금 창출률을 높이고 나머지 두 가지 지표를 줄이는 데 도움이 된다면 그것은 조직이 돈을 버는 데 도움을 주고 있다는 뜻이다. 하지만 로봇을 작동한 이래 실제로 어떤 일이 벌어졌는가? 솔직히 나는 로봇이 현금 창출률에 어떤 영향을 끼쳤는지 확신할 수가 없다. 데이터가 입증한 것처럼 실제로 우리 공장은 산업 로봇 도입 후 지난 6, 7개월 동안 재고율이 급상승했다. 로봇은 새로운 설비이기 때문에 우리 공장의 감가상각비가 늘었지만, 공장 직원들의 일자리를 빼앗지는 않았다. 우리 공장에서는 단지 인력을 재배치했을 뿐이다. 결국 로봇은 운영비만 늘린 셈이다.

'아냐, 아냐. 아직 해결해야 할 문제가 더 남아 있어.'

효율성 면에서 살펴볼 때 산업로봇은 효율성을 높이는 데 일조했다. 그래서 우리 공장 직원들은 그것을 구세주처럼 여겼던 건지도 모른다. 효율성이 향상되면 부품 한 개당 원가는 떨어진다. 하지만 정말 원가가 절감된 것인가? 운영비가 늘었다면 부품 한 개당 원가가 어떻게 떨어진다는 말인가? 어쨌거나 지금은 출근해야 할 때다. 나는 서둘러 옷을 갈아입고, 면도를 했다. 날카로운 면도날에 턱 아랫부분을 베었다.

'이런 젠장!'

#오후 1시

내가 공장에 막 도착했을 때, 직원들은 점심시간을 끝내고 어슬렁거리며 작업장으로 돌아가고 있었다. 사무실에 앉아 그날의 작업보고서를 읽을 때까지도 나는 여전히 만족스러운 해답을 찾아내지 못하고 있었다. 루이스와 상의해봐야겠다는 생각이 들었다. 나는 즉시 루이스의 사무실로 찾아갔다.

"잠깐, 시간 좀 내줄 수 있습니까?"

"지금 농담하시는 겁니까? 오전 내내 공장장님을 찾고 있었어요."

루이스는 책상 한쪽에 쌓아놓은 서류 뭉치에서 본사 사업부로 보내야 할 보고서를 꺼내 들었다.

"루이스 부장님, 지금은 그 얘기를 하고 싶진 않습니다. 개인적으로 더 중요한 일이 있는데……."

루이스의 한쪽 눈썹이 약간 찌푸려졌다.

"본부장님께 보낼 보고서보다 더 중요한 일이 있다고요?"

"훨씬 더 중요한 일입니다."

루이스는 알 수 없다는 듯 고개를 흔들며, 내게 의자를 권했다.

"제가 도울 일이 뭐죠?"

"산업로봇을 투입한 이후에 우리 공장 매출액이 어떻게 변했는지 아세요?"

찌푸려져 있던 루이스의 눈썹이 다시 제자리로 돌아왔다. 그는 상체를 앞으로 기울이면서 두꺼운 안경 너머로 나를 쳐다보았다.

"뭘 물으시는 겁니까?"

"이건 꼭 필요한 질문이에요. 로봇이 우리 공장의 매출에 미친 영향 말이에요. 로봇이 생산라인에 설치된 후 매출액이 늘었는지 그것만이라도 말해주셨으면 합니다."

"지금 늘었냐고 하셨습니까? 아시잖습니까? 우리 공장의 매출은 작년 이래 분기별로 제자리를 맴돌거나 내리막길을 걷고 있어요."

나는 조바심이 났다.

"그래도 다시 한번 체크해주겠습니까?"

"그럼요, 체크해보지요. 시간이야 많고 많으니까요."

루이스는 책상 서랍을 열고 몇 가지 서류 뭉치를 뒤적거린 뒤 한 움큼의 보고서와 차트를 꺼냈다. 루이스와 나는 함께 데이터를 훑어보았다. 로봇이 설치된 생산라인에서 만들어지는 제품들을 조사해본 결과 예외 없이 매출이 오르지 않았다는 사실을 확인할 수 있었다. 매출액 그래프 곡선에도 아무런 변화가 없었다. 나는 다시 출하분 그래프 곡선을 들여다보았다. 그러나 그 역시 증가는커녕 하강 곡선을 그리고 있었다. 유일하게 증가 추세를 보이는 것이라고는 납품일이 지연된 미출하 물량뿐이었다. 그것도 지난 9개월 동안 매우 빠르게 증가 추세를 보이고 있었다. 루이스는 그래프에서 눈을 떼고 나를 쳐다보았다.

"공장장님이 도대체 무슨 생각을 하고 계신 건지 잘 모르겠네요. 로봇이 매출액을 늘려서 망해가는 공장을 구한 사례는 어디에서도 찾을 수 없을 겁니다. 실제로 자료들을 보면 오히려 그 반대니까요."

"내가 두려워했던 것도 바로 그 점입니다."

"무슨 말씀이신지 잘 모르겠습니다."

"조금 있다가 설명하겠습니다. 우선 재고량을 살펴봅시다. 제조 공정에서 로봇 투입 후, 어떤 변화가 있었는지부터 알았으면 합니다. 이를테면 로봇이 생산한 제품의 불량률이랄지……."

루이스는 어깨를 으쓱하며 대꾸했다.

"그 문제는 제 소관 밖인데요? 부품번호별 재고에 관한 자료는 저한테 없어요."

"좋아요. 이 문제에 대해서는 스테이시 씨의 의견을 들어봅시다."

루이스는 전화를 걸어 다른 회의에 참석하고 있는 재고 관리 담당자 스테이시 포타제니크를 불러들였다.

키가 크고 활달한 성격의 스테이시는 사십 대 초반의 여성으로 일 처리가 깔끔하기로 소문난 인물이었다. 그러나 묘하게도 내가 그녀에 대해 알고 있는 건 얼마 되지 않았다. 검은 머리에 희끗희끗한 새치,

크고 둥근 안경테, 그리고 언제나 검은 치마에 흰 블라우스를 받쳐 입고 다니는 그녀는 빈틈없어 보이는 커리어우먼 그 자체였다. 손에 반지를 끼고 있는 걸로 보아 결혼한 것은 틀림없지만 그녀의 남편에 대해서는 한 번도 얘기를 들은 적이 없었다. 그녀는 사생활에 대해서는 일절 언급하지 않는 성격이었다. 하지만 분명한 것은 그녀가 매우 열심히 일하는 직원이라는 사실이다. 스테이시가 들어오자 우리는 로봇과 관계된 제조 공정에 대해 물었다.

"공장장님, 정확한 수치를 알고 싶으신 건가요? 아니면 개괄적인 데이터를 원하시는 건가요?"

"재고량 추이만 알면 됩니다."

"네, 그렇다면 지금 당장 구두로 보고드릴 수 있습니다."

"그럼, 최신 자료겠군요."

"아뇨. 지난 3분기 말이니까, 지난여름부터죠. 공장장님, 하지만 제게 책임을 묻지 마세요. 제가 잘못한 사안이 아니니까요. 전 나름대로 최선을 다했습니다."

"지금 무슨 말을 하는 겁니까? 좀 알아듣게 설명해보세요."

"기억하실 텐데요? 아, 그땐 부임 전이셨군요. 아무튼 처음 보고서가 나왔을 때 저 역시 당황했어요. 재고량이 증가한다는 보고가 들어와서 로봇을 점검해보니, 용접용 로봇 가동 효율성이 30퍼센트까지 떨어져 있었어요. 다른 로봇들도 마찬가지였어요. 대처할 방법이 없었습니다."

나는 어이가 없다는 시선으로 루이스를 바라보았다. 침묵을 지키고 있던 루이스가 입을 열었다.

"사실 뭔가 조치를 취해야 했죠. 근데 에탄 프로스트 부장님이 압력을 넣는 거예요. 그 비싼 로봇이 제 몫을 다하지 못하고 있다는 기밀을 발설하는 날에는 제 목이 먼저 달아날 거라고 협박했습니다. 30퍼센트 효율로 로봇을 사용한다면 계획된 기간 안에 결코 원가를 회수하지 못해요."

"좋습니다, 잠시만요……."

나는 루이스의 말을 중단시키고 다시 스테이시에게 물었다.

"그 이후 어떤 조치를 취했습니까?"

"그래서 생각해낸 것이 원자재 투입량을 늘려서 로봇의 효율성을 높이자는 안이었죠. 우리는 즉시 로봇의 효율성을 높이기 위해 로봇이 설치된 생산라인에 동원 가능한 모든 원자재를 투입했어요. 그치만 그러고 나니까 월말마다 생산한 부품들만 가득 쌓이게 되더라고요."

스테이시의 말이 불충분하다고 느꼈는지 루이스는 대화 중간에 끼어들었다.

"공장장님, 하지만 중요한 사실은요. 효율성이 올라갔다는 점입니다. 어느 누구도 그 점에 대해서 우리를 비난할 수 없어요."

"저는 바로 그 점을 이해할 수가 없습니다. 그런 문제는 저한테 먼저 상의하는 게 순서 아닙니까? 아니 이 문제는 나중에 얘기합시다. 그렇다면 창고에 있는 재고품은 왜 사용이 안 되는 겁니까? 그 부품들을 소화하지 못한 일차적인 문제가 뭐라고 생각합니까?"

"글쎄요. 그만한 분량을 소화할 만큼의 주문이 들어오지 않는다는 게 문제라면 문제겠죠. 만약 이 상태에서 더 많은 주문을 받는다 해도 다른 부품을 생산할 여력이 없다는 게 또 다른 맹점이에요."

"무슨 말입니까?"

"그 문제에 대해서는 밥 도노번 부장에게 물어보시는 게 나을 거예요."

"그러면 빨리 도노번 부장을 불러오세요."

잠시 후, 생산부장 밥 도노번이 사무실에 도착했다. 그는 기름에 찌든 작업복 차림으로 들어와, 현재 자동 테스팅 기계의 고장으로 벌어지고 있는 상황에 대해 쉬지 않고 이야기를 늘어놓았다.

"그 문제는 잠시 접어두도록 합시다."

"그것 말고 또 무슨 문제가 있습니까?"

"그렇습니다. 우리 공장의 빌어먹을 자랑거리인 산업로봇에 관한 문제부터 해결해야 합니다."

밥은 어리둥절한 시선으로 우리를 둘러보았다. 나는 밥이 이 문제에 관해 어느 정도로 감을 잡고 있을지 의심스러웠다.

"대체 뭐가 문제란 겁니까? 로봇들은 별 탈 없이 제 몫을 잘 해내고 있어요."

"꼭 그렇다고 확신할 수 없는 게 문제입니다. 스테이시 씨의 말에 따르면 현재 로봇은 부품을 과잉생산하고 있더군요. 그런데 다른 부품이 모자라 우리가 맡은 주문을 제때에 납품하지 못하는 경우도 있고 말입니다."

"부품이 모자란다는 건 말도 안 됩니다요. 오히려 필요한 때 부품을 확보하지 못하고 있다는 게 정확하죠. 실제로 로봇은 그날그날 필요한 물량을 대주고 있지만, 현실적으로 그것을 뒷받침할 만한 여력이 없습니다. 어떤 부품은 산더미처럼 쌓여 있고, 어떤 부품은 동이 나 있는 지경이죠. 예를 들어 컨트롤 박스용 CD-50 같은 부품은 몇 달이나 대기 상태에 있습니다. 컨트롤 박스가 완성되면 다른 게 모자라고요. 모든 부품이 확보되면 주문에 따라 생산하고 출하하죠. CD-50과 CD-45도 같은 과정을 거쳐 생산되고 있는 실정입니다요."

"그 밖의 다른 것들도 같은 상황이에요."

스테이시가 밥을 거들었다.

"하지만 스테이시 씨, 좀 전에 로봇 도입 이후에 과잉생산으로 창고가 넘쳐날 지경이라고 말하지 않았습니까? 그게 불필요한 부품을 생산하고 있다는 것과 뭐가 다릅니까?"

"공장장님, 제 생각에는 지금 당장은 불필요하다고 판단할 수 있지만, 그 부품들은 결국 모두 소화될 거라고 생각하는데요. 다른 제조 공장을 보세요. 저희하고 다를 게 없어요. 일반적으로 효율성이 떨어질 때 대다수의 관리자들은 미래 수요를 예측해서 재고량을 늘리죠. 생산량을 늘려 효율성을 높이는 전략이 실패할 경우 그 대가를 톡톡히 치르게 되겠죠. 유감스럽게도 지금 우리 공장이 바로 그런 상황인 거예요. 우린 지난 1년간 재고품을 생산해왔지만, 불리한 시장 상황 때문에 이 지경이 된 거예요. 저흰 나름대로 최선을 다했어요."

"스테이시 씨 말은 충분히 들었습니다. 난 지금 누구의 책임을 묻고 있는 게 아닙니다. 단지 우리 공장의 문제를 좀더 확실히 파악하려고 하는 것뿐입니다."

그랬다. 어쩌면 우리는 같은 공장에서 일하면서도 속으로는 다른 생각을 하고 있었던 건지도 모른다. 어쨌거나 그들 역시 최선을 다했고, 지금도 그렇게 하고 있다. 문제는 우리가 처한 위기 상황을 제대로 진단하지 못한다는 점이었다. 나는 자리에서 일어나 회의 테이블 주변을 맴돌았다.

"요지는 로봇의 생산성을 높이기 위해 더 많은 원자재를 투입했다는 건데……."

그때 스테이시가 내 말을 가로챘다.

"그 결과 재고량이 늘어난 거죠."

"그건 바로 비용 상승으로 이어졌고……."

이번에는 루이스가 끼어들었다.

"하지만 로봇이 생산한 단위당 부품 원가는 떨어졌죠."

나는 즉시 반문했다.

"정말입니까? 그렇다면 재고 유지에 따르는 추가 비용은 어떻게 생각해야 합니까? 그것 역시 운영비에 합산되어야 하는 거 아닙니까? 그리고 운영비가 늘어났다면, 부품 원가가 줄었다고는 할 수 없는 거 아닙니까?"

"물량에 달려 있는 거죠."

"바로 그겁니다. 판매량…… 그게 중요한 문젭니다. 다른 부품이 부족하거나 수주 부진으로 재고 부품이 남아돌 때 원가가 올라가는 겁니다."

"공장장님, 그렇다면 우리가 로봇 때문에 압박을 받고 있다는 말씀입니까?"

나는 다시 자리에 앉아 작은 소리로 중얼거렸다.

"우리는 지금까지 목표에 따라 공장을 운영한 게 아닙니다."

루이스가 나를 쳐다보았다.

"목표라고요? 매월 목표량을 말씀하시는 겁니까?"

나는 모두를 둘러보며 말했다.

"몇 가지 사항을 설명할 필요가 있을 것 같습니다."

10

조직의 학습 능력, 그리고
그것을 신속히 행동으로 옮기는 능력이
기업의 경쟁 우위를 결정한다.
— 잭 웰치

그후 우리는 회의실로 자리를 옮겨 한 시간 반가량 로봇과 관련한 우리 공장의 문제를 검토했다. 나는 참가자들의 이해를 돕기 위해 목표 다이어그램에 세 가지 지표들의 정의를 써 넣었다. 모두들 아무 말이 없었다. 내가 요나 교수의 말을 듣고 그랬던 것처럼 그들 역시 당황한 기색을 감추지 못했다. 내가 설명을 마치자 루이스가 기다렸다는 듯이 물었다.

"공장장님, 대체 그 이상한 정의는 어디서 들으신 겁니까?"

"물리학을 전공한 옛날 은사님께서 가르쳐준 겁니다."

"누구라고요?"

밥은 눈을 휘둥그렇게 뜨고 반문했다.

"물리학 교수님이라고요?"

루이스가 마뜩찮은 표정으로 물었다.

"대체 그분이 누군데요? 이렇게 황당한 정의는 처음 봅니다."

"요나 교수님이라고, 이스라엘 분이죠."

밥은 내용상의 오류를 지적했다.

"글쎄요. 물리학 교수님이라니, 뭐……. 암튼 제가 의심스러운 점은 현금 창출률을 왜 판매 파트에 넣었냐는 겁니다요. 우리는 생산, 제조 파트의 일을 담당하고 있잖습니까. 판매와는 거리가 멉니다. 그건 마케팅 업무 아닙니까?"

나는 어깨를 으쓱해 보였다. 대답할 방법이 없었다. 나 역시 요나 교수에게 밥 도노번과 똑같은 질문을 했고, 요나 교수는 분명 그 정의들이 정확한 근거에서 나온 것이라고 했다. 하지만 나는 요나 교수가 아니다. 나만의 근거가 필요했다. 문득 창밖을 바라보았다. 한 가지 생각이 떠올랐다.

"도노번 부장, 이리 좀 와보세요."

밥은 육중한 몸을 이끌고 느릿하게 창가로 걸어왔다. 나는 밥의 어깨에 손을 얹고 창고 건물을 가리켰다.

"저게 뭐죠?"

"창고입니다요."

"용도가 뭐죠?"

"완제품 보관용입니다요."

"회사에서 한 일이란 게 고작 완제품 창고를 가득 채우는 거라면 그 회사가 제대로 운영될 것 같습니까?"

"아…… 이제 알겠어요."

밥은 그제야 말뜻을 알아차렸는지 겸연쩍은 얼굴로 대답했다.

"판매를 해야 돈이 들어온다는 소리군."

칠판을 뚫어져라 응시하고 있던 루이스가 나직이 속삭였다.

"다들 잘 보세요. 세 가지 지표에 대한 정의 모두 돈을 포함하고 있다는 것이 흥미롭지 않습니까? '현금 창출률은 시스템 내부로 들어오는 돈이고, 재고는 시스템 내부에 잠겨 있는 돈이며, 운영비는 현금 창출률을 높이기 위해 나가는 돈이다.' 그러니까 하나는 공장 수입에 관련된 돈이고, 또 하나는 내부에 쌓여 있는 돈, 나머지 하나는 지출할 돈에 관한 지표인 셈이죠."

스테이시가 이의를 제기했다.

"글쎄요. 만약 공장 현장에 있는 모든 것을 투자라고 정의한다면, 재고가 돈이라는 의견도 말이 되겠죠. 그런데 한 가지 미심쩍은 구석이 있어요. 직접노동이 원자재에 부가하는 부가가치는 어떻게 정의해야 하는 거죠?"

"저도 그게 궁금했어요. 근데 교수님은······."

스테이시가 내 말을 가로챘다.

"뭐라고 하시던가요?"

"요나 교수님은 부가가치를 지표에서 아예 제외하라고 했습니다. 그렇게 하는 편이 무엇이 투자이고, 무엇이 비용인가에 대한 '혼돈'을 피할 수 있게 해준다는 겁니다."

우리 모두는 입을 굳게 닫아걸었다. 나는 나대로 그 해답을 찾는 중이었고, 나머지 사람들도 마찬가지였다. 회의실은 다시 침묵 속에 잠겼다.

"개인적인 생각입니다만, 요나 교수님은 직접노동이 재고의 일부분이 아니라고 생각하는 것 같아요. 종업원들의 시간은 실제 판매 대상이 아니라고 보았기 때문이겠죠. 우리는 종업원들로부터 시간을 '구입'했지만, 우리가 고객들에게 그 시간을 판매하는 게 아니니까요. 물론 서비스업은 예외겠지만······."

"잠깐만요."

밥이 스테이시의 말을 중단시켰다.

"제 생각은 좀 다릅니다요. 우리가 제품을 판매한다면 그 제품에 투자한 시간 역시 판매하는 게 아닐까요?"

"그럼 게으름을 피운 시간은 어떻게 된다고 생각합니까?"

내가 밥의 말을 비아냥거리자 루이스가 중재에 나섰다.

"제 판단이 정확하다면, 이 모든 것은 기존의 회계 처리와는 전혀 다른 방식인 것 같습니다. 요나 교수님에 따르면 모든 사원들의 시간, 즉 그것이 직접적이든 간접적이든, 작업 시간이든 게으름을 피운 시간이든 간에 모두 운영비인 겁니다. 공장장님은 지금 그것을 설명하고 있는 거예요. 아주 단순한 방식이기 때문에 장난치거나 조작할 여지가 없는 거죠."

밥이 발끈 화를 내며 말했다.

"지금 조작이라고 했어요? 우리 작업자들은 모두 정직한 사람들이에요. 현장에 한번 나와보시라구요. 모두들 열심히 일하고 있어요. 화장실 가는 시간까지 아끼고 있단 말입니다. 근데 조작을 한다구요?"

"어련하시겠어요. 게으름 피운 시간을 작업 시간이라고 고치는 게 어디 쉬운 일인가요?"

루이스의 응수에 스테이시도 거들고 나섰다.

"게다가 재고량은 또 어떻고요. 작업 시간에 더 많은 재고품을 만들기도 어려운 일이죠."

이 문제를 사이에 두고 세 사람의 공방전은 치열하게 이어졌다. 그동안 나는 요나 교수의 지적을 꼼꼼히 되짚어보았다. 어쩌면 이 단순한 논리 속에는 내가 모르는 진실이 숨어 있을지도 모른다. 요나 교수가 말한 '혼돈'의 의미는 무엇인가? 요나 교수는 투자와 비용 간의 혼돈에 대해 언급했다. 우리는 지금 우리가 하지 말아야 할 일을 하면서 혼란스러워하고 있는 것은 아닌가? 그때 스테이시가 아주 중요한 지적을 했다.

"그런데 우리가 생산한 완제품의 가치는 어떻게 알 수 있죠?"

"완제품의 가치는 시장에서 결정되죠. 하지만 회사가 돈을 벌기 위해서는 판매되는 제품의 가치가 단위당 재고 투자비와 운영비보다 높게 책정돼야겠죠."

루이스는 공인회계사 출신답게 명쾌하게 결론지었다. 밥을 제외한 우리 세 사람은 루이스의 의견에 동의했지만, 밥은 불편한 기색을 드러내며 투덜거리기 시작했다.

"도노번 부장, 뭐가 문젭니까?"

"이건 정신 나간 짓이에요."

"왜죠?"

루이스가 물었다.

"불을 보듯 빤한 일 아니에요? 이 엉터리 같은 세 가지 지표로 어떻게 전체 시스템에서 벌어지는 모든 것들을 설명할 수 있단 말입니까?"

"글쎄……."

루이스는 침착하게 말을 이었다.

"저 세 가지 지표에 들어맞지 않는 예를 한번 들어보시죠."

"공구, 기계, 시스템을 포함한 이 건물, 그리고 이 공장 전체가 다 그렇지요!"

밥은 일일이 손가락까지 꼽아가며 열거했다.

"그런 거라면 이 세 가지 지표에 다 포함되어 있어요."

"어디에요?"

루이스는 밥을 향해 몸을 돌려세웠다.

"하나하나 짚어볼까요? 현재 우리 공장이 보유하고 있는 기계의 감가상각비는 운영비에 속합니다. 또 기계의 투자비는 재고에 속합니다."

"재고라고요? 제 생각에 재고란 제품이나 부품 같은 건데요. 일테면 우리가 판매하는 물건들 말입니다요."

루이스는 빙그레 웃었다.

"도노번 부장, 공장 전체는 적정 가격과 적정 조건 아래서 판매될 수 있는 하나의 투자라고 볼 수 있습니다."

그리고 어쩌면 그보다 빨리, 우리 공장이 그렇게 될지도 모른다고, 나는 생각했다.

"그러니까 투자란 재고와 같은 것이지요."

스테이시가 루이스의 말에 결론을 맺자, 밥이 물었다.

"그럼, 기계에 기름을 치는 것은 뭐로 분류되나요?"

이번에는 내가 대답했다.

"그건 운영비겠죠. 소비자들에게 그 기름을 팔 순 없잖습니까?"

"폐기물은 어떻게 되구요?"

"그것 또한 운영비죠."

"그래요? 그럼 그걸 고물상에 팔면 어떻게 되나요?"

"그건 기계와 같은 개념입니다. 다시 말해 우리가 완전히 소모한 돈은 모두 운영비에 속하고, 우리가 팔 수 있는 돈은 모두 재고라고 생각하면 이해가 빠를 겁니다."

이번에는 스테이시가 질문을 던졌다.

"그럼, 재고 유지비는 운영비에 속하겠네요?"

루이스와 나는 고개를 끄덕였다. 그 순간, '지식' 같은 소프트웨어적인 요소는 어떻게 분류해야 할지 의문이 생겼다. 예를 들면 컨설턴트에게서 얻은 지식이나, 연구·개발을 통해 얻은 지식 같은 것 말이다. 나는 나머지 세 사람의 의견이 궁금했다. 내 질문에 세 사람이 머리를 맞댄 끝에 간단한 결론을 이끌어냈다. 그 지식이 어느 곳에 쓰였는지에 따라 분류한다는 것이었다. 가령 재고를 현금 창출률로 전환하는 데 도움이 되는 지식—제조 과정에 필요한 새로운 아이템 등—이라면, 그것은 운영비에 속한다. 반면 특허나 라이선스 양도처럼 로열티를 받을 수 있는 판매 가능한 지식이라면 재고에 속한다. 하지만 그 지식이 유니코 사 자체에서 만든 제품과 관련된 것이라면, 그것은 기계의 개념으로 분류돼 운영비로 처리된다. 다시 말해 판매될 수 있는 투자는 재고이며, 보유 자산은 운영비인 것이다.

"이제야 찾았구만요! 이 세 가지 지표에 들어맞지 않는 예가 있습니다요. 바로 그랜비 회장님의 운전사예요."

밥은 마치 위대한 진리라도 발견한 것처럼 으스댔다.

"누구라고요?"

"왜 아시잖습니까요? 그랜비 회장님의 리무진을 몰고 다니는 검은 양복 차림의 늙은이 말이에요."

"그 사람 임금은 운영비에 속하죠."

루이스가 단호하게 대꾸했다.

"농담 마요! 어떻게 그랜비 회장님의 운전사가 재고를 현금 창출률로 전환한다는 겁니까? 말이 되는 소리를 하십쇼."

밥은 여세를 몰아 루이스를 다그쳤다.

"내가 장담하는데 그 운전사는 재고나 현금 창출률 같은 단어가 있는지도 모릅니다요. 내 말이 틀렸습니까요?"

그러자 스테이시도 한마디 거들었다.

"맞아요. 우리 비서들 중에서도 그런 사람들이 몇 명 있죠."

내가 나서야 할 차례였다.

"도노번 부장, 이렇게 생각해봅시다. 재고를 현금 창출률로 전환하기 위해 당신이 직접 제품에 손을 대지는 않잖습니까. 도노번 부장의 임무는 매일같이 현장에서 재고를 현금 창출률로 전환하도록 하는 일 아닙니까? 그렇지만 현장 직원들한테는 그 일이 쓸데없이 돌아다니면서 자신들을 성가시게 하는 정도로 비칠지도 모르잖습니까."

"그렇긴 하죠. 하지만 어느 누구도 나를 비난할 수는 없습니다요."

밥은 툴툴거리면서도 자신의 질문에 대한 답을 잊지 않았다.

"공장장님은 그 운전사가 어떤 근거로 운영비에 속하는지 답변하지 못하셨잖아요."

"원하는 답변이 아닐지는 몰라도 그 운전사는 그랜비 회장님이 고객과 기타 다른 문제를 신중하게 처리할 수 있도록 이동 거리를 좁혀주고, 시간을 절약하는 데 큰 도움을 주고 있습니다."

"도노번 부장님, 기회가 닿는다면 그랜비 회장님과 점심이나 한번 하지 그래요?"

스테이시는 샐쭉한 표정을 지으며 말했다.

"그렇게 농담이나 던지고 있을 때가 아니잖습니까?"

나는 자칫 싸움으로 번질 수 있는 긴장감을 덜어내기 위해 스테이시를 나무랐다. 그러고는 오늘 아침에 있었던 홍보 비디오 건을 말해주었다.

"아침에 들었는데, 그랜비 회장님이 비디오 촬영차 우리 공장에 올지도 모른다고 합니다."

이에 대해 세 사람은 모두 의외라는 반응을 보였다.

먼저 밥은 그 큰 눈망울을 굴리며 물었다.

"그랜비 회장님이 우리 공장에 온다고요?"

스테이시는 특유의 이죽거림으로 대꾸했다.

"그랜비 회장님이 온다면 이름만 들어도 짜르르한 그룹 내 인사들 얼굴을 볼 수 있겠군요."

루이스는 한숨을 내쉬며 이렇게 말했다.

"우리가 늘 바랐던 거죠."

스테이시는 재빨리 밥에게 말했다.

"공장장님이 왜 로봇에 대해 물었는지 알겠죠? 우린 그랜비 회장님한테 잘 보여야 해요."

루이스는 스테이시의 철없는 행동에 혀를 찼다.

"스테이시 씨, 우린 이미 잘 보이고 있어요. 그렇게 호들갑 떨 일이 아니잖아요? 적어도 겉보기에 우리 공장의 효율성은 인정받을 만한 수준이에요. 비디오에 로봇과 함께 출연한다고 해서 그랜비 회장님이 난처해지지는 않을 겁니다."

나는 그 순간 화가 치밀었다.

"지금 무슨 소리들을 하고 있는 겁니까? 회장님이 여기서 비디오를 찍든 말든 그게 대체 우리 공장 문제를 해결하는 일과 무슨 상관이 있단 말입니까? 저는 회장님께서 제발 이곳에 안 오셨으면 좋겠다고요. 근데 하늘이 도와 천재지변이 일어난다면 모를까, 어쨌든 이곳에 오실 겁니다. 그건 그때 가서 해결하면 되고요. 지금 중요한 문제는 바로 이 자리, 우리 공장 안에 있습니다. 우린 속고 있었습니다. 이 빌어먹을 산업로봇한테 속고 있었다 그 말입니다. 회장님도 그렇고 유니코사 전체 직원들이 이 로봇이 생산성을 향상시킨다고 믿고 있다는 게 문젭니다. 하지만 우린 방금 전에 분명히 확인했잖습니까. 기업 목표에서 볼 때, 로봇이 전혀 생산적이지 않다는 사실 말입니다. 다시 말해 로봇은 우리 공장의 생산성을 떨어뜨리는 데 일조하고 있다는 겁니다. 제 말 아시겠습니까?"

아무도 선뜻 입을 열지 못했다. 마침내 스테이시가 용기를 내어 말했다.

"그래요. 공장장님 말씀대로 우린 로봇이 생산성 향상에 효과적으로 쓰일 수 있도록 최선을 다해야 해요."

"그거 말고도 할 일이 더 있습니다. 아마 최선이 아니라 죽을힘을 다해야 할 겁니다."

나는 결단을 내렸다. 이들에게 우리 공장의 위기를 공표할 시점이었다.

"우리 공장의 사활이 걸린 문제니 잘 듣고 판단하길 바랍니다. 선택은 여러분의 몫입니다. 루이스 부장님에게는 이미 말했지만, 지금이 이야기하기에 좋은 기회라는 생각이 드네요. 어차피 알게 될 일이니까."

"무슨 얘기죠?"

"빌 피치 본부장님으로부터 통보를 받았습니다. 앞으로 3개월 동안 공장을 회생시키지 못한다면 우리 공장은 폐쇄될 거라는 통보입니다."

밥과 스테이시는 한동안 멍한 얼굴을 하고 있다가 갑자기 내게 질문을 퍼부어대기 시작했다. 나는 잠시 여유를 두고, 내가 알고 있는 사안들을 말해주었다. 사업부에 대한 소식은 접어두었다. 그들을 공포 속으로 몰아넣고 싶지 않았기 때문이다.

"우리에게 주어진 시간이 그리 길지 않다는 건 잘 알고 있습니다. 하지만 그들이 저를 이 공장에서 내쫓을 때까지 저는 포기하지 않을 겁니다. 여러분이 어떤 결정을 내리든 저는 말리지 않겠습니다. 만약 포기하고 싶다면 지금 떠나십시오. 아니면 앞으로 3개월간 저와 함께 이곳에서 뼈를 묻어야 할 테니까. 제가 약속할 수 있는 것은 노력의 결과로 공장 회생의 기미가 보이면 저는 빌 피치 본부장님에게 달려가 무릎이라도 꿇고 시간을 벌 거라는 겁니다."

"정말 우리가 해낼 수 있다고 생각하세요?"

"솔직히 저도 잘 모르겠습니다. 하지만 적어도 지금 우리가 뭘 잘못하고 있는지 정도는 알고 있다고 봅니다."

"그렇다면 이제 어떻게 해야 하죠?"

밥이 불안한 눈빛으로 물었다.

"로봇에 원자재 투입을 중단하고 재고를 줄이기 위해 노력해보면 어떨까요?"

스테이시의 제안에 밥이 반박했다.

"저 역시 재고를 줄이는 데는 전적으로 찬성합니다요. 그치만 로봇 가동을 멈추면 효율성이 떨어집니다요. 그럼 다시 원점으로 돌아가는 거죠."

잠자코 있던 루이스가 말문을 열었다.

"우리가 효율성을 높이지 못한다면 본부장님은 두 번째 기회마저도 주지 않을 거예요. 그는 단기적인 효율성이 아니라, 장기적인 효율성을 기대하고 있단 말입니다."

스테이시가 내게 아이디어를 주었다.

"공장장님, 그 요나 교수님이라는 분께 다시 전화를 걸어보는 게 좋을 것 같아요. 그분은 우리 문제를 해결할 수 있는 묘안을 가지고 있을 거예요."

"어젯밤에도 통화를 했습니다. 오늘 회의도 그래서 소집한 거고. 교수님이 전화하시기로 했는데……."

나는 그들의 얼굴을 돌아보았다. 기대 반 절망 반인 묘한 표정이 엇갈리고 있었다.

"지금 당장 전화를 걸어보겠습니다."

나는 서류 가방에서 그의 전화번호를 꺼냈다. 내가 수화기를 집어들자 모두들 호기심이 가득한 얼굴로 전화 내용에 귀를 기울였다. 그러나 요나 교수는 이미 그곳을 떠난 뒤였다. 자포자기하는 심정으로 이름을 말하고 끊으려는데 비서가 뜻밖의 소식을 알렸다.

"그러잖아도 교수님께서 런던을 떠나시기 전에 여러 번 전화를 드렸는데, 회의 중이라고 하더군요. 연결이 안 돼서 유감이라는 말씀을 남기셨습니다."

"혹시 다음 행선지를 아십니까?"

"콩코드 비행기로 뉴욕에 가셨어요. 아, 여기 호텔 전화번호가 있네요. 알려드릴까요?"

"네. 잠시만요, 메모 좀 하겠습니다."

나는 호텔 전화번호를 받아들고, 떨리는 마음으로 버튼을 눌렀다.

"여보세요……?"

잠에 취한 요나 교수의 목소리가 흘러나왔다.

"교수님이세요? 저 알렉스입니다. 주무시는데 깨웠나 봅니다."

"어, 그래. 자고 있었네."

"교수님, 죄송합니다. 그럴 생각은 아니었는데……. 하지만 오래 걸리지는 않을 거예요. 부탁드립니다. 저한테는 사활이 걸린 문제라 이렇게 실례를 무릅쓰고 전화드렸습니다. 용건은 어젯밤에 나눈 이야기에 관한 것이고요."

"어젯밤이라고? 아, 그렇지. 자네 시간으로는 어젯밤이겠군."

"시간이 되시면, 저희 공장에 한번 와주실 수 있을까요? 저도 저지만 저희 회사 직원들이 교수님을 뵙고 싶어 합니다."

"글쎄, 어려울 것 같네. 앞으로 3주 동안은 선약이 꽉 차 있고, 그후에는 이스라엘로 돌아가야 하네."

"교수님, 무슨 방법이 없을까요? 저희에겐 그렇게 오래 기다릴 만한 여유가 없습니다. 지금 해결하지 않으면 기회가 없거든요. 교수님이 지적하신 로봇과 생산성에 관한 의미를 이제야 파악했어요. 하지만 저나 저희 직원들은 그다음 단계를 어떻게 풀어야 할지 막막하기만 합니다. 지금이라도 제가 몇 가지만 더 여쭤봐도 될까요?"

"알렉스, 나 역시 자네를 돕고 싶네만, 지금 자지 않으면 눈을 붙일 기회가 없어서 말이야. 이러면 어떻겠나? 자네만 괜찮다면, 내일 아침 여기 호텔에서 아침식사를 함께하면 좋겠는데."

"내일이요?"

"그래. 한 시간 정도는 시간을 낼 수 있을 걸세. 그게 어렵다면……."

나는 세 사람의 얼굴을 쳐다보았다. 그들도 조바심을 내면서 나를 바라보고 있었다. 결정을 내려야 했다. 나는 사람들의 의견을 물었다.

"내일 뉴욕으로 오라고 하시는데 어떻게 하면 좋겠습니까?"

모두들 이구동성으로 말했다.

"지금 그걸 말씀이라고 하세요?"

"당연히 가야죠!"

"더 이상 잃을 게 뭐가 있습니까? 나머지 일은 걱정 마시고, 얼른 대답부터 하세요."

나는 수화기 보류 해제 버튼을 눌렀다.

"네. 교수님, 잘 알겠습니다. 내일 아침 제가 그곳으로 가겠습니다."

"현명한 결정이야. 그때 보세나."

요나 교수는 편안한 음성으로 대꾸했다.

회의를 마치고 사무실에 들어서자, 프란은 놀란 눈으로 나를 쳐다보았다.

"세상에, 지금 나오신 거예요?"

그녀는 메시지 쪽지를 들었다.

"이분이 런던에서 두 번이나 전화를 하셨어요."

"프란, 부탁이 있어요. 중요한 일입니다. 오늘밤 안으로 도착할 수 있는 뉴욕행 비행기 표 좀 구해주세요."

프란은 이해할 수 없다는 표정으로 되물었다.

"뉴욕은 무슨 일로 가시게요? 본부장님이 아시면 난리 치실 텐데요?"

"본부장님도 이해하실 겁니다. 그곳에 있는 구세주를 만나러 가는 거니까요."

11

리엔지니어링은 바로 우리 자신의 몫이다.
— 스테파노 코퍼

예상대로 아내의 반응은 차가웠다. 이 시대의 가장이라면 누구나 한 번쯤은 겪는 문제지만 가정과 직장 사이를 오가는 내 심정은 패닉 직전이었다. 가정은 가정대로, 직장은 직장대로 모든 것이 엉망이었다. 만약 누군가 내게 가정과 직장 중 양자택일을 하라고 한다면 이렇게 대꾸하고 싶었다.

"지옥으로 꺼져버려!"

우리 부부 문제는 생각만큼 어렵지는 않았다. 아내는 아내가 요구할 수 있는 최소의 것을 원했고, 나는 내가 생각하는 최고의 것을 원했다. 이것이 문제였다.

"미리 알려줘서 아주 고마워 죽겠네."

아내는 냉소로 일관했다.

"일이 그렇게 됐어. 자기야, 하지만 어쩔 수가 없어. 우리 공장의 사활이 걸린 문제라고. 내 입장을 좀 이해해줄 순 없겠어?"

"요즘 들어 자기한텐 온통 예기치 못한 일밖에 없네?"

"왜 그래? 출장은 업무의 일부잖아."

아내는 불안한 눈빛으로 침실 문 앞을 서성이며, 내가 짐을 꾸리는 모습을 빠짐없이 지켜보았다. 마침 아이들은 모두 외출 중이었다. 샤론은 길 건너 친구 집에, 데이브는 밴드 연습장에 가고 없었다. 아내는 마치 작정이라도 한 사람처럼 그동안 쌓였던 불만을 한꺼번에 풀어놓았다.

"대체 이런 일은 언제쯤이면 끝나는 거야?"

나는 속옷을 챙기다 말고 짜증스럽게 대꾸했다.

"나도 몰라. 해결해야 할 일이 산더미 같아."

"이번 출장은 또 무슨 일 때문에 가는 건데?"

아내는 정확히 5분 전에 이야기한 내용까지도 생트집을 잡았다.

"자기야, 난 녹음기가 아냐. 지금 자기랑 이러고 있을 시간이 없다구. 내 말이 그렇게 이해가 안 가?"

"누굴 바보로 알아? 자기 대체 우리 가족 얼굴을 기억이나 해? 이게 몇 번째인 줄 아느냐고."

아내는 내게 한 치의 양보도 하지 않았다. 어쩌면 아내가 나를 의심하고 있을지도 모른다는 생각이 들었다. 무슨 얘기를 해서라도 아내를 안심시켜야 했다.

"뉴욕에 도착하자마자 전화할게. 됐지?"

아내는 방문을 나서며, 내가 상상할 수 있는 최악의 시나리오를 던졌다.

"좋을 대로 해. 그치만 그때까지 내가 여기 있을 거라고 믿지는 마."

나는 잠시 아내의 얼굴을 들여다보았다. 농담이 아닌 건 확실했다.

"무슨 뜻이야?"

"내가 여기, 자기랑 보금자리를 꾸렸던 바로 이곳에 없을 거라는 얘기야."

"그럼, 하늘에 맡겨야겠군."

"그래야 할 거야."

아내는 있는 힘껏 문을 박차고 방에서 나가버렸다. 나는 아내를 잡지 않았다. 아내와 이렇게 실랑이를 벌일 여유조차 없었다. 단 1초가 급했다. 나는 여분의 셔츠를 챙겨 짐 가방에 넣었다.

'이제 얼추 끝난 건가?'

남은 건 아내의 마음을 조금이나마 풀어주는 일뿐이었다. 그것도 몇 분 안에! 아내는 거실 창가에 서 있었다. 그녀는 불안할 때면 습관적으로 엄지손톱을 물어뜯었다. 나는 아내 곁으로 다가가 그녀의 엄지손가락에 입을 맞추었다. 아내는 세차게 나를 뿌리쳤다.

"자기 마음 알아. 하지만 자기야, 날 좀 이해해줘. 내가 자길 얼마나 사랑하는지 몰라서 그래? 아까도 말했다시피, 이번 출장에 아주 중요한 일이 걸려 있어. 나 혼자 잘살자고 이러는 게 아니잖아."

아내는 내게 등을 돌린 채, 싱크대 위에서 무언가를 하고 있는 시늉을 했다.

"그놈의 공장, 공장! 잘 들어. 공장 일은 자기 혼자의 일일 뿐이지, 나나 우리 애들 일은 아니야. 난 자기랑 함께 저녁 먹을 가치도 없는 사람 아냐? 애들이 뭐라고 하는지 알기나 해? 요새 아빠가 이상해졌대. 자긴 지금 일을 위해 우리 가족 모두를 버리고 있다고!"

어느새 아내의 눈가에 눈물이 맺혔다. 가슴이 저려왔다. 아내는 내가 가족을 버리고 있다고 생각했다. 어쩌면 아내의 말대로 나는 일에 파묻혀 사느라 가족을 잊고 살았던 건지도 모른다. 나는 애처로운 마음에 아내의 눈물을 닦아주려고 했으나, 아내는 매몰차게 내 손을 뿌리쳤다.

"됐어. 자기가 무슨 일을 하러 가는지 모르겠지만, 빨리 비행기 타러 가기나 해."

"여보."

아내는 다시 거실 쪽으로 걸음을 옮겼다.

"여보, 미안해!"

마침내 아내가 내 얼굴을 마주 보았다.

"그래? 미안해? 얼마나 미안한지 증명해줄 수 있어? 자긴 늘 이런 식이야. 미안하다, 곧 끝난다. 외식 약속을 해놓고 밤늦게 들어오면서도 그저 미안하다고 말만 하면 끝이지. 하루 종일 자기 말만 믿고 애타게 기다리는 사람의 심정을 알기나 해? 나랑 우리 애들이 불쌍하지도 않아?"

아내는 뒤도 돌아보지 않고 2층으로 올라가버렸다. 내가 아내를 위해 남겨둔 몇 분도 이제 모두 흘러가버렸다. 선택의 여지가 없었다. 나는 황급히 가방을 집어 들고 현관문을 나섰다. 2층 창가의 커튼이 비스듬히 올라가는 게 보였다.

#오전 7시

나는 뉴욕 콘티넨탈 호텔 로비에 앉아 요나 교수를 기다렸다. 이른 아침이어선지 호텔 로비는 한산했다. 서비스 정신이 투철한 프런트 직원과 벨보이가 빈 공간을 메우고 있을 뿐, 사람들의 발길은 뜸했다. 기다리는 동안 아내 줄리를 떠올렸다. 나는 우리 두 사람의 문제를 심각하게 고민해야 했다. 적어도 어젯밤의 불상사를 해결하기 위해서라도. 지난밤, 나는 뉴욕에 도착하자마자 집에 전화를 걸었다. 아내의 말대로 아무도 전화를 받지 않았다. 갑자기 불안감이 밀려들었다. 30분 넘게 방 안을 서성이며 온갖 상상을 하면서 괴로워했지만, 전화기 저편에서 아내의 음성은 흘러나오지 않았다. 대체 아내와 아이들은 어디로 사라져버렸단 말인가? 홧김에 당장 집으로 달려갈 비행기 표를 알아봤지만, 다행인지 불행인지 그 시간에 베어링턴으로 가는 비행기 편은 없었다. 그러다가 잠이 들었고 6시 정각에 울린 모닝콜에 눈을 떴다. 그리고 나서도 집으로 두 번이나 더 전화를 걸어봤지만 여전히 아무도 받지 않았다.

"알렉스!"

캐주얼 차림을 한 요나 교수가 모습을 드러냈다.

"편히 주무셨어요?"

"그런 것 같네."

대답과는 달리 요나 교수의 눈은 벌겋게 충혈되어 있었다. 나는 그의 눈을 들여다보며, 나 역시 저런 모습일지 모른다고 생각했다.

"늦어서 미안하네. 아마 자네 덕분에 잠이 깼었지? 그렇다고 자책하지는 말게. 그후에도 미팅이 있었거든. 새벽 3시나 돼서야 잠이 들었을 걸세. 그럼, 아침식사나 할까?"

우리는 호텔 레스토랑으로 자리를 옮겼다. 지배인은 하얀 식탁보가 덮인 정갈한 테이블로 우리를 안내했다.

"지난번에 내가 전화로 설명해준 세 가지 지표는 잘 되어가고 있나?"

자리에 앉자마자 요나 교수가 물었다.

"네. 교수님 말씀대로 지표를 저희 공장 현실에 대입해보았습니다. 그랬더니 아주 선명한 목표점이 보이더군요."

나는 우리가 그 지표들을 가지고 어떻게 목표를 설정했는지 자세히 설명했다. 요나 교수는 매우 흡족해하는 눈치였다.

"아주 훌륭하네. 기대 이상인걸!"

"과찬의 말씀입니다. 하지만 저희 공장을 회생시키기 위해서 다음 단계로 무엇을 해야 할지가 뚜렷이 잡히지 않습니다. 혹시 더 많은 목표와 기준이 필요한 게 아닐까요?"

"공장을 회생시킨다고 했나? 그렇다면 혹시 공장이 문을 닫게 되기라도 한다는 건가?"

"그렇습니다. 제가 여기 온 이유도 바로 그 때문입니다. 학문적인 호기심 때문에 늦은 밤 실례를 무릅쓰고 전화를 드릴 만큼 철부지는 아니니까요."

요나 교수의 입가에 미소가 스쳤다.

"나 역시 자네가 단순한 지적 호기심만으로 날 찾은 것은 아니라고 짐작했네. 알렉스, 좀더 자세히 얘기해보겠나?"

"이건 극비 사항입니다만……."

나는 요나 교수에게 우리 공장이 처해 있는 위기 상황과 폐쇄까지 앞으로 3개월밖에 남아 있지 않다는 사실을 설명했다. 요나 교수는 내가 말을 마칠 때까지 신중한 태도로 듣고 있었다. 그는 의자 깊숙이 몸을 묻으며 물었다.

"자네는 나한테 뭘 기대하는 건가?"

"무리한 부탁인 줄은 알지만, 교수님께서 저희 공장을 회생시키고, 직원들이 계속 일할 수 있는 방법을 찾는 데 도움을 주셨으면 합니다."

요나 교수는 잠시 생각에 잠겼다. 나는 마른침을 삼키며 초조하게 그의 답변을 기다렸다.

"알렉스! 내 단도직입적으로 말하지. 전화로도 언뜻 설명했지만, 나는 자네에게 할애할 만한 시간이 없네. 자네가 상상할 수 없을 만큼 빡빡한 일정에 시달리고 있단 말일세. 자네를 이 이른 시간에 그것도 뉴욕 콘티넨탈 호텔에서 만나자고 한 것도 그런 이유가 아니겠나? 내게 컨설팅을 의뢰할 생각이라면 포기하는 게 좋을 걸세. 하지만……."

나는 실망감에 젖은 나머지 그의 말을 가로채버렸다.

"하는 수 없죠. 교수님께서 정 바쁘시다면……."

"알렉스, 잠깐만. 아직 내 말이 끝나지 않았네. 그렇다고 해서 내가 아무 도움도 못 준다는 건 아닐세. 자네 스스로 공장을 회생시킬 수 있는 기본적인 아이디어는 일러줄 수 있네. 다만 자네 대신 자네 공장의 문제를 해결해줄 시간이 없다는 뜻이지. 또 하나 내가 개입하게 되면 오히려 문제는 복잡해질 걸세. 그게 최상의 방법이 아니라는 뜻이지."

"무슨 말씀이시죠?"

내가 다시 조급하게 그의 말을 가로막고 나서자, 요나 교수는 한쪽 팔을 들어 올려 나를 제지했다.

"내 말을 끝까지 들어보게. 내가 지금까지 관찰한 바로는 자네 혼자서도 충분히 해결할 수 있다고 보네. 그만한 역량도 있고. 내가 자네한테 해줄 수 있는 건 몇 가지 기본 원칙을 제시하는 거야. 자네와 자네 회사 직원들이 그 원칙만 성실하게 지켜준다면 아마 공장을 회생시킬 수 있으리라고 확신하네. 이만하면 만족하겠나?"

"하지만, 교수님. 남아 있는 시간은 겨우 3개월입니다."

그는 고개를 끄덕이며 나를 위로했다.

"알아. 하지만 3개월 정도면 개선 효과를 보기엔 충분한 시간일세. 부지런히 애쓴다면 충분하다는 의미지. 자네가 최선을 다하지 않는다면 내가 백만 가지 안을 제시해도 아무 소용이 없을 걸세."

"성실성 문제라면 걱정하지 않으셔도 됩니다."

"그게 최선일 것 같네."

"솔직히 말씀드려서 어떤 것부터 시작해야 할지 모르겠어요."

나는 어색한 미소로 내 부족함을 무마해보려고 애썼다.

"이렇게라도 교수님께 도움을 받게 돼서 기쁩니다. 교수님께 어떻게 보답해야 할지……. 무례가 아니라면 이렇게 조언해주신 데 대한 대가를 어떻게 지불해야 할지 알려주시겠습니까? 특별한 기준이라도 가지고 계십니까?"

"그럴 것까지는 없네만, 꼭 그래야 한다면 이렇게 하세. 자네가 내게 배운 가치만큼 지불하게. 어떤가, 내 거래 조건이?"

"글쎄요. 모호한 느낌이 드는데요. 제가 그 가치를 어떻게 측정하면 될까요?"

"합리적으로 생각하면 되네. 자네 공장이 문을 닫게 된다면 자네는 내게서 아무것도 배운 게 없으니 내게 한 푼도 지불할 필요가 없네. 하지만 반대의 경우, 자네가 수십 억 달러를 벌 수 있을 만큼 충분히 뭔가를 배웠다면 그에 합당하게 지불하면 되네."

웃음이 나왔다. 손해 볼 게 없는 장사가 아닌가. 내가 여기서 더 이상 잃을 게 뭐가 있겠는가?

"좋습니다. 아주 합리적인 가격이군요."

우리는 테이블을 사이에 두고 악수를 나누었다. 일상적인 대화가 오가는 사이 웨이터가 다가와 메뉴판을 건넸다. 우리는 메뉴를 훑어보지도 않고, 커피 두 잔을 주문했다. 웨이터는 난색을 표하며 최소

5달러 이상을 주문해야 한다고 알려주었다. 요나 교수는 커피와 우유, 그리고 바게트 샌드위치를 주문했다.

"자, 그럼 어디서부터 시작해볼까?"

"먼저 로봇에 관해 말씀드리죠."

요나 교수는 고개를 가로저었다.

"알렉스, 당분간 로봇은 머릿속에서 비워버리게. 로봇은 값비싼 고급 장난감에 불과하네. 그보다는 좀더 근본적인 문제에 집중하게."

"아뇨, 교수님. 제 생각은 다릅니다. 로봇은 현재 저희 공장이 보유하고 있는 최대 자산입니다. 가능하다면 값비싼 최첨단 설비를 활용해야죠. 로봇의 생산성은……."

"무엇을 위해 생산적이어야 하는 건가?"

그는 날카롭게 반문했다.

"저희가 세운 목표에 따르면 로봇은 생산적으로 활용되어야 합니다. 또 수지타산을 맞추기 위해서라도 효율성은 꾸준히 유지해야 하고요. 현재 우리 공장에서 효율성을 유지할 수 있는 유일한 도구는 로봇입니다. 로봇을 쉴 새 없이 풀가동한다면, 일차적인 문제는 해결되리라고 봅니다."

요나 교수가 또다시 고개를 저었다.

"알렉스, 우리가 처음 만났을 때를 기억하나? 자네는 분명 자네 공장이 매우 효율적으로 돌아가고 있다고 말했네. 그런데 그렇게 효율적으로 돌아가고 있는 공장이 왜 지금 폐쇄 위기를 맞고 있다고 생각하나? 좀더 솔직해질 수는 없겠나?"

그는 셔츠 주머니에서 시가 한 개비를 꺼내 물었다.

"네. 제가 효율성에 집착하는 이유는 단 하나입니다. 경영진이 그것에 집착하기 때문이죠."

"자네가 잊고 있는 사실이 있네. 경영진이 정말로 원하는 게 무엇일지 생각해본 적이 있나? 효율성과 돈, 둘 중 하나를 선택하라면, 자네는 무엇을 선택하겠나?"

"물론 돈이죠. 그렇지만 높은 효율성은 돈을 벌어들이기 위한 필요충분조건 아닙니까?"

"자네가 대부분의 시간을 고효율성에만 투자한다면 자네는 진정으로 추구해야 할 목표와 정반대 길을 걷게 될 걸세."

"교수님, 이해가 안 갑니다. 설령 제가 이해한다고 해도 우리 경영진은 절대 용납하지 않을 겁니다."

요나 교수는 시가에 불을 붙인 뒤, 연기를 길게 내뿜으면서 이렇게 말했다.

"알겠네. 기본적인 문답 형식이 좋겠군. 첫 질문이네. 잘 듣고 대답하게. 자네 공장의 직원들이 게으름만 피우고 일을 하지 않는다면 그건 회사를 위해 좋은 일인가, 나쁜 일인가?"

"물론 나쁘죠."

"항상 그런 건가?"

나는 직감적으로 질문에 함정이 있음을 직감했다. 그렇지만 내겐 논리가 없었다.

"글쎄요. 작업자의 임무는 받은 임금만큼 노동력을 제공하는 거라고 생각합니다."

"또 내 질문의 요지를 놓쳤군. 지금은 그런 상황이 아니야. 나는 지금 당장 작업할 일거리가 없어서 놀고 있는 생산직 근로자에 대해 묻는 걸세."

"그렇다면 더더욱 나쁜 일이죠."

"이유가 뭔가? 납득할 수 있는 이유를 대보게."

기가 막혔다. 그와 대화를 나눌 때면 종종 느끼는 묘한 반발심이 나를 자극했다.

'이봐, 멍청한 친구, 고작 이따위 선문답이나 하려고 아내와 자식들까지 팽개치고 뉴욕으로 날아왔나? 당장 저 작자의 면상이나 갈겨주

라고!'

만감이 교차하는 순간이었다. 그러나 나는 할 수 있는 한 인내심을 발휘했다. 어쩌면 이 속에는 내가 모르는 또 다른 진실이 숨어 있을지도 모른다.

"당연한 거 아닌가요? 회사가 게으름을 피우는 직원에게까지 임금을 지불할 이유가 어디 있습니까? 그 많은 비용을 어떻게 감당하죠? 생산성은 또 어떡하고요? 교수님이 어떤 논리를 제시하시든 도저히 그 문제는 수긍할 수가 없습니다."

그는 무슨 생각에서인지 불쑥 내 쪽으로 몸을 숙여 귓속말을 했다. 나는 요나 교수의 돌발 행동에 적잖이 놀랐다.

"알렉스, 이건 아무에게나 해주는 이야기가 아닐세. 내 말 잘 듣게. 전 직원이 쉬지 않고 일하는 공장의 효율성은 최악이라네."

"네? 그게 무슨 말씀입니까?"

"말 그대로네."

"어떻게 그걸 증명하죠?"

"자네 공장에서 일어나고 있는 일이야. 바로 자네 눈앞에서. 다만 자네가 그것을 보지 못할 뿐이지."

이번에는 내가 고개를 저었다.

"도무지 대화가 진전되지 않는군요. 이미 말씀드렸다시피, 저희 공장에는 여유 인력이 없습니다. 납품일을 맞추기에도 급급한 실정입니다. 그러자면 인력을 풀가동하는 수밖에 없어요."

"알렉스, 다시 한번 묻겠네. 자네 공장에 과잉 재고가 있나?"

"네."

"그 양은 현재 자네의 예측보다 많은가?"

"네."

"재고량이 얼마나 되나?"

"딱히 얼마라고는 말씀드릴 순 없지만, 창고에 공간이 모자랄 지경입니다. 대체 뭘 알고 싶으신 거죠?"

"초과 인력을 투입해야만 초과분의 제품을 생산할 수 있다고 생각하나?"

요나 교수의 지적은 한 치의 오차도 없이 맞아떨어졌다. 기계는 절대로 혼자 굴러갈 수 없다. 결국 제품을 생산하는 것은 사람이었다. 따라서 과잉 재고를 창출하는 것은 사람일 수밖에 없는 것이다.

"그럼 어떻게 해야 하나요? 더 많은 인원을 해고해야 한다는 뜻인가요? 현재 공장의 인원 감축은 한계에 도달했습니다. 지금 있는 인력만으로도 꾸려가기가 벅찬 상태예요."

"오해 말게. 더 많은 사람을 해고해야 한다는 뜻이 아니니까. 난 단지 자네가 공장의 생산능력을 어떻게 관리하고 있는지 궁금했을 뿐이네. 내가 보기에 현재 자네 공장은 목표와는 반대 방향으로 돌아가고 있는 게 확실하네."

웨이터가 김이 모락모락 피어오르는 은제 커피 주전자를 가져왔다. 그가 테이블에 세팅된 고급 커피 잔에 커피를 따르는 동안, 나는 잠시 창밖의 풍경에 넋을 잃고 있었다. 얼마만큼 시간이 지났을까? 요나 교수가 헛기침을 했다.

"상황을 요약하면 이렇게 되지. 일반적으로 공장 바깥의 세상에는 시장이 있네. 자네 공장에서 생산한 제품을 판매할 수 있는 공간이지. 시장에는 수요와 공급이 존재하고, 시장의 논리에 따라 적당량이 조절되지. 물론 시장에는 자네 공장의 물량을 소화할 만큼의 수요가 있네. 그리고 공장 내부에는 시장 수요를 채울 수 있을 만큼 충분한 자원과 생산능력이 있지. 혹시 '균형 잡힌 공장(balanced plant)'이란 용어를 들어본 적이 있나?"

"생산라인의 균형을 잡는 것을 말씀하시는 겁니까?"

"서구 사회 모든 제조업 경영자들이 바로 이런 공장을 추구하고 있지. 모든 자원의 생산능력이 시장 수요와 정확히 균형을 이루는 공장 말이야. 왜 대다수의 경영자들이 이것을 달성하려고 애쓰는지 그 이유를 알겠나?"

"글쎄요, 충분한 생산능력이 없다면 잠재적인 현금 창출의 기회를 잃어버리기 때문이겠죠. 반면에 충분한 생산능력을 넘어선다면, 비용이 증가되어 운영비를 줄일 수 있는 기회를 놓치기 때문이 아닐까요?"

"그렇지. 그게 바로 경영자들의 생각이라네. 그래서 가능하면 생산능력을 시장 수요와 일치하도록 조정하고, 남아도는 자원을 끊임없이 재배치해 생산능력을 분배하는 거지. 인력도 마찬가지일 테고."

"네. 무슨 말씀을 하시는 건지 알 것 같습니다. 실은 저희 공장에서도 그렇게 하고 있거든요. 다른 공장의 사정도 엇비슷할 겁니다."

"자네 공장은 어떤가? 균형 잡힌 공장이 되어간다고 생각하나?"

"최대한 균형을 잡아가려고 노력 중이죠. 물론 놀리고 있는 기계들도 있지만 대부분이 노후 장비들입니다. 인적자원 측면에서는 할 수 있는 한 정리를 끝냈고요. 그렇지만 완벽하게 균형 잡힌 공장은 한 군데도 없을 겁니다."

"재미있군. 나 역시 그런 공장은 본 적이 없어. 그렇다면 말일세. 왜 지금까지 아무도 균형 잡힌 공장을 운영하지 못했다고 생각하나?"

"여러 가지 이유가 있겠죠. 일단 주변 환경이 급변하고 있어서 그런 게 아닐까요?"

"아니. 그건 첫 번째 이유가 될 수 없네."

"그건 교수님의 억지 같은데요? 제가 분명히 경험했던 일입니다. 일단 타 업체와 경쟁하고 있는 상황이라는 가정을 세워보죠. 우리 공장이 긴급 주문에 생산능력을 집중하면, 여기저기서 클레임이 몰려듭니다. 긴급 주문에 밀린 납품일 지연 제품은 타사로 넘어가기가 십상이죠. 또 인력과 관계된 변수를 보면 이유는 좀더 명확해집니다. 작업장 내에서 수도 없이 발생하는 문제들을 생각해보셨나요? 무단결근, 품질에는 전혀 관심이 없는 직원들, 높은 이직률 등등이 있죠. 시장에 관해 말씀하셨는데, 시장 자체도 변수라고 볼 수 있습니다. 시장은 언제나 변하고 있죠. 바로 지금 이 순간에도요! 그러니까 어떤 공정에서는 생산력이 남아도는데 다른 공정에서는 모자라는 일이 비일비재한 거고요."

"알렉스! 자네 공장이 균형을 잡을 수 없는 실질적인 이유는 지금 자네가 언급한 것들보다 훨씬 더 근본적인 데 있네. 자네가 언급한 것들은 상대적으로 그다지 중요하지 않아."

"중요하지 않다고요? 그럼 절대적으로 중요한 것은 뭐죠?"

"놀라지 말게. 아주 간단해. 균형 잡힌 공장을 만들어가려고 노력할수록 그만큼 파산에 가까워진다는 것이라네."

"설마……. 말도 안 돼요! 지금 절 놀리시는 겁니까?"

"목표를 위해 생산능력을 조정하는 건 지나친 강박관념이야. 직원들을 해고했을 때 매출이 늘었나?"

"물론 아니었습니다."

"그럼 재고가 줄었나?"

"아뇨. 인원을 감축했다고 해서 재고가 줄어들 리가 있습니까? 직원들을 해고해서 얻은 이익은 비용 절감뿐이었습니다."

"그렇지. 운영비 개선 효과 하나만을 건지게 되는 거지."

"그것만으로도 충분하지 않나요?"

"알렉스, 목표의 정의를 다시 한번 훑어보게. 운영비 하나만을 줄이는 게 목표였나? 세 가지 지표 중 어느 하나라도 모자라면 목표로서의 가치를 상실하게 되네. 진정한 목표는 운영비와 재고를 줄이면서 동시에 현금 창출률을 올리는 게 아니었나?"

"네. 그 점에는 동의합니다. 하지만 재고와 현금 창출률이 같은 수준을 유지하는 동안 운영비를 절감했다면 개선되었다고 할 수 있잖습니까?"

"자네 말도 일리가 있네. 그러나 거기에는 두 가지 단서가 붙어야 하네. 재고가 늘지 않았거나 현금 창출률이 감소하지 않은 경우가 되겠지."

"그렇죠. 근데 생산능력의 균형을 이룬다고 해서 재고가 늘거나 현금 창출률이 줄지는 않죠."

"그래? 그걸 어떻게 알 수 있지?"

"방금 교수님과 제가 이야기했잖아요?"

"난 그런 얘기를 한 적이 없네. 시장 수요와 균형을 맞추기 위해 생산능력을 조정한다고 해도 현금 창출률이나 재고에는 아무런 영향을 주지 못한다는 '가정'을 한 것은 바로 자네야. 사실상 그와 같은 가정이 서구 기업 세계에서는 보편적이긴 하지만, 완전히 잘못된 거라네."

"어떤 근거로 그렇게 단정하시는 겁니까?"

"수학적으로 접근하면 이해가 빠르겠군. 생산능력이 시장 수요에 정확히 조정된 경우, 그러니까 그 이상도 이하도 아닌 정확하게 조정된 경우를 말하는 걸세. 이때 현금 창출률은 점점 줄어드는 반면 재고는 천정부지로 치솟게 되지. 자네도 경험했을 텐데? 안 그런가? 여하튼 상황이 여기에 이르게 되면, 재고량이 증가해 운영비에 속하는 재고의 물류비도 늘게 되지. 따라서 애초에 의도했던 한 가지 지표인 운영비조차 의도한 대로 절감되지 않는 거네. 그보다 큰 목표에 관한 비용 절감은 굳이 설명하지 않아도 될 것 같네만."

"믿어지지가 않네요. 왜 그렇게 되는 거죠?"

"모든 공장에서 발견할 수 있는 두 가지 복잡한 현상 때문이라네. 용어에 주의해서 듣게. 약간 생소한 용어일지 몰라도 앞으로 자네가 공장을 회생시키기 위해서는 반드시 알고 넘어가야 할 걸세. 그중 하나는 '종속적 사건(Dependent events)'이지. 이 말이 무슨 뜻인지 알겠나? 어떤 사건이 일어나려면 꼭 그전에 한 가지 혹은 여러 가지 사건이 발생해야 한다는 뜻이네. 즉 후속 사건은 선행하는 사건과 연관되어 있다는 거지. 알겠나?"

"그럼요. 그런데 문제가 뭐죠?"

"종속적 사건들이 '통계적 변동(Statistical fluctuations)'이라 불리는 또 다른 현상과 결합될 때 중대한 일이 벌어지기 때문이지. '통계적 변동'이 무엇인지 아나?"

나는 어깨를 으쓱해 보였다.

"통계치의 변동 아닙니까?"

"예측 가능한 정보와 예측 불가능한 정보의 차이라고 생각하면 이해가 빠를걸세. 이렇게 설명하기로 하지. 예를 들면 이 레스토랑의 수용 능력을 파악하고 싶다면, 각 테이블에 비치된 의자 수를 세어보면 되네. 예측 가능한 정보겠지."

요나 교수는 내 이해를 돕기 위해 친절하게도 레스토랑 구석구석을 가리켜 보였다.

"반면에 정확하게 예측할 수 없는 정보도 있지. 가령 웨이터가 우리한테 계산서를 갖다주는 데 걸리는 시간이라든지, 주방장이 오믈렛을 만드는 데 걸리는 시간이라든지, 혹은 오늘 하루에 주방에서 소비될 계란이 얼마나 될지는 주변 변수들의 영향을 많이 받지. 이처럼 유동적인 흐름을 가지고 있는 예측 불가능한 정보를 '통계적 변동'을 따른다고 말하는 거라네."

"네. 하지만 교수님, 경험에 근거해서 추론할 수도 있지 않습니까?"

"그건 일정한 범위 안에서만 가능하네. 저 웨이터만 해도 좋은 예가 될 수 있어. 내가 여기 처음 도착해 커피를 주문했을 때는 5분 42초가 걸렸지만, 그다음 미팅 약속 때에는 2분밖에 안 걸렸어. 그렇다면 오늘은 얼마나 걸릴까? 아무도 모르는 게지. 3분일 수도 있고, 4분일 수도 있고."

그러고는 주위를 둘러보았다.

"도대체 웨이터는 어딜 간 거지?"

"교수님, 이건 어떻습니까? 주방장이 오백 명분의 오믈렛 파티 준비를 하고 있다는 가설을 세워보죠. 그는 분명 인원수를 알고 있고, 정해진 메뉴도 압니다. 그렇다면 계란의 수가 얼마인지는 정확히 예측할 수 있는 거 아닙니까?"

"정확히 알 수 있다고 했나? 그럼, 실수로 계란을 바닥에 떨어뜨린 경우는 어떻게 해석해야 하나?"

"그래서 미리 두세 개의 여분을 준비해두는 게 아닐까요?"

"알렉스, 유감스럽지만 자네의 가설은 틀렸네. 공장을 성공적으로 운영하는 데 필요한 중요한 요인들은 대부분 사전에 정확하게 결정할 수 없는 것들이라네."

웨이터는 무려 25분이 지난 뒤에 계산서를 갖다주었다. 나는 내심 씁쓸한 웃음을 지었다. 요나 교수의 말이 옳았던 것이다.

"저 역시 그 점에는 동의합니다. 그렇지만 매일 같은 작업을 반복하는 작업자의 경우에는 그러한 변동치가 일정할 수밖에 없습니다. 솔직히 말씀드려 그 두 가지 요소가 어떻게 연결되는 건지 전 잘 모르겠습니다."

요나 교수는 거의 타들어간 쿠바산 시가를 재떨이에 떨었다.

"알렉스, 내가 말한 내용을 충분히 곱씹어보게. 난 어느 한쪽만 따로 떼어놓고 말한 게 아니네. 그 두 가지 요소가 한데 묶여서 어우러질 때의 현상을 말한 거지. 나머지는 이제 자네의 몫이네. 아쉽지만 이제 그만 일어나야겠네."

"지금 가시려고요?"

"시간이 다 됐네."

"교수님, 이 정도로는 너무 부족해요. 한 시간만, 아니 30분만 더 시간을 내주세요. 부탁드립니다."

"내 고객은 아마 지금 밖에서 기다리고 있을 거야. 고객을 기다리게 하는 건 예의가 아니잖나?"

"교수님, 전 지금 수수께끼 놀음을 하고 있을 시간이 없어요. 해답이 필요합니다."

그는 내 어깨를 두드리며 나직이 속삭였다.

"알렉스, 난 그럴 수가 없네. 만약 내가 자네한테 앞으로 해야 할 일을 간단히 일러준다면 자네는 아마 십중팔구 실패할 걸세. 정말 제대로 된 규칙을 만들려면 자네 스스로 깨달아야 하네."

요나 교수는 악수로 작별 인사를 대신했다.

"알렉스, 다음을 기약하세. 그 두 가지 요소를 자네 공장에 어떻게 적용할 수 있는지 해답을 구하면 전화하게."

그는 그윽한 시가 향과 함께 사라져갔다.

'아니, 이대로는 안 돼.'

나는 재빨리 웨이터를 불러 요금을 지불하고, 벨보이에게 내 짐 가방을 정문 앞으로 가져오라고 했다. 체크아웃을 끝내고 막 호텔 문을 나서는 순간, 다행히 로비 현관 앞에서 말쑥한 차림의 한 사내와 이야기를 나누고 있는 요나 교수를 발견할 수 있었다. 나는 무작정 그들의 뒤를 밟았다. 사내는 요나 교수를 길모퉁이에 세워둔 검은색 리무진으로 안내했다. 그들이 막 차문을 열려고 할 때, 운전사가 뛰어나와 공손히 뒷문을 열어주었다. 말쑥한 차림의 사내는 요나 교수의 뒤를 따르면서 이렇게 말했다.

"설비를 시찰하신 뒤, 회장님 이하 중역 몇 분이 참석하는 회의가 준비되어 있습니다."

리무진 안에는 백발의 신사가 그를 기다리고 있었다. 요나 교수가 반갑게 악수를 나누며 안부를 묻는 것 같았다. 운전기사가 뒷문을 닫고 운전석으로 돌아갔다. 리무진이 도로로 진입할 때 나는 그들의 뒷모습을 어렴풋이 볼 수 있었다. 나는 요나 교수가 떠난 빈자리에 서서 어렴풋한 기억을 더듬었다. 마침내 한 사람의 얼굴이 떠올랐다. 차 안에 있던 사람은 다름 아닌 GE의 잭 웰치 회장이었다.

12

덜 약속하고 더 해주어라.
— 톰 피터슨

나는 공항을 빠져나오며 13일의 금요일을 상상했다. 내가 현관문을 열었을 때 느끼게 될 공포가 뼛속까지 스미는 듯했다. 그리고 얼마 전, 나는 끔찍한 이야기를 들었다. 가정에서 철저하게 소외된 사십 대 초반의 가장 이야기였다. 그는 나와도 안면이 있는 유니코 사의 직원이었다. 어느 날, 그는 철야 근무를 하고 새벽녘에야 집으로 돌아갔다. 여느 때처럼 그는 현관 앞에서 초인종을 눌렀지만 아무도 대꾸하지 않았다. 웬일일까 싶었지만, 모두들 곤히 잠들어 있을 거라는 생각에 아무 의심 없이 열쇠를 열고 집에 들어섰다. 그런데 그에게 되돌아온 것은 텅 빈 집 안에 가득한 고요함뿐이었다. 이곳저곳을 뒤져봤지만 아무도 아니, 아무것도 없었다. 사랑하는 아이들, 강아지, 금붕어, 가구, 카펫, 가전제품, 커튼, 벽에 붙어 있던 액자, 심지어 치약까지도 모두 아내가 쓸어가버린 것이다. 절망 속에서 그가 발견한 것은 침실 바닥에 나뒹굴고 있는 그의 옷가지들과 욕실 거울에 립스틱으로 쓴 '개자식'이라는 메모였다고 한다.

공항에서 집까지 어떻게 왔는지 기억나지 않는다. 다만 그 당시 내가 느꼈던 공포와 절망만은 지금도 또렷이 기억한다. 어쨌거나 나는 집 앞 도로에 차를 세우고 잔디밭을 살펴보았다. 혹시나 이삿짐 트럭의 바큇자국이 있나 싶어 조바심이 났다. 다행히 잔디가 밟힌 흔적은 없었다. 나는 차고로 달려가 아내의 차를 확인했다.

'오, 주여, 감사합니다!'

적어도 아직까지 버림받지는 않았나 보다. 나는 집 안으로 뛰어 들어가 아내를 찾았다. 아내는 식탁에 앉아 신문을 읽고 있었다.

'오, 내 사랑! 당신은 날 버리지 않았어!'

나는 내심 안도하며 아내를 꼭 끌어안았다. 아내는 화들짝 놀라 벌떡 일어났다.

"무슨 짓이야?"

아내는 곱게 눈을 흘겼다. 그날따라 아내의 모습이 더 사랑스럽게 느껴졌다. 그런데 아내의 얼굴을 찬찬히 들여다보니 눈언저리가 붉게 물들어 있었다.

"눈이 왜 그래? 무슨 일 있었어?"

"별일이야. 자기가 나한테 관심을 다 보이고. 신경 쓰지 마. 내 일이니까! 그런데 이 시간에 집에는 웬일이야?"

아내의 냉담한 반응에 허탈한 웃음만 나왔다.

"자기야, 나 이제 막 뉴욕에서 돌아왔어. 좀 반갑게 맞아주면 안 돼? 당연히 자기를 찾아 이렇게 달려왔지! 내가 집에서 누굴 만나겠어? 내가 자기를 얼마나 애타게 찾았는지 알기나 해?"

"봐요, 여기 있잖아요. 실컷 보세요."

그녀는 얼굴을 찡그리며 나를 쳐다보았다.

"맞아, 지금은 여기 있지. 하지만 내가 알고 싶은 건 지난밤에 어디 있었느냐는 거야."

"외출했어."

"밤새도록?"

아내는 시큰둥한 표정으로 되물었다.

"대단하네? 요즘 혹시 마술이라도 배웠어? 내가 집에 없었다는 걸 어떻게 알았는지 놀랍기만 하네."

"자기야, 우리 쓸데없는 신경전은 그만하자. 어젯밤 전화를 수백 번도 넘게 했어. 자기 때문에 한숨도 못 잤다고. 아침에도 아무도 안 받던데, 자기는 외출했다고 치고, 애들은 어디 간 거야?"

"친구네 집에 갔어."

"그럼, 자기는? 자기도 친구랑 있었어?"

아내는 팔짱을 끼더니 단호한 어조로 말했다.

"어. 친구랑 같이 있었어."

"남자야, 여자야?"

아내는 내게 경멸의 눈빛을 보냈다.

"내가 남자친구를 만나든, 여자친구를 만나든 그게 무슨 상관이야? 당신은 참 이기적이야. 매일 밤 내가 애들이랑 어떻게 지내는지 관심도 없으면서, 하루 저녁 외출했다고 해서 이렇게 닦달하다니! 알렉스 로고 씨! 가슴에 손을 얹고 생각해보시죠? 정말 나하고 아이들이 걱정돼서 그랬던 건지, 아님 내가 아이들이랑 멀리 도망갔을까 봐 불안해서 그랬는지 말이야."

"자기, 진짜 왜 이래. 난 당신 남편이라고!"

"그러는 당신은 매일 밤 어디서 뭘 하다 들어오는데? 출장 핑계로 딴짓을 하는지 내가 알 게 뭐야!"

"자기야, 난 지금 몸이 열 개라도 모자랄 지경이야. 자기가 필요하다면 어디서 무엇을 하고 있었는지 증인도 세울 수 있어. 맹세코 난 한눈판 적 없어! 하지만 자긴 집에 있는 사람이잖아. 어서 대답해줘!"

"도대체 어떤 대답을 바라는 거야? 어쩌나, 당신이 상상하는 일은 없었는데? 난 어제 제인이랑 같이 있었어."

"제인? 자기 대학 동창 말이야? 그 먼 데까지 차를 몰고 갔단 말이야?"

"누구한테든 속 시원히 하소연이라도 하고 싶어서 그랬어. 왜, 나는 그러면 안 돼? 그리고 난 분명 자기한테 말했어. 내가 없을지도 모른다고!"

"좋아, 왜 그런 거야? 어째서 갑자기 이러는 거냐고."

"지금 나한테 왜냐고 묻는 거야? 그것도 갑자기? 알렉스 씨, 당신의 이기적인 성격에 다시 한번 놀라게 되네요. 당신이 날 내팽개쳤던 건 기억이 안 나? 내가 뭐 때문에 괴로워하는지, 내가 어떤 생각을 하고 사는지 단 한 번이라도 물어본 적 있어? 내가 고독하다고 느끼는 건 당연하지. 자기는 이곳에 온 뒤로 나랑 아이들은 항상 뒷전이었잖아. 그 잘난 공장 운영 때문에!"

"자기야, 내가 왜 공장 일에 매달리는지 정말 몰라서 이러는 거야? 이게 나 혼자 잘살자고 하는 일이냐고!"

"그럼, 우리 모두를 위해서라고? 천만에! 당신은 당신 자신의 야망을 위해 열심히 뛰어다니는 거잖아!"

"그럼, 자기는 내가 하루아침에 직장에서 떠밀려 거리에 나앉는 꼴을 봐야 속이 시원하겠어? 아님 승진을 포기하고 윗사람 눈치만 보고 살아야 한다고 생각해?"

아내는 대꾸조차 하지 않았다. 어쩌면 지금 아내에게 필요한 것은 위로인지도 모른다는 생각이 들었다.

"내가 원해서 그런 게 아니잖아. 그럴 수밖에 없다는 거, 자기도 잘 알고 있잖아. 자기야, 자기도 힘들다는 거 잘 알아. 하지만 나도 하루 하루가 고달파. 아니, 피가 말라. 제발 날 좀 이해해줘."

아내는 여전히 입을 굳게 다물고 있었다.

"자기야, 이제 조금씩 나아질 거야. 자기도 자기지만, 나도 변할 거라고. 약속할게. 앞으로는 자기랑 우리 애들을 위한 시간을 조금씩 남겨둘게. 가능하면……."

아내는 그제야 말문을 열었다.

"됐어. 또 지키지 못할 약속을 해서 사람 힘들게 하지 마. 자기가 집에 머무는 시간이 늘어나도 소용없어. 이 집이 안락한 가정이 아니라 또 다른 사무실이 될 테니까. 난 자기의 몸이 아니라, 마음을 원해. 자기가 아는지 모르겠는데, 주말에 자기를 보면 아슬아슬해. 정신이 딴 데 있어서 애들 말은 귓등으로 흘려버리고. 어쩌다 아이들이 자기한 테 조잘거린 내용을 물으면, 자기는 '어, 그랬니? 다시 한번 말해줄 래?'라고 하잖아. 아이들한테는 진심으로 아껴줄 아빠가 필요해. 난 남편이 필요하고."

"자기야, 제발. 이 고비만 넘기면 모든 게 다 잘될 거야. 날 믿어."

"진짜 너무하네. 자기가 지금 무슨 말을 하고 있는지 알기나 해? '이 고비만 넘기면'이라고? 그러면 상황이 달라질 거라고 생각해? 우린 맨날 같은 문제로 싸웠잖아. 자기는 그럴 때마다 이 고비만 넘기자고 말했어."

"그래, 자기 말이 맞아. 우리는 이 문제로 여러 번 다퉜지. 변명 같지 만 난 지금 선택의 여지가 없어."

아내는 쓸쓸히 허공을 응시했다.

"자기는 어딜 가든 일밖에 모르는 사람이야. 데이브를 낳았을 때도 그랬고, 샤론을 낳았을 때도 그랬어. 그래. 자기는 일에 미친 대가로 승진과 월급을 얻었고, 난 남편을 잃은 대가로 안정적인 생활을 얻었 으니 뭐 손해 본 건 없네."

나는 겸연쩍어 머리를 긁적였다.

"자기한테 어떻게 설명해야 할지 몰라서 미뤄두고 있었는데, 이젠 얘기를 해야겠어. 있잖아, 자기야, 이번 일은 승진도 보너스도 없어. 그냥 서바이벌 게임이야. 죽느냐 사느냐 둘 중 하나라고. 내가 어떻게 될지는 3개월 뒤에 판가름이 날 거고. 근데 지금 자기는 내가 겪고 있 는 문제가 어떤 건지 전혀 감을 못 잡고 있어."

"그러는 자기는 집안 꼴이 어떻게 돌아가고 있는지 알아?"

"그래, 좋아. 우리 이제 불필요한 소모전은 그만두자. 서로 조금씩만 양보하면 되잖아. 문제는 시간인데, 솔직히 말해 시간을 많이 할애할 수는 없어."

"난 많은 것을 바라지 않아. 자기 일에 짐이 되는 건 더더욱 싫어. 그냥 자기 시간의 아주 일부분만 내달라는 거잖아."

"자기 마음 잘 알아. 하지만 공장을 살리려면 최소한 두세 달은 일에 전력투구해야 해. 그만큼이라도 안 되겠어?"

"적어도 저녁만큼은 집에서 같이 먹을 수 있잖아. 자기 빈자리를 보면서 밥을 먹으면 가끔씩 눈물이 나. 가족들 모두가 그래. 자기가 없으면 나나 아이들이나 모두 집 안이 텅 빈 것 같다고 느껴."

"다들 나를 이렇게 필요로 하는데…… 내가 참 나쁜 남편이고 아빠야. 그런데 자기야, 가끔씩 야근을 해야 할 때도 있을 거야. 근무시간 안에 도저히 일을 끝내지 못하면 그땐 어떻게 하겠어."

"그럼 집으로 가져와. 집에 와서 하면 되잖아. 그렇게라도 하면 최소한 자기 얼굴을 가끔씩은 들여다볼 수 있잖아. 혹시 알아? 내가 자기 일을 거들어줄 수 있을지."

아내는 예전의 상냥함을 되찾고 있었다. 아내가 원하는 것은 확신이었다. 나는 아내에게 안도감을 주고 싶었다.

"내가 집중할 수 있을지 어떨지 모르겠지만. 좋아, 그렇게 할게."

아내의 얼굴에 드디어 환한 미소가 떠올랐다.

"진심이지?"

"물론이지. 그치만 일이 잘 안 될 때는 나를 좀 배려해주면 좋겠어. 그럼, 우리 얘긴 이렇게 마무리하면 될까?"

"그래. 알겠어."

나는 아내를 향해 몸을 숙였다.

"이 거래에 서명하는 의미로 악수를 할까, 아니면 키스를 할까?"

아내는 내 품안에 뛰어 들어와 오랜만에 키스를 해주었다.

"자기는 모를 거야! 어젯밤 내가 얼마나 자기를 보고 싶어 했는지."

"정말 그랬어? 나도 정말 자기가 그리웠어. 술집이 그렇게 음침한 곳인지 처음 알았다니까."

"술집?"

"난 안 가겠다고 했는데, 제인이 우겨서……. 정말이야."

"그리고 또 무슨 일이 있었어?"

"음, 제인이 어제 새로운 춤을 가르쳐줬어. 그리고 어쩌면 이번 주말에……."

나는 아내를 힘껏 껴안았다.

"자기야, 이번 주말에 하고 싶은 거 있으면 말해. 자기 뜻대로 할게."

"정말?"

아내는 수줍게 웃어 보이며 나지막한 소리로 속삭였다.

"오늘이 금요일인 거 알지? 그러니까 아이들을 데리고 일찍 출발하면, 멀리는 못 가도 바람 쐬고 오기에는 괜찮을 것 같은데."

아내는 작고 도톰한 입술을 포개왔다.

"자기야, 나도 그랬으면 좋겠지만……."

"또 왜?"

"지금 공장에 나가봐야 해."

아내는 뾰로퉁한 얼굴로 벌떡 일어섰다.

"나 원 참……. 알겠어. 근데 오늘은 일찍 돌아온다고 약속해. 안 그러면 안 보내줄 거야."

"약속할게. 정말 근사한 주말이 될 거야. 기대하라고!"

나는 오랜만에 기쁨에 들떠 있는 아내에게 짧은 입맞춤을 하고 공장으로 향했다.

하이킹에서 수수께끼를 풀다

"같은 속도로 걷는데
왜 대열은 점점 느려질까?"

THE
GOAL
A Process of Ongoing
Improvement

13

도저히 불가능하다는 신념에서 시작한 일은
자기 자신을 불가능하게 만드는 족쇄가 된다.
— 존 워너메이커

#오전 7시

토요일 오전의 나른함을 만끽하고 싶었던 내 꿈은 산산이 부서져버렸
다. 나는 오랜만에 단잠을 즐기며 아내와 사랑을 속삭이고 싶었고, 아
이들의 해맑은 웃음 속에서 내 정신의 피로도 말끔히 씻어내고 싶었
다. 그래서 어젯밤 잠들기 전에 새벽 단잠을 깨우던 알람도, 언제 울릴
지 모를 전화기도 모두 꺼버렸다. 그런데…… 새벽잠을 설치다 곤히
잠든 내 머리맡에서 보이스카우트 차림의 한 사내아이가 내 목을 조
르고 있었다. 다름 아닌 내 사랑스러운 아들 데이브가 말이다.

"데이브, 무슨 일이니?"

나는 아직 잠에 취한 목소리로 데이브에게 물었다.

"아빠! 아빠! 7시야. 빨리 일어나!"

"7시라고? 데이브, 아빠 너무 피곤해. 한 시간만 더 자자. 응? 그때까
지 만화영화라도 보고 있으면 안 될까? 아빠가 부탁할게."

하지만 데이브의 불같은 재촉은 여기서 끝나지 않았다. 녀석은 내
명치 위에 주저앉아 내 몸을 흔들어댔다.

"아빠, 지금 가도 늦는단 말이야! 어서 일어나."

"늦는다니? 그게 무슨 소리니?"

나는 초점 없는 눈으로 데이브의 표정을 살폈다. 아이의 동그란 눈
동자 속에 언뜻 실망감이 떠올랐다.

"이번주에 나랑 같이 하이킹 가기로 약속했잖아! 기억 안 나? 아빤

자원봉사자로 나랑 같이 가서 분대장을 돕겠다고 나하고 손가락까지 걸었으면서……."

데이브는 들릴 듯 말 듯한 작은 소리로 투덜거렸다.

"그랬나? 아빠가 깜박했나 보다. 근데 어쩌지? 아빤 준비가 안 됐는데?"

내 어수룩한 꾀는 녀석에게 통하지 않았다. 나는 슬쩍 아내에게 도움을 청해보려 했지만, 줄리는 아직도 꿈속을 헤매고 있었다.

"빨리 샤워부터 해, 아빠. 준비는 내가 다 해놨어. 아빠 짐이랑 내 짐! 아빠가 샤워할 때까지 차에다 짐을 옮겨놓을게. 아빠, 빨리빨리 좀 하세요. 아이참! 8시까지 가려면 서둘러야 하는데. 어서요!"

승리는 결국 데이브의 몫으로 돌아갔다. 나는 아들의 손에 이끌려 욕실 문 앞까지 갔다. 애초에 질 수밖에 없는 게임이었는지도 모르겠다. 아무튼 나는 아들에게 약속을 했고, 이제 그 약속을 지켜야 할 때가 온 것뿐이다.

데이브는 뭐가 그리 신이 나는지 온 집 안을 헤집고 다녔다. 나는 샤워를 마치고 욕실에 앉아 움푹 팬 눈두덩을 눌러 간신히 잠기운을 털어냈다. 간단한 캐주얼 차림으로 침실을 빠져나오는 동안, 왠지 아내에게 죄스러운 마음이 들었다. 오늘은 내 아내를 위한 날이었다. 하지만 유감스럽게도 아내는 아들에게 주말을 내주어야 했다. 나는 곤히 잠든 아내의 이마에 짧은 입맞춤으로 미안함을 대신하고 문을 나섰다.

한 시간 반 뒤, 데이브의 투덜거림과 재잘거림이 조금 잠잠해졌을 쯤 약속 장소에 닿았다. 숲 어귀에는 노란 리본을 단 보이스카우트 대원들과 그 부모들이 옹기종기 모여앉아 이야기를 나누고 있었다. 나는 문득 사춘기 시절에 읽었던 『노란 손수건』의 한 장면이 떠올라, 〈늙은 떡갈나무에 노란 리본을 달아주세요(Tie a yellow ribbon round the old oak tree)〉의 한 소절을 흥얼거렸다. 그런데 뭔가 이상했다. 분대장이 보이질 않았다. 우리가 제일 늦게 도착한 것 같은데, 그의 모습은 온데간데없었다. 나는 데이브를 불러 분대장의 소재를 물었다.

"데이브, 분대장님은 어디 계시니?"

내가 말을 채 끝내기도 전에 소년들과 함께 있던 약삭빠른 부모들은 속속 그 자리를 빠져나가버렸다. 마치 내가 오기를 기다렸다는 듯이 말이다.

"분대장님이 갑자기 아파서 못 오신대요."

무리 중의 한 아이가 대꾸했다.

"치질이 도졌대요. 아저씨가 우리 분대장님이 되어주셔야 할 것 같은데요?"

다른 아이가 말했다.

"아저씨, 이제 어떻게 해야 하죠?"

또 다른 소년이 물었다.

'빌어먹을!'

이제 막 솜털을 벗기 시작한 녀석들이 모두 나만 바라봤다. 도저히 빠져나갈 수 없는 상황이었다.

'대체 내가 왜 이 짐을 떠맡아야 하는 거지?'

토요일 오전의 자유마저도 포기한 내게 이럴 수는 없다. 아내의 얼굴이 떠올랐다. 결국 나는 또 본의 아니게 아내에게 지키지 못할 약속으로 상처를 주게 되었다. 잠시 아내가 나를 이해해줄지도 모른다는 기대감이 들었지만, 잠자리에서 일어나 아들과 남편이 사라졌단 사실을 깨달았을 때의 실망감을 떠올리자 감히 그럴 엄두를 낼 수가 없었다.

어쨌거나 나는 이 철부지 사내아이들과 1박 2일 동안 '지옥 훈련'을 해야 했다. 처음에는 이런 식으로 일을 떠맡게 된 것에 화가 치밀었지만 아이들을 감독하는 일에 대해서는 주눅이 들지 않았다. 공장에서 내가 하고 있는 일과 이 일에 무슨 차이가 있겠는가? 나는 일단 아이들을 집합시킨 다음, 지도를 펼쳐 들고 우리 앞에 펼쳐진 위험한 원시

림을 어떻게 탐험할 것인지 의논했다.

우리는 일단 길잡이 표시가 되어 있는 길을 따라 숲을 통과해 '악마의 협곡'에 도착해서 야영을 하고, 다음날 아침 출발지로 다시 돌아오기로 계획을 세웠다. 나는 대원들을 정렬하고, 맨 앞에서 진두지휘를 맡아 우리의 첫 번째 목적지인 '악마의 협곡'을 향해 출발했다. 10마일이나 되는 행군을 이 녀석들이 잘 견뎌낼지 의심스러웠지만, 어쨌든 출발은 순조로웠다.

행군하기에는 정말 환상적인 날씨였다. 나뭇잎 사이로 눈부신 햇살이 반짝였고 하늘은 맑고 푸르렀다. 아직은 이른 봄이라 그늘진 곳은 쌀쌀했지만 숲으로 들어가자 어느새 몸이 알맞게 데워졌다. 숲이 깊어질수록 억센 가시덤불이 앞을 가로막았다. 나는 대오를 일렬종대로 정비해, 조금씩 조금씩 전진해나갔다. 10야드마다 오솔길 한옆에 노란색 표지가 있어서 길을 찾는 데에 별다른 어려움은 없었다. 나는 대원들의 상태를 살피며 목적지까지 몇 시간이나 걸릴지 가늠해보았다.

'지금까지의 행군 속도를 보면 시간당 2마일 정도는 전진할 수 있다. 이 상태를 유지한다면 적어도 다섯 시간 안에는 악마의 협곡에 도착할 수 있겠지. 우리가 오전 8시 30분경에 출발했으니, 휴식 시간과 점심시간으로 한 시간 반을 할애한다 해도 오후 3시 정도에는 도착할 수 있겠네.'

얼마를 갔을까? 내가 잠시 뒤를 돌아보았을 때, 대열은 처음 출발할 당시의 간격보다 1미터 이상 벌어져 있었다. 대열의 후미는 느린 속도로 따라붙고 있었다. 나는 대열을 정비해, 300미터 갈 때마다 대원들의 상태를 점검했다. 10분 정도 뒤에는 대열의 후미가 보이지 않았다. 뭔가 잘못되고 있다는 생각이 들었다. 나는 대열의 후미로 이동해 뒤에 처진 대원들을 이끌어야겠다고 생각했다. 나는 먼저 내 바로 뒤를 따르던 대원에게 선두 지휘를 맡기기로 했다.

"이름이 뭐니?"

"론이에요."

"그래, 론. 이제부터 네가 대열을 이끄는 게 좋겠다."

나는 론에게 선두를 맡기면서 지도를 넘겨주었다.

"오솔길을 따라서 적당한 속도로 전진하면 돼. 알겠지?"

"네, 로고 대장님!"

론은 중대한 임무를 맡은 군인처럼 힘차게 대꾸한 뒤, 적당한 속도로 출발했다. 나는 모두가 들을 수 있도록 큰 소리로 외쳤다.

"모두 론의 뒤를 따르도록 해라. 지금부터는 론이 부대장이다. 한 사람도 론을 앞질러 가서는 안 된다. 알았나?"

대원들 모두는 고개를 끄덕이면서 론의 뒤를 따랐다. 나는 길 한쪽으로 비켜서서 후미를 기다렸다. 대열 중간 지점에 데이브가 있었지만, 녀석은 쑥스러운지 나를 모른 체하며 지나갔다. 대열 끝의 상황은 내가 예상했던 것보다 훨씬 나빴다. 두세 명 정도는 간간이 농담까지 하면서 아직은 견딜 만하다는 표정이었지만, 나머지 대원들은 약간 지친 기색으로 뒤를 따르고 있었다. 그중 뚱뚱한 대원 하나는 안쓰러울 만큼 힘겨워 보였다. 하지만 그 아이는 자신의 뒤를 따르는 다른 대원들에게 뒤질세라, 열심히 행군에 임하고 있었다. 나는 그 소년을 불러 세웠다.

"이름이 뭐니?"

"허비입니다."

"날씨가 많이 덥지? 견딜 만하니, 허비?"

"아직은 괜찮아요. 걱정 마세요."

허비는 다시 대열에 합류했고, 나머지 대원들도 허비의 뒤를 따라 열심히 행군했다. 허비 뒤에 있는 몇 명은 허비를 앞지르고 싶어 하는 눈치였지만, 내 명령이 있었기 때문에 그럴 수는 없었다. 마침내 대열의 끝자락이 보였다. 나는 마지막 대원의 뒤를 따라가며 선두와의 간격을 점검했다. 대열이 안정된 리듬을 찾아가는 듯이 보였다. 주변 풍경이 지루한 것은 아니었지만, 한참을 걷고 있자니 머릿속에 이러저러한 상념이 떠올랐다. 이번 주말만은 진심으로 아내랑 같이 보내고 싶었는데…….

"나 원 참, 당신다워!"

아마도 아내는 지금쯤 무심한 나를 탓하며 이렇게 말하고 있을 것이다. 하지만 그나마 안심이 되는 것은 아내도 데이브와 보내는 시간에 대해서는 불평을 하지 않을 것이라는 점이다.

'앞으로 하루에 몇 시간을 아내에게 할애할 수 있을까?'

문득 담배 생각이 간절해졌다. 주머니를 뒤적거리는 사이, 요나 교수의 얼굴이 떠올랐다. 그랬다. 뉴욕에서 돌아온 뒤, 나는 그와 나눴던 대화에 대해 생각해볼 시간이 전혀 없었다. 언뜻 보기에도 어울릴 것 같지 않은 물리학 교수와 내로라하는 기업의 최고경영자 사이에 오간 대화가 무엇이었을지, 또 '종속적 사건'과 '통계적 변동'이라는 두 가지 항목 간에 어떤 연관성이 있는지 자못 궁금했지만, 닿을 수 없는 허상처럼 아련하기만 했다. 대체 '종속적 사건'과 '통계적 변동'이란 무엇일까? 두 가지 다 포괄적인 개념인 것만은 틀림없는데……. 그래서 그게 어쨌다는 말인가? 둘 다 지극히 평범한 말에 불과하지 않은가.

분명 우리 제조업에는 종속적인 사건들이 있다. 선행된 작업은 그 다음 작업이 진행되기 전에 처리돼 있어야 하고, 부품 역시 제품을 조립하기 전에 이미 연속적인 단계를 거쳐 완성돼 있어야 하며, 제품을 출하하기 전에 조립이 끝나 있어야 한다. 종속적인 사건이라면 제조 공정뿐만 아니라 그 어떤 과정에서도 발견할 수 있다. 현재 우리가 하고 있는 하이킹 역시 마찬가지다. 우리가 '악마의 협곡'에 도달하기 위해서는 일정한 길을 따라가야 한다. 데이브가 그 길을 가기 전에 우선 선봉에 서 있는 론이 그 길을 지나가야 하고, 허비가 그 길을 걸어가기 전에 데이브가 먼저 그 길을 걸어가야 한다. 그리고 나는 내 앞에 있는 대원들 모두가 그 길을 거쳐 간 뒤에야 목표에 닿을 수 있는 것이다.

'그렇다면 '통계적 변동'이란 무엇인가?'

나는 앞쪽을 바라보았다. 내 앞의 대원은 나보다 조금 빠른 속도로 걷고 있었다. 소년과의 거리는 불과 몇 분 사이 2미터 이상 벌어져 있었다. 나는 큰 걸음으로 소년을 따라잡았지만 이번엔 너무 가까워져 속도를 늦춰야 했다. 만일 내가 내 걸음의 변화를 측정했다면 '통계적 변동'을 기록할 수 있었을 것이다. 이렇게 가정해보자. 시간당 2마일의 속도로 걷는다면 우리는 어림잡아도 오후 3시경에는 '악마의 협곡'에 도달해 있어야 한다. 하지만 처음의 예상과는 달리 지금은 변수가 생겨 목표 시간이 수정되고 있다. 물론 '한 시간에 2마일'의 속도로 걷는다는 의미는 매순간 정확히 시간당 2마일의 속도를 유지한다는 뜻은 아니다. 경우에 따라 시간당 2.5마일의 속도로 걸을 수도 있고, 또 어떤 때는 시간당 1.2마일의 느린 속도로 전진할 수도 있다. 그렇다면 우리의 평균 시속은 각자의 보폭과 속도에 따라 변할 수밖에 없다. 공장에서도 마찬가지다. 변압기 전선을 납땜하는 데 걸리는 시간을 가정해보자. 평균 작업 시간을 내기 위해 표본 집단을 추출해서 스톱워치로 작업 시간을 산출해낼 수도 있을 것이다. 여기서 4.3분이라는 데이터를 얻었다 해도 실제 작업 시간은 어림잡아 2.1분에서 6.4분 사이의 편차가 존재하기 마련이다. 그렇기 때문에 어느 누구도 이번 작업은 2.1분이 걸릴 것이고, 다음 작업은 5.8분이 걸릴 것이라고 단언할 수는 없다.

'정보를 예측할 수 없다면, 어떻게 평균 작업 시간을 산출한단 말인가? 뭐가 문제지? 내가 아는 한 잘못된 것은 없다. 어쨌든 우리에겐 선택의 여지가 없다. 그렇다면 '평균'이나 '추정치'의 개념을 대체할 수 있는 것을 찾아야 한다는 말인데…….'

잠시 혼자만의 생각에 잠겨 있던 사이, 대열은 다시 흐름을 놓치고 있었다. 정체 지점의 선두에는 허비가 있었다. 이제 막 가파른 언덕길에 접어들었을 뿐인데, 허비는 진땀을 흘리며 아등바등 산을 오르고 있었다. 대원들은 저마다 허비를 나무라며 걸음을 재촉했다.

"빨리빨리, 이 골칫덩어리야."

누군가가 소리쳤다.

"골칫덩어리?"

"이 골칫덩어리야, 빨리 움직여!"

또 다른 대원이 맞장구를 쳤다.

"됐다, 그만들 해라!"

나는 허비를 놀리는 대원들을 제지하며 허비를 지켜보았다. 허비는 벌게진 얼굴로 언덕 정상에 올라 주위를 둘러보고 있었다.

"잘했다, 허비! 계속 가렴!"

나는 허비를 격려하며, 대원들을 다독거렸다. 후미에 선 대원들은 모두들 언덕을 향해 돌진했다. 10분 정도 간격을 두고 나머지 대원들도 정상에 올랐다. 나는 정상에 올라 언덕 아랫길을 내려다보았다.

'이런! 론이 어디 있지?'

허비 앞으로 두세 명의 대원들만 보일 뿐, 론을 비롯한 선두 그룹은 흔적조차 찾아볼 수 없었다. 나는 큰 소리로 대원들에게 외쳤다.

"전원 빠른 걸음으로! 간격을 좁혀라! 빠른 걸음으로 전진!"

허비는 즉시 속보로 바꾸었고, 그 뒤를 따르는 대원들도 달리기 시작했다. 대원들의 걸음이 빨라질수록 등 뒤에 매달린 배낭과 물통, 슬리핑백들이 출렁거렸다. 허비는 그의 육중한 체구만큼 뛰는 소리도 유난했다. 배낭 속에 무엇을 잔뜩 챙겨왔는지는 모르겠지만, 이리저리 출렁일 때마다 쨍그랑거리는 고물상 소리가 났다. 200미터 정도를 뛰다시피 전진했지만, 유감스럽게도 우리는 선두 그룹을 따라잡지 못했다. 설상가상으로 허비의 속도가 느려져, 우리 전체가 늦어지고 있었다. 다른 대원들이 큰 소리로 허비를 재촉했고, 나도 허둥지둥 대열을 따라갔다. 마침내 눈앞에 론의 모습이 잡혔다. 나는 재빨리 론을 향해 소리쳤다.

"론! 멈춰!"

다른 소년들이 내 명령을 복창하며 론에게 전달했다. 론이 내 소리를 들었는지 걸음을 멈추고 뒤를 돌아보았다. 허비와 다른 대원들도 속도를 늦추었다. 우리가 다가서자 선두 그룹이 일제히 나를 향해 돌아섰다.

"론, 내가 아까 적당한 속도를 유지하라고 했잖아."

"네, 그렇게 걷고 있어요!"

론이 항변을 했다.

"알았다, 다음번엔 대열이 끊기지 않도록 해라."

론과 이야기를 하는 도중 허비가 물었다.

"대장님, 5분 정도 쉬면 안 될까요?"

"좋아, 5분간 휴식이다!"

내 말이 떨어지기가 무섭게 대원들은 길가에 아무렇게나 앉아 휴식을 취했다. 허비는 몹시 지친 듯 숨을 헐떡이며 그 자리에 누워버렸다. 내가 그늘진 곳에 자리를 잡고 막 앉으려는데, 데이브가 다가와 말을 걸었다.

"아빠, 참 잘하고 계세요."

"고맙다. 우리가 얼마큼 온 것 같니?"

"2마일이요."

"설마! 지금쯤이면 족히 3, 4마일은 지나왔어야 해. 다시 확인해보렴."

"아니에요. 론이 가지고 있는 지도에는 분명 2마일이라고 기록돼 있어요."

"그래? 그럼 서둘러야겠네."

5분 뒤, 대원들은 이미 대열을 정비하고 내 명령을 기다리고 있었다.

"출발 앞으로!"

앞으로 펼쳐진 길은 직선이었기 때문에 전 대원을 한눈에 점검할 수 있었다. 그러나 채 30미터도 가지 않아, 좀 전과 같은 상황이 벌어졌다. 대열은 흐름을 놓치고 또다시 늘어지기 시작했다. 이 상태가 지속된다면 우리는 가다 서다를 반복하며, 목표 시간 안에 '악마의 협곡'에 도착할 수 없을 것이다. 절반 이상의 낙오가 예상되는 순간이었다. 나는 즉시 조치를 취해야 했다. 나는 먼저 론의 속도를 체크해보았다. 론은 내가 지시한 대로 대원들이 걷기에 알맞은 '평균적'인 속도를 유지하고 있었다. 물론 다른 대원들도 론과 보조를 맞췄다. 문제는 허비였지만, 그 아이는 나름대로 최선을 다했다. 속도를 유지하려고 애쓰는 모습을 보니 아마도 자신에게 쏠리는 눈빛들을 느꼈던 모양이다. 허비는 제 앞 대원의 뒤를 바짝 쫓고 있었다. 그때 문득 내 마음속에 의문이 일었다.

'모두들 거의 비슷한 속도를 유지하고 있다. 그런데 왜 선두의 론과 후미의 나 사이의 거리가 점점 벌어지고 있는 거지?'

통계적 변동 때문일까?

아니, 그럴 순 없다. 통계적 변동은 평균치를 기준으로 움직인다. 대원들이 같은 속도로 움직인다면, 대원들 사이의 간격이 약간 변할 수는 있지만 일정한 시간이 흐른 뒤에는 평균을 유지해야 한다. 다시 말해 론과 나 사이의 거리는 일정한 편차 안에서 움직여야 한다는 말이다.

'아니, 이것도 아냐!'

이론과 달리 실제 상황은 정반대로 흐르고 있었다. 대원들 각자 론과 같은 정상적인 속도를 유지하고 있음에도 전체 대열은 점점 더 늘어지고 있다. 허비와 그 앞의 대원 사이의 간격만 제외하고……. 그렇다면 허비는 어떻게 하고 있는가? 나는 허비를 지켜보았다. 허비는 한 걸음 뒤처질 때마다 그것을 보충하기 위해 몇 걸음씩 달려갔다. 즉 허비는 대원들과 동일한 속도를 유지하기 위해 다른 사람들보다 훨씬 더 많은 에너지를 소비하고 있는 것이다. 과연 허비가 얼마나 버틸 수 있을지 걱정스러웠다.

'왜 우리는 론과 같은 속도로 걷고 있는데도 보조를 맞추지 못하지?'

나는 선두 그룹에서 무슨 일이 벌어지고 있는지 살펴보았다. 그때 데이브가 잠시 신발 끈을 고쳐 매느라 속도를 줄이고 있는 광경이 보였다. 그 앞쪽으로는 론이 이끄는 선발대가 계속 전진하고 있었다. 3미터, 4미터, 5미터…… 자꾸만 간격이 벌어졌다. 이는 곧 전체 대열의 길이가 5미터 이상 늘었다는 것을 의미했다. 나는 그제야 비로소 전체 상황을 조망할 수 있었다. 론의 속도가 전체의 속도를 결정한다. 대원 중 누군가가 속도를 줄이면 전체 대열의 길이는 늘어난다. 데이브가 속도를 줄였을 때와 마찬가지로 다른 대원이 론보다 반걸음 정도 보폭을 줄인다면, 전체 대열의 길이에 영향을 미친다. 문제는 변수였다.

'그렇다면 론보다 빨리 걷는 대원이 있다면 상황은 어떻게 될까? 보폭을 크게 하거나 빨리 움직이면, 전체 대열의 길이에 어떤 영향을 미칠까? 혹 평균치에 영향을 미치지는 않을까?'

내가 좀더 빠른 속도로 걷는다고 가정했을 때, 전체 대열의 길이에는 별다른 영향을 미치지 못할 것이다. 나와 앞 대원 간의 거리는 고작해야 약 1.5미터 정도이다. 이 아이가 계속 같은 속도로 걷고 내가 속력을 높인다면 약간의 거리는 좁힐 수 있을 것이다. 그러나 내가 줄일 수 있는 거리는 기껏해야 1.5미터뿐이다. 중요한 사실은 우리가 앞 대원의 뒤를 따라야 한다는 제약 조건에 묶여 있다는 점이다. 결국 선두를 쥐고 있는 론을 제외한 모든 대원의 속도는 각자 자기 앞에 있는 대원의 속도에 따라 움직이게 된다.

조금씩 요나 교수가 말한 개념이 잡히기 시작했다. 우리의 하이킹은 '통계적 변동'이 결합된 '종속적 사건'들의 집합인 것이다. 현재 대원들의 속도는 편차를 보이고 있다. 그러나 평균 속도보다 빨리 갈 수 없다는 제약 조건 아래 속력이 제한되어 있어 앞사람의 통계적 변동치에 따라 움직이는 것이다. 내 앞사람이 시간당 2마일로 걷는다면 비록 내가 시간당 5마일을 걸을 능력이 있더라도 그렇게 할 수 없다. 그리고 내 바로 앞에 있는 대원이 그런 능력이 있다 해도, 대열 내의 모든 사람들이 동일하게 시간당 5마일을 유지하지 않는다면 그 역시 불가능하다.

지금까지의 추론을 정리하면 우리 대원들은 속도의 한계를 가지고 있다. 반면 속도를 줄이거나 정지하는 데에는 어떠한 한계도 없다. 이것은 비단 나뿐만 아니라, 모두에게 적용되는 논리다. 따라서 대원 중 누군가가 속도를 한없이 늦춘다면, 속도는 무한대로 늘어질 것이다. 문제는 변동의 평균치가 아니라, 바로 변동의 '축적'이었다. 현재 우리 대원들은 종속적인 제약 조건 때문에 느린 속도를 축적하고 있었다. 그 때문에 우리는 누적 시간만큼 목표에서 멀어지고 있는 것이다. 지금의 상황을 반전시킬 수 있는 유일한 대안은 후미 대열이 론보다 더 빨리 이동하도록 이끄는 것밖에 없었다. 선두 그룹의 상태를 파악하는 동안 또 하나의 단서를 찾을 수 있었다. 각자에게 할당된 거리는 대열의 어느 위치에 있는가에도 큰 영향을 받고 있었다. 데이브는 론을 기준으로 한 평균 속도에서 뒤떨어진 거리만큼만 보충하면 되지만, 허비는 자신의 변동치와 아울러 그 앞 사람들이 축적한 변동치까지도 메워야 할 것이다. 결국 대열의 맨 끝에 위치한 내가 전체 길이를 줄이고자 한다면 대원 전원이 누적한 변동치만큼의 거리를 보충해야 하는 것이다.

나는 즉시 이것을 우리 공장과 연결해보았다. 우리 공장에도 물론 '종속적 사건'들과 '통계적 변동'이 있다. 그리고 지금 이곳에도 그런 것들이 존재한다. 이 대열을 제조 시스템의 기본 모델로 바꾼다면 이렇게 설명할 수 있으리라. 대원들은 하나의 제품을 생산하고 있다. 즉 '산행'을 생산하는 것이다. 론은 자기 앞에 놓인 길을 소비함으로써 '산행' 과정을 처리하고, 다음으로 데이브가, 그리고 그 뒤를 따르는 다른 대원들이 그 과정을 처리한다. 이러한 절차에 따라 허비와 그 뒤 대원들을 거쳐 마지막으로 내게 돌아온다. 여기에 있는 우리들은 공장에서 제품을 생산하기 위해 수행하는 하나하나의 작업에 비유할 수 있다. 우리가 '종속적 사건' 집합의 한 구성 요소가 되는 것이다. 여기서 순서가 갖는 의미는 무엇인가? 물론 누군가는 첫 번째가 되어야 하고, 또 누군가는 맨 마지막이 되어야 할 것이다. 하지만 우리는 순서에 상관없이 '종속적 사건'에 묶여 있다.

이것을 우리 공장의 운영 지표에 대입한다면, 나는 최종 작업 단계인 판매에 해당한다. 즉 내가 산행을 끝마치고 나면 하나의 제품이 판매되는 것이다. 여기서 발생하는 현금 창출률은 론의 산행 속도가 아니라 내 속도에 의해 결정된다. 그리고 원자재를 소비하는 론과 제품이 판매되는 시점인 나 사이에 존재하는 길—대원들이 걸어가는 길—은 재고량을 의미한다. 그렇다면 운영비는? 산행에 필요한 에너지가 이에 해당한다. 그러나 솔직히 말해 내가 느끼는 피로감 외에는 그 양을 정확히 측정할 수가 없다. 론과 나 사이의 거리가 멀어진다는 것은 재고량이 증가하고 있다는 것을 의미한다. 현금 창출률은 내가 걷는 속도에 달려 있지만, 내 속도는 다른 대원들의 속도와 연관되어 있다. 종합해보면, 이것은 재고량이 증가할 때 현금 창출률은 상대적으로 전체 시스템의 부조화로 감소한다고 할 수 있다.

운영비는 어떻게 될까? 단언할 수는 없지만, 유니코 사에서는 재고량이 늘면 그에 따르는 재고 유지비도 함께 늘었다. 재고 유지비는 운영비에 속하므로 운영비도 동시에 늘 것이다. 하이킹 대원들의 경우에는 앞사람을 따라잡기 위해 서두를 때마다 더 많은 에너지를 소모함으로써 운영비를 증가시키고 있다. 결국 재고가 증가하면 현금 창출률은 떨어지고, 운영비는 늘 것이다. 우리 공장에서도 분명히 같은 일이 벌어지고 있다.

'그래, 이것이다. 요나 교수가 말한 게 바로 이거였어!'

내가 나만의 상념에서 빠져나와 언뜻 앞 대열을 보았을 때, 이 비유에서 간과하고 있었던 것을 발견할 수 있었다. 대열은 좀 전보다 매우 빠른 속도로 간격을 좁히고 있었다. 모든 것은 결국 평균화된다.

나는 고개를 내밀어 선두를 바라보았다. 시간당 2마일의 평균 속도로 걷고 있는 론의 모습이 잡혔다. 그런데 무슨 일인지 론이 행군을 멈추었다. 나는 그의 곁으로 다가가 물었다.

"왜 멈췄어?"

"대장님, 점심시간이에요."

14

살아남는 것은 가장 강한 종이나 가장 똑똑한 종이 아니라,
변화에 가장 잘 적응하는 종이다.
— 찰스 다윈

#오후 12시

목표에 따르면 우리는 12시쯤 렘페이지 강에 도착해 점심을 먹기로
되어 있었다. 점심과 관련해 대원들 간에 소소한 의견 대립이 일었다.
나는 일단 아이들이 어떻게 의견을 수렴해가는지 지켜보기로 했다.

"점심을 먹기로 한 곳이 여기가 아니잖아. 분명 렘페이지 강에서 점
심을 먹기로 했어."

반박하는 소년을 향해 론이 분명한 의사를 비쳤다.

"로고 대장님의 계획에 따르면, 우리는 12시에 점심을 먹기로 돼 있
어."

피곤에 찌들어 있던 허비가 론의 의견에 합세했다.

"맞아. 지금이 바로 12시라고. 우린 점심을 먹어야 해."

반박하는 쪽도 만만치 않았다.

"우린 갈 길이 멀어. 렘페이지 강에 도착해서 먹는 게 낫지 않을까?"

"그게 무슨 상관이야? 여긴 점심 먹기에 딱 좋잖아. 한번 둘러봐."

론의 말이 맞았다. 우연찮게도 우리는 지금 막 공원에 도착한 상태
였다. 주변에는 테이블, 물 펌프, 바비큐 그릴 등 취사에 필요한 것이
모두 있었다. 이제는 내가 나설 차례였다.

"좋아. 그럼 투표로 결정하자. 배고픈 사람, 손들어보도록……"

약속이나 한 것처럼 모두가 손을 들었다. 만장일치였다. 우리는 즉
시 행군을 멈추고 점심을 먹기로 했다. 아이들은 제각기 흩어져 배낭

에서 점심 도시락을 꺼내 들었다.

나는 샌드위치 한 조각을 베어 물면서, 풀리지 않는 요나 교수의 수수께끼 속으로 몰입했다. 나를 가장 혼란스럽게 하는 것은 무엇보다도 '종속적 사건'과 '통계적 변동'의 개념에 대한 이해 없이는 공장을 회생시킬 수 있는 묘수가 없다는 점이었다. 도무지 이 두 가지 명제에서 벗어날 수가 없었다. 내가 살아남기 위해서라도 반드시 이 두 개념 사이의 연결 고리를 찾아야 했다.

기억을 거슬러올라가 보자. 요나 교수는 모든 경영진이 꿈꾸는 '균형 잡힌 공장'에 대해 언급했다. 시장의 수요와 공급이 정확히 일치하는 공장이 해답일까? 아니다. 이것도 해답이 될 수 없다. 내가 시장의 수요와 정확한 균형을 잡고 있는 생산능력을 보유하고 있다 해도, 과잉 재고나 부품 부족 사태 등의 변수는 사라지지 않을 것이기 때문이다. 또 하나 요나 교수의 주장이 전적으로 옳다고 할 수는 없다. 수많은 관리자들이 이미 비용을 절감하고 이익을 극대화하기 위해 생산능력을 조절해왔다.

문득 이번 하이킹에서 내 고민에 대한 해답을 찾을 수 있으리라는 확신이 들었다. 그 근거로 바로 조금 전까지 일어났던 '통계적 변동'과 '종속적 사건'들이 결합된 결과를 제시할 수 있다. 하지만 이 모델이 꼭 균형 잡힌 시스템이라고는 할 수 없다. 우리의 제약 조건은 더도 덜도 아닌 시간당 2마일을 걷는 것이다. 나는 다시 대원들 각자의 능력을 조절하여 그들이 시간당 2마일의 목표를 성취할 수 있는 방법에 대해 고민해보았다. 물론 강경책을 쓰면 어느 정도 효과는 발휘할 것이다. 그러자면 나는 대원들을 윽박지르는 식으로 권력을 행사해야 한다. 아니면 돈을 주어 달래서라도 강행할 수 있다. 그렇다면 분명 대열은 균형 잡힌 시스템 속에서 각자의 몫을 충실히 해낼 것이다. 그러나 문제는 현실적으로 소년 열다섯 명의 속도를 조절할 수 있는 방법을 찾는 것이다. 머릿속에는 온갖 잡다한 생각들이 뒤엉켜 있었다. 대원들이 같은 보폭을 유지하도록 끈으로 묶어놓을 수도 없는 노릇이다. 알렉스 로고를 빼닮은 복제인간을 만들어서 정확한 속도를 유지하게 할 수도 없다. 이도 저도 아니면 통제 가능한 모델을 만들어 진행 정도를 정확히 체크할 수도 있겠지만, 모두 뜬구름 잡는 소리에 불과하다.

또르륵, 내가 아직 혼란의 갈피 속에서 헤매고 있을 때, 옆 테이블에서 주사위를 굴리는 소리가 들렸다. 아이는 주사위 놀이에 열중한 채, 나는 거들떠보지도 않았다. 마치 라스베이거스 카지노에서 거금을 건 도박사처럼 아이는 능숙한 손놀림으로 연신 주사위를 굴려댔다. 그때 내 머릿속에 번뜩이는 아이디어 하나가 떠올랐다. 나는 재빨리 자리에서 일어나 소년에게 다가갔다.

"잠깐 주사위 좀 빌릴 수 있을까?"

소년은 나를 물끄러미 바라보다가 말없이 주사위 두 개를 건네주었다.

나는 주사위 두 개를 테이블 위에 두세 번 굴려보았다.

'맞아, 이게 바로 '통계적 변동'이야. 내가 주사위를 굴릴 때마다 나는 일정한 범위, 1에서 6까지의 범위 안에서 임의의 숫자를 얻는다. 그래, 이젠 여기서 '종속적 사건'의 집합만 찾으면 되겠군.'

완벽한 균형을 이룬 시스템 모델을 완성하기 위해 주변을 둘러보았다. 마침 적당한 물건이 보였다. 나는 성냥갑과 알루미늄 통 안에 든 그릇을 몇 개 꺼냈다. 그러고는 테이블 길이만큼 그릇들을 쭉 늘어놓고서 제일 끝에 성냥갑을 놓았다.

'이 모델을 어떻게 조작해야 '종속적 사건'들의 집합을 찾을 수 있을까?'

내가 잠시 시스템 운영 방법을 고심하는 사이, 데이브가 친구와 함께 내 주위를 어슬렁거렸다. 아이들은 한동안 테이블 옆에 서서, 주사위를 굴리고 성냥개비를 옮기는 내 모습을 지켜보았다.

"아빠, 지금 뭐 해?"

데이브가 물었다.

"음, 게임을 하나 해볼까 궁리 중이야."

내 말이 끝나기가 무섭게 데이브의 친구가 호기심 어린 표정으로 물었다.

"게임요? 정말이에요? 우리도 할 수 있는 거예요?"

"그럼, 안 될 이유 전혀 없지. 너희들도 할 수 있을 거야."

그러자 데이브가 흥미로운 시선으로 주사위를 내려다보았다.

"저도 할래요!"

"그래, 너도 끼워줄게. 근데 게임을 하려면 몇 명 더 필요할 것 같은데? 가서 친구들 좀 불러올래? 한번 해보자꾸나!"

녀석들이 친구들을 데리러 간 동안, 나는 게임 규칙을 정했다. 내가 만든 이 게임의 목표는 성냥개비를 '처리'하는 것이다. 주사위를 던져서 나온 숫자만큼의 성냥개비를 다음 그릇으로 통과시키는 것이 구체적인 게임 요령이다. 여기서 주사위는 각 자원의 용량을, 그릇의 집합은 '종속적 사건', 즉 각 생산단계를 의미한다. 각각의 그릇은 모두 정확히 같은 용량을 지니고 있지만, 실질적인 생산량은 변동 가능성이 있다. 그래서 변동 폭을 최소화하기 위해서 주사위를 하나만 사용하기로 했다. 이때 일어날 수 있는 경우의 수는 1에서 6까지다. 따라서 게임자는 최소 한 개에서 최대 여섯 개의 성냥개비를 다음 그릇으로 옮겨 담을 수 있다. 이것을 균형 잡힌 모델과 연관시키면, 성냥개비가 맨 마지막 그릇에서 나오는 속도가 이 시스템의 현금 창출률이 되고, 일정 기간 동안 모든 그릇 안에 담긴 성냥개비의 총합은 재고가 된다. 일단 나는 시장 수요가 이 시스템에서 처리하는 성냥개비의 평균 수와 정확히 일치한다는 가정을 세웠다. 지금 각 자원의 생산능력과 시장 수요는 정확히 균형을 이루고 있다. 그렇다면 이것이 바로 완벽한 균형을 이룬 제조 공장 모델인 것이다. 잠시 후, 게임 참가자 다섯 명이 테이블로 모여들었다. 나는 아이들의 이름을 게임 판에 써내려갔다.

"그럼, 게임 참가자는 데이브와 앤디, 벤, 척, 그리고 에반이다. 맞지?"

"네!"

아이들은 무료한 시간을 때울 신기한 게임에 시선을 모았다. 나는 아이들을 각자의 그릇 앞에 세우고, 게임 규칙을 상세히 설명해주었다.

"자, 봐. 자기 그릇에 있는 성냥개비 숫자가 적은 사람이 이기는 게임이야. 우선 차례대로 주사위를 굴려서, 나온 숫자만큼 오른쪽 그릇으로 성냥개비를 옮기는 거지. 이해하겠니?"

아이들은 초롱초롱한 눈망울을 굴리며 고개를 끄덕였다.

"그리고 또 하나, 자기 그릇에 있는 성냥개비 숫자만큼만 옮길 수 있어. 예를 들어 주사위를 굴려서 5가 나왔는데, 그릇에 성냥개비가 두 개만 있으면, 그 두 개만 옮길 수 있는 거야. 만약 자기 차례라고 해도 그릇에 성냥개비가 없으면, 당연히 아무것도 옮길 수 없다는 거지!"

아이들은 다시 한번 고개를 끄덕거렸다.

"그럼, 질문 하나 해볼까? 우리가 한 바퀴를 다 돌았을 때, 성냥개비는 몇 개나 움직일 것 같니?"

아이들의 얼굴에 당혹감이 스쳤다.

"그럼, 자기 차례가 돌아왔을 때 최소 한 개에서 최대 여섯 개까지 옮길 수 있다면 평균적으로 옮길 수 있는 성냥개비는 몇 개지?"

잠시 침묵이 흐른 뒤, 앤디가 대답했다.

"세 개요."

"아니, 틀렸단다. 1과 6 사이의 중간점은 3이 아니잖아. 자, 이걸 봐라."

나는 아이들에게 1, 2, 3, 4, 5, 6이 적힌 종이 위에 1과 6 사이의 중간점이 3.5라는 사실을 설명해주었다.

"그럼, 이제 분명해졌지? 우리가 한 바퀴를 돌았을 때, 평균적으로 각자 몇 개의 성냥개비를 옮길 수 있겠니?"

"당연히 세 개 반이죠."

이번에도 앤디가 대답했다.

"그렇다면 열 바퀴를 돌았다면?"

"서른다섯 개요."

이번에는 척이 대답했다.

"그러면 스무 바퀴를 돌았을 때에는?"

"일흔 개요."

벤이 대답했다.

"좋아, 그럼 정말 그렇게 나오는지 결과를 확인해볼까? 준비됐니?"

그때 테이블 끝에서 긴 한숨 소리가 흘러나왔다. 나는 테이블 끝 쪽에 자리 잡고 있던 에반을 바라보았다. 에반은 심드렁한 목소리로 말했다.

"전 빠질래요! 별로 하고 싶지 않아요."

"왜?"

"재미가 없잖아요!"

옆에 있던 척이 맞장구를 쳤다.

"맞아요. 성냥개비 몇 개만 움직이는 게 무슨 재미가 있어요!"

"전 가서 매듭이나 맬래요."

에반은 샐쭉한 표정으로 자리를 박차고 일어났다. 그때 아이디어 하나가 떠올랐다.

"음, 좋은 수가 있다. 게임이 재밌으려면 상품이 있어야겠지? 그럼 이 게임으로 설거지 당번을 정하기로 하자. 자, 모두가 자기 차례에서 세 개 반을 옮겨야 하는 거야. 그래서 세 개 반보다 더 많이 옮기는 사람은 오늘 저녁 설거지 당번에서 빼주기로 하고, 자기 차례에서 세 개 반보다 적게 옮기는 사람은 설거지 당번이 되는 거야. 어때?"

"네, 좋아요."

아이들은 이내 유쾌한 표정으로 내 제안을 받아들인 뒤, 저마다 주사위를 굴리며, 게임 연습에 들어갔다. 나는 그동안 종이 위에 게임표를 작성했다. 주사위를 굴렸을 때, 나오는 평균 3.5와 차이 나는 수치를 기록할 생각이었다. 0을 기준으로 주사위를 굴려 나온 숫자가 4, 5, 6이라면 각각의 점수는 0.5, 1.5, 2.5점이고, 1, 2, 3이 나오면 -2.5, -1.5, -0.5점이다. 물론 이 점수에는 누적 포인트가 적용된다. 가령 한 사람이 첫 번째 게임에서 2.5점을 얻었다면, 다음번에는 0이 아닌 2.5점에서 게임을 시작하는 것이다. 이것이 바로 우리 공장에서 일어나고 있는 일들이었다.

"좋아, 준비됐으면 앤디부터 시작하자."

앤디가 주사위를 굴렸다. 2가 나왔다. 앤디는 성냥개비 두 개를 꺼내 벤의 그릇에 옮겨 담았다. 나는 앤디의 게임 기록판에 -1.5라고 기록했다. 바통을 이어받은 벤은 주사위를 굴려 4라는 숫자를 얻었다. 그러나 예기치 않았던 문제가 발생했다.

"앤디, 성냥개비 두 개가 더 필요해!"

기준점보다 0.5점을 더 얻은 벤은 신이 난 목소리로 앤디에게 말했다. 그러자 앤디는 벤에게 게임 규칙을 상기시켜 주었다.

"벤, 아냐! 좀 전에 로고 대장님이 말씀하셨잖아. 난 내가 얻은 성냥개비 두 개만큼만 너한테 줄 수 있어."

"알았어."

벤은 시무룩하게 대꾸하고는 척에게 성냥개비 두 개를 넘겼다. 나는 벤의 표에 역시 -1.5라고 적었다. 다음 차례인 척은 제법 신중한 태도로 주사위를 굴렸다. 숫자 5가 나왔다. 하지만 이번에도 벤이 옮길 수 있는 성냥개비는 두 개밖에 없었다.

"대장님, 이건 너무 불공평해요! 이런 게 어딨어요? 나랑 벤은 평균 점수보다 좋은 결과를 냈는데, 이게 뭐예요?"

척은 볼멘소리로 투덜거렸다.

"그래, 네 말이 맞아. 하지만 우린 규칙을 정했잖니. 이 게임의 목표는 '성냥개비 옮기기'야. 앤디와 벤이 5가 나왔으면 너도 다섯 개를 옮길 수 있었겠지만, 그러지 않았잖니. 그러니까 어쩔 수 없지."

척은 앤디를 노려보며 성난 목소리로 말했다.

"다음에는 잘 굴려!"

"내 맘대로 되는 게 아니잖아⋯⋯."

앤디의 풀죽은 목소리에 벤이 신중하게 한마디를 덧붙였다.

"걱정하지 마, 우리가 곧 따라잡을 테니까."

척은 데이브에게 아쉬움을 담아 성냥개비 두 개를 넘겨주었다. 나는 다시 척의 표에 −1.5라고 적었다. 데이브가 주사위를 굴렸다. 겨우 1이 나왔다. 데이브는 머쓱한 표정으로 에반에게 성냥개비 한 개를 건 넸다. 에반은 잔뜩 긴장한 표정으로 주사위를 굴렸지만, 역시 1이라는 숫자밖에 얻지 못했다. 에반은 성냥개비 한 개를 테이블 끝에 올려놓 았다. 나는 데이브와 에반의 표에 각각 −2.5라고 기록했다.

"좋아, 이번엔 잘할 수 있을 거야! 제발!"

앤디는 주사위를 손에 넣고 오랫동안 흔들었다. 모두의 시선이 집 중된 가운데 마침내 앤디가 주사위를 굴렸다. 주사위는 느린 속도로 테이블 위를 굴렀다. 모두들 숨죽여 주사위가 멈춰 설 때까지 침묵을 지켰다. 마침내 주사위는 모서리 끝에서 멈췄다. 6이 나왔다.

"좋아! 정말 잘했어, 앤디! 계속 이렇게만 해!"

앤디는 의기양양한 표정으로 성냥개비 여섯 개를 꺼내 벤에게 넘겨 주었다. 나는 앤디의 표에 +2.5라고 기록했다. 이제 앤디의 점수는 누 적 포인트를 포함해 +1.0점으로 올라섰다. 벤은 신중하게 주사위를 굴렸다. 모두의 바람대로 벤이 굴린 주사위는 숫자 6이 나왔다. 벤 역 시 앤디와 같은 점수를 얻었다. 그러나 다음 번 주자인 척은 숫자 3을 얻었고, 데이브에게 성냥개비 세 개를 넘겨주고도 세 개의 재고를 감 수해야 했다. 나는 척의 표에 −0.5의 편차를 적었다. 주사위를 넘겨받 은 데이브는 경건하게 두 눈을 꼭 감고 주사위를 굴렸다. 행운의 숫자 6이 나왔지만, 데이브가 에반에게 넘긴 성냥개비는 네 개에 불과했다.

	앤디		벤		척		데이브		에반	
회전수 Turn	1234567890		1234567890		1234567890		1234567890		1234567890	
굴려 얻은 수 Roll	2 6		4 6		4 3		1 6		1 3	
옮긴 개수 Moved	2 6		2 6		2 3		1 4		1 3	
재고 Inventory			0 0		0 3		1 0		0 1	
편차 +/- Change										
+2										
+1.5										
+1	•		•							
+0.5										
0										
-0.5										
-1										
-1.5	•		•		•					
-2					•		•			
-2.5							•		•	
-3									•	
-3.5										

〈표1〉

기존에 재고로 묵히고 있던 한 개와 척이 넘겨준 세 개의 성냥개비가 쓸쓸히 에반에게로 넘어갔다. 나는 아들 녀석의 표에 +0.5라고 적어 넣었다.

마른침을 삼키고 있던 에반은 3이 나왔다. 에반은 제 몫의 성냥개비 중 세 개를 테이블 위로 올려놓았다. 이제 쓸쓸히 테이블을 지키고 있던 한 개의 성냥개비는 세 개를 만나 네 개의 출하를 끝낸 참이었다. 하지만 에반의 그릇에는 아직도 성냥개비가 한 개 남아 있었다. 나는 에반의 표에 -0.5점을 기록했다. 아쉽지만 2회전이 끝난 뒤, 성적은 〈표1〉과 같았다.

우리의 게임은 꼬리에 꼬리를 물고 계속되었다. 주사위는 손에서 손으로 이어져 테이블 위를 굴러다녔고, 성냥개비는 그릇에서 그릇을 지나 테이블 끝 쪽으로 옮겨졌다. 선두 주자인 앤디는 만족할 만한 수준을 유지했다. 지금까지의 스코어를 비교해보면, 앤디만이 기준 점수를 넘기고 있었다. 하지만 테이블 저쪽에서는 전혀 다른 상황이 연출되고 있었다.

"이래선 끝이 나지 않을 것 같아. 성냥개비를 좀더 많이 넘겨달라고!"

"그래, 여기도 좀더 필요해."

"앤디, 6을 굴려, 6!"

"아냐. 그건 앤디 책임이 아니야. 척 때문이야. 잘 봐. 다섯 개나 가지고 있잖아."

4회전이 끝난 뒤, 점수판은 하향 곡선을 맴돌고 있었다. 앤디와 벤, 척은 그런대로 잘해내고 있었지만, 데이브와 에반은 계속 마이너스를 기록하고 있었다. 데이브와 에반은 끝을 알 수 없는 밑바닥에서 헤매고 있었다. 5회전이 끝난 뒤 성적은 〈표2〉와 같았다.

"대장님, 제가 지금 잘하고 있는 건가요?"

"글쎄, 에반……. 솔직히 말해 타이타닉 호의 침몰 같구나!"

순간 에반의 표정에 그늘이 드리워졌다. 나는 실망한 에반에게 용기를 북돋워주었다.

"에반, 실망하기엔 아직 일러. 역전의 기회가 남았잖아. 해낼 수 있을 거야."

"그래, 평균의 법칙이 있잖아."

옆에 있던 척도 한마디 거들었다. 그러자 에반의 입에서 볼멘소리가 흘러나왔다.

	앤디	벤	척	데이브	에반
회전수 Turn	1 2 3 4 5 6 7 8 9 0	1 2 3 4 5 6 7 8 9 0	1 2 3 4 5 6 7 8 9 0	1 2 3 4 5 6 7 8 9 0	1 2 3 4 5 6 7 8 9 0
굴려 얻은수 Roll	2 6 4 2 5	4 6 1 5 2	4 3 2 2 5	1 6 3 5 1	1 3 6 4 1
옮긴 개수 Moved	2 6 4 5 2	2 6 1 5 2	2 3 2 2 5	1 4 2 2 1	1 3 3 2 1
재고 Inventory		0 0 3 0 3	0 3 2 5 2	1 0 0 0 4	0 1 0 0 0
편차 +/- Change					
+2					
+1.5	• •				
+1	•	•			
+0.5					
0	•	•			
-0.5		•			
-1					
-1.5	•	• •	•		
-2			•	•	
-2.5				•	•
-3					•
-3.5			• •	•	
-4					•
-4.5					
-5			•	•	
-5.5					•
-6					
-6.5					
-7					
-7.5				•	
-8					•
-8.5					

〈표2〉

"너희가 성냥개비를 많이 넘기지 못해서 내가 설거지 당번이 되면, 알아서들 해!"

"에반, 난 최선을 다하고 있어! 그런 식으로 말하지 마!"

앤디가 되받아쳤다. 옆에 있던 벤은 놀란 눈으로 앤디와 에반을 번갈아보며 물었다.

"그쪽에 무슨 문제라도 있어? 지금은 제대로 넘겨주고 있잖아. 뭐가 문제야?"

"벤, 좀 전에는 안 그랬어. 보라구, 내 그릇에는 성냥개비가 이렇게 쌓여 있잖아. 아까는 거의 없었는데……."

데이브도 힘없는 소리로 중얼거렸다. 데이브의 말대로 앞쪽에 있던 세 사람의 재고가 이제는 데이브 그릇에 고스란히 담겨 있었다. 처음 5회전 동안 두 번 연속 기록했던 행운의 숫자 6은 이제 불행의 씨앗으로 모습을 바꿔, 게임의 흐름을 제어하고 있었다. 높은 숫자는 낮은 숫자로 평균화되어 재고의 재고를 낳았다. 데이브도 어쩔 수 없는 상황이 벌어진 것이다.

"데이브, 불평할 시간이 없어. 빨리 내게 성냥개비를 넘겨줘! 그거 말고는 수가 없다고!"

에반이 다급한 소리로 데이브를 재촉했다. 에반의 간절한 바람과는 달리 데이브는 숫자 1을 얻었다.

"어휴, 데이브. 또 1이야?"

벤과 앤디는 데이브의 초조함을 두고 농담을 주고받았다.

"앤디, 오늘 저녁 메뉴가 뭔지 알아?"

"아마, 스파게티일 거야."

"에휴, 설거지 그릇이 산더미 같겠군!"

"벤, 이만하면 너랑 난 설거지 당번에서 금세 빠질 것 같지 않니?"

극도로 예민해진 에반은 벤과 앤디를 노려보며 대꾸했다.

"기다려봐! 이제 곧 데이브가 좋은 숫자를 굴릴 테니까! 아직은 우리에게도 기회가 있다고!"

하지만 상황은 조금도 나아지지 않았다.

"대장님, 지금은 우리 점수가 어떻죠?"

포기에 가까운 음성으로 에반이 물었다.

"유감스럽게도 이미 결정된 것 같다. 아마도 설거지 당번 명단에 너와 데이브가 오를 것 같은데."

"야호, 오늘 저녁엔 설거지 안 해도 되겠다!"

앤디는 에반의 불행은 거들떠보지도 않고 쾌재를 불렀다.

최종 10회전이 끝난 뒤, 점수표는 〈표3〉과 같았다.

나는 내 눈을 믿을 수가 없었다. 분명 이것은 완전히 균형 잡힌 시스템이었다. 그런데 현금 창출률은 감소했고, 재고는 증가했다. 성냥개비의 운반에 따른 운영비 역시 늘었다. 이 같은 상황이 공장에서도 재현된다면 어떻게 될 것인가? 대체 얼마나 많은 물량을 출하할 수 있을까? 우리는 총 서른다섯 개 주문의 납품을 목표로 작업을 진행했다. 그러나 우리의 실제 현금 창출률은 고작 열 개에 불과했다. 목표량의 3분의 1에도 미치지 못하는 수준이다. 어떤 작업 공정에서도 최대의 잠재력을 발휘하지 못한 것이다. 이것이 실제 상황으로 이어졌다면, 우리 공장은 주문량 중 절반, 아니 그 이상을 제때에 납품하지 못했을 것이다. 그 여파로 우리의 신용은 땅에 떨어져 고객을 잃게 될 것임이 자명했다. 너무도 익숙한 일이 아닌가?

"벤, 잘 들어! 난 여기서 그만둘 수 없어."

에반의 위협적인 말에 데이브도 가세했다.

"그래, 계속하자!"

"그럼, 새로운 상품이 필요하잖아. 뭘 걸 건데?"

의기양양한 앤디의 답변에 벤이 대꾸했다.

"오늘 저녁식사 당번 어때?"

"좋았어. 너부터 시작해."

항목	앤디	벤	척	데이브	에반
회전수 (Turn)	1 2 3 4 5 6 7 8 9 0	1 2 3 4 5 6 7 8 9 0	1 2 3 4 5 6 7 8 9 0	1 2 3 4 5 6 7 8 9 0	1 2 3 4 5 6 7 8 9 0
굴려 얻은 수 (Roll)	2 6 4 2 5 3 6 4 5 2	4 6 1 5 2 5 4 6 3 3	4 3 2 2 5 6 1 5 6 5	1 6 3 5 1 2 2 1 3 2	1 3 6 4 1 4 5 3 4 2
옮긴 개수 (Moved)	2 6 4 2 5 3 6 4 5 2	2 6 1 5 2 5 4 6 3 3	2 4 2 2 5 6 1 5 6 5	1 4 2 2 1 2 2 1 3 2	1 3 3 2 1 2 2 1 3 2
재고 (Inventory)		0 0 3 0 3 1 3 1 3 2	0 3 2 5 2 1 4 5 1 0	1 0 0 0 4 8 7 # # #	0 1 0 0 0 0 0 0 0 0

편차 +/- (Change)

편차	앤디	벤	척	데이브	에반
+5.5	•				
+5					
+4.5		•			
+4	• •	•			
+3.5	•		•		
+3					
+2.5					
+2		•		•	
+1.5	• •	•			
+1	• •	•			
+0.5				•	
0	•	•			
-0.5		•			
-1			•		
-1.5	•	• •	•		
-2			• •	•	
-2.5				•	•
-3					•
-3.5			• • •	•	•
-4					•
-4.5					
-5			•	•	
-5.5					•
-6					
-6.5					
-7					
-7.5				•	
-8					•
-8.5					
-9				•	
-9.5					•
-10					
-10.5				•	
-11					
-11.5					•
-12					
-12.5					
-13				•	
-13.5				•	•
-14					•
-14.5				•	
-15					
-15.5					•

〈표3〉

아이들 모두 의기투합해 새 게임판을 만들어 게임에 열중했다. 스무 번이 넘어가자 데이브와 에반의 점수를 기록할 점수판 아래쪽 공간이 남아 있지 않았다. 나는 대체 어떤 기대를 품고 있었던 것일까? 처음 작성한 점수표의 편차는 +6점에서 -6점까지 퍼져 있었다. 규칙적으로 오르내리는 사인 곡선을 기대했던 것은 아닐까? 하지만 내 기대는 무참히 깨져버렸다. 점수표는 끝닿을 데 없는 그랜드캐니언처럼 하향 곡선만 그리고 있었다. 재고는 완만한 곡선 대신 거대한 허리케인처럼 무차별 곡선을 그렸다. 데이브의 그릇을 지난 성냥개비는 에반의 그릇을 거쳐 테이블에 닿는 순간, 또 다른 파고에 휩싸여 누적분을 가중시켰다. 시스템은 완전히 균형을 잃고 걷잡을 수 없는 지연의 늪 속으로 빠져 들어갈 뿐이었다.

"더 할래?"

앤디가 에반에게 물었다.

"그래. 하지만 이번에는 자리를 바꿔 앉아야 해!"

"안 돼!"

앤디가 단호하게 잘라 말했다. 중간에 자리 잡은 척은 고개를 절레절레 흔들며 패배를 인정했다. 어쨌든 아이들에게 주어진 시간은 끝났다. 이제 다시 하이킹을 시작할 시간이 된 것이다.

"아무리 해봐도, 이건 결과가 뻔한 게임이야!"

잔뜩 성난 목소리로 에반이 말했다.

'맞아, 그런 게임이었어.'

나는 속으로 내 가설이 실패했음을 인정했다.

＊〈표3〉 부가 설명

　# 8회, 9회, 10회에서 데이브의 재고는 두 자릿수로, 각각 11개, 14개, 17개까지 늘어난다.

15

행동의 씨앗을 뿌리면 습관의 열매가 열리고,
습관의 씨앗을 뿌리면 성격의 열매가 열린다.
그리고 성격의 씨앗을 뿌리면 운명의 열매가 맺힌다.
— 나폴레옹

＃오후 1시 30분

태양은 어느새 머리 위를 지나 산비탈 쪽으로 기울어지고 있었다. 나는 잠시 고개를 들어 대열을 응시했다. 변함없이 간격은 계속 벌어지고 있었다.

'내가 이 간단한 하이킹에서도 문제를 해결할 수 없다면, 우리 공장의 문제는 어떻게 해결하겠어? 좀 전에 아이들과 함께한 '성냥개비 옮기기' 게임에는 어떤 문제가 있었던 것일까? 왜 균형 잡힌 모델은 순기능을 발휘하지 못한 걸까?'

한 시간가량을 고민해봤지만 뾰족한 답이 떠오르지 않았다. 그사이 대열은 흐름을 잃고 우왕좌왕하고 있었다. 대열을 재정비하면서 언뜻 이번 게임에서 내가 놓치고 있던 사실 하나를 깨달았다. 예비 능력이 없었던 것이다. 유감스럽게도 균형 잡힌 모델 뒤쪽에 있던 아이들은 재고 누적분을 처리할 만한 여분의 생산능력이 없었다. 그래서 데이브와 에반은 그것을 고스란히 마이너스 편차로 감수해야 했고, 그럴수록 깊은 수렁에 빠져들었던 것이다.

문득 먼 옛날 학창 시절 통계학에서 배웠던 공분산(共分散) 개념이 아스라이 손에 잡혔다. 간단히 설명하자면, 공분산이란 하나의 변수가 동일한 집합 내에서 다른 변수들에게 미치는 영향이다. 어쩌면 균형 잡힌 모델 게임에서 벌어진 상황도 이 같은 원리로 풀이할 수 있지 않을까? 산행의 경우, 우리가 얼마나 뒤처져 있는가를 깨닫게 되면 모든 대원들에게 서두르라는 명령을 내리거나, 선두에 선 론에게 정지 지시를 내리면, 대열을 정비할 수 있다. 우리 공장에서도 이러한 일이 빚어지고 있다. 가령 어느 부서의 생산능력이 평균 처리 능력에 미치지 못할 때, 즉 재고가 쌓이기 시작할 때, 인원을 재배치해 잔업을 시키거나 관리자들이 직원들을 들들 볶아대면 그제야 제품이 출하되고 재고는 천천히 줄어들기 시작한다.

'그래, 바로 이거다. 우리는 늘 무언가를 따라잡기 위해 달리고 있다. 결코 멈추는 법 없이 항상 달리고 있고, 심지어 유휴(遊休) 노동력이라는 것은 아예 금기시된다. 그럼에도 왜 우리 공장은 폐쇄 직전의 위기에 처해 있지? 혹 너무 많이 달려왔던 것은 아닐까?'

문득 우리가 언제나 달리기만 했다는 생각이 들었다. 너무 열심히 달리고 있었기 때문에 숨이 막힐 지경이었던 것이다. 나는 다시 대열의 선두 부분을 바라보았다. 대원들 사이의 간격은 여전히 벌어지고 있었고, 그 속도는 이전에 비해 월등히 빨라지고 있었다.

'왜 또 다른 문제가 발생하는가?'

자책감이 들었다. 내가 대체 왜 이 난감한 처지에 놓여야 하는지 원망스럽기까지 했다. 나를 제외하고는 어느 누구도 앞사람과의 간격을 줄이려 하지 않았다. 나는 내 앞을 가로막고 있는 허비를 바라보았다.

'허비? 대체 이 아이가 언제 맨 뒤로 빠졌지?'

나는 잠시 옆으로 빠져나와 전 대원들의 상황을 좀더 면밀히 살펴보았다. 현재 선두 자리에는 다른 녀석이 서 있는 것 같았다. 론은 세번째 위치에 있었고, 데이브가 그 앞자리를 차지하고 있었다. 찬찬히 관찰해보니 순서도 제각각이었다. 선두 녀석은 아예 보이지도 않았다.

'너무 멀어서 보이지도 않네. 왜 제멋대로 순서를 바꾼 거지?'

정확히 누군지는 알 수 없었지만, 아이들은 순서를 뒤바꿔서 행군하고 있었다. 나는 허비가 왜 맨 뒤에 오게 되었는지부터 알아보기로 했다.

"허비, 네 위치가 아닌 것 같은데? 왜 맨 뒤로 왔어?"

허비는 잔뜩 긴장한 목소리로 대꾸했다.

"아, 그건요……. 전 그냥 대장님과 가까이 있고 싶었을 뿐이에요. 이러는 게 다른 애들한테 방해도 안 될 것 같고요."

허비는 내 눈치를 살피며, 뒷걸음질을 쳤다.

"그랬구나……. 허비, 생각이 깊은 아이구나. 앗, 조심해!"

그 순간 허비의 발이 나무뿌리에 걸렸다. 허비는 중심을 잃고 그 자리에 고꾸라지고 말았다. 나는 재빨리 아이를 일으켜세웠다.

"허비, 괜찮니?"

"네. 죄송해요. 대장님, 제가 방해만 되죠?"

"아냐, 허비. 기운을 내. 그리고 난 생각할 게 좀 있거든? 잠시 나 혼자 걷고 싶은데, 괜찮겠니?"

우리가 몸을 추스르는 사이, 대열은 저만치 앞서가고 있었다. 우리는 서로 다른 생각에 잠긴 채 발걸음을 재촉했다. 얼마를 갔을까? 문득 허비의 행동 속에 해답이 있을 것 같다는 생각이 들었다. 허비가 점심시간 전처럼 열심히 행군하지 않으면, 대원의 절반 이상은 낙오할 확률이 높았다. 허비는 생각이 깊고 온순한 아이였지만 다른 아이들보다 느린 것은 사실이다. 허비가 아무런 부담 없이 자신에게 맞는 최적의 속도로 행군한다면 나처럼 허비의 뒤를 따르는 사람들보다 느려지는 것은 당연한 이치다. 그때 허비는 나를 제외한 그 누구의 행진도 방해하지 않는 상태였다. 우연의 일치일지는 몰라도 아이들은 저마다 다른 사람들을 방해하지 않는 순서로 대열을 정비한 것인지도 모르겠다. 가장 빠른 대원이 선두를 잡고, 다시 그 뒤를 그보다 덜 빠른 사람이 바통을 이어받는 순으로 구성되어 있었다. 지금의 대열은 이들이 느끼기에 최적의 상태일 것이다. 앞사람과 뒷사람이 모두 만족할 수 있는 수준 말이다.

'이게 우리 공장의 현실이란 말인가? 끊임없이 밀려드는 작업량 속에서 단 1초의 여유도 없이 재고를 쌓아가는 게?'

현재 상황을 다시 한번 점검해보자. 대열의 길이는 전보다 빠른 속도로 길어지고 있고, 선두 그룹 쪽으로 갈수록 대원들 간의 간격은 그 속도에 비례해 계속 벌어지고 있다.

'이건 또 뭔가?'

물론 이 상황을 이렇게 해석할 수도 있을 것이다. 허비는 최적의 속도로 행군하고 있지만, 아이의 속도는 내 잠재적 속도보다 훨씬 느리다. 하지만 허비의 속도와 내 속도는 종속 관계에 있기 때문에 허비가 걷고 있는 속도가 내 최고 속도가 된다. 내 속도가 바로 현금 창출률이다. 따라서 실질적으로는 허비가 최대 현금 창출률을 결정하고 있는 셈이다. 그 순간 머릿속이 '뻥' 뚫리는 느낌이 들었다. 그랬다. 우리 대원 중 누가 얼마나 더 빨리 갈 수 있는가는 중요한 문제가 아니었다. 선두에 선 대원이 평균 속도보다 빠른 시간당 3마일의 속력을 내고 있다 해도 그 한 사람으로 인해 전체 대열의 속도가 빨라지거나 현금 창출률이 오를 순 없다. 나머지 대원들은 자기 바로 뒤에 오는 대원보다 조금 빠른 속도로 걷고 있을 뿐이다. 결국 어느 한 사람의 힘만으로는 대열의 속도를 결정할 수 없는 거다. 허비는 지금 자신의 속도대로 천천히 행군하고 있다. 바로 이 아이가 현재 우리의 현금 창출률을 결정짓는 장본인이다.

요컨대 우리 대열에서 가장 느린 속도를 유지하는 대원이 현금 창출률을 규정하는 셈이다. 그러나 그 장본인이 허비라고는 단언할 수도 없다. 분명 점심시간 이전에는 허비도 속도가 빨랐다. 더욱 모호한 것은 실제로 가장 속도가 느렸던 사람이 누구인지 분명치 않다는 점이다. 따라서 허비가 현재 맡고 있는 역할, 즉 현금 창출률의 결정이라는 역할은 대열 중 특정 인물로 한정되지 않는다. 그것은 일정 기간 동안 누가 느린 속도를 냈는지에 달려 있다. 그러나 눈앞의 현실은 허비를 지목하고 있었다. 지금 현재 시점에서 우리 대열의 속도를 결정하는 인물은 바로 허비였다.

"대장님, 여기 좀 보세요."

허비는 무슨 대단한 보물이라도 발견한 것처럼 호들갑을 떨며 나를 상념에서 끌어냈다. 허비가 가리킨 것은 낡고 추레한 콘크리트 표지판이었다. 나는 무심히 그것을 들여다보았다.

한심하다 못해 혀를 찰 만큼 어이없는 표지판이었다. 아무렇게나 갈겨쓴 이 망할 놈의 표지판이 의미하는 것은 무엇인가? 아마도 전후 양쪽으로 앞으로 5마일을 더 가야 한다는 뜻일 것이다. 그렇다면 우린 지금 정확히 하이킹 코스의 중간 지점에 와 있다는 얘기다.

'몇 시쯤 되었을까?'

나는 시계를 들여다보았다. 벌써 오후 2시 30분이었다. 맨 처음 예상대로라면 우리는 지금쯤 '악마의 협곡'에 들어서서, 휴식을 취하고 있을 시간이다. 다섯 시간의 행군 끝에 우리는 시간당 1마일의 속도로 고작 5마일을 왔다.

'그렇다면 앞으로 다섯 시간을 더 가야 한다는 얘긴데……'

시간이 별로 없었다. 목적지에 도착하기도 전에 어둠이 밀려들 것이다. 그런데 허비는 지금 여기 내 앞에 서서 전체 대열의 현금 창출률을 떨어뜨리고 있다.

"어서 서두르자, 시간이 별로 없어!"

"네, 대장님!"

허비는 내 말이 끝나기가 무섭게 달리기 시작했다. 나는 허비의 뒷모습을 바라보면서 나 자신을 향해 말했다.

'알렉스 로고, 넌 패배자야! 보이스카우트 대열 하나도 통솔하지 못하고 있어! 넌 지금 이 숲 속에서 가장 느림보인 허비 뒤에 바짝 붙어 있어. 앞에 있는 아이들이 실제로 시간당 3마일의 속도로 걷고 있다면, 한 시간 뒤에는 아마 2마일의 간격이 벌어질 거야. 그 아이들을 따라잡으려면 2마일이나 뛰어가야 한다는 소리지. 네가 정말 그 일을 해낼 거라고 생각하는 거야?'

이런 상황이 우리 공장에서 벌어졌다면 빌 피치 본부장은 내게 3개월의 여유조차 주지 않았을 것이다. 나는 아마도 지금쯤 길거리를 방황하는 실업자 신세가 되어 있을 것이다. 다섯 시간 안에 10마일을 가는 것이 시장 수요인데, 우리는 겨우 그 반밖에 해내지 못한 것이다. 재고는 엄청나게 쌓여 있을 것이고, 그 재고를 유지하는 비용도 기하급수적으로 불어나 있을 것이다.

'결국 난 공장을 말아먹고 있었군. 제길!'

그러나 지금 나는 허비를 채찍질할 만한 아무런 무기도 없다. 고작해야 허비를 다른 대원 사이에 옮겨놓는 정도밖에는 할 수 없을지도 모른다. 그렇다고 해서 허비를 갑자기 칼 루이스처럼 만들 수도 없는 노릇 아닌가? 도무지 이 난관을 헤쳐나갈 묘안을 찾을 수가 없었다.

'아니, 변화시킬 수 있을지도 몰라. 이대로 포기할 순 없지!'

나는 즉시 선두 그룹과의 교신을 시도했다.

"잘 들어! 내가 하는 말을 선두 대원에게 전달하라! 복창한다! 즉시 정지!"

대원들은 내 명령을 복창하며, 선두 그룹을 향해 지시 사항을 전달했다.

"우리가 따라잡을 때까지 다른 대원들도 그 자리에 정지하도록. 대열에서 이탈하지 말고 그대로 있어!"

15분쯤 지나자 대열이 한눈에 들어왔다. 나는 그제야 선두를 차지한 대원이 앤디였다는 사실을 알 수 있었다.

"좋아. 모두들 손을 잡는다!"

대원들은 어리둥절한 표정으로 서로의 얼굴을 쳐다보았다.

"어서 손을 잡아! 절대 그 손을 놓아서는 안 된다! 알아듣겠나?"

나는 허비의 손목을 낚아채 새로운 체인을 만들었다. 이제 선두는 허비의 몫으로 돌아갔고, 가장 느린 순서대로 대열이 재편되었다.

"자, 모두들 잘 들어라! '악마의 협곡'에 도착할 때까지 이 순서를 그대로 유지해야 한다. 어느 누구도 자기 앞사람을 추월해서는 안 된다. 그리고 모든 대원은 자기 앞사람을 따라가도록 노력해야 한다. 이제부터 우리 대열의 선두는 허비가 맡는다. 이의 없겠지?"

허비는 거의 울먹이다시피 하며 나를 올려다보았다.

"제가요? 제가 해낼 수 있을까요?"

다른 대원들도 허비와 같은 반응을 보였다. 여기저기서 불만의 목소리가 터져나왔다.

"지금 허비가 선두라고 하셨어요?"

"말도 안 돼요. 허비는 우리 중에서 가장 느림보라고요!"

"자자, 조용히! 이 산행의 목적은 누가 '악마의 협곡'에 가장 먼저 도착하는가를 보려는 게 아니야. 여기 모인 우리 모두가 '악마의 협곡'에 도착하는 것이 하이킹의 목표라는 점을 잊지 말도록! 우리는 하나의 팀이지, 달리기 선수들이 아니라는 점을 명심해라. 우리 모두가 캠프에 도착하지 못한다면 이 하이킹은 아무 의미가 없어. 우리 모두가 한 팀을 이루어서 목적지로 가는 임무를 수행해야 한다. 다들 알아들었어?"

불만의 소리가 거셌지만, 어쨌든 우리는 출발했고 얼마간은 정말 만족할 만큼 순조롭게 진행되었다. 모든 대원들이 허비의 뒤를 따라 '악마의 협곡'으로 향했다. 나는 다시 후미로 가서 대열의 상황을 점검했다. 간격이 얼마나 벌어지는가를 관찰해보니, 예상대로 간격은 벌어지지 않았다. 대열 중간에 있던 한 아이가 신발 끈을 고쳐 매느라 잠시 쉬기는 했지만, 금세 대열을 따라잡을 수 있었다. 또 신기하게도 숨을 헐떡이는 대원도 없었다. 참으로 놀라운 변화였다. 그러나 얼마 지나지 않아 불만의 목소리가 들리기 시작했다.

"야! 이 느림보 곰탱아! 난 뒤에서 잠이나 자야겠다. 좀 빨리 걸을 수 없어?"

"허비는 지금 최선을 다하고 있잖아. 그러니까 제발 그냥 좀 놔둬."

뒤에 서 있던 대원 하나가 허비를 두둔했다.

"저, 대장님. 좀 빨리 걷는 사람을 선두에 세우면 안 될까요?"

선두를 장악하고 있던 앤디가 나에게 물었다.

"앤디, 대원들이 빨리 가기를 원한다면 허비가 좀더 빨리 갈 수 있는 방법을 생각해내야 할 거다."

그때 대열 뒤편에 있던 한 아이가 허비에게 말을 건넸다.

"허비, 네 배낭 속에 뭐가 들어 있어?"

"그게 너랑 무슨 상관인데?"

그간 아이들의 눈총에 시달리던 허비가 날카로운 반응을 보였다. 아이들에게 휴식이 필요한 것 같았다.

"좋아. 잠깐 휴식!"

나는 잠깐의 틈을 이용해 허비의 배낭을 점검해보기로 했다. 허비는 순순히 배낭을 건넸다. 묵직한 느낌이 들었다.

"허비! 무게가 1톤은 되겠다. 대체 이 안에 뭐가 들어 있는 거니?"

"별거 없는데……."

나는 배낭을 열어 그 안에 들어 있는 것들을 하나씩 꺼냈다. 먼저 여섯 개들이 소다 캔 묶음이 나왔다. 다음으로 스파게티 깡통 몇 개와 스틱캔디 상자 하나, 피클 한 병, 참치통조림 두 개가 나왔다. 그리고 레인코트와 고무장화, 텐트 장비가 나왔고, 그 밑에서 철제 프라이팬 하나가 나왔다. 배낭 앞주머니에는 야전삽이 삐죽이 고개를 내밀고 있었다.

"허비, 이게 다 필요할 거라고 생각했니?"

허비는 무안해하며 어눌하게 대꾸했다.

"저, 대장님도 잘 아시겠지만, 하이킹을 하려면 철저히 준비를 해야 하잖아요. 그래서……."

"안 되겠다. 짐을 나누자."

"제가 가지고 갈 수 있어요!"

허비는 부득부득 자기가 가지고 가겠다고 우겼다.

"허비, 네가 짐을 많이 가지고 온 것을 탓하려는 게 아니야. 지금까지 이 무거운 짐을 들고 네가 얼마나 힘들었는지 생각해봐. 넌 지금 선두를 맡고 있어. 우리가 캠프에 빨리 도착하려면 무엇보다 네 짐이 가벼워야 해. 그래야 빨리 걸을 수 있지. 내 말이 틀렸니?"

그제야 허비는 내 명령에 따랐다. 철제 프라이팬은 앤디에게, 다른 두세 가지 잡다한 물건들은 다른 대원들의 손으로 넘어갔다. 나는 나머지 짐을 챙겨 내 배낭에 욱여넣었다. 허비가 선두 자리로 돌아가자 대열이 다시 움직이기 시작했다. 그런데 이번에는 허비가 놀라운 변화를 보여주었다. 좀 전과는 달리, 허비는 꽤 빠른 속도를 유지하면서 대원들을 이끌었다. 등에 매달려 있던 족쇄가 없어지자 허비도 힘이 나는 것 같았다. 행군 속도가 두 배는 빨라진 것 같았다. 간격도 벌어지지 않았다. 재고는 떨어지고 현금 창출률은 늘어난 셈이다. '악마의 협곡'은 늦은 오후의 햇살 속에 사랑스러운 모습을 드러냈다. 협곡 아래로 램페이지 강이 물보라를 일으키며 둥근 바윗덩어리를 감싸 흐르고 있었고, 황금빛 햇살은 나뭇잎 사이로 엷은 무지개를 뿜어내고 있었다. 간간이 들려오는 새소리 사이로 고속도로를 질주하는 자동차 소리가 들렸다.

"우와! 얘들아, 저것 좀 봐. 저쪽에 쇼핑센터가 있어."

어느 틈에 올라갔는지 앤디가 바위 위에 서서 큰 소리로 외쳤다.

"버거킹도 있어?"

허비가 물었다.

"쳇, 그럼 우리가 대체 여긴 왜 온 거야? 자연은 보호해야 하는 거라고 배웠잖아!"

데이브가 볼멘소리로 말했다.

"자자, 해가 지기 전에 캠프를 설치하자! 어서들 장비를 꾸려!"

시계는 정확히 5시를 가리키고 있었다. 허비의 짐을 덜어주고 난 뒤, 우리는 두 시간 동안 4마일을 온 셈이다. 내 예상대로 허비는 전체 대열을 통제하는 존재였다. 텐트를 치고, 데이브와 에반이 저녁식사로 스파게티를 준비했다. 이 녀석들이 그런 일을 하는 게 내가 세운 게임 규칙 때문이었다는 게 왠지 안쓰러웠다. 나는 식사를 마치고 슬며시 일어나 설거지를 도왔다. 그날 밤, 나는 데이브와 같은 텐트에서 묵기로 했다. 자리에 눕자, 만 하루 동안의 긴장감이 동시에 밀려드는 것 같았다. 옆에서 이리저리 뒤척이던 데이브가 잠시 머뭇거리다 말을 건넸다.

"오늘, 아빠가 정말 자랑스러웠어."

"그랬니? 뭐가 그렇게 자랑스러웠는데?"

"아빠가 상황을 잘 파악하셨잖아요. 우리 모두를 한데 뭉치게 해주셨고 허비를 선두로 내세운 것도요. 아빠가 없었더라면 우리는 지금까지 산속을 헤매고 있었을 거예요. 다른 부모님들은 어떤 책임도 떠맡지 않았는데, 아빠는 책임을 완수하셨어요."

"고마워. 아빠도 오늘 많은 걸 배웠어."

"아빠도?"

"그래. 오늘 하이킹에서 얻은 생각들은 아빠 공장을 회복시키는 데 많은 도움이 될 거야."

"정말? 어떻게?"

"듣고 싶니?"

"그럼요."

우리는 피곤함도 잊은 채, 오늘 있었던 일에 대해 이야기했다. 데이브는 내 말에 귀를 기울이며 간간이 질문을 던지기도 했다. 참으로 오랜만에 나누는 정겨운 대화였다. 이야기가 끝나갈 무렵, 텐트 사이로 아이들의 코고는 소리와 이름 모를 풀벌레들이 우는 소리가 들렸다. 망할 놈의 고속도로에서 나는 굉음만 빼면 모든 것이 완벽한 밤이었다.

16

가정생활의 안전과 향상은 문명의 중요 목적이며,
모든 산업의 궁극적인 목표이다.
— 찰스 엘리엇

오후 4시 30분

오후의 태양이 빛을 잃어갈 무렵 휴일의 절반이 사라지고 있었다. 데이브와 나는 이틀간의 하이킹으로 고단한 몸을 추스르기 위해 곧장 집으로 향했다. 몸은 피곤했지만 오랜만에 아들 녀석과 긴 이야기를 나눌 수 있었던 지난밤이 내게는 너무도 소중한 추억이 되었다. 데이브도 나와 같은 생각을 할까? 녀석은 옆자리에 곤히 잠들어 있었다. 집 앞에 도착했을 때, 나는 데이브를 흔들어 깨웠다.

"데이브, 일어나야지? 차고 문 좀 열어줄래?"

"음, 벌써 도착했어? 아함…….."

데이브는 아직 잠에 취한 얼굴로 한껏 기지개를 켜고는 차 트렁크에서 배낭을 꺼내 짊어진 다음 차고로 향했다.

"아빠! 엄마가 없나 봐! 엄마 차가 없어!"

무슨 일인지 궁금했지만, 그때만 해도 나는 대수롭지 않게 생각했다.

"쇼핑 가셨나 보지, 뭐. 일단 안으로 들어가자."

나는 집 안으로 들어가자마자 욕조에 더운물부터 받았다. 데이브는 캠핑 꾸러미들을 정리하느라 부산했지만, 나는 빨리 피곤한 몸을 욕조 안에 넣고 싶었다.

'줄리가 돌아오면 우리의 성공적인 하이킹을 기념하는 외식을 하자고 해야지!'

더운물을 받는 동안 생각했다. 그러나 침실로 들어가 옷장을 연 순간, 나는 나에게 불어닥친 불행을 확인할 수 있었다. 아내의 옷이 모두 사라져버린 것이다.

'이게 대체 무슨 일이야?'

도무지 이 상황을 어떻게 받아들여야 할지 갈피를 잡을 수 없었다. 내가 할 수 있는 일이라고는 멍하니 서서 반쯤 비어 있는 옷장을 멍하니 바라보는 것뿐이었다.

"아빠……."

등 뒤로 풀 죽은 데이브의 음성이 들렸다.

"엄마가 남긴 쪽지인가 봐. 식탁 위에 있었어."

데이브는 불안한 기색으로 내 안색을 살피며 편지를 건넸다. 나 역시 불안하기는 마찬가지였지만, 무엇보다 아들 녀석을 안심시키는 게 우선이었다.

"데이브, 별일 아니야. 불안해하지 마. 엄마가 뭔가 중요한 일이 있는 것 같은데, 아빠가 일단 읽어볼 테니까 너 잠깐만 나가 있을래?"

데이브가 나가자마자 나는 편지를 꺼내 들었다. 편지를 든 손이 떨리기 시작했다.

'분명 내가 예상하지 못했던 아니, 어쩌면 이미 예감하고 있었던 불행이 들이닥친 게 아닐까?'

봉투 속에는 아무렇게나 갈겨쓴 아내의 글이 들어 있었다.

알렉스

내가 언제나 맨 뒷전으로 밀려나야 한다는 사실을 더 이상 참을 수가 없어. 내가 자기한테 그렇게 무리한 걸 요구한 거야? 바보같이 난 또 자기의 약속을 믿었어. 그리고 다시 한번, 자기의 뜻을 확인한 것 같아. 아무래도 우리한테는 시간이 필요하다는 생각이 들어. 서로를 위해 아니, 더 큰 아픔이 따르기 전에 생각을 좀 해봐야겠어. 잠시 집을 떠나 있는다고 해서 날 원망하진 마. 자기가 떠나 있던 시간보다 길지는 않을 테니까. 나 역시 자기가 얼마나 바쁜지는 잘 알고 있어.

당신의 법적인 아내 줄리

추신: 샤론은 어머니 집에 맡겼어.

생각하고 말고 할 겨를이 없었다. 우선 샤론부터 데려와야 한다는 생각에 나는 편지를 주머니 속에 구겨넣고 데이브를 불렀다.

"데이브, 아빠는 지금 샤론을 데리러 할머니 댁에 가야 해. 그러니까 집 잘 보고 있어야 돼. 오래 걸리진 않을 거야. 그리고 자세한 이야기는 샤론이 오면 다 말해줄게. 부탁해. 아, 혹시 엄마한테 전화 오면 연락 가능한 전화번호 꼭 메모해놔야 돼. 알겠지?"

"네."

데이브는 걱정이 가득한 시선으로 나를 배웅했다. 아이의 눈빛이 마음에 걸렸지만, 어쩔 도리가 없었다. 나는 단숨에 차를 몰아 어머니에게로 향했다. 내가 벨을 누르기도 전에 어머니가 달려 나오셨다. 어머니는 현관 앞에서 아내에 관한 이야기를 퍼붓기 시작했다.

"알렉스, 대체 어떻게 된 거니? 니들 사이에 무슨 문제라도 생긴 거니? 글쎄, 줄리가 어제 점심나절에 여길 다녀갔어. 샤론은 옷가방 하나 달랑 들고 현관 앞에 서 있고 말이야. 저쪽 모퉁이에 차를 세워두고는 차에서 내리지도 않고, 나를 보자마자 쌩하니 가버리더구나! 이게 대체 무슨 일이냐?"

현관 문틈 사이로 샤론의 모습이 보였다. 딸아이는 TV 화면에 정신이 팔려 있었다. 내가 딸아이의 이름을 부르자, 아이는 정신없이 내 품으로 파고들었다.

"도대체 줄리가 정신이 있는 게냐, 없는 게냐? 혹시 친정에 급한 일이라도 생긴 거니? 샤론은 '엄마' 소리만 나와도 울먹이고……."

"나중에 말씀드릴게요."

"알렉스, 이 엄마가 알면 안 되는 일이니?"

"나중에요, 어머니."

내 품에 안겨 있던 샤론의 자그마한 몸이 바르르 떨렸다. 아이의 얼굴은 눈물범벅이 되어 있었고, 얼어붙은 마음만큼 몸도 차가웠다. 나는 샤론부터 달래주기로 했다.

"그래, 할머니하고 재미있게 놀았니?"

샤론은 아무 말없이 고개만 끄덕였다.

"이제 그만 집에 돌아가자."

샤론은 말간 눈동자를 들어 내 얼굴을 바라봤다.

"집에 가기 싫어?"

"……."

샤론은 아무런 대꾸 없이 내 품 안으로 파고들었다.

"우리 딸은 여기에 그냥 있고 싶구나. 할머니랑 여기 있을까?"

어머니가 미소를 지으며 샤론을 받아 안으려 하자 샤론은 금세 울음을 터뜨렸다. 어쨌거나 샤론은 나를 선택했다. 이제부터 아이들에게 어떻게 설명을 해줘야 할지 난감했다. 나 자신도 이해할 수 없는 아내의 행동을 어린것들이 어떻게 이해해줄지 알 수가 없었다. 어머니는 대답을 듣고 싶어 하는 눈치였지만, 지금으로선 할 이야기가 없었다. 나는 샤론을 데리고 차에 올랐다. 두세 블록을 지난 뒤에도 샤론은 옆자리에 앉아 묵묵히 제 신발코만 내려다보고 있었다. 눈물로 얼룩진 발그레한 뺨에서는 어른들의 그것만큼 깊은 슬픔이 묻어나왔다. 나는 정지 신호등 앞에서 아이를 당겨 안았다. 그제야 샤론은 조심스레 말문을 열었다.

"아빠, 엄마 나한테 화났어?"

"너한테 화가 났냐고? 아냐, 엄만 너한테 화가 난 게 절대 아니야."

"아니야. 엄마 엄청 화났어. 어제도 하루 종일 나한테 한마디도 안 했어."

"아니야. 엄마는 너 때문에 화난 게 아냐. 잘못한 것도 없는데 왜 엄마가 너한테 화를 내겠니?"

"근데 왜 날 할머니 댁에 두고 가버려?"

"그건 말이야. 음, 이렇게 하자. 집에 돌아가서 오빠랑 같이 있을 때 아빠가 다 설명해줄게."

두 아이를 한데 앉혀놓고 상황을 설명해주기로 한 것은 애들 때문이라기보다는 나 자신을 위한 것이었다. 나 역시 아직까지 이 위기를 극복할 대안을 찾지 못하고 있었지만, 아이들과 이야기를 나누면서 그 해답을 찾을 수도 있지 않을까 하는 생각이 들었다. 나는 최대한 침착하게 아이들에게 차근차근 이야기해주었다.

"엄마가 조용히 생각할 일이 좀 있으시대. 어른들한테는 복잡한 일이 많거든. 그래서 며칠 어딜 좀 다녀오시기로 한 모양이야. 그 일이 해결될 때까지 우리가 조금만 참고 엄마를 기다리기로 하자. 물론 너희들 때문이 아닌 건 잘 알지? 너희가 잘못한 일은 없어. 엄만 너희들을 무척이나 사랑해서. 그것만 믿고 얌전히 제 할 일을 하면서 우리 모두 엄마의 결정을 기다려보자. 모든 게 잘될 거야. 아빠도 너희들을 믿어. 언제나 너희들을 사랑한다는 거 잊지 말고. 알겠지?"

데이브와 샤론은 내 이야기를 듣는 동안 줄곧 조그만 바위처럼 꼼짝 않고 있었다. 어쩌면 그 애들은 내 설명을 머릿속으로 되새겨보고 있는 중인지도 모른다. 아이들이 측은하다는 생각이 들었지만, 현재로서는 이 방법이 최선이다.

'아내는 곧 돌아올 거야. 아내의 마음을 뒤흔들고 있는 몇 가지 문제만 해결된다면, 아내도 나도 곧 평온을 되찾게 될 거야.'

나는 마음속으로 나 자신을 다잡았다. 그러나 가슴 한편에는 여전히 불안한 마음이 맴돌고 있었다. 나는 아이들을 데리고 기분 전환 겸 저녁 외출에 나섰다. 문득 아내의 빈자리가 느껴졌다. 평소 같았으면, 모두들 즐겁게 거리 이곳저곳을 쏘다니며 간만의 외출을 즐겼을 것이다.

그러나 지금 내 앞에 있는 두 녀석은 저녁거리로 산 피자만 기계적으로 입에 욱여넣고 있었다. 아이들도 엄마의 빈자리를 의식하는 것 같았다. 집에 돌아오니 시계는 저녁 8시 언저리를 가리키고 있었다. 아이들은 제각기 숙제를 해야겠다며 방으로 가버렸다. 나는 거실에 홀로 나와 전화기 앞을 서성거렸다.

'어디서부터 수소문을 해야 할까?'

전화번호부 속의 이름들을 살펴보았지만, 딱히 누구에게 연락을 해야 할지 막막했다. 적어도 이곳 베어링턴에는 아내와 마음을 터놓을 만한 친구가 없다는 점만은 확실했다. 그렇다고 이웃에 알아볼 수도 없었다. 남 말 하기 좋아하는 이들이 우리 부부 사이의 문제를 가지고 이러쿵저러쿵 입방아를 찧어댈 것이 분명하기 때문이었다.

'어쩌지?'

그때 아내의 대학 동창인 제인이 떠올랐다. 현재로선 그녀가 아내의 소재를 알고 있을 확률이 높았다. 지난번 출장 때에도 아내는 그녀와 함께 있었으니까. 나는 즉시 제인에게 전화를 걸었지만, 아무도 전화를 받지 않았다. 애가 타서 입안이 바싹 말랐다. 아내의 소재를 파악할 길이 도통 없었다. 이제 남은 것은 처갓집뿐이었다. 나는 비장한 각오를 하고 처갓집으로 전화를 걸었다.

"여보세요."

수화기 너머로 무미건조한 장인의 목소리가 흘러나왔다.

"안녕하세요, 아버님. 저 알렉스입니다."

"자네가 웬일인가?"

몇 마디 안부 인사가 오갔지만 장인은 특별한 반응을 보이지 않았다. 아내가 집을 나간 사실을 모르는 게 틀림없었다. 굳이 아내의 가출을 알릴 필요가 없다는 생각에 전화를 끊으려는데, 장인이 아내의 안부를 물었다.

"그래, 줄리는 어떻게 지내나? 좀 바꿔주게."

"저, 실은 그 문제로 전화드렸는데요…….."

"왜? 무슨 일 있나?"

"사소한 오해가 있는 것 같습니다. 어제 제가 데이브와 캠핑을 떠난 사이에 줄리가 집을 나갔습니다. 혹시 줄리가 무슨 연락이라도 하지 않았을까 해서 전화드린 겁니다."

장인은 즉시 장모를 불러 전화를 바꿔주었다.

"그애가 집을 왜 나가?"

장모는 다짜고짜 나를 다그쳤다.

"저도 잘 모르겠습니다."

"우리 줄리가 그럴 애가 아닌데. 아무 이유 없이 집을 나갈 애가 아니라고."

"잠시 생각할 시간이 필요하다는 쪽지 한 장만 남기고 나갔습니다."

"자네, 대체 줄리한테 무슨 짓을 한 거야?"

장모의 언성이 높아졌다.

"전 아무 짓도 안 했습니다, 장모님."

나는 장모에게 옹색한 변명을 둘러댔지만, 가슴 한편에서는 거짓말을 하고 있다는 자책감이 일었다. 팽팽한 긴장감이 오가는 사이 다시 장인이 전화를 받았다.

"경찰에는 신고했나? 혹시 무슨 사고라도 당한 거 아니야?"

"아뇨……. 어제 줄리가 직접 샤론을 친할머니 댁에 맡겼습니다. 쪽지도 남겼구요. 그럴 가능성은 없습니다."

"……."

긴 침묵이 흘렀다. 장인도 할 말을 잃은 듯 아무런 대꾸도 하지 않았다.

"죄송합니다. 다 제 불찰입니다. 혹시 줄리한테 연락 오면 꼭 좀 전해주세요. 제게도 연락 좀 달라고요. 아버님, 어머님도 걱정되시겠지만, 저 역시 굉장히 불안하네요. 그럼 다시 연락드리겠습니다."

집 안이 텅 비어 있는 듯한 느낌이 들었다. 아내를 찾기 위해 아무것도 할 수 없는 나 자신이 싫었다. 불안한 마음에 거실을 서성여봐도 아무 소용이 없었다. 어쩌면 장인의 말처럼 아내의 신변에 무슨 일이 생겼을지도 모르는 일이었다. 나는 경찰에 전화를 걸었다. 그러나 경찰관은 냉담한 어조로 범죄 발생의 증거가 없으면 도움을 줄 수 없다고 잘라 말했다. 어느 틈에 나왔는지 데이브가 나를 불렀다.

"아빠! 괜찮으세요?"

데이브는 어른스럽게 나를 걱정해주고 있었다.

"그럼, 회사 일 때문에 생각할 게 좀 있어서. 벌써 10시가 넘었구나. 가서 자야지?"

나는 데이브를 올려 보내고도 한동안 거실을 떠나지 못했다. 혹시 걸려올지도 모를 아내의 전화를 기다렸다. 하지만 자정이 넘을 때까지도 전화기는 침묵을 지키고 있었다. 새벽 1시가 다 되어갈 무렵, 나는 아내의 전화를 포기하고 잠자리에 들었다. 막 잠이 들려는 찰나, 차고 쪽에서 자동차 소리가 들렸다. 나는 벌떡 일어나 창가로 달려갔다. 하지만 내 눈에 들어온 것은 멀어져가는 자동차 헤드라이트 불빛뿐이었다. 누군가가 차를 돌리고 있던 모양이었다. 차는 어둠 속으로 질주해갔다.

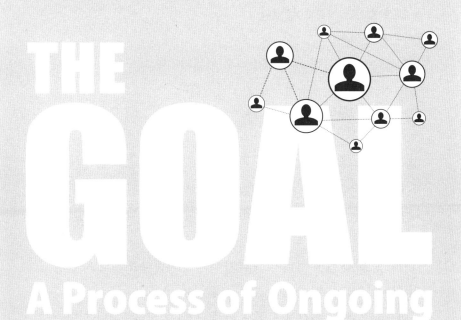

5막

병목 자원을 찾아 헤매다

"왜 수요와 공급이 최적화된
회사일수록 파산에 가까워질까?"

THE
GOAL
A Process of Ongoing
Improvement

17

우리는 각자의 마음속에, 그리고 이 세계 속에 있는
선(善)이 실현될 것이라고 믿어야만 한다.
믿음이야말로 선이 실현될 수 있는 최고의 조건이기 때문이다.
— 톨스토이

오전 6시 50분

악몽 같은 월요일 아침이 시작되었다. 데이브가 우리를 위해 아침 준
비를 하겠다고 나섰다. 내가 욕실 문을 막 나설 때 부엌 쪽에서 데이브
와 샤론이 다투는 소리가 들렸다. 부엌 문턱에 들어서니 두 아이는 씩
씩거리고 있었고, 바닥에는 프라이팬과 반쯤 익다 만 팬케이크 조각
이 나뒹굴고 있었다.

"무슨 일이야?"

나는 호통치며 싸움을 말렸다.

"샤론 때문이야!"

데이브는 분이 삭지 않은 목소리로 씩씩거리며 대꾸했다. 그러자
샤론도 이에 질세라 오빠의 잘못을 고자질했다.

"오빠가 태웠잖아!"

"내가 언제?"

"둘 다 그만두지 못해?"

두 녀석을 뜯어말리는 사이, 매캐한 연기가 부엌 가득 차올랐다. 가
스레인지 위를 보니 뭔가가 타들어가고 있었다. 나는 재빨리 스위치
를 껐다. 샤론은 내게 응석을 부리며 호소했다.

"아빠, 정말 내 잘못 아니야! 오빠가 내가 도와준다고 해도 자꾸 날
밀쳐내면서 손도 못 대게 했어. 오빠 좀 혼내줘, 아빠."

데이브는 샤론의 이간질에 화가 난 듯 무섭게 노려보더니 한마디

내뱉었다.

"니가 뭘 안다고 그래? 팬케이크도 못 만드는 주제에!"

"이제 그만! 너희 둘 다 그렇게 도와주고 싶다면 이걸 치우는 것도 도와줄 수 있겠지?"

녀석들은 순순히 바닥 청소를 했다. 대충 정리를 하고 나니, 아침거리가 문제였다. 냉장고를 뒤져보니 차가운 우유와 콘플레이크가 있었다. 나와 아이들은 묵묵히 아침을 때우고 본격적인 출근 전쟁에 나섰다. 아침에 벌어진 소동 때문에 샤론은 스쿨버스를 놓쳤다. 데이브는 자전거로 가겠다며 일찌감치 집을 나섰고, 샤론은 아무 말없이 2층으로 올라갔다. 내가 샤론의 방에 들어섰을 때 아이는 침대에 누워 천장만 바라보고 있었다.

"빨리 준비하셔야죠, 공주님?"

"아빠, 나 오늘 학교에 못 가겠어."

"왜?"

"머리가 아파."

"그래도 학교에 가야지."

"아프단 말이야."

샤론은 이불을 뒤집어쓰고는 아무 말도 하지 않으려고 했다. 나는 침대 모서리에 걸터앉았다.

"네 마음이 혼란스럽다는 건 아빠도 알고 있어. 사실 아빠도 그래. 근데 학교에는 가야지. 아빠도 마음은 아프지만 회사에 출근해야 되잖아. 아빠가 함께 있어주고 싶지만, 그럴 수가 없어. 어떻게 할래? 할머니 댁으로 갈까? 아님 학교로 갈래? 네가 선택해."

샤론은 침대에서 일어나 내게 안겼다. 그러고는 나직이 속삭였다.

"알겠어요. 아빠, 학교에 갈게요."

나는 샤론을 꼭 안아주었다.

"그래, 잘 생각했어. 아빠는 네가 현명한 선택을 할 줄 알았어."

#오전 9시

하늘은 내 버거운 일상을 조롱이라도 하듯 여전히 화사한 햇볕을 내리쬐고 있었다. 사무실에 들어서자, 프란이 메모 쪽지를 흔들어 보였다.

'긴급 전화요망 — 힐튼 스미스!'

밑줄이 두 개나 그어진 것으로 보아 그리 달가운 내용 같지는 않았다. 나는 수화기를 들어 힐튼 스미스의 직통 번호를 눌렀다.

"드디어 전화를 거셨군. 한 시간 전부터 전화했는데, 통화가 안 되던데."

그 말에 울컥하고 비위가 상했지만, 꾹 참고 전화 내용을 물었다.

"왜, 무슨 문제라도 있나?"

"자네 지금 정신이 있나, 없나? 자네 공장 직원들이 당장 필요한 부품 백 개를 아직도 안 넘겼어."

힐튼이 낮은 목소리로 나를 몰아붙였지만 도무지 영문을 알 수가 없었다.

"내가 알아들을 수 있도록 설명해봐. 우리가 뭘 지연시키고 있다는 거야?"

불쾌했다. 마치 아랫사람 부리듯 언성을 높이는 것도 그랬고, 다짜고짜 시비부터 거는 것 같아 기분이 상했다.

"자네, 아직도 모르나? 자네 공장에서 넘겨야 하는 부품이 모자라서 우리가 납품을 못하고 있다 이 말이야. 클레임이 들어오면 자네가 나 대신 책임질 거야?"

"우리 쪽에 문제가 있었다면, 당장 조사해보도록 하겠네. 필요한 부품 번호가 뭔가?"

힐튼은 부품 번호를 알려주면서, 다시 한번 거드름을 피웠다.

"대충대충 해결할 생각일랑 말라고. 오늘 안에 우리 공장으로 그 부품이 꼭 와야 한다고. 정확히 백 개! 우린 자네 공장 때문에 두 번이나 물먹을 생각은 없다 이 말이야."

"최선을 다하겠지만, 장담할 순 없네."

"그래? 지금 나하고 한번 해보겠다는 건가? 오늘 안으로 부품 안 보내면 그 즉시 빌 피치 본부장님한테 보고할 테니까 알아서 하게. 아, 요새 본부장님이랑 사이도 별로 안 좋다고 들었는데, 그래도 괜찮겠나?"

"자네 지금 나한테 협박하는 건가? 빌 피치 본부장님이랑 내 사이가 어떻든 자네가 이래라저래라 할 입장이 아닐 텐데?"

오랫동안 침묵이 흘렀다. 더 이상 할 말이 없는 것 같아 수화기를 내려놓으려는데, 힐튼이 의미심장한 멘트를 흘렸다.

"자네, 아직 공문을 안 읽었나 보군."

"그게 무슨 말이야?"

수화기 너머로 기분 나쁜 웃음소리가 들렸다.

"오늘 작업이 끝날 때까지 부품이나 잘 챙겨서 보내게."

그러고는 아주 부드러운 작별 인사를 건넸다. 참 더러운 기분이 들었다. 대체 그 웃음의 의미는 뭘까? 일단 확인을 해봐야겠지만, 힐튼이 내게 허튼소리를 할 리는 만무했다. 나는 프란에게 10시 정각에 회의를 소집하라고 지시한 뒤, 밥 도노번을 호출했다. 밥이 육중한 몸을 이끌고 사무실로 들어왔다. 나는 밥에게 힐튼 스미스 공장에 납품할 부품 작업 중 지연되고 있는 제품이 무엇인지 알아보고, 오늘 안에 출하될 수 있도록 작업 스케줄을 조정하라고 지시했다. 밥이 나가고 난 뒤에도 힐튼에 대한 앙금은 가시지 않았다. 나는 프란에게 힐튼 스미스와 관련된 공문을 찾아보라고 했다. 그녀는 잠시 파일을 뒤적이다 내게 끔찍한 소식을 전했다.

"여기 있네요. 금요일에 난 공문인데, 힐튼 스미스 공장장이 승진했다는 내용이에요."

나는 도무지 믿어지지가 않았다. 하지만 공문 아래에는 분명 빌 피치 본부장의 사인이 있었고, 힐튼 스미스를 신설된 사업부 생산성 관리자로 임명한다는 문구가 선명히 박혀 있었다.

'젠장! 알렉스 로고, 꼴좋게 됐군!'

이제 힐튼 스미스에게는 막강한 힘이 주어졌다. 모든 보고 체계의 정점에 그가 있는 것이다. '원가절감'이라는 슬로건을 내건 그가 모든 감독권을 다 장악한 것이다.

'오! 더럽게 좋은 아침이여.'

내가 너무 큰 기대를 하고 있었던 걸까? 하이킹에서 얻었던 교훈에 대한 설명을 마치고 직원들의 표정을 둘러보았을 때 나는 절망감을 느꼈다. 마치 딴 세상에라도 온 듯 그들은 멍한 시선으로 회의 탁자만 들여다보고 있었다.

루이스와 밥, 스테이시, 그리고 우리 공장 데이터 프로세스를 담당하고 있는 랠프 나카무라는 두 시간 넘게 계속된 회의에 지친 듯 무료한 시선으로 칠판을 응시하고 있었다. 칠판에는 하이킹에서 얻은 몇 가지 귀중한 자료들이 적혀 있었지만, 아무도 그것을 인정하려 들지 않았다. 점심시간이 가까워진 탓인지 모두들 빨리 회의가 끝나기를 기다리는 눈치였다. 한동안 나는 직원들의 표정을 관찰했다. 마침내 이들이 무슨 생각을 하고 있는지 어렴풋이 느낄 수 있었다. 그래도 희망을 걸 수 있는 인물은 스테이시였다. 그녀는 어림짐작으로나마 내 의도를 알아차리고 있는 것 같았다. 밥은 상황을 관망하면서, 직관적으로 개념은 파악한 듯 보였으나, 랠프는 심각할 정도로 아무것도 깨닫지 못한 것 같았다. 그리고 루이스. 그는 인상을 잔뜩 구긴 채, 나를 원망하는 듯한 눈길을 보냈다. 결국 오늘 회의에서 내가 얻은 수확은 동조자 한 사람, 방관자 한 사람, 당황하는 사람 한 사람, 그리고 회의론자 한 사람이었다.

"제 얘긴 여기까집니다. 질문 있습니까?"

다들 선뜻 말문을 열지 않았다.

"대체 뭐가 문젭니까? 제가 방금 전까지 설명한 건 그저 1 더하기 1이 2가 된다는 것과 같습니다. 그런데도 저를 믿지 못하겠단 말입니까?"

나는 회의론자 루이스의 얼굴을 마주 보며 물었다.

"뭐가 이해가 안 되는 겁니까?"

루이스는 몸을 뒤로 젖히면서 고개를 흔들어 보였다.

"모르겠어요. 뭐랄까, 숲에서 하이킹을 즐기는 보이스카우트 대원들의 모험기 정도로 보일 뿐입니다. 공장장님이 얻어낸 교훈도 분명 있기는 있겠지만……."

"간단명료하게 얘기합시다."

"네, 솔직히 말씀드리죠. 공장장님이 하이킹에서 얻은 교훈이 실제로 우리 공장에서도 가능할 거라고 보십니까?"

나는 차트를 넘겨 요나 교수가 언급한 두 현상에 대한 설명을 짚었다.

"루이스 부장님, 여길 보세요. 우리의 작업 공정에 통계적 변동이 있다는 사실은 인정하십니까?"

"네, 그건 알겠습니다."

"종속적 사건들도 있고?"

"네, 그렇습니다."

"그렇다면 제가 지금까지 말한 내용 중에 오류는 없습니다."

"잠깐만요."

밥이 이의를 제기했다.

"공장장님, 로봇에는 '통계적 변동'이란 게 없어요. 항상 같은 속도로 작업합니다요. 우리 공장에서 그 빌어먹을 것들을 구입한 이유도 바로 그 때문이죠. 일관성 말입니다요. 공장장님이 요나 교수님을 만나러 간 중요한 이유도 로봇의 생산성을 높이기 위한 것이 아니었습니까요? 전 그렇게 생각합니다만."

"물론 로봇이 연계된 작업 공정은 일정한 속도를 유지합니다. 근데 우리 공장에서 이루어지는 일들을 모두 로봇이 하는 건 아니잖습니까? 특히 인력이 배치된 공정일수록 이 두 가지 현상이 두드러지게 나타나고 있습니다. 그리고 다시 한번 말해두지만, 우리 공장의 목표는 로봇의 생산성 향상이 아닙니다. 목표는 전체 시스템을 생산성 있게 만드는 거라는 점을 명심하기 바랍니다. 안 그렇습니까, 루이스 부장님?"

"글쎄요, 제 생각에는 밥 도노번 부장의 지적도 나름대로 타당성이 있는 것 같습니다. 지금 우리 공장에는 자동화 설비가 상당 부분 갖춰져 있고, 따라서 가공 시간에도 변화가 없는 것으로 되어 있습니다."

"하지만 지금 공장장님이 말씀하시는 것은……."

루이스의 답변에 스테이시가 이의를 제기하려고 할 때, 회의실 문이 빼꼼히 열렸다. 작업촉진자 중 한 사람인 프레드가 얼굴을 내밀었다. 그는 뭔가 할 말이 있는 듯 잠시 머뭇거리다, 밥에게 말을 건넸다.

"부장님, 실례가 되지 않는다면, 잠시 드릴 말씀이 있는데요. 힐튼 스미스 공장장님께 보낼 작업에 관한 내용입니다."

밥은 내게 동의를 구하는 눈빛을 보냈다. 나는 프레드에게 들어오라고 말했다. 싫든 좋든 간에 힐튼 스미스의 주문과 관련된 '위기 상황'은 내가 알고 있어야 했기 때문이다. 프레드는 조립 부품들을 출하하려면 두 가지 이상의 공정을 거쳐야 한다고 보고했다.

"오늘 중으로 출하할 수 있습니까?"

"좀 빡빡하긴 하지만, 오늘 안에 해야죠. 그런데 5시까지 맞출 수 있을지는 모르겠습니다. 셔틀 트럭이 5시에 출발하거든요."

셔틀 트럭은 우리 공장에서 외주를 주는 개인 업체의 것으로 현재 사업부 내 각 공장의 물류를 담당하고 있었다.

"오늘 안으로 힐튼 스미스 공장장님께 부품을 배달하려면 5시 차를 꼭 잡아야 합니다. 막차를 놓치면 내일 오후나 되어야 부품을 납품할 수 있을 겁니다."

"어떤 공정이 남은 겁니까?"

"우선 피트 슈넬 부서에서 조립을 해야 합니다. 그리고 마무리로 용접 공정을 거쳐야 하고요. 용접은 아무래도 일 처리가 빠른 로봇을 투입하는 게 어떨까 합니다만."

"아, 로봇……! 우리가 해낼 수 있다고 생각하십니까?"

"정해진 할당량에 따르면, 피트 부서의 인원들은 매시간 부품 스물다섯 개를 생산할 수 있습니다. 그리고 제가 아는 바에 따르면 로봇은 시간당 스물다섯 개의 부품을 용접할 수 있고요."

밥이 프레드에게 로봇이 있는 곳까지 부품을 옮기는 과정에 대해 물었다. 통상적으로 피트 부서에서 완성된 부품들은 하루에 한 번 용접로봇 쪽으로 운반된다. 하지만 이번 주문은 긴급 사안인 만큼 그 과정을 얼마나 단축할 수 있는지를 묻는 것이었다.

"매시간 작업이 끝난 부품들을 옮길 수 있도록 피트 부서에 조치를 취해놓겠습니다."

"좋아. 프레드, 그럼 피트 부서는 언제부터 작업을 시작할 수 있겠나?"

"정오에는 일을 시작할 수 있을 겁니다. 다섯 시간 정도면 가능할 것으로 봅니다."

"프레드, 피트 부서 사람들이 4시에 퇴근한다는 건 알고 있나?"

"네. 그래서 시간이 좀 빡빡할 거라고 말씀드린 겁니다. 하지만 한번 해보겠습니다."

나는 내심 이 작업을 통해 하이킹에서 얻었던 교훈을 실천해보려고 다짐했다. 나는 모든 직원들에게 내 의도를 밝혔다.

"여러분은 회의 시간에 제가 한 말이 무슨 뜻인지 잘 모르겠다고 했습니다. 제 말이 옳고, 우리가 그것을 현장에 도입한다면 충분히 납품할 수 있을 것 같은데. 그렇지 않습니까?"

모두들 고개를 끄덕여 보였다.

"그리고 요나 교수님의 지적이 옳다면, 이전과 같은 방식으로 공장을 운영하는 것은 아닌 것 같습니다. 그래서 저는 여러분 스스로 상황을 분석할 수 있도록 공정을 조정해볼 생각입니다. 프레드 씨, 피트 부서에서 정오부터 작업을 시작할 거라고 했습니까?"

"네, 공장장님."

"지금이 11시 45분이니까 모두들 점심을 들고 있을 겁니다. 그럼 12시엔 작업을 시작하겠죠. 1시면 피트 쪽 생산라인에서 작업이 끝난 부품이 용접로봇 쪽으로 이동하게 될 테고……."

나는 종이와 펜을 쥐고 간단한 일정을 그렸다.

"힐튼은 백 개를 납품하라고 했습니다. 그러니 우리는 5시까지 더도 덜도 말고 정확히 백 개를 생산해야 합니다. 물론 저도 백 개를 채우지 못하면 출하할 생각이 없습니다. 현재 피트 생산라인에서 시간당 부품 스물다섯 개를 조립할 예정이지만, 시간당 꼭 스물다섯 개를 생산한다는 보장은 없습니다. 그보다 많을 수도 있고, 적을 수도 있어요. 여기까지가 바로 '통계적 변동'입니다."

나는 주위를 둘러보았다. 모두들 내 말을 수긍하고 있었다.

"다음으로 '종속적 사건'에 대해 알아봅시다. 생산량에 '통계적 변동'도 있지만, 우리는 또 다른 제약 조건 하나를 가지고 있습니다. 즉 피트 생산라인에서 시간당 부품 스물다섯 개가 12시에서 4시 사이에 조립되어야 한다는 겁니다. 반면에 로봇은 일정하게 정확한 양을 용접할 겁니다. 정확하게 부품 스물다섯 개를 용접할 수 있도록 설정해놓으면 되니까요. 여기서 바로 '종속적 사건'이 발생합니다. 피트의 생산라인에서 완성된 부품들이 옮겨오기 전까지는 로봇은 그 어느 것 하나도 용접할 수 없을 테니까 말입니다."

돌아보니 모두들 이해하고 있는 눈치였다.

"오후 1시는 되어야 로봇이 작업에 들어갈 수 있을 겁니다. 하지만 트럭이 시동을 걸고 떠나기 전인 5시까지 우리는 마지막 부품을 트럭 짐칸에 실어야 합니다. 따라서 이것을 도표로 나타내면 이렇게 됩니다."

나는 완성된 일정을 그들에게 보여주었다.

```
         요구량 = 100개  할당량 = 25개 / 시
    ─────────────────────────────────────────────
시간      12시    1시      2시     3시      4시      5시
                 [25개]
피트 부서  25개   |       [50개]
                 |  25개  |      [75개]
                         |  25개 |       [100개]
                                |  25개  |
                         [25개]
로봇              25개   |       [50개]
                        |  25개  |      [75개]
                                |  25개  |       [100개]
                                        |  25개  |
```

"좋습니다. 그럼 이렇게 합시다. 저는 매시간 실제로 얼마만큼의 부품을 생산하고 있는지 실시간으로 보고하라고 지시하겠습니다. 그리고 프레드 씨는 매시간 용접로봇의 생산량을 보고해주세요. 그러나 여기서 절대로 속임수가 있어서는 안 됩니다. 우리에게 필요한 것은 실제 수치입니다. 이해했습니까?"

"네, 물론입니다. 문제없어요."

"그럼, 여러분들께 한 가지만 묻겠습니다. 우리가 정말 오늘 안에 부품 백 개를 출하할 수 있다고 생각합니까?"

"제 생각에 그건 전적으로 피트 부서에 달려 있다고 봅니다요. 그쪽

에서 할 수 있다면 나머지는 못할 이유가 없죠."

밥은 확신에 차서 대꾸했다.

"내기할까요? 저는 오늘 안으로 출하하지 못한다에 10달러를 걸겠습니다."

"진심이세요?"

"물론입니다."

밥이 내 의중을 파악한 뒤, 자신도 내기에 나섰다.

"좋습니다. 저는 오늘 출하할 수 있다는 데 10달러를 걸겠습니다요."

어수선했던 오전 회의는 이렇게 끝났다. 참가자들은 모두 점심을 먹기 위해 뿔뿔이 흩어졌다. 나는 그들이 나가자마자 힐튼 스미스에게 전화를 걸었지만, 그와 통화할 수는 없었다. 점심식사 중이라는 비서의 답변에 짧은 메시지만 남겼다.

'백 개의 주문은 정확히 내일 도착할 것임. 이것이 우리가 할 수 있는 최선의 방법임. 만약 오늘 밤 특별 출하분에 드는 비용을 지불할 생각이 있다면, 오늘 밤 안으로 출하 가능.'

물론 힐튼은 납품일을 내일까지로 연장해줄 것이다. '원가절감'에 총력을 기울이고 있는 그가 추가 비용을 충당할 리가 없다. 아무튼 전화를 끊은 뒤, 나는 내 가정사에 대해 진지하게 고민해보았다. 아내에게서는 아직 이렇다 할 소식이 없었다. 정말 미칠 지경이었다. 한편으로는 아내가 걱정되기도 했지만, 이렇게 무책임하게 떠나버린 것에 대해서는 여전히 화가 치밀어올랐다. 아내를 찾아 나서기 위해 공장을 내팽개칠 수도 없었고, 무작정 기다리고 있을 수도 없었다.

'어딘가에 있겠지. 인내심을 갖고 기다리자. 결국에는 어떤 소식이라도 들려오겠지.'

어쩌면 아내의 변호사로부터 그녀의 소식을 듣게 될지도 모르겠다. 그러나 그때까지 돌봐야 할 아이가 둘이나 있었다. 이런저런 생각으로 마음이 뒤숭숭해지고 있을 때, 프란이 전화 메모를 들고 방문을 노크했다.

"점심 먹고 돌아와보니, 이 메모가 제 책상에 놓여 있었어요. 아드님이 남긴 메모예요."

"그래요?"

"열쇠가 없어서 집에 못 들어갈 것 같다는데요? 사모님께서 어디 외출하셨나 보죠?"

"사실 아내가 한동안은 집에 없을 거예요. 한 가지 궁금한 게 있어요. 프란 씨는 직장 생활을 하면서 집안일이랑 육아까지 병행하는 거 힘들지 않아요? 어떻게 그게 가능한지 궁금하네요."

프란은 소리 내어 웃었다.

"글쎄요, 쉽지는 않아요. 하지만 전 공장장님만큼 늦게까지 일하지는 않잖아요. 제가 공장장님이라면 사모님이 돌아오실 때까지 애들 돌봐줄 사람을 구할 거예요."

'그래, 어쩌면 지원 병력이 필요할지도 몰라. 어머니께 도움을 청해야겠어.'

나는 즉시 어머니께 전화를 걸었다.

"여보세요? 어머니? 저 알렉스예요."

"애들 엄마한테서 아직까지 별다른 소식 없니?"

"아직 없어요. 저, 어머니, 줄리가 돌아올 때까지 저희 집에 와 계시면 안 될까요?"

어머니는 흔쾌히 승낙하셨다. 애들이 학교에서 돌아오기 전까지 어머니를 모시러 가려면 서둘러야 했다. 나는 자잘한 일들을 처리한 뒤 2시경 공장을 빠져나왔다. 어머니 댁에 도착하니, 어머니는 옷 가방 두 개와 부엌 살림살이가 가득 찬 짐 가방을 무려 네 개나 꾸려놓고 계셨다.

"어머니, 저희 집에도 부엌 살림살이 다 있어요. 이런 걸 왜 챙기셨어요?"

"어쨌든 내가 쓰던 것과는 다르잖니."

평소 어머니의 고집을 아는 나로서는 명을 따르는 수밖에 없었다. 어머니는 집에 도착하자마자 부엌살림부터 챙기셨다. 어쨌든 나에게는 든든한 보호자가 생겼다. 적어도 애들 일에서만큼은 벗어날 수 있으니 말이다.

#오후 4시

1교대 작업조가 작업을 마칠 즈음, 나는 힐튼 스미스의 공장으로 보낼 물량이 어떻게 진행되고 있는지 알아보기 위해 밥의 사무실로 내려갔다. 밥은 내가 문을 열고 들어서기가 무섭게 나를 의자에 앉혔다. 그러고는 의기양양한 목소리로 나를 반겼다.

"자, 자. 앉으세요! 이렇게 제 사무실을 찾아주시다니 정말 감사합니다."

"뭐, 좋은 일이라도 있습니까?"

"전 제게 빚을 진 사람들이 절 찾아줄 때면 언제나 행복합니다요."

"그래요? 왜 내가 당신한테 빚을 지고 있다고 생각합니까?"

밥이 손가락을 흔들어 보였다.

"회의 시간에 공장장님과 제가 했던 내기를 잊었다고 하지는 마십시오! 10달러예요. 기억하시죠? 전 분명 피트 부서에서 부품 백 개를 완성할 거라고 했습니다. 지금 막 피트하고 얘길 끝내고 왔는데, 이제 곧 부품 조립을 끝낼 겁니다. 이제 용접로봇만 제대로 해주면 힐튼 스미스의 공장으로 출하하는 데는 별 문제가 없을 겁니다. 그럼 10달러는 제 주머니로 들어오겠죠?"

"글쎄, 그 말이 사실이라면 10달러는 전혀 아깝지 않습니다."

"그렇다면 패배를 인정하시는 겁니까?"

"아니요. 그 중간 조립 부품들이 5시 차에 모두 다 실릴 때까지는 그렇다고 할 수 없는 것 아니겠습니까?"

"마음대로 생각하세요."

"실제로 어떻게 진행되고 있는지, 한번 가봅시다."

우리가 피트의 사무실로 가는 동안, 옆에서는 용접로봇들이 불꽃을 튀기며 주위를 환하게 비추고 있었다. 그때 건너편에서 소란스러운 소리가 들려왔다.

"우리가 로봇을 이겼어. 로봇을 이겼다고!"

"도노번 부장, 저 사람들은 누굽니까?"

"아마 피트 부서 사람들일 겁니다."

우리는 그들을 지나치면서 미소를 건넸다. 물론 그들이 실제로 로봇을 이긴 것은 아닐 것이다. 그런데 도대체 무슨 일인가? 그들은 행복해 보였다. 밥과 나는 재빨리 피트의 사무실로 갔다.

"안녕하세요, 공장장님? 오늘 공장장님이 말씀하신 긴급 작업을 해치웠습니다."

"잘됐군요. 피트 씨, 그런데 제가 지시한 작업 일지는 기록해두었습니까?"

"네, 물론이죠."

피트는 책상 위에 있던 서류철을 뒤져 작업 일지를 찾으면서 공치사를 잊지 않았다.

"오늘 오후 우리 직원들이 일하는 모습을 공장장님께서 직접 보셨어야 하는 건데. 얼마나 열심히들 했는지 모릅니다. 전 작업장 주변을 감독하며 이번 출하분이 얼마나 중요한가를 작업자들에게 끊임없이 상기시켜 줬죠. 정말, 모두가 하나가 돼서 작업에 몰두했답니다. 공장장님도 아시다시피 교대 시간이 가까워져서 한 작업조의 작업이 마무리될 무렵에는 작업 속도가 떨어지는 것이 보통이잖아요. 하지만 오늘은 끝까지 밀어붙였어요. 퇴근 무렵에는 모두 다 뿌듯한 마음으로 공장 문을 나섰습니다."

밥은 피트의 말을 일축하며, 작업 일지에 대해 물었다.

"그건 잘 알고 있는 일이오, 우리도 봤으니까. 작업 일지는 대체 어디 있는 거요?"

마침내 피트가 우리 앞에 작업 일지를 내놓았다.

"여기 있습니다."

우리는 작업 일지를 읽어 내려갔다.

"흠, 처음 한 시간 동안은 겨우 열아홉 개밖에 못 만들었군."

내가 작업 일지를 읽으며 핀잔을 주자 피트는 그때의 상황을 설명해주었다.

"그건, 그럴 만한 사정이 있었습니다. 작업조를 편성하는 데 시간이 약간 걸렸고, 게다가 한 친구가 점심식사 후에 늦게 돌아왔어요. 하지만 1시경에는 자재 취급자에게 열아홉 개의 물량을 넘겨 로봇이 곧바로 작업을 시작할 수 있었습니다."

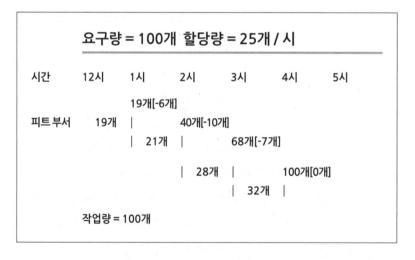

"그런데 여길 보면, 오후 1시부터 2시 사이에도 여전히 주어진 할당량에 비해 네 개가 부족하잖습니까?"

이번에는 밥이 피트에게 물었다.

"그래요? 그게 무슨 상관이죠? 여기 2시에서 3시 사이를 보세요. 할

당량보다 세 개나 더 많이 만들어냈어요. 이때가 바로 제가 나서서 일을 촉진시켜야겠다고 판단한 시점이기도 하고요. 전 당장 작업장으로 나가, 사람들에게 교대 시간까지 부품 백 개를 완성하는 일이 얼마나 중요한가를 일깨워주었습니다."

"그래서 작업 속도가 빨라졌군."

"그렇습니다. 그리고 우리는 작업을 늦게 시작한 데서 생긴 손실을 보충했어요."

"음, 마지막 시간에는 서른두 개를 만들었군요."

밥은 마지막 표를 짚어 보이며 내 쪽으로 고개를 돌렸다.

"공장장님, 할 얘기가 더 있으십니까?"

"로봇 쪽은 상황이 어떤지, 그쪽으로 가봅시다."

5시에서 5분이나 지나 있었지만, 로봇은 아직도 중간 조립 부품 용접 작업을 계속하고 있었다. 프레드가 우리 쪽으로 걸어왔다.

"프레드 씨, 트럭이 아직 기다리고 있어요?"

"아뇨, 운전기사한테 부탁했는데, 그렇게는 못 한다고 하던데요. 다른 곳에도 들러야 하고, 우리 작업이 끝날 때까지 기다리면 야근을 해야 한다고 투덜거리더라구요."

밥은 로봇 쪽으로 걸음을 옮기며 투덜거렸다.

"대체 이 바보 같은 기계는 뭐가 잘못된 거지? 필요한 부품도 모두 있잖아."

나는 그의 어깨를 두드리며, 용접로봇의 작업 일지를 보여주었다.

"여기, 이거 좀 보세요."

나는 피트의 작업 일지와 프레드의 작업 일지를 겹쳐 한눈에 볼 수 있도록 밥에게 보여주었다.

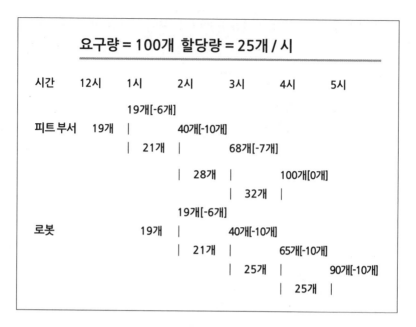

"여기 봐봐요. 맨 처음 한 시간 동안 피트 부서에서는 열아홉 개를 만들었습니다. 로봇은 스물다섯 개를 가공할 수 있었지만, 피트 부서에서 그보다 적은 물량을 공급했습니다. 그래서 로봇의 실질적인 생산능력은 열아홉 개에 그치고 말았습니다."

"두 번째도 마찬가지예요."

프레드가 내 말을 거들었다.

"피트 부서에서는 스물한 개를 공급했고, 로봇은 스물한 개밖에 완성을 못해요."

"그렇습니다. 피트 부서의 생산량이 계획에 못 미칠 때마다 그 부족량이 로봇 쪽으로 전가됐던 겁니다. 하지만 피트 부서에서 스물여덟 개를 공급했을 때도 로봇은 여전히 스물다섯 개밖에 가공하지 못했습니다. 오후 4시 최종 작업 물량으로 서른두 개가 도착했을 때에도 로봇은 그 전 단계의 세 개의 작업 물량을 떠안고 있었다는 얘기가 되죠. 그러니까 마지막 작업 물량에 곧바로 들어갈 수 없었던 것입니다."

"네, 이제 알겠습니다."

밥은 약간 민망한 듯 대답했다. 그때 프레드가 나에게 흥미로운 사실 하나를 알려주었다.

"공장장님, 피트 부서가 할당량에서 가장 많이 뒤졌을 때가 열 개였는데, 지금 현재 우리가 완성하지 못한 부품 개수가 바로 열 개라는 사실이 매우 흥미롭습니다."

"그게 바로 오늘 아침 내가 설명하려고 했던 수학적 원리의 효과입니다. 선행 작업의 최고 편차가 그 이후 연속 작업의 출발점이 되는 거죠."

밥은 지갑을 꺼냈다.

"제가 공장장님께 10달러를 빚진 셈이군요."

"도노번 부장, 그 돈을 저한테 주는 대신, 피트한테 주는 게 어떻겠습니까? 부하 직원들한테 커피라도 한 잔씩 돌리게요. 좀 약소하기는 하지만, 오늘 오후 작업에서 특별히 애써준 데 대한 보답은 하는 게 좋지 않겠습니까?"

"네, 좋은 생각입니다. 오늘 안으로 출하하지 못한 점 사과드립니다. 이 일로 곤란한 문제가 생기지 않았으면 좋겠어요."

"그 점은 너무 염려하지 마세요. 우리는 오늘 중요한 것을 배웠습니다. 하지만 우리 자신을 다시 한번 곰곰이 살펴봐야 한다는 게 또 다른 숙제겠지요."

"공장장님, 무슨 말씀이십니까?"

"모르겠습니까? 우리가 아직 그 주문을 출하하지 못한 이상, 피트 부서에서 백 개를 생산해냈다는 건 그리 중요하지 않습니다. 그런데도 피트와 그 부서 사람들은 마치 자신들이 영웅이라도 된 것처럼 얘기하고 있지요. 우리도 잠시나마 그런 생각에 사로잡혀 있었지만, 그건 옳지 않습니다."

18

인생은 과감한 모험,
혹은 아무것도 아니다.
— 헬렌 켈러

두 아이들이 나를 현관문 앞에서 반갑게 맞이했다. 어머니가 계신 부
엌에서는 김이 모락모락 나고 있었다. 샤론은 발그레하게 뺨을 물들
이며 반가운 소식을 전해주었다.

"아빠, 오늘 무슨 일이 있었는지 알아?"

"글쎄, 잘 모르겠는데?"

"엄마한테 전화가 왔어!"

"정말?"

어머니를 흘끗 돌아보았더니 고개를 저으며 말씀하셨다.

"데이브가 전화를 받았어. 나는 통화 못 했다."

나는 데이브를 내려다보았다.

"그래, 엄마가 뭐라고 하시던?"

"엄마가 나랑 샤론을 사랑한다면서 잠시 우리와 헤어져 있을 거라
고……. 엄마는 잘 있으니까 걱정하지 말래."

"언제쯤 돌아온다는 말은 없었니?"

"그건 말해줄 수 없다 그랬어."

"엄마 연락처는 적어놨니?"

데이브가 마룻바닥만 쳐다보았다.

"데이브! 아빠가 엄마한테 전화 오면 전화번호 받아두라고 했잖
아!"

데이브가 내 성난 말투에 기어들어가는 목소리로 대답했다.

"여쭤봤는데 엄마가 그건 가르쳐줄 수 없대요."

"그래, 알았다. 화내서 미안하구나."

"미안해요, 아빠."

"괜찮아, 데이브. 네 잘못이 아니야."

"이리 와서 저녁들 먹어라!"

어머니는 짐짓 쾌활한 목소리로 데이브와 나 사이의 어색함을 풀어주었다. 식사 시간 내내 어머니는 이야기의 끈을 놓지 않았다. 우리를 즐겁게 해주기 위해 최선을 다하셨다. 그러나 우리는 아내와 엄마의 빈자리를 보며 풀리지 않는 체기를 느껴야 했다.

화요일 아침은 그런대로 평화롭게 지나갔다. 아이들은 어머니가 도와주셔서 무사히 학교로 출발했고, 나 역시 정시에 출근할 수 있었다. 나는 출근하자마자 회의를 소집했다. 밥과 스테이시, 루이스, 랠프가 내 사무실에 모여 어제 일에 대해 토론을 벌였다. 오늘 그들의 태도는 어제와는 사뭇 달랐다.

"우리는 매일 이러한 '종속적 사건'과 '통계적 변동'의 결합에 직면해 있습니다. 우리가 납품일을 제때 맞추지 못하고 있는 것도 바로 이런 이유 때문이라고 생각합니다."

내가 말문을 열자, 루이스와 랠프는 우리가 어제 작성한 도표를 신중하게 들여다보았다.

"두 번째 작업을 로봇에게 맡기지 않고 사람이 했다면 어떻게 되었을까요?"

루이스가 뿔테 안경을 올려 쓰며 진지하게 물었다.

"아마 또 다른 '통계적 변동'이 일어나 상황을 복잡하게 했을 겁니다. 루이스 부장님, 한 가지 기억해야 할 사실이 있습니다. 현재 우리는 단 두 가지 작업만 가지고 이야기하고 있다는 사실입니다. 여기서하나의 부품을 만드는 데 열 가지 또는 열두 가지의 작업이 서로 종속적으로 연결되어 있고, 또 각각의 작업 속에 그 자체의 '통계적 변동'이 일어나고 있는 경우에는 어떻게 될지 상상해볼 수 있을 겁니다. 게다가 우리 공장엔 수백 개의 부품으로 이루어진 제품도 허다합니다."

"그럼, 현장에서 진행되고 있는 작업을 어떻게 통제할 수 있는 거죠?"

스테이시가 걱정스럽다는 표정으로 물었다.

"아주 좋은 질문입니다. 그럼, 내가 반문해보죠. 우리 공장에서 벌어지는 오만 가지 변수들을 우리가 어떻게 통제할 수 있겠습니까?"

랠프가 무표정한 얼굴로 대꾸했다.

"유일한 대안은 아마도 그 모든 것을 기록하고 관리할 수 있는 컴퓨터 시스템을 도입하는 게 아닐까요?"

"랠프 씨, 유감스럽지만 새로운 컴퓨터를 들여놓는다 해도 별 도움은 되지 않을 겁니다. 단순한 데이터 관리가 무슨 도움이 되겠습니까?"

침묵을 지키고 있던 밥이 물었다.

"계약 기간을 늘려 잡으면 어떨까요?"

"도노번 부장, 계약 기간을 더 길게 잡았다고 해서 우리가 힐튼 스미스 쪽 공장의 주문을 제때 출하할 수 있었을 거라고 생각합니까? 그 주문은 벌써 일주일째 지연되고 있었습니다."

밥은 머쓱한 표정으로 바로 대꾸했다.

"공장장님, 제가 말씀드리고 싶은 것은 그저 계약 기간을 좀 길게 잡았더라면 납품일 지연을 메우기 위한 시간적 여유가 있지 않았겠나 하는 겁니다요."

그때 스테이시가 정확하게 지적했다.

"계약 기간을 연장하면 재고가 늘 거예요. 도노번 부장님, 그건 우리의 목표가 아니잖아요."

"스테이시 씨, 지금 싸우자는 말이 아닙니다요. 무슨 말인지는 충분히 알아요. 혹시나 계약 기간이 문제 해결의 단서가 되지 않을까 해서 말해본 겁니다요."

잠시 침묵이 흐른 뒤, 모두의 시선이 나에게 와서 꽂혔다.

"모든 게 다 모호한 상황이지만, 분명한 사실이 하나 있습니다. 그것은 생산능력에 관한 사고방식을 바꿔야 한다는 겁니다. 우리는 생산활동에 투입되는 자원의 능력을 따로 떼어서 측정할 수가 없습니다. 중요한 것은 그 기계의 진정한 생산능력은 그것이 공장 내에서 어떤 자리에서, 어떤 용도로 쓰이느냐에 따라 달라진다는 점입니다. 비용을 최소화하기 위해 수요와 생산능력을 맞추려고 노력한 것이 실제로는 우리를 벼랑 끝으로 내몰고 있었습니다. 결코 과거와 같은 방식으로는 공장을 회생시킬 수 없습니다."

"공장장님, 하지만 다른 공장에서는 그렇게 하지 않습니까요?"

밥이 의아스럽다는 듯 물었다.

"그렇습니다. 다들 그렇게 하고 있죠. 그래야 한다는 목소리가 높으니까. 하지만 지금 우리가 깨달은 것처럼 그런 노력은 어리석은 짓입니다."

루이스가 반신반의하는 태도로 물었다

"그럼 다른 공장들은 어떻게 지금까지 살아남은 겁니까? 그 점이 이해가 안 갑니다."

"저 역시 그 점이 의심스럽습니다. 하지만 지금까지 우리가 내린 결론에 따르면, 잘못된 방법을 끊임없이 반복하는 공장의 관습 때문에 생산 시스템은 엉망으로 굴러가고 있다는 겁니다. 살아남기 위해 시작한 인력 재배치나 잔업, 아웃소싱 등이 그렇죠. 문제는 살고자 하는 동기가 잘못된 방법을 정당화하는 거 아니겠습니까?"

"좋습니다요. 하지만 우리는 어떻게 해야 하는 겁니까요? 사업부의 승인 없이는 사람을 고용할 수 없어요. 게다가 잔업을 하지 못하게 하는 정책을 펴고 있잖아요?"

밥은 볼멘소리로 투덜거렸다.

"요나 교수님께 자문을 구해보는 게 어떨까요?"

스테이시가 말했다.

"그렇게 하는 게 좋겠습니다."

나는 잠시 회의를 중단하고 프란에게 요나 교수의 소재를 파악하라고 지시했다. 그러나 그와 연락하는 것은 쉽지가 않았다. 프란이 요나 교수의 소재를 파악하는 데 무려 30분이 걸렸고, 그와 연결하는 데에는 시간이 배로 들었다. 나는 그와 전화가 연결되자마자 다시 직원들을 집합시켰다. 직원들이 집합하는 동안, 나는 요나 교수에게 하이킹에서 깨달은 바를 상세히 보고했다.

"지금까지 저희가 깨달은 건 개별 부문에만 집착해서도 안 되고, 개별 부문만을 손질해서도 안 된다는 점입니다. 요컨대 전체 시스템의 최적화에 기반을 두고 노력해야 한다는 결론을 얻었습니다. 기계 몇 대는 다른 것보다 더 많은 생산능력을 가지고 있지만, 작업 공정의 맨 마지막 단계에 있는 기계가 처음에 있는 기계보다 생산능력이 훨씬 높아야 이것이 가능해진다고 생각하는데, 제 생각이 맞습니까?"

"바로 맞혔네."

요나 교수는 흡족한 듯 만족스러워 했다.

"고맙습니다. 저희가 부분적으로나마 해결책을 찾아냈다니 힘이 나는군요. 전화를 드린 이유는 이제 무엇부터 손을 대야 할지 판단이 서질 않아서입니다."

"알렉스, 이제 자네는 공장 안에 존재하는 두 가지 유형의 자원들을 구별해내야 할 걸세. 하나는 병목 자원(Bottleneck resource)이고, 다른 하나는 비병목 자원(Non-bottleneck resource)일세."

나는 전 직원들이 들을 수 있도록 스피커폰을 켠 뒤, 작은 소리로 메모하라고 일렀다.

"병목 자원이란 생산능력이 수요와 같거나 적은 자원을 말하네. 그리고 비병목 자원이란 생산능력이 수요보다 큰 자원이고 말이야. 내 말 무슨 뜻인지 이해하겠나?"

"네."

"일단 자네가 이 두 가지 유형의 자원을 구분해낸다면 중요한 의미를 알아낼 수 있을 걸세."

"저, 교수님. 지금 제가 스피커폰을 켜고 있어서 다른 직원들도 듣고 있거든요. 혹시 다른 직원들이 질문하더라도 양해해주십시오."

스테이시가 이 틈을 놓치지 않고 요나 교수에게 질문을 던졌다.

"교수님, 저는 공장의 재고 관리를 담당하는 스테이시라고 합니다. 한 가지 궁금한 게 있어서요. 여쭤봐도 될까요?"

"그러세요."

"교수님, 그렇다면 시장 수요와는 어떤 연관이 있는 거죠? 시장 수요와 생산능력은 밀접한 관계가 있어야만 할 것 같은데요."

"그렇죠. 그런데 스테이시 씨가 이미 알고 계신 것 같은데요. 생산능력을 시장 수요에 맞춰서는 안 됩니다. 그 대신 시장 수요와 공장의 제품 생산 속도 간에 균형을 맞춰야 해요. 이 원칙은 병목 자원과 비병목 자원의 관계를 표현하는 아홉 가지 규칙 중 첫 번째에 해당합니다. 아울러 공장을 어떻게 관리해야 하는가에 대한 첫 번째 규칙이기도 합니다. 반복하지만, 생산능력이 아니라 생산 속도와 균형을 맞춰야 한다는 점을 잊지 마십시오."

스테이시는 여전히 당혹스러워하고 있었다.

"글쎄요, 전 잘 이해가 안 되는데요. 병목 자원하고 비병목 자원은 어디서 등장하는 거죠?"

"그럼, 스테이시 씨. 내가 질문을 하나 하리다. 두 가지 유형 중 어느 쪽이 공장의 실질적인 생산능력을 결정한다고 생각하나요?"

"병목 자원일 거라고 생각합니다만."

이쯤에서 중재가 필요하다는 판단이 들었다. 나는 요나 교수와 스테이시의 대화에 끼어들었다.

"전 지난주 하이킹 때 허비의 경우와 같다고 봅니다. 녀석은 대원들 중 가장 느렸고, 실제로 전체 대열의 속도를 좌우하는 열쇠가 되었죠. 맞나요?"

"그렇다면 자네는 생산 현장에서 어떤 부분이 열쇠라고 생각하나?"

스테이시는 그제야 알겠다는 듯 대화에 끼어들었다.

"아, 이제야 알겠어요. 생산 속도를 시장 수요에 맞게 조절해야 한다는 말씀이시죠?"

"바로 그겁니다. 그런데 그보다 더 최적의 조건은 생산 속도가 시장 수요보다 약간 느린 겁니다."

"안녕하십니까? 전 회계 담당 부장 루이스라고 합니다. 말씀 중에 죄송합니다만, 왜 그래야 하는 겁니까?"

"그건 이렇게 설명할 수 있을 것 같아요. 만일 생산 속도하고 시장 수요가 동등하게 유지된다면 시장 수요가 감소할 경우, 결국 누가 손해를 볼까요? 생산자가 손해를 본다 그겁니다. 그러니 속도를 제어하는 역할도 생산자가 해야 한다는 말이죠."

대화에 끼지 않았던 밥 도노번이 이윽고 말문을 열었다.

"교수님, 저는 생산부장 밥 도노번입니다요. 제 생각으로는 병목 자원이 훨씬 악영향을 미칠 것 같은데요. 가능하면 병목 자원이 없어야 하는 거 아닌가요?"

"그렇지 않습니다. 병목 자원이 반드시 나쁜 결과를 낸다고 할 수가 없어요. 때로는 좋은 경우도 있습니다. 병목 자원을 갖고 있다는 건 그냥 현실일 뿐이에요. 내가 제안하고 싶은 것은 병목 자원이 뭔지 알아낸 뒤 그것을 조정해서 생산 속도를 통제하라는 겁니다."

바로 그때, 내 머릿속에는 허비를 통해 대열을 통제했던 방식이 떠올랐다. 요나 교수도 그것을 지적한 것이 틀림없다.

"이런, 벌써 시간이 이렇게 됐군요. 미안하지만, 이만 전화를 끊어야겠어요. 지금 세미나 휴식 시간인데, 이제 시간이 다 된 것 같네요."

요나 교수는 이번에도 명쾌한 해답은 일러주지 않을 작정인 것 같았다.

"저, 교수님. 잠깐만요!"

"알렉스, 뭔가?"

"이제 저희가 뭘 해야 할까요?"

"글쎄, 우선 자네 공장의 병목 자원이 뭔지부터 찾아봐야 되지 않겠나?"

"물론 그렇겠지만……."

"우선 그것부터 찾아보게. 반드시 찾아야 하네. 그렇게 해야 자원 관리를 훨씬 잘할 수 있어."

내가 우물거리는 사이 스테이시가 재빨리 물었다.

"교수님, 그 병목 자원이란 건 어떻게 찾아내죠?"

"그거야 간단하죠. 근데 지금 시간이 많지 않네요. 스스로 해결책을 찾아보는 게 빠를 겁니다. 그 문제를 최우선으로 생각한다면 아주 쉽게 찾아낼 수 있을 겁니다."

"알겠습니다. 하지만……."

"대화 즐거웠네. 알렉스, 병목 자원을 찾아내면 그때 다시 전화해주게! 그럼, 이만."

이 말과 동시에 요나 교수는 기계음 속으로 사라져버렸다.

"이제 뭘 어떻게 해야 하는 겁니까?"

루이스는 어이없다는 듯 물었다.

"모든 자원들을 살펴봐야겠습니다. 또 자원마다 일일이 시장 수요와 비교해봐야 할 테고. 시장 수요가 생산능력보다 큰 경우를 발견하면 우리 공장의 병목 자원이 뭔지 알 수 있을 겁니다."

"병목 자원을 발견하면 어떻게 해야 하는 거죠?"

"지난번 하이킹 때 내가 대원들에게 했던 방식이 가장 좋지 않을까 싶습니다. 먼저 병목 자원이 생산 공정의 맨 앞에 오도록 생산능력을 조정해야 할 겁니다."

루이스가 새로운 의문을 제기했다.

"근데 만약 생산능력이 최소한인 자원이 사실상 시장 수요보다 훨씬 큰 생산능력을 가지고 있다면, 이 경우는 뭐라고 불러야 하는 겁니까?"

"그건 마치 병목이 없는 병 같군요."

"하지만 여전히 한도는 있어요."

내 대답을 들은 스테이시가 반박했다.

"그 병에도 내벽은 있으니까요. 하지만 시장 수요보다는 클 거예요."

"스테이시 씨가 말한 경우라면 어떻게 됩니까?"

루이스가 다시 물었다.

"솔직히 저도 잘 모르겠습니다. 우선 우리 공장에 병목 자원이 있는지 알아보는 게 급선무입니다."

"우리 모두 허비가 누구인지 찾아내야 한다는 거죠?"

랠프가 말했다.

"빨리 찾도록 합시다."

그로부터 며칠 뒤, 회의실은 우리 공장의 허비를 찾는 비밀 창구로 재편되었다. 회의실 문을 열자 제일 먼저 나를 반긴 것은 도처에 널려 있는 종이 더미였다. 테이블 한구석에 설치된 데이터 전송 단말기에는 차근차근 자료들이 기록되었고, 회의실 안을 가득 채운 종이로는 아직도 모자라다는 듯 프린터는 더 많은 출력물들을 토해내고 있었다. 앉을 자리를 찾아보았지만, 그곳에도 쓰레기들이 뒤범벅이었다. 며칠간 여러 사람이 야근했다는 걸 증명이라도 해주듯 종이컵과 담배꽁초, 휴지 조각 등이 아무렇게 나뒹굴고 있었다. 하지만 그렇게 노력했음에도 우리는 아직까지 허비를 찾지 못했다. 직원들의 지친 얼굴만큼 의욕도 서서히 떨어져가고 있었다. 테이블 맨 끝에는 랠프 나카무라가 앉아 있었다. 그와 그의 자료 처리 요원들, 그리고 그들이 관리하는 시스템 데이터베이스는 이번 탐색에 매우 중요한 역할을 맡았다. 내가 들어섰을 때 랠프의 표정은 그리 밝아 보이지 않았다. 그는 비쩍 마른 손가락으로 검은 머리칼을 쓸어 올리며 스테이시와 밥에게 뭔가를 설명하고 있었다.

"이거 이러면 안 되는 건데."

나를 발견한 랠프는 비통한 표정으로 암울한 소식을 전해왔다.

"공장장님, 마침 잘 오셨습니다. 저희가 방금 뭘 했는지 아세요?"

"허비를 찾았습니까?"

"아뇨. 존재하지도 않는 기계의 수요를 계산하느라 두 시간 반을 허비했어요."

"그게 무슨 말입니까?"

랠프가 뭔가를 말하려 하자 밥이 다급하게 그를 제지했다.

"잠깐만 기다려봐! 제가 설명하지요, 공장장님. 진짜 어이없는 일인데요. 지금은 쓰지도 않는 낡은 기계들이 아직도 가동 중인 것처럼 작업 스케줄에 기입되어 있더라구요."

"심지어 어떤 것들은 사용하기는커녕 이미 1년 전에 팔아치운 건데다 들어 있는 거예요!"

랠프가 분통을 터뜨리며 말했다.

"그 부서 사람들 모두 그 기계가 없다는 사실을 알고 있는데요. 그러면서도 한 번도 문제 제기를 안 했다는 게 말이 안 되잖아요."

밥은 침통한 표정으로 말했다. 나도 랠프도, 그리고 밥까지도 할 말을 잃었다. 지금까지의 상황을 정리하면 이런 거였다. 우리는 요나 교수의 지적대로 공장 안에 있는 모든 자원, 모든 설비 부문에 대한 시장 수요를 계산해내려고 했다. 요나 교수의 말에 따르면, 병목 자원이란 생산능력이 시장 수요와 같거나 적은 자원이라고 했다. 우리 공장의 병목 자원이 뭔지 찾으려면 우선 우리 공장에서 생산되는 제품의 시장 수요량을 알아내야 한다고 결론 내렸다. 그러고 나서 각 자원들이 수요량을 채우는 데 얼마나 많은 시간이 필요한지 알아보기로 했다. 생산하는 시간, 즉 기계 정비에 필요한 시간과 점심시간, 휴식 시간 등을 제외한 나머지 시간 동안 출하되는 상품의 양이 시장 요구량과 같거나 더 적다면 바로 그것이 우리의 허비인 것이다. 수요량을 산출하기 위해서 우선 우리의 데이터를 종합적으로 분석하기 시작했다.

현재 납품일이 지연된 주문 건수, 신제품 및 예비 부품에 대한 예측 등을 망라한 자료가 속속 나왔다. 이 작업을 끝마치고 우리는 각 작업장에서 실제로 생산에 기여하는 시간을 계산하기 시작했다. 어떤 의미에서 작업장은 같은 자원의 집단이다. 똑같은 용접기 열 대로 하나의 작업장을 구성하고, 그 옆에 있는 똑같은 종류의 기계 네 대는 또 다른 하나의 작업장을 구성한다. 기계를 설치하고 가동하는 네 명의 기사들 역시 또 하나의 작업장이라고 할 수 있다. 수요를 충족하기 위한 한 작업장의 필요 가동 시간을 그 작업장 내에 있는 자원들의 수로 나누면 자원당 필요 가동 시간을 알게 되고, 이는 곧 각 자원을 비교하는 데 이용할 수 있는 기준이 된다. 예를 들어 어제 우리는 몰딩 기계의 작업량이 매달 대략 260시간이라는 사실을 알아냈다. 그러나 실제적으로 기계를 이용할 수 있는 시간은 매달 280시간이었다. 따라서 그 기계에 대해서는 예비 생산능력을 확보하고 있는 셈이었다. 하지만 이 문제를 깊이 파고들수록 우리가 가진 자료가 정확하지 않다는 사실이 드러났다. 공정도와 일치하지 않는 자재 소요 명세서, 현재 가동 횟수, 혹은 지금 막 알아낸 것처럼 기계 목록들조차도 정확히 파악되지 않았다.

"문제는 현장에서 벌어지는 여러 가지 변화 때문에 최신 자료들이 많이 빠져 있다는 점이에요."

스테이시가 말했다.

"엔지니어링 변화와 이직률, 그리고 매순간 발생하는 크고 작은 일들 때문에 최신 자료를 업데이트한다는 게 어렵죠."

밥의 답변에 랠프가 고개를 가로저었다.

"이 공장과 관련이 있는 모든 자료를 이중으로 검색하고, 최신 자료로 교체하는 데만도 몇 달은 걸릴 거예요!"

"몇 년이 걸릴 수도 있지."

밥이 중얼거렸다.

나는 의자에 앉아 두 눈을 감고 잠시 생각에 잠겼다.

"여러분도 아시다시피, 우리에겐 3개월밖에 시간이 없습니다. 빌 피치 본부장님이 어떤 통보를 내리기까지 이제 10주밖에 남지 않았단 말입니다. 이 기간 동안 우리는 나름대로 뭔가를 보여줘야 합니다. 저는 우리가 올바른 길을 찾아가고 있다고 믿지만, 아직 가시적인 성과를 거두지는 못했습니다. 그렇다면 지금 우리가 해야 할 일은 완벽한 데이터를 얻지는 못할 것이라는 사실을 인정하는 겁니다."

"쓰레기를 넣으면 쓰레기가 나온다는 전산실 금언이 있습니다. 그렇게 되면 어떡하죠?"

랠프가 걱정스러운 어조로 말했다.

"잠깐. 우리가 지나치게 방법론적인 것에 치중하고 있는 건 아닐까요? 데이터베이스를 분석하는 것만이 유일한 해결책은 아닐 겁니다. 병목 자원을 발견해내는 데 좀더 빠른 방법은 없습니까? 하이킹 중이던 소년 대원들의 모델을 떠올려봅시다. 분명 느린 대원은 어디에나 존재하기 마련입니다. 허비가 어디에 있을지 직감적으로 떠오르는 공정은 없습니까?"

"허비가 있을지조차 확실하지 않잖아요."

스테이시가 어깨를 으쓱하며 대꾸하자, 줄곧 상황을 관망하고 있던 밥이 말문을 열었다.

"제가 이 공장에 근무한 지도 벌써 20년이 넘었어요. 이렇게 한곳에서 오랫동안 일하다 보면 문제가 어디서 시작되는지 감이 온다고요.

저한테 기회를 주세요. 생산력을 뒤처지게 하는 요소가 뭔지 리스트를 만들어볼게요. 어쩌면 그 리스트가 범위를 좁혀줄 수도 있잖아요. 시간도 좀 절약될 거라구요."

스테이시가 밥 쪽으로 몸을 돌렸다.

"지금 막 아이디어가 떠올랐어요. 작업촉진자에게 얘기해보면 어디에서 가장 많이 지연되는지 알 수 있지 않을까요? 그리고 그 부품을 구하려고 어떤 부서로 가는지도 알 수 있을 거구요."

"그게 무슨 소용이 있죠?"

랠프가 회의적인 어조로 물었다.

"번번이 공급이 달리는 부품들은 아마도 병목 자원이 필요한 부품이지 않을까요? 작업촉진자가 그 부품을 구하기 위해 찾아가는 부서에서 허비가 누군지 알아낼 수 있을 거예요."

스테이시가 골똘히 생각에 잠겨 있다가 대안을 내놓았다.

'스테이시의 말이 옳을지도 몰라!'

나는 의자에 앉은 채 자세를 바로 했다.

"스테이시 씨의 생각이 옳은 것 같습니다."

나는 자리에서 일어나 걸음을 옮겼다.

"아울러 제가 방금 생각한 건 이렇습니다. 하이킹 때는 대열의 간격이 늘어지는 걸 보고 허비를 찾아낼 수 있었습니다. 허비의 속도가 느리면 느릴수록 앞사람과의 거리는 더욱 벌어지게 됐으니까요. 그 경우에서 유추해보면 우리 공장의 재고가 바로 그 벌어진 간격이라고 볼 수 있지 않겠습니까?"

밥, 랠프, 그리고 스테이시 모두 내 얼굴을 쳐다보고 있었다.

"이해되시죠? 우리 공장에 허비가 있다면 그 앞에는 산더미 같은 작업 물량이 쌓여 있을 겁니다."

"그렇긴 하죠, 공장장님, 근데 산더미 같은 작업 물량은 우리 공장 곳곳에 있잖아요."

밥은 어이가 없다는 듯 나를 물끄러미 바라보았다.

"그럼, 그중에서 양이 가장 많은 게 뭔지 찾으면 되겠군요."

"맞아요! 그게 또 하나의 확실한 증거죠!"

스테이시가 나를 거들어주었다. 나는 랠프 쪽으로 몸을 돌려 물었다.

"랠프 씨 생각은 어떻습니까?"

"글쎄요, 시도해볼 만한 가치는 있다고 보는데요. 작업장 네 곳을 세 곳으로 좁히면 과거 자료를 토대로 사실을 확인하는 데 별로 많은 시간이 걸리진 않을 거예요."

밥이 랠프를 쳐다보면서 장난스러운 목소리로 말했다.

"그 시원찮은 과거 자료 이야기 또 하는군."

하지만 랠프는 밥의 말을 장난으로 받아들이지 않았다.

"그렇게 말씀하시면 안 되죠. 저는 기존에 있는 자료를 토대로 일할 수밖에 없습니다. 그게 아니면 어떻게 하길 바라는 겁니까?"

내가 중재에 나섰다.

"중요한 건 우리가 새로운 방법을 시도할 수 있게 되었다는 점입니다. 잘못된 자료를 탓하느라 시간 낭비하지 맙시다. 자, 일을 시작합시다."

새로운 아이디어에 힘을 얻은 우리는 머리를 맞대고 일을 진행했다.

조사는 신속하게 진행되었다. 지금 발견한 사실만으로도 문제점을 다 해결한 것처럼 느껴졌다.

"맞아! 그래, 허비는 바로 이겁니다요."

밥이 NCX-10을 가리키며 외쳤다.

"왜 이게 병목 자원이라고 생각하는 겁니까?"

"몇 가지 증거가 있어요."

그는 NCX-10 부근에 쌓인 가공 중인 재고 더미를 가리키면서 말했다.

"한 시간 전에 우리가 검토한 바대로 몇 주나 대기 주문이 쌓여 있었죠. 그래서 작업촉진자에게 물어봤더니, 이 기계에서 생산되는 부품들은 언제나 기다려야 한다는군요. 감독자도 똑같은 말을 했어요. 그리고 이 지역을 담당하고 있는 직원들은 다른 사람들의 채근을 듣지 않기 위해 귀마개를 해야 할 정도랍니다."

"하지만 이 기계는 우리 공장에 있는 것들 가운데 가장 효율적인 기계로 알고 있는데요?"

"네, 그렇습니다. 이건 특정 부품을 가장 적은 비용으로, 가장 많이 생산하는 기계입니다요."

"그런데 어째서 병목 자원이란 말입니까?"

"우리 공장에는 이 기계가 한 대밖에 없습니다요."

"도노번 부장, 그건 저도 알고 있습니다."

밥은 나를 흘끗 보고 나서 설명을 계속했다.

"보세요. 이 기계는 겨우 2년밖에 안 된 겁니다요. 이 기계를 설치하기 전에는 다른 기계들을 이용해 작업을 진행했죠. 물론 처음 예상대로 NCX-10은 세 가지 공정을 충분히 해냈어요. 예전 기계로 공정을 돌렸을 땐 부품당 가공 시간이 첫 번째 기계에서는 2분, 두 번째 기계에서는 8분, 그리고 세 번째 기계에서는 4분 정도 걸렸습니다요. 즉 전체 가공 시간은 부품당 14분이었던 셈이죠. 하지만 신형 NCX-10은 부품당 10분 정도면 이 세 가지 과정을 모두 해낼 수 있습니다요."

"그렇다면 부품당 4분 정도가 절약된다는 얘긴데, 그럼 어째서 이 기계 앞에 그렇게 많은 재고품이 쌓이는 겁니까?"

"과거에는 기계가 좀더 많았습니다요. 첫 번째 유형은 두 대, 두 번째 유형은 다섯 대, 그리고 세 번째 유형은 세 대가 있었습니다요."

나는 그제야 밥의 말을 이해할 수 있었다.

"그래서 비록 부품당 소요 시간은 4분 정도 길었지만, 더 많은 부품을 생산할 수 있었군. 그럼 왜 NCX-10을 더 많이 도입하지 않았던 겁니까?"

"다른 기계들은 기계 한 파트당 한 사람의 인력이 필요했습니다요. 하지만 NCX-10은 총 두 명의 인원으로도 전체 기계를 가동시킬 수 있죠. 이미 말씀드렸듯이 NCX-10은 가장 낮은 원가로 부품을 생산하는 시스템이거든요."

나는 NCX-10 주변을 천천히 걸어보았다.

"현재 NCX-10은 몇 교대로 돌리고 있습니까?"

"3교대로 복귀한 지 얼마 안 됩니다요. 빌 피치 본부장님이랑 싸우고 그만둬버린 숙련공 토니 씨 때문에요. 토니 씨를 대신할 만한 사람을 찾느라 시간이 좀 걸렸습니다요."

"아, 그랬군요……. 빌어먹을 본부장!"

나는 나직이 욕설을 내뱉은 후, 밥에게 다시 물었다.

"새로 온 그 숙련공이 NCX-10에 완전히 익숙해지는 데 시간이 얼마나 걸릴까요?"

"그래도 6개월 정도는 걸리죠."

나는 고개를 흔들었다.

"저도 그 점이 난감할 따름입니다요, 공장장님. 기껏 훈련시키면 2, 3년 뒤에 다른 곳으로 이직해버려요. 정작 돈을 벌어들일 수 있는 시간은 몇 개월 안 되는 거죠. 그리고 또 한 가지, 현재 임금 수준으로는 스카우트해올 여력도 없습니다요."

"NCX-10 숙련공의 임금을 더 높이지 못하는 이유가 뭡니까?"

"노조에서 반발이 있었습니다요. 특정한 한 부분의 인력에 너무 높은 임금을 지불하는 건 형평성에서 어긋난다는 거죠."

나는 NCX-10을 올려다보았다.

"알겠습니다. 이 기계에 대해서는 그 정도면 될 것 같습니다."

하지만 NCX-10이 전부가 아니었다. 나는 밥으로부터 두 번째 허비에 대한 설명을 듣기 위해 공장 반대편으로 걸어갔다.

"여기가 두 번째 병목 자원입니다. 열처리 부서예요."

이번 기계는 공장에서 흔히 볼 수 있는 전형적인 허비의 모습이었다. 더럽고, 뜨겁고, 흉측했다. 그러나 없어선 안 되는 자원임에는 분명했다.

기본적으로 열처리는 한 쌍의 버너 안에서 이루어진다. 열처리는 강도를 높이기 위해 하는 것이지만, 다음 공정을 쉽게 하기 위해서도 반드시 거쳐야 하는 작업이다. 한 쌍의 더러운 검은 강철 상자 안에 세라믹 블록이 일렬로 늘어서 있다. 각각의 가스버너는 내부 온도를 화씨 1500도까지 올릴 수 있도록 준비되어 있다. 지금 1차 기계 가공이 끝난 부품들이 뜨거운 버너 위에서 익어가고 있다. 버너는 물량을 대량으로 소화하기 위해 적게는 몇 백 개에서 많게는 수천 개의 부품들을 화로 속에 집어넣고 열처리를 한다. 여섯 시간 정도 걸릴 때도 있고, 열여섯 시간까지 걸리는 경우도 있다. 그런 다음 부품의 온도를 버너 바깥의 대기 온도까지 내리는 냉각 과정을 거쳐야 한다. 이 과정에서 시간이 많이 걸린다.

"그렇다면 이곳의 문제는 뭡니까? 더 큰 버너가 필요한 건가요?"

"글쎄요…… 그렇다고도 할 수 있고, 아니라고도 할 수 있어요. 하지만 대부분 이 버너는 반 정도만 채워진 채로 가동하고 있습니다요."

"왜죠?"

"작업촉진자들이 제일 문제더라고요. 그 사람들이 대개 긴급한 주문을 출하해야 하니까 소량이더라도 빨리 만들어달라고 한답니다. 그러니까 한 움큼밖에 안 되는 부품을 열처리하느라고 쉬흔 개가 넘는 다른 부품은 대기 상태로 방치되는 거죠. 열처리 과정이 마치 이발소처럼 운영되고 있는 거예요. 번호를 받고, 줄 서서 기다리는 식이죠."

"1회 작업량을 채우지 않은 채 열처리 과정을 하고 있다는 얘기로군요."

"대부분 그렇습니다. 하지만 어떤 때는 1회 작업량을 채워서 작업해도 버너가 가득 차지 않는 경우도 있어요."

"1회 작업량이 너무 적은 겁니까?"

"아뇨, 너무 많아서 그래요. 그럴 때는 두 번에 나누어서 해야 합니다. 일하기가 아주 힘들어요. 이런 문제 때문에 몇 년 전쯤 세 번째 버너를 하나 더 추가하자는 제안이 나오기도 했는데요."

"그런데요?"

"사업부 차원에서 취소됐습니다. 효율성이 낮다고 승인을 안 해줬어요. 현재 가동되는 시설만 활용하라는 명령이 떨어졌거든요."

"그렇군요. 하지만 매번 버너를 가득 채우면 수요를 충족할 만한 능력이 된다고 보십니까?"

내 말에 밥은 웃으면서 대답했다.

"잘 모르겠습니다. 한 번도 그렇게 해본 적이 없거든요."

그 순간 나는 하이킹 대원들에게 했던 것처럼 공장 시스템을 정비해야겠다고 생각했다. 모든 것을 재조직해서 생산능력이 가장 적은 자원을 작업 공정 맨 앞에 오도록 하는 것이 최선이라는 확신이 들었다. 다른 모든 자원은 생산능력순으로 배치해 종속적으로 전달되는 '통계적 변동'을 보충할 생각이었다. 밥과 함께 사무실로 돌아온 뒤 곧바로 직원들과 회의를 했다. 생산 공정상 허비를 앞부분에 놓음으로써 완전히 '불균형한' 공장을 조직해보려고 했던 내 웅장한 계획은 이내 벼랑 끝에 몰렸다.

"생산이라는 관점에서 볼 때 불가능한 일입니다."

스테이시가 말했다.

"공장 시스템으로 봐서는 두 개는 고사하고 하나의 허비도 앞 단계 공정으로 옮길 수가 없어요. 작업 순서는 이대로 해야 합니다. 어떤 식으로든 작업 순서를 뒤바꿀 수는 없어요."

밥도 스테이시의 의견에 동조했다.

"동감입니다. 저도 그렇게 생각합니다."

나 역시 인정할 수밖에 없었다. 도저히 불가능한 계획이었던 것이다.

"진퇴양난이군요."

루이스가 말했다.

그 말을 들으니, 힘이 빠졌다. 타이어에서 바람이 빠지는 것을 그저 바라볼 수밖에 없는 허탈감이라고 할까.

"이렇게 하도록 합시다. 작업 순서를 바꿀 수 없다면 생산능력을 키우는 일은 가능할 겁니다. 문제가 되는 자원들을 비병목 자원으로 바꿔버리는 겁니다."

그러자 스테이시가 다른 의견을 제시했다.

"그것보다는 각 기계의 생산능력을 키우는 게 어떨까요?"

"공정을 재구성하는 겁니다! 생산 공정의 앞부분은 생산능력을 줄이고, 한 단계씩 뒤로 갈 때마다 생산능력을 늘리는 겁니다."

"공장장님, 지금 인원 재배치나 하자는 게 아니잖습니까? 설비를 늘리지 않고 어떻게 생산능력을 늘릴 수 있죠? 설비 문제에 대해 토의하고 있는 거라면 그건 돈 문제로 이어진다구요. 열처리에 버너를 추가 설치하는 것도 그렇고, NCX-10을 추가 설치하는 문제 역시 어마어마한 돈이 들어가는 문제예요."

밥이 고개를 저으며 말했다. 루이스의 회의적인 결론이 이어졌다.

"결론적으로 말해서, 돈이 없어요. 빌 피치 본부장님을 찾아가서 창사 이래 최악의 위기 상황을 맞고 있는 공장의 초과 생산능력을 위해 돈을 더 투자하라고 한다면……, 글쎄요. 제가 좀 심하게 얘기하더라도 양해해주십시오. 아마 미친놈 취급당할걸요."

19

문제가 발생하면 즉시 누구에게든 도움을 청하라!
문제가 쌓일수록 해결하는 시간도 늘어나기 마련이다.
― 앤드루 매슈스

#오후 8시

여느 가정이라면 두런두런 이야기 소리와 함께 즐거운 저녁식사를 즐기고 있을 시간이었다. 하지만 우리 집의 단출한 식탁에는 어머니와 두 아이, 그리고 아내에게 버림받은 내가 앉아 있었다. 식욕이 나지 않아 이리저리 헛손질만 하는 나를 안쓰럽게 바라보던 어머니가 한 말씀 하셨다.

"알렉스, 완두콩 좀 먹어보렴."

"어머니, 저 좀 있으면 마흔이에요. 제가 완두콩을 먹든 안 먹든 상관하지 마세요."

내가 날카롭게 대꾸하자 어머니는 마음이 상한 것 같았다.

"죄송해요. 오늘 기분이 좀 안 좋거든요."

"아빠, 뭐가 잘못됐어?"

빵 조각을 우물거리던 데이브가 물었다.

"글쎄, 문제가 약간 복잡해. 어머니, 전 그만 일어나야겠어요. 입맛이 별로 없어요. 공장에 다시 가봐야 되구요."

"왜요? 아빠, 그냥 집에 있으면 안 돼?"

샤론은 애교 섞인 목소리로 응석을 부렸다.

"아니, 마중 나갈 사람이 있어서 그래."

"엄마 마중 가는 거야?"

샤론은 기대에 찬 목소리로 물었다.

"아니. 아빠도 그랬으면 좋겠다만, 중요한 손님이 오거든."

잠자코 계시던 어머니가 말문을 여셨다.

"뭐가 문제인지 애들한테도 얘기해줘라. 애들도 알아야지."

아이들은 무슨 일인지 눈을 동그랗게 뜨고 나를 올려다보았다.

"공장에 복잡한 문제가 생겼는데, 아빠나 아빠 회사 사람들의 힘만으로는 해결할 수 없을 것 같아."

"전에 밤에 전화 걸었던 그 사람은 어떠니? 그 사람과 상의할 수 없는 문제니?"

"요나 교수님요? 제가 지금 마중 나가려는 사람이 바로 그분이에요. 하지만 그분이 얼마나 도와주실지는 저도 잘 모르겠어요."

이야기를 듣고 있던 데이브는 큰 충격이라도 받은 것처럼 입을 크게 벌렸다.

"아빠! 그럼, 우리가 하이킹 때 얘기했던 거, 그니까 허비가 우리 대열의 속도를 이끌었던 게 틀렸다는 말이야?"

"아니야, 데이브. 물론 우리가 느낀 게 맞았어. 근데 아빠 공장에는 허비 같은 존재가 둘이나 있는데다 전혀 움직일 수 없는 위치에 있는 거야. 하이킹하던 대원들처럼 위치를 바꿀 수도 없고, 그 둘이 쌍둥이처럼 얽혀서 대열 중간에서 방해를 하고 있어. 그런데 아빤 그걸 옮길 수가 없구나. 그 앞에는 재고품이 산더미처럼 쌓여 있거든."

"그럼, 그 말썽꾸러기들을 당장 해고하면 되잖아."

"어머니, 그건 사람이 아니라 기계예요. 기계를 해고할 수는 없잖아요. 그리고 어쨌든 그 기계들이 하는 일은 대단히 중요해요. 그 두 기계가 없으면 우리 공장은 제품을 만들 수도 없어요."

"아빠! 그럼 좀더 빨리 움직이게 하면 되잖아."

이번에는 샤론이 말했다.

"그래요, 아빠. 기억나요? 허비의 배낭에서 짐을 덜어냈을 때 대열에 어떤 변화가 일어났는지 말이에요. 아빠 공장에서도 그렇게 하면 되잖아요."

데이브가 말했다.

"그렇게 간단한 문제가 아니야."

"알렉스, 네가 그렇게 힘들게 일하는데 어떡하니. 계속 궁리를 해서 그 기계들이 시간 낭비 안 하도록 해보려무나."

"네, 어머니, 저 이제 나가볼게요. 내일 아침에 뵐게요."

#오후 9시

나는 공항 입국 게이트 앞에 서서 요나 교수가 나타나기를 기다리며, 오후에 일어난 일들을 떠올려보았다. 오늘 오후, 그러니까 4시 무렵이었다. 나는 요나 교수가 로스앤젤레스를 향해 막 출발하기 전, 보스턴 사무실로 전화를 걸었다. 나는 지금까지 발견한 몇 가지 사안을 보고한 뒤, 지금 같아서는 공장이 구제불능 상태일 것 같다고 덧붙였다.

"자네 왜 그렇게 회의적인 결론을 내렸나?"

"앞으로 두 달 뒤에는 제 상사가 공장의 폐쇄안을 사업부 전체 회의에 붙일 겁니다. 시간이 좀더 있다면 뭔가 해볼 수 있겠지만, 지금 상황으로 봐서는 그럴 가망이 전혀 없는 것 같은데요."

"두 달은 그리 짧은 시간이 아니네. 오히려 어떤 개선 상황을 보여주기에 알맞은 시간일 수도 있지. 그러자면 자네 공장이 떠안고 있는 제약 조건 속에서 어떻게 공장을 운영할지 그 방법부터 깨달아야 하네."

"교수님, 저희는 상황을 철저히 분석했습니다."

"알렉스, 내가 자네한테 일러준 게 별로 효과가 없었나 본데, 그 경우는 두 가지로 생각해볼 수 있네. 하나는 자네 공장에서 만들고 있는 제품이 시장 수요가 없는 경우야."

"아뇨, 수요는 분명 있습니다. 제품 가격이 오르고, 서비스 질이 떨어지면서 약간 줄어들고 있는 상황이기는 해도 여전히 대기 주문량이 많아요."

"알렉스, 자네한테 지금 현재 상태를 바꿔보려는 의지가 없다면 나도 도와줄 수가 없네. 두 손 놓고 있다가 공장 문이 닫히기를 기다릴 작정인가?"

"교수님, 제가 지금 포기한다는 말이 아니고요. 다른 가능성이 생각이 안 난다는 거예요."

"그럼, 좋아. 자네 병목 자원의 부하량을 줄이기 위해서 다른 자원을 사용해본 적이 있나?"

"부하량 완화를 말씀하시는 건가요? 그건 저희로서는 불가능한 일입니다. 공장 내의 병목 자원을 대체할 만한 다른 생산 자원이 전혀 없습니다."

요나 교수는 잠시 침묵을 지키다 이윽고 말문을 열었다.

"알았네. 혹시 베어링턴에 공항이 있나?"

요나 교수는 지금 자신이 한 말에 책임을 지기 위해 2번 게이트를 빠져나오고 있었다. 로스앤젤레스로 향하려던 스케줄을 바꿔 오늘밤 이곳에 잠시 들르기로 한 것이다. 고마웠다.

"여행은 어떠셨습니까?"

"정어리 통조림 깡통처럼 빽빽하게 들어찬 곳에서 시간을 보내본 적 있나?"

그는 내 말도 듣기 전에 이렇게 덧붙였다.

"하긴 불평할 형편이 아니지. 어쨌든 아직 숨은 쉬고 있으니 말이야."

"여기까지 와주셔서 정말 감사합니다. 워낙 복잡하게 얽힌 사안이라 교수님께 큰 부담을 드리는 게 아닌지 걱정이 앞섭니다. 스케줄을 바꾸면서까지 발걸음해주시니 얼마나 감사한지 모르겠습니다."

"알렉스, 병목 자원이 하나 있다는 것은……."

"정확히는 두 개입니다."

"병목 자원이 두 개나 있다고 해서 돈을 못 버는 건 아니네. 사실은 정반대야. 대부분의 제조 공장에는 병목 자원이 없네. 그들은 어마어마한 초과 생산능력을 갖고 있지. 하지만 그들에게는 병목 자원이 있어야 하네. 그들이 생산하고 있는 모든 부품에 대해 병목 자원이 있어야 한다는 뜻일세."

나는 어리둥절한 표정으로 요나 교수를 바라보았다.

"지금으로서는 내 말을 이해할 수 없겠지만, 곧 알게 될 걸세. 가는 동안 가능한 한 자세하게 자네 공장에 대해 설명해주게나."

공항에서 공장까지는 30분 정도가 걸렸다. 나는 그동안 요나 교수에게 공장의 문제점에 대해 쉴 새 없이 설명했다. 요나 교수는 이따금 질문을 던지며 공장 상태를 분석했다. 9시 30분경, 우리는 공장 사무실로 들어갔다. 입구에서 네 명의 참모진이 우리를 기다리고 있었다. 밥과 루이스, 스테이시, 랠프는 요나 교수를 호의적으로 맞이하긴 했지만, 어쩐지 의심스럽다는 시선을 보내고 있었다. 그들이 지금까지 겪어왔던 여느 컨설턴트와 전혀 다른 요나 교수의 실체가 궁금했던 건지도 모르겠다. 아무튼 요나 교수는 공장 쪽으로 걸어가면서 서두를 꺼냈다.

"여러분도 알고 계시겠지만, 오늘 오후 알렉스 공장장이 제게 전화를 걸어 공장 내의 병목 자원과 관련된 이야기를 전해주었습니다. 문제가 매우 복잡하게 얽혀 있는 것 같지만, 차근차근 해답을 구하면 대안을 찾게 될 거라고 생각합니다. 알렉스에게 들은 내용으로 미루어볼 때, 현재 이 공장에서 시급히 개선해야 될 사안은 현금 창출률 증대와 현금 유동성 개선입니다. 제 말이 맞습니까?"

"그렇게 되면 저희들에게 큰 도움이 될 겁니다. 교수님, 섣부른 질문일지 모르겠습니다만, 저희가 그 일을 해낼 수 있으리라 보십니까?"

루이스가 불안한 미래에 대해 운을 떼었다.

"모든 것을 회의적으로 본다면, 글쎄요. 가능성은 희박하겠죠. 하지만 이렇게 생각해보십시오. 문제의 근원에 집중하면 그 답은 훤히 보입니다. 이 공장의 가장 큰 문제는 병목 자원이 수요를 충족하고 돈을 벌어들일 만큼 충분한 흐름을 유지하지 못하고 있다는 점입니다. 그렇다면 답은 명확하지 않습니까? 좀더 생산능력을 늘려야 합니다."

"교수님, 저희에겐 생산능력을 늘릴 만한 여유 자금이 없습니다."

루이스가 대꾸하자 밥도 한마디 거들었다.

"설비를 설치할 시간적 여유도 없습니다요."

"내 말을 잘못 이해하셨구먼. 지금 생산 설비를 늘려야 한다는 말이 아닙니다. 공장의 생산능력을 늘리기 위해서는 단 하나, 병목 자원의 생산능력만 늘리면 됩니다."

"그러니까 교수님 말씀은 병목 자원을 비병목 자원으로 전환한다는 의미군요."

스테이시가 아는 체를 하자, 요나 교수는 그녀의 말을 일축했다.

"아니, 그런 얘기가 아니에요. 병목 지점에 있는 자원의 생산량이 수요와 같아질 수 있는 방법을 찾자는 얘기예요. 병목 자원은 병목 자원으로 남겨두는 게 좋습니다."

"대체 그걸 어디서 찾아야 합니까? 정말로 우리 공장 여기저기에 병목 자원이 널려 있다는 말씀입니까?"

밥이 요나 교수의 의중을 떠보았다.

"아마 그럴 겁니다. 여기도 대부분의 제조업 공장들과 마찬가지라면, 보이지 않는 생산능력을 간과하고 있을 거요. 우선 직접 확인해보는 게 좋겠네요. 알렉스, 자네가 찾아낸 두 가지 병목 자원을 어떻게 관리하고 있는지 확인시켜 주겠나?"

"네. 이쪽으로 오시죠."

요나 교수를 필두로 한 시찰단은 안전모와 보안경으로 무장하고 현장에 들어섰다. 그곳에서는 두 번째 작업조가 기계음 사이에서 분주히 움직이고 있었다. 기계를 둘러보는 동안, 나는 요나 교수에게 각 단계의 생산 공정을 브리핑했다. 요나 교수는 내 설명을 들으면서 현장 곳곳에 쌓인 재고 더미들을 유심히 관찰했다.

"이것이 바로 NCX-10 수치 제어기입니다."

요나 교수는 거대한 NCX-10 앞에 서서 면밀히 관찰한 뒤 이렇게 물었다.

"이것이 자네 공장의 병목 자원인가?"

"네, 그중 하나입니다."

"지금 이 기계가 작동하지 않는 이유는 뭔가?"

요나 교수의 말처럼 NCX-10은 멈춰 서 있었다.

"글쎄요, 잠시만요. 왜 NCX-10이 가동을 멈췄습니까?"

밥에게 묻자 그는 시계를 들여다보더니 한숨을 내쉬었다.

"지금 휴식 시간이에요. 기계 담당자는 10분 전에 휴식 시간에 들어 갔을 겁니다요. 20분쯤 있으면 돌아올 겁니다."

"저희 공장에서는 네 시간마다 30분씩 휴식 시간을 갖도록 하는 단체협약 조항에 사인했습니다."

나는 무척이나 당황스러웠다. 내 기색을 눈치챘는지, 요나 교수가 밥을 힐끗 바라보며 물었다.

"왜 기계가 돌아가고 있을 때 안 쉬고, 지금 쉬는 거죠?"

밥 역시 당황한 눈치였다.

"아, 그건 지금이 8시이기 때문에……그리고……."

요나 교수는 손을 들어 밥의 말을 가로막았다.

"잠깐. 이 공장의 비병목 자원들의 경우, 아무 문제도 없는 것 같군 요. 어차피 비병목 자원에 있는 기계들은 휴식 시간이 있을 테니까 언 제 쉬든 아무 상관 없을 거고요. 하지만 병목 자원의 경우는 절대 아니 에요!"

요나 교수는 NCX-10을 가리키면서 얘기를 계속했다.

"알렉스, 이 기계의 실제 가동 시간은 모두 합해 얼마나 되나? 육칠 백 시간 정도는 되나?"

"월 가동 시간은 대략 오백팔십오 시간 정도 됩니다."

랠프가 대답했다.

"이용 가능 시간이 얼마나 되든 수요는 그보다 훨씬 더 많겠군."

요나 교수는 혼잣말을 내뱉고는 참모진을 향해 단호한 어조로 말했다.

"이 기계의 경우를 보세요. 한 시간 아니, 30분을 허비해버리면 절대로 다시 회복할 수 없다는 건 다들 알고 계실 겁니다. 즉 공장 내 다른 어느 공정에서든 이것을 만회할 만한 여력이 같이 줄어든다는 의미죠. 그렇게 되면 전체 공장의 현금 창출률이 병목 자원이 허비한 양만큼 감소되는 것은 당연한 이치입니다. 결과적으로 30분이라는 어마어마한 자원이 쓸모없이 버려지고 있다는 걸 아셔야 합니다."

"하지만 노조의 반발이 워낙 강합니다요. 협상을 거치지 않고는……."

밥의 대꾸에 요나 교수는 나무라는 시선으로 그를 바라보았다.

"노조 반대 때문에 공장 회생을 포기할 겁니까? 공장이 있어야 노조도 있는 거죠. 현재 상황을 직시한다면 노조 측에서도 여러분 의견에 기꺼이 따를 겁니다."

'말이 쉽죠! 고집불통 노조가 우리 말을 듣기나 할 줄 아십니까?'

내가 속으로 이런 생각을 하고 있을 때, 요나 교수는 NCX-10 주변을 이리저리 살피며 공장 내 다른 설비들을 체크하고 있었다. 그러고는 무슨 생각에서인지 뜻밖의 질문을 던졌다.

"알렉스, 현재 NCX-10은 한 대밖에 없다고 했지? 비교적 신형이군. 그럼 이거 이전에 사용했던 기계들은 어디 있나?"

내가 밥에게 도움을 청하자, 밥은 모호하게 대답했다.

"아아, 글쎄요. 몇 대는 가지고 있고, 또 몇 대는 폐기 처분했습니다요. 진짜 고물이거든요."

"NCX-10이 하는 일을 대신해줄 수 있는 옛날 기계를 각 유형마다 최소한 한 대씩은 갖고 있나?"

이때 루이스가 끼어들었다.

"말씀 중에 죄송합니다만, 저희에게 예전 설비를 사용하라고 권하시는 건 아니겠죠?"

"작동하기만 한다면 그렇게 하라고 권할 수도 있습니다."

루이스가 뿔테 안경을 올려 쓰며 물었다.

"글쎄요, 원가에 어떤 영향을 주게 될지 확신할 순 없지만, 그 낡은 기계들을 가동하려면 비용이 훨씬 더 많이 들 거라는 점은 분명히 말씀드려야 할 것 같은데요."

"우선 그 문제부터 해결해봅시다. 기계를 갖고 있는지부터 말해주시겠습니까?"

우리는 일제히 밥 쪽으로 시선을 옮겼다.

"실망을 드려 죄송합니다만, NCX-10으로 대체하면서 예전에 사용한 기종들은 모두 폐기 처분했습니다요."

"왜 그렇게 어리석은 짓을 한 겁니까?"

"재고를 쌓아둘 공간 때문이죠. 여유 공간이 부족했습니다."

"아."

요나 교수는 낮은 신음 소리를 내뱉었다.

"그때는 그게 제일 좋은 방법이라고 생각했어요."

스테이시가 밥의 안색을 살피며 말했다. 요나 교수는 굳은 표정으로 내게 다음 병목 자원 쪽으로 이동하자고 말했다. 우리는 두 번째 병목 자원 앞에 모여 버너를 들여다보았다. 요나 교수는 부품 더미를 살펴본 뒤, 밥에게 물었다.

"이 모든 부품들이 반드시 열처리 과정을 거쳐야 하는 건가요?"

"네, 반드시 거쳐야 합니다요."

밥은 요나 교수의 눈치를 살피며, 또박또박 대답했다.

"최소한 몇 가지 부품만이라도 열처리 과정을 거치지 않도록 할 수는 없나요?"

모두들 꿀 먹은 벙어리처럼 서로의 얼굴만 바라보았다. 이제는 내가 나설 차례였다.

"그건 엔지니어들과 협의해봐야 할 것 같습니다."

밥은 난처한 시선으로 나를 바라보았다.

"도노번 부장, 무슨 문제라도 있습니까?"

"그게…… 엔지니어링 부서 사람들은 그렇게 생각하지 않을 텐데요. 기존 방식을 고수하려고 하더라고요. 한마디로 월권이라는 거죠. 전에도 이런 일이 있었지만 곧 포기해버리고 말았습니다. 자기네들 방식 그대로 해야 한다, 뭐, 그런 식입니다요."

나는 요나 교수 쪽으로 고개를 돌렸다.

"유감스럽지만 도노번 부장의 말이 맞을 겁니다. 그 사람들 협조를 얻어낼 수 있다 해도, 받아들이기까지에도 시간이 많이 걸릴 거예요."

"알겠네. 그럼 한 가지만 물어보세. 이 지역에 열처리를 아웃소싱할 만한 외주 업체들이 있나?"

스테이시가 재빨리 대답했다.

"있긴 하지만, 외주를 주게 되면 부품당 생산원가가 올라갈 텐데요?"

그때 요나 교수의 얼굴을 살펴보니, 우리의 이런 고정관념에 질렸다는 표정이 역력했다. 그는 산더미처럼 쌓여 있는 부품들을 가리켰다.

"저 부품 더미들을 돈으로 환산하면 얼마쯤 되나요?"

"잘 모르겠지만, 어림잡아 부품만 해도 만 달러 내지 만 5000달러 정도는 될 겁니다."

루이스의 답변에 요나 교수는 불만족스럽다는 듯 되물었다.

"아니, 절대 아닐 거요. 병목 자원 앞에 쌓인 재고라면 그 가치는 상상을 초월할 거요. 다시 한번 생각해보겠소?"

스테이시는 조심스럽게 루이스를 두둔하며 요나 교수에게 말을 건넸다.

"교수님, 원하신다면 정확한 자료를 뽑아드릴 수 있지만, 루이스 부장님이 말한 것과 거의 일치할 거예요. 아무리 많아도 2만 달러 정도일 겁니다."

"아니, 아니에요."

요나 교수는 고개를 흔들었다.

"지금 재료 원가의 액면가를 말하고 있는 게 아닙니다. 이 부품 더미들을 가공하면 몇 개의 상품을 소비자에게 판매할 수 있는가를 묻는 겁니다. 다시 말해 현금 창출률 말이에요!"

그 순간, 우리는 대답할 말을 찾지 못했다. 침묵을 가르고 밥이 요나 교수에게 우리의 입장을 설명했다.

"뭐라고 딱 꼬집어서 말씀드리기가 어려운데요."

스테이시도 조심스럽게 자신의 의견을 말했다.

"저, 솔직히 말씀드려서 여기 이렇게 쌓인 부품들이 곧바로 판매로 이어질 수 있을지 의문인데요?"

"정말 그렇게 생각하십니까? 그럼, 이 병목 자원은 현금 창출률에 별다른 기여도 하지 못하는 부품만 생산하고 있단 뜻입니까?"

요나 교수가 어이가 없다는 표정으로 되물었다.

"글쎄요. 궁극적으로는 교수님의 지적이 옳으신데요. 여기서 생산된 제품은 경우에 따라 예비 부품으로 쓰이거나 재고로 남으니까요."

루이스가 말을 마치자마자 모두의 시선이 요나 교수 쪽으로 쏠렸다. 요나 교수의 얼굴에는 피곤이 묻어 있었다. 그가 얼마나 더 우리에게 시간을 할애해줄지 다들 속이 타는 눈치였다.

"그렇지. 궁극적으로……."

잠시 다른 생각에 빠져 있던 요나 교수가 문득 내게 질문을 했다.

"알렉스, 현재 납품일이 지연된 주문의 대기 물량은 어느 정도나 되나? 아니, 그것보다는 납품일 지연 문제를 해결하기 위해 어떤 방법을 썼다고 했지?"

"통상적인 예는 아니지만, 재고가 많을 경우 작업 인력을 재배치합니다. 사안에 따라 잔업을 하기도 하고요. 주 1회 정도."

"그렇게 해서 효율성이 어떻게 개선됐는지 다시 한번 설명해주겠나?"

나는 순간 오헤어 공항에서 그와 처음 나누었던 대화 내용이 떠올라 얼굴이 화끈거렸다. 요나 교수는 내 표정을 보면서 긴 한숨을 내쉬었다.

"좋아, 지금 대답하지 않아도 좋네."

요나 교수는 머쓱한 시선으로 어찌해야 할 바를 몰라 쩔쩔매는 우리 직원들을 향해 말했다.

"현금 창출률에 대해서만 생각해보도록 합시다. 현재 병목 자원 때문에 발생한 부품 정체로 제때에 출하하지 못하는 제품은 얼마나 됩니까?"

대기 물량에 관한 질문은 데이터를 어느 정도 정리해두었기 때문에 비교적 쉽게 대답할 수 있었다. 나는 요나 교수에게 총 대기 물량이 몇 백만 달러 정도 되는지, 그리고 병목 자원 때문에 지연되고 있는 물량이 그중 몇 퍼센트를 차지하고 있는지 자세히 설명했다.

"알렉스, 그렇다면 이곳에 쌓여 있는 재고는 열처리 과정만 거치면, 조립해서 완제품으로 즉시 출하할 수 있단 뜻인가?"

밥이 요나 교수의 질문을 받았다.

"물론입니다."

"루이스 씨, 단위당 판매 가격은 얼마라고 보면 됩니까?"

"제품에 따라서 차이는 있지만, 평균적으로 단위당 약 1000달러입니다."

루이스는 성심성의껏 답변을 했지만, 요나 교수는 석연치 않은 표정으로 되물었다.

"여러분은 분명 저 부품 더미들을 돈으로 환산하면 만 달러 내지

2만 달러라고 하셨죠? 그러나 내 판단이 맞는다면 그렇지 않을 겁니다. 그 가치는 여러분들의 상상을 초월할 겁니다.”

요나 교수는 잠시 말을 끊고 내게 물었다.

“알렉스, 저렇게 쌓여 있는 부품이 모두 몇 개나 되나?”

“천 개 정도 될 겁니다.”

“그럼, 이 부품 하나가 제품 하나를 출하하는 데 커다란 공헌을 하고 있는 건 부인할 수 없는 사실이겠군요. 도노번 부장, 각 부품이 완성되면 곧장 출하할 수 있다고 했습니다. 맞습니까?”

“네.”

“산술적으로 풀이하면 더 정확하게 이해하게 될 겁니다. 출하된 각 완제품의 가격은 1000달러입니다. 그렇다면 부품 천 개에 1000달러를 곱하면 얼마입니까?”

우리는 일제히 산더미처럼 쌓인 부품 더미를 바라보았다.

“100만 달러입니다.”

나는 벌린 입을 다물지 못했다. 요나 교수의 설명은 계속 이어졌다.

“한 가지 조건이 더 붙습니다. 당신 고객들이 기다리는 데 지쳐서 다른 곳으로 가기 전에 이 부품들을 열처리해서 완성된 제품으로 출하한다는 조건하에서만 가능한 계산입니다.”

우리 모두는 할 말을 잃었다.

‘제기랄, 이렇게 공장 곳곳이 썩어가고 있었군!’

모두들 이런 생각들을 하고 있었을 것이다. 요나 교수는 우리의 반응을 체크한 뒤, 나직이 속삭였다.

“알렉스, 지금 자네 공장의 상황으로 봐서는 모든 가능성을 다 고려해봐야 하네. 쉬운 것부터 말일세. 노조와 협의 사항을 변경하는 게 더 쉽지 않은가?”

모두들 아무 말이 없었다.

“알렉스, 잠시 후 원가 분석에 관한 이야기를 하겠지만, 그보다 먼저 해야 할 일이 있네. 병목 자원에서 생산된 제품의 품질검사는 어느 지점에서 이루어지고 있나?"

"대부분의 품질검사는 최종 조립 공정 직전에 합니다."

"어떻게 하고 있는지 좀 보여주게나."

우리는 즉시 품질검사가 이루어지는 장소로 이동했다. 요나 교수는 불합격 판정을 내린 부품들을 둘러본 뒤, 몇 가지 질문을 했다. 밥은 번쩍거리는 강철 부품 더미 사이에 분홍색 꼬리표를 단 제품 몇 개를 가리켰다. 밥이 꼬리표를 떼어내 작업 명세서와 비교하며 기재된 내용을 읽었다.

"확실히 어디가 잘못된 것인지는 모르겠지만, 하자가 있는 것은 분명합니다요."

"도노번 씨, 그럼 이 부품들은 병목 자원을 통과한 것들입니까?"

"네, 그렇습니다요."

"알렉스, 품질검사에서 낙오된 제품들이 이 공장에 어떤 의미를 갖는지 알고 있나?"

"대략 부품 몇 백 개는 폐기 처분되어야 한다는 의미겠죠."

"아니, 다시 생각해보게. 그것들은 병목 자원에서 만든 부품들이야."

나는 즉시 요나 교수의 의도를 읽을 수 있었다.

"병목 자원에서 시간만 낭비한 꼴입니다."

"바로 그걸세. 또 하나, 병목 자원에서 낭비한 시간은 현금 창출률의 감소로 이어진다는 점이 중요하네."

밥은 요나 교수와 내 눈치를 살피며 물었다.

"교수님. 설마, 품질관리를 무시해야 한다는 말씀은 아니죠?"

"물론 아닙니다. 품질관리 없이는 돈을 벌어들일 수 없습니다. 내가 제안하려는 것은 품질검사를 다른 방식으로 하라는 겁니다."

"그럼, 병목 자원 전 단계에서 품질검사를 실시하라는 말씀입니까?"

요나 교수의 표정에 드디어 만족스러운 미소가 떠올랐다.

"알렉스, 자네는 통찰력이 뛰어나군. 사전에 불량품을 찾아내는 일은 병목 자원에서 양질의 부품만 처리할 수 있도록 시간을 절약해주네. 이렇게 생각해보게. 불량 부품이 병목 자원에 도달하기 전에 불량 처리됐다면 자넨 불량품 하나만 잃어버리면 되네. 그러나 그 반대의 경우라면, 도저히 만회할 수 없는, 시간을 허비하는 셈인 게지."

"교수님, 그럼 병목 자원에 이르는 공정 사이사이에 보조적인 품질 관리 시스템을 도입하는 건 어떨까요?"

스테이시의 제안에 요나 교수는 신중한 태도로 답변했다.

"흠, 나쁘진 않습니다만, 동일한 관점에서 다른 측면을 지적한 거라고 할 수 있습니다. 병목 자원에서 생산된 제품에 대한 품질검사가 잘 이루어지도록 하십시오. 그러면 그후에는 공정에서 이 부품들에 결함이 안 생길 겁니다. 내 말에 동의합니까?"

"한 가지 여쭤볼 게 있는데요, 품질검사 인원은 어디에 배치해야 하는 겁니까?"

밥이 물었다.

"품질검사원들을 병목 자원에 배치하는 데 무슨 문제가 있는 거요?"

"그런 문제는 저희가 처리할 수 있을 겁니다."

내가 대답했다.

"그럼, 이 문제는 해결된 걸로 알겠네. 이만하면 현장 시찰은 된 것 같구먼. 알렉스, 사무실로 올라가는 게 어떻겠나?"

우리는 현장을 빠져나와 회의실로 향했다. 요나 교수는 탁자 중앙에 앉아 회의를 진행했다.

"나는 여러분이 병목 자원의 중요성에 대해 충분히 이해했기를 바랍니다. 병목 자원에서 부품 가공이 끝났다는 것은 완성품들을 곧 출하할 수 있다는 의미입니다. 루이스 씨, 완제품이 얼마에 판매된다고 했죠?"

"평균 1000달러 정도입니다."

"그런데도 여러분은 병목 자원의 생산성을 높이기 위해 단돈 1달러도 쓰지 않으려고 합니다. 대체 비용이 뭐라고 생각하십니까? 현재 여러분들의 골치를 썩이고 있는 NCX-10의 경우, 시간당 얼마의 비용을 지불하고 있습니까?"

루이스는 겸연쩍은 듯 뿔테 안경을 만지작거리며 대꾸했다.

"그에 대한 자료는 이미 나와 있습니다. 시간당 32달러 50센트입니다."

"그럼 그 열처리 기계의 비용은 얼마입니까?"

"시간당 21달러입니다."

"루이스 씨, 둘 다 틀렸습니다."

"하지만 저희 자료에 따르면……."

"수치가 잘못되었다는 게 아닙니다. 계산을 잘못했기 때문이 아니라, 일련의 '종속적 사건'으로 연결된 각 작업장을 따로 떼어놓고, 한 부문의 수치만 계산한 것에 문제가 있었던 겁니다."

모두들 숨죽여 요나 교수의 답변을 기다렸다.

"부연 설명이 필요할 것 같군요. 대학에서 물리학을 강의할 때, 가끔 사람들이 난해한 수학 문제를 들고 찾아오곤 했습니다. 그 사람들은 내가 숫자를 점검해주기를 원했습니다. 그런데 얼마쯤 지나서 나는 그 숫자를 점검하는 데 시간을 허비할 필요가 없다는 것을 깨닫게 됩니다. 왜인 줄 아십니까? 그 수치들은 거의 언제나 정확했기 때문이죠. 문제는 대개 그들이 세운 가정에 있었습니다."

요나 교수는 주머니에서 쿠바산 시가를 꺼내 불을 당겼다. 잠시 후, 회의실 안에는 향긋한 시가 향이 맴돌았다. 요나 교수는 다시 말을 이었다.

"지금 이곳에서도 같은 오류가 발생하고 있습니다. 여러분들은 비용을 그저 표준원가 계산법에 맞게 계산해버린 겁니다. 병목 자원이라는 사실을 무시한 채 말입니다."

"그럼 정확한 계산법은 어떻게 됩니까?"

루이스는 어리둥절한 표정으로 요나 교수에게 물었다.

"먼저 한 공장의 완제품 생산능력은 병목 자원의 생산능력과 일치한다는 사실을 깨달아야 합니다. 병목 자원의 시간당 생산능력은 곧 전체 공장의 완제품과 일치합니다. 따라서 병목 자원에서 한 시간 낭비했다면 그것은 곧 공장 전체 시스템에서 한 시간 허비한 것과 같은 결과를 냅니다."

"네, 그렇게 되는 거였군요. 동의합니다."

루이스는 요나 교수의 말을 천천히 곱씹는 눈치였다. 요나 교수는 다시 루이스에게 물었다.

"루이스 씨, 이 공장 전체가 한 시간을 낭비할 경우 발생하는 손실을 얼마로 예측할 수 있겠소?"

"글쎄요. 정확하게 말씀드릴 순 없지만, 엄청난 액수일 겁니다."

요나 교수는 뭔가를 곰곰이 생각하다 루이스에게 물었다.

"이 공장의 전체 월간 운영비는 얼마나 됩니까?"

"전체 월간 운영비는 160만 달러 정도입니다."

"범위를 좁혀봅시다. NCX-10 기계를 예로 든다면, 이 기계의 월간 총생산 가동 시간은 몇 시간이나 된다고 했죠?"

"약 오백팔십오 시간입니다."

랠프는 눈동자를 굴리며 대꾸했다.

"그렇다면 이런 공식이 도출됩니다. 즉 시스템의 운영비를 병목 자원의 생산 활동 시간으로 나누면, 그 액수가 바로 병목 자원의 실제 운영비가 될 겁니다. 루이스 씨, 그럼 얼마가 나옵니까?"

루이스는 계산기를 눌러 수치를 말했다.

"2735달러입니다. 잠시만요, 도저히 믿을 수가 없군요. 이게 정말 정확한 수치입니까?"

"네, 정확합니다. 병목 자원이 멈춰 서 있을 때, 바로 그 액수만큼 적자가 나고 있었던 겁니다. 이것을 전체 시스템의 개념으로 풀이하면, 2735달러를 그냥 두 손 놓고 버리고 있는 셈인 겁니다."

모두들 당혹감을 감추지 못했다.

"전혀 다른 방식의 계산법이군요."

스테이시는 고개를 내저으며 말했다.

"물론 그렇습니다. 이런 사실을 염두에 둔다면, 병목 자원의 최적화에 초점이 맞춰지게 됩니다. 이것을 해결할 수 있는 두 가지 원칙이 있습니다."

요나 교수는 시가 한 모금을 깊이 들이마시고 나서 말을 이었다.

"병목 자원에서 생산 자원의 시간이 낭비되지 않도록 하는 것이 첫번째 원칙입니다. 우리가 시찰한 바에 따르면, 현재 이 공장에는 수많은 낭비 요소가 곳곳에 있습니다. 일례로 점심시간이나 휴식 시간 동안 중요한 병목 자원의 기계들이 작동을 멈추고 있다는 것. 또 관리 미비로 양질의 제품을 불량품으로 낙오시키기도 하죠. 게다가 당장 필요하지 않은 부품을 가공하는 데 시간을 낭비하기도 하고……."

"예비 부품을 말씀하시는 겁니까?"

밥은 의아하다는 듯 질문을 던졌다.

"현재 수요가 없는 부품은 모두 예비 부품에 해당합니다. 앞으로 수 개월간 팔지도 못할 재고만 생산하고 있다면 그 공장은 어떻게 되겠습니까? 이건 미래의 수익을 위해 현재의 수익을 포기하는 것과 같습니다. 여기서 질문 한 가지를 드리겠습니다. 지금 여러분 공장의 현금 흐름이 이 상황을 지탱할 수 있으리라고 보십니까?"

모두들 고개를 떨구었다.

"절대로 그렇지 않을 겁니다."

루이스는 기죽은 목소리로 대답했다.

"교수님 말씀이 맞습니다."

"결론은 분명해졌습니다. 오늘의 현금 창출에 도움이 되는 것만 작업하셔야 합니다. 앞으로 9개월 후가 아니라, 오늘의 현금 창출에 도움이 되는 것만! 이것은 병목 자원의 생산능력을 키우는 방법도 될 것입니다."

요나 교수는 잠시 사이를 두고 우리의 반응을 살폈다.

"두 번째 원칙은 병목 자원의 부하량을 덜어내 비병목 자원으로 옮기는 겁니다."

"네? 어떻게요?"

요나 교수의 말을 듣기 전까지 우리는 이 점에 대해 수없이 고민을 거듭했었다. 그러나 우리는 도무지 그 대안을 찾을 수 없었다. 그런데 바로 지금 요나 교수의 입에서 그 실마리가 흘러나오고 있는 것이다.

"알렉스, 현장에서 내가 몇 가지 질문을 던졌던 것도 바로 그런 이유 때문이었네. 모든 부품을 병목 자원에서만 생산해야 하나? 그렇지 않단 말이네. 그렇다면 비병목 자원으로 그 부담을 덜어낼 방법을 강구해야 되지 않겠나? 그 방법을 찾는다면 병목 자원의 생산능력을 추가적으로 확보하는 셈이지. 두 번째로 동일한 공정을 처리할 만한 기계가 있는지 물어봤네. 그런 기계가 있거나 그런 설비를 갖춘 외주 업체를 확보하고 있다면 병목 자원의 부하량을 덜어줄 수 있다 그 말이네. 그렇게 되면 현금 창출률을 높일 수 있는 생산능력을 다시금 확보하는 셈이고."

이튿날 아침, 나는 뻑뻑한 눈을 문지르며 부엌으로 들어섰다. 나는 어머니가 만드신, 김이 모락모락 피어오르는 오트밀 접시 앞에 앉았다. 내색하지 않으려 했지만, 나도 모르게 얼굴이 구겨졌다.

"왜, 음식이 입에 안 맞니?"

어린 시절부터 오트밀을 꺼렸던 내 식성을 잊으셨던 걸까? 하지만 어머니는 은근한 미소를 띠며 내게 말씀하셨다.

"알렉스, 오트밀은 영양이 풍부한 음식이다. 한술 떠보렴. 그래, 지난밤 일은 잘 해결됐니?"

"네. 뭔가 해결이 될 것 같은 느낌이에요. 어젯밤에 어머니하고 이 두 녀석이 했던 말이 엄청 도움이 됐어요."

"아빠, 정말?"

데이브가 신기한 듯 눈을 휘둥그렇게 떴다.

"그래, 데이브. 네가 말한 대로 우리 공장의 허비가 좀더 빨리 가도록 조치를 취할 필요가 있었어. 그리고 어젯밤 요나 교수님이 몇 가지 방법을 얘기해주셨거든. 그래서 많은 것을 깨달았지."

"그것 참 잘됐다."

어머니가 내 어깨를 두드리며 말씀하셨다. 그런데 웬일인지 식탁 위에 묘한 긴장감이 떠돌고 있었다.

"어머니, 어젯밤에 무슨 일 있었어요?"

"사실은 어제 네가 집을 비운 사이에, 애들 엄마한테 전화가 왔다."

아내는 집을 나간 뒤에도 아이들에게는 지속적으로 안부를 전했다. 하지만 어디 있는지는 알려주지 않았다. 사립탐정이라도 고용해 아내를 찾고 싶었지만, 그러면 더 역효과가 날 것 같았다.

"어멈이 전화할 때, 샤론이 무슨 소리를 들은 모양이야."

어머니가 조심스럽게 말씀하셨다. 내가 샤론의 얼굴을 들여다보자 아이는 내 눈치를 살피며 말했다.

"아빠, 할아버지가 항상 듣던 음악 생각나?"

"외할아버지를 말하는 거니?"

"네. 아빠, 잠시만요. 오빠, 기억나? 엄마가 잠잘 때 틀어주던 음악 있잖아. 그 악기 이름이 뭐더라⋯⋯."

"바이올린."

"맞아, 바이올린! 엄마랑 전화하고 있을 때, 수화기 너머로 바이올린 소리가 들렸어요"

"저도 들었어요."

"그래? 정말이야? 흠, 얘들아 고마워. 아빠가 외할아버지 댁에 전화해볼게."

나는 커피를 마신 뒤 자리에서 일어났다.

"알렉스, 너 오트밀엔 왜 손도 안 대니!"

나는 어머니에게 짧은 입맞춤으로 미안함을 대신했다.

"죄송해요, 좀 늦었거든요."

"이거 남겨놓을 테니까 내일 꼭 먹어라."

등 뒤로 아이들과 어머니가 두런두런 얘기 나누는 소리가 희미하게 들렸다.

6막

안개 숲에서 길을 잃다

"하나의 문제를 해결하면
왜 또 하나의 문제가 생겨날까?"

THE
GOAL
A Process of Ongoing
Improvement

20

행복한 결혼은 기나긴 대화와 같다.
— 앙드레 모루아

오전 7시 10분

이른 아침의 햇살은 나른한 시선으로 거리를 비추고 있었다. 나는 요나 교수가 지난밤 머물렀던 모텔 앞에서 어제 일을 잠시 떠올려보았다. 요나 교수는 지금쯤 6시 30분발 로스앤젤레스행 비행기에 올라 있을 것이다. 어쨌든 나와 우리 공장의 직원들은 그를 통해 새로운 돌파구를 찾을 수 있었다. 한사코 내 배웅을 마다하던 그의 모습이 떠올랐다. 그를 언제 다시 만날 수 있을지 기약할 수 없었지만, 이번 일을 계기로 우리 공장은 새로운 전환점을 맞게 될 것이다. 나는 사무실에 도착하자마자 프란에게 회의를 소집하라고 했다. 막 자리에 앉아 회의 자료를 준비하려는데 아내의 얼굴이 떠올라 일이 손에 잡히지 않았다. 우선은 샤론의 말대로 처갓집에 전화를 걸어 아내의 소재를 파악하는 게 좋을 것 같았다. 그러나 장인 장모가 정확한 답변을 해줄지는 미지수였다.

"여보세요."

장모가 전화를 받았다.

"장모님, 저 알렉스입니다. 줄리하고 통화하고 싶은데요."

장모는 잠시 당황한 기색을 엿보였다. 아내가 그곳에 있다는 확신이 들었다.

"줄리 지금 여기 없는데……."

"장모님, 거기 있는 거 알고 있습니다. 제가 잘 설명할게요. 좀 바꿔주세요."

장모는 더 이상 피할 수 없다는 판단이 들었는지 한숨을 쉬며 말을 꺼냈다.

"그래, 줄리가 여기 있는 건 사실이네만, 자네랑 별로 통화하고 싶지 않다는데 어쩌겠나."

"장모님, 줄리가 거기 언제 도착했나요? 혹시 일요일에도 저한테 거짓말하셨나요?"

내가 채근하자 장모는 언짢은 기색을 내비쳤다.

"일요일에 줄리는 여기 없었네. 난 자네한테 거짓말한 적 없어."

장모는 매정하게 잘라 말했다.

"우리도 그 애가 여기 올 때까지 어디 있는지 몰랐어. 며칠간 제인과 같이 있었다고 하더라고."

"장모님, 근데 왜 저한테 알려주시지 않으셨어요?"

"줄리가 자네한테 절대 말하지 말라고 하는데 낸들 어쩌나. 지금 걔 심정이 그러니까 자네가 이해를 하게. 당분간 혼자 있고 싶다고 하잖나."

"장모님, 저 지금 줄리하고 얘기를 좀 해야 돼요."

"줄리가 전화 안 받을 거라니까."

"물어보시지도 않고 어떻게 아세요?"

수화기 저편에서 발자국 소리가 들렸다. 아마도 아내에게 내 말을 전하러 가신 모양이었다. 잠시 후 장모가 다시 전화를 받았다.

"마음의 준비가 되면 줄리가 자네한테 전화를 하겠다는데?"

"그 말을 어떻게 해석해야 하나요?"

"글쎄. 그건 자네가 판단할 일 아닌가? 일을 이 지경으로 만든 건 바로 자넬세."

"장모님!"

"이만 전화 끊겠네."

장모는 거칠게 전화를 끊어버렸다. 결국 이것이었단 말인가? 다시 전화를 걸었지만, 전화 코드를 뽑아놓았는지 아무도 받지 않았다. 잠시 후, 나는 착잡한 마음을 누르고 회의 준비를 했다.

#오전 10시

회의가 시작되었다.

"어제 저녁, 요나 교수와 회의했던 내용에 대해서 다들 어떻게 생각하시는지 듣고 싶습니다. 루이스 부장님, 어떻게 생각하십니까?"

"글쎄요. 좋은 말씀이었다고 생각합니다. 우리 공장에 희망이 생길 수도 있다는 확신도 들었고요. 하지만 요나 교수가 지적했던 병목 자원의 시간당 원가 계산은 뭔가 석연치 않은 점이 있습니다. 집으로 돌아가 곰곰이 따져보니 수치가 좀 다르더군요."

"다르다니, 뭐가 말입니까?"

"병목 자원을 거치는 부품은 전체의 80퍼센트입니다."

루이스는 셔츠 주머니에서 메모지를 꺼내 들었다.

"더 정확히 계산하자면, 우리 공장 운영비의 80퍼센트가 돼야 하죠. 그러니까 시간당 2188달러인 셈이죠."

"설마 루이스 부장님 계산이 틀렸겠습니까."

내가 미소를 건네자 루이스도 미소로 답했다.

"그렇지만 우리가 처한 상황을 새로운 시각에서 볼 수 있는 계기가 된 것만은 인정합니다."

"그 점에는 저도 동의합니다. 다른 분들 생각은 어떤가요?"

모두들 유익한 시간이었다고 답했다. 그러나 실제로 현장에 요나 교수의 이론을 도입하는 것에 대해서는 의견이 분분했다. 랠프와 루이스는 어느 편에 설 것인지 분명히 하지 않았고, 스테이시는 전폭적으로 지지했으며, 밥은 꺼리는 눈치였다. 이 사안에 대해서는 스테이시가 먼저 운을 뗐다.

"한번 모험을 해볼 만한 가치가 충분히 있을 것 같아요."

"시기적으로 운영비가 증가하는 문제가 걸리긴 합니다만, 저 역시 스테이시 씨 말에 동의합니다. 요나 교수님의 지적대로 지금의 방식을 고수한다면 아마도 상황이 더 나빠질 테니까요."

루이스가 조심스럽게 스테이시의 의견에 동조했다. 밥은 잠시 생각에 잠겨 있다가 두툼한 손을 치켜들었다.

"좋습니다. 요나 교수님이 말한 것 중에서 몇 가지는 손쉽게 실행할 수 있고, 효과도 빨리 나타날 것이라고 봅니다요. 우선 손쉬운 것부터 실행해보고 나서 다른 방법을 강구했으면 합니다요."

의견이 대강 모아지는 것 같았다. 나는 밥 도노번에게 진행 과정에 대해 물었다.

"그렇게 하는 것이 합리적일 것 같습니다. 도노번 부장 생각엔 어떤 것부터 손대는 것이 좋겠습니까?"

"우선 품질검사 파트를 병목 자원 앞에 놓는 게 좋겠습니다요. 품질 검사와 관련된 다른 조치들은 시간이 걸리겠지만, 오늘 안에 품질검사 파트를 옮기는 것은 가능합니다요."

나는 고개를 끄덕였다.

"그렇게 합시다! 휴식 시간과 관련된 새로운 규칙 문제는 어떻습니까?"

"글쎄, 노조 쪽에서 순순히 나올 것 같지 않은데요."

밥 도노번이 회의적인 시선으로 나를 올려다보았다.

"난 노조도 찬성할 거라고 봅니다. 세부 사항이 마련되면 내가 마이크 오도넬 씨에게 얘기하겠습니다."

저마다 필요한 내용을 메모하느라 분주했다. 나는 자리에서 일어나 주변을 서성였다. 모두들 무슨 일인가 싶어 나를 주시했다.

"어젯밤, 요나 교수님이 제기한 문제점들은 정말 충격적이었습니다. 그중 제일 심한 것은 왜 우리가 현금 창출률을 높이지도 못할 재고를 만드느라 병목 자원을 가동했느냐는 겁니다."

모두의 시선이 교차했다. 그 시선 속에는 서로 다른 감정이 흐르고 있었다. 마침내 스테이시가 고개를 들며 나에게 말했다.

"저도 동감이에요."

밥은 무슨 소리냐는 듯 나를 바라보았다.

"공장장님, 그건 예전에 결정한 방침에 따라 그렇게 했던 거 아닙니까요?"

"나도 그 방침은 잘 알고 있습니다. 하지만 현실을 둘러보세요. 효율성 유지를 위해 쌓아온 재고가 도리어 발목을 잡는 족쇄가 되고 말았습니다. 문제는 우리 공장의 효율성이 아니라, 납품일이 지연되고 있는 대기 주문들입니다. 고객이나 경영진 측에서 보면 아주 실질적인 문제일 겁니다. 우리는 납품일을 지키기 위해 좀더 철저한 조치를 해야 합니다. 요나 교수님이 지적한 것도 바로 그걸 겁니다."

모두들 진지하게 내 말을 듣고 있었다.

"지금까지 우리는 목소리가 큰 순서대로 주문을 처리해왔습니다. 이제부터는 납품일이 지연된 주문들을 우선적으로 처리해야 합니다. 납품일이 일주일 지연된 주문보다는 2주일 지연된 주문을 우선시해야 한다는 말입니다."

"그건 예전에도 가끔씩 시도했던 일이에요."

스테이시가 말했다.

"물론 그랬습니다. 근데 여기에는 분명한 시각차가 있습니다. 과거에는 제품별 생산성에 초점을 두었지만, 이제부터는 병목 자원의 생산성에 초점을 맞춰야 한다는 말입니다. 즉 병목 자원에서 지체된 순서대로 생산이 이루어져야 한다는 뜻입니다."

"공장장님, 저도 그게 올바른 접근 방법이라고 생각합니다요. 그럼, 이제 어떻게 해야 하는 거죠?"

밥이 고개를 끄덕이며 물었다.

"병목 자원에 걸려 있는 재고 중 어떤 것이 납품일이 지연된 것인지, 어떤 것이 재고로 쌓일 부품인지부터 가려내야 할 겁니다. 랠프 씨, 우선 납품일이 지연된 주문 리스트를 작성하세요. 납품일이 가장 길게 지연된 주문부터 가장 짧게 지연된 주문까지 일렬로 분류해서, 각 주문마다 작업 우선순위를 체크하면 될 것 같습니다. 언제까지 될 것 같습니까?"

"글쎄요, 작업 자체는 그리 오래 걸리지 않을 겁니다. 문제는 다른 일도 같이 걸려 있다는 점이죠."

나는 고개를 저었다.

"지금 우리에게 가장 시급한 일은 병목 자원의 생산성을 향상시키는 겁니다. 가능한 한 빠른 시일 내에 그 리스트를 작성해주십시오. 그다음 작업은 스테이시 씨를 비롯한 재고 담당 직원들이 처리할 겁니다. 스테이시 씨는 대기 주문 중에서 아직 병목 자원 공정을 거치지 않은 부품 리스트를 만들어주십시오."

나는 스테이시 쪽으로 시선을 옮겼다.

"그런 다음 밥 도노번 부장과 상의해서, 납품일에서 가장 길게 지연된 주문부터 순서대로 각 부품 제작에 필요한 병목 지점의 작업 일정을 짜십시오."

"병목 자원을 거치지 않는 부품들은 어떻게 하죠?"

"그 문제는 일단 접어둡시다. 비병목 자원의 부품들은 이미 조립 공정 단계에 대기하고 있거나, 병목 자원의 자원 부품이 도착할 때까지 대기 상태에 있을 거라는 가정하에 일을 진행하도록 합시다."

밥이 고개를 끄덕거렸다.

"모두들 이해하셨으리라 봅니다. 지금 이것보다 더 중요한 일은 없습니다. 생각하는 데만도 6개월씩이나 걸리는 사업 본부의 목표 따위나 시행하면서 뒷걸음질하고 있을 시간이 없습니다. 해야 할 일이 무엇인지 알았으니, 한번 부딪쳐봅시다."

오후 해가 서산으로 기울 무렵, 나는 처가가 있는 포리스트 글로브 쪽으로 차를 몰았다. 차창 밖으로 고요한 풍경이 흐르고 있었지만, 내 마음속에는 천국과 지옥이 뒤섞여 있었다. 아내가 어디 있는지 알게 된 이상, 빨리 만나는 게 중요했다. 아내가 무슨 생각을 하고 있는지는 모르겠지만 이렇게 끝낼 수는 없었다. 아내가 떠난 뒤, 나는 그녀의 빈 자리가 얼마나 큰지 새삼 실감했다. 아내 없는 삶은 너무도 고통스러웠다. 4차선 도로로 접어드니 별천지가 펼쳐졌다. 최고급 자재로 단장한 고급 주택가인 그곳에서는 집집마다 아름다운 정원이 가꾸어져 있었다. 황금빛 석양을 받은 나뭇잎들은 찬란한 초록빛을 뿜어냈고, 곱게 자란 잔디 위에는 스프링클러가 한가로이 돌아가고 있었다. 나는 거리 중간쯤에 서서 아내가 나고 자란 집을 바라보았다. 흰색 페인트가 칠해진 정갈한 이층집이었다.

'지금 저 안에 내 삶을 지탱해온 내 반쪽이 있다. 그러나 지금 내 반쪽은 나와 자신의 삶 속에서 갈등하고 있다.'

아내가 나를 만나줄지 의문스러웠다. 나는 집 앞 도로에 주차한 뒤 현관문을 두드렸다. 잠시 후, 장모가 나와 덧문을 닫아건 채로 냉랭한 시선을 보냈다.

"안녕하셨어요, 장모님."

"자네 진짜 왜 이러나. 이런다고 달라질 것 같나? 줄리가 지금은 자네랑 얘기하고 싶지 않다고 했잖나."

"일단 제가 왔다고 말씀 좀 전해주세요. 저는 얘기를 해야 돼요. 줄리는 제 아내입니다."

"줄리한테 할 얘기가 있으면 그 애 변호사한테나 하게."

장모는 쌀쌀맞게 대꾸하고는 그 자리를 떠나려 했다.

"장모님, 줄리하고 얘기하기 전까진 전 이 자리에서 떠날 수가 없습니다."

"자네 정말…… 빨리 돌아가게. 안 그러면 무단 침입으로 경찰 부를 지도 몰라."

"그럼, 줄리가 나올 때까지 차 안에서 기다리겠습니다."

이내 현관문이 닫혔다. 잔디를 가로질러 차까지 가는 동안 혹시나 하는 기대를 품었지만 아내는 나오지 않았다. 나는 차 안에 우두커니 앉아 아내의 방을 응시했다. 창문 커튼 사이로 이따금씩 아내의 모습이 비쳤다. 얼마가 지났을까? 기나긴 기다림 끝에 아내의 모습이 보였다. 청바지 차림의 아내는 앳된 소녀처럼 보였다. 아내가 잔디밭을 가로질러 오는 동안, 나는 차에서 내려 당장 그녀를 안고 용서를 구하고 싶은 마음을 억눌러야 했다. 아내는 몇 미터 앞에서 문득 걸음을 멈췄다. 아마도 나와 거리를 유지하고 싶은 모양이었다. 나는 차에서 내려 아내 곁으로 다가섰다. 우리는 한동안 서로의 얼굴만 바라보며, 아무런 말도 꺼내지 않았다. 아무래도 내가 먼저 말을 건네야 할 것 같았다.

"……잘 지냈어?"

"아니, 잘 못 지냈어. 자기는?"

"자기 걱정하면서 지냈지."

아내는 이내 딴 곳을 쳐다보았다. 나는 중얼거리듯 말했다.

"드라이브하면서 얘기 좀 할까?"

"싫어. 그럴 생각 없어."

"그럼, 산책은 어때?"

"알렉스, 말 돌리지 말고 그냥 여기서 말해. 원하는 게 뭐야?"

"자기가 왜 이러는 건지 알고 싶어."

"아휴, 우리 결혼 생활을 여기서 끝내야 할지, 계속 이어가야 할지 판단이 서질 않아. 이제 됐어?"

"그래, 알았어. 근데 그건 자기 혼자서 결정할 문제가 아니잖아. 내 생각도 들어봐야 하지 않아?"

아내는 아무 말도 하지 않았다.

"우리 산책하면서 차분히 얘기 좀 하자. 여기서 이야기하다가는 동네방네 다 소문나겠어."

아내는 우리 모습을 지켜보고 있는 이웃집 사람들의 시선을 의식했다. 아내가 어색하게 내 쪽으로 걸어왔다. 내가 손을 내밀었지만, 아내는 잡지 않았다. 언뜻 처갓집 창문 커튼이 황급히 움직이는 게 보였다. 장모가 우리 모습을 지켜보고 있었을 것이다. 아무튼 우리는 아무 말 없이 산책로를 거닐었다. 무슨 이야기부터 꺼내야 할지 막막했지만, 어쨌든 아내의 생각을 들으려면 지난 주말로 거슬러올라가 이야기를 꺼내야 했다.

"지난 주말 일은 정말 미안해. 하지만 나로서도 별 도리가 없었어. 데이브가 너무 간절하게 원해서……."

"자기가 날 버리고 데이브랑 하이킹 갔다고 내가 이러는 것 같아? 나 데이브 엄마야. 사랑하는 아들이 아빠랑 하이킹을 간다는데 싫어할 엄마가 어딨어? 그 일이 계기가 되었을 뿐이야. 난 더 이상 견딜 수가 없었어. 계속 집구석에 처박혀 있었다면 난 미쳐버렸을 거야."

"그래도 줄리, 최소한 자기가 어디 있는지 정도만은 알려줄 수 있잖아."

"지금은 정말 다 싫고…… 정말 그냥 혼자 있고 싶어."

"그렇다면…… 지금 이혼이라도 생각하고 있는 거야?"

'이혼'이란 단어가 나오자 아내는 잠시 멈칫했다.

"아직 잘 모르겠어."

"그럼 언제까지 혼자 이러고 있을 건데?"

"알렉스, 난 그동안 정말 혼란스러웠어. 뭘 해야 할지도 모르겠고, 어떤 결정을 내릴 수도 없었어. 엄마는 이렇게 얘기하고, 아빠는 저렇게 얘기하고. 친구들 얘기는 또 다르고. 나만 빼놓고 다들 내가 뭘 해야 하는지 잘 아는 것 같아."

"자기, 애들 생각은 왜 안 해? 우리가 이러면 애들이 어떤 영향을 받을지 생각 좀 해보면 안 돼? 애들하고 나는 자기 걱정하느라고 잠도 잘 못 잤어. 우리는 안중에도 없는 거야? 우리보다 다른 사람들 의견이 그렇게 중요해?"

아내는 차가운 시선으로 나를 바라봤다.

"이 문제에 대해서는 철저히 나 혼자만 따로 떼어놓고 생각할 거야. 애들은 내가 없어도 잘 해낼 거야."

"그러니까 뭐가 문제인지 이야기 좀 해보자고."

아내는 깊은 한숨을 내쉬었다.

"알렉스, 우린 이 문제에 대해 벌써 수백 번도 더 얘기했어."

"알았어. 그럼 한 가지만 대답해줘. 자기 혹시 남자 생겼어?"

그 순간 아내의 얼굴에는 얼음처럼 차가운 기운이 스쳤다.

"이 정도면 산책은 아주 충분한 것 같다."

아내는 갑자기 방향을 틀어 집 쪽으로 걸음을 옮겼다. 나는 잠시 멍하니 서 있다가 아내를 잡았다.

"대답해. 정말 딴 남자 생긴 거야?"

"말 같잖은 소리 좀 그만해! 정말 그런 거면 내가 지금 왜 친정에 와 있겠어!"

맞은편에서 개를 데리고 산책 중이던 노신사가 우리를 쳐다봤다. 우리는 그가 지나갈 때까지 조각상처럼 멈춰 서 있었다.

"답답해서 그냥 해본 소리야. 정말로."

"내가 낯선 남자랑 바람이나 피우려고 애들 곁을 떠났다고 생각한다면, 자기는 날 몰라도 한참 모르는 거야."

나는 아내에게 뒤통수를 한방 얻어맞은 기분이었다.

"자기야, 미안해. 혹시나 하는 생각에서 물어본 것뿐이야."

아내의 어깨에 손을 얹자, 아내는 매몰차게 내 손을 뿌리쳤다.

"알렉스, 당신이라는 사람은 도대체 내가 보낸 고통스러운 시간에 대해 생각해본 적이 있기나 해?"

어느새 처갓집 현관이 보이기 시작했다. 나는 마음이 조급해졌다.

'어쩌면 이것이 마지막 기회인지도 모른다.'

나는 어떻게 해서든 아내를 데려가고 싶었다. 하지만 아내는 그럴 기미를 보이지 않았다. 아내는 이제 그만 처가로 들어가고 싶은 눈치였다. 나는 승부수를 띄웠다.

"집으로 돌아가자."

아내는 내 말을 들으려고도 하지 않았다.

"아니. 그럴 생각 전혀 없어."

"자기야, 눈에서 멀어지면 마음도 멀어지는 거야. 우리가 떨어져 있는 기간이 길어지면 정말 안 좋은 일이 생길지도 몰라. 자기 정말 그걸 원하는 거야? 일단 같이 집으로 돌아가서 시간을 충분히 두고 다시 노력해보자고."

하지만 아내는 여전히 단호했다.

"그럴 수 없어, 알렉스. 예전에도 자기는 항상 그렇게 말했어. 이젠 더 이상 바보 되기 싫어. 잘 가. 알렉스."

"그럼 이혼하겠다는 거야?"

"내가 말했지. 지금은 나도 모르겠다고!"

"알았어. 근데 내가 정말 원하는 건 자기가 우리한테 돌아오는 거야. 애들도 그렇고. 자기 마음이 결정되면 전화해줘."

"그게 바로 내가 원하는 거야."

나는 차에 올라 시동을 걸었다. 그러나 아직 아내에게 못 다한 말이 있었다. 나는 창문을 내리고 아내를 향해 외쳤다.

"내가 얼마나 자기를 사랑하는지 자기는 모를 거야. 사랑해, 줄리."

아내는 문득 걸음을 멈추고 나를 돌아보았다. 아내의 마음이 움직이는 것 같았다. 아내는 차 쪽으로 걸어오더니 내게 짤막한 키스를 건넸다. 그러나 내 바람과는 달리 아내는 조심스레 내 곁에서 떠나갔다. 나는 마음속으로 아내가 다시 나오기를 간절히 기도했다.

'하나, 둘, 셋…… 백.'

아내는 내가 백을 훌쩍 넘긴 뒤에도 모습을 드러내지 않았다. 차가운 밤공기만이 적막한 도로 위를 맴돌았다.

21

인생은 자유로이 여행할 수 있도록 시원하게 뚫린
탄탄대로가 아니다. 우리는 때로 길을 잃고 헤매기도 하고,
때로 막다른 길에서 좌절하기도 한다.
— 아치볼드 크로닌

#오후 10시

나는 지친 몸을 이끌고 집으로 돌아왔다. 몸이 피곤한 것은 감당할 수
있었지만, 마음의 그늘은 채울 수 없는 허기로 남았다. 나는 냉장고를
뒤져 저녁거리를 찾았다. 그러나 내 손에 쥐어진 것은 차디찬 스파게
티와 먹다 남은 빵 조각뿐이었다. 장식장을 힐끗 보니 보드카가 있었
다. 나는 간단히 저녁상을 차리고 나서, 보드카를 마시면서 착잡한 심
정을 달랬다.

'줄리가 돌아오지 않으면 어쩌지? 전화를 걸어야 하나?'

어쨌거나 줄리는 내 아내였고, 나는 마지막까지 최선을 다하고 싶
었다. 나는 긴장된 마음으로 다이얼을 돌렸다. 하지만 전화벨이 채 울
리기도 전에 전화를 끊어버렸다. 다시 전화기를 쳐다보았다.

'제기랄, 줄리는 돌아오지 않을 거야.'

그러나 내 손은 어느새 아내에게 전화를 걸고 있었다. 전화벨이 열
번쯤 울리고 나서 누군가 전화를 받았다.

"여보세요?"

장인어른이었다.

"죄송하지만, 집사람 좀 부탁드립니다."

침묵이 흘렀다.

"잠깐 기다리게."

수화기를 통해 아내를 부르는 장인의 목소리가 들렸다.

"나야, 이 밤에 무슨 일이야?"

"밤늦은 시간에 미안해. 지금 당장 자기한테 물어볼 말이 있어서 전화했어."

"이혼 여부를 묻는 거라면……."

"아니, 그게 아냐. 난 자기가 마지막 결정을 내리기 전에 한 번 더 만나보고 싶어. 그것 때문에 전화한 거야."

"글쎄……. 그래, 나쁜 생각 같지는 않네."

"좋아. 토요일 저녁 어때?"

다시 긴 침묵이 흘렀다. 어쩐지 아내가 웃고 있는 건지도 모른다는 생각이 들었다. 아내는 약간 장난기 어린 목소리로 물었다.

"지금 데이트 신청하는 거야?"

"응."

잠시 어색한 침묵이 흐르긴 했지만, 내 예상과 달리 아내는 평온한 듯했다.

"그럼, 내 데이트 신청 받아주는 거지?"

"그래. 그러지 뭐."

아내는 유쾌하게 응해주었다.

"토요일 저녁 7시 30분, 어때?"

"좋아. 기다리고 있을게."

이튿날 아침, 회의실은 여섯 명의 사람들로 북적였다. 나와 스테이시, 밥, 랠프 이상 네 명의 참모진과 두 개의 병목 자원을 담당하고 있는 감독자 두 명이 한곳에 모인 것이다. 이중 테드 스펜서는 열처리 버너를 담당하고 있는 오십 대 초반의 감독자였고, 사십 대 후반쯤으로 보이는 마리오 데몬트는 NCX-10을 맡고 있는 머시닝 센터 감독자였다. 스테이시와 랠프는 야근을 했는지 눈이 붉게 충혈돼 있었다. 회의를 시작하기 전에 나는 어제 저녁 회의 안건으로 상정된 작업에 관해

브리핑해주었다. 그러고 나서 피곤한 기색이 역력한 스테이시가 작업 과정을 설명했다.

"납품일을 넘긴 주문의 리스트를 작성하는 것은 쉬운 일이었어요. 문제는 그다음이었죠. 컴퓨터로 리스트를 작성한 뒤 납품일이 지연된 순서대로 재배치하는 건 한 시간밖에 안 걸렸지만, 각 주문 가운데 어떤 부품이 병목 자원에서 처리되는지를 찾아내는 데에 꼬박 열여섯 시간이 걸렸어요. 랠프 씨와 저는 소요 자재 명세서를 검토한 뒤에 명세서와 재고를 일일이 체크했고요, 그것을 다시 리스트로 만드느라 밤을 꼬박 새웠습니다."

그녀는 그렇게 말하면서 나에게 살짝 윙크했다. 우리는 회의실 탁자에 모여 랠프가 준비한 리스트를 검토했다. 리스트에는 납품일이 지난 예순일곱 개 주문의 총 대기 물량이 빼곡히 적혀 있었다. 맨 위에는 납품일이 무려 58일이나 지연된 제품이 있었고, 하단에는 하루 정도 늦춰진 제품이 네 건 정도 있었다. 랠프가 말문을 열었다.

"조사해보니, 현재 납품일이 지연된 주문 중 약 90퍼센트는 병목 자원 공정을 하나 혹은 둘 이상 거쳐야 하는 부품 때문에 늦어진 것으로 집계되었습니다. 이중 약 85퍼센트는 병목 자원에서 정체된 부품을 기다리느라 조립 공정에서 그냥 묵혀 있었던 것입니다."

"바로 이런 이유 때문에 두 분을 여기로 모신 겁니다. 우리는 작업 공정을 새롭게 혁신해야 합니다. 앞으로는 지연된 제품별로 우선순위가 매겨질 겁니다. 그러니 두 분도 이 일을 잘 처리해주시기 바랍니다."

테드 스펜서와 마리오 데몬트는 알았다는 듯 고개를 끄덕여 보였다. 랠프는 잠시 틈을 두고 내 말을 받아 설명을 이어나갔다.

"열처리 공정과 NCX-10에 대한 리스트를 만드는 과정 중에 어떤 부품을 어떤 순서로 만들어야 하는지 파악할 수 있었습니다. 지금 공장장님이 말씀하신 것처럼, 가장 느린 것에서 가장 빠른 것 순서로 진행할 겁니다."

랠프는 다시 내 쪽으로 몸을 돌려 나머지 사안을 보고했다.

"공장장님, 컴퓨터로 하면 일주일 내에 리스트 정리를 완전히 끝낼 수 있을 것 같습니다. 이것만 끝내면 더 이상 밤샐 일은 없겠죠?"

랠프는 밉지 않게 한쪽 눈썹을 찡긋했다.

"고맙습니다, 랠프 씨. 정말 큰일을 해냈습니다."

나는 테드와 마리오에게 이후 일정을 지시했다.

"이제 두 분이 하실 일은 지금 즉시 작업반장들에게 이 리스트의 순서대로 작업 지시를 내리는 겁니다."

"어렵지 않습니다."

테드는 시원스레 대답했지만, 마리오는 왠지 석연치 않다는 표정으로 모호하게 답했다.

"이 목록에 적힌 몇 가지 작업은 검토해봐야 할 것 같습니다."

"네. 아마 그럴 거예요. 재고 조사가 철저하게 이루어져야 하니까요. 무슨 문제라도 있나요?"

스테이시의 물음에 마리오는 마뜩잖은 얼굴로 대꾸했다.

"별 문제야 있겠습니까? 몸이 좀 고달플 뿐이겠죠. 이 리스트에 적힌 대로만 하면 되는 거죠?"

나는 상황을 지켜보다가 마리오에게 말했다.

"네, 아주 간단합니다. 나는 두 분을 믿습니다. 그리고 이 리스트에 없는 물건은 생산하지 마십시오. 작업자들이 항의하면 즉시 내게 보고하십시오. 이 리스트대로만 진행하시면 됩니다."

내 말이 끝나자 테드와 마리오는 고개를 끄덕였다. 나는 스테이시에게 물었다.

"스테이시 씨, 작업촉진자가 작업 순위 리스트에 대해 간섭하지 않는 게 얼마나 중요한지 알겠습니까?"

"물론이죠. 하지만 공장장님도 한 가지 약속해주세요. 마케팅 팀에서 어떤 압력을 가해도 순서를 바꾸지 않겠다구요!"

"약속합니다."

그러고 나서 나는 테드와 마리오에게 지금 이들이 해야 하는 일이 얼마나 중요한 것인지 다시 한번 주지시켰다.

"열처리와 NCX-10이 우리 공장을 통틀어 가장 중요한 공정이라는 사실을 명심하시기 바랍니다. 두 분이 어떻게 관리하느냐에 우리 공장의 미래가 달려 있습니다."

"최선을 다하겠습니다."

테드의 대꾸에 밥이 거들고 나섰다.

"전 이 두 분이 최선을 다할 거라고 장담할 수 있습니다."

나는 회의가 끝나자마자 노조위원장 마이크 오도넬을 만나기 위해 인사부로 향했다. 내가 막 사무실에 들어섰을 때, 마이크 오도넬은 인사부장 스코트 돌린에게 언성을 높이고 있었다. 스코트는 나를 발견하고는 구세주라도 만난 듯 도움을 청했다.

"마이크 씨, 무슨 문제라도 있습니까?"

"뭐가 문제인지는 공장장님이 더 잘 아실 텐데요? 열처리 부서와 NCX-10 부서에 새로 생긴 규칙 말입니다. 이건 명백히 단체 협약을 위반하는 행위입니다. 근로기준법 4조 7항에 따르면……."

"마이크 씨, 일단 흥분을 가라앉히고 내 말을 들어보십시오. 이제는 노조도 우리 공장이 처한 위기 상황을 알아야 할 때인 것 같습니다."

나는 오전 내내 우리 공장이 처한 상황을 마이크 오도넬에게 설명했다. 그런 다음 참모진이 지금까지 정리해놓은 대책들을 덧붙였다. 그 역시 약간 충격을 받은 것 같았다.

"이제, 우리가 왜 변해야 하는지 알겠습니까? 새로운 규칙은 기껏해야 스무 명에게만 적용되는 사안입니다."

그러나 마이크는 고개를 저었다.

"공장장님이 설명한 내용은 충분히 이해했습니다. 그러나 우리는 회사와 협약을 맺었습니다. 입장을 바꿔놓고 생각해보십시오. 앞으로도 공장장님 마음에 들지 않는 것이 있으면 이것을 빌미로 뭘 또 어떻게 바꿀지 누가 알겠습니까?"

"마이크 씨, 솔직히 얘기하겠습니다. 우리는 앞으로 더 많이 변해야 합니다. 그에 따라 나도 더 많은 요구를 하게 될 거고. 그러나 이렇게 생각해봅시다. 회사가 있어야 노조도 있는 거 아닙니까? 난 지금 노조에게 임금 삭감이나 각종 수당을 양보하라고 요구하는 게 아닙니다. 내가 원하는 건 유연성입니다. 공장이 수익을 창출할 때까지 잠시나마 유예기간을 달라는 얘깁니다. 이게 이루어지지 않는다면, 극단적으로 말해, 우린 두 달 뒤에 거리로 나앉게 될 판이란 말입니다."

"지금 절 위협하시는 겁니까?"

"마이크 씨, 내가 지금 위협하고 있는지 아닌지는 두 달만 있어보면 알게 될 겁니다. 하지만 그땐 이미 늦습니다."

마이크 오도넬은 할 말을 잊은 듯 잠시 침묵을 지켰다.

"좀 더 생각해보고 말씀드리겠습니다."

#오후 3시

나는 새로운 시스템이 어떻게 진행되고 있는지 궁금해 도저히 자리에 앉아 기다릴 수가 없었다. 밥 도노번에게 전화를 했지만 그는 현장에 나가고 자리에 없었다. 나는 혼자라도 둘러볼 생각에 자리를 박차고 일어나 첫 번째 병목 자원 NCX-10 앞으로 달려갔다. 그러나 내가 도착했을 때, NCX-10은 지루한 기계음 속에서 홀로 우두커니 서 있었다. 나는 작업자를 찾았지만 아무도 없었다. 물론 NCX-10은 자동화된 설비였기 때문에 감독하지 않아도 제 몫을 할 것이다. 그러나 기가막히는 건 NCX-10이 작동은커녕 작업 세팅도 되어 있지 않은 상태라는 것이었다. 나는 화가 머리끝까지 나서 담당자 마리오를 호출했다.

"이 기계는 왜 이러고 있는 겁니까? 고장이라도 난 겁니까?"

마리오는 즉시 작업자를 불러들여 NCX-10이 정지한 까닭을 물었다. 마리오는 내 분노는 아랑곳없이 제 할 말만 떠들어댔다.

"별일 아닙니다. 원자재가 없을 뿐이죠."

나는 화가 나서 고함을 쳤다.

"지금 그걸 말이라고 합니까? 원자재가 없다는 게 말이 됩니까? 도처에 널려 있는 저 강철 더미들은 대체 뭐란 말입니까?"

"공장장님이 리스트 순서대로 작업을 진행하라고 하시지 않으셨습니까?"

나는 잠시 감정을 누그러뜨리고 작업 진행 상황을 물었다.

"그럼, 리스트에 있는 걸 모두 끝냈단 말입니까?"

"아뇨. 리스트에 기록된 작업 두 가지는 완료된 상태입니다. 그런데 세 번째 작업을 진행하려고 보니 그것에 맞는 원자재가 없더라구요. 그래서 원자재가 도착할 때까지 NCX-10 가동을 중단했습니다."

나는 그의 멱살이라도 잡고 싶었지만, 일단은 참아야 했다.

"바로 이게 공장장님이 저희에게 말씀하신 거 아닙니까? 리스트 순서대로 작업을 진행하는 거 말이에요."

나는 부글부글 끓어오르는 분을 삭이면서 마리오에게 물었다.

"그래요. 내가 말한 거 맞습니다. 그치만 아무리 그래도 그렇지. 세 번째 작업이 불가능한 상황이면 네 번째 작업을 우선 진행해야겠다는 생각은 왜 못합니까? 내가 이런 것까지 일일이 지시해야 합니까?"

마리오는 그저 멍하니 내 입만 바라보며 서 있었다.

"대체 필요한 원자재는 어디에 있는 겁니까?"

"모르겠습니다. 어딘가에 있겠죠. 밥 도노번 부장님이 누군가한테 찾아보라고 했을 텐데요……."

"알겠습니다. 마리오 씨, 내 말 잘 들으세요. 되도록 빨리 작업 준비 요원들한테 NCX-10 가동을 준비시키고, 원자재가 있는 제품부터 생산에 들어가셔야 합니다. 이 빌어먹을 놈의 기계는 이십사 시간 내내 풀가동해야 한다 그 말입니다. 알아들으셨습니까?"

"네, 그렇게 하겠습니다."

나는 화를 삭일 수가 없었다. 즉시 밥 도노번을 호출해 문제를 협의해야 했다. 내가 막 현장을 나서는 순간 밥 도노번과 작업반장 오토가 심각하게 언쟁을 벌이는 모습이 보였다. 자세히 들을 수는 없었지만, 밥이 오토에게 책임을 추궁하는 눈치였고 오토는 자신의 입장을 강한 어조로 호소하는 듯했다. 나는 잠시 그 자리에 멈춰 서서 밥이 내게 올 때까지 기다렸다. 밥은 나를 힐끗 돌아보더니, 오토에게 단호하게 명령을 내리고는 내 곁으로 다가왔다. 그 뒤로 기계공들에게 달려가는 오토의 모습이 보였다.

"뭐가 어떻게 돌아가는지 알고나 있습니까?"

"네. 알고 있습니다요. 제가 여기 온 것도 그 때문입니다요."

"문제가 뭡니까?"

"큰 문제는 없습니다요. 단지 표준 운영 절차가 문제라면 문제죠."

밥의 설명은 다음과 같았다.

지금쯤 작업에 들어갔어야 할 부품 더미는 NCX-10 앞에서 무려 일주일이나 방치되어 있었다. 오토는 다른 작업을 진행하고 있던 터라 그것을 무심히 넘겨버렸을 것이다. 오토에게 병목 자원은 딴 세상 이야기였다. 오토에게 이 문제의 중요성을 설명해주지 않긴 했지만, 현장 식구들의 생각은 전반적으로 이와 비슷할 것이다. 아무튼 오토에게는 NCX-10으로 가는 부품이라도 여느 부품과 다를 것이 없었고, 규모로 봤을 때도 그리 비중이 높지 않았다. 그 때문에 밥이 현장에 도착해 작업 명령을 내렸을 때도 오토는 기껏해야 창고에서 3, 4개월은 족히 썩고 있을 제품 생산을 고집하며 작업을 거부했다. 적어도 밥이 설명을 마칠 때까지는……

"공장장님, 상황이 이렇습니다요. 빌어먹을! 전혀 달라지지 않았다구요. 저 사람들은 리스트 순서대로만 작업을 진행하다가 원자재가 없다고 저렇게 딴청을 피웁니다. 이래서야 뭐가 변할 수 있겠습니까?"

"잠깐만, 잠시 생각 좀 해봅시다."

밥은 진저리를 치며 고개를 내저었다.

"생각할 게 뭐가 있습니까?"

"도노번 부장, 좀 이성적으로 생각해봅시다. 정확히 뭐가 문제였습니까?"

"가공할 원자재가 NCX-10에 도달하지도 않았어요. 다시 말해, 일괄 처리할 공정을 가동할 수가 없었다는 거죠."

밥은 노랫가락을 흥얼거리듯 줄줄 읊어댔다.

"가장 근본적인 이유는 가장 먼저 처리되어야 할 이곳 NCX-10 공정이 맨 뒷전으로 밀려나 있다는 겁니다. 저 쓸모없는 비병목 자원의 제품을 생산하느라고 말이죠!"

"도노번 부장, 진정하고 왜 이런 일이 발생했는지부터 생각해봅시다."

"여기 책임반장이라는 놈은 그저 일손을 바삐 놀리고 있는 것처럼 보이기 위해 애쓰고 있다니까요. 그게 답니다요."

"그럴 수도 있는 거 아닙니까. 그 사람이 열심히 일하는 척하지 않으면 도노번 부장이 가서 마구 다그칠 테니까."

"제가 그렇게 안 하면 공장장님이 저를 몰아세우셨을 거 아닙니까요."

밥이 그럴싸하게 응수했다.

"그렇다고 칩시다. 하지만 여기서 일하는 사람들이 아무리 부지런을 떨어봤자 목표 달성을 할 수 있는 것도 아니잖습니까."

"그렇긴 합니다……."

"저길 좀 보세요."

나는 즉시 NCX-10에 투입되어야 할 부품 더미를 가리켰다.

"저게 뭐라고 생각하십니까? 저건 우리가 당장 해결해야 할 과젭니다.

내일이 아니라, 지금 당장 저것들을 작업에 투입해야 한단 말입니다. 반면에 오토나 그 밖의 직원들이 정성을 쏟고 있는 비병목 자원은 어떻습니까? 몇 주, 아니 몇 개월 뒤에나 팔릴 제품들이 생산되고 있습니다. 정작 회사 매출을 올려주는 제품에는 아예 손도 대지 않은 채 말입니다."

"휴, 중요한 건 저 친구들이 그 사실을 모르고 있다는 겁니다요."

"바로 그겁니다. 오토는 중요한 부품과 중요하지 않은 부품을 구별하지 못하는 겁니다. 이유가 뭐라고 생각하십니까?"

"아무도 설명해주지 않았기 때문이겠지요."

"바로 그겁니다. 도노번 부장, 당신이 오기 전에는 아무도 그 사실을 알려주지 않았을 겁니다. 작업장 식구들 대부분이 오토와 비슷할 텐데……."

"그럼, 제가 작업장을 일일이 돌아다니면서 같은 얘기를 반복해야 한단 말씀이십니까? 그 일을 하는 데만도 한 달은 족히 걸릴 겁니다요."

"하지만 이대로 방치해두면 같은 일이 반복될 겁니다. 이 문제를 해결할 만한 좋은 수가 없겠습니까?"

밥은 이리저리 머리를 굴리다가 아이디어 하나를 내놓았다.

"그걸 알려줄 수 있는 시스템이 필요할 것 같은데요?"

"좋은 생각입니다. 헛된 작업이 반복되지 않도록 제도적인 장치를 마련합시다. 그리고 알맞은 조치를 강구할 때까지는, 수고스럽더라도 두 개의 병목 자원에서 일하는 사람들이 리스트상의 우선순위에 따라 작업해야 한다는 사실을 숙지시키도록 합시다."

나는 밥이 오토에게 일의 중요성을 다시 한번 충분히 설명할 수 있도록 잠시 자리를 비켜주었다. 밥이 돌아온 뒤 나는 병목 자원의 상태를 파악하기 위해 그와 함께 시찰을 돌았다. 일을 마치고 사무실로 돌아오는 동안, 밥은 작업장에서 일어난 일에 대해 걱정하고 있는 눈치였다.

"왜요, 걱정되는 일이라도 있습니까? 아니면 아직 이 모든 일에 대해 확신이 서지 않는 겁니까?"

"공장장님, 우리가 병목 자원에만 치중하면 다른 공정은 어떻게 됩니까?"

"우리는 병목 자원에서 낭비되는 시간을 최소화해야 합니다."

밥은 여전히 확신하지 못하고 있었다. 다른 공정에 대한 미련이 남아서라기보다는 전체 공장 운영의 변화가 버겁게 느껴진 탓일 것이다. 나는 단호하게 답변했지만 밥은 집요하게 물고 늘어졌다.

"하지만 우리 공장의 98퍼센트를 차지하는 다른 공정에서 발생하는 비용은 어떻게 하실 겁니까?"

"우리에게 지금 당장 필요한 것은 병목 자원의 생산성을 늘리는 일입니다. 도노번 부장, 전 당신이 현장에서 올바르게 판단했다고 확신합니다. 제 생각이 틀린 겁니까?"

"그렇게 생각은 하지만, 전 9년간 지켜왔던 모든 규칙을 어겨야 했습니다요. 그 때문에 자책감이 들기도 합니다요."

"깨져야 할 규칙들이 깨진 것뿐입니다. 잘못된 것을 그대로 두는 건 옳지 않습니다. 지금이라도 바로잡을 수 있다면 그렇게 해야 되지 않겠습니까? 자책하지 마십시오. 기억을 돌이켜봅시다. 얼마 전에도 긴급 주문을 출하하기 위해 작업을 변경했습니다. 그때와 차이가 있다면, 외부에서 압력을 넣기 전에 우리가 미리 변경하는 것뿐이잖습니까. 우리가 하고 있는 일에 대해 신념을 가집시다."

밥이 동의한다는 듯이 고개를 끄덕였다. 하지만 결과가 나와봐야 진의를 알 수 있을 것이다. 솔직히 나도 결과를 확인한 뒤에야 믿음을 굳힐 수 있을 것 같았다.

#금요일 오전 8시

우리가 그 문제를 해결할 시스템을 개발하는 데는 며칠이 걸렸다. 나와 밥이 회의 준비를 마칠 무렵 첫 번째 작업조가 공장 구내식당으로 속속 모여들었다. 우리는 요나 교수의 이론을 현장에 도입하던 중에 겪었던 시행착오를 통해, 전 직원에게 병목 자원의 중요성을 좀더 구체적으로 홍보해야 한다는 결론을 얻었다. 스테이시는 구체적인 홍보 내용을 사내 신문에 싣자고 했고, 랠프는 전체 회의를 소집해서 대대적으로 알리자고 했다. 우리는 오늘 날짜로 시간급 직원을 포함한 공장 내의 전 직원과 작업 시간대별로 15분 동안 미팅을 가질 계획을 세웠다. 그 첫 미팅이 이제 막 시작되고 있었다.

"직원 여러분, 안녕하십니까? 공장장 알렉스 로고입니다. 제가 여러분 앞에 나선 이유는 단 한 가지입니다. 우리는 현재 난관에 처해 있습니다. 그러나 저와 현 지도부는 우리 모두가 살아남을 수 있는 윈윈 전략을 수립했습니다. 여러분이 저를 믿고 따라와주신다면 우리는 반드시 해낼 수 있습니다. 여러분을 오늘 이 자리에 모신 것은 그 새로운 시스템을 발표하기 위해섭니다. 우리가 구상한 시스템은 공장 생산성 향상은 물론 여러분의 고용 안정을 도모하는 데 크게 이바지할 것입니다. 제 옆에 계신 밥 도노번 생산부장님이 구체적인 실천 방안을 설명해드릴 겁니다."

15분이라는 짧은 시간 동안 많은 것을 설명할 수는 없었다. 나는 직원들의 이해를 돕기 위해 모래시계를 예로 들어 병목 자원의 개념과 열처리 공정 및 NCX-10 공정이 우선되는 이치를 짤막하게 설명했다. 하지만 그것만으로도 15분은 훌쩍 지나가버렸다. 나는 마지막으로 이 자리에서 설명할 수 없는 내용은 사내 신문을 통해 전할 것이고, 진척 상황은 지면을 통해 지속적으로 알리겠다는 말을 덧붙였다. 마이크를 이어받은 밥은 공장 내의 모든 부품을 어떤 방식으로 우선순위를 두고 생산해야 되는지에 대해 설명하기 시작했다.

"모든 공정의 부품들에는 오늘 저녁까지 색깔별로 숫자가 매겨진 꼬리표가 붙을 겁니다요."

밥은 적색 샘플을 들어 보인 다음 설명을 계속했다.

"꼬리표의 색깔은 적색과 녹색, 두 가지입니다요. 먼저, 적색 꼬리표는 긴급 처리할 일이라는 뜻입니다요. 그러니까 병목 자원에서 처리되어야 할 모든 부품에는 적색 꼬리표가 붙습니다요. 현장에 이 꼬리표가 달린 부품 묶음이 도착하면 여러분은 '즉시' 이 부품을 가공해주세요. 다른 작업을 진행하던 중이었다면, 시간을 따져보고 처리하시면 됩니다요. 가령, 30분 안에 끝날 분량이라면 하고 있던 작업을 마쳐도 되지만, 그 이상이 걸린다면 즉시 중단하고 적색 꼬리표가 부착된 부품을 생산해야 한다 이 말입니다요."

밥은 모두가 볼 수 있도록 녹색 꼬리표를 높이 들었다.

"자자, 두 번째는 녹색입니다요. 이것은 적색에 비해 우선순위가 낮은 부품에 붙을 겁니다요. 현장에 적색 꼬리표를 단 부품과 녹색 꼬리표를 단 부품이 동시에 입고되면 당연히 적색 꼬리표를 단 부품을 먼저 작업하시라 그 말입니다요. 녹색은 항상 적색 뒤에 처리하면 된다는 것만 확실히 기억하시라 그 말입니다요."

밥은 다시 한번 샘플을 들어 보인 뒤, 다음 내용으로 들어갔다.

"지금까지는 색깔을 통한 우선순위 표시에 대해 말씀드렸습니다요. 다음으로는 같은 색이 부착된 주문 두 개가 들어왔을 때의 작업 요령을 말씀드리겠습니다요. 적색 꼬리표가 동시에 세 개 들어왔다면, 숫자가 낮은 것부터 가공하시면 됩니다요. 예를 들어 31, 32, 34번이라면 31번부터 생산하시면 됩니다요."

밥은 세부 사항을 설명한 뒤, 몇 가지 질문에 답했다. 그사이 직원들의 얼굴에는 어리둥절함과 혼란스러움이 떠올랐다. 나는 직원들의 동요를 잠재우기 위해 단상에 다시 올랐다.

"아아, 여러분, 전체 회의를 소집한 것은 제 아이디어였습니다. 여러분을 이 자리에 모이게 한 데에는 두 가지 이유가 있습니다. 가장 큰이유는 모두가 동시에 같은 메시지를 듣고 공장 상황이 어떤지를 분명히 이해하길 바랐기 때문입니다. 그래야만 불필요한 마찰을 줄일 수 있고, 더 많은 시간을 확보할 수 있기 때문입니다. 그리고 나머지 하나는 우리가 만들 수 있는 공장의 비전을 제시하고자 했던 것입니다. 우리는 이제야 비전의 첫 장을 열었습니다. 저도 이 자리를 마련하기까지 수없이 갈등했습니다. 포기하고 싶다는 생각도 했지만, 그럴 수는 없었습니다. 포기할 수 없다면 도전해야 하지 않겠습니까? 우리에게 주어진 과제는 공장의 수익성을 높이는 일입니다. 이 공장의 미래와 여러분의 고용 안정은 우리 공장이 흑자로 돌아설 때만 가능한 일입니다. 그러기 위해서 우리는 하나가 되어야 합니다. 우리는 해낼 수 있습니다."

그날 오후 늦게 회의실 전화벨이 울렸다. 노조위원장 마이크 오도넬이었다.

"공장장님, 안녕하세요? 저 마이크 오도넬입니다. 점심과 휴식 시간에 관한 새로운 정책, 공장장님 생각대로 추진하십시오. 따르겠습니다."

밥과 스테이시가 짧은 환호성으로 우리가 얻어낸 조그만 승리를 자축했다. 창밖으로 숨 가빴던 한 주가 지나가고 있었다.

#토요일 오후 7시 29분

나는 말쑥한 차림으로 처갓집 문 앞에 서 있었다. 정확히 1분 뒤 아내를 만날 것이다. 내가 준비한 장미꽃 한 다발을 받고 아내가 기뻐할지 어떨지는 모르겠지만, 나는 참으로 오랜만에 야릇한 감상에 젖을 수 있었다. 7시 30분 정각, 나는 현관 벨을 눌렀다. 아내가 현관에 나와 화사한 미소로 나를 반겼다.

"뭐야! 알렉스, 정말 자기 맞아?"

아내 역시 들뜬 표정이었다.

"자기도 좋아 보여."

아내는 연애 시절 내 가슴을 뒤흔들었을 때보다 훨씬 아름다워 보였다.

"잠깐 들어올래?"

아내는 나를 집 안으로 들였다. 예상치 못했던 큰 변화였다. 거실에는 장인과 장모가 나란히 앉아 대화를 나누고 있었다. 그리 달가워하는 기색은 아니었지만, 어쨌든 내게 의례적인 안부 인사를 건넸다.

"그래, 요새 공장 상황은 어떤가?"

"아, 네. 많이 힘들었는데, 조금씩 회복될 기미를 보이고 있습니다."

아내는 이런 식의 대화가 지겨웠는지 내 팔을 살짝 끌어당겼다.

"나가야 할 시간인 것 같은데?"

나는 여전히 무표정한 얼굴로 내 시선을 피하고 있는 장모에게 농담을 건넸다.

"이 사람, 늦어도 10시까지는 집에 들여보내겠습니다."

"그러게. 기다리고 있겠네."

장모의 얼굴에 언뜻 미소가 스치는 것 같았다.

22

인간의 모든 지혜는
기다림과 희망이라는 단어로 요약된다.
— 알렉상드르 뒤마

#오전 8시 30분

다시 벅찬 한 주가 시작되었다. 하지만 지난 몇 주 동안 북새통이던 회의실은 조금씩 안정을 되찾아가고 있었다. 우리는 컴퓨터 단말기 주위에 모여앉아 랠프의 작업이 끝나기를 기다렸다. 랠프는 프린터에서 뽑아낸 따끈따끈한 소식을 흥미롭게 살펴보았다.

"지난주에 출하된 납품일 지연 주문 리스트가 나왔습니다!"

스테이시가 첫 번째로 반응을 보였다.

"괜찮은데요."

"괜찮다구요? 괜찮은 정도가 아니라, 아주 좋습니다요."

밥이었다.

"좀 더 정확하게 일했었어야 한단 뜻이에요."

스테이시는 밥에게 한쪽 눈을 찡긋해 보였다.

"하지만 이 정도로는 충분하지 않은데……."

내 말에 스테이시가 화들짝 놀라며 반문했다.

"충분치 않다구요? 공장장님, 너무 인색하시네요. 지난 몇 주와 비교해보세요. 적어도 몇 걸음의 진전은 있었다구요. 새로운 시스템을 도입하고 나서 벌써 주문을 열두 건이나 출하했어요. 그것도 58일씩이나 지연된 주문 말이에요."

랠프가 스테이시의 말을 받았다.

"납품일이 44일이나 지연된 제품을 떠안고 있는 건 사실이지만, 골칫덩이를 해결했다는 데 의의가 있는 거잖아요."

"그럼, 그렇고말고!"

모두들 작은 성공에 취해 들떠 있었다. 나는 테이블로 자리를 옮겨 그간의 성과를 점검해보았다. 이들이 흥분하는 것은 어쩌면 당연한 일인지도 모르겠다. 우리가 도입한 새로운 시스템은 정말 놀라운 성과를 보여주었다. 작업 우선순위와 공정 단계에 따라 모든 것이 색깔별로 분류되었고, 병목 자원에서 생산되어야 할 원자재는 제때 도착해서 차곡차곡 완제품을 쌓아갔다. 병목 자원을 위해 공장에 '초고속 인터넷 망'을 가설해준 것처럼 말이다. 병목 자원 앞에 품질검사 기능을 둔 결과, NCX-10으로 가는 부품의 약 5퍼센트와 열처리로 가는 부품 중 약 7퍼센트가 품질 기준에 미달한다는 것을 밝혀냈다. 앞으로 이 정도로 유지한다면 현금 창출률 면에서 높은 수익을 얻을 수 있을 것이다.

점심시간에 병목 자원의 인원을 재배치하는 규정도 큰 효과를 보았다. 과거 손실분을 파악할 수 없어서, 이 규정으로 어느 정도의 이익을 보았는지 산술적으로 나타낼 순 없지만, 적어도 올바른 길로 가고 있다는 것만큼은 확실했다. 그러나 유감스럽게도 가끔씩 NCX-10이 작동되지 않을 때가 있다는 보고가 들어왔다. 문제는 그런 일이 휴식 시간이 아닌 다른 시간대에 일어난다는 점이었다. 그 원인은 밥이 알아보기로 했다. 이해득실 면에서 새로운 시스템의 도입은 분명 득이 되었다. 평균을 상회하는 수준에서 납품일이 지연된 주문을 신속히 출하할 수 있었다. 그러나 나는 이 정도로는 부족하다고 생각했다.

'이제 3개월의 유예기간도 반 이상 지나가버렸다. 몇 주 전, 우리는 절룩이는 다리로 걸음마를 시작했고, 지금은 겨우 제대로 걷고 있는 수준에 불과하다. 하지만 우리는 달려야 한다.'

데이터 단말기 쪽을 돌아보니 모두들 나를 쳐다보고 있었다.

"나는 우리가 올바른 방향으로 첫발을 내디뎠다는 것을 알고 있습니다. 그렇지만 더 박차를 가해야 합니다. 지난주에 열두 건을 출하했다는 건 썩 좋은 성과입니다. 하지만 여전히 납품일이 지연된 주문들을 떠안고 있습니다. 많다고는 할 수 없지만, 그 문제가 모두 해결될 때까지는 안심할 수 없습니다."

모두들 단말기에서 물러나와 나를 중심에 두고 테이블로 모였다. 밥이 지금까지 실행에 옮긴 시스템을 효과적으로 조정할 수 있는 방안에 대해 언급했다.

"도노번 부장, 그건 좋은 생각이긴 하지만, 중요한 일은 아닙니다. 그보다도 요나 교수님이 제시했던 다른 제안들에 대해 고민해보도록 합시다."

밥이 내 눈길을 피하면서 말했다.

"글쎄요, 검토하고 있긴 합니다만."

"수요일 전략 회의 때 병목 자원의 부하량을 덜어주는 것에 관한 건 의안을 제출해주었으면 합니다."

밥은 아무 말없이 고개만 끄덕였다.

"준비할 수 있겠습니까?"

"어떻게든 해보겠습니다."

그날 오후, 나는 사무실에서 품질검사 부장 엘로이 랑스톤, 직원 커뮤니케이션을 담당하고 있는 바버라 펜과 회의를 했다. 바버라는 삼십대 초반의 여성으로, 공장 안에서 일어나는 변화에 대한 배경과 그 이유 등을 알리는 신문 제작 업무를 담당하고 있었다. 지난주에 이번 일과 관련된 첫 신문이 배포되었다. 나는 그녀가 우리의 새로운 프로젝트에서 나름대로 어떤 역할을 할 수 있도록 랑스톤과의 미팅을 주선했다. 오늘 자 신문의 주제는 병목 자원을 통과하고 난 부품들이 가끔씩 병목 자원으로 유입된 부품들과 혼동되는 것에 관한 내용이었다. 가공 전의 상태와 가공 후의 상태가 엇비슷해 숙련공만 감지할 수 있다는 것이 품질검사 기준 자체를 왜곡할 가능성이 컸다. 문제는 직원들이 어떻게 이 두 가지를 쉽게 식별할 수 있게 하느냐는 것, 또 직원들이 병목 자원을 거친 부품을 세심하게 다루어 불량률을 줄이는 것으로 좁혀졌다. 엘로이와 바버라는 미리 준비해 온 사안에 대해 언급했다. 먼저 바버라가 서두를 꺼냈다.

"적색 꼬리표를 사용해서 큰 효과를 봤습니다. 직원들은 그 부품이 병목 자원으로 가야 한다는 것도 알고 있구요. 따라서 우리가 해야 할 일은 비교적 간단합니다. 특별 관리가 필요한 제품을 선별해서 다른 특징을 만들어주는 겁니다. 다시 말해 보석 다루듯 세심하게 취급해야 하는 부품과 그럴 필요가 없는 부품을 구별해주는 거죠."

"매우 적절한 비유군요."

내 말에 그녀는 웃음으로 답했다. 그러고는 다시 말을 이었다.

"이 적색 꼬리표에 노란색 테이프 조각을 붙이면 어떨까요? 이 부품들이 얼마나 소중히 다루어져야 하는지를 시각적으로 알려주는 거죠. '노란 테이프를 황금 보듯이 하라!'를 슬로건으로 제시하고, 사내 홍보를 다양하게 하면 충분할 것 같아요."

"그 테이프가 병목 자원의 가공 속도를 느리게 하지만 않는다면 좋은 방안이라고 생각합니다."

내가 조심스레 운을 떼우자 엘로이도 동의했다.

"좋은 생각인 것 같습니다."

"한 가지 지적하고 싶은 것은 홍보가 일회성에 그치면 별다른 효과가 없을 거라는 점입니다."

"무슨 뜻인지 충분히 이해가 가네요."

엘로이가 빙그레 웃으며 말을 받았다.

"지금 우리는 병목 자원과 그 후속 공정에서 발생하고 있는 품질 문제의 원인을 체계적으로 밝혀내고 있습니다. 타깃이 무엇인지를 정확하게 알게 되면 병목 자원을 거치는 부품들과 그 후속 공정에 대해서 특별 조치를 강구할 것입니다. 그리고 그 조치들이 정해지면 직원들을 대상으로 훈련 과정을 준비할 거구요. 하지만 그렇게 하는 데 시간은 좀 걸릴 겁니다. 그래서 단기적으로 병목 생산 공정이 정확하게 이루어질 수 있도록 기존의 절차를 거듭 체크해야 한다는 것을 강조하는 것입니다."

짧은 시간 동안 이야기 나누었을 뿐이지만, 회의 내용은 매우 만족스러웠다.

"훌륭합니다."

나는 그들이 자리에서 일어서자 되도록 빨리 일을 진행시키고, 진행 상황은 수시로 보고해달라는 당부를 잊지 않았다. 그런데 회의에 참석하기로 한 밥이 아직도 나타나지 않고 있었다.

"엘로이 씨, 그런데 도노번 부장은 왜 회의에 불참한 겁니까?"

"그 친구, 요즘 웬만해선 보기 힘듭니다. 회의에서 나눈 얘기는 제가 따로 브리핑해주겠습니다."

바로 그때 전화벨이 울렸다. 나는 엘로이와 바버라에게 손을 흔들어 보인 후, 전화를 받았다.

"공장장님, 저 밥 도노번입니다요."

"왜 이렇게 늦게 전화했습니까? 방금 미팅이 끝났는데."

밥은 내 추궁에 오히려 당당하게 대꾸했다.

"공장장님, 보여드릴 게 있습니다요. 이쪽으로 오실 수 있겠습니까요?"

"무슨 일입니까?"

"저, 그게…… 오시면 말씀드리겠습니다. 여기는 입하장입니다요."

나는 곧장 입하장으로 향했다. 밥은 오래된 친구를 만나기라도 한 듯이 큼지막한 손을 들어 나를 불러 세웠다. 입하장에는 트럭 한 대가 서 있었고, 그 뒤로 정체 모를 물건이 내려오고 있었다. 가까이 다가가보니, 인부 두어 명이 회색 방수포가 덮인 상자를 크레인으로 끌어내리는 중이었다.

"조심해서 해요."

밥은 덩치 큰 회색 물건이 앞뒤로 흔들리는 것을 보자 입가에 손을 대고 큰 소리로 외쳤다. 크레인은 밥의 지시에 따라 물건을 콘크리트 바닥으로 안전하게 내려놓았다. 물건이 내려지자마자 밥은 인부들에게 로프를 끌어내라고 명령했다.

"금방 다 풀 겁니다요. 조금만 기다리시지요."

밥은 위대한 전쟁을 마치고 돌아온 영웅처럼 의기양양하게 말했다. 나는 참을성 있게 기다렸다. 밥은 로프가 풀리는 광경을 초조하게 바라보았다. 드디어 로프가 풀렸다. 밥은 한껏 들뜬 표정으로 달려가 방수포를 힘껏 벗겨냈다.

"이야!"

밥은 난생처음 보는 고철 덩어리 앞에서 소리를 질러댔다.

"세상에, 이게 뭡니까?"

"즈메그마(Zmegma)라는 기계입니다요."

밥은 걸레를 집어 들고 정성껏 먼지를 닦아내기 시작했다.

"공장장님, 이런 기계는 이제 생산되지도 않을 겁니다요."

"그렇다니 천만다행입니다."

나는 어처구니가 없어서 이렇게 말했다.

"공장장님, 즈메그마는 우리가 찾아 헤매던 바로 그 기계입니다요!"

"1942년식인 것 같은데, 이게 어떻게 도움이 된다는 겁니까?"

"물론 NCX-10과는 상대도 안 되죠. 근데 말입니다요. 이 기계랑……."

밥은 고철 덩어리를 소중하게 어루만지면서 말했다.

"그리고 저기 저 스크루 마이스터 한 대……."

밥은 맞은편을 가리켰다.

"또 저기 구석에 있는 다른 기계를 모아놓으면 NCX-10이 하는 모든 일을 다 해낼 수 있습니다요."

나는 밥이 가리킨 기계들을 죽 둘러보았다. 모두 낡고 오랫동안 사용하지 않은 기계들이었다. 나는 즈메그마에 바짝 다가가 자세히 살펴보았다.

"이게 요나 교수님께 폐기 처분했다고 말한 바로 그 기곕니까?"

"맞습니다요."

"그래도 이건 거의 골동품 수준 아닙니까? 대체 이걸로 뭘 하려고⋯⋯. 이것들이 제대로 된 제품을 만들어낼 수 있을 거라고 생각하십니까?"

"물론 보시는 대로 자동화된 설비는 아닙니다요. 일일이 사람 손을 거쳐야 하기 때문에 품질에 하자가 있을 수도 있고요. 하지만 이 기계가 생산능력을 높일 수 있는 가장 빠른 길입니다요."

나는 미소 지었다.

"이것들을 다 어디서 구했습니까?"

"오늘 아침에 남부 지역 공장에서 일하고 있는 제 동기한테 전화를 걸었습니다요. 그 친구가 그러더구만요. 아직 이 기계들을 갖고 있다구요. 저희 쪽에 줄 수 있다고 하길래 기계 보수 요원 한 사람을 차출해서 가져왔습니다요."

"비용은 얼마나 들었습니까?"

"트럭 운송비만 들었습니다. 어차피 폐기 처분할 거였다면서 그냥 가져가라고 했습니다. 서류다 뭐다 해서 골치 아프게 판매하느니 그 편이 낫다면서요."

"돌아가긴 하는 겁니까?"

"한번 해볼까요?"

기계 보수 요원이 전원 케이블을 연결하자 기계는 잠시 낡은 울음소리를 토해냈다. 5분 뒤, 회전음이 나면서 고물 환풍기에서 회색빛 먼지 덩어리가 뿜어져 나왔고, 느릿한 작동음을 내뱉었다. 밥이 만족스런 웃음을 띠며 말했다.

"쓸 만한데요?"

23

구하라, 그리하면 너희에게 주실 것이요,
찾아라, 그리하면 찾아낼 것이요,
문을 두드려라, 그리하면 너희에게 열릴 것이니.
— 마태복음

#오전 11시

계절을 재촉하는 봄비가 사무실 창가를 두드리고 있었다. 잔뜩 구겨진 잿빛 하늘처럼 수요일 오전도 저물어가고 있었다. 힐튼 스미스가 펴낸 〈생산성 회보〉를 꺼내 들었지만, 단 한 줄도 읽을 수가 없었다. 나는 멍한 눈을 들어 창밖을 응시했다. 빗줄기 사이로 아내의 얼굴이 떠올랐다.

2주 전 토요일 밤, 우리는 정말 행복한 '데이트'를 즐겼다. 특별한 이벤트를 준비했던 것은 아니지만, 우리는 다른 여느 연인들처럼 함께 영화도 보고 저녁도 먹으면서 많은 교감을 나누었다. 우리 부부에게는 이런 시간이 필요했던 것인지도 모르겠다. 집으로 돌아오는 길에 우리는 한적한 공원을 가로질러 드라이브를 즐겼다. 아내와 나는 처음 만났을 때를 회상하며 깊은 감회에 젖었다. 문득 우리는 까마득히 잊고 있었던 사춘기 시절의 풋풋한 연애 감정에 휩싸였다. 새벽 2시에 그녀를 처가에 바래다주었다. 그리고 장인어른이 현관 등을 켤 때까지 차고 앞 진입로에서 사랑을 나눴다. 그날 밤 이후, 우리의 만남은 조금씩 진전을 보였다. 지난주에는 바쁜 스케줄을 쪼개 아내를 보러 가기도 했다. 아내를 만나고 난 다음날은 왠지 모르게 기분이 좋았다. 하지만 우리 부부 사이에는 불문율이 있었다. 대화 중이나 사랑을 나누는 순간에는 이혼과 결혼 생활 여부를 거론하지 않는 것이 그것이었다. 딱 한 번, 이 문제가 오간 적이 있었다. 아내는 조심스럽게 아이들 안부를 물으며, 여름방학 때 아이들을 처가에 데려다놓고 싶다는 뜻을 비쳤다. 나는 기꺼이 아내의 제안을 받아들였다. 그러고는 슬며시 우리 관계에 대한 아내의 대답을 얻어내려고 했다. 그러자 아내는 해묵은 논쟁을 끄집어내며 지난날의 악몽을 되씹었다. 나는 지금의 평화를 유지하기 위해 한 발 물러서고 말았다.

우리 부부는 지금 레테의 강 앞에 와 있는지도 모른다. 나는 결혼 전, 아내를 처음 만났을 때 느꼈던 느낌 그대로 아내를 기다리고 있다. 그러나 아내는 여전히 가까워지는 것에 대한 두려움을 간직한 채 저만치 물러서 있었다. 하지만 이제 곧 우리 부부 사이에 부는 차가운 북풍이 물러가고 따뜻한 남풍이 불어올 것이다. 아니, 벌써 그 기미가 느껴지고 있다. 가벼운 노크 소리가 내 상념을 비집고 들어왔다. 문 틈으로 얼굴을 빼꼼 내밀고 있는 프란의 모습이 눈에 들어왔다.

"공장장님, 테드 스펜서 씨가 드릴 말씀이 있다는데요?"

"무슨 얘기랍니까?"

프란은 사무실 문을 닫고, 재빨리 내 책상으로 와 작은 목소리로 속삭였다.

"잘은 모르겠는데요, 약 한 시간 전에 테드 씨랑 랠프 나카무라 씨 사이에 약간 언쟁이 있었다는 말은 들었어요."

"그래요? 미리 알려줘서 고마워요. 들어오라고 해요."

테드 스펜서는 뻣뻣하게 굳은 얼굴로 들이닥치더니 다짜고짜 떠들어댔다.

"공장장님, 그 컴퓨터 담당하는 작자하고는 더 이상 일 못하겠어요."

"랠프 씨 말입니까? 뭐 때문에 그러십니까?"

"그 작자는 절 어린애 취급해요. 제 주위를 어슬렁거리면서 온갖 멍청한 질문을 하는 것도 모자라서, 이젠 상사인 것처럼 굽니다. 좀 전에는 뭐라고 했는지 아십니까? 글쎄, 저더러 열처리 공정에서 일어나는 일에 대해 시시콜콜 기록하라지 뭡니까!"

"어떤 기록 말입니까?"

"버너 작업 공정을 일일이 기록하라고 안 그럽니까. 버너에 부품을 투입한 시간, 꺼낸 시간, 열처리 시간 간격 등등, 뭐 그런 쓸데없는 것들요. 그 작자가 시키는 대로 하다가 질려버렸어요. 제가 맡은 일은 열처리 공정 말고도 세 가지나 더 있단 말입니다. 근데 지금은 이것 땜에 손도 못 대요."

"랠프 씨가 왜 그런 기록을 작성하라고 했습니까?"

"낸들 압니까? 제가 말씀드리고 싶은 건 지금 제가 작성하는 서류만으로도 충분하다는 점입니다. 그 작자는 자기 숫자놀음에 절 끼워 넣고 싶어서 안달이 난 것 같아요. 하지만 전 그럴 생각이 털끝만큼도 없습니다. 정 그 짓을 하고 싶다면 자기 부서에서나 하라고 하십쇼. 전 제 일만으로도 벅찹니다."

나는 이쯤에서 대화를 끝내야겠다고 생각하고, 고개를 끄덕이면서 말했다.

"좋아요. 테드 씨, 무슨 말인지 잘 알겠습니다. 곧 알아보겠습니다."

"그 작자가 제 구역에 못 들어오게 해주시겠다는 겁니까?"

"테드 씨, 곧 말씀드릴게요."

테드가 가고 난 뒤, 나는 즉시 랠프 나카무라를 호출했다. 내가 알기로 랠프는 다른 사람과 마찰을 일으킬 사람이 아니었다.

'대체 뭐가 문제지?'

5분 뒤, 랠프가 내 사무실에 들어섰다.

"찾으셨습니까, 공장장님?"

"이리 와 앉으세요."

랠프가 자리에 앉자, 나는 자초지종을 물었다.

"랠프 씨, 대체 테드 씨한테 뭐라고 했길래 저렇게 노발대발인 겁니까? 자세히 설명해주겠습니까?"

랠프는 이해할 수 없다는 듯한 표정으로 말했다.

"아, 전 아주 기본적인 사항을 요구했을 뿐입니다. 열처리 가공을 할 때 실제로 일어나는 작업량에 관한 내용이었습니다."

"왜 그걸 요청했죠?"

"두 가지 이유가 있습니다. 첫 번째 이유는 열처리 공정에 대한 자료가 매우 부정확하다는 점입니다. 공장장님이 말씀하셨던 것이 맞는다면 열처리 공정은 우리 공장의 사활이 걸린 중요한 작업입니다. 그렇다면 그것에 관해 타당한 통계치를 확보해야 한다고 판단했습니다."

"랠프 씨, 잠시만요. 왜 우리 자료가 부정확하다고 생각하게 된 겁니까?"

"지난주의 총 출하량을 보고 마음에 걸리는 게 있었습니다. 며칠 전 저는 병목 자원에서 생산된 반제품을 근거로 지난주에 실질적으로 출하했어야 할 수치를 추정해보았습니다. 제 추정에 따르면 우리는 열두 건이 아니라 열여덟 건 내지 스무 건을 출하했어야 합니다. 처음에는 지난주 데이터랑 너무 큰 차이가 나서, 제 계산식이 잘못된 거라고 생각했습니다. 근데 공식을 다시 살펴보아도 아무런 문제가 없는 겁니다. 그래서 현장에 나가 직접 조사해봤습니다. 그랬더니 참으로 기묘한 결과가 나오더라고요. NCX-10에 대한 추정치는 실제 수치랑 비슷했는데요, 열처리 공정에서는 실제 수치와 추정치 사이에 커다란 편차가 있었습니다."

"그것 때문에 우리가 사용한 데이터베이스에 문제가 있다고 판단한 거였군요."

"네, 그렇습니다. 그래서 테드 스펜서 씨한테 그걸 말해주려고 내려갔습니다. 그런데……."

"그런데 뭡니까?"

"좀 이상한 일이 있었습니다. 처음 테드 씨한테 이것저것 물어볼 때부터 그 사람이 입을 꾹 다물고 대답을 피하더라고요. 그러다 무심코 버너에서 처리하고 있는 부품은 언제쯤 다 끝나는지를 물었더니 오후 3시경에나 나올 거라는 겁니다. 그래서 3시에 다시 내려가서 확인하려고 했는데, 열처리 공정 현장에 아무도 없는 겁니다. 그래서 전 한 10분쯤 기다리다 테드 씨를 찾으러 갔습니다. 근데 버너 작업자 말이 그 사람은 다른 작업장에 투입되어 있어서 지금은 나올 수가 없다고 하더라고요. 그땐 그런가 보다 하고, 다시 제 사무실로 올라왔습니다. 할 일을 마무리하고 5시 30분, 퇴근길에 다시 열처리 공정 현장에 내려가봤습니다. 그런데 무슨 일이 벌어지고 있었는지 아십니까? 기가 차게도 부품이 버너 속에 그대로 있었습니다."

"무려 두 시간 반이 지난 뒤에도 부품들이 그 안에 있었단 말입니까?"

"네. 그래서 두 번째 작업조 감독자 샘을 찾아가서 어떻게 된 일인지 물어봤어요. 샘은 일손이 부족해서 그랬을 거라면서, 조금 있다가 끄겠다고 하더라고요. 근데 제가 자꾸 채근하니까, 샘이 잠시 일손을 놓고 버너를 껐습니다. 샘은 열처리를 오래할수록 수명도 길어진다면서 걱정하지 말라고 했지만, 왠지 석연치 않았습니다. 나중에 확인해보니, 제 예상대로 부품은 8시까지도 그대로 방치되어 있었습니다. 공장장님, 전 이 일로 문제를 일으키고 싶지는 않습니다. 하지만 적어도 미래 생산 가치를 측정할 수 있는 수치를 확보하려면 반드시 개선해야 할 사안이라고 생각합니다. 알고 계실지 모르겠습니다만, 시간급 직원들이 그러더라고요. 열처리 공정에서는 이런 식으로 작업이 지연되는 일이 다반사라고요."

"그래요? 그렇다면 결코 가볍게 지나칠 일이 아니군요. 랠프 씨, 필요하다면 테드 씨는 신경 쓰지 말고 언제든 수치를 체크하십시오. 그리고 가능하다면 NCX-10에 대해서도 같은 조사를 해보시구요."

"저도 그러고 싶습니다만, 가능할지 모르겠습니다. 제가 테드 씨한테 지시한 것도 사실 그것 때문이었습니다."

"알겠습니다. 그건 우리가 지원해주겠습니다. 그리고 랠프 씨, 정말

수고가 많았습니다."

"별말씀을요."

"그런데 두 번째 이유는 뭡니까? 아까 또 다른 이유가 있다고 했잖아요?"

"별로 중요한 건 아닙니다."

"괜찮습니다. 어서 얘기해보세요."

"실제로 가능한 일인지 아닌지는 모르겠습니다만, 병목 자원을 이용해서 납품일을 예측하는 것입니다."

나는 속으로 그 가능성을 찬찬히 따져보았다.

"매우 흥미로운 아이디어로군요. 랠프 씨, 좀더 얘기해줄 수 있겠습니까?"

30분 뒤, 나는 랠프가 열처리 공정에서 직접 발견한 사실을 밥 도노번에게 귀가 따가울 정도로 설명했다. 그런데 밥은 시큰둥한 표정을 지었다. 나는 이런 상황이 싫었다. 그러나 밥은 내 기분과는 상관없이 천하태평이었다.

"공장장님, 문제는 열처리 과정 동안 그 친구들이 할 일이 없다는 겁니다요. 버너에 부품을 채우고 불을 당기고 나면 여섯 시간이고, 여덟 시간이고 죽치고 있어야 한다 그 말입니다요. 그럼 그동안 그 친구들은 현장 근처를 어슬렁거리면서 놀 수밖에 없습니다. 그럴 바엔 차라리……."

"도노번 부장, 버너에 부품을 제대로 공급하고 제때에 꺼내기만 한다면 그동안 무엇을 하든 상관없습니다. 도노번 부장 말마따나 그 사람들은 할 일 없이 놀고 있을 겁니다. 하지만 다른 현장에서 시간을 허비하면 그사이 열처리 공정에서 생산된 부품은 누가 꺼냅니까? 차라리 그 시간에 다른 부품 하나를 더 가공하는 게 낫지 않겠습니까?"

"공장장님, 이러면 어떻겠습니까요? 부품이 열처리되는 동안 작업자들을 다른 곳으로 보내 일을 시키는 겁니다. 그리고 시간이 되면 즉시 열처리 공정으로 다시 이동시키고요. 그렇게 해서…….”

“그건 안 될 말입니다. 처음 하루 이틀 정도야 신경을 쓰겠지만, 며칠이 지나면 지금과 같은 문제가 틀림없이 또 생깁니다. 이십사 시간 내내 열처리 공정 옆에 서서 작업 준비를 하고 있을 사람이 필요합니다. 도노번 부장, 테드 씨한테 지금 당장 풀타임으로 열처리 공정에서 일할 수 있는 작업자들을 배치하라고 전하세요. 그리고 또 하나, 다음번에 제가 물었을 때도 어물거리면 가만있지 않겠다고 말입니다.”

“그렇게 전하겠습니다요. 그런데 교대조마다 두세 명씩 배치하려면 추가 비용이 들 텐데요.”

“그래서 어쨌단 말입니까? 병목 자원 공정에서 손실되는 시간이 얼마나 많은 손해를 가져오는지 몰라서 이러십니까?”

“알겠습니다. 공장장님 말씀대로 하겠습니다요.”

밥은 잠시 머뭇거리다가 또 다른 병목 자원의 문제를 보고했다.

“공장장님, 드릴 말씀이 있습니다요. 저, 실은 랠프 씨가 열처리 공정에서 발견한 게 제가 NCX-10의 유휴 시간에 대한 소문을 직접 확인해본 것과 굉장히 비슷합니다요.”

“거기서는 무슨 일이 일어나고 있습니까?”

“작업 공정 사이사이에 30분에서 한 시간씩 NCX-10이 방치되고 있었습니다. 걱정하시던 점심시간 때문이 아니라, 비병목 자원 때문에 그렇더군요. 점심시간에는 오히려 관리가 잘 이루어지고 있었습니다. NCX-10의 세팅 작업 시간이 점심시간이면 작업이 완료될 때까지 두 명이 붙어서 감독을 게을리 하지 않았습니다. 하지만 오후에 기계가 작동을 멈출 때에는 짧게는 20분에서 길게는 40분까지 그대로 방치되고 나서야 누군가가 새로운 준비 작업을 하러 오더군요. 비병목 자원에서 급한 일을 하느라고 그랬대요.”

나는 밥의 말을 찬찬히 듣고 있다가 곧 같은 지시를 내렸다.

"그럼, 열처리 공정에서 하기로 했던 조치를 NCX-10에서도 실시하기로 합시다. 기계공 한 명과 보조 요원 한 명을 구해서 NCX-10만을 전담하게 하는 겁니다. 기계가 멈추면 그 담당자가 즉각 다시 가동할 수 있도록 말입니다."

"속 시원한 해결책이군요. 그러나 회계장부상 어떤 결과가 나올지는 아시죠? 실제로 공장장님의 조치는 열처리 공정과 NCX-10에서 나오는 부품의 인건비를 늘릴 겁니다요."

뭐라 대꾸할 말이 없었다. 나는 의자에 주저앉아 나직이 중얼거렸다.

"한 번에 한 가지씩만 해결합시다."

이튿날 아침, 밥은 전략 회의에서 병목 자원의 활용 방안에 관해 몇 가지 건의 사항을 제출했다. 기본적으로 네 가지 항목이 있었지만, 앞의 두 가지는 어제 나와 논의했던 내용이었다. 나머지 조치는 병목 자원의 부하량을 줄이는 것에 관한 내용이었다. 밥은 자신이 구해 온 구식 기계들, 즉 즈메그마와 다른 두 대의 기계를 하루에 한 작업조에서만 활용한다 해도 NCX-10이 생산하는 부품 생산량을 18퍼센트나 늘릴 수 있다고 미리 결론을 내려버렸다. 마지막은 열처리를 위해 대기하고 있는 부품 몇 가지를 도시 근교의 업체에 외주를 주자는 것이었다. 밥이 제안을 하는 동안, 나는 루이스가 뭐라고 할지 내내 신경이 쓰였다. 내 예상은 빗겨가지 않았다.

"모두 충분히 납득이 가는 얘깁니다. 병목 자원에 사람들을 배치하는 것도 현금 창출률을 높인다면 당연히 그렇게 해야죠. 그렇게 해서 매출이 늘고, 그래서 현금 유동성이 좋아진다면 비용 증가는 확실히 정당화될 수 있습니다. 그러나 문제는 그 인원을 어디서 보충할 거냐는 점입니다."

밥이 해고된 사람들을 다시 불러들일 수 있을 거라고 말하자 루이스가 강하게 반박했다.

"아니요. 그럴 수는 없습니다. 본사에서는 해고한 노동자들의 재취업을 원천적으로 제재하고 있습니다. 본사의 허락 없이는 다시 채용할 수 없습니다."

잠자코 이야기를 듣고 있던 스테이시가 색다른 아이디어를 내놓았다.

"그런 일을 할 수 있는 사람을 공장 안에서 구할 수는 없나요?"

"다른 부문에서 사람을 빼오자는 말입니까요?"

밥이 눈을 휘둥그렇게 뜨고 반문했다.

"네. 비병목 자원에서 사람을 빼오는 거예요. 어쨌든 생산량이 초과되는 데서 빼오면 가능할 거예요."

잠시 생각에 잠겨 있던 밥이 대답했다.

"열처리 공정에 필요한 보조 요원을 구하는 건 어렵지 않습니다요. 또 NCX-10의 부하량을 담당할 즈메그마와 다른 설비는 연공서열 예우 차원에서 해고되지 않은 나이 많은 기술자들에게 맡기면 될 거구요. 그런데 문제는 NCX-10을 담당할 준비 요원입니다요. 어디서 구해야 할지……. 또 구한다 해도, 기계의 준비 작업은 누가 하겠습니까요?"

"보조 요원들이 기계 준비 작업 정도는 충분히 할 수 있을 겁니다."

밥은 조금은 걱정스럽다는 듯 되물었다.

"글쎄요. 한번 시도해볼 만한데요. 하지만 사람을 빼 와서 비병목 자원이 병목 자원으로 바뀌면 어떡합니까요?"

나는 밥의 우려를 잠재워주었다.

"중요한 것은 흐름을 유지하는 일입니다. 우리가 어떤 작업자를 빼내는 바람에 흐름을 유지할 수 없다면 작업자를 돌려보내고, 다른 곳에서 사람을 빼 오면 됩니다. 그래도 흐름이 원활하지 못할 때는 사업부에 가서 해고자 재취업이나 잔업을 승인해달라고 요청하겠습니다."

"좋습니다요. 그렇다면 제가 일을 추진해보겠습니다요."

밥은 내 제안을 흔쾌히 받아들였다.

"좋습니다. 해봅시다. 그리고 부디 괜찮은 사람들을 선발하십시오. 앞으로는 병목 자원에 최고의 능력을 가진 사람들만 투입하도록 합시다."

일은 기대 이상으로 순조롭게 진행되었다. NCX-10에는 전담 요원을 배치했고, 즈메그마와 다른 기계들도 가동하기 시작했다. 도시 근교의 열처리 외주 업체는 우리의 초과 업무를 기꺼이 수주했다. 그리고 우리 공장의 열처리 부서에는 교대조마다 두 명의 인원을 배치해 언제라도 버너에 부품을 집어넣고, 꺼낼 채비를 했다. 밥은 총 관리책임자로서 열처리 공정에 작업반장이 상주하도록 지시를 내렸다. 작업반장들 사이에서 열처리 부서는 보수가 없는 '유배지'로 통했다. 작업자체가 매력적인 요소라고는 전혀 없는데다 부하 직원이 둘밖에 딸리지 않는 그저 그런 자리였던 것이다. 나는 여기에 배치된 것이 강등이 아니라는 사실을 알리기 위해 교대 시간마다 정기적으로 열처리 부서를 방문했다. 작업반장들과 대화를 나누면서, 열처리 가공을 거친 부품의 생산량을 늘리는 사람에 대해서는 지위 고하를 막론하고 포상을 하겠다고 노골적으로 이야기했다.

얼마 지나지 않아 놀라운 일이 일어났다. 나는 이른 새벽 세 번째 작업조의 작업이 거의 끝나갈 무렵에 열처리 부서로 내려갔다. 이 작업조의 작업반장은 마이크 헤일리라는 친구로, 새까만 근육질 몸매를 자랑하는 다부진 청년이었다. 내가 막 그의 곁에 다가섰을 때, 마이크는 웃옷 소맷자락을 걷어붙이고 버너 안을 들여다보고 있었다. 지난 일주일간의 데이터를 분석해본 결과, 마이크의 작업조가 열처리 부서의 다른 어떤 팀보다 성적이 월등하다는 사실을 확인했다. 실제로 마이크의 작업조는 전체 부품의 생산량을 무려 10퍼센트나 늘렸고, 하루하루 기록을 경신하고 있었다.

'마이크의 작업조가 만들어내는 경이적인 기록은 저 우람한 팔뚝에

서 나오는 걸까?'

나는 마이크가 나를 발견할 때까지 그 자리에 서서 이들의 팀워크를 지켜보았다. 마이크의 보조 요원들은 부품을 나르느라 분주히 움직이고 있었다. 버너 앞에는 이들이 단단히 묶어놓은 부품 더미들이 빼곡히 들어차 있었고, 마이크는 부품 더미와 함께 버너 안을 일일이 체크하고 있었다. 마이크가 나를 힐끗 돌아보더니 아는 체를 했다.

"안녕하세요, 공장장님? 일찍 출근하셨군요."

"지금 무슨 일을 하고 있습니까?"

"다음 버너에 들어갈 부품들을 온도별로 정리하는 중이었습니다."

"그럼, 이 팀은 부품을 몇 개의 작업군으로 나눠서 작업을 진행하고 있는 거로군요."

"그렇습니다. 지시받은 사안은 아니지만, 이 부품들 모두가 적색 꼬리표를 단 것은 분명하지 않습니까?"

마이크는 씽긋 웃어 보이며 대꾸했다.

"그래도 지금 작업 우선순위 시스템대로 작업이 진행되고 있는 건 확실합니까?"

"그럼요, 그렇고말고요. 이리 와보세요. 공장장님께 보여드릴 게 있습니다."

마이크는 버너 통제 테이블을 지나 낡은 책상으로 나를 안내했다. 그러고는 이번주에 처리해야 할 납품일 지연 주문 리스트를 꺼내 들었다.

"여기, 22번을 보십시오. 지금 RB-11 부품 쉰 개를 1200도의 고온에서 열처리해야 합니다. 하지만 이 쉰 개만으로는 버너가 차지 않습니다. 그런데 여기, 31번을 보면 같은 온도에서 삼백 개를 처리하라고 되어 있습니다."

"그래서 RB-11 부품 쉰 개와 31번 품목을 함께 처리한 거였군."

"네. 바로 그거예요. 지금 하는 일은 버너에 부품을 좀더 빨리 집어넣기 위해 미리 분류하고 있는 거구요."

"정말 좋은 아이디어네요."

나는 마이크의 어깨를 두드려주었다.

"제가 생각해낸 아이디어가 하나 더 있는데, 그 방법을 쓰면 작업이 더 빨리 진행될 거라고 생각합니다."

"그래요? 뭔지 말해보세요."

"지금처럼 크레인이나 수작업으로 버너 속에 있는 부품을 교체하는 데에는 한 시간 정도가 소요되죠. 하지만 제가 생각한 아이디어를 접목시키면 2분 내에 해치울 수 있습니다."

마이크는 버너를 가리키며 계속 설명했다.

"보시다시피 각 버너 앞에는 테이블이 하나씩 배치되어 있습니다. 저 테이블 위에 해당 버너로 들어갈 부품을 올려놓죠. 그러고는 롤러로 부품을 밀어 넣는 식입니다. 그러니 손이 많이 갈 수밖에요. 그래서 생각해낸 게 쌍방향 강철 테이블이에요. 강철판과 엔지니어링 부서의 도움만 좀 받으면 테이블을 상호 교환할 수 있도록 바꿀 수 있을 것 같습니다. 이 제품이 완성되면 테이블에 미리 부품을 쌓아두고 지게차로 필요한 버너에 부품을 손쉽게 넣을 수 있죠. 이렇게 매일 두 시간만 절약해도 일주일 할당량을 초과해 더 많은 부품을 열처리할 수 있을 겁니다."

나는 버너에서 눈을 떼 마이크를 바라보았다.

"마이크 씨, 내일 밤에는 쉬세요. 다른 작업반장이 일을 맡도록 조치할 테니."

마이크는 흥미롭다는 듯 웃으며 말했다.

"꽤 기분 좋은 말씀이신데요? 그런데 왜죠?"

"모레 낮에 함께 할 일이 있습니다."

나는 볼수록 기분 좋은 마이크의 얼굴을 들여다보며 말을 이었다.

"산업공학 기사 한 명을 투입해서 마이크 씨가 방금 말한 그 아이디어를 구체화해봅시다. 마이크 씨 아이디어는 금세 공장 전체에 알려질 겁니다. 그리고 이 버너들은 이십사 시간 풀가동될 테고 말입니다."

나는 마이크의 시선을 마주 보며 말했다.

"마이크 씨 아이디어가 큰 걱정거리를 덜어주었습니다. 앞으로도 꾸준히 노력해주세요."

그날 점심 무렵에 밥이 내 사무실에 들렀다.

"식사하셨어요?"

"네, 도노번 부장은요? 참, 마이크 헤일리에 대한 메모는 받았습니까?"

"네. 염려 마세요."

"좋습니다. 임금동결이 풀리면 언제든 그 친구 임금을 올려주기로 합시다."

"그럼요."

밥은 만면에 미소를 띤 채 사무실 문에 몸을 기댔다.

"그 외에 다른 보고 사항이라도 있습니까?"

"공장장님께 좋은 소식이 있습니다."

"얼마나 좋은 겁니까?"

"공장장님, 요나 교수님이 모든 부품에 열처리를 할 필요가 있느냐고 했던 얘기 기억하십니까?"

"물론입니다."

"설계상 열처리가 전혀 필요 없는데도 으레 열처리를 해온 부품 세 가지를 찾아냈습니다요."

"그게 무슨 말입니까?"

밥은 5년 전의 기억을 떠올렸다. 당시 생산성 향상을 위해 노력하던 직원 몇 명이 작업 상황을 진척하기 위해 절단기 숫자를 늘려 표면 처리 과정을 단축했다. 밥 도노번은 그 과정에서 절단기에 깎인 금속 부스러기가 갑자기 증가해 열처리 공정을 거치게 되었다는 과정을 설명했다.

"더욱 놀라운 건 이 부품들이 모두 비병목 자원이라는 점입니다. 이 부품을 예전 방식대로 생산한다면 열처리 과정이 필요 없을 겁니다. 결과적으로 현재 버너 부하량의 20퍼센트를 줄일 수 있습니다."

"듣던 중 가장 반가운 소리군요. 그럼, 먼저 엔지니어링 부서의 동의를 구해야 하는 겁니까?"

"그렇게 하면 모양새가 좋죠. 하지만 5년 전에 그 변화를 주도했던 것은 바로 우리입니다."

"그 일을 시작했던 게 우리의 선택이었다는 건, 우리가 원하기만 하면 언제라도 그것을 다시 바꿀 수도 있다는 뜻이겠군요."

"바로 맞히셨습니다. 엔지니어링 부서의 수정 지시를 받을 필요가 없습니다. 우리는 규정상 승인된 절차를 갖고 있으니까요."

밥은 가능한 한 빨리 그러한 조치를 실행에 옮기기 위해 내 격려를 뒤로하고 곧바로 떠났다. 공정 몇 군데의 효율성을 약간 하향 조정해 전체 공장의 효율성을 생산적으로 만든다고 생각하니 입가에 저절로 미소가 떠올랐다. 본사 15층 건물에서 일하는 작자들로서는 도저히 믿지 못할 일을 우리가 해내고 있는 것이다. 빌어먹을 빌 피치 본부장, 우린 파이팅이라고!

24

도중에 포기하지 마라! 망설이지도 마라!
최후의 성공을 거둘 때까지 밀고 나가라!
— 데일 카네기

금요일 오후였다. 주차장은 첫 번째 작업조의 퇴근 인파로 인산인해를 이루고 있었다. 이맘때면 으레 치르는 전쟁이다. 사무실에서 잠시 일 생각에 빠져 있는데, 반쯤 열린 문틈으로 뭔가가 뻥! 하고 터지는 소리가 들렸다. 뒤이어 사무실 문 뒤에서 갑자기 왁자지껄한 웃음소리도 들렸다. 그러고는 사무실 문을 열고 꽃다발을 든 스테이시, 샴페인 병을 든 밥, 샴페인을 박스째 들고 있는 랠프, 종이컵을 흔들어 보이는 프란, 두 명의 비서, 그리고 이름을 기억할 수 없는 한 무리의 사람들이 떼 지어 들어왔다. 심지어 루이스까지 가세해 있었다. 어리둥절한 시선으로 사람들의 반응을 살피고 있던 내게 프란이 종이컵 하나를 내밀었다. 밥은 휘파람까지 불면서 샴페인을 따랐다.

"도노번 부장, 대체 무슨 일입니까?"

"글쎄요! 알아맞혀보시겠습니까? 이 잔들을 다 채운 다음에 말씀드리죠."

밥은 사람들의 잔을 모두 채우고 나서 잔을 높이 들고 외쳤다.

"우리 공장이 올린 제품 출하 신기록을 위하여!"

밥은 내게 시선을 돌려 설명해주었다.

"루이스 부장님이 창사 이래 최고의 매출을 세웠다고 했어요. 지금까지 서른한 건에 200만 달러가 최고였는데, 이번 달에 우리가 쉰일곱 건을 납품해서 약 300만 달러를 벌어들였답니다. 공장장님, 이만하면 축배 들 만하죠?"

스테이스는 얼굴 가득 웃음을 머금고 밥의 말을 받았다.

"그뿐이 아니에요. 재고도 12퍼센트나 줄었답니다."

나는 이 믿어지지 않는 성공에 할 말을 잃었다.

"공장장님, 한 말씀 하시죠?"

루이스가 내게 축배를 들라고 권했다. 나는 기꺼이 잔을 들어 외쳤다.

"우리가 벌어들인 300만 달러를 위하여!"

우리 모두 단숨에 잔을 비웠다.

"음, 음……. 술맛이 기가 막히게 좋군요."

스테이시가 중얼거렸다.

"독특한 맛인데요. 도노번 부장이 직접 고른 거예요?"

랠프가 밥에게 물었다.

"계속 드세요. 마실수록 더 좋아질 겁니다."

내가 두 번째 잔을 비우는 찰나, 프란이 내게 전화 메모를 건넸다.

"공장장님."

"네?"

"빌 피치 본부장님께서 전화하셨습니다."

나는 그 순간 얼굴을 굳히고 프란에게 말했다.

"프란 씨 책상에서 받겠습니다."

나는 밖으로 나와 수화기를 들었다.

"네. 본부장님, 웬일이십니까?"

"방금 조니 존스 부장이랑 통화했네."

나는 빌 피치 본부장의 말을 들으며 무의식적으로 메모할 준비를 했다. 몇 분 뒤에 그의 입에서 불만이 줄줄 흘러나올 것이 분명했으니까! 그러나 웬일로 빌 피치는 한동안 아무 말도 하지 않았다.

"본부장님, 무슨 문제라도 있습니까?"

"문제는 없네. 조니 부장은 매우 흡족해했으니까."

"그게 정말입니까? 뭐라던가요?"

"조니 부장 말로는 자네가 최근에 많은 양의 주문을 아주 잘 소화해 냈다고 하더군. 자네가 어떤 노력을 했는지 알 것 같네."

"네. 어쨌든 지금은 상황이 많이 달라졌습니다."

"알렉스, 공장 일이 잘못될 때마다 자네를 질책했던 것을 사과하려고 전화했네. 그리고 진심으로 축하하네."

"고맙습니다. 이렇게 전화해주셔서."

"고맙습니다. 고마워요, 정말 고마워요."

나는 우리 집 앞 도로에 차를 주차하고 있는 스테이시에게 연신 고맙다고 말했다.

"집까지 태워다주다니 스테이시 씨는 진짜 좋은 사람이에요. 진심이에요."

"공장장님, 기분이 좋으신 것 같네요. 이렇게 축하할 일이 생기다니 저도 정말 기뻐요."

스테이시가 시동을 끄자 나는 차창을 내려 술 취한 눈으로 집 안을 건너다보았다. 실내등 하나만 켜져 있을 뿐, 온통 어둠에 잠겨 있었다. 저녁식사 시간에 어머니께 늦을 것 같다고 전화를 해놓아서인지, 모두들 단잠에 빠진 것 같았다. 정말 환상적인 밤이었다. 우리는 오늘의 성공을 자축하며 마음껏 먹고 마셨다. 루이스와 랠프가 일찌감치 취해 나가떨어져서 아쉬웠지만, 나머지 사람들은 그야말로 광란의 밤을 보냈다. 지금은 새벽 1시 30분이고, 나는 아주 기분 좋게 취한 상태다. 내 옆에 앉아 있는 스테이시는 천사처럼 나와 밥을 위해 자신을 희생했다. 우리가 마지막으로 들렀던 술집에서 떠들고 마시는 동안 그녀는 음료수만 홀짝이며, 나와 밥을 집까지 바래다주겠다고 했다. 내 차는 술집 주차장에 얌전히 세워져 있을 게다. 10분 전, 밥이 만취한 상태로 자기 집 앞에서 이름 모를 노래를 흥얼거리며 작별 인사를 했다. 그리고 스테이시는 친절하게도 나를 우리 집까지 안전하게 데려다주었다. 스테이시는 차 문을 열어 내가 일어설 수 있도록 부축해주었다. 하지만 집에 도착했다는 안도감 때문인지 다리에 힘이 없었다. 나는 한 걸음도 채 떼지 못하고 그 자리에 털썩 주저앉았다.

"오늘 공장장님의 새로운 모습을 많이 보네요. 오늘처럼 많이 웃으셨던 적이 없는 것 같아요."

스테이시는 나를 일으켜세우면서 소소한 이야기를 꺼냈다.

"웃을 일이 많이 생겼잖아요."

"저는 공장장님이 회의 시간에도 이렇게 웃으셨으면 좋겠어요."

"앞으로는 회의 시간에도 계속 웃게 될 겁니다."

나는 보이스카우트 선서라도 하는 것처럼 손을 가슴에 댔다.

"아휴, 이런! 제가 현관까지 모셔다드릴게요."

스테이시가 나를 힘겹게 문 앞까지 부축하는 동안 왠지 미안한 생각이 들었다.

"커피 한잔하고 가실래요?"

"아뇨. 너무 늦었어요."

"아, 그럼 그렇게 할래요?"

"네, 모셔다드리고요."

나는 어둠 속에서 더듬거리며 열쇠를 꽂았다. 문은 곧 열렸고, 어두운 거실이 훤히 드러났다. 나는 스테이시 쪽으로 몸을 돌려 손을 내밀었다.

"저녁 시간 함께 보내줘서 고마워요. 오늘 정말 즐거웠습니다."

"아악!"

정신을 차려보니 나와 스테이시는 현관 바닥에 서로 포개진 채 큰 대 자로 누워 있었다. 몸을 제대로 못 가눈 내가 뒷걸음질하다가 중심을 잃고 만 것이다. 스테이시는 뭐가 우스운지 깔깔거리며 눈물까지 흘렸다. 나 역시 터져 나오는 웃음을 막을 수가 없었다. 우리는 그 자세 그대로 누워 한참을 웃어댔다. 그때였다. 누군가가 다가오는 기척이 느껴졌고, 그와 동시에 거실 전등이 훤히 밝혀졌다.

"더러운 인간!"

나는 위를 올려보았다. 아내였다.

"줄리? 자기가 여기 웬일이야?"

아내는 아무런 대꾸 없이 부엌 뒷문으로 달려 나갔다. 내가 비틀거리며 아내의 뒤를 쫓았을 때는 이미 차고 문이 거칠게 열린 뒤였다.

"줄리! 잠깐 기다려봐, 오해라고!"

내가 겨우 아내를 따라잡았을 때, 아내는 차 안에서 얼음장 같은 목소리로 말했다.

"저녁 내내 자기를 기다렸어. 그것도 어머님이랑 같이 여섯 시간이나. 근데 자기는 고주망태가 돼서 술집 여자나 끌고 들어온 거야?"

"자기야, 스테이시 씨는 술집 여자가 아니야. 스테이시 씨는……."

아내는 내 말은 듣지도 않고, 눈 깜짝할 사이에 차도로 빠져나가버렸다. 나는 차고에 버려진 채, 아스팔트 너머로 사라져가는 아내의 뒷모습을 멍하니 바라보았다.

토요일 아침, 나는 지끈거리는 머리를 감싸며 자리에서 일어났다.

'아유! 어제 많이 마시긴 했지.'

그때 멀어져가던 아내의 모습이 머릿속에 또렷이 그려졌다.

'젠장!'

아내는 지금쯤 이혼을 진지하게 생각하고 있을 것이다. 목이 탔다. 갈증도 갈증이었지만, 타오르는 속을 주체할 수가 없었다. 대충 옷을 걸쳐 입고 부엌으로 내려갔다. 어머니가 아침 준비를 하고 계셨다.

"커피 줄까? 참, 어멈이 간밤에 집에 다녀갔다."

'내가 대체 줄리한테 무슨 짓을 한 거지?'

이제야 모든 것을 이해할 수 있었다. 아내는 내가 집으로 전화를 건 뒤 곧바로 나타났을 것이다. 내가 그립기도 하고, 애들도 보고 싶어서

충동적으로 차를 몰아 여기에 왔을 것이다. 이 못난 나를 감동시키기 위해서 말이다. 잠시 후, 나는 처갓집으로 전화를 걸었다. 장인은 약속이라도 한 듯 장모와 같은 대답을 했다.

"줄리가 이젠 자네 전화는 안 받겠대."

#오전 9시 10분

월요일 아침, 사무실에 들어서자, 프란이 스테이시가 출근 직후부터 계속 나를 찾고 있다고 전해주었다. 스테이시가 내 방으로 들어왔을 때, 나는 의자 깊숙이 몸을 파묻고 있었다.

"공장장님, 저랑 잠시 얘기 좀 할 수 있으세요?"

"그러세요. 들어오세요."

어쩐지 스테이시의 표정에 초조함이 묻어 있었다. 그녀는 자리에 앉으면서도 내 시선을 피했다.

"지난 금요일 밤 일은 미안합니다. 내 정신이 아니었던 것 같네요."

스테이시가 입을 열었다.

"아니요. 전 괜찮아요. 사모님은 돌아오셨나요?"

"아뇨. 당분간 처가에서 지낼 것 같아요."

"혹시, 저 때문인가요?"

"그런 건 아닙니다. 요즘 우리 부부 사이에 문제가 좀 있어서……."

"공장장님, 저한테도 책임이 있어요. 충분히 오해하실 수 있는 상황이었으니까요. 제가 사모님께 전화를 드리면 어떨까요?"

"아니요. 그럴 필요까진 없습니다."

"지금 얼마나 속이 타시겠어요. 전화번호 좀 주세요."

어쩌면 스테이시가 제안한 방법이 나을지도 모른다는 생각이 들었다. 나는 스테이시에게 처갓집 전화번호를 가르쳐주었다. 스테이시는 전화번호를 받아 들고 오늘 안으로 전화를 걸겠다고 했다. 그러고 나서도 스테이시는 일어설 생각을 하지 않았다.

"더 할 말 있으세요?"

"걱정스러운 일이 있어서요……."

스테이스는 말끝을 흐리며 나를 바라봤다.

"무슨 일입니까?"

"반갑지 않은 일이에요. 공장장님도 아셔야 할 일이고요."

"스테이시 씨, 뭔가 잘못되고 있습니까?"

"병목 자원이 확장되고 있어요."

"병목 자원이 확장되다니 그게 무슨 뜻입니까? 공장 안에 몹쓸 바이러스라도 퍼졌단 말입니까? 아니면 기계가 작동을 멈춘 건……."

"아뇨."

스테이시는 크게 심호흡을 한 뒤, 차근차근 이야기했다.

"새로운 병목 자원이 적어도 두 개 이상 늘었어요. 몇 개인지 아직 확실하진 않지만……. 이걸 좀 보세요."

스테이시는 손에 들고 있던 리스트를 내밀었다.

"이건 최종 조립 공정에 대기하고 있는 부품 리스트인데요."

나는 스테이시가 짚어 보이는 항목을 유심히 관찰했다. 병목 자원은 여느 때와 다름없이 원자재 공급이 부족한 상태였다. 스테이시의 지적대로 최근 몇몇 공정에서는 비병목 자원에서도 공급 부족 사태가 빚어지고 있었다.

"지난주에 200 DBD-50을 생산할 때 일어난 일인데요. 완제품을 만들기까지 총 소모 부품 백일흔두 개 중에서 열일곱 개 부품이 부족했거든요. 열일곱 개 중에 단 한 부품만이 적색 꼬리표였고, 나머지는 녹색 꼬리표였어요. 물론 적색 꼬리표 부품은 화요일에 열처리를 거쳐 금요일 아침에는 조립라인에 올라갔죠. 그런데 나머지 부품이 문제였어요. 열여섯 개 모두, 지금도 여전히 생산라인을 겉돌고 있어요."

갑자기 시야가 흐려지는 듯했다. 안개가 자욱한 숲 속을 헤매는 어린아이가 된 것처럼 모든 것이 막막해졌다.

"이런, 젠장. 대체 일이 어떻게 돌아가고 있는 겁니까? 계획대로라면 병목 자원을 거친 부품들이 조립 공정에 제일 늦게 도착해야 되잖습니까. 혹시 녹색 꼬리표를 단 부품들에 문제가 생긴 건 아닙니까? 아니면, 원자재 구매 부서 쪽에 문제가 생긴 건지도 모르잖습니까."

스테이시는 고개를 저었다.

"아뇨. 직접 확인해봤지만, 구매 면에서는 아무 문제가 없었어요. 유감스럽게도 문제는 내부에 있어요. 바로 그 점 때문에 제가 새로운 병목 자원이 확장되었다고 말씀드린 거구요."

나는 사무실 안을 서성거리며 대안을 강구해보았다. 그러나 딱히 떠오르는 게 없었다.

"제 생각에는 아마도 현금 창출률이 올라가면서 현재 병목 자원으로 지목된 열처리 공정과 NCX-10뿐 아니라, 다른 공정에도 과부하가 걸린 것 같아요."

스테이시는 조심스럽게 자신의 의견을 전했다. 나는 고개를 끄덕였다.

'그렇다. 그럴듯한 얘기다. 병목 자원을 좀더 생산적으로 가동함으로써 현금 창출률은 올라갔고, 대기 물량은 줄어들고 있다. 하지만 병목 자원을 집중 가동하면 다른 작업장에서 생산되는 부품에 대한 수요가 커진다. 여타 작업장에 대한 수요가 100퍼센트를 넘어서면 새로운 병목 자원이 생겨난다는 것이다.'

나는 허공에 대고 나직이 말했다.

"그렇다면 새로운 병목 자원을 찾아내기 위해 또다시 전 공정을 조사해야 한다는 말인가? 이제 겨우 혼란스러운 상태에서 벗어났다고 생각했는데……."

스테이시는 조용히 리스트를 챙겨 들었다.

"좋습니다. 스테이시 씨, 다시 시작해봅시다. 할 수 있는 모든 것을 체크해주세요. 어떤 부품이 얼마나 부족한지, 그 결과 어떤 제품이 영향을 받고 있는지, 그리고 그 부품들의 공정 절차와 그것들이 얼마나 자주 지연되는지를 상세히 조사해주십시오. 그동안 요나 교수님께 지금 이 모든 상황에 대해 여쭤봐야겠습니다."

"네. 공장장님, 기운 내세요."

스테이시가 나가자마자 나는 프란에게 요나 교수의 소재를 파악하라고 지시했다. 그동안 나는 지금까지 해온 일들을 되새겨보았다. 나는 우리가 병목 자원들을 좀더 생산적으로 가동하기 위해 새로운 우선순위 시스템 조치를 취한 후 재고량이 줄어든 것을 매우 좋은 조짐으로 여겼다. 한 달 전만 해도 우리는 비병목 자원을 거친 부품들 사이로 간신히 지나다닐 수 있었다. 여기저기 부품들이 널려 있었으며, 그 부품 더미들은 계속 쌓여만 갔다. 그러나 지난 2주, 제품 조립 과정에서 몇 가지 부품의 재고는 줄어들었다. 지난주에는 내가 이 공장에 온 이래 처음으로 재고 더미들을 헤치지 않고도 조립라인 쪽으로 걸어갈 수 있었다. 나는 그것을 좋은 현상이라고 생각했다. 그러나 지금 이런 일이 벌어진 것이다.

"공장장님, 요나 교수님과 연결됐습니다."

인터폰으로 프란의 목소리가 들렸다. 나는 재빨리 수화기를 집어 들었다.

"교수님, 안녕하셨어요? 긴급한 문제가 생겨서 상의드리고 싶어 전화드렸습니다."

"뭔가?"

내가 문제점들을 설명하자 요나 교수는 자신이 다녀간 뒤로 어떤 일들이 있었는지 물었다. 나는 요나 교수에게 지금까지 우리가 추진해왔던 일들에 관해 조목조목 설명했다. 병목 자원 앞에 품질검사원을 배치하고, 병목 부품에 특별한 주의를 기울이도록 공장 식구들을 훈련한 일, NCX-10을 보충하기 위해 세 대의 노후 기계를 들여와 가동한 일, 노조와 협의한 새로운 규칙, 병목 자원 전담자를 배치한 일, 열처리 공정으로 들어가는 부품 투입 규모를 늘린 일, 현재 공장에서 실시하고 있는 새로운 작업 우선순위 시스템 등등에 관해 자세히 브리핑했다. 내가 설명을 마치자 요나 교수는 새 시스템에 관해 물었다.

"새로운 작업 우선순위 시스템이라고 했나?"

"네."

나는 적색 꼬리표와 녹색 꼬리표를 달게 된 경위와 작업 우선순위 시스템의 운영 방식에 대해 설명했다. 요나 교수는 석연치 않다는 듯 말했다.

"내가 그곳으로 가서 다시 한번 살펴보는 것이 좋겠군."

그날 저녁, 나는 집에 도착하자마자 피곤에 찌든 몸뚱어리를 거실 소파에 아무렇게나 내팽개쳤다. 잠깐 눈을 붙인 사이 요란하게 전화벨이 울렸다. 나는 무미건조한 목소리로 전화를 받았다.

"알렉스, 나야. 잘 지내지?"

"어, 줄리! 자기는 어때?"

"미안해, 알렉스. 금요일 밤에는 내가 너무 심했어. 정말 미안해. 스테이시 씨가 오후에 전화했더라고. 난 그런 줄도 모르고……."

"그래. 우린 요즘 너무 많이 오해하고 살지……."

"미안하다는 말밖에는 더 할 말이 없네. 사실, 그날 난 자기를 깜짝 놀라게 해주고 싶었어. 내가 기다리고 있다는 걸 알면 자기가 정말 기뻐할 것 같아서. 그래서 무작정 차를 몰고 갔던 거야."

"자기가 집에 와 있는 줄 알았다면 만사를 팽개치고 집에 왔을 거야. 미리 전화라도 해주지 그랬어?"

"내 잘못이야. 우선 집에 도착해야 한다는 생각에 급하게 가느라 그랬어. 미안해."

"아니야. 자기를 기다리게 해서 내가 더 미안하지."

"금요일이라 자기가 일찍 들어올 줄 알았지. 기다리는 동안 어머니가 얼마나 눈치를 주시던지……. 다들 방에 들어가서 자고, 나만 소파에 앉아서 기다리고 있었던 거야."

"그럼, 여전히 자기가 내 여자친구라고 생각해도 되는 거지?"

나는 그녀가 안도의 한숨을 내쉬는 소리를 들었다.

"그걸 말이라고 해? 알렉스, 우리 빨리 얼굴 보고 이야기하자."

시간 문제로 약간의 의견 차이는 있었지만, 우리는 수요일에 만나기로 했다. 오늘 신이 내게 내린 최고의 선물은 아내와의 재회였다.

성공의 첫걸음을 떼다

7막

"지속적인 이익을 내려면
어떻게 해야 하는 걸까?"

THE
GOAL
A Process of Ongoing
Improvement

25

실천하지 않고 언제나 생각만 하는 사람은
삶을 비관적으로 만든다. 생각하지 않고
무조건 행동하는 사람은 '자기 함정'에 빠진다.
— 벨타사르 그라시안

#오전 9시 30분

요나 교수는 2번 게이트를 빠져나오고 있었다. 어떤 의미에서 지금 내
눈에 비친 요나 교수는 구세주에 가까웠다. 그는 지금 절망의 나락에
몰린 나를 향해 손짓하고 있는 것이다.

"오시느라 고생 많으셨죠? 오늘은 정어리 통조림 통 안에서 잘 쉬셨
습니까?"

내 농담에 요나 교수가 밝은 표정으로 대꾸했다.

"글쎄, 시가가 그리웠던 점만 빼면 그런대로 괜찮았네."

#오전 10시

우리는 공장 회의실에 집합했다. 루이스, 밥, 랠프, 그리고 스테이시는
테이블에 빙 둘러앉았고, 요나 교수는 테이블 주위를 서성이면서 말
문을 열었다.

"기본적인 질문부터 시작해봅시다. 우선 어떤 부품이 문제를 일으
키고 있는지 정확히 알아냈습니까?"

스테이시는 만반의 준비를 한 장수처럼 리스트 하나를 뽑아 들고
말했다.

"네. 조사한 바에 따르면 이거 같아요. 아니, 정확할 거예요. 추적하
고 또 추적하고, 현장 상황과 일일이 대조하느라 밤낮도 없었거든요.
현재 총 서른 가지 부품에 문제가 있는 것으로 밝혀졌습니다."

요나 교수가 리스트를 들여다보며 물었다.

"원자재 공급을 제대로 한 게 확실합니까?"

"그럼요. 그 점에는 문제가 전혀 없었어요. 계획된 일정대로 원자재가 공급되니까요. 문제는 그것이 최종 조립 단계까지 이르지 못한다는 점이에요. 새로운 병목 자원 앞에 계속 쌓여 있는 것 같아요."

"잠깐, 스테이시 씨. 그게 진짜 병목 자원인지 아닌지 어떻게 판단할 수 있습니까?"

"글쎄요. 부품 더미가 정체되어 있으니 그런 결론을 낼 수밖에 없던데요?"

"성급한 결론은 금물입니다. 우선 30분간 현장을 둘러보기로 합시다. 내 눈으로 직접 확인해봐야겠습니다."

우리는 밥의 뒤를 따라 현장으로 자리를 옮겼다. 정확히 5분 뒤, 우리는 밀링머신 앞에 멈춰 섰다. 스테이시는 녹색 꼬리표를 단 거대한 재고 더미를 가리키며 최종 조립 공정에 필요한 부품이라고 보고했다. 요나 교수의 표정에 언뜻 묘한 긴장감이 흘렀다. 요나 교수가 자세한 설명을 듣고 싶다고 하자 밥이 작업반장 제이크를 불렀다. 요나 교수가 제이크를 향해 물었다.

"이 부품이 언제부터 쌓이기 시작했습니까?"

"어림잡아 2, 3주 된 것 같네요."

나는 이 상황을 도저히 이해할 수가 없었다. 나는 즉시 제이크를 다그쳤다.

"당장 필요한 부품들이 왜 이렇게 방치되어 있는 겁니까?"

제이크는 어깨를 으쓱해 보였다.

"공장장님이 원하신다면 그 부품을 당장 처리할 수 있지만 그건 공장장님이 세운 작업 우선순위 규칙에 위배되는데요?"

제이크는 보란 듯이 쌓여 있는 다른 원자재를 가리켰다.

"공장장님, 저쪽에 쌓인 부품이 보이십니까? 모두 적색 꼬리표를 달고 있습니다. 저것들을 먼저 처리하고 나서 녹색 꼬리표를 단 부품의 생산에 들어가야 한단 말입니다. 공장장님이 그렇게 지시하셨잖아요?"

아뿔싸! 상황이 점점 명확해지고 있다. 문제는 바로 여기에 있었다. 스테이시가 어이없다는 듯 물었다.

"녹색 꼬리표를 단 원자재들이 눈앞에 이렇게 쌓여가는데도 병목 자원으로 가는 부품을 생산하는 작업에만 시간을 썼다는 말인가요?"

"당연한 거 아니에요? 대부분의 시간을 그렇게 했는데요. 그렇게 안 하면 어떻게 정해진 시간 안에 이 모든 일을 처리합니까?"

잠자코 우리의 대화를 듣고 있던 요나 교수가 제이크에게 물었다.

"현재 병목 자원과 비병목 자원의 작업 비율은 어떻게 됩니까?"

"아마도 병목 자원 쪽이 75퍼센트에서 80퍼센트 정도 될 겁니다. 보세요, 열처리 공정이나 NCX-10으로 가는 물건들은 모두 여길 거쳐야 합니다. 적색 꼬리표를 단 부품들이 계속 들어오는 한, 그것들은 단 1초도 지연되어서는 안 된다 이 말입니다. 지금 우리한텐 녹색 꼬리표를 단 부품들을 가공할 시간이 없단 말입니다."

그 순간 침묵이 흘렀다. 나는 밀링머신 속으로 밀려드는 부품 더미들을 물끄러미 쳐다보다가 다시 제이크를 바라보았다.

"공장장님, 대체 어떻게 해야 합니까?"

밥이 내가 생각했던 것과 똑같은 질문을 했다.

"꼬리표를 바꿔 달아야 합니까요? 부족한 부품들에다 녹색 대신 적색 꼬리표를 달면 됩니까요?"

나는 될 대로 되라는 심정으로 아무렇게나 내뱉었다.

"일을 신속하게 처리하라고 재촉하는 수밖에 없습니다."

요나 교수는 내 어깨를 두드리며 말했다.

"아니. 그게 유일한 해결책은 아닐세. 지금 이 시점에서 생산을 재촉하는 방식에 의존한다면 자네는 계속 같은 일을 반복하게 될 걸세. 상황이 더 악화될 뿐이지."

"근데 다른 방법이 없지 않습니까요?"

밥 역시 허탈감에 젖은 채 요나 교수에게 투덜거렸다.

"먼저 병목 자원을 둘러보고 싶습니다. 거기에 가면 문제를 좀더 명확히 파악할 수 있을 겁니다."

우리는 NCX-10을 보러 갔지만, 거대한 재고 더미가 길을 막아 더이상 전진할 수가 없었다. 재고 더미는 제일 큰 지게차나 닿을 수 있을 만큼의 높이에서 나를 조롱하듯 내려다보고 있었다. 실제로 요나 교수와 맨 처음 이곳을 시찰했을 때보다 규모가 더욱 커져 있었다. 그리고 부품 포대들과 부품 팔레트에는 모두 적색 꼬리표가 달려 있었다. 쌓인 재고 더미 때문에 NCX-10은 눈에 들어오지도 않았다.

"여기서 NCX-10까지 가려면 어떻게 가야 합니까?"

요나 교수가 원자재 사이로 난 좁은 통로를 찾으면서 물었다.

"이리 오세요. 제가 안내해드리겠습니다요."

우리는 밥의 안내를 받아 원자재 더미의 미로를 빠져나올 수 있었다. 드디어 우리 눈앞에 NCX-10이 모습을 드러냈다. 요나 교수는 NCX-10 앞으로 걸어 나와 말문을 열었다.

"여기 쌓여 있는 재고를 보아 하니 이 기계가 모든 원자재를 소화하려면 족히 한 달 이상은 걸리겠군요. 열처리 공정도 이와 비슷한 상황일 겁니다. 그럼, 여기에 왜 이렇게 많은 재고가 쌓여 있을까요?"

"작업 우선순위 시스템 때문일 겁니다."

나는 이렇게 대답했다. 온몸에 힘이 쭉 빠지는 듯했다.

'그럼 지금까지 내가 추진했던 일들이 모두 헛것이었단 말인가?'

"그것도 원인이 될 수 있을 걸세. 여러분께 다시 한번 묻겠습니다. 이 어마어마한 재고 더미는 왜 쌓여 있는 걸까요?"

요나 교수의 이어진 질문에 아무도 대답하지 않았다.

"좋습니다. 지금부터 병목 자원과 비병목 자원 간의 몇 가지 기본적인 관계에 대해 설명하겠습니다."

요나 교수가 내 쪽으로 몸을 돌렸다.

"알렉스, 일전에 내가 사람들 모두가 쉴 새 없이 일하는 공장은 매우 비효율적인 공장이라고 말했던 것을 기억하나? 이제 자네는 내가 한 말이 무슨 뜻인지 정확히 알게 될 걸세."

요나 교수는 근처 품질검사 부서로 걸어가 검사 요원들이 불합격 부품들의 결함을 표시하기 위해 쓰는 분필을 하나를 집어 들었다. 그는 콘크리트 바닥에 쭈그리고 앉아서 NCX-10을 가리켰다.

"여기 병목 자원이 있습니다. 그것이 어떤 기계이든 간에 그것을 간단히 X라고 합시다."

그는 바닥에 X라고 썼다. 그는 다시 통로 뒤에 있는 다른 기계들을 가리켰다.

"X에 대한 부품 공급은 여러 비병목 자원들과 작업자들이 진행합니다. 병목 자원이 X라면, 비병목 자원은 Y가 됩니다. 자, 이것을 단순화해서 하나의 병목 자원과 하나의 비병목 자원이 결합되어 있다고 가정하면……."

그가 바닥에 분필로 다음과 같이 썼다.

$$Y \rightarrow X$$

요나 교수가 설명을 이어갔다.

"각 제품의 부품들은 서로 '종속적 사건'으로 연관되어 있습니다. 다시 말해 두 자원이 결합된 거죠. 그리고 여기서 이 화살표는 각 부품들이 한 자원에서 다른 자원으로 흘러가는 과정을 표시합니다. X에 부품을 공급하는 비병목 자원이라고 생각하시면 이해가 빠를 겁니다."

요나 교수는 고개를 들어 우리의 표정을 살핀 다음 다시 설명에 들어갔다.

"비병목 자원의 정의에 따라 Y가 초과 생산능력을 가지고 있다는 사실을 알 수 있습니다. 이것을 근거로 추리하면 그 초과 생산능력 때문에 Y가 X보다 수요를 더 빨리 충족해주리라는 사실도 예측할 수 있을 겁니다. 완제품 생산을 위해 X와 Y 모두 한 달에 육백 시간을 가동할 수 있다고 가정해봅시다. 여기서 X와 Y의 명확한 차이가 드러납니다. 먼저 X는 병목 자원이기 때문에, 수요를 채우려면 육백 시간을 모두 가동해야 합니다. 그러나 Y는 X와 비슷한 흐름을 유지하기 위해 75퍼센트, 즉 약 사백오십 시간만 가동해도 됩니다. 그렇다면 Y가 사백오십 시간의 일을 모두 다 처리하고 난 뒤에는 어떻게 관리해야 할까요? 그냥 기계를 놀려둡니까?"

"아뇨. 우린 새로운 일거리를 찾을 겁니다요."

밥은 느낀 그대로 대답했다. 하지만 요나 교수의 요지는 그것이 아니었다. 요나 교수와 밥의 질의응답은 계속 이어졌다.

"하지만 Y는 이미 시장 수요를 충족했는데요?"

"글쎄요. 그렇다면 다음 달에 처리해야 할 일거리를 미리 줘서라도 일을 시켜야 합니다요."

"작업할 일거리가 없다면 어떻게 하겠습니까?"

"그러면 좀더 많은 원자재를 투입해야 하지 않을까요?"

"바로 그게 문제라는 겁니다. 자세히 설명하죠. Y의 여유 시간이 생산 활동에 계속 쓰인다면 어떤 현상이 발생하겠습니까? 여기서 생산된 재고는 어디론가 이동해야 합니다. Y는 X보다 더 빠릅니다. Y를 계속 가동함으로써 X로 가는 부품의 흐름은 X를 떠나는 부품들의 흐름보다 더 큽니다. 그것이 의미하는 바는……."

그는 산더미처럼 쌓여 있는 재고 더미 쪽으로 가서 그것을 다 쓸어버리는 시늉을 했다.

"현재 여러분들이 떠안고 있는 X 지점을 보십시오. 저런 결과가 나올 게 뻔합니다. 그럼, 현금 창출률로 소화할 만한 양보다 많은 원자재가 투입된다면 여러분에게는 뭐가 남습니까?"

"초과 재고죠."

스테이시가 말했다.

"바로 그겁니다. 그러나 자원들 간에 다른 결합관계가 있을 때는 어떨까요? X가 Y에 부품들을 공급할 때에는 어떤 일이 벌어질까요?"

요나 교수는 분필로 바닥에 다음과 같이 썼다.

$$X \to Y$$

"이번엔 Y의 육백 시간 중 얼마큼의 시간이 생산적으로 이용될 수 있겠습니까?"

"여전히 사백오십 시간뿐입니다."

스테이시가 대답했다.

"맞습니다. 만약 Y가 X에 전적으로 의존하고 있다면, Y가 작업할 수 있는 최대 시간은 X의 생산량에 의해 결정됩니다. X의 육백 시간은 Y의 사백오십 시간과 같습니다. Y는 사백오십 시간을 작업한 뒤 가공할 부품이 없어서 쉬어야 할 판입니다. 그렇지만 그렇게 하는 것이 바람직합니다."

"교수님, 잠시만요."

나는 우리 공장의 상황이 이와 같다는 사실을 깨달았다.

"현재 저희 공장 내에도 병목 자원에서 비병목 자원으로 부품을 공급하는 단계가 있습니다. 예를 들어, NCX-10 과정을 거친 부품들은 그게 무엇이 됐든 간에 곧장 비병목 자원에서 처리됩니다."

"알렉스, 그건 또 다른 비병목 자원이라네. 자네가 이 상태를 계속 유지하면서 Y를 가동한다면 어떤 일이 일어날지 생각해본 적 있나? 이걸 보게."

요나 교수는 분필로 바닥에 세 번째 공식을 그렸다.

```
Y → A
X → S
      S
      E
      M
      B
      L
      Y
```

　요나 교수의 설명은 이러했다. 어떤 부품들은 병목 자원을 통과하지 않는다. 그 부품들은 비병목 자원에서만 가공되며, 그 흐름은 Y에서 곧장 조립 공정으로 간다. 그 외 다른 부품들은 병목 자원을 거쳐 흘러가므로 X 공정에 머물다가 조립 공정으로 가서, 거기서 Y의 부품들과 만나 최종 완제품이 된다. 실제 공장에서는 Y 공정 앞에 여러 개의 비병목 자원이 있을 수 있고, 그렇게 되면 이 모든 것을 차례로 통과해야 각 부품이 조립 공정에 도달할 수 있다. X 공정도 마찬가지다. 그 앞에 일련의 비병목 자원이 있을 수 있고, 그것들을 다 통과해야 조립 공정에 다다를 수 있다.

　"이 과정을 간단히 설명하기 위해서 나는 하나의 X와 하나의 Y라는 최소 요소들의 결합관계를 도식으로 나타냈던 것입니다. 시스템 내에 비병목 자원이 아무리 많아도 Y를 놀리지 않고 계속해서 바쁘게 가동하는 것의 결과는 같습니다. 자, 여러분이 X와 Y 양쪽을 이용 가능한 모든 시간에 계속해서 가동했다고 합시다. 그 시스템은 효율적입니까? 아니면 비효율적입니까?"

　"매우 효율적이지요."

　밥의 대꾸에 요나 교수는 단호하게 잘라 말했다.

　"아니요, 틀렸습니다. Y에서 가공된 모든 부품이 최종 조립 공정에 도달할 때 일어날 수 있는 문제에 대해 고려해봤습니까?"

밥은 어깨를 으쓱하고 말했다.

"당연히 조립해서 출하하면 되는 거 아닙니까요."

다시 요나 교수가 물었다.

"어떻게 그럴 수 있습니까? 제품의 80퍼센트는 병목 자원이 처리해야 할 부품이 적어도 하나 정도는 있습니다. 그런데 아직 최종 조립 공정에 도달하지 않은 병목 자원 부품을 무엇으로 대체할 겁니까?"

"아, 예. 그걸 깜박 잊었군요."

밥이 멋쩍게 머리를 긁적였다. 한동안 생각에 잠겨 있던 스테이시가 정확한 답을 구했다.

"조립할 수 없다면, 우리는 다시 재고를 더 많이 쌓아놓게 될 거예요. 단 이때는 과잉 재고가 병목 자원 앞에 쌓이는 것이 아니라 최종 조립 공정 앞에 쌓일 겁니다."

"그렇습니다. 공장을 쉴 새 없이 돌린 결과 수백만 달러어치 부품이 창고에 처박히게 되는 거구요."

이번에는 루이스가 답했다.

"이제 아시겠습니까? 다시 한번 말씀드리지만, 비병목 자원을 하루 이십사 시간 계속해서 가동한다고 해도 현금 창출률이 높아지지 않습니다."

밥은 요나 교수의 의견에 일부분은 동의하는 것 같았지만, 여전히 의문이 남는지 이의를 제기했다.

"좋습니다요. 근데 교수님 말씀이 옳다고 해도요, 병목 자원을 통과할 필요가 없는 나머지 20퍼센트의 제품은 어떻습니까요? 그 물건들의 생산 효율성은 높일 수 있는 거 아닙니까요."

"정말 그렇게 생각하십니까?"

요나 교수는 어이없다는 시선으로 밥을 바라보았다. 요나 교수의 표정에 짜증이 묻어나기 시작했다. 그러나 그는 침착성을 되찾고 다시 다음과 같은 공식을 그렸다.

$$Y → 제품 A$$
$$X → 제품 B$$

"X와 Y가 서로 독립적으로 운영된다는 가정하에, 두 가지 모두 각각 서로 분할된 시장 수요를 충족하고 있다고 합시다. 여기서 시스템은 Y의 총 육백 시간 중 얼마만큼을 이용할 수 있습니까?"

"전부 이용할 수 있습니다요."

밥은 단순하게 생각한 것을 내뱉었다. 그러나 이번에도 요나 교수의 반박이 여지없이 이어졌다.

"아뇨. 틀렸습니다. 언뜻 보면 Y의 총 이용 가능 시간을 100퍼센트 이용할 수 있는 것처럼 보이지만, 실제로는 그렇지 않습니다. 다시 잘 생각해보십시오."

나는 그제야 요나 교수의 의도를 정확히 파악할 수 있었다.

"시장 수요가 흡수할 수 있는 만큼만 이용할 수 있습니다."

"바로 그거요. 앞에서 내린 정의에 따르면 Y는 초과 생산능력을 가지고 있습니다. 그래서 여러분이 Y를 풀가동한다면, 결국 손에 남는 것은 과잉 재고밖에 없습니다. 그리고 이때 Y가 가공한 부품이 최종 완제품이라면 초과 완제품 재고를 떠안게 될 겁니다. 여기서 제약 요인은 생산이 아닙니다. 바로 마케팅 능력입니다."

나는 요나 교수의 말을 들으면서 창고 속에 처박아놓은 완제품 재고를 떠올렸다. 적어도 그 재고의 3분의 2는 비병목 자원에서 생산한 부품들로만 완성된 제품들이었다. '효율성'을 위해 비병목 자원을 가동함으로써 우리는 수요를 초과하는 재고를 만들어냈다. 나머지 3분의 1 역시 마찬가지였다. 그것들은 병목 자원으로 생산한 완제품이었지만, 제품의 대부분은 2년이 넘은 지금도 창고 선반 위에 그대로 놓여 있었다. 그것들은 이제 한물간 모델이 되어버렸다. 총 천오백여 개의 재고 물량 중 한 달에 열 개만 판다고 해도 다행일 것이다. 병목 자원을 거친 부품들은 대부분 최종 조립 단계를 거쳐 생산되자마자 곧바로 팔려나간다. 그중 몇 개는 고객들에게 배달되기 전 하루 혹은 이틀 동안 창고에 있지만, 그것은 주문 잔고이기 때문에 그리 많은 비중을 차지하지는 않는다. 내가 재고에 대한 생각을 떨쳐내고 다시 요나 교수를 보았을 때, 그는 바닥에 쓰인 네 가지의 공식에 다음과 같이 번호를 덧붙였다.

1) $Y \to X$ 3) $Y \to A$ 4) $Y \to$ 제품 A

2) $X \to Y$ $X \to S$ $X \to$ 제품 B

$$S$$
$$E$$
$$M$$
$$B$$
$$L$$
$$Y$$

"우리는 지금까지 X와 Y를 포함하는 네 가지의 공식을 검토해보았습니다. 물론 X와 Y로 이루어진 조합은 무수히 만들어낼 수 있습니다. 하지만 이 네 가지만으로도 우리가 원하는 것을 충분히 얻을 수 있기 때문에 더 이상의 조합은 불필요합니다. 이것들을 구성 요소로 이용한다면, 우리는 어떤 상황에서든 충분히 공식을 만들어낼 수 있습니다. 우리는 이들 네 가지 경우에서 일어나는 일들을 밝혀냄으로써, 그 모든 조합의 보편적인 진실을 일반화할 수 있습니다. 자, 이제 이 네 가지 경우를 잘 보십시오. 어떤 공통점이 있습니까?"

우리 중 아무도 선뜻 대답하지 못했다. 바로 그때 스테이시가 어느 경우든 Y는 현금 창출률을 결정하지 못한다고 지적했다. X보다 Y를 더 많이 가동하면 과잉 재고만 가져올 뿐, 현금 창출률이 늘어나는 것이 아니라는 설명도 덧붙였다. 요나 교수는 만족스럽다는 듯한 미소를 지으며 결론을 이끌어냈다.

"스테이시 씨, 정확한 답변입니다. 그러니까 여러분이 방금 스테이시 씨가 지적한 부분을 이해한다면 어떤 상황에서도 쉽게 적용할 수 있는 단순한 규칙을 세울 수 있습니다. 비병목 자원의 이용 정도는 그것 자체의 잠재력을 기준으로 결정하는 게 아니라, 다른 어떤 제약 요인을 기준으로 결정해야 한다는 규칙 말입니다."

그렇게 말하면서 요나 교수는 NCX-10을 가리켰다.

"여기 이 기계는 여러분이 해결해야 할 주요 제약 요인입니다. 여러분이 비병목 자원으로 병목 자원인 이 기계보다 더 많은 작업을 한다고 해서 생산성이 높아지는 게 아닙니다. 오히려 그와 정반대조. 그렇게 하면 재고만 늘어난다는 말입니다. 그건 여러분의 목표에 반대되는 행위입니다."

"그럼, 어떻게 해야 하죠? 직원들에게 작업 지시를 내리지 않는다면 직원들을 놀리는 시간이 늘어나게 될 겁니다요. 그렇게 되면 전체 효율성도 떨어지는 것 아닙니까요?"

"그게 무슨 상관입니까?"

밥은 당황한 듯 얼굴을 붉히며 이내 요나 교수의 말을 되받아쳤다.

"죄송합니다만, 어떻게 그렇게 말씀하실 수가 있습니까요?"

"도노번 씨, 뒤를 살펴보십시오. 여러분이 만든 저 괴물 더미를 똑똑히 보세요. 저것들은 저절로 만들어진 게 아닙니다. 여러분 스스로 저렇게 어마어마한 재고를 만든 겁니다. 이런 결과가 나온 건 관리자들의 잘못된 고정관념 때문이기도 합니다. 직원들의 작업 시간을 100퍼센트 활용해야 한다는 시각, 그리고 비용 절감 차원에서 그들을 해고해야 한다는 잘못된 생각 때문입니다."

"100퍼센트라는 가정은 좀 비현실적이니, 현실성 있는 비율로 계산해 90퍼센트 정도면 알맞지 않을까요?"

루이스는 회계부장다운 지적을 했지만, 그도 요나 교수의 예리함 앞에서는 고개를 숙여야 했다.

"왜 90퍼센트가 적정합니까? 그렇다면 60퍼센트나 25퍼센트는 왜 안 됩니까? 지금 제약 요인이 문제이지, 이런 수치는 아무런 의미가 없습니다! 원자재를 충분히 구해서 출근 시간부터 퇴근 시간까지 쉬지 않고 작업할 수도 있습니다. 그런데 왜 그렇게 해야 하죠? 루이스 씨, 정말로 돈을 벌고 싶다면 그런 생각부터 버려야 합니다."

이번에는 랠프가 반신반의하는 듯한 표정으로 물었다.

"교수님이 말씀하시는 것은 작업자가 하루에 하는 일의 양과 우리 공장의 실제 수입이 별개의 문제라는 뜻입니까?"

"그렇습니다. 그것이 바로 우리가 이야기했던 X와 Y의 네 가지 결합 관계로부터 논리적으로 도출해낼 수 있는 두 번째 규칙입니다. 엄밀히 말해, 자원을 '작동(activation)'하는 것과 자원을 '가동(utilization)'하는 것은 별개라는 겁니다."

요나 교수는 두 가지 규칙에서 자원을 '가동하는 것'은 시스템의 목표 달성을 위해 자원을 활용하는 것을 의미한다고 했고, 자원을 '작동하는 것'은 기계의 작동 스위치를 누르는 것과 같은 단순한 개념으로, 즉 그 작업으로부터 창출되는 이익과는 상관없이 현장에서 벌어지는 일상적인 활동을 뜻한다고 설명했다. 요나 교수는 특히 비병목 자원을 최대로 작동하는 것은 아주 어리석은 행위라는 점을 강조했다.

"이 규칙들이 내포하고 있는 기본적인 모티프는 하나입니다. 다시 말해, 공장의 모든 자원을 100퍼센트 활용할 필요는 없다는 겁니다. 또한 개별 부문에서만 최적화를 추구하는 시스템은 가장 비효율적인 시스템입니다."

"교수님, 충분히 이해는 갑니다. 하지만 이런 사실을 깨닫는다고 해서 당장 밀링머신 앞에 쌓인 저 괴물 더미들을 최종 조립라인까지 단숨에 옮길 수는 없잖습니까?"

"알렉스, 방금 전에 이야기했던 두 가지의 규칙에 입각해서 밀링머신 앞에 쌓여 있던 재고들을 처리할 방법을 생각해보게."

"문제의 원인을 알 것 같아요. 그래요! 우리는 병목 자원에서 가공할 수 있는 것보다 더 빠른 속도로 원자재를 투입하고 있었던 거예요."

스테이시가 쓸쓸한 미소를 띠며 말했다.

"그렇습니다. 현재 여러분은 비병목 자원에 작업 물량이 떨어질 때마다 원자재를 투입하고 있습니다."

"교수님. 그건 인정합니다만, 현재 밀링머신도 병목 자원이라고 볼 수 있지 않습니까?"

요나 교수는 고개를 저었다.

"아니야, 알렉스. 지금 자네 뒤에 쌓여 있는 과잉 재고를 살펴보게. 밀링머신은 절대 병목 자원이 아닐세. 기억해보게. 밀링머신이 애초부터 병목 자원이었나? 자네가 잘못된 시스템을 도입해서 만들어진 일시적인 병목 자원일 뿐이란 말일세."

요나 교수는 현금 창출률의 증가에 따라 일시적으로 발생하는 병목 자원에 대해 말했다. 그러나 대다수의 제조 공장은 잉여 생산능력을 보유하고 있기 때문에 새로운 병목 자원이 등장하기 전까지 현금 창출률이 엄청나게 증가한다고 지적했다. 우리는 겨우 20퍼센트 매출 증가를 달성했을 뿐이다. 내가 그에게 전화를 걸었을 때 그는 새로운 병목 자원이 발생했을 리가 없다고 말했었다. 나는 요나 교수의 지적을 통해 우리가 범한 몇 가지 오류를 찾아낼 수 있었다. 문제는 바로 현금 창출률이 증가함에 따라, 공장 설비를 계속 가동한 것이다. 100퍼센트 풀가동이라는 신화에 얽매여 원자재를 들이부어서, 결국 일시적이지만 또 다른 병목 자원까지 만들어냈다. 작업 우선순위에 있는 적색 꼬리표를 단 부품은 가공되었지만 녹색 꼬리표를 단 부품은 쌓여만 갔다. 그 결과 우리는 NCX-10과 열처리 공정에 재고를 쌓았을 뿐만 아니라, 병목 자원의 부품 물량 때문에 다른 작업장의 흐름까지 방해했고, 궁극적으로는 비병목 자원의 부품들이 조립 공정에 도달하지 못하도록 만들었다. 그제야 내 머릿속에 어떤 밑그림이 그려지기 시작했다.

"교수님, 저희가 어떤 오류를 범했는지 이제야 알 것 같습니다. 앞으로 이 문제를 어떻게 해결해야 할지 가르쳐주시겠습니까?"

"회의실로 돌아가서 함께 논의해보도록 하세. 그러고 나서 내 생각을 말해주겠네. 하지만 해결책은 자네가 생각하는 것보다 훨씬 간단할 걸세."

26

내일에 아무런 도움이 되지 않는다면
과거의 기억은 과감히 떨쳐내라!
— 윌리엄 오슬러

나는 식구들이 깰까 봐 조심스럽게 현관문을 열고 집 안으로 들어섰다. 문틈으로 선선한 밤공기가 느껴졌다. 나는 옷도 갈아입지 않고 식탁에 앉아 요나 교수와 나누었던 이야기를 진지하게 고민했다. 솔직히 말해, 집에 도착하기 전까지만 해도 해결책을 찾는 일이 그리 간단해 보이지 않았다. 물론 지금도 간단하다고는 할 수 없지만, 일단 부딪쳐봐야 할 것 같다는 생각이 들었다. 내가 식탁에 앉아 연필을 굴리며 골똘히 생각에 잠겨 있을 때, 등 뒤로 인기척이 느껴졌다.

"아빠, 안녕?"

샤론이 식탁 의자에 앉으며 앙증맞게 웃었다.

"그래, 안녕? 그런데 지금은 자고 있어야 할 시간 같은데?"

"그냥. 아빠 보고 자려고 기다렸어. 근데 아빠, 지금 뭐 하는 거야?"

"아빤 지금 일하고 있어."

"내가 도와줄까, 아빠?"

샤론은 초롱초롱한 눈망울로 내 시선을 마주했다.

"글쎄, 너한테는 좀 어렵고 복잡한 거라 재미없을 텐데?"

"그래? 그럼 난 이제 자러 가야 돼?"

나는 속내를 들킨 것 같아 움찔했다.

"아냐, 그러지 않아도 돼. 그럼, 아빠가 문제를 낼 테니까 한번 알아맞혀볼래?"

"좋아."

샤론의 표정이 밝아졌다.

"그럼, 시작한다. 샤론, 아빠가 오빠랑 보이스카우트 하이킹에 갔던 거 알고 있니?"

그때 데이브가 주방으로 달려오면서 큰 소리로 말했다.

"샤론은 몰라. 나는 알지!"

데이브는 나와 대화를 나누고 싶은 눈치였다.

"아빠, 내가 도와줄 수 있어."

"데이브, 세일즈에 소질이 있는 것 같구나."

내 대답에 샤론이 뾰로통한 얼굴로 말했다.

"아빠! 나도 알아. 나도 그 하이킹에 대해서 안다구."

"야, 너는 거기에 가지도 않았잖아!"

"오빠랑 아빠가 얘기하는 거 다 들었어, 뭐!"

샤론이 대들었다. 나는 두 녀석의 말다툼을 중재했다.

"아빠 생각엔 너희 둘 다 이 일을 할 수 있을 것 같은데? 문제는 바로 이거야. 숲 속에서 하이킹을 하면서 아이들이 일렬로 걷고 있어. 그리고 그 대열의 중간에 허비가 있지. 허비를 좀더 빨리 걷게 하려고 짐을 나누어 가졌지만, 허비는 여전히 속도가 느려. 다른 아이들은 허비보다 빨리 걸어가고 싶어 하지. 하지만 그렇게 되면 대열의 간격은 점점 더 벌어지게 되고, 뒤에 있는 아이들은 중간에 길을 잃게 될 판이야. 또 이런저런 이유 때문에 허비를 대열의 중간에서 빼낼 수도 없는 처지야. 그럼 대열이 처지지 않게 하기 위해서 어떻게 해야 할까?"

둘 다 깊이 생각하는 눈치였다.

"좋아. 너희 둘 다 각자 방으로 돌아가서 자세히 생각해보렴. 10분 동안 생각할 시간을 줄게."

"정답을 맞히면 상품이 뭔데?"

데이브가 물었다.

"글쎄, 가능한 거라면 뭐든지 다 해줄게."

"뭐든지 다?"

샤론이 두 눈을 동그랗게 뜨고 물었다.

"아빠가 해줄 수 있는 범위 내에서!"

아이들은 내 대답이 떨어지기가 무섭게 방으로 흩어졌다. 나는 조용하고 평화로운 10분을 보낼 수 있었다. 10분 뒤, 녀석들은 제자리에 정확히 앉아 기대감에 부푼 눈으로 나를 바라보았다.

"준비됐니?"

먼저 샤론이 귀여운 입술을 움직여 운을 뗐다.

"내 아이디어를 들어봐요, 아빠!"

데이브가 샤론의 말을 가로챘다.

"내 아이디어가 더 좋아."

"오빠 건 됐어!"

샤론도 지지 않고 맞섰다.

"데이브, 그만! 샤론, 네 아이디어는 뭐니?"

"북을 치는 거야."

"뭐라고?"

"퍼레이드 행진할 때처럼."

"오, 무슨 뜻인지 알겠다."

나는 샤론의 말을 즉시 이해했다.

"행진할 때에는 틈이 벌어지지 않지. 모든 사람이 발을 맞추어 행진한다. 이거지?"

샤론이 미소 지었고, 데이브는 그런 샤론을 노려보았다.

"좋아. 하지만 허비 앞에 있는 사람들이 더 빠른 속도로 걸으면 어떡하지?"

"허비에게 북을 치라고 하면 되죠."

샤론의 대답은 언제나 이렇게 단순 명료했다. 나는 잠시 생각에 잠겨 있다 샤론에게 말했다.

"그래, 그것도 괜찮은 아이디언데?"

"아빠! 내 아이디어가 더 좋아."

내가 데이브를 바라보았다.

"그래 데이브, 네 생각은 뭐야?"

"모든 사람을 밧줄로 묶는 거예요."

"밧줄?"

"등산가처럼 말이에요. 긴 밧줄로 사람들의 허리를 연결하면 어느 누구도 뒤에 처지거나 혼자만 빨리 갈 수 없잖아요."

"음. 그것도 참 좋은 생각이구나."

데이브가 말한 대열은—이것은 우리 공장의 재고와 같은 개념이다—밧줄보다 길어질 수는 없다. 그리고 또한 밧줄의 길이는 미리 결정될 수 있는 것이며, 그것은 우리가 대열을 정확히 통제할 수 있다는 것을 뜻한다. 나는 데이브의 기발한 생각이 정말 대견스러웠다.

"생각해보니, 밧줄은 아빠 공장의 모든 기계들을 물리적으로 연결하는 셈이 되는구나. 조립라인처럼 말이야."

"응. 아빠가 언젠가 조립라인이 물건을 만들기에는 가장 좋은 구조라고 했잖아."

"그래, 이제 기억나는구나. 제조업에서는 그게 가장 좋은 방법이지. 아빠 공장에서는 대부분의 부품을 최종적으로 조립할 때 그 방법을 쓰고 있거든. 문제는 그 조립라인을 공장 내의 모든 공정에 적용할 수는 없다는 거지."

"아, 그렇구나!"

데이브는 제법 알아듣는 눈치였다.

"하지만 오늘 너희들이 말해준 생각은 아주 훌륭했어. 아빠가 회사에 가서 너희 둘의 생각을 조금씩만 고치면 정답이 나올 것 같구나."

"어떻게?"

샤론이 물었다.

"잘 보렴, 대열의 간격이 벌어지는 것을 막기 위해서 무조건 모든 아이들의 발걸음을 맞추거나 밧줄로 묶을 필요는 없어. 중요한 건 허비의 앞에 있는 아이들의 속도가 빨라지지 않게 하는 거지. 그럴 수만 있다면 문제는 해결돼."

"그럼, 허비 앞에 있는 아이들만 밧줄로 묶으면 되지."

데이브의 제안에 샤론이 응수했다.

"아님 허비와 그 대열 앞에 있는 아이들 사이에 신호를 정해주면 되잖아. 그래서 앞에 있는 아이가 너무 빨리 가면 허비가 아이들한테 신호를 보내서 속도를 조절하는 거죠!"

나는 어느새 훌쩍 커버린 아이들의 모습이 너무도 사랑스러웠다. 그리고 이 어려운 문제를 풀어낸 아이들의 창의력이 너무도 자랑스러웠다.

"맞았어! 너희 둘이서 같이 답을 찾아냈구나."

"그럼, 우리한테 뭐 해주실 거예요?"

샤론이 기대감에 부푼 목소리로 물었다.

"음, 글쎄. 뭘 해주면 될까? 피자 먹을래? 아님 만화영화 보러 갈래?"

아이들은 잠시 풀이 죽은 듯 침묵을 지켰다. 샤론이 조심스럽게 말했다.

"영화 보러 가는 거 좋아. 근데 내가 정말 원하는 건 아빠가 엄마를 다시 집으로 데려오는 거야."

나는 아이들을 볼 면목이 없었다. 데이브가 샤론에게 눈치를 주며 어른스럽게 말했다.

"아니에요. 아빠, 우린 아빠가 그렇게 하실 수 없다고 해도 충분히 이해해요."

"고맙다, 데이브. 아빠도 지금 최선을 다하고 있어. 그럼 우리 조만간 영화 보러 갈까?"

녀석들이 자러 간 뒤에도 나는 아내와 아이들에 대한 자책감 때문에 쉽게 자리를 뜰 수 없었다. 아내가 다시 집으로 돌아올지 어떨지는 아직 미지수다. 내 결혼 생활의 어려움에 비추어보면 우리 공장의 재고 문제는 쉬운 일인 것처럼 보인다. 아니, 적어도 지금은 그렇게 보인다. 모든 문제는 일단 해결이 된 이후에는 간단해 보이는 법이니까!

실제로 공장에서는 두 녀석들이 제안했던 것을 실행에 옮기고 있었다. 우리는 요나 교수와 면담한 이후 허비를 기준 삼아 시스템에 원자재를 투입할 시기를 정해야 한다는 걸 깨달았다. 북과 밧줄 대신 컴퓨터를 이용해 그것을 알린다는 점만 빼면 우리의 계획은 아이들이 내린 해결책과 다를 게 없었다.

현장에서 올라오자마자 우리는 회의실에 집합해 토의를 시작했다. 우리는 너무 많은 원자재를 투입하고 있다는 사실에 동의했다. 요나 교수의 말마따나 병목 자원을 효과적으로 가동하기 위해 그 앞에다 5, 6주 분량의 재고를 쌓아놓을 필요는 없었다.

"원자재를 계속 투입해 비병목 자원을 늘리는 대신 적색 꼬리표를 단 부품들을 잠시 보류하는 게 좋을 것 같아요. 그럼 밀링머신이 녹색 꼬리표를 단 부품을 가공할 시간을 벌 수 있을 거예요. 그러면 부족한 부품들이 별다른 문제없이 최종 조립 공정까지 도착할 수 있을 거예요."

요나 교수는 스테이시의 제안이 만족스러운 듯 고개를 끄덕이며 말했다.

"맞습니다. 여러분이 해야 할 일은 병목 자원에서 가공되는 부품의 가공 속도에 따라 적색 꼬리표를 단 부품을 위한 원자재 투입 방법을 찾아내는 것입니다. 그리고 그 속도를 엄격히 지켜야 합니다."

"좋습니다. 그런데 한 가지 의문이 듭니다. 과연 어떻게 원자재 투입 시기를 정해야 하는지 저로서는 판단이 잘 안 섭니다. 그리고……."

내가 자신 없는 듯 대꾸하자, 스테이시가 내 고민을 대신 말해주었다.

"확신할 순 없지만, 공장장님이 뭘 걱정하시는지 알 것 같아요. 병목 자원 앞에 일거리가 전혀 없는, 현재의 정반대 상황을 말씀하시는 거죠?"

"젠장! 바로 오늘부터 적색 꼬리표를 단 생산용 원자재를 투입하지 않는다 해도 그렇게 되려면 족히 한 달은 걸릴 겁니다요. 그렇지만 무슨 말씀인지는 알겠습니다요. 병목 자원을 이대로 방치한다면 현금 창출률이 줄어들 수밖에 없겠지요."

밥이 투덜거리며 말했다. 요나 교수는 입을 다물고 우리의 논의를 지켜보았다.

"우리에게 필요한 것은 원자재 투입 시기와 병목 자원들을 연결하는 신호를 결정하는 일일 겁니다."

내 말이 끝나자 놀랍게도 랠프가 명쾌한 대안을 제시했다.

"잠시만요. 이건 단순히 제 생각입니다만, 지금까지 두 병목 자원에서 기록된 자료를 기반으로 몇몇 시스템을 이용하면 언제 원료를 공급해야 할지 그 시기를 예측할 수 있을 것 같습니다."

나는 그가 무슨 생각을 하고 있는지 구체적으로 물었다.

"지난 몇 주간 통계를 내봤습니다. 병목 자원들에 관한 데이터에 몇 가지 유형이 있었습니다. 어떤 부품이 대기하고 있는지를 정확히 안다면 각 유형별 부품의 평균 작업 준비 시간과 가공 시간을 알 수 있을 겁니다. 또한 각각의 작업 물량이 병목 자원에 의해 가공되어야 할 시기를 계산해낼 수 있습니다. 다행스럽게도 현재 종속성이 낮은 하나의 작업 공정을 다루고 있기 때문에 '통계적 변동'의 평균을 쉽게 구할 수 있고, 따라서 정확도도 높다는 이점이 있습니다."

랠프는 계속해서 그가 관찰했던 내용을 설명했다.

"원자재가 첫 공정을 거쳐 병목 자원에 도달하기까지는 약 2주가 걸립니다. 따라서 병목 자원에 대기 중인 부품의 작업 준비 시간과 가공 시간에다 2주일을 더하면 원자재가 병목 자원에 도달해서 실제로 가공되기까지 어느 정도 소요되는지를 계산할 수 있습니다. 그리고 병목 자원에서 1차 공정이 끝나면 우리가 가진 정보를 갱신하고, 동시에 스테이시 씨가 언제 적색 꼬리표를 단 원자재를 투입할지를 계산할 수 있을 겁니다."

요나 교수는 흡족한 표정으로 랠프를 바라보았다.

"굉장한 생각을 해냈군요. 잘하셨습니다."

나는 노파심에서 일의 정확도에 대해 물었다.

"랠프 씨, 좋은 생각입니다. 하지만 그 수치가 얼마나 정확한 겁니까?"

"플러스마이너스 하루 정도의 오차가 있다고 봅니다. 제 판단이 정확하다면 각각의 병목 자원 앞에 사흘 분량의 재고를 유지하는 게 가장 안전할 거라고 봅니다."

우리 모두가 랠프의 생각에 동의하고 있을 때 요나 교수가 말했다.

"하지만 랠프 씨, 그 정보의 가치는 거기서 끝나는 게 아닙니다. 그보다 더 많은 일을 할 수 있습니다."

"어떻게요?"

랠프가 반문했다.

"조립라인 앞의 재고 문제도 해결할 수 있을 겁니다."

"그렇다면 병목 자원의 재고 문제뿐만 아니라, 다른 공정에 쌓이는 재고 문제도 해결할 수 있다는 말씀인가요?"

"바로 그겁니다."

"죄송한 말씀입니다만, 잘 모르겠습니다."

요나 교수가 그것에 대해 설명해주었다. 랠프가 병목 자원에 적색 꼬리표를 단 원자재의 투입 시기를 알아낼 수 있다면, 최종 조립 공정을 위한 일정도 예측할 수 있다. 또 이것을 근거로 랠프는 병목 부품이 최종 조립 공정으로 넘어가는 시점을 통해 그 이후의 단계까지도 결정할 수 있으며, 비병목 부품 생산의 원자재 투입 시기도 결정할 수 있다. 결국 이 모든 것을 종합하면, 병목 자원은 공장 내 모든 원자재 공급 시기를 결정한다고 결론지을 수 있다는 설명이었다.

"병목 자원을 제일 첫 공정으로 옮긴다는 우리의 처음 의도와 같은 효과를 낼 수 있겠군요."

나는 요나 교수를 바라보며 내 생각을 확인해보았다. 요나 교수는 고개를 끄덕였다.

"네. 그럴듯한데요. 그렇지만 공장장님, 이건 알아두셔야 할 거예요. 제가 컴퓨터 프로그램을 만드는 데 시간이 얼마나 걸릴지는 아마 하느님만이 아실 거예요. 제가 지금 가지고 있는 자료는 급히 처리해야 할 적색 꼬리표 일정뿐이에요. 나머지 것들까지 파악하려면 시간이 꽤 오래 걸릴 겁니다. 휴⋯⋯."

랠프는 긴 한숨을 내뱉고는 입을 다물어버렸다.

"랠프 씨 같은 컴퓨터 천재는 즉시 해낼 수 있을 겁니다요."

밥이 랠프를 격려했다.

"곧 시작하긴 하겠지만, 그것이 제대로 될지에 대해서는 약속드릴 수 없습니다."

"랠프 씨, 조급하게 생각하지 맙시다. 우리가 밀링머신의 부하량만 좀 덜어줄 수 있으면 당분간 문제없을 겁니다. 그럼 시간을 좀 벌 수 있지 않겠습니까?"

내가 랠프를 안심시키는 동안 요나 교수는 낡은 회중시계를 들여다 보며 이렇게 말했다.

"알렉스, 자네는 이제 시간이 있겠지만, 나는 30분 이내에 시카고행 비행기를 타야 하네."

"오, 이런. 지금 당장 출발하셔야겠군요."

나는 시계를 쳐다보았다.

'이렇게 헤어지면 안 되는데⋯⋯.'

요나 교수와 나는 즉시 공장 문을 빠져나와 공항으로 달렸다. 정지 신호도 무시했다. 요나 교수는 옆자리에 앉아 연신 시계를 들여다보고 있었다. 어쨌거나 우리는 공항에 무사히 도착했다.

"알렉스, 자네 공장에 점점 더 흥미가 느껴지는군. 앞으로 어떻게 되어가는지 계속 알려주면 고맙겠네."

"물론이죠. 걱정 마십시오. 사실 저도 그렇게 하려고 생각하고 있었습니다."

"그럼, 연락 기다리겠네. 다음에 또 보세."

그러고는 바람처럼 달려 나가 공항 게이트 쪽으로 사라져버렸다. 전화가 없는 걸 보면 무사히 비행기에 오른 것 같다.

다음 날 아침, 우리는 다시 모여 어젯밤에 합의한 해결책을 실행에 옮길 방안을 모색했다. 그러나 구체적인 방안을 제시하기도 전에 밥이 반기를 들고 나섰다.

"모두 아시겠지만, 큰 문제에 부딪힐 수 있습니다요."

"무슨 말입니까?"

"공장의 효율성이 떨어진다면 어떻게 되겠습니까요?"

"글쎄, 나는 그게 우리가 감수할 수밖에 없는 위험부담이라고 생각합니다만."

"너무 위험한 베팅이 아닐까요? 이 방법대로 하면 공장의 인력들을 놀리게 될 겁니다요."

"때때로 그렇게 되겠지요."

나는 밥의 반박을 인정했다.

"그럼, 직원들이 여기저기서 놀면서 노닥거려도 괜찮다는 말입니까요?"

"그렇게 하면 왜 안 됩니까?"

스테이시는 나를 대신해서 밥에게 말했다.

"직원들이 쉰다고 해서 추가 비용이 생기는 것도 아니잖아요. 어떤 사람이 부품을 생산하든지, 아니면 잠시 대기하고 있든지 운영비하고는 상관이 없다구요. 지금 중요한 건 운영비를 계속 늘리는 과잉 재고예요."

"좋아요, 스테이시 씨, 당신 말이 옳다고 칩시다요. 그럼 회계 보고는 어떻게 처리할 거요? 본부장님이 이달 말쯤에 공장 폐쇄 여부를 결정한다고 했습니다요. 우리 공장 효율성이 곤두박질치면 어떤 결정을 내리겠습니까요? 경영진이 우리를 잡아먹으려고 들 겁니다요."

밥의 말에 모두들 입을 굳게 닫아걸었다.

"공장장님, 도노번 부장의 말이 맞습니다."

침묵을 지키고 있던 루이스의 입에서 흘러나온 소리였다. 이제는 내가 결정할 차례였다.

"좋습니다. 이렇게 생각해봅시다. 병목 자원의 상태에 따라 재고량을 적절히 조절할 수 있는 시스템을 가동하지 않는다면 공장을 회생시킬 수 있는 소중한 기회를 상실하고 맙니다. 여기 이대로 주저앉아 빌 피치 본부장의 결단을 기다리고 있을 수만은 없습니다. 우리가 생각한 방안을 밀고 나가기로 합시다. 그래도 효율성이 떨어진다면 하늘에 맡길 수밖에 없습니다."

내가 비장한 각오를 전하자 모두들 숙연해지는 분위기였다.

"그리고 도노번 부장, 노는 시간이 많이 생긴다고 해서 사람들을 들들 볶아 다음 달 효율성 보고서 수치를 올려놓으려는 생각은 마세요. 알겠습니까?"

"네. 잘 알겠습니다요, 공장장님."

27

문제를 두려워 마라. 문제의 열쇠는
자신의 내부에 있다. 인생의 승자는 그것을
누가 먼저 발견했는가에 달려 있다.
— 로버트 슐러

＃오전 11시

"……결론적으로 말씀드리자면, 지난달 베어링턴 공장에서 낸 수익이 없었다면 유니웨어 사업부의 손실은 7개월째 이어졌을 것입니다. 사업부 내 다른 공장들은 겨우 적자를 면했거나 손실을 보았습니다. 유감스럽게도, 현재 사업부 전체 손익계산은 여전히 마이너스 상태입니다. 베어링턴 공장이 성과 개선을 이루었고, 그 결과 유니웨어 사업부가 올해 처음으로 영업이익이 증가했지만 사업부 전체 재정 상태가 호전되기까지는 아직 갈 길이 멀다고 할 수 있습니다."

에탄 프로스트는 빌 피치가 고개를 끄덕여 신호를 보내자 자리에 앉았다. 모두의 시선이 테이블 중간 자리에 앉은 내게로 쏠렸다. 약간 우쭐한 기분이 들었다. 적어도 빌 피치 본부장 바로 옆에 있던 힐튼 스미스와 눈이 마주치기 전까지는……. 힐튼은 의외라는 듯 특유의 음산한 미소를 지으며 나를 바라보았다. 마뜩찮았지만 무시하기로 했다. 나는 테이블 건너편으로 보이는 초여름의 체취가 물씬 풍기는 도시 풍경을 잠시 감상했다.

5월이 이렇게 끝나가고 있었다. 이제 막 해결된 비병목 부품의 부족 현상만 빼면 아주 기분 좋은 한 달이었다. 우리는 랠프 나카무라가 개발한, 병목 자원의 속도를 통제하는 새로운 시스템에 따라 원자재 투입 시기를 측정하고 있다. 랠프는 두 병목 자원에 데이터 단말기를 설치한 뒤, 재고가 가공되면 최신 정보가 공장 데이터베이스로 곧바로 들어올 수 있는 프로그램을 개발했다. 우리는 이 새로운 시스템으로 놀라운 성과를 거둬들이고 있었다. 랠프는 이 시스템을 시험, 가동하는 데 충분한 시간적 여유를 갖지는 못했지만, 곧 완제품의 출하 일자를 알아낼 수 있었다. 우리는 이 자료를 근거로 모든 고객들의 주문과 각 출하 일자가 기록된 마케팅 보고서를 만들어냈다.

"알렉스!"

나는 빌 피치의 음성에 화들짝 놀라 그를 바라보았다.

"알렉스, 자네가 여기 참석한 사람들 중에서 유일하게 성과를 올린 사람이니 먼저 보고하도록 하지. 괜찮겠나?"

나는 보고서를 들고 핵심적인 내용들을 설명하기 시작했다. 어떤 기준에서 보더라도 지난달 우리는 높은 성과를 기록했다. 보유 재고량은 현저히 떨어졌고, 지금도 계속 떨어지는 추세다. 원자재 공급량을 유동성 있게 개선함으로써, 더 이상 재고 때문에 골치 아플 일도 없어졌다. 모든 부품은 우리가 예상한 때에 병목 자원에 도달해 있었고, 공장 내의 흐름도 전보다 훨씬 부드러워졌다. 효율성은 어떠한가? 글쎄, 약간의 시행착오가 있기는 했다. 맨 처음 원자재 공급을 조절했을 때 우려했던 만큼은 아니었지만 효율성이 떨어졌었다. 그러나 제품 출하율이 극적으로 올라가면서 초과분 역시 급격히 줄어들었고, 비병목 자원으로 자재 공급을 재개하면서 효율성도 반전되기 시작했다. 밥 도노번은 이 수치가 곧 예전 수준까지 회복될 거라고 자신 있게 말하기도 했다. 가장 놀라운 소식은 우리가 납품일 지연 주문의 대기 물량을 완벽하게 소화해냈다는 것이다. 이로써 고객 서비스 문제가 해결되었고, 더불어 현금 창출률은 올라갔다. 이렇게 우리는 다시 상승 곡선으로 접어들고 있었다. 어느덧 내게 할당된 시간이 끝났다. 규정된 양식에 따라 보고하다 보니 충분히 설명하지 못했다는 것이 못내 아쉬웠다.

보고를 마치고 주위를 둘러보니, 힐튼 스미스가 빌 피치에게 무언가를 속삭이고 있었다. 회의실 안에 잠시 정적이 흘렀다. 빌 피치는 알아들었다는 듯 힐튼에게 고개를 끄덕여 보이고는 내게 말했다.

"수고했네, 알렉스."

빌 피치는 약간 딱딱한 어조로 이렇게만 말하고, 다른 공장장에게 시선을 건넸다. 나는 왠지 화가 나기 시작했다. 에탄 프로스트만큼 날 칭찬하리라고는 기대하지 않았지만, 단지 '수고했다'는 말 한마디를 듣기 위해 그 많은 밤을 지새운 건가 싶어 허탈하기까지 했다. 적어도 나는 이 회의에 참석하면서 우리 공장이 회생의 기미를 보이고 있다는 점을 강조하고 싶었다. 그리고 마음 한구석에서는 빌 피치와 이 일을 계기로 화해하게 될지도 모른다는 기대를 품고 있었다.

문득 빌 피치가 우리 공장에서 일어나고 있는 변화를 잘 모르고 있다는 생각이 들었다. 굳이 지금 그에게 우리 공장이 회생의 조짐을 보이고 있다고 알리고 싶은 마음은 없었다. 우리가 이 사실을 알리려고 들었다면 방법은 많았다. 그때그때 일어나는 변화 상황을 보고서로 제출할 수도 있었고, 그에게 히든카드를 제시하면서 공장 폐쇄 여부를 결정해달라고 요구할 수도 있었다. 어차피 이런 일들은 때가 되면 해야 할 일이다. 그러나 지금은 아니다.

나는 오랫동안 빌 피치와 함께 일했다. 따라서 그를 조금은 안다고 할 수 있다. 빌 피치는 영리한 사람이지만, 개혁적인 성향은 아니었다. 2년 전쯤이라면 잠시나마 우리가 진행하고 있는 경영 방식을 허락했을지도 모른다. 그러나 지금의 그는 결코 용납하지 않을 것이다. 지금 그에게 우리가 만들어낸 새로운 시스템에 관해 말한다면 그는 눈살을 찌푸리며 그냥 하던 대로 하라고 지시할 것이 뻔하다. 나는 내 방식(실제로는 요나 교수의 방식)이 옳다는 결정적인 증거를 확보할 때까지 시간을 벌어야만 했다. 아직은 시기상조였다. 우리는 공장 회생을 위해 기존 규칙을 너무도 많이 어기고 있기 때문이었다.

'하지만 과연 우리에게 그럴 기회가 올까?'

나 자신을 향해 끊임없이 반문하고 있다. 빌 피치는 아직 자발적으로 공장 폐쇄 위협을 해제하지 않았다. 나는 그가 공식 석상에서든 개인적으로든 회의 중간에 어떤 언질을 남기리라고 기대했지만, 그는 여전히 침묵을 지키고 있었다. 나는 테이블 끝에 앉아 있는 그를 바라보았다. 평소의 그답지 않게 다른 사람들이 하는 말을 건성으로 듣고 있는 듯했다. 힐튼이 그가 해야 할 말을 귀띔하고 있는 것처럼 보일 정도였다. 그는 지금 무슨 생각을 하고 있을까?

회의는 점심식사 후에도 한 시간이나 더 이어졌다. 그때까지 나에게는 빌 피치와 개인적으로 접촉할 수 있는 기회가 주어지지 않았다. 나는 휴식 시간에 짬을 내 그와 담판을 짓겠다고 마음먹었다.

"본부장님, 드릴 말씀이 있습니다."

"그래? 그럼, 내 사무실로 가지."

회의실 문을 나서던 빌 피치는 흔쾌히 면담 요청을 수락했다.

"본부장님, 언제쯤 저희를 자유롭게 해주실 건가요?"

나는 자리에 앉자마자 빌 피치에게 물었다. 빌 피치는 커다란 쿠션 의자에 몸을 묻으며 냉소를 머금었다.

"내가 왜 그래야 하나?"

"베어링턴 공장은 제자리를 찾아가고 있습니다. 전 우리 공장이 우리 회사 매출에 기여할 거라고 생각합니다."

"자신 있나?"

빌 피치는 웃음기 가신 얼굴로 말을 이었다.

"알렉스 공장장, 자넨 분명 지난달 좋은 성과를 올렸네. 아주 좋은 시작이었어. 하지만 과연 다음 달에도 그럴까? 그다음 달, 또 그다음 달은? 난 그걸 지켜보고 있는 중일세."

"분명 다음 달에도 같은 결과를 만들어낼 겁니다."

"솔직히 말해, 난 자네의 이번 달 성과가 미덥지 않네. 일시적인 건지, 아니면 앞으로도 죽 기대를 저버리지 않을 건지 알 수 없단 말이야. 자네 공장은 주문이 많이 지연돼 있었지. 그리고 그것을 '우연히' 모두 소화한 거고. 비용 절감을 위해 자네는 어떤 노력을 했나? 내가 보기엔 가시적인 게 아무것도 없네. 공장이 장기적으로 수익을 남기기 위해서는 운영비를 10퍼센트에서 15퍼센트 절감해야 할 걸세."

빌 피치의 말을 듣는 순간 나는 억장이 무너져 내리는 것 같았다.

"본부장님, 그럼 다음 달에도 성과가 나온다면 공장 폐쇄 기한을 연장해주실 겁니까?"

빌 피치는 단호하게 고개를 저었다.

"자네가 할 수 있을지 모르겠지만, 이번보다 더 큰 성과를 올려야 할 걸세."

"얼마나 말입니까?"

"지난달 성과 기준으로, 15퍼센트 이상 수익을 더 올려보게."

"좋습니다. 해보겠습니다!"

우리 사이에 잠시 묘한 긴장감이 흘렀다. 이윽고 빌 피치가 입을 열었다.

"좋아. 이 자리에서 약속하겠네. 자네가 목표를 달성하고, 꾸준히 유지한다면 베어링턴 공장은 계속 운영될 걸세."

우리의 협상은 이렇게 끝났다.

'빌 피치, 당신은 곧 바보가 될 겁니다. 우린 꼭 해내고야 말 테니까!'

나는 라디오 볼륨을 높이고 액셀러레이터를 힘껏 밟았다. 내 차는 순식간에 인터체인지 진입로로 들어섰다. 아드레날린이 마구 솟구쳤고, 머릿속 생각들은 차보다 더 빨리 달리고 있었다. 두 달 전, 나는 지금쯤이면 일자리를 찾아 거리를 헤매고 있을 거라고 생각했다. 그러나 빌 피치는 우리가 다음 달에도 좋은 성과를 올린다면 우리 공장을 그대로 두겠다고 말했다. 이제 거의 다 왔다는 생각이 들었다. 또 이고비를 무사히 넘길 거라는 자신감도 들었다. 적어도 한 달의 여유는 벌었잖은가.

'하지만 15퍼센트라니?'

우리는 밀려 있던 공장 주문을 무서운 속도로 소화해내고 있었다. 그 결과, 엄청나게 많은 물량을 출하할 수 있었다. 지난달, 지난 분기, 지난해와 비교해보면 그것은 실로 어마어마한 양이었다. 그것은 우리에게 높은 순이익을 안겨주었고, 장부상으로도 매우 환상적이었다. 그러나 이젠 더 이상 소화할 물량이 없었다. 납품일 지연 주문이 바닥을 드러내고 있었다. 갑자기 불길한 예감이 스쳤다.

'대체 어디서 15퍼센트 수익 증대를 위한 주문을 확보한단 말인가?'

빌 피치가 요구한 것은 단순한 성과가 아니었다. 그는 기적적인 성과를 요구하고 있었다. 그러면서도 그가 확답한 건 아무것도 없다. 반면 나는 너무도 많은 약속을 했다. 머릿속으로 빌 피치가 요구한 15퍼센트 성장에 필요한 주문량을 계산해보았다. 충분하지 않았다.

'그래, 일정을 앞당겨서 출하하자. 7월 첫 주와 둘째 주 주문을 6월에 출하하는 거야.'

하지만 그다음 달에는 무엇을 할 것인가? 또다시 깊은 수렁에 빠지고 있다는 예감이 들었다. 답은 명확했다. 좀더 많은 일감을 확보해야 한다. 나는 문득 요나 교수가 어디에 있는지 궁금해졌다.

속도계를 흘끗 내려다보니 놀랍게도 80마일을 가리키고 있었다. 나는 속도를 늦추고 넥타이를 풀었다. 죽음을 무릅쓰고 공장으로 되돌아갈 이유는 없었다. 사실 지금 공장에 도착해봐야 퇴근 시간을 훌쩍 넘긴 뒤일 것이다. 우연이었을까? 표지판이 처가가 있는 포레스트 그로브까지 불과 2마일이 남았다고 말하고 있었다. 그 순간 아내와 아이들의 얼굴이 떠올랐다. 글쎄, 내가 처가에 가지 못할 이유라도 있나? 나는 지난 이틀간 아내와 아이들을 보지 못했다. 아이들은 학교가 끝나면 외할머니 댁으로 갔다. 나는 나에게나 아이들에게나 그것이 훨씬 편할 거란 생각에 아이들을 흔쾌히 그곳으로 보냈다. 나는 즉시 인터체인지로 진입해 다음 출구로 빠져나왔다. 모퉁이에 있는 주유소 공중전화로 사무실에 전화를 걸었다. 회의가 잘 끝났다는 말을 밥, 스테이시, 랠프, 그리고 루이스에게 전해달라는 것과 오후에 내가 들르지 않을 거라는 말을 남겼다.

처가에 도착하니 모두가 나를 반겨주었다. 나는 잠시 아이들과 이야기를 나눈 뒤, 아내와 산책하기로 했다. 내가 작별 인사를 하기 위해 샤론을 안아주었을 때 아이가 앙증맞은 입술로 내 귓가에 속삭였다.

"아빠, 우리는 언제쯤 함께 살게 돼?"

"곧 그렇게 될 거야."

샤론에게는 그렇게 얘기했지만 나도 똑같은 질문으로 고민하고 있었다. 어쨌거나 초여름의 햇살은 눈부시게 찬란했다. 산책하기에 안성맞춤이었다. 아내와 나는 공원 이곳저곳을 돌아다니다가 벤치에 앉았다. 우리는 한동안 말을 아꼈다. 내 표정을 살피던 아내가 무슨 고민이 있느냐고 물었다. 나는 샤론이 내게 한 질문을 말해주었다.

"샤론은 나한테도 계속 그랬어."

아내가 쓸쓸한 미소를 지으며 말했다.

"그래? 그럼, 자기는 뭐라고 대답해?"

"곧 함께 살 거라고 했지."

나는 피식 웃어 보였다.

"나도 그렇게 말했어. 자기, 진짜 그렇게 해줄 수 있어?"

아내는 잠시 말이 없었다. 그러고는 웃으며 말했다.

"우리 지난 몇 주간 참 많은 걸 배운 것 같아. 재미도 있었고."

"고마워. 동감이야."

아내는 문득 내 손을 그러쥐며 말했다.

"하지만 알렉스. 미안한 이야기지만, 난 아직 고민 중이야."

"왜? 우리 지금 정말 잘 지내고 있잖아. 뭐가 문제지?"

"지난 몇 주는 우리 부부의 변화를 위해 좋은 시간이었어. 아주 좋았어. 정말 나한테 필요한 시간이었고. 근데 난 지금의 평화를 깨고 싶지 않아. 지금 내가 돌아간다면 어떤 일이 벌어질지 불을 보듯 훤해. 하루 이틀은 모든 게 괜찮을 거야. 하지만 일주일만 지나도 우리는 또 같은 싸움을 반복할 거야. 그리고 한 달이 지나고 6개월, 1년이 지나면…….글쎄, 자기는 내 말이 무슨 뜻인지 알 거야."

나는 한숨이 나왔다.

"줄리, 나랑 같이 사는 게 싫었어?"

"싫지는 않았어. 근데 나만의 느낌인지는 몰라도, 집에 있을 때 난 그저 집구석에 틀어박힌 가구 같았어."

"줄리, 내가 많이 바쁘다는 건 잘 알잖아. 일 생각만 해도 머리가 터질 지경이라고. 나한테 뭘 바라는 거야?"

"가족에 대한 관심이야. 난 아빠를 보면서 자랐어. 우리 아빠는 항상 같은 시간에 돌아와 식구들이랑 저녁식사를 하셨어. 함께 TV를 보고, 차를 마시고. 가족이란 게 그런 거 아닌가? 하지만 자기는 매일 자정을 넘기기 일쑤였어. 샤론이 자라서 아빠를 생각할 때 어떤 기억을 갖고 있겠어?"

"자기야, 날 자기 아버지랑 비교하진 마. 장인어른은 치과의사야. 정해진 진료시간이 끝나면 병원 문을 닫고 집으로 돌아오시면 그만이지만, 나는 그렇지가 않아. 난 공장장이라고."

"그래. 바로 그게 문제야. 다른 사람들은 정해진 시간에 출근하고, 정해진 시간에 퇴근해서 집으로 와."

"맞아. 자기 말도 맞아. 하지만 지금은 공장이 폐쇄될 지경에 놓여 있어. 상황이 이 지경인데 어떻게 그럴 수 있겠어?"

아내는 잠자코 앉아 내 말에 귀를 기울였다.

"자기가 자라온 환경이랑 내가 자라온 환경은 많이 달라. 난 아버지께 내게 일이 주어지면 최선을 다하라고 배웠어. 또 그렇게 성장했고. 내 가족을 생각해봐. 우리는 온 가족이 모여서 저녁식사를 해본 적이

거의 없어. 가족들 중 누군가는 가게를 봐야 했거든. 그게 우리 아버지의 방식이야. 가게가 우리를 먹여 살렸기 때문에 항상 일이 우선이었어. 우리는 모두 아버지 뜻에 따라 함께 일했어."

"자기 가족이랑 내 가족이 다르다는 것을 증명하는 게 무슨 의미가 있어? 나는 지금 내가 오랫동안 고민하던 걸 말하는 거야. 난 당신이란 사람을 사랑하고 있는지조차 의심스럽다구."

"그럼, 내가 뭘 더 어떻게 해야 하는데?"

"또 싸우고 싶어서 그래?"

"아니, 싸우고 싶지 않아."

아내의 긴 한숨 소리가 들렸다.

"이제 알겠지? 우린 여전히 아무것도 바뀐 게 없어!"

아내는 벤치에서 일어나 강가를 서성거렸다. 아내가 강에 뛰어들지도 모른다는 생각을 했지만 곧 제자리로 돌아왔다.

"열여덟 살 때 미래를 그려봤어. 대학을 졸업하고, 결혼을 하고, 집을 장만하고, 아이를 낳고 뭐 그런 거. 모든 게 순서대로 이루어졌어. 나는 아이들 이름부터 집 인테리어까지 생각했어. 그땐 모든 게 명확했는데. 지금은 그 모든 것을 이룬 것 같은데, 단 하나 때문에 고민하고 있어. 그것 때문에 외롭고, 허전하고. 그래서 갈피를 못 잡겠어."

"줄리, 자기는 왜 인생을 머릿속에 그려진 완벽한 틀에 끼워 맞추려고 해?"

"왜냐하면 내가 그렇게 자랐기 때문이야. 그러는 자기는? 자기는 왜 그 거창한 직함을 얻어야 한다고 생각해? 왜 하루 이십사 시간 동안 일해야 한다고 생각하느냐고."

침묵이 흘렀다.

"미안해. 내가 좀 흥분했나 봐."

"아니, 괜찮아. 좋은 질문이었어. 나도 내가 왜 정시에 출근하고, 정시에 퇴근하는 평범한 월급쟁이에 만족하지 못하는지 모르겠어."

"알렉스, 그냥 화가 나서 한 말이야. 잊어버려."

"줄리, 여기서 이 문제를 그냥 지나치면 안 될 것 같아. 마음을 열고, 좀더 허심탄회하게 얘기해보자고."

아내는 미심쩍은 눈길로 나를 쳐다보며 물었다.

"어떻게?"

"난 결혼의 목적이 시계추처럼 완벽한 사이클 안에서 움직이는 건 아니라고 생각해. 자기 생각은 어때?"

"내가 바라는 건 단지 남편이라는 사람이 가정에 좀더 신경 써주는 거야. 그 목적이라는 게 대체 뭐야? 자기는 결혼을 하면서 다른 목적이 있었어?"

"……."

"우리 부모님은 37년간 결혼 생활을 하셨어. 하지만 그런 질문은 한 번도 안 하셨어. 그 누구도 결혼의 목표가 뭔지를 묻지 않아. 그냥 서로 사랑하기 때문에 결혼하는 거니까."

"줄리, 결혼은 생활이야. 그걸 잊었어? 사랑이 모든 걸 해결해주진 않는다구."

"알렉스, 제발 그런 말 좀 하지 마. 그렇게 말하면 답이 없어. 이런 식으로 이야기를 계속한다면 또 상처받게 될 거야. 혹시 자기 이혼 생각하고 있는 거야?"

"줄리, 난 이혼 생각은 한 번도 해본 적이 없어. 문제는 자기가 아직도 우리 갈등의 원인이 뭔지 모른다는 거야. 자기야, 좀더 이성적으로 생각해봐. 결혼은 현실이라고. 로맨스 소설에 등장하는 에피소드가 아니란 말이야."

"나는 로맨스 소설 같은 거 안 읽어."

"그럼, 자기가 말하는 결혼은 도대체 어디서 보고 들은 거야?"

아내는 아무 말도 하지 않았다.

"내가 말하고 싶은 건 결혼에 대한 환상을 버리자는 거야. 우린 벌써

15년 넘게 한 이불을 덮고 살았어. 이젠 서로에 대해 익숙해질 때도 됐잖아. 현실을 받아들이고……."

그러나 아내는 내 말이 채 끝나기도 전에 일어섰다.

"이제 그만 가자."

우리는 처가로 돌아가는 동안 서로 다른 곳을 보며 아무 말도 하지 않았다. 이런저런 생각에 머릿속이 뒤숭숭했다. 장모님은 저녁을 먹고 가라고 하셨지만, 나는 일을 핑계로 바로 처가를 나섰다. 아이들은 현관 앞에서 내게 작별 키스를 해주었지만 아내는 현관으로 나오지도 않았다. 내가 막 시동을 걸고 있을 때 아내가 달려 나왔다.

"토요일에 다시 볼 수 있지?"

나는 웃으며 말했다.

"그럼. 듣던 중 반가운 소린걸?"

"아까는 내가 미안해."

아내도 미소를 지어 보였다.

"서로 좀더 노력해보자고."

아내가 한쪽 눈을 찡긋했다. 왠지 좋은 예감이 들었다. 조금 있으면 아내가 내 곁으로 돌아올 것 같은 예감 말이다.

28

영원한 것은 존재하지 않는다.
영원한 적도 영원한 동지도 없다.
운명의 여신은 그 변화를 즐기려 하며,
인간은 시련을 통해 여신의 힘을 분명히 알 수 있다.
― 마키아벨리

#오후 6시 30분

집에 도착했을 때 하늘은 붉게 물들어 있었다. 샤워를 하고 거실로 나오니 전화벨이 요란하게 울려댔다.

"굿모닝."

요나 교수의 음성이 수화기 저쪽에서 들려왔다.

"굿모닝이라고요?"

나는 입가에 잔잔한 미소를 머금고 창밖을 바라보았다. 해는 어느새 서산 너머에 걸려 있었다.

"전 지금 일몰을 보고 있는데요? 교수님은 어디십니까?"

"싱가포르."

"아!"

"어쨌든 나는 지금 호텔에서 찬란하게 떠오르는 아침 해를 보고 있네. 알렉스, 집으론 전화하지 않으려고 했네만, 앞으로 몇 주 동안은 얘기할 시간이 없을 것 같아서 말이야."

"혹시 무슨 일이라도……. 제가 알면 안 되는 일입니까?"

"음. 얘기가 좀 길어서 전화상으론 곤란하네. 언젠가 얘기할 기회가 있을 걸세."

"알겠습니다."

나는 무슨 일이 벌어지고 있는지 내심 궁금했지만, 일단은 접어두기로 했다.

"어떡하죠? 교수님께 다시 도움을 구하려고 했는데."

"공장에 문제가 생겼나?"

"아뇨. 공장은 잘 돌아가고 있습니다. 문제는 사업부 본부장이 더 높은 실적을 올리라고 성화를 부린단 겁니다."

"아직도 적자인가?"

"아닙니다. 공장은 흑자로 돌아섰는데, 공장 폐쇄를 막기 위해서는 더 큰 실적을 보여줘야만 해요."

전화선 너머로 요나 교수의 웃음소리가 언뜻 들렸다.

"내가 자네라면 아무 걱정도 하지 않겠네."

"본부장 말로는 공장 폐쇄는 기정사실인 것 같습니다. 그 작자가 폐쇄안을 취소할 때까지는 마음을 놓을 수가 없어요."

"알렉스, 그 문제라면 내가 도움이 될 것 같네. 현재 벌어지고 있는 상황에 대해 자세히 이야기해보게."

나는 요나 교수에게 그간의 상황과 빌 피치와 나누었던 협상에 대해 자세히 이야기했다. 그리고 혹시 우리가 논리적 한계에 부딪친 게 아닌지 물었다.

"한계에 도달했다고? 알렉스, 자네는 이제 겨우 걸음마를 시작했을 뿐이야. 지금 내가 제안하는 것은……."

다음날 아침, 나는 평소보다 이른 시각에 사무실 책상에 앉아 요나 교수가 말한 내용을 곰곰이 생각해보았다. 그가 어제 싱가포르에서 보았던 태양은 지금 베어링턴에 떠 있다. 문득 커피 생각이 났다. 커피 메이커 앞에는 스테이시가 먼저 와 있었다.

"좋은 아침이에요! 어제 회의는 잘 끝났다고 들었어요."

"뭐, 나쁘지는 않았습니다. 그렇지만 아직까지 본부장님을 묶어둘 만한 미끼는 못 얻은 것 같군요. 그래서 어젯밤 요나 교수님과 통화를 했습니다."

"우리 공장의 진전 상황을 말씀드렸어요?"

"그럼요. 교수님은 그 문제를 해결할 '논리적 단계'라 불리는 조언을 해주셨습니다."

스테이시의 얼굴에 언뜻 긴장된 미소가 떠올랐다.

"그게 뭐죠?"

"비병목 자원의 1회 작업량을 반으로 줄이는 겁니다."

"말도 안 돼요! 대체 왜 그래야 하죠?"

스테이시가 한 걸음 뒤로 물러서며 말했다.

"그렇게 해야 수익을 늘리는 데 도움이 되기 때문입니다."

"이해를 못 하겠군요. 어떤 도움을 주나요?"

"스테이시 씨는 재고 관리 담당잡니다. 우리가 1회 작업량을 반으로 줄이면, 어떤 일이 일어날 것 같습니까?"

스테이시는 잠시 커피를 홀짝거리며 생각에 잠겼다.

"우리가 1회 작업량을 반으로 줄인다면 당연히 현장에 필요한 원자재의 양이 절반으로 줄어들겠죠. 그런데 왜 그렇게 해야 하는지 이해가 안 가요. 이유야 어쨌든 그렇게 하면 결과적으로 원자재에 대한 투자비가 절반으로 줄어들 겁니다. 부품 공급업자들이 협조만 해준다면 몇 가지 이득도 생길 것 같고요. 우선 모든 재고를 확실히 절반으로 줄일 수 있고, 또 재고를 줄임으로써 잠겨 있는 돈을 절약할 수 있으니 현금 유동성에 도움이 되겠죠."

나는 그녀가 한마디 한마디 할 때마다 고개를 끄덕여 동의한다는 몸짓을 보냈다.

"그렇습니다. 바로 그것이 우리가 기대할 수 있는 효과입니다."

"하지만 기대 효과를 거두기 위해서는 납품 업체들과 협상해야 할 거예요. 납품 횟수를 늘리고 납품 물량은 줄여야 하니까요. 아마 업체들이 쉽게 동의하지는 않을 겁니다."

"방법을 찾아봐야죠. 그게 우리뿐만 아니라 그 사람들한테도 이득이니까요."

그녀는 약간 회의적인 반응을 보이며 말했다.

"그치만 1회 작업량이 좀더 적을수록 설비를 준비, 교체하는 작업은 더 많이 해야 하잖아요?"

"맞습니다. 그것에 관해서는 걱정하지 마세요."

"걱정하지 말라고요?"

"네, 걱정하지 마세요."

"하지만 도노번 부장님이……."

"준비, 교체 작업이 늘어난다고 해도 도노번 부장은 반드시 해낼 겁니다. 또 효과적인 다른 방법도 있고……."

"그 방법이 뭔데요?"

"알고 싶습니까?"

"그럼요."

"그럼, 다른 사람들한테도 연락해서 회의를 소집해주세요. 거기서 얘기하도록 합시다."

회의를 소집하는 귀찮은 일을 맡긴 데에 대한 대가로 스테이시는 점심시간에 시내에서 가장 비싼 레스토랑을 회의 장소로 잡아놓았다. 물론 청구서는 내게 날아올 것이다. 스테이시는 나한테 바가지를 씌운 게 미안했는지 어설픈 변명을 둘러댔다.

"어쩔 수 없었어요. 이 인원이 다 모일 수 있는 장소가 여기뿐이라서요. 안 그래요, 도노번 부장님?"

그동안 직원들이 회사를 위해 한 일을 생각해보면 근사한 점심 한 끼쯤이야 기꺼이 사고도 남을 일이었다. 나는 오늘 아침 스테이시와 나누었던 이야기와 더불어 두 번째 방법에 대해 설명하기 시작했다.

어젯밤 요나 교수와 통화한 내용 중에 하나는 원자재가 공장 내부에서 소비되는 시간에 관한 것이었다. 원자재가 공장에 입고돼서 완제품으로 생산되기까지의 시간을 살펴보면 다음의 네 단계로 구분할 수 있다.

첫 번째 단계: 작업 준비 시간(Setup time)

기계가 다음 부품 가공을 위해 준비하는 동안 그 부품이 기계를 기다리는 시간이다.

두 번째 단계: 가공 시간(Process time)

원자재가 완제품으로 생산되기까지 실제로 소비되는 시간을 뜻한다.

세 번째 단계: 대기 시간(Queue time)

원자재를 가공해야 할 기계가 먼저 투입된 원자재를 처리하면서 대기가 발생하는 시간이다.

네 번째 단계: 유휴 시간(Wait time)

대기 시간과는 달리 원자재가 조립될 다른 부품을 기다리는 데 소비하는 시간이다.

어제 저녁 요나 교수가 지적한 대로 작업 준비 시간과 가공 시간은 각 부품의 총 소비 시간 중에서 낮은 비율을 차지하고 있다. 그러나 대기 시간과 유휴 시간으로 종종 많은 시간을 허비했는데, 따지고 보면 대부분의 시간을 이 과정에서 소모했다고 말할 정도였다. 이중 대기 시간이 가장 많이 발생하는 때는 부품이 병목 자원으로 입고되기 직전이다. 병목 자원 앞에서 부품들이 마냥 대기하고 있는 것이다. 반면 유휴 시간이 가장 많이 발생하는 때는 비병목 자원을 지날 때이다. 비병목 자원에서 생산된 부품들이 병목 자원에서 나오는 부품들을 기다리고 있는 것이다. 이 현상은 완제품을 생산하기까지의 총 소비 시간을 결정짓는 것이 다름 아닌 병목 자원이라는 것을 잘 알려준다. 그리고 이는 결과적으로 병목 자원이 재고뿐만 아니라 현금 창출률까지 결정짓는다는 것을 의미한다. 우리는 원자재의 1회 작업량을 1회 최적 생산량인 EBQ(Economical Batch Quantity) 수치에 따라 결정해 왔다. 요나 교수는 이에 대해 전화로 자세히 설명하기는 어렵지만, 이 1회 최적 생산량은 잘못된 가정에 근거를 두고 계산했기 때문에 결함이 있다고 지적했다. 그러면서 현재 1회 작업 규모를 절반으로 줄이라고 조언했다. 우리가 1회 작업량을 절반으로 줄이면 1회분의 원료를 처리하는 시간도 절반으로 준다. 이것은 바로 대기 시간과 유휴 시간을 절반으로 줄인다는 것을 뜻한다.

총 가공 시간의 대부분을 차지하던 방해 요소를 줄여서 우리가 얻는 이익은 공장에서 소비하는 총 시간을 절반으로 줄일 수 있다는 점이다. 부품들이 공장에서 소비하는 시간을 절반으로 줄이면…….

나는 계속해서 설명했다.

"총 생산 시간이 단축됩니다. 그렇게 되면 생산된 물건이 유통되는 속도도 빨라질 수 있습니다. 시너지 효과죠."

"주문을 신속히 처리할 수 있으니 소비자에게 인도되는 시간도 빨라질 겁니다."

루이스가 말했다.

"그뿐이 아니죠. 리드 타임(Lead time)이 짧아지면 고객들의 주문에 좀더 빨리 대처할 수 있겠죠."

스테이시가 덧붙였다.

"바로 그거예요! 주문에 더 신속히 대처할 수 있다면 우리는 시장에서 경쟁력을 갖게 된다는 거죠."

나는 스테이시의 말을 받아 내 의견을 전달했다.

"우리가 고객의 주문을 빨리 처리할 수 있게 되면 좀더 많은 고객이 우리에게 몰려온다는 거죠."

루이스가 흥미롭다는 듯 말했다. 나는 이쯤에서 결정타를 날려야겠다고 생각했다.

"그러니 당연히 매출도 오릅니다."

"그리고 우리의 보너스도 올라가겠죠!"

스테이시가 맞장구를 쳤다.

"잠깐, 잠깐. 잠깐만요."

밥이 제동을 걸었다.

"도노번 부장, 뭐가 문젭니까?"

밥은 내가 우려하던 질문을 퍼부어댔다.

"근데요, 공장장님. 작업 준비, 교체 시간에 대해서는 어떻게 생각하십니까요? 1회 작업 규모를 절반으로 줄이면 그 횟수는 두 배로 늘어납니다요. 이건 직접노동입니다요. 비용 절감을 위해서는 그 횟수를 줄여야 할 형편이라 이 말입니다요."

"무슨 얘긴지 압니다. 근데 이 문제는 좀더 주의 깊게 생각해볼 필요가 있습니다. 요나 교수님은 분명 병목 자원에서 잃어버린 한 시간에 상응하는 규칙이 있다고 했습니다. 기억하십니까? 병목 자원에서 잃어버린 한 시간은 전체 공정에서 잃어버린 한 시간과 같다는 것 말입니다."

"그걸 어떻게 잊을 수 있겠습니까요."

밥이 심란하다는 말투로 읊조렸다.

"요나 교수님이 간밤에 또 하나의 규칙을 이야기하셨는데, 그것은 비병목 자원에서 절약한 한 시간은 신기루에 불과하다는 겁니다."

"신기루라고요? 어이가 없구만요. 절약한 시간은 절약한 시간입니다요!"

밥이 말도 안 된다는 듯 혀를 내둘렀다.

"아니, 그렇지 않습니다. 병목 자원에서 원자재를 가공할 준비가 될 때까지 원자재 투입을 보류하기 때문에 비병목 자원이 쉬게 되는 겁니다. 이해되시죠?"

"네. 계속하십시오."

"비병목 자원에서는 작업 준비, 교체 시간이 늘어나도 전체 공정에는 별다른 영향을 미치지 않습니다. 어차피 쉬는 시간에 그 과정을 거치는 것뿐이잖습니까. 비병목 자원에서 작업 준비, 교체 시간을 줄인다 해서 생산성이 향상되는 것은 아닙니다. 시간과 돈이 절감되었다는 것은 환상에 지나지 않는다는 겁니다. 우리가 작업 준비를 두 배로 한다손 치더라도 유휴 시간을 모두 쓰지는 않을 테니까요."

"좋아요, 좋아! 무슨 말씀인지 다 알아들었습니다요."

"그래서 요나 교수님이 무엇보다도 1회 작업량을 반으로 줄이라고 한 겁니다. 그런 다음 마케팅 팀과 협의해서 고객들에게 더 빨리 물건을 납품할 수 있다는 사실을 홍보하라고 말입니다."

"우리가 정말 해낼 수 있을까요?"

루이스가 물었다.

"우리는 이미 리드 타임을 3, 4개월에서 그 절반으로 줄였습니다. 우리가 1회 작업량을 반으로 줄이면, 고객의 주문에 얼마나 빨리 대처할 수 있다고 생각하십니까?"

이에 대한 토론이 진행되는 동안 격론이 오갔다. 마침내 밥이 백기를 들었다.

"1회 작업량을 절반으로 줄이면 시간이 절반으로 줄어들 겁니다요. 6주에서 8주 걸리던 것이 4주쯤으로 줄겠지요. 뭐, 어쩌면 3주에도 가능할 거고요."

"마케팅 팀에 가서 고객들에게 3주 내로 제품을 출하할 수 있다고 말하겠습니다."

"앗! 잠시만요!"

밥이 질색을 하며 만류했다.

"그래도 너무 빡빡한 것 같습니다요. 어느 정도 여유는 있어야죠!"

스테이시가 밥을 거들었다.

"좋아요. 그럼 4주로 합시다. 이 정도면 적당할 것 같은데, 안 그런가요?"

내 열렬한 지지자인 스테이시가 즉시 이렇게 대꾸했다.

"좋죠!"

신중론자 랠프는 이런 식으로 동의했다.

"괜찮은 것 같아요."

언제나 회의론자인 루이스도 이내 동의했다.

"어느 정도의 위험은 감수해야 할 겁니다."

"그럼, 도노번 부장! 기꺼이 우리 의견을 수락하는 겁니까?"

밥은 의자 깊숙이 몸을 묻으며 말했다.

"까짓것, 해봅시다요. 보너스나 두둑이 챙겨주십시오."

금요일 오전, 나는 서둘러 본사로 향했다. 제일 처음 나를 맞이한 것은 햇볕에 반사된 유니코 사 건물의 거대한 유리창이었다. 반짝거리는 유리창은 꽤 근사했다. 거대한 다이아몬드처럼 빛나는 유리창 앞에는 '당신의 영원한 친구, 유니코는 사랑과 정성을 다하고 있습니다'라고 쓰여진 현수막이 걸려 있었다. 그것을 바라보고 있자니 잠시나마 긴장이 풀렸다. 하지만 마케팅 부장 조니 존스와 미팅할 생각을 하니 다시 마음이 무거워졌다. 어제 전화로 미팅 시간을 잡을 때, 그는 나를 보고 싶어 하는 눈치였지만, 내가 말하려는 내용에는 별 관심이 없는 듯했다. 우리가 추진하려는 방향대로 그를 설득하는 일은 다 내 능력에 달린 것 같았다.

조니는 그가 신고 있는 구찌 구두와 실크 양말이 말해주듯 항상 최고급 제품만을 선호했다. 그래서인지 그의 사무실도 꽤 있어 보였다. 그가 먼저 운을 떼었다.

"잘 지내셨죠?"

"네. 일이 잘 풀리고 있습니다. 오늘 뵙자고 한 건 몇 가지 상의드릴게 있어서입니다."

그 순간 조니의 표정이 굳어졌다.

"일단 한번 들어보시지요. 모든 일이 잘 풀리고 있다는 건 과장이 아닙니다. 잘 아시겠지만, 우리는 그동안 밀려 있던 주문을 모두 다 소화했습니다. 지난주부터는 예정된 날짜에 정확하게 제품을 출하하고 있고요."

조니가 고개를 끄덕였다.

"네. 저도 어제부터 전화벨 소리가 반갑더군요. 더 이상 고객들의 클레임이 아니란 걸 알고 있으니까요."

"그래서 제안하려는 겁니다. 이것 좀 보시겠습니까?"

나는 서류 가방에서 프란이 준비해준 최근 주문의 동향 보고서를 꺼내들었다. 이 안에는 납품 예정일과 랠프가 계산한 출하 예정일, 그리고 실제로 출하한 날짜가 기록되어 있었다. 조니는 테이블 위에 놓인 리스트를 꼼꼼히 들여다보았다.

"보고서대로, 우리는 주문을 받은 후 이십사 시간 안에 언제쯤 그 주문이 출하될지를 정확하게 예측하고 있습니다."

"살펴보니 그런 것 같네요. 이게 그 날짜들인가요?"

"네."

"훌륭하군요."

"최근의 기록과 이전의 리스트를 비교해보면 아시겠지만, 리드 타임이 극적으로 줄어들고 있습니다. 더 이상 4개월이나 걸리지 않습니다. 부장님이 고객과 계약서에 사인한 뒤, 그 물건이 출하되는 날까지 평균 두 달이 걸리는 셈입니다. 우린 그 시간을 좀더 단축하고 싶습니다. 그러자면 마케팅 팀의 협조가 필요하고요. 도와주시겠습니까?"

"도움이 된다면 그렇게 해야죠."

"리드 타임을 4주로 줄일 겁니다."

"뭐라고요? 농담하지 마세요. 4주라뇨!"

"아뇨. 충분히 할 수 있습니다."

"알렉스 공장장님. 공장장님은 제품을 생산하는 사람이고, 전 고객을 상대하는 사람입니다. 지난겨울 4개월 안에 출하하겠다고 계약한 건이 무려 6개월이나 걸렸어요. 그런데 계약에서 제품 완성까지 4주라니 말이 됩니까? 저희는 더 이상 거짓말하기 싫습니다."

"부장님, 4주가 불가능하다면 전 여기 오지도 않았을 겁니다."

내 확고한 대답에도 불구하고 조니는 여전히 미심쩍다는 표정으로 나를 바라보았다.

"솔직히 말씀드리죠. 부장님, 우리는 일감이 필요합니다. 사업부 내에서 떠도는 소문 들으셨죠? 저는 빌 피치 본부장님과 약속했습니다. 이번 달에 수익을 15퍼센트 더 남기겠다고요. 그런데 지금 일감이 바닥났습니다. 재고는 이미 소화한 상태고, 많은 주문이 밀려온다 해도 처리해낼 만한 새로운 시스템을 가동하고 있습니다. 도와주십시오."

조니는 잠시 동안 나를 찬찬히 훑어보다가 말문을 열었다.

"그럼, 모델12 이백 개와 DBD-50 삼백 개를 4주 안에 생산할 수 있겠습니까?"

"하겠습니다. 다섯 건 아니 열 건의 주문이라도 주십시오. 증명해 보이겠습니다."

"납품일이 지연되면 뭐든 책임질 각오가 돼 있습니까?"

당황스러웠지만 나는 이내 상황을 판단했다.

"존스 부장님, 우리 내기할까요? 4주 안에 출하하지 못하면 제가 부장님께 구찌 신발 한 켤레를 선물하죠."

조니는 유쾌하게 웃으며 말했다.

"좋아요, 그렇게 합시다. 우리 부서의 모든 영업사원들에게 공장장님이 생산하는 제품이 6주 내에 출하될 수 있다고 전달하죠."

내가 손가락 넷을 펴 보이자, 조니는 여유 있는 미소를 지으며 말했다.

"알아요. 하지만 최소한의 안전거리를 두려는 겁니다. 그래야 서로 부담이 없죠. 그리고 저도 내기 조건을 걸게요. 그 주문을 5주 전에 완성하면 제가 구찌 신발을 사드리죠."

29

성공하는 기업가와 그렇지 않은 기업가의 차이는
오직 인내에서 나온다.
— 스티브 잡스

#오전 3시 20분

나는 잠에서 막 깨어나 주위를 둘러보았다. 침실 창문 사이로 비쳐든 보름달 빛이 내 눈으로 들어왔다. 세상은 아직도 깊은 잠에 빠져 있었다. 나는 여전히 침대에 있고, 내 옆에는 아내가 잠들어 있었다. 나는 몸을 세워 아내를 내려다보았다. 달빛 아래로 보이는 아내의 모습이 여느 때와 달라 보였다. 아내는 지금 부드러운 갈색 머리칼을 베갯잇에 묻고 두 눈을 감고 있다. 그녀는 어떤 꿈을 꾸고 있을까?

나는 이제 막 악몽에서 깨어났다. 몸서리칠 만큼 무시무시한 악몽이었다. 꿈속에서 나는 공장 통로를 이리저리 정신없이 달리고 있었고, 빌 피치는 그의 진홍색 벤츠를 타고 나를 잡아먹을 듯이 쫓아왔다. 그가 나를 차로 깔아뭉개려고 할 때마다 나는 기계 사이로 숨거나 지나가는 포크리프트 위로 껑충 뛰어올랐다. 그는 창문을 열더니 "알렉스, 망할 자식! 넌 우리 사업부의 순이익을 깎아먹고 있어! 죽여버릴 테다!"라고 으름장을 놓았다. 마침내 빌 피치는 NCX-10 앞에서 나를 따라잡았다. 나는 기계에 등을 대고 시속 100마일의 속도로 달려드는 죽음의 순간을 기다렸다. 눈을 가리려고 했지만, 헤드라이트 불빛이 너무도 강렬해서 눈을 감을 수가 없었다.

"악!"

눈을 뜨고 가장 먼저 본 것은 벤츠의 헤드라이트가 아니라 초여름 밤을 밝히고 있는 시원한 보름달이었다. 더 이상 잠이 올 것 같지 않아,

슬그머니 거실로 내려와 창문을 열어젖혔다. 잠들기 전까지는 이 정도로 절망적이지 않았다.

오늘 밤, 집은 오로지 우리 둘만의 것이었다. 공장 근처로 나온 아내는 뭔가 특별한 것을 원했지만, 딱히 그럴 만한 이벤트가 없었다. 우리는 이곳 베어링턴에서 누구의 방해도 받지 않고 둘만의 시간을 가질 수 있는 아지트를 떠올렸다. 아내와 나는 즉시 와인 한 병과 안줏거리를 사 들고 집으로 와서 편안한 시간을 보냈다. 어두운 거실 창가에 서서 밖을 내다보니 나를 제외한 온 세상이 곤히 잠들어 있는 것 같았다. 다시 잠들기 쉽지 않자 은근히 부아가 치밀어올랐다.

이런저런 잡다한 생각을 하다가 어제 했던 전략 회의를 떠올렸다. 회의에서는 몇 가지 좋은 소식과 나쁜 소식이 있었다. 굵직굵직한 뉴스거리 중 단연 돋보인 것은 마케팅 팀에서 우리를 위해 새로운 계약을 맺었다는 것이다. 내가 조니 존스 부장과 미팅을 한 이후, 우리는 여섯 건의 새로운 주문을 받았다. 더욱 좋은 소식은 우리 공장에서 전개한 활동이 매우 효율적이었다는 사실이다. 원자재 투입을 보류하고, 열처리 공정과 NCX-10의 작업 속도에 따라 원자재 투입 시기를 결정한 후부터 효율성은 약간 떨어졌다. 그러나 이 문제는 일시적인 현상이었고, 현금 창출률이 증가함에 따라 다시 상승 가도를 달렸다. 2주 전부터 시작한 소규모 1회 작업량 제도는 서서히 그 성과를 드러냈다. 비병목 자원에서 1회 작업량을 절반으로 줄인 결과, 효율성은 그대로 유지되었고, 노동력을 이전보다 훨씬 더 조직적으로 사용하고 있다는 보고가 올라왔다. 그것은 다음과 같은 이유 때문이었다.

우리가 1회 작업량을 줄이기 전에는 가공할 원자재가 없어서 작업장을 놀리는 일이 흔히 있었다. 대기 시간이 긴 대량 주문 뒤에 위치한 원자재는 앞서 진행되고 있는 작업이 끝날 때까지 무작정 기다려야 했기 때문이다. 작업반장이 특별한 지시를 내리지 않으면 원자재 담당자도 생산라인 하나가 완전히 끝날 때까지 빈둥거렸다. 지금도 여전히 벌어지고 있는 일이지만, 1회 작업량이 줄어든 이후에는 이 흐름이 좀더 빨라졌다.

지금까지 우리는 비병목 자원을 일시적인 병목 자원으로 만드는 일을 수도 없이 해왔다. 그 여파로 작업 진행 속도는 떨어졌고, 효율성도 하강 곡선을 그렸다. 하지만 1회 작업량을 줄인 뒤에는 공장 전체의 작업 흐름이 이전보다 훨씬 부드러워졌다. 불가능한 일처럼 보였던 유휴 시간 문제는 매우 빠른 속도로 해결되었다. 두세 시간 정도 기다려야 했던 대기 시간은 10분에서 20분 사이로 좁혀졌고, 같은 시간 동안 작업자들은 더 많은 일을 할 수 있게 되었다. 이보다 더 좋은 소식은 재고량이 공장 창립 이래 가장 낮은 수준을 유지하고 있다는 사실이었다. 공장 안을 걸어 다니다 보면 깜짝 놀랄 지경이다. 재고 더미는 난쟁이 마법사가 마법을 부려 절반을 뚝 덜어낸 것처럼 현저히 줄어들었다. 우리의 성공 스토리 중 가장 자랑스러운 대목은 과잉 재고를 완제품으로 출하한 것이다. 지금 현장에 있는 재고는 모두 납품이 예정된 제품들이다. 그러나 좋은 소식 뒤에는 늘 나쁜 소식이 따라다녔다. 내가 한참 그 생각에 잠겨 있을 때, 등 뒤로 인기척이 느껴졌다.

"알렉스?"

"응?"

"이렇게 어두운 데서 뭐 하고 있어?"

"잠이 안 와서."

"무슨 일이라도 있어?"

"아무것도 아냐."

"그럼, 왜 더 자지 않고."

"생각할 게 좀 있어서."

잠시 정적이 흘렀다. 아내는 내 곁으로 가까이 다가와 있었다.

"공장 문제야?"

"응."

"다 좋아지고 있다고 했잖아. 무슨 일인데?"

"원가 측정에 관련된 일이야."

"나한테 한번 말해봐."

"듣고 싶어? 자기는 관심 없을 줄 알았는데."

"아니, 당연히 관심 있지. 내 남편 일인데!"

아내와 나는 거실 소파에 앉아 나쁜 소식에 관한 이야기를 시작했다.

"1회 작업량을 줄이는 데에 부가되는 작업으로 작업 준비 시간이란 게 있어. 그런데 이것 때문에 생산원가가 늘어나는 것처럼 보이는 게 문제야."

"원가가 상승했다면 좋지 않은 거잖아."

"언뜻 보면 그렇지. 하지만 재무상으로는 아무런 차이가 없어."

"왜?"

"글쎄, 자기 왜 원가가 올라간 것처럼 보이는지 알아?"

"아니, 전혀 모르겠어."

나는 자리에서 일어나 전등을 켜고 종이와 연필을 찾아왔다.

"그럼, 예를 하나 들어볼게. 우리가 부품 백 개를 만들어내는 작업을 해야 한다고 해. 그것을 가공하기 위해 기계를 준비하는 시간은 두 시간, 즉 120분이야. 그리고 부품당 가공 시간은 5분. 여기에다 부품당 작업 준비 시간(120분/100=1.2분)을 더하면 부품당 총 생산 시간은 5분+1.2분=6.2분이 되지. 그래서 부품 원가는 직접노동을 근거로 6.2분을 얻게 돼. 우리가 1회 작업량을 반으로 줄인다면 어떻게 될까?"

"같은 시간 아니야?"

"그렇지. 근데 차이가 있잖아. 그것이 백 개가 아니라 쉰흔 개의 부품에 배분되는 거니까 말야. 그래서 5분의 가공 시간에다 2.4분의 준비 시간을 더해서 총 7.4분의 직접노동이 나오는 거지. 결과적으로는 직접노무비가 상승한 것처럼 보이는 거고."

나는 아내의 이해를 돕기 위해 원가가 계산되는 방식을 설명해주었다. 원가를 구성하는 세 가지 요소로는 원재료비와 직접노무비, 그리고 경비가 있다. 경비는 직접노무비에 일정 수치를 곱해서 얻어지므로 장부상으로는 직접노무비가 올라가면 경비도 같이 올라간다. 여기까지 설명했을 때 아내는 고개를 끄덕이며 아는 체를 했다.

"그래서 작업 준비, 교체 횟수가 많을수록 부품 총 제조원가는 올라가게 되는구나."

"그렇게 보이겠지만, 실제 운영비에는 아무런 영향을 미치지 않아. 수치가 이렇게 나온다 해서 임금을 더 주는 건 아니잖아. 그 횟수가 많아서 비용이 추가되기는 했지만, 작업 규모를 줄인 후에 부품 생산비는 오히려 줄어들고 있어."

"줄어들었다고? 어떻게?"

"판매량이 늘어서 수입이 늘었으니까. 그래서 경비나 직접노무비는 변함이 없는 거지. 이렇게 같은 비용으로 더 많은 제품을 생산하고 판매하기 때문에, 전체 운영비는 올라가지 않고 내려가는 거야."

"내 계산법이 뭐가 틀렸지?"

아내는 고개를 갸우뚱해보였다.

"자기는 공장의 모든 직원들이 쉴 새 없이 일감을 가지고 있다고 가정했기 때문에 작업 준비, 교체 횟수를 늘리면 직원을 더 많이 고용해야 한다는 결론이 나온 거야. 근데 실제로는 그렇지가 않다는 거지."

"그럼, 이제 어떻게 할 생각이야?"

창문 너머로 옆집 지붕 위에 걸린 태양이 보였다.

"난 자기랑 나가서 아침을 먹을 생각인데?"

나는 아내에게 가벼운 입맞춤을 했다.

내가 사무실에 도착하자마자 루이스가 들어왔다.

"더 나쁜 소식이라도 있습니까?"

내 농담에 루이스는 진지하게 응했다.

"저, 제품 원가 계산 방식을 좀 바꾸면 도움이 될 것 같습니다만."

"어떤 방법이 있습니까?"

"부품의 원가를 결정하는 기준치를 바꾸는 거죠. 지금까지는 규정대로 지난 12개월 동안의 원가 요소를 이용해왔지만, 앞으로는 지난 2개월의 것을 이용하는 겁니다. 지난 2개월 동안 우리는 현금 창출률을 크게 올렸기 때문에 도움이 될 겁니다."

"그래요?"

실현 가능한 일이었다.

"일리가 있는 이야기군요. 실제적으로 지난 두 달은 지난 1년 동안의 상황보다 현재 상황을 더 잘 대변해주고 있고."

그런데 루이스의 표정에는 뭔가 석연치 않은 구석이 있었다.

"그렇죠. 하지만 회계 정책상 유효하지 않은 방법이죠."

"우리에겐 좋은 명분이 있잖습니까. 공장 상황이 예전에 비해 월등히 좋아졌습니다."

"문제는 에탄 프로스트 부장님이 결코 용납하지 않을 거라는 거죠"

"그런데 왜 제안하시는 겁니까?"

"에탄 프로스트 부장님이 이걸 눈치채시면 그렇다는 얘깁니다."

나는 천천히 고개를 끄덕였다.

"알겠습니다."

"장부상으로 약간의 눈속임은 할 수 있습니다. 물론 에탄 프로스트 부장님이 마음만 먹는다면 금세 알아차리겠지만……."

"불벼락을 맞을 수도 있다는 얘기로군요."

"네. 하지만 그래도 한번 시도해보고 싶으시다면……."

나는 잠시 생각을 갈무리하고 나서 답했다.

"그렇게만 되면 우리의 진면목을 보여줄 수 있는 여유를 두 달 이상 벌게 될 겁니다."

생각하고 말고 할 게 없었다. 나는 일단은 도전해볼 만한 일이라고 정리했다.

"빌 피치 본부장님에게 개선 상황을 보여주려면 그 길밖에는 없겠습니다. 본부장님이 원가가 상승하는 수치를 알게 된다면, 비용이 계속 증가하는 수치를 본다면 우리는 정말 힘들어질 겁니다."

"그럼, 긍정적인 의미로 받아들여도 되겠습니까?"

"물론입니다."

"좋습니다. 하지만 한 가지 기억해두십시오. 꼬리가 잡히면……."

"걱정하지 마세요. 제가 책임지겠습니다."

루이스가 막 자리를 뜨자 프란이 인터폰을 울렸다. 수화기를 드니 조니 존스의 음성이 들렸다. 나는 오랜 친구를 대하듯 그를 대했고, 그역시 나를 그렇게 생각하는 듯했다. 나는 지난 몇 주간 그와 거의 매일 통화하다시피 했다.

"여보세요? 오늘은 무엇을 도와드릴까요?"

"우리의 친애하는 친구 버키 번사이드 씨 기억나세요?"

"어떻게 제가 그 잘난 이름을 잊을 수 있겠습니까? 아직도 우리 공장에 대해 불평불만을 터뜨리고 있나요?"

"아니, 그런 게 아니에요. 어제 정확히 2개월 만에 처음으로 계약을 하자고 전화했더군요."

"어떤 물건을요?"

"모델12 천 개가 필요하대요."

"대단하네요!"

"그렇지만도 않아요. 요구 조건이 까다로운 편이거든요. 이번 달 말까지 전량이 필요하다네요."

"이번 달 말이면 2주밖에 안 남았잖습니까!"

"알아요. 그래서 창고에 남아 있는 재고를 조사해봤더니 약 쉰 개 정도가 있다더군요. 알렉스 공장장님, 우리가 이 건 잡으려면 이달 말까지 구백쉰 개를 생산해야 합니다."

"글쎄요……. 부장님, 일거리가 궁한 건 사실이지만, 너무 버거운 주문이군요. 2주 안에 모델12 천 개를 어떻게 납품하겠습니까?"

"알렉스 공장장님, 저도 솔직히 말해서 큰 기대를 갖고 전화한 건 아니에요. 하지만 워낙 큰 건이다 보니, 공장장님께 도움이 될 것 같아서요. 말이라도 해보려고 전화한 거죠. 천 개면 100만 달러가 넘는 매출이잖습니까."

"세상에나, 부장님. 정말 고마워요. 100만 달러면 큰 건이죠. 그런데 버키 씨는 그 모델이 왜 그렇게 급하게 필요하다던가요?"

조니가 수집한 정보에 따르면, 버키 번사이드는 우리 공장의 모델12와 비슷한 제품을 경쟁사에 의뢰했다고 한다. 그런데 그 업체가 계약서에 서명한 5개월 시한을 넘기고 차일피일 미루는 까닭에, 업체를 바꾸기로 결심했다는 것이다.

"이건 제 추측인데, 버키 번사이드 측에서 우리가 납품일을 빨리 맞춰준다는 소문을 듣고 마음을 돌린 모양이에요. 솔직히 말하면, 너무 힘든 거래죠. 그렇지만 우리가 이 건만 성공적으로 이뤄낸다면 그쪽과 다시 거래를 틀 수 있는 기회가 될 수도 있을 것 같아서요."

"저 역시 다시 거래를 트고 싶지만……."

"우리가 생산에 좀 여유가 있었을 때 미리 예측해서 이 모델을 좀더 많이 생산해놓았더라면 쉽게 거래를 틀 수 있었을 텐데 말이죠. 안 그런가요, 알렉스 공장장님?"

속에서 웃음이 비어져 나왔다. 연초였다면 나 역시 그 점에 동의했을 것이다.

"어쨌거나 놓치기엔 너무 아깝네요. 거래를 트는 건 둘째 치고라도, 아주 좋은 기회가 될 수 있을 텐데 말이죠."

"어떤 기회를 말하는 거죠?"

"이 거래만 성사된다면 앞으로 우리에게 우선권을 주겠다고 강하게 암시했거든요."

나는 잠시 침묵을 지켰다.

"알겠습니다. 이 주문을 꼭 우리가 납품하기를 바라시는 거죠?"

"물론이죠. 그렇지만 정 불가능하다면……."

"언제까지 답신하기로 했습니까?"

"늦어도 내일 아침까지는 해줘야지요. 한번 해보시려고요?"

"방법이 있을 것 같기도 합니다. 가능한 한 빨리 검토해본 뒤에 전화 드리겠습니다."

나는 그 즉시 밥, 스테이시, 랠프를 내 사무실로 불러들였다. 그리고 그들이 모두 한자리에 모였을 때 조니 존스가 한 말을 그대로 전했다.

"통상적으로 생각한다면, 이건 도저히 불가능한 일일 겁니다. '노'라고 말하기 전에 우리 같이 생각이나 한번 해봅시다."

모두들 왜 그런 시간 낭비를 하느냐는 얼굴로 나를 바라보았다.

"우리가 할 수 있는지 여부만 검토해봅시다. 어떻습니까?"

오전 내내 우리는 이 일로 동분서주했다. 먼저 원료 공급 현황에 대해 살펴보았다. 나는 부품 구성표를 정밀 조사했고, 스테이시는 원자재 재고를 조사했다. 랠프는 원자재가 확보된 후부터 천 개를 생산하는 데 걸리는 시간을 추정해보았다. 11시쯤, 랠프는 병목 자원이 하루에 약 백 개의 비율로 부품을 생산할 수 있다는 계산을 해냈다.

"기술적으로는 이 주문을 받아들일 만하다고 생각합니다. 하지만 이건 2주간 단 하루도 빠짐없이 버키 번사이드 씨에게 납품할 제품만 생산한다는 가정 아래서만 가능한 일입니다."

"그건 내가 원하는 바가 아닙니다."

나는 고객 한 사람을 위해 다른 열두 명의 고객을 버릴 수는 없었다.

"다른 방법을 찾아봅시다."

"어떻게요?"

구석에 앉아 뭔가를 곰곰이 생각하고 있던 밥이 물었다.

"몇 주 전의 기억으로 거슬러올라가 봅시다. 우린 그때 1회 작업량을 반으로 줄였습니다. 그 결과 재고율을 떨어뜨릴 수 있었고, 현금 창출률을 올릴 수 있었습니다. 이번에도 1회 작업량을 반으로 줄이면 어떻게 되겠습니까?"

"이런, 그 방법은 생각해보지 않았는데요."

랠프가 놀랍다는 듯 말했다.

"정말 그러실 생각입니까요?"

밥은 마뜩찮다는 표정으로 되물었다.

"아시다시피 예정일보다 일찍 출하하기로 한 주문이 몇 개 있습니다. 우선순위 시스템 안에 있는 일정을 조금 재조정하면, 일찍은 아니겠지만, 예정일에 맞출 순 있을 겁니다. 그러면 병목 자원의 가용 시간을 얻을 수 있고, 어느 누구도 손해 보지 않죠."

랠프가 명쾌하게 결론을 이끌어냈다.

"그렇습니다, 랠프 씨."

"그렇다고 천 개를 생산할 수는 없습니다요! 그것도 2주 안에는!"

밥은 불만이 가득한 목소리로 투덜거렸다.

"도노번 부장, 그 문제는 잠시 후에 다시 얘기합시다. 랠프 씨, 현재 진행 중인 제품을 생산하면서 2주 안에 제품을 납품하려면 1회 작업량을 얼마나 줄여야겠습니까?"

"조사해보면 정확히 알 수 있을 겁니다."

랠프가 일어서서 컴퓨터 앞으로 가자, 밥은 짜증이 났는지 이렇게 말했다.

"아이고, 나도 더 생각해보려면 랠프 씨랑 같이 가는 게 낫겠네요."

랠프와 밥이 새로운 가능성과 씨름하는 동안 스테이시가 재고에 관한 소식을 가지고 들어왔다. 그녀는 필요한 모든 원자재를 자체 재고나 부품 공급 업체에서 며칠 안으로 확보할 수 있지만, 한 가지 예외가 있다는 걸 확인해주었다.

"모델12를 위한 전자제어 모듈이 문제예요. 현재 재고 상황으로 볼 때, 공장 내부에서 소화할 수 있는 부품이 아니에요. 외주 업체를 뒤져 봤더니, 캘리포니아에 소프트글로브라는 업체가 있어요. 하지만 유감스럽게도 거기서는 출하일을 포함해 4주에서 6주 안에는 도저히 불가능하다고 하더군요. 제 생각으로는 그 주문은 안 받는 편이 좋을 것 같아요."

"스테이시 씨, 잠깐만! 조금 다른 전략을 구상 중입니다. 그쪽에서 주당 얼마만큼의 모듈을 공급할 수 있다고 합니까? 한 주 분량이 도착하려면 시간이 얼마나 걸리죠?"

"잘 모르겠어요. 하지만 그런 식으로 하면 가격을 할인받지 못할 수도 있어요."

"왜 그렇죠? 부품 천 개 사는 것은 똑같고 단지 납품을 좀 나누어서 해달라는 것뿐인데."

"출하에 따른 추가 비용이 발생할 테니까요."

"스테이시 씨, 우리는 지금 100만 달러짜리 사업에 대해 얘기하고 있는 겁니다."

"트럭으로 여기까지 도착하는 데 적어도 사흘에서 일주일 정도 걸린답니다."

"그럼 항공편으로 공급받을 순 없습니까? 부피가 크지 않을 텐데?"

"글쎄요. 일단 조사는 해보겠지만, 100만 달러를 항공료로 다 쓰게 될까 봐 심히 걱정되네요."

"그 부품을 구하지 못하면 이 거래는 이뤄질 수가 없습니다."

"네. 일단 그 사람들이 어떻게 나오는지 알아볼게요."

날이 저물도록 여전히 세부적인 사항들이 어렵게 도출되고 있었다. 어쨌거나 나는 우여곡절 끝에 존스에게 전화를 걸기에 충분한 정보를 모을 수 있었다.

"부장님이 제안한 거래를 추진하기로 결정했습니다."

"와우. 그게 정말입니까?"

"한 가지 조건이 있습니다. 4주 동안 주당 이백쉰 개씩 분할해서 납품했으면 합니다."

"협상해봐야 알겠지만, 찬성할 가능성이 높을 것 같군요. 그럼 언제부터 출하가 가능한가요?"

"주문한 날로부터 2주 후부터 가능합니다."

"공장장님, 자신 있습니까?"

"약속한 날짜에 정확히 출하할 겁니다."

"장담할 수 있나요?"

"구찌 구두를 걸고 맹세하지요!"

"알겠습니다! 그쪽에 전화해서 조건을 타진해보겠습니다. 공장장님이 말한 게 모두 다 이루어지면 좋겠습니다. 지난번처럼 그쪽 사람들한테 시달리기 싫거든요."

두 시간 후, 나는 집에서 조니 존스의 전화를 받았다.

"알렉스 공장장님? 우리가 해냈어요! 해냈다고요! 수주를 받았어요!"

조니는 내 오른쪽 귀에다 대고 마구 소리를 질렀다. 나는 왼쪽 귀로 금전 등록기에 100만 달러가 들어오는 소리를 들었다.

"그리고 말이죠. 그쪽에서도 천 개가 한꺼번에 오는 것보다 분할 납품이 더 좋다고 하더라고요!"

"정말입니까? 휴, 이제 전쟁 시작인가요. 당장 오늘부터 일에 착수하겠습니다. 오늘부터 정확히 2주 후에 이백쉰 개가 버키 번사이드 씨의 창고에 입고될 겁니다."

30

맡은 역할에 최선을 다하라!
그렇게 할 때 최선의 이익이 돌아올 것이다.
— 지그 지글러

#오전 8시

우리는 이른 아침부터 회의실에 모였다. 하루에도 몇 차례씩 회의를
하긴 했지만 언제부턴가 우리는 매달 초 월례 회의를 하고 있었다. 그
런데 아직 루이스가 모습을 드러내지 않았다. 밥은 루이스가 곧 올 거
라고 했지만, 나는 자리에 앉아서도 안절부절못했다. 나는 루이스를
기다리는 동안 납품 상황에 대해 물었다.

"버키 번사이드의 주문 건은 어떻게 진행되고 있습니까?"

"첫 출하분은 예정대로 진행되었습니다."

밥이 대답했다.

"나머지 출하분은 어떻습니까?"

내 물음에 스테이시가 대답했다.

"별다른 문제는 없었어요. 컨트롤 박스가 하루 늦게 도착했지만 출
하하는 데에는 아무런 문제가 없었어요. 조립할 시간도 충분했고요.
전자제어 모듈은 제때 납품받았어요."

"좋습니다. 1회 작업량을 좀더 줄인 뒤 상황은 어떻습니까?"

"속도가 전보다 나아졌습니다."

밥이 대답했다.

"다행이군요."

바로 그때 루이스가 들어왔다. 그는 이번 달 실적을 집계하느라 늦
은 것이다. 루이스는 자리에 앉으며, 뿔테 안경을 올려 썼다.

"어때요, 달성했습니까?"

나는 기도하는 마음으로 루이스의 말이 떨어지기를 기다렸다. 마침내 그가 입을 열었다.

"예! 순이익이 17퍼센트 상승했습니다! 상당 부분은 버키 번사이드 덕택이라고 할 수 있죠. 다음 달 전망도 밝습니다."

루이스는 지난 2분기 동안 우리가 달성한 실적을 요약해서 설명했다. 우리 공장은 지금 완전히 흑자 상태다. 재고는 3개월 전 재고의 약 40퍼센트 수준으로 떨어졌다. 현금 창출률은 두 배로 늘어났다.

이튿날 점심식사 후, 사무실로 왔을 때 나는 유니웨어 사업부의 로고가 박힌 두 장의 편지를 받았다. 모두 빌 피치의 서명이 적혀 있었고 간단명료한 내용이었다. 하나는 버키 번사이드와의 재거래를 축하한다는 내용이었고, 다른 하나는 본사에서 개최하는 사업부 회의에서 우리 공장의 실적을 보고하라는 내용이었다. 첫 번째 편지를 읽으면서 나는 터져 나오는 웃음을 참을 수가 없었다. 석 달 전만 해도, 나는 차마 두 번째 편지는 읽을 엄두도 내지 못했을 것이다. 직접적인 언급은 없었지만, 우리 공장의 사활을 거론하게 될 것이 분명했기 때문이다. 그러나 지금은 더 이상 두려울 게 없다. 오히려 그와 정반대다. 지금 우리가 걱정할 일이 뭐란 말인가? 이번 회의야말로 우리 공장이 어떤 일을 해냈는지 보여줄 절호의 기회다! 마케팅 팀이 우리 실적을 널리 홍보하기 시작하면서부터 현금 창출률은 자연스럽게 상승 가도를 달리고 있다. 재고는 현상 유지거나 줄어들었다. 주문이 늘어남에 따라 부품도 늘어났지만, 운영비는 감소했다. 우리는 지금 돈을 벌고 있는 것이다.

그다음 주, 나는 인사부장 스코트 돌린과 함께 이틀간 세인트루이스 출장길에 나섰다. 우리는 외부와 차단된 은밀한 공간에서 밀담을 나누었다. 노사관계 총책임을 맡고 있는 필립 로빈스를 필두로 각 사업부의 공장장들이 모인 은밀한 회의였다. 주제는 노조와의 임금협상에서 승리하는 방안이었다. 내게는 무척 따분한 주제였다. 우리 공장에서는 특별히 임금을 낮출 필요가 없었다. 나는 그들의 이야기를 그냥 흘려들었다. 그들 말대로 했다가는 오히려 노조의 반발을 사 파업으로 이어질 수도 있다. 그렇게 되면 지금까지 애써 갈고 닦아 이룬 성장에 방해만 될 것이다. 회의는 별다른 결론 없이 지지부진하게 끝났다.

#오후 4시

나는 공장 정문에 들어서고 있었다. 내가 무심코 지나치려는데 안내원이 나에게 신호를 보냈다.

"밥 도노번 부장님이 오시는 대로 호출해달라고 부탁하셨습니다."

내가 그를 호출하자마자, 밥 도노번은 허겁지겁 사무실 문을 열고 들어왔다.

"도노번 부장, 무슨 일입니까?"

"힐튼 스미스 공장장님이 오늘 여기에 왔었습니다요."

"그 사람이 여기에요? 왜요?"

밥이 머리를 흔들며 말했다.

"2개월 전, 그랜비 회장과 로봇에 관한 비디오 촬영, 기억나세요?"

"취소된 걸로 아는데?"

"그게 또 바뀐 것 같습니다요. 힐튼 스미스 공장장님이 그랜비 회장을 대신해서 연설을 하기로 한 모양이에요. 오늘 아침 제가 C통로 옆에 있는 자판기에서 커피를 뽑고 있는데, 그때 TV 제작진이 떼로 몰려드는 게 보이더라구요. 그래서 무슨 일인가 싶어 가봤더니 힐튼 스미스 공장장님이 아는 체를 하더라구요."

"근데 우리 공장에 있는 사람들은 아무도 그걸 몰랐단 말입니까?"

"바버라 펜 씨는 알고 있었다고 하던데요?"

"그럼 바버라가 다른 사람들한테 말을 안 했단 말입니까?"

"공장장님, 일단 진정하세요. 모든 스케줄이 순식간에 재조정됐습니다요. 공장장님과 스코트 부장님이 안 계시니까 바버라가 나름대로 일을 진행시켰습니다요. 노조와 해결을 보고, 모든 준비를 마쳤습니다요. 바버라가 메모를 보냈지만, 오늘 아침이 될 때까지 어느 누구도 그것을 못 받았구요."

"빌어먹을! 손쓸 틈이 전혀 없었군."

밥은 이야기를 계속했다. 힐튼 쪽 사람들이 원자재를 쌓아둔 로봇 앞에서 이런저런 작업을 하다가 문제를 일으켰다는 것이다. 그 로봇은 아무 일도 하고 있지 않았던 것이다. 로봇을 위한 재고는 물론 작업 물량도 없었다. 생산성에 관련된 비디오테이프 제작에 로봇이 그저 아무 일도 하지 않고 배경 그림 노릇을 할 수는 없었다. 로봇은 뭔가 일을 하고 있어야만 했다. 밥과 두 명의 보조 요원이 근 한 시간가량 로봇을 돌리기 위해 일거리를 찾아 구석구석을 헤매는 동안 힐튼 스미스는 기다림에 싫증을 느꼈는지 주위를 어슬렁거리기 시작했고, 곧 몇 가지 이상한(?) 일을 목격해버린 것이다.

"우리가 원자재를 가지고 돌아왔을 때 힐튼 스미스가 1회 작업량에 관해 꼬치꼬치 캐묻더군요. 공장장님이 혹시 곤란해지실까 봐 그냥 얼버무렸습니다. 이 문제에 대해 대안을 마련해두시는 게 좋을 것 같아요."

바로 그때 에탄 프로스트에게서 전화가 왔다.

"알렉스 공장장님, 에탄 프로스트입니다. 힐튼 스미스 공장장께서 저에게 중대한 사안에 대해 언질을 주시던데요……?"

"잠시만 기다려주시겠습니까?"

나는 밥에게 자리를 비켜달라고 양해를 구했다. 밥이 사무실을 나간 뒤 나는 2분 동안 에탄 프로스트와 통화를 했다. 당장 루이스를 만나야 했다. 루이스를 만나러 가는 동안 내 머릿속에는 온갖 최악의 시나리오가 펼쳐지고 있었다.

이틀 후, 루이스의 예상대로 본사 감사팀이 들이닥쳤다. 감사팀장은 사업부 감사역인 스티브 크라비츠였다. 언제나 무표정한 얼굴로, 악수할 때마다 상대방의 뼈가 으스러질 만큼 거세게 힘을 쓰는 게슈타포 같은 인물이었다. 어떤 의미에서 그는 감사역을 맡기에 제격인 사람이었다. 어쨌거나 감사팀은 도착하기가 무섭게 회의실을 장악해 버렸다. 그러고는 우리가 제품 원가 기준치를 바꾸었다는 사실을 대번에 발견해냈다.

"규칙에 어긋나는 회계 프로그램이군요."

스티브 크라비츠가 리스트를 들여다보면서 묻기 시작했다. 그는 안경 너머로 우리를 응시하며 말했다.

"이건 누구의 아이디어입니까?"

루이스는 규정에 따르지는 않았지만, 최근 2개월간의 원가를 기준으로 한 데에는 나름대로의 정당한 이유가 있다고 답변했다.

"이 방식을 따르는 것이 더 신뢰할 만합니다."

스티브 크라비츠는 냉랭한 어조로 내 의견을 묵살했다.

"미안하지만, 알렉스 로고 공장장님. 우리는 표준정책을 준수해야 합니다."

"그렇지만 현재 공장 운영 상태를 반영해야 하는 거 아닙니까?"

테이블에 둘러앉은 다섯 명의 감사팀이 눈살을 찌푸리며 루이스와 나를 쳐다보았다. 마침내 나는 손들고 말았다. 그들이 알고 있는 거라고는, 곰팡내 나는 회계규정밖에 없었다. 감사팀은 수치를 다시 계산했다. 장부는 순식간에 비용 증가 곡선을 그려냈다. 나는 감사팀이 떠나자마자 지푸라기라도 잡는 심정으로 여기저기 전화를 걸었다. 유감스럽게도 빌 피치는 부재중이었다. 에탄 프로스트에게도 전화를 했으나 그 역시 외출 중이었다. 비서가 힐튼 스미스에게 연결해주겠다고 했으나 나는 단번에 거절했다.

'상식적으로는 도저히 풀 수 없는 이 수수께끼 같은 장부를 도대체 어떻게 설명하겠어?'

일주일 내내 나는 공장 폐쇄 공문이 날아올 것을 기다렸지만 그런 일은 일어나지 않았다. 다만 루이스가 에탄 프로스트에게서 회계규정을 준수하라는 경고장과 함께 본사 경영진 회의 전까지 기존의 원가 기준에 따라 분기별 보고서를 재작성할 것을 공식적으로 지시받았다. 빌 피치로부터는 아무 연락이 없었다.

그로부터 며칠 후, 루이스와 나는 새로 작성한 월별 보고서를 가지고 씨름하고 있었다. 무척 실망스러운 결과였다. 과거의 기준으로 비용을 산출하면 목표했던 15퍼센트를 채우지 못한 셈이 되었다. 애당초 계산했던 17퍼센트는 고사하고 겨우 12.8퍼센트의 이익 증대만 기록하게 된 것이다.

"루이스 부장님, 어떻게 좀더 늘려볼 수 없겠습니까?"

나는 애걸하다시피 루이스에게 매달렸지만, 그는 고개를 저었다.

"이제부터 에탄 프로스트는 우리가 제출하는 모든 데이터를 눈에 불을 켜고 살필 겁니다. 공장장님이 지금 보고 있는 것보다 더 잘 만들 수는 없어요."

바로 그때, 사무실 밖에서 프로펠러 소리가 요란하게 들렸다.

두두두두-두-두!

루이스와 나는 어리둥절한 얼굴로 서로를 바라보았다.

"헬리콥터 소리 아닙니까?"

루이스가 창문으로 가서 밖을 내다보았다.

"네, 맞아요. 우리 공장 잔디밭에 착륙하고 있어요."

내가 창문 쪽으로 다가가니, 헬리콥터가 먼지바람을 일으키며 매끈한 몸체를 잔디밭 위에 앉히고 있었다. 그리고 마침내 그 주인공들이 얼굴을 내밀기 시작했다.

"조니 존스 부장 같은데요?"

"조니 존스 부장이 맞네요."

"다른 한 사람은 누구죠?"

"……"

거리가 멀어서 누군지는 확실히 알 수 없었다. 그들은 잔디밭을 가로질러 주차장 쪽으로 성큼성큼 건너왔다. 은발에 키가 큰 두 번째 남자가 넓은 가슴을 쭉 펴고, 거만한 표정으로 으스대며 걷는 것을 보자 희미하게 기억이 돌아오는 것 같았다. 전에 한번 만난 것도 같은데……? 저렇게 거만하게 걷는 인물이라면?

"이거 큰일 났군."

"조니 존스가 왜 헬기까지 동원했을까요?"

"회계장부보다 더 큰일이 터진 것 같습니다. 저 사람이 바로 버키 번사이드라구요!"

나는 루이스가 말하는 소리는 듣지도 않고, 스테이시의 사무실로 정신없이 달려갔다. 모퉁이를 돌아 막 그녀의 사무실로 뛰어들었을 때, 그녀는 비서와 함께 창밖을 내다보고 있었다. 모두가 저 빌어먹을 헬리콥터를 바라보고 있는 것이다.

"스테이시 씨, 당장 할 얘기가 있습니다."

그녀가 문 쪽으로 다가오자, 나는 그녀를 복도로 끌어당겼다.

"버키 번사이드가 주문한 모델12의 진척 상황은 어떻습니까?"

"마지막 출하분을 이틀 전에 납품했는데요?"

"제때에 나갔습니까?"

"물론이죠. 마지막 출하분도 지난번 출하분과 마찬가지로 아무 문제 없이 나갔어요."

나는 어깨 너머로 그녀에게 고맙다는 말을 건네고 다시 달리기 시작했다.

"도노번, 도노번 부장!"

밥의 사무실로 달려갔지만, 그는 부재중이었다.

"제기랄! 도노번 부장은 어디 있습니까?"

"화장실에 간 것 같습니다."

나는 화장실로 쏜살같이 달려갔다. 문을 박차고 들어가자, 손을 씻고 있던 밥이 깜짝 놀라 나를 돌아보았다.

"버키 번사이드의 주문에 품질상의 문제라도 있었습니까?"

"아뇨."

밥은 놀란 얼굴로 나를 쳐다보았다.

"제가 아는 한, 전혀 문제가 없었는데요."

"정말, 그 주문에 아무 문제도 없었단 말입니까?"

나는 숨이 턱까지 차올라 말을 잇기조차 힘들었다.

"네, 모든 일이 시계추처럼 정확히 처리되었습니다요."

나는 벽에 몸을 기댔다.

"젠장! 그렇다면 도대체 그 인간이 뭐 때문에 여기에 왔단 말입니까?"

"누가 왔다는 말씀이십니까요?"

"버키 번사이드 말입니다! 그 인간이 방금 조니 존스 부장이랑 같이 헬리콥터에서 내렸단 말입니다."

"뭐라고요?"

"함께 가봅시다."

우리는 대기실로 갔지만 아무도 없었다. 나는 안내원에게 물었다.

"조니 존스 부장님이 고객 한 분과 방금 여기 오시지 않았습니까?"

"헬리콥터에서 내린 그 두 분 말입니까? 아닙니다. 그 두 분은 곧장 현장으로 내려가셨습니다."

밥과 나는 이중문을 지나 오렌지색 불빛과 기계 소음이 가득한 현장으로 진입했다. 한 감독자가 우리를 발견하고는 묻지도 않았는데 조니 존스와 버키 번 사이드가 간 방향을 가리켰다. 통로를 향해 내려가자 그들의 모습이 눈에 들어왔다. 버키 번사이드는 현장을 시찰하면서 눈에 띄는 대로 직원들과 일일이 악수를 나누고 있었다. 내가 뭘 잘못 본 게 아닌가 싶어 두 눈을 비볐지만, 정말이었다! 그는 악수를 나누는 중간중간 직원들의 어깨를 두드리며 몇 마디씩 주고받았다. 심지어 그는 연신 입가에 미소를 띠고 있었다. 조니 존스도 그에 뒤질세라 버키 번사이드와 같은 행동을 하고 있었다. 그들은 사람이 눈에 띌 때마다 손을 붙잡고 흔들어댔다. 마침내 조니 존스가 우리를 발견하고는 버키 번사이드에게 우리의 존재를 알렸다. 버키 번사이드는 누런 이를 드러내며 함박웃음을 지은 채, 두 팔을 내밀어 내 어깨를 감싸 안았다.

"오늘의 주인공이 나타나셨군. 반갑소, 알렉스 공장장!"

버키 번사이드는 천둥 같은 목소리로 말했다.

"알렉스 공장장을 위해 남겨둔 아주 특별한 선물이 있소. 자, 그건 차차 얘기하기로 하지. 그래, 요즘은 어떻게 지내시오?"

"안녕하셨습니까, 번사이드 대표님. 아주 잘 지내고 있습니다."

"알렉스 공장장, 내가 여기에 온 이유는 이 공장의 모든 직원들 손이라도 한번 잡아보고 싶어서요."

버키 번사이드는 호탕하게 웃었다.

"이 공장에서는 우리의 주문을 다 소화했소. 그것도 아주 완벽하게 말이오. 그 밥통 같은 작자들이 무려 다섯 달을 끈 일을 단 5주 만에 끝내주다니, 이건 정말 기적 같은 일이오. 당신은 나의 구세주요!"

내가 무슨 말을 하기도 전에 조니 존스가 끼어들었다.

"알렉스 공장장님, 오늘 번사이드 대표님과 점심을 같이했습니다. 번사이드 대표님은 이번 일에 대해 매우 고맙게 생각하고 계십니다. 제가 공장장님과 공장 직원들이 어떻게 어려움을 극복하고, 성공적으로 일을 추진해나가고 있는지 말씀드렸습니다."

"아, 네. 아닙니다. 저희는 단지 최선을 다했을 뿐입니다."

"현장을 좀더 돌아봐도 괜찮겠소?"

버키 번사이드는 통로 아래쪽을 가리키며 물었다.

"그렇게 하십시오."

"내가 작업에 방해가 된다면, 이쯤에서 그만둬도 괜찮소만."

"전혀 그렇지 않습니다. 마음껏 둘러보십시오."

그런 다음 나는 밥에게 넌지시 일렀다.

"바버라 펜에게 사내 신문을 제작할 때 쓰는 카메라를 가지고 당장 이리로 오라고 하세요. 필름 잔뜩 넣어서!"

밥은 재빨리 사무실로 올라갔다. 조니 존스와 나는 버키 번사이드를 따라다니며 공장 내에 있는 직원들과 일일이 악수를 나누었다. 조니는 흥분에 취해 있었다. 버키 번사이드가 우리의 말소리를 듣지 못할 만큼 앞서 나가자 조니가 내게 물었다.

"공장장님 신발 사이즈가 어떻게 돼요?"

"275입니다. 그건 왜 물어요?"

"빚진 거 갚아야죠! 우리 내기했잖아요!"

"어휴, 괜찮아요. 신경 쓰지 마세요."

"왜 이러세요, 공장장님. 약속은 약속이잖습니까! 그건 그렇고, 좀 아까 버키 씨가 한 말 기억하세요? 특별한 선물 말입니다. 그게 뭔 줄 아시겠어요?"

나는 멀뚱멀뚱하게 조니를 올려다보았다.

"다음주에 버키 번사이드 대표의 회사 사람들과 미팅이 있어요. 모델12를 위한 장기 계약을 맺을 겁니다. 연간 만 개!"

나는 그 수치에 현기증을 느꼈다. 조니 존스는 걸으면서 말을 이었다.

"회사에 돌아가자마자 사업부 내 전체 마케팅 팀 회의를 소집할 생각이에요. 바로 이 공장을 위한 새로운 캠페인을 시작하려고 말입니다. 이 빌어먹을 사업부 내에서 양질의 제품을 생산하는 곳은 여기밖에 없으니까! 알렉스 공장장님, 기대해도 좋습니다. 우리는 이 공장이 짧은 시간 안에 정확하게 생산해내는 것을 무기로 시장을 싹쓸이할 거니까요! 알렉스 공장장님, 정말 고마워요. 우리는 결국 승리할 겁니다."

나는 활짝 미소 지었다.

"조니 부장님, 고맙습니다. 하지만 솔직히 말해 이번 주문 건에 대해서 특별히 노력한 건 없어요."

"쉿! 그건 버키 번사이드 대표 모르게 하자고요."

등 뒤로 시간급 직원 둘이 소곤거리는 소리가 들렸다.

"왜들 저러는 거지?"

"낸들 아나. 이번에는 우리가 일을 제대로 한 모양이지, 뭐!"

공장 실적 보고 전날 밤, 나는 예행연습까지 마치고 더 이상 할 일이 없어서, 내일 일은 '운명'에 맡겨야겠다고 생각하면서 아내에게 전화를 걸었다.

"저녁은 먹었어?"

"그럼. 자기는?"

"대충 때웠지, 뭐. 나 내일 아침에 회의하러 본사 들어가야 돼. 가는 길에 자기 집이 있으니까 회의 전에 잠깐 얼굴이라도 보고 싶은데, 괜찮겠어?"

"물론 괜찮지."

나는 아침 일찍 서둘러 고속도로를 탔다. 고속도로로 진입하자, 왼쪽으로 메인 가와 링컨 가 교차로에 우뚝 선 엠파이어 빌딩이 보였다. 그 흉측한 건물은 여전히 '급매' 꼬리표를 달고 있었다. 조그마한 사각 창으로도 한눈에 보이는 이 작은 도시에 3만 명의 인구가 살고 있다. 이 도시 경제를 한손에 움켜쥔 그랜비 회장은 오늘 작지만, 아주 중대한 결정을 내릴 것이다. 어쩌면 오늘 안에 이 도시 인구 삼만 명이 거리로 뛰쳐나올지도 모른다. 우리 공장도 '급매'라는 꼬리표를 단 채 쓸쓸히 추락해갈지도 모른다. 우리가 어떤 노력을 했든지 간에 말이다. 얼마나 많은 사람이 거리로 내몰릴지는 그랜비 회장의 손가락 하나에 달려 있다. 그러나 적어도 나는 후회하지 않는다. 이기든 지든 간에 나는 최선을 다할 것이다.

"알렉스, 여기서 잠깐 쉬었다 가."

"왜?"

"지난번에 산책하다 말았잖아."

나는 차를 세워 공원 옆에 주차했다. 아내와 나는 공원 벤치에 앉아 강물을 바라보았다.

"오늘 회의 주제는 뭐야?"

"우리 공장 업무 실적을 보고하는 자리야. 본사에서 우리 공장의 미래를 결정하게 될 거야."

"어떻게 될 것 같은데?"

"우리는 빌 피치 본부장한테 한 약속을 못 지켰어. 제품 원가 기준 때문에 보고서상의 수치가 실제만큼 좋게 나오질 않았거든. 내가 며칠 전에 자기한테 했던 말 기억나?"

아내는 고개를 끄덕였다. 문득 감사팀이 휘두르는 무언의 폭력 앞에 굴복해야 했던 그날의 기억이 떠올라 화가 치밀었다.

"그런데도 우리는 이번 달에 좋은 성과를 올렸어. 근데 보고서에는 그 환상적인 실적이 그대로 들어 있진 않아."

"그 사람들이 공장 문을 닫을 거라고는 생각 안 하지?"

"아니, 우리 공장을 폐쇄할 거야. 제기랄! 돈을 벌어들이고 있는데도 그 멍청한 작자들은 그걸 모르고 있어!"

아내는 내 손을 따스하게 감싸주었다.

"자기, 기억나? 그날 아침 우리 같이 맛있게 아침 먹었잖아!"

"새벽잠을 깨우고 그 지긋지긋한 공장 얘기를 또 했는데 내가 안 미웠어?"

"아니, 전혀. 난 솔직히 그날 자기가 공장 일에 대해 이야기해줬을 때 정말 고맙고, 미안했어. 그동안 내가 당신이라는 사람을 얼마나 모르고 있었는지 그때서야 깨달았거든. 좀더 일찍 말해주지 그랬어?"

나는 어깨를 으쓱해 보였다.

"자기한테 부담 주고 싶지 않았어. 자기가 내 얘기를 듣고 싶어 하지 않을 거라고 미리 단정했을 수도 있지."

"나한테도 문제가 있었을 거야. 내가 먼저 물어봤다면 자기는 기꺼이 말해줬을 거야."

"내가 회사에서 밤늦게까지 일하느라 자기한테 그럴 기회를 안 줬겠지."

"집을 나오기 전에 내가 자기에 대해서 오해를 많이 한 것 같아. 나는 자기가 나한테 싫증이 나서 바깥으로 도는 줄 알았어."

"아니야, 절대 그렇지 않아, 줄리. 사방에서 위기가 닥쳐오고 있을 때 난 자기한테 이해받기만을 원했어. 미안해. 자기한테 좀더 많은 이야기를 했어야 했는데."

아내는 자그마한 품으로 나를 감싸 안았다.

"지난번에 여기서 자기랑 얘기했던 걸 곰곰이 생각해봤는데 말이야. 자기 말이 맞아. 우린 오랫동안 표류하고 있었던 것 같아. 자기는 공장이라는 울타리 안에, 난 가정이라는 울타리 안에. 서로 이해받기만을 원하면서 말이야. 정말로 중요한 것은 못 보고……."

나는 햇빛을 등지고 앉아 있는 아내를 바라보았다. NCX-10이 고장 났던 날 집에 돌아갔을 때 염색했던 머리카락 색은 흔적조차 남아 있지 않았다. 다시 건강하고 짙은 갈색 머리칼로 변해 있었다.

"알렉스, 지금 고백할게. 지금이 아니면 기회가 없을 것 같아. 나 있지. 자기를 정말 많이 사랑했나 봐. 그래서 내 옆에 묶어두려고 그랬는지도 몰라."

아내는 맑고 푸른 눈동자를 들어 나를 빤히 바라보았다.

"알렉스, 나는 우리 결혼의 목표가 무엇인지, 혹은 무엇이 그 목표가 되어야 하는지는 정확히 모르지만, 우리가 어떤 식으로든 서로를 필요로 하고 있다고 생각해. 나는 샤론과 데이브가 훌륭한 사람으로 자라기를 바라. 그리고 우리 서로가 서로를 위해 필요한 사람이 됐으면 좋겠어."

나는 두 팔로 아내의 작은 몸을 감싸 안았다.

"다시 시작하는 사람에게 그것은 노력할 만한 가치가 있는 일이라고 생각해. 줄리, 행동보다는 말이 쉽겠지만, 나는 자기를 예전처럼 내버려두진 않을 거야. 노력할게. 하지만 난 내 일도 사랑해. 자기가 그걸 이해해줄 수 있다면, 난 자기가 원할 때까지 기다릴 수 있어."

"자기가 그러지 말래도 그렇게 할 거야. 단, 나하고 아이들을 무시하면 용서 안 할 거야."

아내는 나를 곱게 노려보면서 말했다.

"우리 맞벌이할 때 기억나? 그때는 퇴근해서 두 시간 정도는 하루 종일 무슨 일이 있었는지 서로 다 이야기했잖아. 그때처럼 다시 해보는 게 어떨까?"

"아주 좋은 생각이야, 알렉스. 잠시나마 제정신이 아니었던 날 용서해줄래? 나, 이제 정말 잘할게."

"정말? 그럼 한번 속아보지, 뭐!"

아내는 내 품에 안겨 조용히 웃었다.

"우리 약속 하나 해. 싸우고 나서도 자신의 입장에서가 아니라 상대편의 입장에서 보려고 노력하기로!"

"당연하지."

우리는 한동안 말을 아끼고 가슴으로 서로를 느꼈다.

"그럼, 우리 기념으로 결혼식 한 번 더 할까?"

"한 사람과 결혼식을 두 번 하는 것도 재미있겠는데?"

"자기야, 그리고 부탁인데 나한테 완벽을 기대하진 마. 그리고 간혹 우리가 싸우게 될지도 모른다는 사실도 잊지 말아줘."

"자기도 알아둬. 가끔 내가 얼마나 이기적으로 행동하는지 말야!"

"그럼, 두 번째 결혼식은 라스베이거스에서 할까?"

"진심이야?"

"그런데 오늘은 힘들 것 같아. 오늘 어떤 결정이 나오든, 나한테는 시간이 필요하니까."

"농담이 아니었구나?"

"자기가 떠나버린 뒤로 내가 한 일이 뭔 줄 알아? 은행에 꼬박꼬박 월급을 넣어두는 일뿐이었어. 화끈한 결혼식을 기대하라고!"

"좋아. 그날 나도 아주 환상적인 이벤트를 준비할게."

31

성공의 비결은 목적을 향해 시종일관하는 것이다.
— 벤저민 디즈레일리

#오전 10시

나는 15층 회의실 앞에서 잠시 숨을 가다듬었다. 어쨌거나 결전의 순간은 다가왔고, 나는 이 자리에서 최선을 다해야 한다. 비록 내가 원치 않는 결론을 얻을지라도!

내가 회의실 문을 벌컥 열어젖히자, 모두의 시선이 내게로 쏠렸다. 회의실 탁자 저쪽 끝에는 힐튼 스미스가 앉아 있었고, 그 옆에 스티브 크라비츠가 앉아 있었다. 그리고 간부 몇 명이 각자의 자리를 차지하고 있었다.

"안녕하십니까?"

힐튼은 무표정한 얼굴로 내게 핀잔을 주었다.

"알렉스 공장장, 문을 닫아야 회의가 시작될 겁니다."

"잠시만요. 빌 피치 본부장님이 아직 오시지 않았는데요. 그분이 오셔야 회의 진행하는 거 아닙니까?"

"본부장님은 오시지 않을 겁니다. 다른 건으로 회의 중이십니다."

힐튼이 무미건조한 음성으로 답했다.

"그렇다면 전 본부장님이 참석하실 때까지 제 보고를 연기했으면 하는데요."

힐튼의 눈빛이 차가워졌다.

"본부장님은 나한테 이 회의를 주재하라는 특별 지시를 내리셨습니다. 알렉스 공장장, 당신이 보고를 하든 안 하든 그건 당신 자유입니다.

당신이 여기서 보고를 거부하면, 우리는 보고서만 읽고 임의로 결론 내릴 수밖에 없겠지. 크라비츠 팀장이 보고한 제품 원가 상승에 관해서는 설명해야 할 것 같은데? 나는 오늘 회의 참석자 중 한 사람으로서 알렉스 공장장이 왜 1회 최적 생산량의 기준을 준수하지 않았는지 명확히 알고 싶습니다."

나는 그 순간 아무런 대답도 하지 않고 단상 앞으로 걸어 나갔다. 내 마음속에서 분노의 도화선이 천천히 타오르기 시작했다. 나는 최대한 인내심을 발휘해 현재의 상황을 직시하려고 노력했다. 어느 모로 보나 내게 불리한 상황이었다. 빌어먹을! 빌 피치가 여기 참석했어야 했다. 적어도 나는 에탄 프로스트의 부하 격인 힐튼 스미스가 아니라 에탄 프로스트에게 직접 보고할 수 있을 거라 기대했다. 그러나 힐튼의 말투로 보건대 그는 빌 피치와 더불어 재판관, 배심원, 그리고 집행인 역할까지 하려는 것 같았다. 문득 힐튼이 우리 공장에 대한 칼자루를 쥐고 있다는 생각이 들었다. 나는 그나마 가장 안전한 길을 선택하기로 했다.

"좋습니다. 보고드리도록 하죠. 하지만 먼저 여러분에게 한 가지 질문 드리겠습니다. 원가절감이 유니웨어 사업부의 목표입니까?"

"당연하지."

힐튼이 성급하게 말을 받았다.

"아닙니다. 그것은 기업의 목표가 아닙니다. 유니웨어의 목표는 돈을 버는 것입니다. 동의하십니까?"

스티브 크라비츠가 자세를 고쳐 앉으며 대꾸했다.

"그렇다고 할 수 있죠."

힐튼도 마지못해 고개를 끄덕였다.

"우리 공장 제품의 원가가 표준적인 성과 측정에 의거하여 어떻게 나타나는가와는 상관없이, 우리 공장은 현재 사상 최고로 기록적인 이익을 내고 있습니다."

회의는 이렇게 시작되었다. 한 시간 반 뒤, 나는 재고와 현금 창출률에 대한 병목 자원의 영향을 한참 설명하고 있었다. 그때 힐튼이 내 말을 가로막았다.

"알렉스 공장장, 이제 그만 된 것 같습니다. 당신은 이 너저분한 것들을 설명하느라 너무 많은 시간을 허비했습니다. 그리고 나는 개인적으로 당신이 지금 설명한 내용이 중요한지 어떤지도 인정할 수 없습니다. 당신 공장에 있는 두 개의 병목 자원에 관한 이야기를 하는 것 같은데, 내 상식으로는 도저히 이해가 가지 않습니다. 내가 공장장인 사업장에서도 그보다 더 많은 병목 자원을 다뤘습니다."

"스미스 공장장님, 제가 이야기하고자 하는 것은 우리의 근본적인 가정이 잘못되었다는 겁니다."

"내가 보기에는 알렉스 공장장이 근본적인 부분은 전혀 건드리는 것 같지 않은데? 단순한 상식을 왜 한 시간 반이 넘도록 들어야 합니까?"

"아뇨, 이건 상식 이상의 것입니다. 왜냐하면 저희는 기존의 규칙에 정반대되는 규정으로 매출 신기록을 올리고 있기 때문입니다."

"예를 들면 어떤 겁니까?"

스티브 크라비츠가 물었다.

"과거 모든 사람이 이용했던 원가 회계 규칙에 따르면, 먼저 수요와 생산능력 사이의 균형을 맞추고 나서 그 흐름을 유지하려고 노력해왔습니다. 그러나 거기서 얻은 것이 뭡니까? 납품일 지연과 초과 재고뿐이었습니다. 즉 돈을 못 번 거죠. 생산능력의 균형을 맞추려고 노력해서는 안 됩니다. 우리에게는 초과 생산능력이 필요합니다. 우리가 따라야 할 규칙은 흐름과 수요가 균형을 이루도록 하는 것입니다."

스티브는 이해가 간다는 듯 고개를 끄덕였다.

"두 번째로, 우리가 제공하는 인센티브들은 근로자의 생산성이 그 자신의 잠재력에 의해서 결정된다는 가정에 근거를 두고 있습니다. 하지만 그것은 잘못된 가정입니다. 바로 '종속성' 때문이지요. 비병목 자원의 경우 시스템의 이익을 창출하는 자원의 활동 수준은 자원의 잠재력에 의해서가 아니라 시스템의 다른 제약 조건에 의해 결정됩니다."

"그런다고 뭐가 달라지나? 근로자가 일을 하고 있다는 것은 우리가 그 노동력을 사용하고 있다는 반증이 아니고 뭔가?"

힐튼이 조급하게 끼어들었다.

"아뇨. 그것은 여러분이 저지르고 있는 세 번째 실수입니다. 우리는 '가동(utilization)'과 '작동(activation)'이 같다고 가정했습니다. 자원을 작동한다는 것과 자원을 가동한다는 것은 동의어가 아닙니다."

나는 병목 자원에서 잃어버린 한 시간은 전체 공정에서 잃어버린 한 시간과 동일하다고 맞섰다. 그러자 힐튼은 병목 자원에서 잃어버린 한 시간은 그저 그 자원이 잃어버린 한 시간일 뿐이라고 응수했다. 나는 비병목 자원에서 절약한 한 시간은 가치가 없다고 말했다. 힐튼은 비병목 자원에서 절약한 한 시간은 엄연히 그 자원에서 절약한 한 시간이라고 주장했다. 다음은 힐튼의 말이다.

"지금까지 얘기한 것은 모두 병목 자원에 관한 건데, 병목 자원들은 일시적으로 현금 창출률을 제한하지. 당신 공장이 그것을 증명하고 있는 것 같아. 하지만 재고에는 거의 영향을 끼치지 않는다고."

"그와는 정반댑니다. 병목 자원은 현금 창출률과 재고 모두를 결정합니다. 저희 공장을 보고도 그런 말씀을 하십니까? 현재 사업부의 성과 측정 방법은 잘못된 방향으로 나가고 있습니다."

잠시 침묵이 흘렀다. 스티브가 펜을 떨어뜨리는 바람에 팽팽한 긴장감이 약간은 누그러졌다. 스티브는 펜을 집어 들고 내게 물었다.

"그렇다면 어떻게 작업 성과를 평가해야 합니까?"

"'돈을 번다'는 목표와 관련지어 평가해야 합니다. 이 기준에서 본다면 우리 공장은 유니웨어 사업부 내에서 가장 높은 실적을 보였고, 동일 산업 내에서도 최고일 겁니다. 다른 사람들이 상상도 하지 못할 수익을 내고 있으니까요."

그러자 힐튼이 말했다.

"자네의 논리는 나름대로 근거가 있지만, 회사 규칙에는 명확히 위배된다는 거 모르나? 본사에서는 자네 행동을 절대로 용납하지 않을 거라고. 그리고 그 방법은 일시적으로는 돈을 벌어들일 수 있을지 모르지만, 그게 그리 오래가지 않을 겁니다."

내가 말을 꺼내려 했지만 힐튼이 목소리를 높여 내 말을 가로막았다.

"어쨌든, 문제는 당신 공장의 제품 원가가 상승했다는 점입니다. 그리고 원가가 올라가면 이익은 떨어질 수밖에 없습니다. 간단한 거 아닙니까? 난 지금 당장 이 사실을 기초로 보고서를 작성해 빌 피치 본부장님께 제출할 겁니다."

이렇게 회의가 끝났다. 나는 회의실에 홀로 남았다. 힐튼 스미스는 나를 힐끗 쳐다보고는 문을 쾅 닫고 나가버렸다. 상대적으로 우호적이었다고 생각했던 스티브 크라비츠도 그의 뒤를 따라 나가버렸다. 입을 벌린 채 열려 있는 내 서류 가방을 바라보다가 화가 치밀어올라 주먹으로 가방을 세게 내리쳤다. 그래도 화가 쉽게 가라앉지 않았다. 어쨌거나 빌 피치는 만나고 가야겠다는 생각이 들었다. 적어도 최후통첩만은 그에게 듣고 싶었다. 나는 그의 사무실로 달려갔다.

"바로 들어가세요. 기다리고 계십니다."

빌 피치의 비서 맥은 내가 들어가자마자 기다렸다는 듯이 말했다.

"알렉스 공장장, 어서 오게."

빌 피치는 의외로 나를 반갑게 맞았다.

"자네가 나를 만나보지 않고는 돌아가지 않을 거라고 생각했네. 이리 앉게!"

나는 자리에 앉아 차분하게 회의 내용에 대해 말하기 시작했다.

"힐튼 스미스 공장장이 본부장님께 우리 공장에 대해 부정적인 보고서를 제출할 거라는 거 알고 있습니다. 하지만 본부장님, 저에게도 항변의 기회는 주셔야 합니다. 말씀드려도 되겠습니까?"

"말해보게. 서두를 필요 없잖은가."

내가 이야기를 하는 동안 빌 피치는 신중한 태도로 들어주었다. 내가 할 말을 다 토해놓자 빌 피치가 대꾸했다.

"이 모든 걸 힐튼 공장장에게도 설명했나?"

"아주 상세하게 설명했습니다."

"그래, 그 친구가 뭐라던가?"

"제 얘기를 들으려고 하지도 않았습니다. 제품 원가가 올라가는 한 이익은 떨어질 수밖에 없다는 주장만 읊어댔습니다."

빌 피치는 내 눈을 뚫어져라 바라보면서 물었다.

"그가 핵심을 찔렀다고는 생각하지 않나?"

"아니요, 그렇지 않습니다. 제가 운영비를 계속 통제하는 한, 그리고 조니 존스 부장이 만족해하는 한 어떻게 이익이 계속 올라가지 않을 수 있겠습니까."

"좋아, 자네 뜻은 분명히 알았네."

빌 피치는 인터폰으로 맥을 불렀다.

"힐튼 스미스 공장장, 에탄 프로스트 부장, 그리고 조니 존스 부장을 내 자리로 부르세요."

"무슨 생각이신 겁니까?"

"걱정하지 말고 잠깐 기다려보게."

얼마 지나지 않아 그들 세 사람이 방으로 들어와 자리에 앉았다. 빌 피치는 힐튼에게 물었다.

"힐튼 공장장, 오늘 아침 알렉스 공장장의 보고 내용에 대해 사업부 생산성 관리자로서, 그리고 같은 동료 공장장으로서 어떻게 생각하십니까?"

힐튼은 정중한 어조로 말했다.

"전 알렉스 공장장의 방법이 잘못되었다고 생각합니다. 그리고 너무 늦기 전에 사업부 차원에서 즉각적인 조치를 취해야 한다고 봅니다. 현재 알렉스 공장장의 공장 운영 상태는 엉망입니다. 생산성은 떨어지고 있는데, 제품 원가는 올라가고 있습니다. 게다가 적절한 절차들을 준수하지 않습니다."

그때 에탄 프로스트가 헛기침을 하며 힐튼에게 물었다.

"그럼, 그 공장의 지난 2개월간 순이익은 어떻게 생각하십니까?"

"일시적인 현상에 불과합니다. 머지않아 큰 손실을 볼 게 뻔합니다."

"조니 부장, 여기에 이견 없습니까?"

빌 피치가 조니 존스에게 물었다.

"물론 있고말고요. 알렉스 공장장님의 공장은 사업부 내에서 기적을 낳을 수 있는 유일한 공장입니다. 현재 그 공장은 고객이 원하는 것을 놀랍도록 짧은 시간 내에 납품하고 있습니다. 버키 번사이드 대표님이 직접 그 공장을 방문했던 이야기를 들으셨을 겁니다. 판매를 적극적으로 지원할 수 있는 놀라운 생산성 덕분에 저희 마케팅 팀에서도 영업에 새바람을 몰아가고 있습니다. 시장 점유율도 확대될 것으로 기대하고 있습니다."

힐튼이 이의를 제기하고 나섰다.

"그렇지만 제품의 원가 문제는요? 알렉스 공장장은 1회 작업량을 적정량보다 적게 잡고 있습니다. 전 공장이 한 주문에만 매달리게 하고 있단 뜻이죠. 그렇게 될 경우의 문제를 생각해보셨습니까?"

나는 분노를 억누를 수 없었다.

"저는 단 한 건의 주문도 납품일을 어기지 않았습니다! 모든 고객이 만족하고 있단 말입니다."

"기적은 소설에나 등장하는 겁니다."

힐튼이 냉소적으로 말했다. 모두들 한마디도 하지 않았다. 마침내 내 인내심이 바닥을 드러냈다.

"그럼, 결론이 뭡니까? 우리 공장 문을 닫아야 한다는 겁니까?"

그러자 빌 피치가 말했다.

"아니, 절대 그런 일은 없을 거네. 자네는 우리가 그런 금광을 폐쇄할 만큼 형편없는 관리자라고 생각하나?"

나는 안도의 한숨을 내쉬었다. 그제야 마음이 좀 진정되는 듯했다. 힐튼은 얼굴을 붉히면서 말했다.

"사업부의 생산성 관리자로서 저는 그 결정에 공식적으로 이의를 제기합니다."

빌 피치는 힐튼의 말을 아예 무시하고 에탄과 조니에게 말했다.

"지금 얘기해버릴까요? 아니면 월요일까지 기다릴까요?"

세 사람은 약속이라도 한 듯 유쾌하게 웃었다.

"힐튼 공장장, 오늘 아침에 그랜비 회장님과 미팅이 있었기 때문에 회의 진행을 맡겼던 겁니다. 무슨 책임자라도 된 것처럼 착각하지 마세요. 앞으로 2개월 뒤, 에탄 프로스트 부장, 조니 존스 부장, 그리고 나까지 세 사람은 승진 발령을 받고 그룹 전체를 이끌게 될 겁니다. 그리고 그랜비 회장님께서는 누구에게 유니웨어 사업부의 차기 관리를 맡길 건지 결정하라고 하셨습니다. 우리 세 사람의 의견은 통일된 것 같네요. 자, 축하하네. 알렉스. 자네가 내 후임자가 될 거네."

공장으로 돌아왔을 때, 프란이 메시지를 하나 전해주었다.

"빌 피치 본부장님으로부터 온 메시지입니다. 무슨 일 있으세요?"

나는 프란에게 미소를 지어 보이며 말했다.

"전략 회의 소집해주세요. 좋은 소식이 있습니다."

빌 피치의 메시지는 다음과 같았다.

"알렉스 공장장, 앞으로 남은 두 달 동안 경영자 수업을 충실히 하길 바라네."

나는 이 기쁜 소식을 요나 교수와 나누고 싶었다. 나는 뉴욕에 있는 요나 교수의 사무실로 전화를 걸었다. 내게는 기쁜 일이었지만, 그는 그다지 놀라지 않는 것 같았다.

"지금까지는 우리 공장 하나를 살리기 위해 노심초사했는데, 이제는 공장이 세 개로 불어났습니다."

"행운을 비네. 알렉스, 자넨 잘해나갈 거야."

그가 전화를 끊기 전에 나는 서둘러서 간절한 목소리로 물었다.

"잘된 건지 아닌지 모르겠습니다. 제가 감당하기에는 벅찹니다. 교수님께서 이리 오셔서 저를 좀 도와주실 순 없습니까?"

축하의 말이나 듣자고 두 시간 동안이나 그를 수소문한 것은 아니었다. 솔직히 새로운 직책을 떠올리면 두려움부터 앞선다. 제조 공장 하나를 운영하는 것과 세 개의 공장을 관리하는 사업부를 경영하는 것은 차원이 달랐다. 단순히 일의 분량이 세 배로 늘어나는 것이 아니라, 그에 따르는 제품 설계와 마케팅까지 책임져야 하는 부담감이 따르는 일이었다.

"내가 시간이 있다고 해도 그렇게 하지는 않을 걸세."

기대와는 달리 실망스러운 대답이 돌아왔다.

"왜 안 되죠? 지금까지는 교수님 덕분에 잘한 것 같은데요?"

요나 교수는 단호하게 잘라 말했다.

"알렉스, 자네가 조직의 정점으로 올라갈수록 자네는 그 책임에 맞는 해결책을 스스로 찾아야 하네. 자네가 나를 불러들여 조언을 듣는 것은 별로 바람직한 해결책이 아니야. 그렇게 하면 나한테 더 의존하게 될 뿐이야."

이대로 물러설 수는 없었다.

"정말, 계속 저에게 조언을 해주실 순 없나요?"

수화기 너머에서 긴 한숨 소리가 들려오는 것 같았다.

"음…… 할 수는 있겠지. 하지만 먼저 자네가 무엇을 배워야 할지 정확하게 안 다음에 전화하게나."

나는 쉽게 포기하지 않았다.

"저는 어떻게 하면 효율적으로 사업부를 경영할 수 있을지 배우고 싶습니다. 이 정도면 명확하지 않습니까?"

"지난번에도 자네는 공장을 효율적으로 운영하는 방법을 배우고 싶다고 했네. 지금은 사업부를 효율적으로 운영하고 싶다고 하고. 이렇게 가다 보면 끝이 없다니까. 대체 자네 뭘 배우고 싶은 건가? 그걸 뚜렷하게 표현할 수 있나?"

"네, 당장 표현할 수 있습니다. 저는 공장과 사업부, 그리고 크건 작건 회사의 모든 조직을 어떻게 경영할 것인가를 배우고 싶습니다."

나는 잠시 머뭇거리다가 덧붙였다.

"그리고 제 인생을 어떻게 관리할지도 배우고 싶습니다. 너무 과하지만 않다면요."

"과하긴. 현명한 사람이라면 누구나 인생을 관리하는 법을 배우려고 한다네. 알렉스, 방금 그 질문은 오늘 자네가 한 질문 중에 유일하게 마음에 드는구먼."

놀랍게도 요나 교수는 이렇게 말했다.

"좋습니다. 언제 시작할 수 있습니까?"

"지금 당장! 자네의 첫 번째 과제는 효과적인 관리를 위해 어떤 기법이 필요한지 알아내는 걸세."

"무슨 말씀이세요?"

나는 말문이 막혔다.

"내가 자네한테 지금 당장 그 관리 기법을 개발하라는 게 아니야. 그 기법이 어떠해야 하는지를 명백하게 알아내라는 것뿐이지. 해답을 찾으면 전화하게나. 그리고 알렉스, 승진을 진심으로 축하하네."

8막

상식적인, 그러나 상식을 뛰어넘는 진리

"내 안에 답이 있었는데
왜 그걸 보지 못했을까?"

32

진정한 의미의 상식이란 전혀 상식적이지 않은 것이다.
— 마크 트웨인

#오후 8시

아내와 나는 분위기 좋은 레스토랑에 앉아 나의 승진을 자축했다.

"알렉스, 자기가 정말 자랑스러워. 그렇게 세 계단만 더 올라가면 회장님이 되는 건가? 자, 우리 축배부터 들자고. 내 남편, 알렉스 로고의 성공을 위하여!"

아내의 과장된 흥분과는 달리 내 마음 깊은 곳에서는 정체 모를 불안감이 자리를 잡고 있었다. 조롱이라도 하듯이…….

'알렉스 로고! 정말, 이 모든 걸 네 힘으로만 이뤘다고 생각해? 이제 그만 정신 차리시지! 넌 요나 교수를 등에 업고 사업 본부장이라는 직함을 얻었을 뿐이야. 겨우 그 정도 실력으로 샴페인을 터뜨리겠다니, 양심의 가책이 느껴지지 않아?'

"아니, 그럴 필요까지는 없어."

나는 아내의 거창한 건배를 거절했다. 아내는 한마디도 하지 않았다. 아내는 치켜든 잔을 천천히 내리고는 몸을 앞으로 숙여 내 눈을 똑바로 응시했다. 나의 설명을 기다리고 있는 게 분명했다. 무언의 압력에 이끌려, 나는 느릿느릿한 어조로 산만한 생각들을 끄집어냈다.

"줄리, 내가 정말 축하받을 만한 자격이 있을까? 무의미한 승리를 자축할 자격 말이야. 물론 자기 말도 맞는데……. 근데 따지고 보면 요나 교수님 덕분에 승진한 것뿐이잖아. 난 그냥 요나 교수님이 시키는 대로 한 것밖에 없어. 물론 치열한 경쟁이긴 했지만, 진짜 내 실력으로 승진한 것도 아닌데, 그게 뭐 그리 대단한 거겠어."

"흠."

이것이 아내의 유일한 반응이었다. 아내는 굳이 입을 열지 않고도 자신의 의사를 분명하게 표현할 줄 안다. 반면 나는 그렇지 못하다. 나는 '치열한 경쟁'이니 '무의미한 승리' 같은 단어를 나오는 대로 지껄이면서도 대체 내가 지금 무슨 소리를 하고 있는지조차 몰랐다.

'내가 지금 무슨 말을 하고 있는 거지? 나는 왜 내가 승진한 것에 축배를 드는 것도 부당하다고 느끼는 거지?'

잠시 후 나는 적당한 답을 찾을 수 있었다. 적어도 그때만큼은 말이다.

"우리 가족은 이 승리를 위해 너무 많은 대가를 치렀어."

"알렉스, 자기 많이 지쳤나 봐. 그런 생각해봤자 자기한테 무슨 도움이 돼? 왜 그렇게 자신을 학대하는지 모르겠어. 우리 부부 문제는 어떤 식으로든 폭발했을 거야. 자기는 왜 바로 앞에 놓여 있는 성공의 카드도 제대로 못 잡는 거야?"

아내는 살며시 내 손을 그러쥐며, 나를 위로했다.

"그동안 많은 생각을 했어. 자기랑 나, 아이들, 그리고 공장 일까지 모두 다. 이렇게 생각해봐. 자기가 공장 일을 포기했더라면 우리 부부는 어떻게 됐을까? 오히려 패배감에 젖어서 우리 결혼 생활이 망가졌을 거야. 나는 알렉스, 당신이 이번 승진을 자랑스러워해야 한다고 생각해. 자기가 그 자리를 얻기 위해 다른 사람을 짓밟은 것도 아니잖아. 자긴 정정당당하게 승진한 거라고."

지난 시절을 돌이켜보니, 등줄기에 오싹한 한기가 흘러내렸다. 불과 몇 개월 전만 해도 내 가정과 일 모두 깊은 수렁에 빠져 있었다. 공장은 곧 폐쇄될 위기에 처해 있었고, 육백 명이 넘는 직원들은 실직 대열에 합류하기 직전이었다. 당장에 내 목부터 날아갈 판국이었다. 가정은 가정대로 서서히 금이 가고 있었으며, 결혼 생활이 실패로 끝날 위험에 처해 있었다. 다시 말해 나는 떠오르는 스타에서 거리를 배회하는 부랑자로 전락할 지경이었던 것이다. 그러나 나는 포기하지 않았다. 아니 포기할 수 없었다. 나는 모든 역경에 굴하지 않고 투지를 불태웠다. 그리고 나는 혼자가 아니었다. 요나 교수와 우리 공장의 직원들, 그들은 진정한 동지였다. 요나 교수는 내게 공장을 운영하는 상식적인 접근 방법을 알려주었고, 우리 팀은 그의 상식에 따라 공장 시스템을 바꿔나갔다. 정말 흥미진진한 일이었다.

지난 몇 개월은 내게 '폭풍의 나날'이었다고 해도 과언이 아니다. 나는 함대를 지휘하는 함장으로서 나의 직분을 다했고, 마침내 침몰해가는 함대를 건져 올리는 데 성공했다. 우리 사업부는 이제 흑자로 돌아섰고, 우리 공장도 폐쇄 위기에서 벗어났다. 그런데 무엇이 문제란 말인가? 나는 분명 인정받을 만했다. 내 앞에 놓인 항로는 사업부 전체의 지표가 될 것이며, 나는 새로운 임무에 따라 미지의 신대륙을 개척해나갈 것이다. 나는 잔을 높이 들어 올리며 자신 있게 말했다.

"줄리, 내 승진을 축하하기로 하자. 피라미드의 정상을 향한 첫걸음이 아니라, 앞으로 펼쳐지게 될 우리의 멋진 부부 생활과 더 가치 있는 인생 여행을 위하여!"

아내의 얼굴에 환한 미소가 번졌고, 마주 친 크리스털 잔은 맑고 영롱한 소리를 냈다. 참으로 오랜만에 느껴보는 평화였다. 우리는 메뉴판을 들여다보면서 송아지 안심스테이크를 주문했다. 문득 가슴속에서 나를 조롱하는 낯익은 악마의 목소리가 들려왔다.

'이제야 본색을 드러내시는군. 네가 축하를 받아야 마땅하다고? 웃기는 소리 집어치워! 이건 모두 요나 교수 덕택이라고! 뻔뻔스러운 것 같으니. 남의 공을 가로채고도 그런 소리가 나와?'

"줄리, 근데 정말로 한 가지 고백할 게 있어. 사실 이 모든 일은 요나 교수님이 아니었다면 꿈도 꾸지 못했을 거야. 난 허수아비에 불과했어……."

"알렉스, 당신다운 발상이네."

아내는 이내 차가운 어조로 입을 삐쭉거렸다.

"알렉스, 지금까지 내가 한 말 못 들었어? 왜 자기가 열심히 일해서 얻은 것을 남의 것으로 돌리려고 해?"

"자기야, 진심이야. 교수님은 나한테 모든 해답을 가르쳐주셨던 사람이고, 나는 단지 그대로 따르기만 했어. 내가 아무리 그렇게 생각하고 싶지 않다고 해도 이건 명백한 진실이야."

"아니, 그건 진실과는 거리가 멀어."

나는 신경질적으로 의자 깊숙이 몸을 파묻었다.

"하지만……."

아내는 단호하게 잘라 말했다.

"알렉스, 제발 말도 안 되는 소리 그만해. 지나친 겸손은 어울리지 않아."

내가 뭐라고 항변하려 하자, 아내는 손을 내저으며 내 말을 가로막았다.

"어느 누구도 자기한테 해결책을 건네주지 않았어. 말해봐. 자기가 그 해답을 찾아내느라 얼마나 많은 밤을 지새웠는지!"

"그야 그렇지."

나는 웃으면서 인정했다.

"거봐!"

아내는 지루하다는 표정으로 나를 바라보았다. 이 지루한 논쟁 따위는 집어치우고, 희망적인 미래를 설계하자는 신호였으리라. 그러나 나의 마음속에는 여전히 석연치 않은 앙금이 남아 있었다.

"아니, 난 잘 모르겠는데. 요나 교수님이 명확한 해답을 가르쳐주시지 않은 건 사실이야. 숱한 밤을 지새우면서 그 점을 원망하기도 했지. 하지만 자기야, 교수님의 역할을 무시할 순 없어. 그분은 여태 경험해보지 못한 색다른 세계를 알게 해주셨어. 날카로운 '질의응답'이라는 형식으로 말이야. 그리고……."

아내는 내가 채 말을 끝맺기도 전에 웨이터를 불러 주문 내용을 다시 한번 체크했다. 아내는 현명했다. 그랬다. 어차피 내일은 내일의 태양이 떠오를 것이다. 지금 당장은 성공을 만끽해야 한다!

분위기에 한껏 취한 아내는 연신 샴페인 잔을 기울이며, 고혹적인 미소를 건넸다. 평화……. 나는 어렵사리 되찾은 평화에 즐거워하면서도 요나 교수의 생각을 떨쳐낼 수가 없었다.

치즈를 곁들인 송아지 안심스테이크는 그런대로 입맛에 맞았다. 고기 몇 점을 우물거리며, 나는 기분 좋게 취한 아내의 모습을 바라보았다. 아내, 요나 교수, 질문, 대답……. 몇 가지 단어가 어우러지는 가운데 생각의 갈피들이 하나하나 제자리를 찾아갔다. 요나 교수가 내게 깨우쳐주려 했던 해답, 그 해결책의 본질은 무엇인가? 그 모든 것에는 하나의 공통점이 있었다. 상식적인, 그러나 상식을 뛰어넘는 진리. 그리고 그와 동시에 내가 이미 알고 있는 사실들. 나와 직원들이 그 해답을 두고 씨름하지 않았다면 요나 교수의 질문은 무용지물이 되었을 것이다. 우리에게 확신이 없었다면 감히 그 해법을 그대로 실행에 옮길 용기조차 내지 못했을 것이다. 이런저런 생각에 휩싸여 있던 내게 아내가 물었다.

"알렉스, 왜 자기는 스스로 그 질문들을 이끌어내지 못했어? 내가 보기에 자기가 찾은 해결책들은 지극히 평범하고 상식적인 것들이었어. 왜 교수님이 질문할 때까지 기다리고 있었던 거야?"

"그래, 좋은 질문이야. 아주 적절한 지적이고. 솔직히 나도 그 이유를 모르겠어."

"알렉스, 그 점에 대해 심각하게 생각해본 적 있어?"

"물론이지."

나는 아내의 질문에 순순히 시인했다.

"대다수의 공장 경영진은 나와 같은 고민을 가지고 있어. 그 해결책은 아주 간단해 보이지. 하지만 문제는 그것을 현실에 어떻게 응용해야 할지 도무지 갈피가 안 잡힌다는 점이야. 내가 과거에 그랬던 것처럼 모두들 그 정반대의 길을 걷고 있어. 안전하다는 이유로 과거의 관습을 답습하는 거지. 그런 의미에서 마크 트웨인의 말처럼 상식은 전혀 상식적이지 않은 건지도 몰라."

"알렉스, 자기는 또 질문에 대한 답을 피하고 있어. 그건 내 질문에 대한 답이 아니야."

아내는 내게 겨눈 화살을 거두지 않았다.

"조금만 참고 들어봐. 난 정말 모르겠어. 내가 상식의 의미를 안다는 것조차 확신할 수 없어. 우리가 '상식'이라고 말할 때 어떤 기준으로 그걸 정의한다고 생각해?"

"질문에 질문으로 답하는 것은 옳지 않아!"

아내는 상황을 역전시켜 보려던 나의 뻔한 의도를 단번에 물리쳐버렸다.

"왜 안 되지?"

다시 한번 시도해봤지만, 아내는 철옹성처럼 입을 굳게 다물고는 꼼짝도 하지 않았다.

"좋아."

이젠 포기할 때였다.

"내가 아는 한, 우리는 어떤 사실이 우리의 직관적인 지식의 연장선상에 있을 때에만 그것을 상식이라고 간주하는 것 같아."

아내는 동의할 수 있다는 듯 고개를 끄덕였다.

"자기가 한 질문에 대한 정확한 답은 아니지만, 우리가 어떤 사실을 상식으로 인정한다는 건 적어도 우리가 직관으로 그것을 알고 있었다는 건데. 그렇다면 왜 우리가 이미 직관으로 알고 있는 사실을 인정하는 데 외부 요소를 필요로 하는 걸까?"

"그게 바로 내 질문이었어!"

"그래, 자기야. 나도 알고 있어. 내가 요나 교수님이라는 촉매를 통해 공장 문제를 해결할 수 있었던 건 그분의 질문을 통해서 보이지 않는 장벽을 걷어냈기 때문일 거야.”

“보이지 않는 장벽이라니, 그게 무슨 뜻이야?”

“기존의 관행 아니었을까?”

“그럴듯하네.”

아내는 만족스럽다는 듯 접시를 비워가고 있었다.

“요나 교수님의 방법 말이야. 질문을 통해서 답을 일러주는 ‘소크라테스식 접근법’. 바로 이게 기존의 관행이라는 두꺼운 막을 벗겨내는 데 아주 효과적이라는 건 인정할 수밖에 없어. 나도 그 해결 방법을 다른 사람들한테 설명하려고 해봤는데 씨도 안 먹히더라고. 사실 에탄 프로스트 부장이 우리 공장의 수익 증대에 대해 긍정적인 평가를 안 했다면 내 방법이 좋은 평가를 못 받았을 거야.”

나는 잠시 뜸을 들이다 말을 이었다.

“줄리, 자기도 잘 알 거야. 우리가 얼마나 기존 관행에 찌들어 있었는지 말이야. 그래서 우린 우리만의 창의적인 생각을 할 겨를이 없었던 거지. 나한테 주어진 임무도 바로 이거 아닐까? ‘답을 주지 않고, 질문만 하라!’”

아내는 감격해하는 눈치가 아니었다.

“왜 그래?”

“아무것도 아니야.”

나는 아내를 설득하려고 노력했다.

“‘답을 주지 마라’는 맞는 말이야. 그저 맹목적으로 관습을 따르는 상대에게 일일이 해결책을 설명해준다는 건 무의미한 일이야. 근데 사실상 여기엔 두 가지 가능성밖에 없어. 상대가 이해하지 못하거나, 아니면 정말 무슨 말인지 알아듣거나.”

“그럴 리가.”

“첫 번째 가능성은, 별로 위험하진 않지만, 사람들이 무시해버린다는 게 문제지. 어떤 의미에서는 두 번째 가능성이 더 위험할 수도 있어. 오히려 제대로 이해했을 때 그 사실을 비판보다 더 나쁜 것으로 받아들이거든."

"비판보다 더 나쁜 게 뭔데?"

아내는 천진스럽게 물었다.

"아주 신랄한 비판 말이야."

나는 힐튼 스미스와 스티브 크라비츠 쪽 인사들의 비수 같은 비판을 떠올리며, 아내에게 서글픈 미소를 지어 보였다.

"자네의 논리는 나름대로 근거가 있지만, 회사 규칙에는 명확히 위배된다는 거 모르나? 본사에서는 자네 행동을 절대로 용납하지 않을 거라고."

"알렉스, 날 설득하려고 그렇게까지 노력할 필요는 없어. 난 그냥 다짜고짜 질문만 해대는 게 얼마나 효과가 있을지 약간 의문스러웠던 것뿐야."

그 말을 듣고 잠시 곰곰이 생각해보았다. 아내가 옳았다. 부부싸움을 할 때마다 나는 그녀에게 '소크라테스식' 접근법을 사용했다. 그러나 매번 선심 쓰는 체하는 것으로 비치거나, 최악의 경우 부정적인 태도로 해석되고는 했다.

"그래, 맞아. 기존의 관행을 깨부숴야 할 때는 반드시 두 번 세 번 생각한 다음에 말해야겠어."

내가 결론을 내리는 사이 아내는 디저트로 나온 치즈케이크를 맛보느라 정신이 없었다. 아내가 먹는 모습을 보니 구미가 당겼다. 나는 치즈케이크를 우물거리며 아내에게 물었다.

"근데 자기야, 왜 그렇게 기분이 안 좋아 보여? 내가 혹시 말실수한 거 있어?"

"지금 장난하는 거야? 자기의 그 고집불통 같은 성격 때문이잖아.

애들도 자기 성격을 쏙 빼닮을 텐데 걱정이다, 진짜. 아마 요나 교수님도 그것 때문에 꽤나 고생하셨을걸?"

나는 잠시 생각해보았다.

"아냐, 자기야. 어쨌든 요나 교수님의 경우는 달랐어. 교수님은 내 질문에 질문으로 답하셨는데, 거기에 정답도 숨겨놓으셨다니까. '소크라테스식' 접근법엔 단순히 질문하는 것 그 이상의 뭔가가 있는 것 같아. 지금 당장은 이 방법을 택하는 게 무리인 것처럼 보여도, 나를 좀 믿어줘. 날카로운 부메랑 속에 진정한 해답이 있을 테니까."

뭔가 짚이는 게 있었다. 여기에 정답이 있다. 이것이 바로 내가 요나 교수에게 배워야 할 기술이다. 즉 상대방을 설득하는 방법, 기존의 관행을 걷어내는 비결, 그리고 변화에 대한 반발을 제어하는 기술들 말이다. 나는 아내에게 요나 교수와 마지막으로 나누었던 통화 내용을 말해주었다.

"그게 참 재미있네. 근데 자기는 인생을 어떻게 관리해야 하는지부터 배워야 할 것 같아. 그리고 자기, 소크라테스한테 무슨 일이 일어났는지 알지? 독배를 마셔야 했다구."

아내는 소리 내어 웃으며 농담을 했다.

"하하하. 나는 교수님께 독배로 보답하고 싶은 생각은 추호도 없어."

나 역시 아내만큼이나 흥분되었다.

"자기야, 난 교수님이랑 대화할 때마다 묘한 긴장감이 들어. 내 반응을 예상하고 있었다는 듯 대처하시거든. 사실 그 점 때문에 좀 괴롭기도 했고."

"왜?"

"교수님은 언제 그렇게 많은 것을 배우셨을까? 이론이라면 교수님을 따라갈 사람이 없겠지만. 이건 현실이잖아. 교수님은 우리 공장 현장에서 일어나는 문제들을 이미 눈으로 확인한 것처럼 속속들이 꿰뚫고 계셨던 거야. 내가 알기론, 교수님은 단 하루도 생산 현장에서 일한 적이 없는 물리학자라고. 그저 상아탑 안에만 갇혀 있는 과학자가 현장에서 일어나는 그 많은 일들을 알고 있다는 게 도무지 믿어지지 않아. 뭔가 앞뒤가 안 맞잖아?"

"알렉스, 그런 문제라면 교수님께 직접 가서 단순한 '소크라테스식' 방법 이상의 것을 가르쳐달라고 부탁하는 게 낫겠어."

33

자신을 높이 평가해주는 사람을
거스를 수 있는 사람은 거의 없다.
— 조지 워싱턴

두 달 앞으로 다가온 승진은 내게 큰 부담이었다. 나 자신에 대한 자질
은 둘째치고라도, 믿을 만한 사업부 운영진을 꾸리는 일은 여간 어려
운 게 아니었다. 특히 내가 잘 모르는 분야인 엔지니어링 파트나 기업
회계 업무를 관장할 수 있는 사람들을 모으는 일은 적잖은 스트레스
를 안겨주었다. '인사가 만사'라는 옛말이 아니어도, 함께 일을 진행
하고 추진하기 위해서는 호흡이 맞는 사람들을 찾는 것이 우선이라는
생각이 들었다. 나는 일단 공장 직원들 중에서 적당한 인물을 물색하
기로 했다.

루이스는 나의 첫 번째 타깃이자, 가장 중요한 타깃이었다. 내가 그
를 내 참모진으로 포섭하지 못한다면 그것은 아주 막대한 손실이 될
것이었다. 물론 쉽지 않을 거라는 각오는 하고 있었다. 루이스는 정년
을 코앞에 둔 노련한 인사일 뿐 아니라, 지역사회에도 큰 영향력을 발
휘하는 인물이었다. 나는 숨을 한 번 깊게 들이마시고 그의 사무실로
들어갔다.

"루이스 부장님, 어떻게 지내십니까?"

"그럭저럭 잘 지내고 있습니다. 제가 뭐 도울 일이라도?"

서두는 완벽했지만, 곧바로 본론으로 들어가기에는 아직 이른 감이
있었다.

"앞으로 2개월간의 전망이 궁금하네요. 15퍼센트 수익 증대에는 무

리가 없을 것 같습니까? 뭐, 예전처럼 다급한 상황은 아니지만. 다 된 밥에 힐튼 스미스가 비아냥거릴 거리는 주고 싶지 않아서요."

"그 점은 걱정하지 마십시오. 두 다리 쭉 뻗고 편히 주무셔도 됩니다. 15퍼센트가 아니라 20퍼센트도 너끈합니다."

"정말입니까?"

나는 내 귀를 의심하지 않을 수 없었다.

"루이스 부장님, 마케팅 팀의 장밋빛 전망을 너무 쉽게 믿는 거 아닙니까?"

"공장장님, 최근 우리 공장에 획기적인 변화가 일었던 것은 사실이지만, 그렇다고 해서 마케팅 팀을 전적으로 신뢰하는 것은 아닙니다. 제 예측은 주문 건수가 줄어든다는 가정 아래 계산된 겁니다."

"그런데 어떻게 그런 답이 나올 수 있는 겁니까? 제 상식으로는 도저히 납득이 안 가는데……."

"앉으세요. 설명하려면 시간이 좀 걸릴 겁니다. 공장장님께 긴히 드릴 말씀도 있고요."

루이스가 이것저것 서류를 뒤적이는 동안, 감사팀이 들이닥쳤을 때와 같은 변칙적인 회계 기법을 또다시 듣는 게 아닌가 싶어 내심 불안했다. 나는 2분도 채 견디지 못하고 루이스를 다그쳤다.

"루이스 부장님, 뜸들이지 말고 본론으로 들어갑시다."

"공장장님, 일전에 순이익이 17퍼센트 이상이 아니라 겨우 12.8퍼센트에 그쳤던 게 제품 원가를 산출하는 방식이 왜곡되어서 그렇다고 생각했잖습니까. 공장장님을 비롯해 저와 공장 모든 식구들이 그 점에 대해 격분하기도 했습니다만, 그게 전부가 아니었습니다. 제가 이번에 발견한 사실은 그보다 더 엄청난 것이었습니다. 재고 평가 방식에서 오류가 있었습니다. 설명하기 좀 난해합니다만, 대차대조표를 참조하면 이해가 빠르실 겁니다."

그는 잠시 또 아무 말이 없었다. 이번에는 나도 인내심을 가지고 기다렸다.

"공장장님, 요나 교수님의 방식을 한번 빌려보도록 하죠. 재고가 부채라는 점은 인정하십니까?"

"물론입니다. 그건 누구나 알고 있는 사실 아닌가요? 설령 몰랐다 해도 지난 몇 개월간의 데이터를 검증해보면 충분히 알 수 있을 겁니다. 재고가 줄면서 우리의 현금 창출률은 확실히 올랐습니다. 현장에 예전처럼 재고가 산더미처럼 쌓여 있었다면, 12.8퍼센트 매출 신장은 커녕 적자를 면치 못했을 겁니다. 또 재고가 줄어드는 것과 비례해 잔업 시간도 줄었고, 작업을 촉진하지 않아도 될 만큼 충분한 여력을 가지고 있잖습니까?"

"그렇습니다."

루이스는 여전히 서류에서 눈을 떼지 않은 채 질문을 이어갔다.

"재고는 명백히 부채 개념에 속합니다. 그렇지만 대차대조표상에서는 다르게 해석되죠. 어느 항목에 넣어야 할지 아십니까?"

"이런, 루이스 부장님! 지금 절 시험하시는 겁니까? 그거야 당연히 자산 아닙니까. 부채를 자산으로 기록할 정도로 회계 기준이 현실과는 동떨어져 있다는 건 잘 알고 있습니다."

나는 자리에서 일어나 테이블 주변을 서성거리며 말했다. 그의 입에서 어떤 말이 흘러나올지 자못 궁금했다.

"루이스 부장님, 말해보세요. 이익이 어떻게 달라지는지!"

"공장장님이 생각하는 것보다 훨씬 클 겁니다. 제가 체크하고 또 체크했지만, 숫자가 말해주고 있습니다. 공장장님도 아시다시피 우리는 제품을 생산하는 원가에 따라 재고를 평가하고 있습니다. 이러한 원가들은 우리가 원자재 구매에 지불하는 돈뿐만 아니라 부가가치까지도 포함합니다. 지난 수개월 동안 우리가 벌인 작업을 살펴보세요. 도노번 부장은 우리가 주문받은 일들만 작업했습니다. 스테이시 씨는 그것에 따라 원자재를 투입했고요. 그 결과 공장 내에 쌓여 있던 재고의 약 50퍼센트를 소화했고, 완제품 재고의 약 25퍼센트를 줄였습니다. 하지만 애석하게도 장부상에 기록된 재고 자산은 그것을 대변해주지 않습니다. 우리가 재고를 줄여나가던 이 기간을 좀 보십시오. 절감된 재고 제품 원가와 감축된 재고의 원재료비 간의 모든 차이가 순손실로 나타났습니다."

나는 어렵게 분을 삭이며 물었다.

"그럼 지금 우리가 일을 제대로 해서 오히려 불이익을 받게 됐다는 뜻입니까? 어떻게 이럴 수가 있지! 초과 재고를 줄인 게 장부상에 손실로 기록되다니!"

"그렇습니다."

"정확한 수치를 말해줄 수 있습니까? 장부상 수치하고 실제 순이익 수치 사이에 차이가 얼마나 납니까?"

그는 여전히 서류를 들여다보며 단호하게 잘라 말했다.

"실제 순이익은 지난 3개월간 각각 20퍼센트가 훨씬 넘었습니다."

나는 조용히 루이스의 눈을 응시했다. 하지만 그가 거짓을 보고하고 있다고는 상상조차 할 수 없었다.

"대체 어떻게 그럴 수 있단 말이죠? 도무지 믿어지지가 않습니다!"

"공장장님, 이 상황을 유리하게 해석하면……."

루이스는 조심스럽게 덧붙였다.

"현재 재고는 우리가 고안한 회계 프로그램대로, 새롭게 낮은 수준으로 책정되어 있기 때문에 이런 효과는 미미할 것으로 보입니다."

"그것 참 고마운 일이군!"

나는 빈정거리듯 말하며 자리에서 일어났다.

"그런데 루이스 부장님, 대체 언제 이런 현상을 발견했습니까?"

"일주일쯤 됐습니다."

"그럼 왜 저한테 미리 말씀해주시지 않으셨죠? 이런 현상을 미리 알았더라면 지난번 실적 보고 때 아주 효과적으로 이용할 수 있었을 텐데요."

"아니, 그렇지 않았을 겁니다. 오히려 상황이 더 복잡해졌을 겁니다. 아시다시피, 모든 사람들이 재고량을 이런 식으로 평가하고, 세무서에서도 이렇게 하기를 원합니다. 그렇기 때문에 더 곤란해졌을 수도 있습니다. 그래서 전 이 일을 에탄 프로스트 부장과 충분히 토론했습니다. 에탄 부장은 전문가답게 이 상황을 아주 완벽하게 이해하더군요."

"그래서 일이 그렇게 되었군. 어쩐지 에탄 프로스트가 우리를 그렇게 지지하더라니……."

나는 이렇게 말하면서 다시 자리에 앉았다. 마주 보고 싱긋 웃은 뒤 루이스가 조용한 목소리로 말했다.

"공장장님, 문제가 또 한 가지 있습니다."

"또 다른 폭탄선언이라도 있습니까?"

"그렇게 표현하실 수도 있겠지만, 이건 제 개인적인 일입니다. 에탄 프로스트 부장이 빌 피치 본부장과 함께 그룹 본사로 갈 거라고 하던데요. 그렇게 되면 우리 사업부에 훌륭한 회계부장이 필요할 것 같습니다. 저는 이제 정년퇴직이 1년 정도 남았습니다. 제가 아는 모든 것은 구닥다리입니다. 그래서……."

'드디어 올 것이 왔군!'

나는 루이스가 내 제의를 거절하기 전에 그의 말을 막아야 했다. 일단 그 말을 내뱉고 나면 그의 마음을 돌이키기는 더욱 어려워질 것이다.

"루이스 부장님, 잠깐. 제가 먼저 말해도 되겠습니까? 우리가 지난 수개월 동안 해온 일을 돌이켜보세요. 그걸 생각하면……."

"그게 바로 제가 하려던 말입니다."

이번에는 루이스가 내 말을 가로막고 나섰다.

"제 입장에서 보자면, 저는 일생을 숫자와 씨름하면서 보고서 더미를 만들어냈습니다. 전 제 나름대로는 공정하고 객관적인 회계사라고 생각해왔습니다. 그러나 지난 몇 달간의 일들은 그런 저의 생각을 정면으로 부정했습니다. 저는 객관적인 회계사가 아니었습니다. 맹목적으로 잘못된 절차들을 따르고 있었던 거죠. 그것이 얼마나 안 좋은 결과를 불러일으키는가를 알지 못한 채 말입니다. 최근에 그 점에 대해 많이 생각해봤습니다. 명백한 회계 규정이 필요합니다. 그렇지만 그게 회계 그 자체를 위해서 필요한 것은 아닙니다. 거기엔 두 가지 이유가 있습니다. 첫 번째는 통제 역할입니다. 즉 회사가 돈을 벌어야 한다는 목표를 어느 정도까지 달성하고 있는지를 알기 위한 거죠. 두 번째 이유가 좀더 중요합니다. 그것은 기업 내 여러 부서나 제도가 조직 전체에 이익이 되도록 유도하는 역할입니다. 그런데 제가 분명하게 깨달은 사실은 현재 이 두 가지 중 어느 것도 충족하지 못했다는 점입니다. 예를 들어, 우리가 방금 나눴던 대화도 그렇습니다. 우리는 공장 상황이 엄청나게 개선되었다는 것을 아주 잘 알고 있지만, 회계 수치는 우리에게 유죄판결을 내리지 않았습니까. 저는 공장의 효율성과 제품 비용에 관한 보고서를 제출하고 있지만, 이 두 가지 다 직원들이나 경영진에게 나쁜 영향을 미치고 있다는 걸 깨달았습니다."

나는 루이스가 이렇게 오랫동안 이야기하는 것을 본 적이 없었다. 그가 한 말에는 전적으로 동의했지만, 왠지 혼란스러웠다. 도무지 그의 의도를 파악할 수 없었다.

"공장장님, 전 이대로 끝낼 수 없습니다. 이렇게 퇴직하고 만다면 전 아무것도 아닌 게 됩니다. 저를 사업부로 데려가주시면 안 되겠습니까? 저는 우리가 가진 시스템을 올바르게 수행할 새로운 성과 측정 시스템을 고안할 기회를 얻고 싶습니다. 그렇게 되면 회계부장으로서 자부심을 느낄 수 있을 겁니다. 성공할 수 있을지 어떨지는 모르겠지만, 최소한 그럴 기회는 주십시오."

여기서 내가 무슨 말을 할 수 있겠는가? 나는 일어나 그에게 손을 내밀었다.

"좋습니다, 루이스 부장님. 같이 일해봅시다."

내 다음 타깃은 좀더 쉬운 인물이었다. 사무실로 돌아오자마자 나는 밥 도노번을 호출하라고 지시했다. 루이스와 밥이 나의 좌우를 받쳐준다면 나의 약점인 엔지니어링과 마케팅 분야에 더 자유롭게 집중할 수 있을 것이다. 내가 과연 마케팅에 관해서 무슨 일을 할 수 있을까? 내가 그 부서에서 유일하게 높이 평가하는 사람은 조니 존스다. 빌 피치가 그를 데려가기로 결정한 것은 당연한 일이다. 전화벨이 울렸다. 밥이었다.

"여보세요, 공장장님. 지금 스테이시 씨, 랠프 씨랑 같이 있는데, 중요한 작업을 진행하고 있거든요. 이리로 와주시면 안 되겠습니까?"

"얼마나 걸립니까?"

"족히 하루는 걸릴 텐데요."

"긴히 할 말이 있는데, 잠깐 짬을 내서 이쪽으로 와주면 안 되겠습니까?"

"네. 바로 올라가겠습니다."

밥은 정확히 5분 뒤, 모습을 드러냈다.

"무슨 일입니까?"

나는 그에게 단도직입적으로 말해야겠다고 결심했다.

"도노번 부장, 나와 함께 사업부로 가서 모든 생산 업무를 관활하면 어떻겠습니까?"

밥은 그 큰 덩치를 의자에 파묻고는 내 얼굴을 한동안 말없이 바라보았다.

"도노번 부장, 왜 아무 말도 안 합니까? 놀랐습니까?"

"네. 너무나 뜻밖입니다요."

내가 커피를 따르러 가자, 그가 내 등 뒤에 대고 예상 밖의 대답을 했다.

"공장장님, 전 그 자리를 원치 않습니다요. 적어도 지금은요. 한 달

전이라면 당장 수락했겠지만……. 하지만 지금은 다릅니다요.”

당황스러웠다. 컵을 쥔 손이 떨렸다.

“도노번 부장, 왜 그럽니까? 뭔가 두려운 겁니까?”

“그런 게 아닙니다요.”

“그럼 왜 생각이 바뀐 겁니까?”

“버키 번사이드…….”

“왜요, 그 사람이 더 좋은 제안을 했다는 말입니까?”

밥은 너털웃음을 터뜨리며 느긋하게 말했다.

“아뇨, 공장장님. 제가 새로운 시각을 갖게 된 건 우리가 버키 번사이드의 긴급 주문을 다루었던 방식 때문입니다요. 그때 정말 많은 걸 배웠죠. 전 그걸 바탕으로 이 공장에서 제 힘 닿는 데까지 다시 시작하고 싶습니다.”

놀라웠다. 나는 내 참모진의 심리를 잘 꿰뚫고 있다고 자부해왔다. 그러나 가장 섭외하기 어려울 거라고 예상했던 루이스가 쉽게 수락한 반면, 밥은 요지부동으로 고집을 피우고 있다. 대체 이 일을 어떻게 수습한단 말인가? 나는 밥에게 커피 잔을 건네며, 그의 의중을 떠보았다.

“좀더 자세히 설명해주면 좋겠습니다.”

밥이 움직일 때마다 의자가 비명을 질러댔다. 내가 이곳에 계속 적을 두게 된다면 그를 위해 특별한 의자를 주문 제작해야 할 것이다.

“공장장님은 버키 번사이드의 주문 처리 과정이 얼마나 독특했는지 알아차리지 못하셨습니까?”

“물론 알고 있습니다. 지금까지 한 회사의 대표가 거래처 직원들에게 감사 인사를 하러 방문했다는 이야기는 들어본 적이 없으니까요.”

“물론 그렇습죠. 하지만 제가 말씀드리고 싶은 건 우리가 주문을 처리하는 과정에서 얻어낸 사실입니다요. 조니 존스 부장은 불가능한 주문을 수주하기 위해 공장장님께 도움을 청했습니다요. 조니 부장이나 버키 번사이드 사장, 두 사람 다 지푸라기라도 잡는 심정으로 부탁했을 겁니다요. 애초에 그건 불가능한 일이었고요. 하지만 우리는 그걸 전혀 다른 시각에서 검토했고, 의외의 성과를 얻어냈습죠."

"그렇습니다. 정말 대단한 일을 해낸 거죠. 그치만 그건 아주 특별한 상황이었습니다."

"대다수의 공장은 판매나 주문 수주 등의 타 부서 업무까지는 관여를 못 하지 않습니까요. 그런 의미에서 버키 번사이드 사장의 주문 건은 진짜 예외적인 경우였습죠. 근데 제 생각에는 이런 방식을 마케팅의 기본 전략으로 삼아도 좋을 것 같다는 생각이 들었습니다요. 우린 불가능한 주문을 수주했고, 그것을 제품으로 출하하기까지 했잖습니까요. 원래 생산만 하던 공장에서 말입니다요."

밥은 지금 올바른 선택을 하고 있다. 이제 그의 마음이 어디를 향하고 있는지 이해가 되기 시작했다. 밥의 말은 계속되었다.

"공장장님께는 대수롭지 않은 일이었을지 몰라도, 저나 우리 공장 직원들한테는 진짜로 놀라운 일이었습니다요. 미리 판매를 기획하고, 제품을 생산하는 거요! 제조 공장이랑은 전혀 어울릴 것 같지 않은 일을 우리가 해냈다고요! 시키는 일만 하는 게 아니라 다른 부서 업무까지 경험하는 게 이렇게 재미있는 일일 줄은 진짜로 몰랐습니다. 맨날 엉터리 주문만 받아 온다고 투덜대기만 했는데 말입니다요. 마케팅 업무를 해보니까 포부가 생겼습니다요. 제가 얼마나 큰 변화를 경험했는지 공장장님은 아마 모르실 겁니다요. 이번에 엄청 성장한 느낌이 든다 이겁니다요. 전 항상, 제 책임은 발등에 떨어진 급한 불을 끄는 거라고만 생각했습니다요. 하지만 버키 번사이드 사장의 주문 건을 처리하면서 그것이 전부가 아니라는 걸 깨달았습니다요.

공장장님, 이렇게 생각해보세요. 우리가 마케팅 팀에 제품별 리드 타임을 제시하잖습니까요. 마케팅 팀이 다른 데서 완제품을 구할 수 없는 한, 이 리드 타임은 고객에게 지켜야 할 마지노선 아닙니까요. 물론 약속한 리드 타임과 실제 리드 타임이 약간 차이 날 수는 있겠지만,

우리가 그 리드 타임을 조절할 수 있지 않을까 하는 생각이 든다는 겁니다요. 각 주문별로 병목 자원의 부하량에 따라 고객들에게 리드 타임을 제시하고, 견적을 내면 납품일이나 주문량 모두 조절할 수 있을 겁니다요. 공장장님, 전 이 업무를 좀더 계획성 있게 해보고 싶습니다요. 그래서 말인데, 실은 지금 제가 스테이시 씨, 랠프 씨랑 같이 일을 해보고 있는뎁쇼. 다들 공장장님을 기다리고 있습니다요. 같이 가보시는 게 어때요? 재미있을 겁니다요."

밥의 말처럼 확실히 재미있을 것 같았지만, 지금 당장은 그렇게 할 수 없었다. 내게는 나름대로 다음 직책에 맞는 업무를 수행할 과제가 있으니까 말이다.

"무슨 계획인지 알 수 있을까요?"

"저희 계획은 생산을 판매의 중요 분야로 만드는 겁니다요. 판매 업무가 고객의 필요와 공장의 가동 능력을 다 충족하는 일은 진짜 중요하지 않습니까요. 우리가 버키 번사이드 건에서 한 것처럼 말입니다요. 그래서 저는 여기 이 공장에 남아 있어야 합니다요. 우리가 이 모든 것을 충분히 이해할 때까지, 그리고 새로운 절차를 개발할 때까지 모든 세부적인 사항들에 대해서 연구할 겁니다요."

"흠, 도노번 부장이 원하는 건 그런 세부 절차를 찾아내는 거군요. 알겠습니다. 재미있겠네요. 근데 도노번 부장, 그 일은 당신한테 안 어울립니다. 언제부터 그 일에 그렇게 관심을 갖게 됐어요?"

"그야 공장장님이 새로운 정책들을 시행할 때부터죠. 지난 몇 달간 우리 공장에서 일어난 일들이 그 증거가 아니겠습니까요? 그전까지 우리는 늘 해오던 방식대로 타성에 젖어 천천히 침몰하고 있었습죠. 하지만 우리가 새로운 규정을 실행에 옮기면서부터는 상황이 역전되기 시작했습니다. 성스럽다고 믿었던 과거의 규정들은 모두 썩어 있었죠. 사실 저도 처음에는 공장장님의 정책에 반감을 가지고 있었습니다만, 이 두 눈으로 공장이 살아나는 것을 목격하고부터는 전폭적인 지지자가 됐다 이 말입니다요."

밥은 나의 눈을 응시하며 결의에 찬 어조로 말했다.

"그래요, 공장장님. 전 여기서 공장장님이 시작하신 일을 이어받고 싶습니다요. 허락하신다면 제가 새 공장장이 되어 포부를 펼치고 싶습니다!"

"좋습니다. 근데 도노번 부장, 그 새 절차들을 완전히 개발한 뒤에는……."

나는 마음속으로 '만약 당신이 할 수 있다면'이라는 단서를 달았다.

"우리 사업부 내 모든 공장의 총책임을 맡을 수 있겠습니까?"

"그럼요. 물론입니다요!"

"그럼, 도노번 부장! 우리 건배합시다!"

우리는 커피 잔으로 건배를 했다.

"그럼, 생산부장 후임으로는 누가 좋을까요? 솔직히 말해, 지금 있는 감독관들은 별로인 것 같은데……."

"네, 동감입니다요. 최고의 적임자는 스테이시 씨인데, 수락할지 어떨지는 잘 모르겠습니다."

"어려울 게 뭐 있어요? 당장 물어봅시다. 스테이시 씨하고 랠프 씨를 불러서 얘기해보죠, 뭐."

스테이시와 랠프는 서류 뭉치를 들고 사무실로 들어왔다.

"기어이 공장장님을 찾아내셨군요!"

"내가 누구입니까? 천하의 밥 도노번이 그 정도도 못하려고요! 그런데 스테이시 씨, 공장장님이 물어보시고 싶은 게 있다는데요?"

밥은 호탕한 웃음으로 서두를 꺼냈다.

"스테이시 씨, 뭐 대단한 거라도 발견했습니까? 그 전에…… 도노번 부장이 말한 대로 당신이랑 상의할 일이 있습니다. 지금 막 밥 도노번 부장이 베어링턴 공장의 새 공장장으로 낙점되었습니다. 그래서 말인데, 스테이시 씨가 생산부장직을 맡아주시면 어떻겠습니까?"

"아, 그렇군요! 도노번 부장님, 승진 축하드려요."

스테이시는 얼굴 가득 미소를 띠며, 밥과 악수를 나눴다.

"도노번 부장님이 승진하시는 건 당연하죠."

스테이시는 아직 내 질문에 대해 답변하기를 주저하고 있었다.

"스테이시 씨, 이 제안을 찬찬히 생각해보시면 좋겠습니다. 아, 물론 지금 당장 답해달라는 건 아닙니다. 하지만 우리는 스테이시 씨가 새로운 임무를 멋지게 수행해낼 거라는 걸 믿어 의심치 않아요."

"당연하고말고요."

밥이 거들었다. 잠자코 있던 스테이시가 말문을 열었다.

"사실 어젯밤, 침대에 누워 기도했어요. 그 자리가 제게 돌아오게 해달라고요!"

"하하! 그럼 됐네요!"

밥이 재빨리 외쳤다.

"좋습니다, 좋아요. 수락한 걸로 알겠습니다. 근데 그 자리를 꼭 맡고 싶었던 이유를 듣고 싶은데 말해줄 수 있습니까?"

"작업촉진이나 긴급 작업과 관련된 전화가 없는 재고 관리 자리가 좀 지겨워진 거요? 아님 현장의 기름때가 그리운 거요? 난 스테이시 씨가 그런 종류의 흥분을 즐기는 줄은 몰랐는데?"

밥이 우렁찬 목소리로 분위기를 띄웠다.

"아뇨, 그런 이유가 아니에요. 제가 공장장님의 제의에 선뜻 대답하지 않았던 것은 새로운 병목 자원이 나타나면 어떻게 하나 걱정이 되어서예요. 지금까지는 병목 자원의 상태에 따라 원료를 적절하게 공급하는 새로운 방법이 무리 없이 잘 진행되었어요. 하지만 새로운 병목 자원이 생긴다면, 그땐 어떻게 대처해야 할지……."

스테이시는 잠시 긴 한숨을 내쉬고는 다시 말을 이었다.

"지금까지 동료들과 제가 한 일은 날마다 조립라인과 병목 자원 앞의 대기행렬을 지켜보는 거였어요. 우리는 그걸 '버퍼(Buffer: 공장 현금 창출률을 결정하는 병목 자원 바로 앞과 비병목 자원이 조립라인으로 연결되는 조립라인 바로 앞, 그리고 제품 출하장과 바로 앞에 몇 시간 또는 며칠 정도 여유 분량을 미리 비축해두는 일종의 완충재고를 말하며, 재고와는 다른 개념 – 옮긴 이)'라고 부르죠. 우리는 작업 일정에 따라 모든 것이 제자리를 지키고 있는지, 혹은 거기에 '공백'은 없는지 살피고 있어요. 새로운 병목 자원이 나타난다면 그 버퍼 중에서 적어도 한 곳에서는 즉시 공백이 생길 거라고 예측했죠. 여기까지 도달하는 데 얼마간의 시간이 필요했지만, 지금은 아주 원활하게 잘 돌아가고 있어요. 그리고 모두들 아시다시피 2, 3일 주기로 버퍼에 공백이 생길 때마다 정체되어 있는 작업장을 체크해봅니다. 그런 다음에……."

"그다음에는 작업을 재촉하죠!"

밥이 불쑥 끼어들었다.

"아뇨, 그렇게는 안 해요! 우리는 문제 해결을 위해 어떤 조치를 취하지는 않아요. 대신 해당 작업장의 작업 감독자에게 지적해주면, 그가 다음 단계의 일을 진행하는 거죠."

"정말 재미있는 일이네요."

"그럼요. 그리고 매번 예닐곱 개의 같은 작업장을 방문하고 있다는 것을 깨달았을 때 그 일은 더욱 흥미로워졌어요. 해당 작업장은 모두 병목 자원은 아니었지만, 병목 자원이 잘 굴러가게 하려면 비병목 자원의 관리도 정말 중요하다는 사실을 알았거든요! 저희 부서에서는 그것들을 '생산능력 제약 자원(CCR, Capacity Constraint Resource)'이라고 부르고 있어요."

"그건 나도 잘 알아요. 대개 감독자들은 작업자들이 우선순위에 따라 일하고 있을 거라고 믿고 있습죠. 하지만 스테이시 씨, 당신은 아직 우리의 질문에 대답하지 않았어요."

밥이 제법 무게를 실은 어조로 말했다.

"지금 이야기할 참이에요. 보세요, 지금 우리 공장은 갈수록 이런 '공백 현상' 때문에 위험해지고 있어요. 때때로 조립 공정이 예정된 순서를 심각하게 벗어나기도 하죠. 그리고 CCR의 작업 감독자들이 부품을 제때에 공급하는 데 갈수록 어려움을 느끼고요. 랠프 씨는 이들 작업장이 여전히 충분한 생산능력을 갖추고 있다고 말하고, 평균적으로는 그럴지 몰라도, 전 추가적인 매출 증가가 우리를 혼돈 속으로 몰아넣고 있는 건 아닌지 염려가 돼요."

그녀의 말을 들으니 발치 아래서 똑딱거리는 시한폭탄이 있는데도 그것을 짐작조차 하지 못했다는 생각이 들었다. 나는 좀더 많은 주문을 받아오라고 마케팅 팀에 열심히 압력을 넣고 있었다. 하지만 스테이시의 말대로라면, 나는 공장을 날려버릴 만한 엄청난 실수를 저지르고 있었던 것이다. 나는 그녀의 이야기를 들으면서 모든 상황을 이해하려고 애썼다.

"공장장님, 그동안 우리가 업무 개선에 대한 노력을 너무 편협하게 진행했다고 생각지 않으세요? 당장 해야 할 일은 CCR을 개선하는 것인데도 병목 자원을 개선하는 데만 치중하고 있었다는 생각이 들어요. 지금 이 문제를 해결하지 않으면 생산 공정 앞뒤로 또다시 병목 현상이 생기는 진퇴양난에 빠지고 말 거예요."

"그럼, 어떻게 하면 좋겠습니까?"

"문제 해결의 열쇠는 생산 부서가 가지고 있어요. 버퍼를 다루는 기술은 각 부문들의 생산성 향상에 쓰여야 해요. 장담컨대, CCR을 개선하면 예비 병목 자원이 병목 자원화하는 현상을 충분히 막을 수 있을 거예요. 이게 바로 제가 지켜온 재고 관리자 자리를 내려놓고 싶은 가장 근본적인 이유랍니다. 기회가 주어진다면, 전 여러분에게 문제를 개선하기 위해 각 공정을 어떻게 관리해야 하는지를 보여드리고 싶어요. 그리고 동일한 자원을 가지고 얼마나 많은 현금 창출률을 짜낼 수 있는가도요."

"랠프 씨 생각은 어떻습니까? 이번에는 랠프 씨가 나를 놀라게 할 차례네요."

"무슨 말씀이세요?"

랠프는 나직한 어조로 되물었다.

"여기 모인 사람들 모두가 나름대로 애착을 느끼는 프로젝트를 가지고 있잖아요. 랠프 씨의 히든카드는 뭡니까?"

랠프는 부드럽게 미소 지으며 말했다.

"흐흐……. 전 에이스 같은 건 없습니다. 단지 희망 사항이 있을 뿐입니다."

우리 모두는 그를 따스한 눈길로 바라보았다.

"전 이제 제 일에 만족하게 됐습니다. 팀에 대한 각별한 애정과 소속감도 생겼고요. 저는 이제 더 이상 홀로 부정확한 데이터를 들고 컴퓨터와 씨름하지 않습니다. 저를 필요로 하는 사람들이 있고, 또 제가 도움이 된다는 사실만으로도 즐겁습니다. 적어도 제 업무에 관한 한 이러한 변화는 아주 근본적인 거라고 생각합니다. 제가 파일 속에 갖고 있는 것은 자료입니다. 여러분이 요청하는 것은 정보죠. 전 항상 정보를 의사 결정에 필요한 자료의 일부라고 생각했습니다. 그런데 중요한 사항을 결정해야 할 때 제가 갖고 있던 데이터들은 별로 쓸모가 없었습니다. 다들 우리가 병목 자원을 찾아내던 때를 기억하시죠?"

랠프는 우리를 차례로 둘러보았다.

"제가 그 해답을 찾지 못했다는 것을 인정하기까지 무려 나흘이나 걸렸습니다. 그때 제가 깨달은 사실은 정보 속에는 또 다른 정보가 숨어 있다는 것이었습니다. 정보란 질문에 대한 해답입니다. 제가 그 일을 잘해낼수록 우리 팀의 일원이 되어갔습니다. 병목 자원에 관한 개념이 제가 이런 생각을 할 수 있게 도와주었습니다. 지금 공장은 컴퓨터에서 출력된 스케줄에 따라 돌아가고 있지 않습니까? 제 소원이 뭐냐고 물어보셨죠? 전 이제 밥 도노번 부장님이 원하는 일을 도울 시스템을 개발해서, 판매를 기획하는 데에 드는 시간과 노력을 줄여보고 싶습니다. 그리고 스테이시 씨가 버퍼를 관리하고, 여러 가지 요소를 개선하려는 데에 도움이 될 시스템도 구축하고 싶습니다. 마지막으로 루이스 부장님을 도와서 회계 업무를 지원할 수 있는 시스템도 구축하고 싶습니다. 보셨죠? 저도 다른 분들과 마찬가지로 꿈을 가지고 있습니다."

34

자신의 업무에 대한 정확한 목표를 갖고 있지 않은 사람이
인재가 될 확률은 0.000001퍼센트보다도 낮다.
— 피터 드러커

#오후 11시

주위는 어둠에 짙게 물들었고, 아이들도 제 방으로 올라가 단잠에 빠
졌다. 아내와 나는 따뜻한 찻잔을 손에 쥐고 앉아 소소한 대화를 나누
었다.

우리는 서로의 대화에 빠져 오해를 걷어내고 이해를 얻어냈다. 그
리고 지금 내 말에 귀를 기울이고 있는 아내의 표정에는 진지함이 배
어 있다. 일에 파묻혀 지내는 동안, 나는 아내를 잃을 뻔했다. 다시 찾
은 평온 속에서 아내는 내 일상에 기꺼이 동화되었고, 나는 아내와 나
누는 대화 속에서 내 문제의 실마리들을 일목요연하게 정리할 수 있
었다.

"줄리, 어떻게 생각해?"

"요나 교수님이 의존도가 높아지면 안 된다고 경고하신 게 무슨 뜻
인지 이제야 알 것 같아."

아내의 날카로운 지적은 나를 당황스럽게 했다.

"무슨 뜻이야?"

"내가 잘못 짚은 건지 모르겠지만, 자기는 동료들을 전적으로 신뢰
하지는 않는 것 같아. 그 루이스 부장만 해도 그렇잖아. 자기는 그 사
람이 새로운 성과 측정 시스템을 개발해낼 수 있을지 반신반의하고
있는 것 같은데?"

아내의 말이 옳았다. 나는 미소 지으며 아내의 의견에 동의를 표했다.

"맞아."

"새로운 성과 측정 시스템이 당신한테 중요한 거야?"

"당연하지. 지금 그것보다 더 중요한 일은 없다고 봐."

"요나 교수님이 당신 제의를 거절하지 않았다면, 아마 지금쯤 교수님께 전화해서 매달리고 있을 거야. 맞지?"

아내는 사랑스러운 미소로 나를 위협했다.

"그랬을 거야. 그만큼 중요한 일이니까."

나는 순순히 아내의 말에 수긍했다.

"도노번 부장의 아이디어는 어때? 그것도 중요한 거야?"

"도노번 부장이 그 일을 제대로 해낸다면 그건 거의 혁명적이라고 할 수 있어. 그렇게만 되면 우리의 시장 점유율을 높이는 건 시간문제야. 매출을 올리는 문제는 그걸로 다 해결되는 거지."

"도노번 부장이 그 일을 해낼 거라고 확신해?"

"별로 기대는 안 해. 아, 자기가 무슨 말 하려는지 알겠어. 그래, 나는 요나 교수님께 이 문제에 대해 여쭤보고 싶어. 스테이시 씨랑 랠프 씨가 제기한 문제들도 마찬가지야. 아주 중요하지."

"막상 자기가 사업부를 총괄하기 시작하면 얼마나 많은 일들이 일어날까?"

"줄리, 당신 말이 옳아. 요나 교수님도 옳고. 난 오늘 그걸 아주 절실히 느꼈어. 동료들 모두 자신의 꿈에 대해 아주 구체적인 청사진을 가지고 있더라구. 하지만 내 꿈은 뭘까? 지금 내 마음속에 떠오른 건 단 하나야. 관리 방법을 배워야 한다는 거. 그렇지만 도대체 어디서 내가 교수님의 질문에 대한 답을 찾아낼 수 있을까? 경영에 필요한 기술은 어떤 거지? 솔직히 난 잘 모르겠어. 당신 생각엔 내가 어떻게 해야 할 것 같아?"

아내는 부드러운 손길로 나의 머리칼을 쓸어 올리며 말했다.

"공장 식구들한테 뭔가 특별한 선물을 남겨야 하지 않을까? 어쨌거나 불신을 접고 그 사람들을 한번 믿어봐요. 지금까지 한 일을 보면, 자기는 정말 최고의 공장장이었어. 동료들 모두 자기를 자랑스러워하고 있을 거야. 진심으로. 자긴 정말 멋진 팀을 만들었어. 하지만 그 팀은 두 달 후에 자기가 사업부 총괄 책임자로 승진해서 가버리면 해체되고 말 거야. 차라리 그 사람들 스스로 문제의 해결책을 찾아내도록 하는 게 어때? 그러면 자기가 없어도 일처리를 잘할 수 있을 것 같아. 자기 경영 수업에도 도움이 될 거고. 자기가 사업부 경영 능력을 쌓는 만큼 그 사람들도 자신들이 원하는 목표에 다가서게 되지 않을까."

나는 아내를 말없이 바라보았다. 바로 내 옆에 세상에서 가장 진실한 조언자가 앉아 있었다.

이튿날, 나는 곧바로 나의 조언자가 제안한 사안을 실행에 옮겼다. 나는 회의 안건으로 사업부 경영자가 가장 먼저 해야 할 일에 대해 논의해보기로 했다. 질문의 요지는 '각자 자기 자신의 프로젝트에 집중하고자 한다면 우리 사업부가 잘 돌아가야 한다. 그러자면 사업부 관리자가 각자 무엇을 하고 있는지를 정확하게 파악하고 있어야 한다'는 것으로 요약했다. 그리고 나는 경영자로서 내가 연마해야 할 관리 기법에 대해 허심탄회하게 자문을 구하기로 했다. 내 동료들은 이 소박한 질문을 듣고, 내가 자신감을 상실했다고 생각할지도 모른다. 그러나 나는 그들에게 내가 직면할 문제의 심각성을 강조해야 했다. 그렇지 않으면 이 회의는 기껏해야 쓸데없는 말잔치로 끝날 확률이 높았다.

"제가 새로운 직책을 맡은 후, 처음으로 해야 할 일이 뭐라고 생각하십니까?"

내 예상대로 밥이 먼저 말문을 열었다.

"저라면 힐튼 스미스의 공장을 방문하겠습니다요."

왁자지껄한 웃음이 그치자 루이스는 우선 사업부 내 다른 직원들을 만나야 한다고 말했다.

"공장장님은 그 사람들 대부분을 알고 계시지만, 실제로 같이 일해 보지는 않으셨잖아요?"

"그 만남의 목적이 뭐라고 생각하십니까?"

나는 솔직하게 물었다. 이 질문이 다른 상황에서 던져진 것이라면, 이들은 내가 경영학 지식이라곤 전혀 없는 한심한 작자라고 여겼을 것이다.

"기본적으로, 공장장님은 사업부 내의 일반적인 규칙들을 살펴셔야 할 겁니다."

"그런 것도 있지만, 출입구는 어디에 있나, 화장실은 어디에 있나…… 기타 등등 아니겠습니까?"

밥이 루이스의 말을 받아 농담을 건넸다.

"저는 사람을 만나는 게 중요하다고 생각해요."

스테이시는 밥의 농담을 제지하고 나섰다.

"회계상의 수치는 단지 퍼즐의 한 조각일 뿐이에요. 먼저 그곳 직원들이 무슨 생각을 하고 있는지, 그들이 보는 문제점은 뭔지, 그리고 어디에 우리의 잠재 고객들이 숨어 있는지 등을 파악해야 하지 않을까요?"

"누가 누구한테 원한을 품고 있는가?"

밥이 한마디 거들더니 이번에는 좀더 진지한 어조로 말했다.

"공장장님은 개별 부문의 정책에 관한 감각도 얻으셔야 합니다요."

"그리고요"

밥이 말을 받았다.

"저라면 여러 생산 설비들을 시찰한 뒤에 외주 업체 몇 곳도 방문할 겁니다요. 그래야 전체적인 밑그림이 완성될 테니까요."

나는 무표정한 얼굴로 물었다.

"그러고 나서는?"

밥과 스테이시가 입을 모아 단호하게 말했다.

"그러면 뭔가 해결책을 찾아낼 수 있을 겁니다."

나는 스테이시와 밥의 단순 명료한 대답 속에서 그들의 관심이 한데로 모아졌다는 사실을 깨달았다. 이제 나는 이들을 반격할 만한 구실을 찾게 되었다.

'책임이 다른 사람의 어깨 위에 놓여 있을 때 충고하는 것은 얼마나 쉬운 일인가? 좋아, 이 현명한 친구들아! 형세를 역전시킬 때가 왔다.'

나는 차분한 어조로 본론으로 들어갔다.

"좋습니다. 지금까지 여러분이 제안한 내용들은 '현장에 가서 바로 잡아라'라는 말을 들었을 때 흔히들 취하는, 아주 보편적인 행동입니다. 그럼, 이제 다시 처음으로 돌아가서 좀더 도식적인 방법으로 접근해봅시다."

나는 적색 마커를 들고 화이트보드로 돌아섰다.

"여러분 모두가 지적한 대로 첫 번째 단계는 사실을 찾아내는 것입니다. 제가 사업부 전략 회의를 연다면 저는 무엇을 얻을까요? 오, 여기 A라는 사실이 있군요."

나는 적색 원을 멋지게 그렸다.

"자, 그런 다음에 이렇게 작은 원 세 개를 그려 넣을 수 있을 겁니다. 여기 아주 작은 원과 저쪽에 겹쳐진 두 개의 원이 있습니다. 이제 저는 다른 관리자와 얘기하게 될 겁니다. 아주 유익한 대화 말입니다. 그는 이 원이 우리가 믿었던 것만큼 그렇게 크지 않다고 주장할 겁니다. 그리고 여기 왼쪽 위 코너에 있는 두 개의 좀더 큰 원들은 아직 해결되지 않은 채 남겨져 있지만, 누군가가 직사각형을 운운하며 새로운 주장을 펼칠 테죠. 조사해보니 그가 옳다는 것이 증명되었습니다. 분명 저기에 하나, 여기에 또 하나가 있습니다. 이렇게 계속하다 보면 상황은 밝혀지기 시작할 겁니다."

실제로 이들이 보고 있는 것은 흰색 화이트보드에 여러 가지 색이 얼룩져 있는 것일 뿐 큰 의미는 없었다. 마치 아이들이 유치원에서 그려 온 그림 같았다. 모두들 내 말의 요점을 찾지 못하고 우왕좌왕하는 기색이 역력했다. 좀더 직설적으로 설명하기로 했다.

"저마다 이렇게들 말할 겁니다. '오, 또 다른 관리자와 얘기할 시간이 되었군요. 우리는 개별 부문 정책에 대한 감각을 얻어야 합니다. 들어보니 매우 흥미롭군요. 녹색 원들이 있고 몇 개의 녹색 별들도 있습니다. 여기에는 정체불명의 UFO도 있습니다. 염려 마세요. 이것에 대해서는 나중에 확인하죠. 이제 생산 설비를 시찰하고 고객들, 그리고 외주 업체들을 방문하기로 합시다. 우리는 더 흥미로운 사실들을 많이 접하게 될 겁니다.' 기타 등등!"

내가 이렇게 지껄여대는 사이, 화이트보드는 잡다한 문양으로 가득 찼다.

"이제 상황을 충분히 파악했으니 전체 구도를 잡을 수 있습니다."

나는 결론을 내리며 마커를 내려놓았다.

"자, 어떻습니까?"

화이트보드는 마치 총천연색 악몽처럼 보였다. 나는 심호흡을 하고, 전화로 커피를 더 가져오라고 했다. 그 누구도, 심지어 밥조차도 말 한마디 없었다.

"개인적인 차원을 좀 벗어나봅시다. 우리가 '일이 어떻게 되어가는지를 알아보라'는 달갑지 않은 임무를 부여받은 위원회라고 가정합시다. 어떻게 시작해야 한다고 생각하십니까?"

그제야 모두들 안도의 한숨을 내쉬며 미소를 지었다. 우리가 '위원회'라는 가정에 기분이 좀 나아진 것 같았다.

"랠프 씨가 먼저 말해보시겠습니까?"

"그 사람들도 우리랑 동일한 방식으로 시작하지 않을까요. 먼저 현지 조사를 하는 거죠. 그리고 공장장님이 생생하게 보여주셨듯이 그들도 형형색색의 수렁 속에 빠지게 될 겁니다. 하지만 공장장님, 이것

말고 다른 묘수가 있습니까? 아무 단서도 주어지지 않은 상태에서 어떻게 해결 방안을 찾아낼 수 있겠습니까? 현황 파악 데이터부터 만들어야 하지 않을까요?"

랠프는 자신의 업무에 충실한 발언을 했다. 그가 말하는 현황 파악이란 컴퓨터 파일에 질서 정연하게 저장된 파일을 의미했다.

밥은 화이트보드를 가리키며 낄낄거렸다.

"랠프 씨, 저렇게 혼돈스러운 상태에서 어떻게 현황 파악을 합니까요? 공장장님, 이런 소모적인 말장난은 우리 위원회 위원들의 정신만 쏙 빼놓을 겁니다요."

"아니면, 시간만 낭비하겠죠."

스테이시가 쓴웃음을 지으며 덧붙였다.

"그렇고말고요. 대체 저 속에서 무슨 규칙과 질서를 찾아낼 수 있겠습니까요? 누구 좋은 생각이라도 있습니까요?"

밥은 우렁차게 말하며, 회의실 안을 빙 둘러보며 말을 이었다.

"여러분, 우리가 위원회 구성원으로서 다음 할 일이 뭐라고 생각하십니까? 우리 위원회가 이런 너저분한 쓰레기만 만들어낼 수는 없잖습니까?"

모두가 씁쓸하게 웃었지만, 나는 아주 만족스러웠다. 그들은 마침내 내가 직면한 문제가 무엇인지 깨닫기 시작했던 것이다.

"그 사람들이 무슨 일부터 할까요? 아무래도 괴상하게 벌어지는 일들을 재배치해보려고 애쓸 것 같은데."

스테이시가 골똘히 생각에 잠겨 혼잣말을 하자 루이스가 대꾸했다.

"그럴듯하군요. 위원들 중 한 사람이 그 괴상한 도형들을 크기에 따라 분류하자고 제안할 겁니다."

루이스가 뿔테 안경 너머로 작은 눈을 굴리며 스테이시의 의견에 동의를 표하자, 밥이 그 즉시 반론을 제기했다.

"전 그렇게 생각하지 않습니다요. 일의 성격이 다른데 어떻게 크기로 결정합니까요. 그게 아니라 일의 유형에 따라 구성하겠지요."

루이스가 여기에 동의하지 않는 눈치를 보이자 밥이 다시 설명을 이었다.

"이를테면 말입니다요. 원, 직사각형, 별 모양 하는 식으로 일을 나눠서 정돈할 수 있다 그 말입니다요."

"그러면 아무렇게나 생긴 네 가지 형태들은 어떻게 합니까?"

랠프가 물었다.

"그건 그 나름대로 '예외'로 분류하겠지요."

랠프는 밥의 의견에 수긍하며 대꾸했다.

"물론 그럴 겁니다. 끊임없이 프로그램을 수정하게 되는 주된 이유도 불쑥불쑥 튀어나오는 변수들 때문이니까요."

문득 루이스의 입에서 강력한 반론이 제기되었다.

"아니, 더 좋은 생각이 있습니다. 색깔별로 분류하는 겁니다. 그렇게 하면 애매모호한 사항을 제거할 수 있을 테니까요. 방법을 말씀드리죠."

루이스는 밥이 반박하려는 것을 간파하고 말을 죽 이어갔다.

"먼저 색깔별로 분류하고, 동일한 색깔 내에서 모양에 따라 다시 분류에 들어가는 겁니다. 그러고 나서 각각의 하위그룹으로 나누어 크기별로 분류합니다. 이러면 모두가 만족할 수 있는 대안을 찾을 수 있지 않을까 싶은데요."

"그거 좋은 생각인데요."

랠프는 이제 자기 차례라는 듯이 말했다.

"그렇게 분류된 데이터들은 도표와 막대그래프로 기록할 수 있을 겁니다. 특히 제가 고안한 새로운 그래픽 패키지를 이용한다면, 꽤 근사한 보고서가 나올 겁니다. 최소한 200페이지는 보장합니다."

"아주 인상적이고 심층적인 보고서 말이군요!"

내가 냉소 어린 어조로 비아냥거리자 모두들 말문을 닫아걸었다.

"단언하건대, 쓸데없이 거창하기만 한 보고서를 만드는 데 시간을 허비하는 것은 무의미한 일입니다! '사실을 정리하는 적절한 방법'에 대한 단편적인 시각으로는 우리가 익히 경험해온 전례를 답습하는 일 이상은 기대할 수가 없습니다."

"무슨 뜻입니까?"

루이스가 뿔테 안경 너머로 나를 응시하며 물었다.

"여러분 모두가 익히 알고 있는 '회전목마 효과'에 대해 이야기하는 겁니다. 회사를 생산단계로 분류하고, 그것을 또 기능에 따라서 재분류하고……. 회사의 현재 조직 체계에 비용이 너무 많이 든다고 그것을 중앙집권화하고, 또 10년쯤 지나서는 다시 분권화로 돌아서는 지금의 경영 방식. 대기업들도 이런 식으로 갈팡질팡하면서 5년에서 10년 주기로 집중화와 분권화를 반복하고 있잖습니까."

"네, 이제야 알 것 같습니다요."

밥은 비아냥거리는 어조로 말을 이었다.

"기업의 비전이 불투명하거나, 일에 진척이 없을 때, 최고경영자들이 흔히 쓰는 수법이 조직의 재구성이죠. 아주 기발한 해결책 아닙니까? 재조직을 빙자한 회전목마 놀이!"

우리는 서로를 바라보았다. 과거의 뼈아픈 경험이 없었다면 우리는 그의 말을 실없는 농담으로 흘려버렸을지도 모른다.

"도노번 부장, 이건 장난이 아닙니다. 제가 사업부의 새 관리자로서 심각하게 고려하는 부분이 바로 사업부를 재조직하는 겁니다!"

"오, 안 돼요."

모두들 일제히 앓는 소리를 냈다.

"그렇다면 좋습니다."

나는 다시 화이트보드 앞으로 나가, 형형색색의 악몽이 번진 자리를 짚으며 설명했다.

"이 형형색색의 형태 더미를 어떤 순서에 따라 배열하는가를 제외하고, 이것들을 가지고 어떤 성과를 얻을 수 있다고 생각합니까? 분명한 사실은 이 형태들을 있는 그대로 처리하는 것은 비효율적이라는 점입니다. 그렇다면 이것을 정리하는 데에는 명확한 기준이 있어야 한다는 얘긴데…… 어쨌거나 얘기는 이 혼란 상태에 질서를 부여해야 한다는 것으로 좁혀질 것 같습니다."

화이트보드를 들여다보고 있자니, 새로운 질문 하나가 나를 괴롭히기 시작했다.

"수집한 사실들을 배열하는 방법이 몇 가지나 될 것 같습니까?"

"색상으로 배열할 수 있다는 점은 명백합니다."

루이스가 대답했다.

"크기별로 할 수 있어요."

스테이시가 덧붙였다.

"형태별로."

밥은 자신의 제안을 굽히지 않았다.

"다른 가능성은 없습니까?"

"물론 있습니다."

이번에는 랠프가 대답했다.

"형태를 바둑판식으로 배열하면, 그것들이 위치한 좌표를 짚어낼 수 있을 겁니다."

모두들 어리둥절한 표정을 짓자, 랠프가 설명을 덧붙였다.

"바둑판식 배열은 상대적인 위치에서 다방면으로 예측할 수 있게 합니다."

"아주 멋진 아이디어군요!"

밥이 빈정거리는 말투로 말했다.

"그럴 바에야 아예 다트를 던져서 결정하시든가요. 다트를 던져서 그것이 꽂힌 순서대로 도형을 분류하는 겁니다요. 그렇게 해봤자 별 뾰족한 수는 없겠지만, 적어도 스트레스 해소에는 도움이 되지 않겠습니까요? 하하하!"

"됐습니다, 여러분."

나는 단호하게 상황을 정리했다.

"도노번 부장이 내놓은 마지막 제안은 현재 우리의 상황을 아주 명확하게 꼬집고 있습니다. 대체 무슨 일을 하고 있는지도 모르면서, 자료를 수집한다거나 임의의 가능성을 추론하는 것은 무모한 도전 그이상도 그 이하도 아닐 겁니다. 우리가 무슨 짓을 하고 있는지 정말로 이해하지 못한다는 사실을 감추기 위해 두꺼운 보고서로 사람들을 감동시키거나 회사를 다른 형태로 개편하는 능력을 과시하는 것 이외에 무엇을 얻을 수 있겠습니까? 자, 문제를 해결할 다른 방법이 필요합니다. 누구, 제안할 사람 없습니까?"

아무도 대답하지 않았다.

"오늘은 이만하죠. 내일 같은 시간, 같은 장소에서 계속하도록 합시다."

35

다른 사람의 말을 신중하게 듣는 습관을 길러라.
그리고 가능한 한 말하는 사람의 의도에
자신의 마음을 일치시켜라!
그 속에 문제의 답이 들어 있을 것이다.
— 마르쿠스 아우렐리우스

#오전 1시

밤새 뒤척이며 어제 회의에서 화두로 던진 총천연색 악몽에 관한 실마리를 풀려고 애써봤지만, 나는 여전히 그 문제와 씨름하고 있었다. 어쨌거나 몇 시간 뒤, 우리는 다시 한자리에 모여 난상토론을 벌일 것이다. 거기서 어떤 결론에 도달하게 될지는 아직 모르지만, 현재까지의 상황으로 미루어볼 때 끝도 없는 말잔치가 오갈 것이라는 점은 확실했다.

"자, 누구 기발한 아이디어를 생각해낸 사람 있습니까?"

가능한 한 유쾌한 마음으로 회의를 시작하려고 애썼지만, 그런 나의 노력에도 불구하고 모두 다 침울한 표정을 짓고 있었다.

"한 가지 찾아냈어요! 그다지 기발한 건 아닙니다만."

스테이시가 소리 높여 말했다.

"잠깐만요."

랠프가 말했다.

'저 친구가 다른 사람 말을 막을 때도 있군.'

"제 생각에는 어제 했던 논의로 다시 돌아가는 게 좋을 것 같습니다. 어제 우리가 데이터를 분류하는 것은 그 어떤 좋은 결과도 가져올 수 없다고 결론 내린 것이 너무 성급한 게 아니었나 싶습니다. 제가 얘기 좀 해도 되겠습니까?"

"그럼요."

스테이시가 안도의 한숨을 내쉬며 말했다.

"아실지 모르겠습니다만, 전 대학에서 부전공으로 화학을 공부했습니다. 문득 대학 시절 화학시간에 배웠던 이야기 하나가 떠오르더군요. 수업 노트를 뒤적이다 아주 흥미로운 사실을 발견했습니다. 150년 전에 활동한 멘델레예프라는 저명한 화학자에 관한 이야깁니다."

우리가 그에게 관심을 갖기 시작했다는 것을 느끼자 그는 자신감을 얻은 것 같았다. 세 아이를 둔 가장답게 그의 이야기는 다정다감하게 이어졌다.

"고대 그리스 시대의 사람들은 물질의 다양성을 논할 때 단순한 원소들을 여러 개 사용했습니다."

랠프는 자신의 이야기에 몰입할수록 허스키한 저음을 냈다.

"그리스 사람들은 순진하게도 그 원소들이 공기, 흙, 물, 그리고……."

"불."

밥이 그 리스트를 완성했다.

"바로 그겁니다."

그동안 발견하지 못했던 그의 재능이었다. 랠프는 이야기를 정말 재미있게 하는 사람이었다. 지금까지는 왜 그 사실을 몰랐을까?

"그후에 사람들은 흙이 가장 기본적인 원소가 아니라, 다른 여러 광물들로 구성되어 있다는 사실을 밝혀냈습니다. 공기는 여러 종류의 기체로 이루어져 있고, 물은 더 근본적인 산소와 수소로 이루어져 있다는 걸 증명해냈죠. 순진한 그리스식 접근법이 종말을 고하게 된 시기는 18세기 말이었습니다. 그 당시 라부아지에가 불은 실체라기보다는 하나의 과정, 즉 산소에 부착되어가는 과정이라는 사실을 보여주었거든요. 다시 수십 년이 흐른 뒤에는 더 많은 원소들이 발견되었고, 19세기 중반 무렵에는 예순세 개의 원소가 확인되었습니다. 그때의 상황은 어제 우리가 본 알록달록한 화이트보드와 비슷했습니다. 많은 원들과 직사각형, 별, 그리고 다른 모양의 도형들. 아무런 규칙도 없이, 나름대로의 색깔과 크기로 가득 채워져 있었습니다. 그야말로 난장판이었죠. 이 카오스를 해결하기 위해 수많은 화학자들이 원소를 분류해보려고 노력했지만 어느 누구도 성공하지 못했습니다. 그래서 대부분의 화학자들은 원소들 사이의 규칙을 찾는 일을 포기하고, 더 복잡하고 어려운 물질을 만드는 일에 주력했습니다."

"당연히 그랬겠죠. 나도 그랬을 테니까요. 난 실용적인 사람이 좋아요."

밥이 한마디 하자, 랠프는 미소를 머금고 그를 바라보았다.

"네네, 도노번 부장님. 그때 한 교수가 있었는데, 그 사람은 당시 과학자들에게 줄기는 보지 못한 채 나뭇잎만 바라보고 있다며 질책했습니다."

"핵심을 찔렀군."

루이스가 말했다.

"그래서 파리에서 공부한 이 유별난 러시아 출신의 교수는 원소 사이에 존재하는 규칙을 발견해서 그것을 분류하기로 마음먹었습니다. 여러분이라면 어떤 방법으로 처리하셨겠습니까?"

"우선, 형태는 문제가 되지 않아요."

스테이시의 말에 밥이 반문했다.

"왜 그럽니까? 형태 말고 다른 어떤 대안이라도 있습니까?"

"원소의 대부분은 기체와 액체로 구성되어 있잖아요."

밥의 반론은 그칠 줄 몰랐다.

"스테이시 씨, 당신이 옳다고 칩시다요. 그럼, 색깔은 어떻게 설명할 수 있는 거요? 초록색을 띠는 염소처럼 몇몇 기체는 색깔이 있고, 그 외 다른 것들은 무색인데요. 그렇다면 이것도 문제가 되지 않는다는 얘기요?"

"멋진 반론이군요."

랩프는 자신의 말을 농담으로 넘겨버리려는 밥과 스테이시의 의도를 무시하면서 이야기를 이어갔다.

"도노번 부장님의 말마따나 몇몇 원소들은 정해진 색깔을 가지고 있지 않습니다. 예를 들면 순수 탄소가 그렇습니다. 그것은 검은 흑연으로 나타나거나 드물게는 번쩍이는 다이아몬드로 나타납니다."

"저는 다이아몬드가 좋아요."

스테이시의 대꾸에 모두가 일제히 웃음을 터뜨렸다. 분위기가 무르익자, 랩프는 나를 지목했다.

"공장장님은 어떻게 생각하십니까?"

"좀더 계수적인 척도를 찾아보아야 할 것 같습니다. 그렇게 되면 주관적인 편견이라는 비난을 받지 않고도 원소들을 배열할 수 있을 겁니다."

"아주 훌륭한 답변이에요!"

랩프는 어린아이를 다루듯 대꾸했다. 하지만 기분이 그리 나쁘지는 않았다. 잠시 틈을 두고 그는 내게 다시 물었다.

"그럼 공장장님께서, 적절한 척도로 제시할 만한 계수가 있습니까?"

"저는 화학을 전공하지 않았습니다. 물론 부전공으로도 안 했고요. 제가 알 턱이 있습니까?"

나는 랩프가 무안해하는 것 같아 한마디 덧붙였다.

"특수한 중력이나 전기 전도성, 혹은 어떤 원소가 산소와 같은 원소와 결합할 때 흡수되거나 방출되는 칼로리와 같은 것일지도 모르겠군요."

"괜찮은 답변이군요. 멘델레예프도 기본적으로는 같은 접근 방법을 택했습니다. 그는 각 원소마다 이미 확인된 바 있는 계수적인 척도를 쓰기로 했습니다. 이것이 원자량이라고 하는 것인데, 그것은 주어진 원소의 한 원자와 가장 가벼운 원소, 즉 수소와 한 원자 사이의 비율을 나타냅니다. 이 숫자로 멘델레예프는 각 원소마다 고유한 가치를 만들어낼 수 있었습니다."

"아 그거 참, 별것도 아니구먼."

밥이 참고 있을 수 없는 모양이었다.

"제가 추측했던 대로잖아요. 결국 일렬종대로 서 있는 군인들처럼 원자량의 크기에 따라 모든 원소들을 배열했겠구만. 근데 그렇게 해서 좋은 게 뭐요? 거기서 무슨 이득이 있느냐 이 말입니다요. 애들 병정놀이하는 것도 아니고 말이야."

"성급한 결론은 금물입니다."

랠프는 조심스럽게 밥을 나무랐다.

"멘델레예프가 거기서 멈추었다면 도노번 부장님의 반응을 기꺼이 받아들일 수 있어요. 그렇지만 그는 한 걸음 더 나아갔어요. 그는 원소들을 일렬로 배열하지 않았어요. 그는 각 열의 일곱 번째 병사들이 밀도에는 약간 차이가 있지만 기본적으로 동일한 화학적 성질을 가지고 있다는 것을 알아냈습니다. 그래서 원소들을 7열로 분류한 거죠. 이런 방식으로 모든 원소들을 원자량의 오름차순으로 배치했고, 각각의 열마다 밀도의 오름차순으로 배열된 동일한 화학적 성질을 지닌 원소들이 자리를 잡게 되었습니다. 예를 들어, 그 도표의 첫 번째 열에는 리튬이 있는데, 이것은 가장 가벼운 금속으로 물에 넣으면 온도가 올라갑니다. 그 바로 밑에는 나트륨이 있는데 이것은 물과 반응하면 불꽃을 내고, 같은 열 다음 차례의 원소는 칼륨인데 이것은 물과 더 강렬하게 반응합니다. 마지막 원소 세슘은 대기 중에서도 불타오르죠."

"랠프 씨, 아주 명쾌한 답인 것 같소만, 그게 도대체 무슨 소용이냐고요. 그게 어제 우리가 논의하다 만 형형색색의 규칙들이랑 무슨 관계가 있냐 말입니다요."

이야기를 듣다가 정신을 차린 밥이 말했다.

"실제로 적용되는 사례가 있습니다. 멘델레예프가 이 도표를 만들어냈을 당시에는 모든 원소들이 다 발견된 것은 아니었어요. 그가 만든 도표에는 빈자리가 많았죠. 그는 아직 발견되지 않은 원소들을 나름대로의 규칙에 따라 추측해서 도표를 채웠습니다. 도표상에서 아직 발견되지 않은 원소들의 질량과 그 속성을 미리 예측할 수 있었던 겁니다. 그건 대단한 성과였습니다."

"그 당시 다른 과학자들은 그것을 어떻게 받아들였습니까? 틀림없이 어떤 식으로든 회의적인 반응을 보였을 텐데."

나는 호기심에 차서 물었다.

"회의론만 있었다면 다행이었을 겁니다. 멘델레예프는 당시에 조롱거리가 되었습니다. 특히 제가 지금 설명해드린 그 도표가 완전히 정리되지 않았을 때까지는 말이죠. 수소의 위치를 찾을 수가 없고, 어떤 행에는 일곱 개의 열 중에서 한 개의 원소만 채워져 있고, 어떤 곳에는 한 지점에 여러 원소가 혼합된 경우도 있었습니다."

"그래서 어떻게 됐죠? 그 사람 예측이 맞아떨어졌나요?"

스테이시가 조급하게 물었다.

"놀랍게도 멘델레예프의 예측은 정확했습니다. 몇 년이 더 걸리기는 했지만, 그의 생존 기간 동안 그가 예측했던 모든 원소들이 다 발견되었습니다. 그가 '고안해낸' 원소 중 맨 마지막 것은 16년 후에 발견됐습니다. 그는 그것이 짙은 회색의 금속일 거라고 예측했는데 정말로 그랬습니다. 원자량도 72로 예측했는데, 실제로는 72.32였고, 비중은 5.5로 예측했는데 실제로는 5.47이었습니다."

"그 이후로는 아무도 멘델레예프를 비웃지 않았겠죠."

"확실히 그랬습니다. 하루아침에 스타덤에 오르게 되었죠. 현재 멘델레예프의 주기율표는 화학도들에게는 모세의 십계명만큼이나 소중한 이론이죠."

"내 보기에는 그리 대단할 것도 없구먼!"

아직도 고집을 꺾지 못한 나의 후임자 밥이 투덜거렸다. 아무래도 랠프와 밥 사이에는 중재가 필요할 듯싶었다.

"가장 큰 혜택은 멘델레예프의 주기율표 덕분에 사람들이 더 많은 원소를 찾느라고 시간을 낭비하지 않게 되었다는 사실일 겁니다."

그러고 나서 나는 밥에게 몸을 돌렸다.

"도노번 부장, 멘델레예프의 분류는 몇 개의 원소가 존재하는가를 보여주는 데 큰 도움을 주었습니다. 지금 주기율표에 새로운 원소를 집어넣는다면 엉망이 될 겁니다."

랠프는 당황해하면서 헛기침을 했다.

"미안합니다만, 공장장님. 그렇지가 않습니다. 주기율표가 완전히 인정받은 지 겨우 10년 만에 몇 개의 원소들이 더 발견되었습니다. 그 주기율표는 일곱 개가 아니라 여덟 개의 열로 만들어야 한다는 게 밝혀진 거죠."

밥이 의기양양한 목소리로 끼어들었다.

"내가 말했던 대로구먼. 거 믿을 게 못 되잖소?"

이번에는 루이스가 중재에 나섰다.

"도노번 부장, 진정하고 인정할 건 인정하기로 합시다. 랠프 씨 이야기는 우리에게 많은 걸 시사해주고 있어요. 이것을 근거로 멘델레예프의 주기율표와 형형색색의 형태를 질서 있게 배열하려는 우리의 시도 사이에 어떤 차이점이 있는지 자문해보기로 합시다. 랠프 씨, 그의 분류는 그처럼 위력적인 데 반해 우리의 것은 그렇게 엉망이었다고 생각합니까?"

랠프의 답변이 이어졌다.

"루이스 부장님, 아주 좋은 지적입니다. 제가 말씀드리고 싶은 것도 바로 그겁니다. 멘델레예프는 불규칙 속에서 규칙을 발견했습니다. 즉 어제 우리가 카오스 속에서 발견하지 못했던 명확한 규칙을 발견한 거죠. 우리의 것이 독단적으로 만들어진 데 비해 그의 것은……."

"그의 것은 어땠습니까? 독단적으로 만들어지지 않았다고요?"

루이스가 랠프의 다음 말을 완성했다.

"제 말은 진지한 답변이 아닌 것 같습니다. 그만두기로 하죠."

랠프는 지친 기색이 역력했다. 그는 여기서 그만 이야기를 끝맺고자 하는 뜻을 비쳤다.

"독단적이다, 독단적이지 않다는 것은 정확히 어떤 기준으로 나누어지는 겁니까?"

내가 의문을 제기했지만, 아무도 선뜻 대답하지 않았다.

"우리가 주목하고 있는 현실에 집중해봅시다. 지금 우리는 일정한 규칙에 따라 사실을 배열하려고 하고 있습니다. 그럼 어떤 규칙을 찾고 있는 겁니까? 그냥 겉으로 보이는 대로만 묶으려는 겁니까, 아니면 내적인 질서, 다시 말해 그 사실들이 가지고 있는 고유한 규칙을 찾으려고 하는 겁니까?"

"제가 드리고 싶었던 말씀입니다."

랠프는 나의 지지에 힘을 얻어 다시 생기 있게 이야기를 이어갔다.

"멘델레예프는 고유의 규칙을 발견했습니다. 그러나 그는 그 순서에 대한 이유는 규명하지 못했죠. 그 이유가 명쾌하게 밝혀진 시기는 50년이 지나 원자의 내부 구조가 발견된 때였습니다. 바로 이 때문에 그의 분류가 설득력을 가지는 겁니다. 외부적으로 보이는 사실들만 가지고 이리저리 묶는다면 보편성을 잃게 될 겁니다. 쓸데없이 두꺼운 보고서만 생산하는 데 도움을 주겠지요."

랠프는 열의에 찬 어조로 설명을 이었다.

"우리는 그 총천연색 형태를 배열하면서도 고유의 법칙을 발견하지는 못했습니다. 왜냐하면 인위적인 묶음에서는 고유의 법칙을 발견하기가 어렵기 때문이죠. 이것이 우리의 모든 시도가 독단적인 것이 되고, 무용지물이 된 이유입니다."

루이스가 냉정한 어조로 말했다.

"맞는 말입니다, 랠프 씨. 하지만 엄연히 고유의 규칙이 있다면 같은 실수를 반복할 필요는 없겠죠. 인위적인 외부 요소 때문에 시간 낭비해서는 안 된다는 말입니다. 우리 허심탄회하게 이야기해봅시다. 지금까지 수집한 사실로 공장장님과 제가 과연 뭘 할 수 있을 거라고 생각하십니까? 과거 공장 운영 방식을 답습하는 거 말고는 기대할 게 없습니다. 기껏해야 숫자놀음이나 말장난밖에 더하겠습니까? 중요한 건 앞으로 우리가 어떤 방식으로 문제를 해결해나갈 것인가 하는 거죠. 그럼, 실질적으로 공장장님과 제가 어떻게 일을 처리하면 좋을지, 누구 좋은 생각 없어요?"

나는 의자 깊숙이 몸을 파묻고 있는 랠프에게 말했다.

"랠프 씨, 우리가 사업부 내에서 벌어지는 일들의 규칙을 발견해서 정리해놓는다면 정말 큰 도움이 될 겁니다."

"그렇겠죠. 하지만 어떻게 해야 그 고유 법칙을 밝혀낼 수 있죠?"

루이스가 내 말을 받아 대꾸했다.

"우연히 어떤 법칙을 발견한다고 해도 말입니다요. 그게 고유 법칙인지 어쩐지 우리가 어떻게 압니까?"

밥이 덧붙였다. 잠시 후 루이스가 다시 입을 열었다.

"그 질문에 답하기 위해서는 좀더 기초적인 질문을 해야 할 것 같습니다. 여러 사실들 속에 들어 있는 고유 법칙이라는 게 뭘까요? 멘델레예프가 다뤘던 원소들을 살펴보면 모두 다르게 보입니다. 어떤 것은 금속이고, 어떤 것은 기체이고, 어떤 것은 노랗고, 어떤 것은 까맣고. 하나같이 전혀 다른 속성을 갖고 있습니다. 물론 유사해 보이는 몇 가지 단서는 있지만, 그것 역시 공장장님이 화이트보드에 그렸던 형형색색의 도형들처럼 무질서해 보일 뿐입니다."

이후에도 격렬한 논쟁이 오갔지만, 더 이상 내 귀에는 그들의 말소리가 들리지 않았다. 나는 루이스가 던진 질문에 빠져 있었다.

'어떻게 해야 그 고유 법칙을 밝혀낼 수 있죠?'

루이스는 그 질문이 마치 불가사의한 일인 것처럼 말했지만, 이미 수많은 과학자들은 여러 사물의 고유 법칙을 찾아내어 증명해냈다.

그리고 요나 교수도 과학자다.

"그것이 가능하다면……?"

나는 격론의 현장에 불쑥 끼어들었다.

"고유 법칙을 밝혀내는 기법이 존재한다고 가정하면 그 기법은 위력적인 관리 수단이 되지 않을까요?"

"두말할 필요도 없지요. 하지만 그건 불가능하지 않을까요?"

루이스가 말했다.

"그래, 오늘은 어떤 마법이 일어났어?"

나는 낮에 일어났던 일들을 아내에게 이야기해준 뒤, 아내의 하루 일과에 대해 물었다.

"난 하루 종일 도서관에 있었어. 자기, 소크라테스가 책을 단 한 권도 쓰지 않았다는 거 알아? 『소크라테스와의 대화』도 제자인 플라톤이 쓴 거고. 오늘 도서관 사서 한 사람이랑 완전 친해졌잖아. 나 진짜 그 사람이 맘에 들어. 눈매도 서글서글하고 말을 얼마나 재미있게 하는지. 그 사람이 플라톤의 『대화편』을 권해줘서 읽기 시작했어."

나는 놀라움을 감출 수 없었다.

"세상에! 자기가 철학책을 다 읽다니! 지겹지 않았어?"

아내는 나를 마주 보며 얼굴 가득 미소를 지어 보였다.

"글쎄, 그건 자기 덕이지. 지난번에 자기가 '소크라테스식' 대화법 얘기했잖아. 철학에 관심이 있는 게 아니라, 고집불통 남편과 아이들을 설득하는 기술을 익히려고 읽는 거야."

"그래서 철학책을 읽기 시작했단 말이야?"

"그럼 내가 무슨 벌이라도 받으려고 읽는 것 같아?"

아내는 내 반응이 재미있다는 듯 깔깔거리며 웃었다.

"알렉스, 『대화편』 읽어본 적 있어?"

"아니."

"그럼, 한번 읽어봐. 이야기체로 돼 있는데 진짜 재미있어."

"얼마나 읽었어?"

"아직도 맨 처음 '프로타고라스' 장에 매여 있어."

"내일도 읽고 있다면 한번 읽어보기로 하지."

내가 비꼬자 아내는 의기양양하게 대꾸했다.

"그래, 해가 서쪽에서 뜰 때겠지!"

36

지금은 새로운 시장, 소위 말하는 디지털 사회로
이행하는 엄청난 기회의 시간이다.
그러나 새로운 시장으로 향할 무기를 장전하지 못한다면,
그 기업은 홀로 뒤처지게 될 것이다.
― 스테파노 코퍼

#오후 1시

우리는 회의 시간을 한 시간 뒤로 늦추어야 했다. 스테이시와 밥이 진행하고 있는 주문 건에 문제가 생겼기 때문이다. 내심 불안감이 고개를 쳐들었다.

'우리가 혹시 슬럼프에 빠져들고 있는 건 아닐까? 스테이시가 경고한 병목 자원의 생산능력에 관한 문제가 현실로 드러나기 시작한 것은 아닐까?'

스테이시는 매출 증가로 발생한 과부하와 그로 인한 새로운 병목 자원의 출현을 지적했다. 그러나 더디긴 해도 매출은 꾸준히 늘고 있었다. 이런저런 생각에 머릿속이 진흙탕처럼 흐려졌다.

그러나 나는 곧 걱정거리를 털어버리기로 작정했다. 내 노파심이 만들어낸 잔걱정일 뿐이라는 생각이 들었다. 지금 스테이시와 밥이 겪고 있는 문제는 인사이동으로 생길 수 있는 자연스러운 마찰일 가능성이 높았다. 내가 나서서 간섭한다면 상황이 풀리기는커녕 오히려 꼬여버릴 가능성이 컸다. 그것이 심각한 문제로 발전한다면 주저 없이 내게 달려올 것이다.

하지만 그리 간단히 치부해버릴 일만은 아니었다. 우리 모두는 행동파가 아니었던가? 나나 나의 참모진은 뭔가 일을 하고 있어야 직성이 풀리는 사람들이었고, 문제가 발생했을 때 그것을 해결하지 않고는 가만히 앉아 있지를 못하는 사람들이었다. 지금 스테이시가 우려

했던 문제가 발생한다면 해결은 결코 쉽지 않을 것이다. 한 시간 뒤, 마침내 모두가 회의실에 모였다. 나는 안건으로 오른 문제들을 그들에게 다시금 환기해주었다.

"지금 우리는 새로운 전환점에 서 있습니다. 지금까지 우리가 공장 현장에서 성공적으로 이끌어낸 새로운 시도를 사업부 전체로 확산하려면, 지금까지 우리가 겪은 시행착오를 돌아봐야 합니다. 다시 말해, 공장 회생 과정을 통해 얻은 교훈을 일반화해서 그것을 전사적으로 확장할 이슈가 필요하다는 겁니다. 하지만 공장마다 상황이 다를 수도 있는데요. 어떻게 해야 그 차이를 극복할 수 있겠습니까? 제품 설계 시 필요한 1회 작업량을 어떻게 설정하는 게 좋겠습니까?"

내 문제 제기에 유일하게 답변한 사람은 스테이시였다. 그러나 유감스럽게도 그녀의 아이디어는 단순했다. 요나 교수가 '무엇이 기업의 목표인가?'라는 질문에서 출발하라고 했듯이 그녀 역시 '무엇이 우리의 목표인가'라는 질문을 개인적인 차원이 아닌 관리자의 차원에서 검토하는 것에서부터 시작하자고 제안했다. 하지만 반응은 시큰둥했다.

"아이고, 그건 너무 이론적인 접근이 아닙니까요?"

밥은 따분하다는 듯 하품을 하면서 스테이시의 제안을 일축했다. 내가 묵묵부답으로 일관하자 루이스가 내 대변자 역할을 자청하고 나섰다.

"간단하지 않습니까? 우리 회사의 목표가 '돈을 버는 것'이라면 우리가 할 일은 그 목표를 사업부의 목표와 일치시켜 힘껏 추진하는 거 아닙니까?"

스테이시는 뭔가 석연치 않다는 표정으로 반문했다.

"정말 그렇게 보시나요? 그 목표가 '더 많은'이라는 수식어를 달고 있다면 그 목표를 달성할 수 있을까요?"

루이스는 입가에 잔잔한 미소를 머금고 스테이시의 말을 받았다.

"스테이시 씨, 무슨 뜻인지 알겠습니다. 그 말이 맞아요. 물론 그 목표를 달성할 수는 없을 겁니다. 그치만 그렇게 끝없이 펼쳐진 목표에 미래를 걸 순 없어도 우리가 그 목표를 향해 나가도록 유도할 수는 있다고 봅니다. 그것은 단 한 번의 노력으로만 되는 일은 아닐 겁니다. 끊임없는 도전과 실패 속에서 만들어나가는 거 아니겠습니까? 그렇다면 제 답변을 수정해야겠군요."

루이스는 단어 하나하나에 힘을 실어 답변을 마무리했다.

"앞으로 우리가 해야 할 일은 우리 사업부가 지속적인 개선 작업을 시작할 수 있도록 만드는 겁니다."

스테이시는 나를 응시하며 회의 주제를 끄집어냈다.

"공장장님이 요구하시는 것은 그 목표를 달성하는 방법에 대한 아이디어가 아닌가요? 그렇다면 이게 우리 회의의 주제로 가장 적당할 것 같은데요?"

그때 밥이 모든 사람들이 생각하고 있음직한 질문을 던졌다.

"어떻게요?"

스테이시는 밥의 표정을 읽으며 방어적인 어조로 대꾸했다.

"잘 모르겠어요. 전 문제의 해결책이나 획기적인 대안을 가지고 있다고는 말하지 않았어요. 다만 제 생각을 말했을 뿐이죠."

"고마워요, 스테이시 씨."

나는 나 대신 회의 주제를 짚어낸 스테이시에게 감사의 말을 전한 다음, 아직 지우지 않은 형형색색의 형태들을 가리켜 보이며 말했다.

"분명한 사실은 우리가 지금까지 해온 것과는 전혀 다른 각도에서 접근해야 한다는 점입니다."

아무도 선뜻 의견을 내놓으려 하지 않았다. 문제 제기까지는 잘 접근했지만 그 대안에 관해서는 모두들 침묵으로 일관했다. 모두들 내심 '어떻게'라고 한 밥의 질문을 곱씹고 있는 것 같았다. 분위기를 전환하려고 화이트보드에 '지속적인 개선 과정'이라는 글귀를 적었지만, 이것도 별 도움이 되지 않았다. 우리는 문구를 응시한 채 한동안 말없이 앉아만 있었다.

"좋은 의견 없습니까?"

예상했던 대로 총대를 멘 사람은 밥이었다. 그는 누구도 입 밖에 꺼내지 못할 이야기를 거침없이 풀어냈다.

"아이고, 전 저 글귀에 넌더리가 납니다. 어디를 가든지 맨날 저 소리 아닙니까요."

밥은 자리에서 일어나 초등학교 1학년 선생의 억양을 흉내 내며 말했다.

"지속적이인 개선과저엉?"

모두의 얼굴에 짙은 그늘이 드리워졌다. 밥은 회의실 안을 빙 둘러보더니 자리에 앉아 말을 이었다.

"대체 저 말을 어떻게 잊을 수 있겠습니까요? 힐튼 스미스 공장장이 보낸 공문에도 저런 표현이 범벅되어 있었는뎁쇼. 공장장님, 저런 글귀는 지금도 계속, 아니 예전보다 더 많이 쓰고 있잖습니까? 종이 낭비라고요. 아무 의미가 없는 저런 표현 그만 좀 썼으면 합니다요."

"도노번 부장, 적절한 때가 되면 그렇게 조치하겠습니다. 좀 전의 이야기로 돌아가봅시다. 이 회의에서 더 이상 아무것도 나오지 않는다면 제가 사업부 관리자로서 유일하게 할 수 있는 일은 공문을 줄이는 것 외엔 없을 겁니다. 자, 도노번 부장부터 먼저 이야기를 털어놓아보세요."

밥은 이내 진지한 태도로 회의에 집중했다.

"제 말은요. 우리 회사의 모든 공장들은 이미 네댓 개 이상의 개선 프로젝트를 하고 있다 그 말입니다. 하나도 아니고 둘도 아니고, 무려 다섯 개나요. 너무 많아서 소화불량에 걸릴 지경 아닙니까요. 공장장님이 작업 현장에 직접 내려가셔서 새로운 개선 프로젝트가 어떤지 한번 물어보십시오. 보나마나 직원들은 노이로제에 가까운 반응을 보일 겁니다."

밥의 진심을 알기 위해서는 그의 아킬레스건을 건드리는 것이 최상이었다.

"그래서 어떻게 했으면 좋겠습니까?"

밥은 나의 부추김에 이내 반응했다.

"우리가 한 것과 똑같이 하면 되겠죠. 우린 공식적으로는 개선 프로젝튼가 뭔가 하는 걸 시도한 적이 없습니다. 하지만 우리가 해낸 일들을 보세요. 거창한 말 따위나 구호 같은 건 필요 없습니다. 결과는 행동으로 보여주는 게 진짜 아닙니까?"

"도노번 부장 말이 맞습니다."

밥은 흥분이 가시지 않는 듯 씩씩거렸다. 나는 일단 밥을 다독거리며, 다른 사람들을 자극하기로 했다.

"하지만 도노번 부장, 우리 공장에서 해낸 일을 다른 공장에서도 해내려면 이전에 여러 공장에서 진행했던 프로젝트와 뭐가 다른지 명확하게 지적해줘야 합니다."

"그런데요, 공장장님, 우리가 그렇게 많은 프로젝트를 시도한 건 아니잖아요?"

스테이시가 반응을 보였다.

"그건 아니라고 봅니다요. 우리는 주도권을 쥐고 많은 계획을 추진했잖습니까요. 원자재 투입 방식의 변경은 두말할 것도 없고, 작업 절차, 성과 측정, 품질관리, 개별 부문의 공정 등등에서 새로운 계획이 얼마나 많았습니까요."

스테이시는 밥이 자신의 말을 가로막지 못하도록 손을 들어 제지하면서 결론을 내렸다.

"아, 아, 물론이죠. 제 말은요, 우리가 그 계획을 '개선 프로젝트'라는 식으로 내걸고 하지 않았다는 말이에요. 하지만 물론 그건 명백히 개선 프로젝트였죠."

나는 스테이시를 향해 질문의 물꼬를 텄다.

"스테이시 씨, 그럼 다른 공장들은 실패했는데 왜 우리 공장은 성공했다고 봅니까?

밥이 불쑥 대화에 끼어들었다.

"그건 간단합니다요. 그 사람들은 프로젝트랍시고 구호만 떠들어댔고 우린 실천에 옮겼지 않습니까요."

"도노번 부장, 지금 말장난하자는 겁니까?"

나는 서둘러 밥의 말을 막았다.

"저는 우리가 '개선'이라는 말을 다른 방식으로 해석했기 때문에 성공한 게 아닌가 싶어요."

스테이시가 사려 깊은 어조로 말했다.

"무슨 뜻입니까?"

내가 반문하자 루이스가 말을 받았다.

"스테이시 씨 말이 옳습니다! 판단 기준을 뭘로 삼느냐 하는 문제죠."

"회계사들에게는 모든 것이 판단 기준의 문제니까요."

루이스는 밥의 비아냥거림을 무시하고 자리에서 일어나 회의실 안을 서성였다. 그는 우리가 지금까지 보지 못했던 격앙된 모습으로 한동안 화이트보드 앞에 멈춰 서서 뭔가를 생각했다. 우리는 숨죽여 그의 답변을 기다렸다. 몇 분 뒤, 루이스는 화이트보드에 다음과 같은 글귀를 적어 넣었다.

현금 창출률, 재고, 운영비!

루이스는 만족스러운 웃음을 지으며 글귀에 대해 설명했다.

"모든 제조 부문에서 개선이란 원가절감과 동의어쯤으로 해석되곤 합니다. 그래서 비용 절감이 가장 중요한 척도라도 되는 것처럼 운영비 절감에 전력을 기울이는 거고요."

밥이 루이스의 말을 가로챘다.

"그 정도가 아니라, 운영비 절감에는 아무 영향도 없는 원가절감을 하느라 바쁘겠지요."

루이스는 차분히 말을 이어갔다.

"맞습니다. 그러나 중요한 것은 우리 공장은 기존의 제조 공장과는 달리 현금 창출률을 가장 중요한 기준으로 삼았다는 겁니다. 우리에게 개선이란 원가절감이 아니라 현금 창출률을 높이는 것이었습니다."

"루이스 부장님 말이 맞아요."

스테이시는 루이스의 의견에 적극 동의했다.

"병목 자원의 개념은 운영비 절감을 위한 것이 아니라, 현금 창출률 상승에 초점을 맞춘 것이었어요."

나는 지금까지의 대화 내용을 곱씹으면서 느릿하게 말했다.

"여러분이 말하고자 하는 바는 우리가 뭐가 더 중요한지 그 판단 기준을 바꿨다는 겁니까?"

"바로 보셨습니다. 과거 기준으로 볼 때, 제조 공장의 우선순위는 원가, 현금 창출률, 그리고 재고 순이었습니다."

루이스는 얼굴 가득 미소를 띠며, 설명을 이었다.

"재고가 자산 항목에 들어갈 정도였으니 얼마나 잘못 흘러가고 있었는지는 굳이 설명드리지 않아도 잘 아실 겁니다. 우리가 고안한 새로운 판단 기준은 차원이 다릅니다. 우리의 척도에서 우선순위의 정점은 현금 창출률이 차지하고 있습니다. 재고는 현금 창출률이 미치는 영향 때문에 그다음으로 중요합니다. 그래서 운영비는 맨 마지막 기준입니다. 그리고 이것이 올바른 기준이라는 증거는 우리가 올린 매출액에서 확인할 수 있습니다."

루이스는 그 증거를 제시했다.

"현금 창출률과 재고가 10여 퍼센트 상승한 것과 반비례해서 운영비는 채 2퍼센트 남짓으로 떨어졌습니다."

나는 루이스의 대답 속에서 중요한 교훈을 발견할 수 있었다.

"루이스 부장님, 아주 중요한 지적입니다. 부장님 말씀에 의하면 우리가 '원가의 세계'에서 '현금 창출률의 세계'로 옮겨 왔다는 얘기 아닙니까. 제 말이 맞습니까?"

"그렇습니다."

나는 잠시 호흡을 고른 뒤 다음 말을 이었다.

"그리고 그 점은 또 하나의 개선 방향을 말해주는 것 같습니다. 판단 기준을 바꾼다는 것은 두말할 것도 없이 근본적인 조직 문화를 바꿔야 한다는 뜻입니다. 자, 한번 부딪혀봅시다. '조직 문화의 변화', 이거야말로 우리가 돌파해야 할 사안 아니겠습니까? 하지만 어떻게 우리 전체 사업부를 변화시킬 수 있겠습니까?"

밥은 신중한 어조로 자신의 의견을 피력했다.

"흠, 공장장님, 아직도 뭔가 미흡합니다요. 전 우리의 전체적인 접근 방식이 다른 사람들과는 분명한 차이가 있었던 것 같습니다요."

"어떤 방식을 말하는 겁니까?"

"정확히는 모르겠지만요. 어쨌든 우리는 그 어떤 개선 프로젝트도 만들지 않았지만, 자연스럽게 필요에 의해서 그런 결론이 나오지 않았습니까요. 다음에 어떤 일을 해야 할지도 우리 스스로 느껴서 그렇게 했고요."

"맞아요. 그랬습니다."

우리는 유익한 시간을 보내고 있었다. 우리는 그동안 해온 일들을 돌아보면서 실제로 우리가 이룩한 성과가 새로운 판단 기준과 맞는지를 검증해봤다. 침묵을 지키고 있던 밥이 갑자기 몸을 일으켰다.

"맞다! 제가 알아냈습니다!"

그는 칠판으로 달려가 필기도구를 쥐고 '개선'이라는 단어에 진하게 밑줄을 그었다.

"지속적인 개선 과정."

밥은 우렁찬 목소리로 복창하고는 그 자리에 서서 자신의 생각을 말했다.

"루이스 부장님이 '판단 기준'이라는 말에 집착하는 바람에 우리는 '개선'이라는 단어에만 집중한 거 아닙니까요? 여러분, 진짜로 중요한 놈은 '과정' 아니겠습니까요?"

그는 '과정'이라는 단어에 몇 번이고 밑줄을 그었다. 나는 약간 짜증 섞인 목소리로 말했다.

"루이스 부장님이 판단 기준이라는 말에 집착하고 있다면 도노번 공장장은 과정이라는 말에 집착하고 있는 것 같습니다. 어디, 그 집착이 쓸 만한지 한번 들어봅시다."

"이건 아주 확실한 겁니다요. 공장장님, 저는 루이스 부장님과는 다른 각도에서 우리가 문제를 다루었던 방식이 다르다는 것을 알아냈습니다요. 그것은 판단 기준의 문제만은 아닙니다요."

밥은 환하게 미소 지으며 자리에 앉았다.

"좀더 자세히 설명해주겠어요?"

스테이시가 부드러운 목소리로 물었다.

"다들 아직도 못 알아들었습니까요?"

밥은 놀란 표정으로 우리를 둘러보았다.

"아무도 이해 못했어요."

스테이시는 당황한 표정으로 멀뚱히 시선을 교환하고 있는 사람들을 가리켰다. 밥은 그제야 상황을 파악했는지 이렇게 물었다.

"과정이 뭡니까요? 계속 이어지는 단계의 연속 아닙니까요. 제 말이 맞습니까요?"

"그렇죠……."

"그럼, 우리가 따라야 할 과정이 무엇인지 답변하실 분 계십니까요? 아니, 질문을 바꿔보죠. 우리가 '지속적인 개선 과정'이라고 말할 때 여기서 이 과정이란 게 뭐냐 이겁니다요. 여러 개선 프로젝트를 진행하는 게 과정이 아니란 말입니다요. 우린 하나의 과정을 통과했습니다요. 바로 그게 바로 우리가 했던 일이죠."

"맞아요."

랠프가 조용한 목소리로 말했다. 나는 자리에서 일어나 밥에게 악수를 청했고, 다른 직원들은 그에게 따스한 미소를 보냈다. 루이스는 날카로운 눈매를 빛내며 한 가지 의문을 제기했다.

"도노번 부장, 한 가지 궁금한 게 있습니다. 그럼 우리가 따라간 과정은 뭐죠?"

밥은 적당한 답을 찾아내지 못했는지 당황한 목소리로 말했다.

"솔직히 그건 잘 모르겠습니다. 하나의 과정을 따라갔던 것만은 분명합니다."

나는 밥의 난처함을 덜어주기 위해 재빨리 대꾸했다.

"그것을 찾아봅시다. 우리가 하나의 과정을 따라왔다면 그것을 찾아내기란 그리 어렵지 않을 겁니다. 자, 생각해봅시다. 우리가 맨 처음에 한 일이 뭐였습니까?"

누가 먼저 말하기도 전에 랠프가 입을 열었다.

"여러분도 아시다시피 이 두 가지 일은 서로 연결되어 있어요."

"두 가지 일이라니, 뭘 말하는 거요?"

"공장장님이 말씀하신 '원가의 세계'에서는 원가가 주된 관심사였습니다. 원가는 공장에서 진행하는 여러 공정에 연관돼 있어서 비용을 발생시킵니다. 즉 '원가의 세계'라는 커다란 패러다임 속에는 공장 조직이 무수한 고리로 구성되어 있고, 각각의 고리를 통제하는 것이 가장 중요하다는 견해를 낳는다는 얘기입니다."

"요점만 간단히 말해주시오."

밥은 조급하게 채근했다.

"랠프 씨의 설명을 계속 들어보죠."

스테이시는 느긋하게 랠프의 답변을 기다리며, 밥의 재촉을 가로막았다.

"그것은 하나의 사슬을 그 무게에 따라 측정하는 것과 같습니다. 사슬을 구성하고 있는 각각의 고리는 모두 다 중요합니다. 각각의 고리가 서로 상반되는 성향을 가지고 있다면, 우리는 '20/80'의 규칙을 적용해야 합니다. 20퍼센트의 변수가 80퍼센트의 결과를 결정한다는 파레토의 법칙 말입니다. 이 단순한 원리가 루이스 부장님의 말을 입증해줍니다. 우리가 '원가의 세계'에 있었던 때를 말이에요."

스테이시는 랠프의 말을 가로채려던 밥의 손을 살며시 그러쥐었다.

"판단 기준을 바꿔야 한다는 점에는 모두들 이견이 없으시리라고 봅니다. 우리가 선택한 가장 중요한 판단 기준은 현금 창출률이었습니다. 그렇다면 과연 어떤 공정에서 현금 창출률을 달성할 수 있을까요? 각각의 공정에서요? 천만에요. 오직 모든 공정의 종착역에 가서야 달성할 수 있습니다. 도노번 공장장님도 아시다시피 현금 창출률을 최우선순위에 둔 것은 사슬의 무게에서 사슬의 강도로 초점을 이동했다는 것을 뜻합니다."

"나 참, 도무지 알아들을 수가 없구먼."

랠프는 시큰둥한 반응을 보이는 밥에게 물었다.

"도노번 부장님, 사슬의 강도, 그 힘을 결정짓는 게 뭐라고 생각합니까?"

"가장 약한 고리 아닌가, 이 똑똑한 친구야!"

"그럼, 그 사슬의 강도를 높이려면 맨 먼저 뭘 해야 하죠?"

"가장 약한 고리를 찾는 거 아니오?"

갑자기 밥의 눈빛이 번뜩였다.

"아, 그래, 그래. 맞아 병목 자원을 찾아내는 일! 랠프 씨! 바로 그겁니다. 당신 정말 대단한 친구요!"

밥이 갑자기 랠프를 얼싸안고 환호성을 내질렀다. 랠프는 지친 기색이 역력해 보였지만, 여전히 의욕적인 모습을 잃지 않았다. 그다음 작업은 오랜 체증이 내려가듯 쉽게 풀려나갔다. 나는 오랜 산고 끝에 우리가 밟아온 과정을 다음과 같이 정리했다.

	5단계 시스템
1단계	병목 자원을 찾아낸다. — 열처리 버너와 NCX-10이 우리 공장의 병목 자원임을 밝혀낸 일.
2단계	병목 자원을 최대한 이용할 수 있는 방법을 선택한다. — 이건 좀 재미있는 게임이었다. 병목 자원의 유휴 시간을 절감하는 방법.
3단계	다른 모든 공정을 위의 결정에 따라 진행한다. — 모든 공정을 병목 자원의 속도에 맞춰 진행한 것. 적색 꼬리표와 녹색 꼬리표.
4단계	병목 자원을 향상시킨다. — 낡은 기계, 즈메그마를 도입하고, 덜 '효율적인' 예전의 공정으로 바꾼 것.
5단계	4단계 이후의 상황을 점검해, 전체 과정이 목표에 부합하는지 점검한다. 앞의 과정을 통해 병목 자원 문제가 해결되었다면 1단계로 돌아간다.

　화이트보드에 적힌 내용은 지극히 단순한 것들이었다. 나는 '평범한 상식 속에 진리가 숨어 있다'는 요나 교수의 말을 절감하며, 한동안 그것에서 눈을 떼지 못했다. 문득 '우리는 왜 이토록 평범한 진리를 깨닫지 못했던가?'라는 의문이 일었다. 내가 잠시 생각에 젖어 있을 때, 스테이시가 말문을 열었다.

　"도노번 부장님의 말이 옳아요. 우린 저 5단계 시스템 과정에 따라 목표를 성취할 수 있었어요. 물론 병목 자원의 성격이 바뀌어서 애를 먹었던 적도 있지만요."

　"병목 자원의 성격이 변하다니 그게 무슨 뜻이죠?"

나의 반문에 스테이시는 차분한 어조로 대답했다.

"말 그대로 병목 자원이 변했다는 거죠. 이를테면 우리가 맨 처음 발견했던 병목 자원은 열처리 버너나 NCX-10 같은 기계들이었지만, 5단계 과정을 거칠 때마다 불충분한 시장 수요처럼 눈으로 확인할 수 없는, 전혀 색다른 것으로 바뀌었잖아요. 우리가 거쳐온 과정을 돌이켜보세요. 병목 자원은 변신에 변신을 거듭했어요. 처음에는 열처리 버너하고 NCX-10이었고, 그다음엔 원자재 투입 시스템이었다가, 요나 교수님이 마지막으로 오셨을 때는 시장 수요였죠. 성급한 판단일지는 몰라도, 앞으로는 생산량이 다시 병목 자원이 되지 않을까 하는 걱정이 앞서네요."

그랬다. 지금 우리의 발밑에는 언제 터질지 모를 시한폭탄이 장착되어 있었다.

"스테이시 씨 말이 맞습니다. 어쩌면 조만간 새로운 위기가 닥칠지도 모릅니다."

나는 잠시 말을 끊고, 오늘 회의 내용을 최종적으로 점검해보기로 했다.

"그런데 말입니다. 시장 수요나 원자재 투입 시스템을 병목 자원이라고 부르는 건 왠지 어색한 것 같군요. 적당한 이름을 지어보도록 합시다."

"제약 요인(Constraint)이라고 하면 어떨까요?"

스테이시가 그럴싸한 제안을 했다. 나는 즉시 화이트보드에 적힌 제목을 수정했다. 오늘 회의에서 얻은 교훈을 토대로 각자 새로운 프로젝트에 관해 열띤 토론을 이어갔다.

아내는 따뜻한 커피 잔을 손에 쥐고 내 이야기에 귀를 기울였다. 내 생각의 갈피 속에서 아내가 어떤 묘수를 찾아내줄지 은근히 기대되었다.

"자기야, 어떻게 하면 이 여세를 계속 몰아갈 수 있을까?"

나의 질문에 아내는 콧잔등을 찌푸리며 심각하게 대꾸했다.

"자기는 아직도 만족을 못하는 거야? 왜 그렇게 자신을 몰아붙여? 난 자기랑 공장 식구들이 5단계 시스템을 정리한 것만으로도 오늘 하루 성과로는 충분하다고 보는데?"

"물론 충분해. 아니, 그 이상이야. 모든 경영진이 갈망하는 과정을 찾아내고, 그것이 '지속적인 개선'이라는 노선에 따라 체계적으로 나아가는 방식을 발견해낸 건 아주 대단한 성과였어. 근데 내가 고민하는 건 그게 아니야. 어떻게 하면 우리 공장이 더 빨리 성장할 수 있을까 하는 거지."

"그러니까 뭐가 문젠데? 모든 일이 다 순조롭게 풀리고 있는 것 같은데."

나는 한숨을 내쉬었다.

"꼭 그렇지만은 않아. 스테이시가 경고한 대로 매출 증가가 새로운 병목 자원을 만들어서, 또다시 허겁지겁 제품 생산에 매달려야 하는 위험에 처할 수도 있거든. 그렇게 되면 제품 생산에 차질이 생겨서 공격적인 마케팅이 불가능할 거야. 그렇다고 해서 인원을 늘리거나 새로운 기계를 도입할 만한 형편도 아니고 말이야. 지금까지의 성과만으로는 충분하지가 않거든."

아내는 부드러운 손길로 나를 어루만지며 위로해주었다.

"알렉스, 걱정하지 마. 당분간 가만히 자리에 앉아서 추가 설비 투자금을 정당하게 따낼 수 있을 때까지 기다리기만 하면 돼. 그리고 그 걱정은 이제 밥 도노번 부장이 해야 하는 거 아니야? 이젠 다른 사람들한테도 고민할 기회를 나눠줘야 할 때잖아."

"정말 그럴까? 그래, 자기 말이 맞아."

대답은 이렇게 했지만, 내 마음속에는 여전히 고민의 앙금이 남아 있었다.

37

상황은 언제나 역전될 수 있다는 점을 기억하라!
— 앤드루 매슈스

#오전 10시

"뭔가 잘못된 게 있어요. 뒤끝이 영 개운치가 않습니다."

우리가 편안하게 자리를 잡자 랠프가 말했다.

"그게 뭔 말입니까요?"

밥은 '우리의 작품'을 보호하겠다는 듯이 공격적으로 말했다.

"3단계가 옳다면……."

랠프는 느릿한 어조로 말했다.

"우리가 만약 제약 요인을 최대한 이용하기 위해 그것을 기준으로 다른 모든 것, 즉 비제약 요인을 운영한다면……."

밥은 자신의 의지를 관철시키려는 듯 물러서지 않았다.

"이봐요, 랠프 씨. '만약 제약 요인을 기준으로 비제약 요인을 운영한다면'이라니 그게 무슨 말입니까요. 지금 우리가 합의한 시스템에 이의가 있다는 말입니까? 만약 그게 잘못된 결정이면 여태까지 랠프 씨가 컴퓨터에서 뽑아낸 작업 스케줄은 모두 헛것이오. 뭐요?"

랠프는 밥의 강력한 반발에 변명조로 말했다.

"그 점은 의심의 여지가 없습니다. 하지만 제약 요인의 특성이 변했다면 우리가 운영하는 모든 비제약 요인도 변할 거라고 예상하는 게 당연한 거 아닙니까?"

"일리가 있는 말이네요. 랠프 씨, 어떤 점이 마음에 걸리는 거죠?"

스테이시가 사태를 진정시키며 랠프에게 물었다.

"비제약 요인의 운영 방식에 변화를 준 기억이 없습니다."

"그건 랠프 씨 말이 맞는 것 같구만요. 저도 그런 기억이 없습니다요."

밥도 랠프의 의견에 동의했다.

밥이 사려 깊은 목소리로 내게 되물었다.

"공장장님, 우리가 변화를 시도해야 하는데 기미조차 알아차리지 못한 건 아닙니까요?"

"그럼 오늘은 그 문제를 중점적으로 검토하기로 합시다. 제약 요인의 성격이 처음으로 바뀐 게 언제부터였죠?"

스테이시는 기다렸다는 듯 대꾸했다.

"녹색 꼬리표를 단 부품이 조립 공정에 너무 늦게 도착하기 시작할 때였죠. 새로운 병목 자원이 생겼다고 공포에 떨던 때를 기억하세요?"

"기억납니다. 그 뒤에 요나 교수님이 오셔서 그건 병목 자원이 아니고, 우리가 공장에 작업물을 보내는 방식 때문에 제약 요인이 생긴 거라고 알려주셨죠."

밥은 그때의 악몽을 떠올리며 치를 떨었다.

"전 아직도 그때의 그 충격을 못 잊습니다요. 직원들 일거리가 다 떨어졌는데도 원자재 투입을 자제했죠."

루이스가 밥의 말을 받았다.

"게다가 '효율성'이 떨어질지도 모른다는 우려는 어땠고요. 돌이켜 보면, 그럴 용기를 냈다는 게 놀랍습니다."

"그것이 완벽하게 이치에 맞았으니까 실현된 거 아니겠습니까? 결과도 만족스럽게 나왔고. 랠프 씨, 적어도 이 경우에 있어서만큼은 비제약 요인들의 운영 방식에 커다란 변화를 주었다는 점은 명백합니다. 이제 다음으로 넘어가도 되겠습니까?"

랠프는 묵묵부답이었다.

"아직도 마음에 걸리는 게 있습니까?"

"네. 근데 그게 뭔지 구체적으로 감이 잡히지 않습니다. 뭐라 딱 꼬집어 표현할 수 없다는 게 정확하겠군요. 분명한 건 우리가 뭔가 놓치고 있다는 거예요."

그가 이렇게만 말하고는 다시 침묵했다. 결국 스테이시가 그동안 우리가 진행했던 과정을 하나하나 따져보기 시작했다.

"문제가 뭐죠? 랠프 씨하고 도노번 부장님, 그리고 제가 그 제약 요인들을 위한 작업 리스트를 만들었어요. 그런 다음 랠프 씨가 리스트를 토대로 원자재 투입 시기를 결정했고요."

랠프의 표정을 살피던 스테이시는 계속 말을 이어갔다.

"그러고 나서 저는 작업자들이 컴퓨터 리스트에 따라 작업하도록 지시했어요. 그렇게 해서 우린 분명 획기적인 변화를 경험했잖아요."

밥이 스테이시의 말에 한몫 거들고 나섰다.

"그렇죠. 현장 식구들이 해고의 공포가 밀려오는 와중에도 유휴 시간의 의미를 깨달았을 정도니까요!"

랠프는 체념하듯 말했다.

"모두 맞는 이야기예요."

루이스가 물었다.

"우리가 이용했던 방식은 어땠습니까? 녹색 꼬리표와 적색 꼬리표 말입니다."

랠프는 구세주라도 만난 듯 루이스의 말에 호응했다.

"오, 맞아요! 저를 괴롭히고 있었던 게 바로 그겁니다."

그는 스테이시 쪽으로 몸을 돌려 질문했다.

"스테이시 씨, 왜 우리가 그 꼬리표를 달았는지 기억나세요? 확실한 우선순위를 정하려고 그런 거잖아요. 어떤 작업이 더 중요하고, 먼저 해야 할게 뭔지 알려주기 위해서요."

스테이시가 의아하다는 표정으로 랠프의 물음에 답했다.

"맞아요. 우리가 그 일을 했던 이유는 바로 그거였어요. 아, 랠프 씨가 무슨 말을 하려는지 알겠어요. 우리가 작업 우선순위 시스템을 도입한 건 작업의 중요성을 정하기 위해서였죠. 하지만 지금은 상황이 많이 달라졌죠. 현재 현장 생산라인에 투입된 원자재는 모두 중요도가 높아요. 그렇다면 새로운 기준이 필요하다는 건데, 잠깐 생각 좀 해봐야겠어요."

랠프의 지적은 내가 미심쩍어하고 있던 문제의 핵심을 찔렀다. 우리 모두 이 문제에 대해 각자의 생각 속으로 빠져들었다.

"어머나, 세상에나 바로 그거야!"

스테이시가 마침내 신음 소리를 내뱉었다.

"뭔데, 뭔데 말입니까? 난 도무지……."

밥은 스테이시에게 대답을 재촉했다.

"지금 알았어요! 우리 공장에 왜 위기가 닥쳤는지 말이에요. 그놈의 꼬리표를 붙인 게 원인이었다고요!"

"뭐라고요? 그게 대체 무슨 뜻입니까?"

밥은 그녀를 다그쳤다.

"저 역시 믿을 수가 없네요. 전 지금까지 예닐곱 개에 달하는 CCR의 문제점에 대해 불평을 늘어놓았는데, 실은 제가 문제를 만든 장본인이었어요."

"스테이시 씨, 우리가 이해할 수 있도록 자세히 좀 설명해보세요."

스테이시는 내 요청에 따라 차분한 어조로 답해주었다.

"물론이죠. 공장장님, 그리고 여러분, 녹색 꼬리표와 적색 꼬리표가 언제 필요한지 잘 알고 계시죠? 작업 현장에 재고가 쌓일 때, 대기하고 있는 두 가지 일거리 중 한 가지를 선택해야 할 때, 바로 그때 필요했죠. 작업자가 일의 우선순위를 좀더 쉽게 가려낼 수 있도록 하기 위한 장치였구요."

"그런데요?"

"병목 자원 앞에서 가장 많은 지연 현상이 일어났는데, 그곳에서는 꼬리표가 별 의미가 없어요. 그다음으로 지연 현상이 일어나는 곳이 바로 CCR 앞이었죠. 여기서는 병목 자원에 공급하는 부품들 중 적색 꼬리표를 단 것들이 있긴 했지만, 주로 녹색 꼬리표를 단 부품을 많이 가공했죠. 여기서 완성된 부품들은 병목 자원을 거치지 않고 곧바로 조립 공정으로 넘어갑니다. 하지만 앞서 말씀드린 대로 상황이 호전된 지금도 CCR에서는 여전히 적색 꼬리표를 단 부품들을 먼저 가공하고 있어요. 그러니까 결과적으로 녹색 꼬리표를 단 부품들이 조립 공정에 늦게 도착하게 되는 거죠. 하지만 애석하게도 제가 그 현상을 발견했을 때는 이미 조립 현장 버퍼에 구멍이 난 뒤였죠. 부랴부랴 작업 순서를 바꿔서 녹색 꼬리표를 단 부품을 우선적으로 처리하면 다시 흐름이 좋아지곤 했죠."

"아니, 그러면 꼬리표를 없애면 상황이 호전된다 그 말입니까요?"

밥은 놀라움을 감추지 못했다.

"네. 바로 그거예요. 즉시 꼬리표를 없애고, 작업자들에게 도착한 순서에 따라 부품을 가공하도록 지시하면 생산 공백 현상이 생기지 않을 겁니다. 또 부품들이 어느 공정에 멈춰 서 있는지 찾으러 다니는 수고를 하지 않아도 돼요. 그리고……."

"그리고 작업촉진자는 작업 우선순위를 끊임없이 바꾸지 않아도 될 테고요?"

밥이 스테이시의 말을 마무리했다. 나는 스테이시가 경고했던 새로운 병목 자원의 출현에 관한 수정 사항을 재확인했다.

"그럼 며칠 전에 스테이시 씨가 경고했던 게 잘못됐다는 걸 인정하는 겁니까? 내가 안심하고 더 많은 주문을 받아도 되냐고요."

"네. 물론이죠. 저도 이제야 왜 이런 공백 현상이 생기는지 알았네요. 근데 앞으로도 현장 곳곳에서 변수가 생길 수 있다는 걸 명심해야 돼요. 지금 부품 부족 현상이 서서히 일어나고 있는데, 당장은 아니지만 나중에는 이것 때문에 큰 문제가 일어날 수도 있어요. 전 지금 바로 꼬리표를 떼어버릴 거예요. 이젠 영원히 안녕이죠!"

"이번 회의에서는 아주 유익한 대화가 오가는 것 같군요. 그럼 이쯤에서 다음 안건으로 넘어가도록 합시다. 제약 요인의 성격이 또 바뀐 시점은 언제였습니까?"

나는 다음 주제를 거론했다.

"모든 주문을 납품 예정일보다 훨씬 앞서서 출하하기 시작했을 때부터였습니다."

이번에는 밥이 먼저 대답했다.

"3주 앞서 제품을 출하한다는 건 제약 요인이 생산 공정에서만 생기는 게 아니라 시장이라는 영역에서도 생길 수 있다는 말입니다요. 아무리 생산능력이 좋아도 시장 수요가 없으면 수익을 거둘 수가 없으니까 말입니다요."

"분명 그렇습니다."

루이스가 확신에 찬 어조로 말했다.

"그렇다면 혹시 비제약 요인의 운영 방식을 바꾼 적이 있습니까?"

내 질문에 모두들 이구동성으로 답했다.

"전혀 그런 기억이 없습니다만……."

그 순간 랠프가 간과하고 있던 사실 하나를 짚어냈다.

"앗, 잠깐만요. 열처리 버너와 NCX-10이 더 이상 병목 자원이 아니라고 했는데, 왜 우린 계속해서 이 두 자원을 기준으로 원자재를 분배하고 있는 거죠?"

우리는 서로의 얼굴을 마주 보았다.

'정말, 왜 그랬을까?'

"또 하나 흥미로운 사실이 있습니다. 왜 제 컴퓨터는 아직도 이 두 가지를 병목 자원으로 인식하고 100퍼센트 풀가동해야 한다고 하는 거죠?"

나는 스테이시에게 눈길을 주면서 말했다.

"스테이시 씨, 어찌 된 영문인지 알겠습니까?"

"글쎄요, 잘 모르겠는데요. 확실히 오늘은 제 날이 아니네요."

스테이시는 자조 섞인 미소를 흘렸다.

"지금껏 내내 궁금했던 게 있습니다. 왜 우리 공장의 완제품이 빠른 속도로 줄어들지 않나 하는 겁니다. 이 상황을 설명해줄 사람 없습니까?"

밥이 참다못해 스테이시를 채근했다.

"말해봐요, 스테이시 씨."

"그런 눈으로 쳐다보지 마세요. 완제품이 산더미처럼 쌓여 있는데 누군들 저처럼 하지 않았겠어요?"

스테이시는 자신에게 모든 책임을 떠넘기려는 밥의 태도에 화가 난 듯했다.

"뭘 했는데요? 수수께끼 놀음은 그만두고, 자세히 설명해봐요."

밥은 아직 문제의 핵심을 간파하지 못한 눈치였다. 마침내 스테이시가 체념한 듯 설명하기 시작했다.

"병목 자원을 풀가동하는 것이 얼마나 중요한지는 모두들 잘 알고 계실 거예요. 요나 교수님의 말을 기억해보세요. '병목 자원에서 잃어버린 한 시간은 공장 전체가 잃어버린 한 시간이다.' 그래서 전 병목 자원의 부하량이 떨어지는 시점에 제품 주문서를 발행했어요. 창고에 재고로 쌓이게 될 테지만요. 지금은 그게 얼마나 어리석었던 일인지 뼈저리게 후회하고 있지만, 적어도 그 당시에는 최선의 판단이라고 생각했어요. 완제품의 수요와 공급의 밸런스를 6주선에 맞췄더니 산더미처럼 쌓여 있던 재고가 줄어들기 시작하더군요."

루이스는 스테이시를 격려하며 그녀의 말을 받았다.

"괜찮아요, 스테이시 씨. 역으로 해석하면 완제품 재고를 빨리 소화할 수 있다는 뜻이니까 너무 자책하지 마세요. 하지만 공장장님, 그 속도가 지나치게 빨라지지 않도록 주의해야 합니다. 그렇게 하면 결국 우리 이익이 낮아지니까요."

이번에는 스테이시가 이의를 제기했다.

"그런데 루이스 부장님, 왜 완제품을 되도록 빠른 시일 내에 소화시키면 안 된다는 거죠?"

나는 재빨리 중재에 나섰다.

"스테이시 씨, 마음에 두지 마세요. 루이스 부장이 여러분 모두에게 그에 대해 설명할 기회가 있을 겁니다. 또 반드시 들어야 하는 내용이기도 하고. 지금 당장 우리가 해야 할 일은 5단계 시스템을 수정해야 한다는 겁니다. 지금까지의 회의 내용을 볼 때, 회의 시작 무렵 랠프 씨가 지적한 문제점이 뭔지 찾아내야 합니다. 확실히 뭔가가 미흡하군요."

"제가 수정해볼까요?"

스테이시는 수줍게 말하며 화이트보드 앞으로 나섰다. 그녀가 자리로 돌아왔을 때 다음과 같은 수정안이 적혀 있었다.

	5단계 시스템
1단계	제약 요인을 찾아낸다.
2단계	제약 요인을 최대한 이용할 수 있는 방법을 선택한다.
3단계	다른 모든 공정을 위의 결정에 따라 진행한다.
4단계	제약 요인을 향상시킨다.
5단계	만일 4단계에서 제약 요인이 더 이상 성과를 제약하지 않게 되면 다시 1단계로 돌아간다.
	※경고! 그러나 관성이 제약 요인이 되지 않도록 주의한다.

화이트보드에 쓰인 내용을 검토하면서 루이스는 신음 소리를 내뱉었다.

"생각보다 훨씬 더 별로군요."

"내가 보기엔 생각보다 훨씬 더 괜찮은데!"

나의 대꾸에 모두의 시선이 내게로 모였다.

"루이스 부장님 의견부터 말해보세요."

"가이드라인을 잃어버렸다는 겁니다."

루이스는 우리의 얼굴을 들여다보며 차근차근 설명했다.

"우리가 지금까지 이룬 변화와 불필요하다고 제거해버린 과정에는 하나의 공통점이 있습니다. 그것들은 모두 '원가 회계(cost accounting)'에 뿌리를 두고 있다는 점입니다. 개별 부문의 효율성, 1회 최적 생산량, 제품 원가, 재고 평가 등등. 지금까지의 데이터를 분석해보면, 큰 문제가 발견된 건 아니지만 이제 곧 공장 곳곳에서 원가 회계의 불합리한 문제점들이 발생할 겁니다. 그간의 성과를 살펴보면 그 점을 명확히 이해하실 겁니다. 제가 발견한 새로운 회계 시스템이 증명하지 않습니까?"

"그럼, 새로운 가이드라인을 찾았다는 얘긴데, 그게 어쨌다는 겁니까?"

"아직도 모르시겠습니까? 문제는 회계 시스템만으로 해결되지 않습니다. 부품에 꼬리표를 붙인 건 원가 회계 때문이 아니라, 병목 자원의 중요성을 인식했기 때문이었습니다. 스테이시가 완성품에 대한 주문을 만든 것도 우리의 새로운 발상 때문에 가능했던 것이고, 병목 자원의 생산 용량을 낭비하지 않으려고 한 것에서부터 출발한 겁니다. 이러한 새로운 발상이 탄력을 받아 지속되기 위해서는 많은 시간이 걸릴 겁니다. 적어도 한 달 이상요!"

"루이스 부장님 말이 옳습니다. 새로운 상황에서 과거의 방법을 답습한다는 건 위험한 일이죠."

"그래서 재검사가 필요한 거고요."

스테이시가 덧붙였다.

"어떤 방식으로 말입니까요? 매번 상황마다 재검사할 수는 없습니다요."

밥이 뭔가 부족하다는 듯 이의를 제기하자, 랠프가 대화를 정리하는 의미에서 내게 물었다.

"이번에는 공장장님이 설명하실 차례입니다. 대체 왜 이 상황이 생각보다 훨씬 더 괜찮다고 말씀하신 겁니까?"

나는 느긋하게 웃어 보였다. 좋은 소식을 전할 때가 왔다.

"더 넓은 시장으로 나갈 때가 되었다는 뜻입니다. 지금까지 우리의 발목을 붙잡고 있던 가장 큰 걸림돌이 뭐라고 생각하십니까? 그건 아마도 우리가 충분한 생산능력을 확보하지 못했다는 걸 겁니다. 하지만 오늘 회의 내용을 검토해보건대, 우리는 차고 넘칠 만큼 충분한 생산능력을 갖추고 있다는 사실을 깨닫게 되었습니다."

'그렇다면 우리가 가진 여분의 생산능력은 얼마나 되는 거지?'

나는 마음속에 떠오른 의문을 스테이시에게 물었다.

"스테이시 씨, 지금 열처리 버너와 NCX-10에서 미리 앞당겨 제작하고 있는 상품 비율이 몇 퍼센트나 됩니까?"

"어림잡아 20퍼센트쯤 될 거예요."

이제는 이 현명한 동지들에게 내 계획의 실마리를 풀어 보일 차례였다.

"아주 좋습니다. 이만하면 우리는 시장을 석권하기에 충분한 생산능력을 보유하고 있다고 장담할 수 있습니다. 내일 아침 본사로 가서 조니 존스 부장님과 구체적으로 상의해봅시다. 루이스 부장님, 랠프 씨! 내일 아침, 우리의 실력을 증명할 수 있는 자료를 들고 함께 본사로 갑시다."

38

노력 없이 얻은 지식은 무의미하다.
그러나 자신의 힘으로 얻은 지식은
성공이라는 카드를 쥐어준다.
— 게오르크 리히텐베르크

#오전 6시

이른 아침, 나는 루이스와 랠프를 대동하고 조니 존스와 마지막 베팅을 하기 위해 사업 본부로 향했다. 나는 공장에 남을 나의 참모진에게 마지막 선물을 주고 싶었다. 그들 스스로 홀로서기를 할 수 있는 교두보를 마련함과 동시에 사업부 경영자로서의 내 자질을 시험해보고도 싶었다. 불안과 두려움이 엄습했지만, 어쨌든 한 번은 넘어야 할 고비였다. 우리는 말이 없었다. 랠프는 뒷좌석에 앉아 부지런히 노트북 컴퓨터를 두들기고 있었고, 루이스는 아직도 선잠에서 헤어나지 못한 채 꿈속을 헤매고 있었다. 나는 생각의 바퀴를 굴렸다. 현재 우리 공장의 생산능력을 완전히 활용하려면 조니 존스는 1000만 달러 이상의 추가 주문을 따내야 한다. 조니 존스가 제아무리 세일즈의 귀재라 해도 경제 위기 속에서 그만한 주문을 수주할 수 있을지 의문이었지만, 내가 혹시 불가능에 도전하고 있는 건 아닌가 싶어 더 불안했다. 그러나 나는 우리 공장을 위해서 아니, 나 자신을 위해서라도 반드시 조니 존스를 설득해야 했다. 조니 존스는 언제나 그렇듯 말쑥한 차림으로 회의실에 앉아 우리를 반겼다. 내가 잠시 어떻게 운을 떼어야 하나 고민하고 있을 때, 조니 존스가 먼저 말을 건넸다.

"알렉스 공장장님, 새 참모진은 잘 꾸리고 있나요? 마케팅 담당자로 점찍어둔 사람이 없다면 제가 추천 좀 하고 싶은데요."

"그래요? 누군데요?"

"제 생각엔 딕 퍼스키가 마케팅 담당으로는 제격인 것 같은데, 한번 만나보시겠습니까? 당장 부를 수도 있습니다."

조니 존스는 본사 이동을 앞두고 부산한 가운데서도 동지애를 발휘해주었다. 내심 고마운 생각이 들었지만 이 기회를 놓쳐서는 안 되겠다는 판단이 들었다. 나는 '정공법'으로 돌파하기로 작정했다.

"물론 좋습니다. 우리에겐 혁신적인 아이디어가 필요하니까요. 새 참모가 어떤 능력을 발휘할지 기대되는데요? 우리는 1000만 달러짜리 주문을 따낼 거니까요!"

조니 존스는 시원한 웃음을 날리며 딕 퍼스키를 호출했다.

"하하하, 승진하시더니 농담도 많이 늘었어요. 아, 딕. 어서 들어와요. 여기 우리 사업부에서 신화를 창조한 베어링턴의 알렉스 공장장님이 오셨습니다. 그런데 지금 이분이 저한테 1000만 달러짜리 베팅을 하고 있어요!"

딕 퍼스키는 호리호리한 체격에 삼십 대 중반쯤으로 보이는 건장한 사내였다. 그는 영문을 몰라 어리둥절해하며, 조니 존스와 내 얼굴을 번갈아 쳐다보았다.

"처음 뵙겠습니다. 알렉스 공장장님. 다음 달에 부임하실 거란 소식은 들었습니다. 전 딕 퍼스키라고 합니다. 딕이라고 불러주십시오."

"조니 부장님, 전 지금 위험한 베팅을 하려고 합니다. 1000만 달러 이상의 주문을 받아주세요. 우리가 한 달 안에 처리할 건으로."

조니 존스는 진지한 얼굴로 반문했다.

"공장장님, 왜 이러세요? 진심으로 하는 말씀입니까? 지금 일거리를 따내기가 얼마나 어려운지 아시면서 그러세요. 지금 시장 상황은 말 그대로 '적자생존의 법칙'으로 움직이는 판국이란 거 아시죠? 지금 대기업들도 제 살 깎아 먹기식 영업으로 근근이 연명하잖아요. 이 판국에 1000만 달러짜리 계약을 따내라는 말인가요?"

나는 침착하게 대처했다. 조니 존스가 흥분할수록 상황은 내게 유리해질 것이다.

"조니 부장님, 우리 공장이 현재 어떤 수준인지 잘 알고 있지 않습니까? 입에 발린 소리가 아니라, 업계 최고의 제품을 최단기간에 생산할 거란 점을 잊지 마세요."

"알렉스, 공장장님. 그 점은 누구보다 제가 더 잘 압니다. 클레임이 줄어든 것도 명확한 사실이니까요. 하지만 기적을 강요하진 마세요."

"억지를 쓰는 건 아니고요. 우리 공장의 생산 여력이 20퍼센트나 남아돌기 때문에 지금보다 20퍼센트의 물량이 더 필요하다는 뜻입니다."

"알렉스 공장장님, 저는 램프의 요정 지니가 아닙니다. 공장장님이 원하시는 걸 다 '짠!' 하고 내밀 재주가 없단 말입니다."

예상대로 조니 존스의 저항은 완강했다.

"조니 부장님, 잘 생각해보세요. 조건이 까다롭거나, 터무니없이 촉박한 납품일 때문에 미뤄두고 있는 주문이 틀림없이 있을 겁니다. 그걸 저희한테 주세요."

조니는 길게 한숨을 내쉬며, 진지한 태도로 말했다.

"아직 경기 침체를 피부로 느끼지 못하신 모양이군요. 어제오늘이 다를 정돕니다. 공장장님이 생각하시는 만큼 주문량이 넉넉지 못해요. 저는 요즘 닥치는 대로 주문을 받아서 사업부에 분배하고 있어요. 공장장님네 공장으로 들어가는 주문량도 간신히 맞추고 있는 실정이라고요."

"그 정도라면 단가 경쟁도 치열하겠군요."

루이스가 차분한 목소리로 말했다.

"아유. 치열하다는 표현으로는 부족하죠. 정말 피를 토하는 심정으로 주문에 목숨을 걸고 있는 지경이니까요. 박리다매는 옛말이에요. 울며 겨자 먹기 식으로, 이윤 없이 거저 수주하는 경우도 있는데요, 뭘. 상상이 됩니까?"

드디어 실오라기 같은 희망의 빛줄기가 보이기 시작했다.

"조니 부장님, 간혹 원가보다 더 낮은 가격을 요구하기도 하나요?"

"간혹이 아니라 거의 대부분이 그 지경이라니까요."

나는 회심의 미소를 지으며 조니에게 히든카드를 내보였다.

"그렇다면 원가보다 10퍼센트 낮은 가격에 주문을 수락할 용의가 있습니다."

조니의 표정이 순식간에 굳었다.

"그런 생각은 하지도 마세요!"

"내가 못할 것 같습니까?"

조니의 얼굴에 다시 깊은 그늘이 드리워졌다.

"공장장님이 어떤 카드를 쥐고 있는지는 모르겠지만, 포커페이스로 덤비는 도박사들이 호시탐탐 공장장님 뒷덜미를 노리고 있을 겁니다. 공장장님은 지금 그 능력만으로도 충분히 인정받고 있잖아요. 왜 하필 지금, 그것도 승진을 코앞에 둔 시점에서 무모한 배팅을 하려는 겁니까? 아니, 그건 그렇다 치더라도요, 우리가 한 고객한테 단가를 낮춰주면 다른 고객들이 가만히 앉아서 보고만 있을 것 같으세요? 떼거지로 몰려와서 단가를 낮춰달라고 아우성칠 겁니다."

조니 존스가 나의 허를 찔렀다. 이 마지막 논쟁에서 나는 터널 끝에서 보이던 희망의 끈을 놓쳐버렸다. 내가 아연실색한 표정으로 루이스를 돌아보고 있을 때 구원의 손길은 예기치 않은 곳에서 뻗어왔다.

"근데 부장님, 루이 쟁글러 씨는 고정 고객이 아니잖습니까?"

딕 퍼스키가 조심스럽게 운을 뗐다.

"게다가 그 사람이 요구한 수량을 생각해보세요. 대량 주문이니까 특별 할인 혜택을 주었다고 하면 될 것 같습니다만……."

딕이 말끝을 흐리자, 조니는 신경질적인 반응을 보였다.

"그 날강도 같은 놈 얘기는 꺼내지도 마. 그 망할 자식은 제품을 헐값에 사들이려고 수작을 부리고 있어. 심지어 운송비까지 우리더러 내라고 했다구."

조니는 분을 삭이지 못하고 씩씩거리며, 내게 루이 쟁글러에 대해 설명했다.

"그 뻔뻔스러운 프랑스 놈이 나한테 무슨 짓을 했는지 아십니까? 계약을 무려 3개월이나 끌었어요. 뭐 처음에는 신용평가를 한답시고 구구절절 계약 조건을 들먹이더라고요. 그러다가 계약이 성사되고 나니까 돌변하는 겁니다. 그때까지 가격에 대해서는 일언반구도 없던 작자가 최고의 모델을 헐값에, 거저 달라더라구요. 대량주문이고 해서 15퍼센트까지는 양보할 참이었는데 말도 안 되는 가격을 제시했어요. 왜 있잖습니까, 버키 번사이드 씨 회사로 납품하는 모델12를 단돈 701달러에 달라는 겁니다. 어떻게 알아냈는지 우리가 버키 번사이드 씨에게 제시 가격 992달러인 모델12를 할인해서 827달러에 납품하는 걸 안다면서 그보다 높은 가격으로는 절대로 못 하겠다고 억지를 부리고 있다고요."

나는 즉시 루이스에게 신호를 보냈다.

"모델12에 들어가는 원재료비가 얼맙니까?"

"334달러 7센트입니다."

루이스가 서슴지 않고 대답했다.

"조니 부장님, 제가 그 주문 수락한다면 다른 고객들한테 알리지 않을 자신 있습니까?"

"비밀은 절대 보장할 수 있죠. 하지만 왜 시간 낭비를 하려고 합니까?"

내가 루이스에게 눈짓을 보내자 루이스는 동의한다는 신호를 보냈다.

"제가 그 주문을 맡겠습니다. 세부 계약 내용을 설명해주세요."

조니 존스는 명한 표정으로 나와 루이스를 바라보다 어쩔 수 없다는 듯 딕에게 자료를 가져오라고 지시했다. 딕이 자리를 비우자 조니는 내게 솔직한 심경을 고백했다.

"알렉스 공장장님, 도무지 이해할 수가 없습니다. 어쩌자고 상황을 어렵게 만드는 겁니까? 이 형편없는 거래에 공장장님의 미래를 걸 만한 가치가 있다고 보세요? 시장은 유럽이에요. 그리고 이 바닥은 입소문이 빠른 편이라 다음번 거래 업체도 이 가격을 유지하려고 떼를 쓸 겁니다. 그땐 어쩌려고요? 루이스 부장님, 부장님은 회계부장 아닙니까? 왜 부장님까지 나서서 일을 어렵게 만드는 겁니까? 이래 가지고 사업부를 제대로 이끌기나 하겠습니까?"

루이스는 단호하게 대꾸했다.

"조니 부장님, 우린 분명 해낼 수 있습니다."

조니 존스의 얼굴에 당혹감이 스쳤다. 이제는 그의 뒷덜미를 가격할 차례였다.

"조니 부장님, 만약 소니 카메라를 산다면 도쿄와 맨해튼 중 어느 곳에서 사시겠습니까?"

"물론 맨해튼이지요."

"어째서죠?"

"지금 농담합니까? 거야 당연히, 가격이 싸니까요. 공장장님이 원한다면 소니 카메라를 아주 값싸게 살 수 있는 가게를 알려드릴 수도 있습니다. 거기선 도쿄 가격의 절반에도 살 수 있습니다."

"그러니까요, 조니 부장님. 왜 소니 카메라가 도쿄보다 맨해튼에서 더 싸게 팔리는지 그 이유를 아시나요? 운송비를 생각한다면 맨해튼에서 더 비싸게 팔려야 정상 아닙니까?"

조니가 드디어 백기를 들었다.

"좋아요, 알렉스 공장장님, 내가 졌습니다. 솔직히 공장장님이 무슨 생각을 하는 건지 모르겠지만 소니 사가 가격을 낮췄다는 건 분명 남는 장사라는 얘기겠죠."

우리는 회의실에서 무려 세 시간이나 머리를 맞대고 숫자와 씨름했다. 랠프와 루이스는 이 대규모 거래가 병목 자원에 주는 부하량과 작업 스케줄을 계산했다. 문제는 없었다. 두 곳의 작업장이 위험수위에 이를 가능성은 있었지만, 어쨌거나 우리는 해낼 수 있으리라는 결론을 얻었다. 마침내 우리는 1000만 달러짜리 칩을 얻어낸 것이다!

"알렉스 공장장님, 명심하세요. 이 주문에 공장장님 목이 걸려 있습니다. 어찌 됐건, 모든 책임은 공장장님이 지는 거예요. 공장장님 생각이 바뀌지 않는다면, 난 내일 그 빌어먹을 프랑스 놈한테 팩스를 보낼 겁니다. 각오는 돼 있습니까?"

조니는 걱정스러운 눈빛으로 나의 결정이 바뀌기를 기다렸다. 그러나 나는 내 카드를 바꾸지 않았다.

"조니 부장님, 저는 이 거래를 유럽으로 침투해 들어가기 위한 교두보로 이용하고 싶습니다. 계약 당일부터 3주 이내에 적정 물량을 공급할 거라고 명시하세요."

사업부 주차장에서 차를 빼낸 뒤에도 우리는 아무런 대화를 나누지 않았다. 우리가 마음을 가라앉히는 데에는 15분 이상이 걸린 것 같다. 루이스와 랠프는 수치들을 정리하느라 정신이 없었다. 약간의 오차가 있긴 했지만 전체 거래 금액에 비해 아주 미미한 정도였다. 나는 그들이 만족스러운 수치를 뽑아낼 때까지 내버려두기로 했다. 비록 내 목이 걸린 일이긴 해도 저절로 콧노래가 나왔다. 절반쯤 달렸을 때 루이스가 최종 수치를 뽑았다. 루이스가 발표한 수치는 가히 상상을 초월하는 것이었다. 공장 순이익이 무려 일곱 자리에 달했다.

"해볼 만한 거래군요. 세일즈의 달인이라는 조니 존스가 그런 거래를 무산시키려 하다니……. 참 별일도 다 있습니다."

"공장장님, 우리가 이 일을 맡게 된다면 마케팅 팀의 협조는 기대하지 말아야 할 것 같습니다. 적어도 조니 존스 부장만큼은 기존 관행에 사로잡혀 있지 않을 거라고 기대했는데 뜻밖이네요."

루이스는 조심스럽게 나의 의중을 떠보았다.

"동감입니다."

나는 길게 한숨을 내쉬었다.

"루이스 부장님, 딕 퍼스키 씨는 우리의 파격적인 생각을 받아들일 만한 사람인 것 같던데, 어떻게 생각하세요?"

"저 역시 그렇게 봤습니다. 근데 조니 존스 부장이 딕을 틀어쥐고 있는 한 어려울 겁니다. 그건 그렇고, 공장장님, 앞으로 어떻게 하실 겁니까?"

"어떻게 하다니, 뭘 말입니까?"

"사업부 전체를 어떻게 변화시킬 생각이십니까?"

루이스의 질문은 내 행복감에 종지부를 찍었다.

'빌어먹을! 하필이면 지금 꼭 그 말을 꺼내야 하는 겁니까?'

나는 속으로 투덜거리면서, 퉁명스럽게 대꾸했다.

"뭐, 신이 저에게 자비를 베푸시길 바랄 뿐이죠. 부장님, 어제 우리가 잠시 얘기했던 관성의 법칙 말이에요. 그게 우리 발목을 잡고 있다고 우리 스스로 불만을 토로하지 않았습니까. 근데 앞으로 우리가 사업부에서 부딪히게 될 관성의 힘은 어마어마할 겁니다."

랠프는 큰 소리로 웃어넘겼고 루이스는 신음 소리를 냈지만, 나는 스스로에게 연민을 느꼈다. 우리는 이번주에 좀더 광활한 시장으로 나가는 활로를 개척했지만, 유감스럽게도 나는 아직도 동물적인 육감으로 공장을 운영하고 있다는 사실을 확인할 수 있었다. 어제의 경우를 예로 들어보자. 뭔가가 걸린다는 랠프의 본능적 느낌이 없었던들 우리는 이미 드러나 있는 어마어마한 위험의 징후를 감지하지 못했을 것이다. 오늘도 그랬다. 나는 조니 존스와 담판을 짓는 자리에서 포기 직전까지 갔다. 루이스가 단호한 자세로 올바른 방향을 제시하지 않았더라면 나는 이내 백기를 들고 말았을 것이다. 경영자로서 내가 마스터해야 할 관리 기법이 무엇인지 찾아내야만 한다. 그렇지 않으면 나는 또다시 도박을 해야 한다. 매 순간 내 목을 거는 위험한 베팅을 할 수는 없다. 이제 내게 주어진 일은 관리 기법을 정확하게 찾아내는 것이다.

'출발 지점만이라도 어딘지 안다면…….'

그 열쇠는 이미 내 손에 쥐어져 있는지도 모르겠다. 문득 지난번 아내와 함께 승진을 자축하면서 레스토랑에서 했던 말이 메아리쳤다.

"교수님은 언제 그렇게 많은 것을 배우셨을까? 이론이라면 교수님을 따라갈 사람이 없겠지만. 이건 현실이잖아. 교수님은 우리 공장 현장에서 일어나는 문제들을 이미 눈으로 확인한 것처럼 속속들이 꿰뚫고 계셨던 거야. 내가 알기론, 교수님은 단 하루도 생산 현장에서 일한 적이 없는 물리학자라고. 그저 상아탑 안에만 갇혀 있는 과학자가 현장에서 일어나는 그 많은 일들을 알고 있다는 게 도무지 믿어지지 않아. 뭔가 앞뒤가 안 맞잖아?"

뒷좌석에서 루이스와 랠프가 데이터를 분류하는 업무의 효율성에 대해 논쟁을 벌이는 동안, 나는 요나 교수에 대해 생각해보았다. 그가 굳이 현장을 둘러보지 않고도 상황을 정확히 진단할 수 있었던 것은 과학적인 판단을 했기 때문일 것이다. 그렇다면 앞으로 사업부를 관리할 때도 과학적인 판단을 이용해야 할 것이다. 논리는 아주 명백하지만 과연 어디서부터 손을 대야 한단 말인가? 물리학은 내가 수용하기에는 너무 어려운 학문이다. 수학 또한 마찬가지다. 아니, 어쩌면 수학이나 물리학은 사업부 관리에는 상반되는 이론일지도 모른다. 다시 요나 교수가 던졌던 질문을 떠올려보자. 그는 내게 새로운 관리 기법을 요구하지 않았다. 단지 어떤 관리 기법이 있는지 찾아내라고 했다. 그렇다면 대중적인 과학 책만 찾아서 읽어도 충분할 것 같다.

'그래, 여기까지 와서 포기할 순 없다. 적어도 시도는 해보자. 최초의 근대 물리학자는 뉴턴이니까 그곳에서부터 시작하는 게 좋을 듯싶다.'

#오후 2시

나는 곧장 사무실로 돌아와 책상 위에 다리를 올려놓고 멍하니 방 안을 응시하고 있었다. 오전 내내 전화라고는 조니 존스에게 온 것밖에 없었다. 첫 번째 전화는 루이 쟁글러와의 거래가 성사되었다는 내용이었다. 조니는 예상 밖의 좋은 조건으로 거래를 성사시켰다며 자랑스럽게 말했다. 두 번째 전화는 이번 거래와 같은 조건으로 국내 고객들을 포섭할 수 있을지 여부를 알고자 하는 내용이었다. 나는 장기 계약이라면 3주 내로 납품일을 맞출 수 있다고 대꾸해주었다. 조니는 즐거운 비명을 지르며, 그렇다면 더 많은 주문을 따낼 수 있겠다고 자신했다.

세상은 그렇게 나와는 다르게 매우 바삐 돌아가고 있었다. 루이 쟁글러와의 거래가 성사되자, 공장 식구들은 너 나 할 것 없이 숨 가쁜 나날을 보냈다. 현재 이 공장 안에서 빈둥거리며 시간을 때우고 있는 사람은 나밖에 없다. 나 자신이 쓸모없이 나뒹구는 군식구처럼 느껴지기까지 했다. 나를 찾아 쉴 새 없이 울려대던 전화벨도, 두 시간이 멀다 하고 진행되던 회의도 이제는 다른 세계의 일이 돼버렸다.

모든 전화와 회의는 타오르는 불을 끄기 위한 전쟁이었다. 하지만 내 앞에는 당장 꺼야 할 불도 없고, 전쟁도 없다. 모든 일은 지나치게 매끄럽게 척척 진행되고 있다. 내가 할 일은 현재의 상황이 유지되도록, 사전에 모든 가능성을 예측해 그 불이 다시 나지 않도록 공장을 보호하는 것뿐이다. 이 엄청난, 그러나 언제 불어닥칠지 모를 일련의 위기 상황에 대처하기 위해서는 먼저 요나 교수의 질문에 대한 답변을 찾아내야 한다. 나는 자리를 박차고 일어나, 사무실을 나서며 프란에게 일러두었다.

"누가 절 찾거든 도서관에 있을 거라고 전해주세요."

#오후 11시

"오늘은 여기까지만 읽어야겠어."

나는 책을 덮고 일어나 기지개를 켜며 아내에게 말했다. 온몸에 피로가 밀려들었다.

"자기야, 차 한잔할까?"

"좋지. 곧 준비해 갈게."

아내는 김이 모락모락 피어오르는 따뜻한 커피 두 잔을 가져왔다.

"줄리, 자기 정말 소크라테스에 폭 빠져 있는 것 같아. 왠지 질투가 나는데?"

"기분 좋은 질투네. 소크라테스는 아주 매력적이야."

나는 아내의 어깨에 팔을 두르며 물었다.

"고대 그리스 철학이 뭐 그리 매력적이야?"

"자기는 상상도 못 할걸? 얼마나 재밌다구."

"자기가 그렇다면 그런 거지, 뭐."

나는 아내가 진심으로 즐기고 있는지 의구심이 들었지만 내색하지는 않았다.

"알렉스, 이건 자기가 생각하는 거랑은 차원이 달라. 흥밋거리 이상의 의미가 담겨 있다니까."

"그래? 무슨 의미를 담고 있는데?"

"말로는 설명 못 하지."

아내는 내 표정을 살피며 운을 뗴었다.

"직접 읽어보는 게 어때?"

"시간 날 때 읽어볼게. 나 당분간은 읽을 게 너무 많거든."

아내는 커피를 홀짝이며 물었다.

"자기가 찾고 있는 건 발견했어?"

"아니, 전혀. 대중 과학서를 읽는다고 곧바로 관리 기법을 얻을 수 있는 건 아니잖아. 하지만 흥미로운 단서를 좀 찾기 시작했어."

"그래?"

아내는 눈을 빛내며 내 말에 귀 기울였다.

"물리학자들이 한 주제에 접근하는 방식인데, 그건 사업부 운영 방식과는 시각 자체가 달랐어. 과학자들은 미리 데이터를 수집해서 원인을 규명하지 않아. 오히려 그 반대로 무작위로 선정된 하나의 현상, 즉 삶의 현상들로부터 출발해서 가설을 세우더라고. 그 현상이 발생하도록 한 원인에 대한 가설 말이야. 그리고 재미있는 사실은 그런 일련의 과정은 하나의 핵심적인 관계에 그 기초를 두고 있다는 점이야. 그 관계는 바로 '만약(If)……, 그렇다면(Then)……'이야."

아내는 관계라는 말에 집중력을 더했다.

"흠, 계속 얘기해봐."

아내는 더욱 진지한 자세로 내 이야기를 들었다.

"과학자들이 실제로 하는 일은 가정으로부터 어떤 필연적인 결과를 논리적으로 도출해내는 거야. 그들은 이렇게 말하지. 만약 어떤 가정이 옳다면, 그렇다면 논리적으로 또 하나의 다른 사실도 존재해야 한다고 말이야. 이러한 논리적인 추론을 통해서 보편적인 결과를 제시하더라고. 물론 예측한 결과가 존재하느냐, 그렇지 않느냐를 검증하는 데 많은 노력을 기울이지. 좀더 많은 예측이 입증될수록 그 배경에 깔려 있는 가정이 옳다는 것이 더욱 명백해지는 거야. 예를 들어, 뉴턴이 중력의 법칙을 발견하기 위해 어떻게 했는가를 읽어보면 확실히 알 수 있어."

"어떻게?"

아내는 마치 답을 알고 있으면서도 확인하려는 듯한 표정으로 되물었다.

"사물들이 서로 연결되기 시작하는 거야. 겉보기에는 전혀 연관이 없을 거라고 생각했던 사물들도 언젠가는 연결이 되는 법이지. 평범하고 단순해 보이는 사실 하나가 수많은 결과물의 원인이기도 하고 말이지. 사물의 질서가 혼돈으로부터 나오는 것과 같은 이치야. 신기하지 않아?"

아내는 눈을 반짝이며 확신에 찬 어조로 말했다.

"자기가 지금 막 얘기한 게 뭔지 알아? 그게 바로 『대화편』이야. 지금 자기가 말한 그대로 '만약……, 그렇다면……'이라는 기준으로 이야기가 전개된다니까. 유일한 차이점이라면 과학이 물질이나 현상을 다루는 것에 비해, 소크라테스는 인간의 행동을 다룬다는 거야."

"세상에! 정말 대단한데. 자기랑 나랑 같은 것을 읽고 있었다니 말이야. 이렇게 생각해보면 어떨까? 경영이라는 분야는 물질과 인간의 행위 모두를 포함하고 있잖아. 똑같은 원리가 각각의 대상에 적용된다면, 요나 교수님이 말씀하신 관리 기법도 바로 이런 거 아닐까?"

아내는 잠시 골똘히 생각에 잠겼다.

"흠, 자기 말이 맞을 거야. 그렇담 요나 교수님이 자기한테 찾으라고 한 관리 기법은 구체적인 대응 방식이 아니라, '사고하는 과정' 자체를 말하는 걸 거야."

아내와 나는 대화를 이어가면서 생각의 가닥을 하나씩 잡아갔다.

"소크라테스의 가정을 이용해서 자기가 찾는 관리 기법에 관한 해답을 찾을 수 있을까?"

"솔직히 잘 모르겠어. 이런 책들을 읽는 게 정말 도움이 되는 것인지조차 가늠이 안 돼. 자기야, 교수님이 하신 말씀 기억해? '내가 자네한테 지금 당장 그 관리 기법을 개발하라는 게 아니야. 그 기법이 어떠해야 하는지를 명백하게 알아내라는 것뿐이지.' 혹시 내가 너무 앞서가고 있는 건 아닐까? 관리 기법이라는게 그 필요성 때문에 자연스럽게 도출되는 거 아닐까? 현재의 운영 방법을 검토하고 앞으로 어떻게 운영해야 하는지를 알아내려고 노력하는 과정에서 말이야."

간간이 오가는 자동차 헤드라이트 불빛이 창가를 어지럽혔지만, 나의 의식은 더욱 또렷해졌다.

39

인간은 누구나 시행착오를 반복하면서
비로소 올바른 깨달음의 경지에 도달한다.
— 칼릴 지브란

#오전 10시

"혹시 메시지 온 거 있습니까?"

프란이 매끈한 손놀림으로 타이핑을 하다 메시지 하나를 건네주었다.

"빌 피치 본부장님이 전화하셨어요. 오는 대로 전화하라고 하시던
데요?"

나는 즉시 그에게 전화를 걸었다.

"본부장님, 무슨 일이십니까?"

"지난달 자네 공장의 실적 보고서를 방금 받아봤네. 축하하네. 자넨
약속을 지켰어. 이렇게 좋은 성과는 근래 들어 처음이네."

"고맙습니다."

내 입가에는 만족스런 미소가 떠올랐다.

"저, 본부장님. 힐튼 스미스의 공장 실적은 어땠습니까?"

"왜, 복수하려고 그러나?"

빌 피치는 호탕한 웃음을 흘리며 농담을 건넸다.

"자네가 예측한 대로야. 지표상으로는 계속 개선되는 걸로 보이는
데, 결과적으로 계속 적자야."

그 순간 나는 참을 수가 없었다.

"그 지표들은 개별 부문의 최적화에 근거를 두고 있기 때문에 전체
적인 상황과는 무관하다고 분명히 말씀드렸잖습니까?"

"진정하게. 나도 잘 알고 있네."

수화기 너머로 긴 한숨 소리가 들렸다.

"솔직히 말해 나 역시 자네의 이론은 충분히 이해하고 있네만, 나 같은 퇴물은 흑자나 적자로 나타난 증거를 눈으로 확인해야만 직성이 풀리는 모양이야. 자넨 그것을 보여주고 있고 말이야."

'그거야 시간문제죠.'

나는 속으로 이겼다는 생각이 들었지만, 직접 그에게 뭐라고 떠들어댈 만한 배짱은 없었다. 그 대신 나는 그의 의중을 떠보았다.

"그럼, 이제 어떻게 하실 겁니까?"

"그게 바로 내가 전화한 이유일세. 어제 하루 종일 에탄 프로스트 부장이랑 새로운 지표에 관해 이야기를 해봤는데, 도통 이해가 안 가더란 말일세."

빌 피치의 고백은 거의 절망적으로 들렸다.

"한때는 나도 제품의 매출원가니 원가 차이니 하는 개념들을 전부 이해했다고 생각했네. 근데 어제 이후로 내가 이런 개념을 잘 이해하지 못했다는 사실이 백일하에 드러났어. 그래서 말인데, 자네만큼 그 개념을 정확히 이해하고 있는 사람도 없으니, 나한테 개인 교습을 해주었으면 하는데…… 괜찮겠나?"

"물론이죠. 아주 단순한 논리입니다. 그것은 전적으로……."

"아니, 아니."

그가 내 말을 가로막았다.

"전화로 말고 직접 와서 얘기해주게. 자네가 미리 알아두어야 할 사업부 내의 세부 사항도 있을 테고. 이번 참에 얼굴이나 보면서 허심탄회하게 이야기 좀 하세나."

"내일 아침이 좋을 것 같은데, 괜찮으시겠습니까?"

"좋아. 그렇게 하지."

빌은 유쾌하게 대답했다.

"그리고 알렉스, 자네가 조니 존스 부장한테 이야기한 것도 자세히 설명해주어야 하네. 그 친구가 생산 원가 이하로 팔면 더 많은 돈을 벌수 있다고 떠벌리고 다니는데 말이야, 그게 정말인가? 나한테는 순전히 헛소리로 들리는데?"

나는 소리 내어 웃으며 내일을 기약했다.

"그럼, 내일 찾아뵙겠습니다."

빌 피치가 자신의 소중한 지표들을 내던지고 있다? 이것은 공장 식구 모두에게 말해주어야 할 전대미문의 사건이다. 나의 현명한 동지들은 절대 이 사실을 믿지 않을 것이다. 서둘러 밥의 사무실로 갔지만, 그는 거기에 없었다. 스테이시도 없었다. 현장에 나가 있을 게다. 내가 막 루이스의 사무실에 들어섰을 때, 스테이시가 긴급 호출을 했다.

"공장장님, 몇 가지 문제가 생겼어요. 30분 정도 얘기할 수 있을까요?"

"서두를 거 없잖습니까? 별로 중요한 일도 아닐 텐데."

내 심드렁한 대꾸와는 달리 스테이시의 반응에서는 긴장감이 묻어났다.

"아뇨. 유감스럽게도 아주 중대한 사건이에요."

"대체 무슨 일입니까?"

"큰일이 벌어진 것 같아요. 30분 안에 회의실로 갈게요. 괜찮죠?"

"그러세요."

나는 어안이 벙벙했다.

'대체 무슨 긴급 사안이란 말이지?'

"루이스 부장님, 무슨 일인지 아십니까?"

"모르겠습니다. 스테이시와 밥이 작업촉진자 역할을 하느라 지난주 내내 바빴다는 것 말고는 별다른 일이 없었는데요."

"아, 그랬군요."

"간단히 말해, 열두 개의 작업장에서 계획에도 없는 잔업을 실시해야 한다는 겁니다요."

밥은 딜레마에 빠진 전체 공정의 진행 상황에 대한 브리핑을 이렇게 끝맺었다.

"통제가 불가능한 지경이에요. 모든 게 내리막길을 걷고 있는 상태예요. 어제는 주문 하나를 제때 출하하지 못했구요. 오늘은 아마 세 건이 더 늦어질 거예요. 랠프 씨가 계산해보니 월말 전까지 주문의 12퍼센트는 출하일을 못 맞출 것 같대요. 하루 이틀의 문제가 아닌 것 같아요."

스테이시가 덧붙였다.

예상 밖의 변수는 그렇게 우리를 덮쳤다. 지표도 나침반도 방향을 잃고 제각각 흘러가고 있었다. 나는 전화기를 바라보았다. 며칠 안에 이 괴물은 격렬한 불평을 토해내느라 쉴 새 없이 울려댈 것이다. 새로운 시스템에 길들여진 고객들은 우리의 납품일 지연을 받아들이지 못할 것이다. 대체 어디서부터 어긋나기 시작한 것인가?

"어떻게 된 겁니까?"

"말씀드렸잖아요. 주문번호 49318이 꼼짝 못 하고 있어요."

밥이 시큰둥한 얼굴로 말했다.

"근본적인 원인을 찾아야 해요. 공장장님, 주문을 너무 많이 받았어요. 공장 전체에 과부하가 걸린 것 같아요."

스테이시가 초조한 말투로 이어 말했다.

"루이스 부장님과 랠프 씨의 계산에 착오가 있는 겁니까? 조니 존스 부장이랑 이야기할 때는 문제가 없을 거라고 장담하지 않았습니까? 왜 이렇게 된 겁니까? 병목 자원의 생산능력은 충분하다고 하지 않았습니까? 문제가 많은 작업장 일곱 군데도 다 확인했잖습니까. 우리가 했던 계산에 착오가 있었던 겁니까?"

"계산은 정확했습니다. 일정대로 작업에 들어갔고, 원자재도 충분히 투입했습니다. 그치만 그게 정확했는지 어땠는지는 지금 중요하지 않습니다. 지금 당장 조치를 취해야 합니다."

"좋습니다. 그치만 뭘 어떻게 하자는 겁니까? 지금 이 상황을 제대로 파악하지 못한다면 모든 공정을 마구잡이로 들쑤셔보는 수밖에 없습니다. 옛날처럼 말입니다. 난 우리가 한 발 더 나아갔다고 믿었습니다."

나의 말투에 모두들 기죽은 듯 고개를 떨구었다.

"지금 당장 루이스 부장님과 랠프 씨를 회의실로 호출하세요. 뭘 어떻게 해야 할지 모두 머리를 모아봅시다."

루이스가 정리해나가기 시작했다.

"하나씩 짚어봅시다. 도노번 부장, 초과근무밖에 방법이 없다는 게 확실합니까?

"지난 며칠 해보니 초과근무를 해도 납품일을 못 맞출 거란 결론이 나왔습니다요."

루이스는 무거운 표정으로 랠프에게 물었다.

"랠프 씨, 계산상으로 우리가 초과근무를 해도 월말까지 처리 못 할 주문이 많다는 게 확실합니까?"

"우리가 명쾌한 해결책을 찾지 못한다면 그렇게 될 겁니다. 도노번 부장님과 스테이시 씨가 초과근무를 얼마나 하기로 결정할지, 어떤 주문을 우선 처리할지에 따라 다르겠지만, 적어도 100만 달러 정도 들 겁니다."

랠프가 확신에 찬 어조로 말했다.

"상황이 안 좋군요. 그럼 전 제가 한 예측을 수정해야겠군요."

이 말을 듣고 나는 루이스를 집어삼킬 듯이 노려보았다. 예측 장부를 고치는 것. 그것이 그가 생각하는 가장 큰 손실이란 말인가?

"다 같이 생각 좀 해봅시다."

나의 냉랭한 목소리에 모두들 조용히 내 말을 기다렸다.

"뭐가 제일 큰 문제인지 모르겠습니다. 우리가 소화할 수 있는 것 이상으로 주문을 받았단 건 확실히 알겠습니다. 일단 초과근무를 얼마나 할지, 그후 얼마나 보상을 할지 결정합시다."

루이스는 내 말에 동의한다는 듯이 고개를 끄덕였고, 밥과 랠프, 스테이시는 무표정한 얼굴로 나를 바라보았다. 그 표정 속에는 분명 불만이 담겨 있었다. 솔직히 나 역시 내가 무슨 말을 하고 있는지 알 수 없었다.

"랠프 씨, 병목 자원에 어느 정도 과부하가 걸린 겁니까?"

"과부하가 걸린 건 아닙니다."

랠프가 건조하게 대답했다.

"거기에 문제가 없는 거면……."

"문제가 없다고 하진 않았어요."

스테이시가 내 말을 잘랐다.

"무슨 말인지 모르겠군요. 병목 자원에 과부하가 걸린 게 아니라면서요?"

스테이시가 무표정한 얼굴로 말을 이었다.

"가끔 병목 자원에서 공백이 생겨버려요. 그러다가 갑자기 일이 쓰나미처럼 몰리고요."

"그러고 나면 초과근무를 안 할 수가 없더란 말입니다요. 병목 자원이 계속 바뀌는 것 같습니다요."

밥이 덧붙였다. 나는 조용히 주저앉았다.

"그럼 우리가 지금 할 수 있는 게 뭡니까?"

"그게 과부하가 걸린 곳을 찾아내는 일처럼 간단하다면 저희가 왜 이 문제를 해결하지 못했겠어요?"

스테이시가 내 말에 이의를 제기했다. 그녀의 말이 옳았다. 나는 그들을 좀더 신뢰했어야 했다.

"미안합니다."

분위기는 금세 침울해졌고, 모두들 할 말을 잃었다. 잠시 후, 밥이 단호하게 문제를 짚어냈다.

"우선순위를 정하고 초과근무를 한다고 해서 지금 문제가 해결되는 건 절대 아니라고 봅니다요. 지난 며칠간 시도해봤지만, 별다른 성과가 없었고요. 물론 특정 주문을 출하하는 데는 도움이 되겠지만 그렇게 하다가는 공장 전체 시스템이 혼란스러워질 거고요, 결국에는 모든 주문 생산에 문제가 생기고 말 겁니다요."

스테이시가 동의했다.

"맞아요. 억지로 뭘 어떻게 해보려 한다면 상황만 더욱 악화시킬 거예요."

"좋습니다. 체계적으로 접근해봅시다. 어디서부터 풀어나가면 좋겠습니까?"

랠프가 조심스럽게 의견을 내놓았다.

"병목 자원 한 곳을 검토하는 것부터 해보면 어떨까요?"

밥이 강력히 반발했다.

"그게 무슨 말이에요? 지금 상황은 정반대라구요. 랠프 씨, 상황을 좀 제대로 봐요. 문제는 병목 자원이 수없이 바뀌고 있다는 거라구요!"

"랠프 씨, 계속해보세요."

나는 랠프의 육감을 믿어보기로 했다. 그의 육감은 전에도 적중한 적이 있었다.

랠프는 화이트보드 앞으로 나아가 지우개를 집어 들었다.

"적어도 5단계 시스템은 지우지 마요."

"이 5단계 시스템이 지금 우리한테 큰 도움이 되는 것 같진 않습니다."

랠프가 소심하게 웃으며 화이트보드에 적힌 문장을 읽었다.

"제약 요인을 찾아낸다……. 이건 지금 문제가 아닙니다. 지금은 병목 자원이 계속 바뀐다는 게 문제죠."

그럼에도 불구하고 랠프는 지우개를 내려놓고 플립 차트 쪽으로 옮겨 원을 줄지어 그렸다.

"각각의 원이 한 작업장을 나타낸다고 가정해봅시다. 작업물은 왼쪽에서 오른쪽으로 흘러가고 있습니다. 자, 이 부분이 병목 자원이라고 합시다."

랠프는 중간에 있는 원 안에 엑스 자를 써 넣었다.

"잘한다, 잘해. 그래 다음은 뭡니까요?"

밥이 비아냥거리는 어조로 대꾸했다.

"이제 머피(Murphy : 예기치 못한 통제 불능의 사건 – 옮긴이)를 이 상황 속으로 들여보냅시다."

랠프는 침착하게 응수했다.

"머피가 이 병목 자원을 덮치면……."

"그렇게 되면 욕이나 실컷 퍼붓게 되겠죠. 오, 하느님! 작업 처리량 이 줄어들어요!"

랠프는 밥의 이죽거림에도 끄떡없이 설명을 이어갔다.

"그렇다면 만약에 머피가 병목 자원 이전 공정 어딘가를 덮친다면 어떤 일이 일어날까요? 흐름이 정체되어 병목 자원에는 일거리가 없 게 되겠죠. 이게 바로 우리의 현실입니다."

"거 참, 아니라니까!"

밥은 랠프의 말을 무시하며 제 할 말만 떠들어댔다.

"우리는 절대 그런 식으로 일 안 했습니다요. 우린 늘 병목 자원 앞 에 재고가 어느 정도 쌓여 있게 해둔단 말입니다요. 그러니까 앞 공정 에서 문제가 생겨서 한참 일이 진척되지 않아도 병목 자원에서는 계 속 작업을 진행할 수 있단 말입니다. 랠프 씨, 이게 바로 랠프 씨가 컴 퓨터로 작업하는 거잖아요? 눈 감고도 외울 만큼 잘 알고 있는 내용이 면서 왜 들춰내서 긁어 부스럼을 만듭니까요?

"저는 단지 우리가 병목 지점 앞에 재고를 어느 정도 쌓아놓아야 하 는지 제대로 알고 있는지 의심스러울 뿐입니다."

랠프가 제자리로 돌아가며 말했다.

"도노번 부장님, 랠프 씨는 지금 중요한 지적을 하고 있어요."

스테이시가 사태를 진정시키려 했고 랠프가 말을 이었다.

"우리는 각각의 병목 자원 앞에 사흘치 재고를 두기로 했습니다. 원자재들을 병목 자원에 도달하기 두 주 전 기준으로 투입하기 시작했고요. 그러고 나니 그 양이 너무 많길래 한 주 전 기준으로 바꿨죠. 그랬더니 다 괜찮았습니다. 지금은 아니지만."

밥이 짜증 섞인 말투로 이야기했다.

"그럼 다시 늘립시다요."

"그렇게는 못 합니다. 그렇게 하면 리드 타임이 길어질 거예요."

랠프의 목소리는 이제 반쯤 포기한 듯했다.

"그러면 어쩌자는 말입니까! 좌우지간 상황은 나빠지고 있는데."

밥의 언성이 높아졌다. 보다 못한 내가 두 사람을 중재했다.

"그만들 하세요. 뭔가 극단적인 조치를 취하기 전에 상황 파악을 제대로 해야겠습니다. 랠프 씨, 아까 그린 그림으로 돌아가봅시다. 도노번 부장이 지적한 것처럼, 지금 병목 자원 앞에서 재고가 쌓이고 있습니다. 그렇다면 만약에 머피가 병목 자원 전 어딘가를 덮친다고 가정해봅시다. 그럼 무슨 일이 생기는 겁니까?"

랠프가 참을성 있게 대답했다.

"병목 자원으로 가는 흐름이 끊길 겁니다. 그치만 병목 자원 바로 앞에 모인 물량은 계속 가동될 테고요. 충분한 물량으로 시작하지 않으면 물량이 다 축나고, 결국 병목 자원의 가동이 중단될지 모릅니다."

"근데 뭔가 말이 안 맞네요."

스테이시가 입을 열었다.

"랠프 씨 이야기는 앞 공정에서 머피가 덮칠 것을 대비해서 병목 자원에 물량을 더 확보해 작업이 멈추지 않도록 하자는 말 아닌가요?"

"맞습니다."

랠프가 고개를 끄덕였다.

"랠프 씨, 제대로 설명하지 않았다고 생각하지 않아요?"

"무슨 말입니까?"

랠프가 이해할 수 없다는 듯 스테이시를 바라보았다. 나도 랠프와 같은 생각이었다.

"앞 공정에서 문제를 해결하기 위한 시간 말이에요. 그건 변하지 않았어요. 그 부분에서는 별 문제가 없었다구요. 그러니까 병목 자원을 보호하는 데 그 물량이 이전에 충분했다면, 지금도 그래야 한단 얘기죠. 랠프 씨 말처럼 물량이 충분하지 않은 건 문제가 아니에요."

랠프는 스테이시의 의견을 납득했다는 표정이었다. 하지만 내 생각은 달랐다.

"나는 랠프 씨 말이 맞는다고 생각합니다. 랠프 씨 생각을 좀더 밀고 나가볼까요? 앞 공정에서 어떤 자원에 문제가 생기면 작업의 흐름이 끊기고 병목 자원을 축내기 시작합니다. 한번 문제가 수정되고 나면 앞 공정의 자원들은 뭘 해야 할까요? 명심하세요. 우리가 뭐 하나를 성급히 확신한다면 다시 머피의 공격이 시작될 겁니다."

"앞 공정에서는 병목 자원 앞에 둘 재고를 다시 만들어야 하는 거 아닌가요? 머피가 또 덮치기 전에요. 근데 도대체 문제가 뭐죠? 우리는 원자재를 충분히 공급한다구요."

"원자재 문제가 아닌 것 같습니다."

스테이시의 의견에 내가 다시 반박했다.

"작업량의 문제예요, 스테이시 씨. 조업 중단 문제가 해결되면 앞 공정의 자원은 병목 자원의 현재 소모량을 공급하는 것뿐만 아니라 동시에 재고 물량을 다시 만들어야 합니다."

"맞는 말씀이에요!"

밥이 활짝 웃으며 말을 이었다.

"요컨대 비병목 자원이 병목 자원보다 더 많은 작업량을 처리해야 하는 때가 있다 그거구만요. 이제야 이해가 갑니다요. 일하는 과정에서 병목 자원과 비병목 자원이 생기는 건 우리가 공장을 엉망으로 운영해서가 아니네요. 앞 공정에서 여분을 만들지 않으면 우리가 갖고 있는 자원 중에 단 하나도 최대량을 사용할 수 없다는 말이구만요."

"아하! 그거네요, 도노번 부장님. 그럼 이제 문제는 우리가 '여유 작업량을 얼마나 갖고 있어야 하느냐' 그거네요."

랠프가 말했다.

"아뇨, 랠프 씨. 그 문제가 아닙니다."

나는 침착하게 랠프의 말을 정정했다.

"랠프 씨가 이전에 제기한 질문이 뭐였죠? '병목 자원 앞에 재고량이 얼마나 있어야 하는가'였죠? 그것도 진짜 문제가 아닙니다."

"공장장님이 무슨 말씀 하시는 건지 알겠어요."

스테이시가 신중하게 말을 이었다.

"트레이드 오프(trade-off) 관계라 할 수 있죠. 병목 자원 앞에 물량이 쌓일수록 앞 공정의 자원이 속도를 따라잡을 시간이 늘어날 거예요. 그 평균 시간을 따져보면 여분의 작업량은 오히려 줄어들 수도 있겠네요. 그 반대의 경우도 나올 수 있고요."

스테이시의 설명을 듣고 있던 밥의 얼굴에 드디어 화색이 돌았다.

"아하! 그래, 이제야 무슨 일이 일어난 건지 알겠구만! 새로운 주문량이 이 흐름에 변화를 일으킨 겁니다. 주문량이 늘다 보니 비병목 자원에서 만들어내야 할 여유 작업량이 대폭 줄어든 거예요. 그러니 병목 자원 앞 작업량을 보충하지 못했구요."

이제 모두 동의했다. 늘 그랬듯 해답은 평범한 상식에서 나왔다.

"도노번 부장, 그럼 이제 어떻게 할 겁니까?"

밥이 잠시 생각하더니 랠프에게 말했다.

"랠프 씨, 아직 납품하지 못한 물량 중에서 단기 납품 건이 차지하는 비중은 작습니다요. 이런 주문을 계속 확인해줄 수 있겠어요?"

"문제없습니다."

밥은 나머지 일정을 하나하나 지시했다.

"좋아요. 단기 납품 건은 지금처럼 일주일 단위로 원자재를 투입합시다요. 그리고 나머지 주문들은 2주 단위로 투입하는 게 좋겠어요.

스테이시 씨, 주말에도 작업할 수 있도록 모든 조치를 취하세요. 그 어떤 변명도 용납해선 안 됩니다요. 지금은 비상사태니까요. 난 마케팅 팀에 추후 통지가 있을 때까지 4주 이내로 계약하지 말라고 지시해두겠습니다요. 새로운 캠페인에 위배되는 거지만 어쩌겠습니까요, 그게 인생인걸."

바로 내 눈앞에서 책임 바통이 밥의 손으로 넘어갔다. 이제 누가 그들의 리더인지가 명백해졌다. 나는 자랑스러움과 동시에 질투심을 느꼈다.

"밥 도노번 부장이 아주 훌륭하게 자리를 넘겨받은 셈입니다."

루이스는 사무실 문을 열기가 무섭게 오늘 일에 대해 언급하기 시작했다.

"적어도 이번 일은 잘 넘어갔습니다."

"그렇습니다. 하지만 밥이 스스로 결정한 첫 번째 결정이 부정적이었다는 게 마음에 걸립니다."

"부정적이라니 그게 무슨 말씀입니까?"

"그가 취하는 모든 행동이 공장을 잘못된 방향으로 이끌게 될까 봐 걱정이 돼서 하는 말입니다. 물론 선택의 여지가 없었고, 다른 대안들은 그것보다 훨씬 나쁜 것이었지만, 그래도……."

"공장장님, 오늘 너무 엄청난 일을 겪어서인지 말씀하신 내용을 제대로 이해하지 못하겠습니다. '잘못된 방향으로 이끈다'는 게 도대체 무슨 뜻입니까?"

"아직도 모르겠습니까?"

전체적인 상황이 나를 짜증스럽게 했다.

"도노번 부장이 마케팅 팀에 납품일을 4주로 늘려야 한다고 얘기하면 어떻게 되겠습니까? 불과 2주 전 일입니다. 우린 마케팅 팀 사람들을 억지로 설득해서 2주 안에 완제품을 납품하겠다고 약속하지 않았습니까. 그때도 말이 많았는데 다시 납품일을 4주 뒤로 미루면 마케팅 계획에 차질이 생기는 건 당연한 거 아닙니까."

"하지만 선택의 여지가 없잖습니까?"

"그렇긴 합니다. 하지만 앞으로 현금 창출률이 감소할 거라는 전망은 변함이 없을 겁니다."

"이제야 이해가 가는군요."

루이스는 내 안색을 살피며 조심스럽게 덧붙였다.

"저, 공장장님. 잔업이 늘어날 전망인데, 주말에도 공장을 가동하면 이번 분기 잔업 예산이 전부 소진될 텐데요."

"제발, 예산 타령은 그만 좀 하세요. 도노번 부장이 그걸 보고할 때쯤이면 나는 사업 본부장 자리에 앉아 있을 겁니다. 잔업이 는다는 것은 운영비가 늘어난다는 뜻입니다. 중요한 건 현금 창출률이 떨어지는 것과 반비례해서 운영비와 재고가 늘어날 거라는 점입니다. 모든 것이 가야 할 방향과 정반대로 움직이고 있는 겁니다."

"네, 맞습니다."

나는 한숨을 내뱉으며 말을 이었다.

"제가 어디에선가 실수를 한 것 같습니다. 휴…… 우리 공장을 뒷걸음질하게 만든 실수 말입니다. 루이스 부장님, 솔직히 말해 아직도 우리는 무엇을 하고 있는지조차 모르고 있습니다. 코앞에 닥친 위기를 보고도 속수무책이었으니 말입니다. 사전 계획보다 사후 처리에 급급한 실정이니."

"그래도 우리가 과거에 비해 위기 상황에 유동적으로 대처하고 있다는 건 분명합니다."

"루이스 부장님, 절 위로하려고 애쓸 거 없습니다. 물론 예전보다 신속히 대처하고 있는 건 사실이지만, 전 여전히 백미러만 보고 운전하고 있는 기분이에요. 게다가 너무 늦었다 싶은 마지막 순간에 코스를 수정해버리고. 이것으론 충분하지 않습니다. 절대로!"

40

우리가 이용할 수 있는 자원 중에서
끊임없는 성장과 발전을 기대할 수 있는 유일한 자산은
인간의 능력뿐이다.
— 피터 드러커

#오후 7시

나는 루이스와 함께 차를 타고 본사에서 집으로 돌아가는 중이다. 지난 2주간 우리는 매일 이렇게 저녁 회합을 가졌다. 창밖으로 스쳐가는 낯선 풍경만큼이나 사업부 관리도 내겐 너무 먼 지평선처럼 느껴졌다. 결코 유쾌하지 않은 분위기 속에서 장밋빛 전망은커녕 생존을 위해 몸부림쳐야 하는 지경이다.

'익숙한 것들과 이별하기, 그리고 낯선 것들과 만나기.'

나의 일상은 이렇게 정의되었다. 사업부에서 진행되고 있는 일들을 아직 상세히 파악하지 못했지만, 상황은 거의 절망적이었다. 사업부 내에서 구세주 노릇을 하고 있는 곳은 나의 공장뿐이었다. 아니다, 나는 이제 그것이 밥 도노번의 공장이라는 사실에 익숙해져야만 한다.

밥은 고객들이 불평할 만한 이유를 찾기도 전에 모든 일을 거뜬히 통제하는 데 성공했다. 그가 우리 마케팅 팀 사람들의 신뢰를 되찾기까지는 약간 시간이 걸릴 테지만, 내 입김이 작용하면 머지않아 상황은 좋아질 것이다. 한때 밥의 공장 실적이 너무도 좋아서 루이스와 나는 잘못된 판단을 하기도 했다. 사업부 전체 보고서에 따르면 상황은 양호한 것처럼 보였으나, 밥의 실적을 빼고 계산해보니 상황은 절망적이었다.

"루이스 부장님, 우리는 하지 않았어야 할 일을 한 것 같습니다."

"무슨 말씀이세요? 아직 아무 일에도 손을 못 댔는데요."

"몇 톤이나 되는 데이터를 모았잖습니까?"

"기껏해야 재활용할 값어치도 없는 데이터를 들여다보느라 시간만 낭비한 셈이죠. 전 이렇게까지 엉망진창인 곳을 본 적이 없어요. 최소한의 첨부파일도 없는 보고서가 허다했습니다. 그뿐만 아니라, 수취 채권에 대한 보고조차 없더군요. 정보가 최소한 세 군데 이상에 흩어져 있었어요. 어떻게 이런 식으로 일을 하죠?"

"부장님은 지금 핵심을 놓치고 있습니다."

"제가요? 조금만 주의를 기울였다면, 적어도 미수 채권을 나흘 안에 회수할 수도 있었는데요?"

"그리고 그것이 사업부를 구해낼 테고?"

나의 빈정거림에 루이스는 미소로 답했다.

"그럴 수야 없지만 도움은 될 겁니다."

"정말 그렇게 생각하십니까? 루이스 부장님, 우리가 오랜 산고 끝에 얻은 교훈을 벌써 잊으신 겁니까? 아님 부장님이 사업부 회계부장 자리를 달라면서 하셨던 말씀을 까맣게 잊으신 겁니까?"

루이스는 짜증스러운 어조로 대꾸했다.

"지금 무슨 말씀을 하시는지 모르겠습니다. 잘못된 일을 고치는 건 당연한 일 아닙니까?"

'어떻게 설명해야 할까?'

나는 한참을 망설이다, 기존의 방법대로 접근하기로 했다.

"루이스 부장님, 부장님이 미수 채권에서 나흘을 버는 데 성공했다고 가정해봅시다. 그렇게 하는 게 현금 창출률이나 재고, 운영비에 어떤 도움이 된다고 보십니까?"

"그 영향은 미미하겠지만, 주요한 효과는 현금 흐름을 잡을 수 있다는 겁니다. 비록 기한이 나흘에 불과하다 해도, 사업부 전체로 볼 때 그 파급 효과는 지대합니다. 그리고 사업부에 변화를 일으키기 위해서는 작은 단계를 거쳐야 한다는 점을 잊지 마십시오. 각자가 주어진 몫을 제대로 해낸다면 사업부는 분명 개선될 겁니다."

나는 말없이 차를 몰았다. 루이스의 말에도 일리가 있긴 했지만, 어쨌거나 그는 전혀 다른 방향을 보고 있다. 그리고 그는 그 방향을 바꾸지 않겠다고 고집을 피우고 있다.

"루이스 부장님, 제발 저 좀 도와주세요. 사업부를 개선하려면 작은 변화가 한데 모아져야 한다는 것쯤은 저도 알고 있습니다. 그러나……."

"그러나 뭐죠? 본부장님, 너무 서두르고 있다는 생각은 안 해보셨습니까? 로마는 하루아침에 이루어지지 않았습니다. 마찬가지로 사업부 내의 변화 역시 밥 도노번의 공장과는 많은 차이가 있을 겁니다."

"우리에게 주어진 시간이 그리 넉넉지 않다는 건 부장님도 잘 아시잖아요."

퉁명스럽게 내뱉긴 했지만, 루이스의 말이 옳았다. 나는 서두르고 있다. 그러나 서두르지 말아야 할 이유도 없다. 우리가 느긋하게 대처해서 공장을 살렸던 건 아니다. 물론 작은 변화가 커다란 파장을 불러일으킬 수 있다는 점은 인정하지만, 그것이 사업부의 변화나 현재의 상황을 반전시킬 수 없다는 점은 명확했다. 이제야 조금씩 생각이 정리되는 듯했다. 그랬다. 내가 지금 찾아야 할 것은 관심을 기울이고 집중할 수 있는 중요한 사안을 조심스레 선택하는 일이다. 그렇지 않으면…….

"루이스 부장님, 질문 하나 합시다. 우리가 재고를 평가하는 방식을 바꾸는 데 필요한 자료 제작에는 얼마나 걸릴 것 같습니까? 물론 내부 문서로 쓸 생각인데……."

"단순 기계작업이라면 며칠이면 충분할 겁니다. 하지만 새로운 지표에 대한 효과를 설명하고, 그것이 각 공장의 의사결정에 미칠 수 있는 영향에 관한 것이라면 족히 몇 주는 걸릴 겁니다."

루이스를 설득할 만큼 충분한 미끼가 장전된 것 같았다.

"우리의 재고 평가 방식이 사업부가 보유하고 있는 완제품 재고 수준에 미칠 영향은 어떨 거라 생각합니까?"

"중대한 영향을 끼치겠죠."

"얼마나 말입니까? 정확한 수치를 말해줄 수 있겠습니까?"

나의 다그침에 루이스는 기가 눌린 듯했다.

"유감스럽게도 당장은 보고드릴 수 없습니다. 지금 이 상태로는 평가 시도조차 할 수 없으니까요."

"그 일을 나와 함께 해봅시다. 루이스, 사업부 내 완제품 재고의 증가 곡선을 보셨을 겁니다."

"물론이죠. 그리 놀라실 일은 아니잖습니까? 어차피 예견된 일이었습니다. 매출 감소에 따른 이윤 확보의 부담감 때문에 완제품 재고량을 늘림으로써 가공 이윤을 창출하고 있는 건 모두가 아는 사실입니다. 아니지, 세상에! 이제야 무슨 말씀을 하시는지 알겠습니다. 완제품이 증가하는 것을 재고 평가 방식의 지표로 사용하시겠다는 거군요. 어림잡아도 70일, 엄청난 양이군요."

"바로 그겁니다, 루이스 부장님. 그것을 수취 채권의 나흘과 비교해 보세요. 어떤 것이 더 중요합니까? 더군다나."

나는 고삐를 늦추지 않았다.

"현금 창출률에 미치는 영향은 상상을 초월할 겁니다."

"본부장님, 죄송하지만 솔직히 그건 잘 모르겠습니다."

루이스는 멋쩍게 웃으며, 내게 설명을 요구했다.

"현금과 재고, 운영비에 대한 영향은 선명히 이해할 수 있지만, 현금 창출률에 대한 영향은 모르겠습니다."

"모르겠다고요?"

나는 차가운 어조로 루이스를 질타했다.

"사업부 감사팀이 우리에게 새로운 재고 평가 시스템을 쓰지 말라고 했던 이유가 뭐였습니까?"

루이스는 천천히 생각을 정리해 답변했다.

"그건, 우리가 개발한 새로운 재고 평가 시스템을 쓰게 되면 창고에 쌓여 있는 재고품들이 아무 가치도 없는 쓰레기라는 걸 인정하게 되니까 그렇죠. 또 그렇게 되면 그 사람들이 주장하는 순이익에도 큰 타격을 입게 될 테고요."

"그래서 대다수의 업체가 새로운 것보다 구형 모델을 계속 내놓고 있는 겁니다. 시장 점유율을 잃는 대신 장부상의 이윤을 택하겠다는 거죠. 이제 현금 창출률에 미치는 영향을 이해하시겠습니까?"

"네, 충분히 이해했습니다. 본부장님 말씀이 맞습니다. 하지만 본부장님, 조금만 주의를 기울인다면 전 그 두 개를 모두 다 해낼 수 있다고 생각합니다. 재고 평가 방식에 관한 문제를 검토하면서, 동시에 수취 채권에 대해서 좀더 주의를 기울일 수 있습니다."

루이스는 여전히 이해하지 못하고 있었다. 그러나 그를 올바른 길로 인도하는 것은 어렵지 않았다.

"루이스 부장님, 각 공장의 지표는 어떻습니까?"

"판도라의 상자죠."

루이스는 깊은 한숨을 내쉬었다.

"그곳의 손실은 어떻습니까? 4일 만기 어음보다 심각합니까? 공식적인 '제품 원가'나 쓸데없는 마진율을 따지면서 판매 기회를 평가하는 마케팅 팀 사람들은 어떻습니까? 최악의 시나리오인 사업부 간의 가격 차이를 조절하는 건 어떻구요? 이거야말로 우리가 집중해야 할 중요한 사안들입니다. 더 듣고 싶습니까?"

"그만, 이제 그만하십시오."

루이스는 두 손을 내저어 보였다.

"정확하게 지적해주셨습니다. 미수 채권 분야는 제가 무엇을 해야 할지 명확히 파악하고 있기 때문에 다루고 싶었던 겁니다. 하지만 다른 것들에 관해서는……."

"두렵습니까?"

"솔직히 말하면, 그렇습니다."

"나도 마찬가집니다."

나는 나직이 중얼거렸다.

"어디서부터 손을 대야 할지, 저도 막막합니다. 가장 먼저 집중해야할 대상은 무엇이고 그다음 순위는 뭔지 갈피를 못 잡겠어요."

"본부장님, 우리에게 필요한 건 하나의 '프로세스'인 것 같습니다. 5단계 시스템이 실패로 끝난 게 안타깝습니다. 아니지……, 잠시만요, 본부장님. 문제는 기존의 병목 자원을 충분히 보호하지 못해서 생겼잖습니까! 어쩌면 5단계 시스템을 활용할 수 있을지도 모릅니다!"

"어떻게 보완하면 되는지 정확히는 모르겠지만, 적어도 시도해볼 만한 가치는 있을 것 같군요. 회의실로 가서 확인해보는 게 어떻겠습니까?"

"그럼, 지금 당장 가시죠."

"아차, 오늘은 안 되겠소. 선약이 있는 걸 잊었소."

"괜찮습니다. 내일 해도 늦지 않을 겁니다."

이튿날 저녁, 우리는 회의실에 앉아 5단계 시스템을 하나하나 재검토하기 시작했다. 루이스는 먼저 화이트보드에 쓰인 첫 번째 단계를 읽으며, 우리의 판단에 오류가 없었는지를 물었다.

"제약 요인을 찾아낸다. 이게 정말 1단계에 오를 만한 내용입니까?"

"모르겠군요. 루이스 부장님, 그보다 이걸 1단계에 올리게 된 이유부터 검토해봅시다. 왜 그랬는지 기억나십니까?"

"어렴풋이 기억나긴 합니다. 우리가 현금 창출률을 첫 번째 척도로 채택했기 때문이었던 것 같습니다."

"부장님, 그런 말로는 충분치가 않습니다. 분석을 시작하는 단계에서는 좀더 확실한 근거가 필요합니다. 자, 1단계부터 다시 시작해봅시다."

"좋습니다. 그런데 첫 번째 법칙이란 게 뭘 의미하는 겁니까?"

"글쎄요. 우리가 주저 없이 받아들이게 되는 기본 원칙 아니겠습니까?"

나도 모르게 신음 소리가 흘러나왔다.

"그렇다면 제가 본부장님께 기본적인 원칙 하나를 말씀드리죠. 기업이란 하나의 목표를 위해 설립됩니다. 목표 없는 기업이란 존재할 수 없습니다. 단지 존재하기 위해 기업을 운영하는 경영진은 없을 테니까요."

"그렇습니다. 물론 목표를 잊은 것처럼 보이는 사람들이 있긴 하지만 말입니다."

내가 소리 내어 웃자 루이스는 뿔테 안경 너머로 의아한 시선을 보냈다.

"워싱턴에 있는 연방정부를 말씀하시는 겁니까?"

"하하하. 그곳도 예외는 아닙니다만, 난 우리 회사를 말하는 겁니다. 자, 하던 이야기로 돌아갑시다. 또 하나의 불변의 진리는 어떤 기업이든 한 사람 이상으로 구성되어 있다는 점입니다. 그렇지 않으면 기업이라고 할 수 없으니까."

"그렇죠. 하지만 전 지금 대화의 초점이 뭔지 모르겠습니다. 조직 일반에 관한 이론이라면 더 많은 내용을 보고드릴 수 있습니다."

"그러시겠죠. 부장님은 그만한 역량이 되는 분이시니까요. 어쨌거나 우리가 얻은 결론을 한번 살펴봅시다. 어떤 기업이든 하나의 목표가 있습니다. 그리고 그 기업에는 한 사람 이상의 구성원이 있고요. 그렇기 때문에 조직의 목표를 달성하기 위해서는 1인 이상의 동시다발적인 노력이 필요합니다."

"그럴듯하군요. 어떤 개인의 노력만으로 충분하다면 기업을 만들 필요가 없겠죠."

"동시다발적인 노력이 필요하다는 것은 기업의 목표 달성에 한 사람이 기여하는 정도가 다른 사람들의 행동과 성과에 좌우될 수도 있다는 말이 됩니다."

"물론이죠."

루이스는 쓴웃음을 지으며 덧붙였다.

"기업 내 평가 시스템을 제외하고 모든 사람들에게 적용되는 거죠."

나 역시 공감하는 바였지만 단서가 필요했다.

"여러 사람의 동시다발적인 노력이 필요하고, 한 사람의 기여도가 다른 사람의 성과에 영향을 주고 있다면 기업이란 작은 단위의 집합, 즉 여러 사슬이 서로 종속적으로 연결된 집단이라는 것을 알아야 할 겁니다."

"최소한 바둑판 모양의 그리드(grid)처럼 연결되겠죠."

"그렇습니다. 모든 그리드는 몇 개의 독립된 그리드로 나누어볼 수도 있습니다. 기업이 복잡하면 복잡할수록 다양한 고리들 간의 상호 의존성은 더 높아질 것이고, 따로 독립적으로 움직이는 사슬의 숫자는 점점 줄어들게 될 겁니다."

루이스는 이 문제에 너무 많은 시간을 할애하는 것을 따분해하는 눈치였다.

"그렇게 해석할 수도 있겠죠. 하지만 전 그것이 그리 중요하다고는 생각지 않습니다. 중요한 것은 본부장님이 방금 말씀하신 대로 조직을 하나의 사슬로 볼 수 있다는 겁니다. 그것만큼은 충분히 이해했습니다. 사슬의 힘은 가장 약한 고리에 의해 결정되기 때문에, 조직을 개선하는 첫 번째 단계는 가장 약한 고리를 찾아내야 한다는 거 아닙니까?"

"부장님, 가장 약한 고리가 하나 이상일 수도 있습니다. 앞서 말했듯 기업은 여러 독립적인 사슬들로 이루어져 있으니까요."

나는 루이스의 말을 수정했다.

"그럼 정리해봅시다. '하나의 조직은 몇 개의 독립적인 사슬로 구성된다!'"

루이스는 기다렸다는 듯이 동의했다.

"맞습니다. 그럼 다음 단계로 넘어가죠. 성과 측정에 대해서는 어떻게 생각하십니까?"

나는 뜻밖의 질문에 적잖이 당황스러웠다.

"성과 측정? 성과 측정이 중요한 사안이라고 생각하십니까?"

"어제는 왜곡된 성과 측정이 사업부의 가장 큰 제약 요인으로 작용할 거라는 데 동의하지 않으셨습니까?"

루이스는 아직도 성과 측정에 집착하고 있었다. 나는 조심스레 운을 떼었다.

"큰 문제인 것은 확실하지만, 전 그것이 제약 요인이라고 확신하지는 않습니다."

"확신하지 않는다고요?"

나는 단호하게 잘라 말했다.

"그렇죠. 몇 가지 증거가 있습니다. 우리 제품을 경쟁사의 것과 비교했을 때 상대적으로 구식이라는 점, 프로젝트 기일을 제때에 맞추지 않는 것을 당연시하는 엔지니어링 부서의 태도, 실질적인 이윤 확보 없이 겉도는 마케팅 계획 등등!"

루이스는 고개를 끄덕이며, 지난날의 기억을 떠올렸다.

"제가 지금까지 봤던 마케팅 계획들은 모두가 하나같이 '허접쓰레기'라는 범주에 집어넣어야 할 것들이었습니다."

사업부 내의 문제점들은 봇물처럼 터져 나오며 그칠 줄을 몰랐다.

"잠깐, 루이스 부장님, 제 얘기 아직 안 끝났습니다. 사업부 내에 팽배해 있는 기존 관행을 답습하려는 풍토가 팽배해 있는데, 그것도 마찬가지입니다. 일이 제대로 풀리지 않으면 거의 반사적으로 다른 사람한테 그 책임을 떠넘기려고들 하는데, 그런 행태는 너무나 많이 봤습니다."

"이제 본부장님 말씀의 요지를 충분히 이해했습니다. 지금 사업부 내에는 주요한 문제들이 도처에 널려 있습니다. 제약 요인이 무더기로 방치되어 있는 거죠."

"아니요. 저는 지금 제약 요인이 소수에 불과하다는 것을 말하는 겁니다. 우리 사업부 조직은 매우 복잡한 형태로 구성되어 있어서 독립적인 사슬은 극소수에 불과합니다. 부장님, 우리가 지금까지 언급했던 모든 것이 서로 밀접하게 연관되어 있다고 보지 않습니까? 제대로 된 장기 전략은 전무합니다. 성과 측정도 문제가 있습니다. 제품 설계는 지체되고 리드 타임은 너무 깁니다. 책임을 전가하고 방관자처럼 행동하는 직원들의 태도를 생각해보세요. 이 모든 게 유기적으로 연결되어 있습니다. 그러니까 우리는 핵심적인 문제, 즉 이 모든 문제를 야기한 뿌리를 찾아내야 합니다. 그래야 제약 요인을 없앨 수 있다 그 겁니다. 도대체 뭐가 이 모든 문제를 야기했는지, 그걸 밝혀내는 일 말입니다. 부장님과 제가 해야 하는 일은 바로 그겁니다."

"그럼 어떻게 하면 좋겠습니까? 특별한 계획이라도 세우고 계신 겁니까?"

"구체적인 안은 없습니다. 그렇지만 우리는 이미 그런 전력이 있잖습니까. 우리가 공장에서 그 답을 찾아냈다면 사업부 내에서도 찾아낼 수 있을 겁니다."

루이스는 미심쩍은 눈빛으로 나를 바라보며, 이의를 제기했다.

"전 그렇게 생각하지 않습니다. 공장과 사업부는 엄연히 다릅니다. 공장에서는 물리적인 제약 요인을 찾아내면 되지만, 사업부 차원에서는 보이지 않는 대상을 상대로 숨바꼭질해야 합니다. 대체 성과 측정, 정책, 절차 등 사람들의 행동 패턴에 깊숙이 침투한 문제들을 어떻게 끄집어낼 수 있단 말입니까?"

"저는 그렇게 생각하지 않습니다. 공장에서도 방금 부장님이 말씀하신 모든 문제의 원인을 찾아냈습니다. 돌이켜보세요. 우리가 싸웠던 제약 요인이 단지 기계뿐이었습니까? 아니죠. 우리는 보이지 않는 시장 수요와도 전쟁을 치렀습니다."

"하지만 우리는 병목 자원의 운영 방법 자체를 바꾸었죠. 그래서 두 배의 매출 신장을 기록했고요."

"제가 말하고 싶은 게 바로 그겁니다. 우리가 운영 측면에서 바꿨던 건 어떤 것이었습니까?"

나는 루이스의 목소리를 흉내 내어 그 해답을 내놓았다.

"성과 측정, 정책, 절차 등입니다. 이런 것들은 전부 행동 패턴에 속합니다. 루이스 부장님, 모르시겠습니까? 진정한 제약 요인은 기계가 아니었습니다. 그건 바로 우리가 만든 정책이었습니다."

"네. 물론 잘 알고 있습니다. 하지만 공장과 사업부에는 엄연히 차이가 있습니다."

루이스는 완강하게 버텼다.

"어떤 차이점을 말씀하시는 겁니까? 한 가지만 말해보세요."

"본부장님, 왜 저를 코너로 몰아세우시는 거죠? 주요한 차이가 있다는 걸 왜 인정하지 않는 겁니까? 뚜렷한 차이가 없다면 왜 아직 사업부의 제약 요인들이 무엇인지 아무런 단서도 찾아내지 못하시는 건데요?"

루이스의 질문에 나는 적당한 해답을 찾지 못했다.

"흠……. 미안합니다, 루이스 부장님. 맞아요. 공장 현장에서는 운이 좋았던 것 같습니다. 물리적인 제약 요인이 우리의 집중력을 정책 제약 요인으로 집약해주었으니 말입니다. 하지만 절망적이게도 사업부는 우리에게 일말의 가능성도 내비쳐주지 않고 있습니다. 생산능력도 있고, 발군의 실력을 자랑하는 엔지니어링 사업부도 있지만, 그것을 연결할 만한 고리가 잡히질 않네요. 시장은 언제나 우리를 향해 열려 있는데 제품을 내보낼 만한 희망이 보이질 않으니……."

루이스는 흥분을 가라앉히고, 예의 그 침착함을 되찾았다.

"본부장님, 방금 그 말씀은 실질적인 질문들과 연결됩니다. 어떻게 조직 내의 제약 요인들을 파악할 것인가? 어떻게 하면 허점투성이 정책의 문제점을 잡아낼 것인가? 본부장님의 표현을 빌리자면, 어떻게 겉으로 드러난 여러 악영향들의 이면에 뿌리박혀 있는 본질적인 문제를 잡아낼 것인가 하는 질문 말입니다.

"그래, 바로 그겁니다!"

나는 화이트보드에 적힌 내용을 한동안 응시했다.

"우리가 발견한 5단계 시스템은 정확한 거였습니다. 제약 요인이 뭔지 찾아내는 것이 첫 번째 단계가 맞습니다. 제가 방금 생각한 것은 그것을 찾아내는 어떤 기법이 필요하다는 겁니다. ……아, 그래요! 루이스 부장님! 드디어 찾아냈어요!"

나는 복받쳐오르는 감정을 주체하지 못하고 자리에서 벌떡 일어났다.

"부장님, 여길 보세요. 이것이 바로 요나 교수님이 던진 질문의 해답입니다. 당장 교수님께 전화해야겠어요. 제가 전할 첫마디는 이겁니다. '요나 교수님, 문제의 핵심을 밝혀내는 법을 가르쳐주십시오!'"

내가 막 수화기를 집어 들려는 순간, 루이스는 침착하게 나의 동요를 잠재웠다.

"본부장님, 제 생각에는 아직 전화하시기에는 조금 이르지 않나 싶습니다."

"무슨 말입니까?"

나는 수화기에 미련을 버리지 못하고 루이스의 대답을 재촉했다.

"이게 첫 번째로 배워야 할 점이 아니라는 겁니까?"

"아뇨. 그 점에 대해서는 저도 동의합니다. 하지만 조금 더 생각해본 뒤에 전화하셔도 늦지 않을 것 같습니다. 본질적인 문제를 안다는 것만으로는 뭔가 불충분한 것 같습니다."

"흠……. 맞아요. 부장님 말씀이 맞겠네요."

나는 마음을 가라앉혔다.

"요나 교수님의 질문에 답하고 싶은 마음이 앞섰던 것 같아요. 제 생각이 짧았습니다."

"충분히 이해합니다. 저를 믿으세요."

루이스는 온화한 미소로 나를 격려해주었다.

"좋아요, 부장님. 그럼 제가 교수님께 또 뭘 여쭤봐야 할까요?"

"본부장님께서는 저 5단계 과정이 타당하다는 전제하에, 각 단계를 수행하는 데 필요한 기법을 질문하셔야 합니다. 지금 우리는 겨우 하나의 기법에 대해서만 알아냈습니다. 계속해서 나머지 네 단계를 검토해보는 게 어떻겠습니까?"

"좋은 생각입니다. 계속해봅시다. 2단계는……."

나는 화이트보드에 쓰인 내용을 읽었다.

"제약 요인을 최대한 이용할 수 있는 방법을 선택한다."

"저 내용은 이치에 맞지 않다고 봅니다. 잘못된 정책을 최대한 이용한다는 것은 왠지 어불성설인 것 같습니다. 저건 제약 요인이 물리적인 것일 때에만 해당되는 내용이에요. 하지만 우리는 정책이나 기타 제약 요인까지 다루고 있으니까 다음 단계로 넘어가는 게 좋을 듯한데, 부장님 생각은 어떻습니까?"

루이스는 고개를 끄덕여 동의를 표시했다.

"다른 모든 공정을 위의 결정에 따라 진행한다."

"이것도 마찬가집니다. 제약 요인이 물리적인 것이 아니면 이 단계는 무의미합니다. 4단계는 '제약 요인을 향상시킨다'인데, 흠, 이 단계는 어떻게 하는 게 좋겠습니까?"

"뭐가 문젭니까? 잘못된 정책을 밝혀내면 그것을 개선하는 것은 어렵지 않을 겁니다."

"루이스 부장님, 상대를 너무 만만하게 보시는 거 아닙니까?"

나는 특유의 이죽거림으로 루이스를 나무랐다.

"정책을 바꾼다! 어떻게 말입니까? 적절한 대안을 찾아내는 게 그렇게 간단한 일입니까? 루이스 부장님한테는 그럴지 몰라도 저한테는 그렇지 않습니다."

"저한테도 쉽지 않습니다."

루이스는 너그럽게 나의 빈정거림을 받아주었다.

"저는 원가 회계가 결함투성이라는 것을 잘 알고 있지만, 그렇다고 제가 그것을 대신할 만한 완벽한 대안을 찾아낸 건 아닙니다. 본부장님, 잘못된 성과 측정이나 기타 정책을 수정하려면 어떻게 해야 할까요?"

"우선 기발한 아이디어, 즉 획기적인 발상이 필요하지 않겠습니까? 요나 교수님이 설명한 관리 기법 속에는 개인의 창의성을 개발할 수 있는 능력이 포함되어 있었습니다. 루이스 부장님, 이건 제 아내의 말인데요. 우리가 그저 관리 기법이 아니라 인간의 사고 체계를 연구하고 있다는 걸 깨닫게 될 거라고 말한 적이 있습니다. 지금 그 말이 번뜩하고 떠올랐습니다."

"벌써 그 기미가 보이기 시작하고 있습니다."

루이스는 진지한 얼굴로 몇 마디 덧붙였다.

"획기적인 아이디어를 내는 것만으로는 충분치 않습니다. 더 큰 장애물은 그 아이디어로 인해 빚어질 수 있는 나쁜 결과들을 실제로 해결할 수 있다는 것을 검증해내는 일입니다."

"새로운 아이디어를 생각해보지도 않고서!"

"그런데 도대체 그게 가능하기나 한 일입니까?"

루이스는 매우 회의적인 어조로 대꾸했다.

"우리가 사후 처리에 급급하기보다 사전 예측에 초점을 둔다면 당연히 그렇게 되어야 합니다. 루이스, 충분히 가능성 있는 일이에요. 우리가 1000만 달러짜리 주문을 받았을 때를 돌이켜봅시다. 루이 쟁글러의 주문을 받은 후, 2주간 혼란에 혼란을 거듭했죠. 만약 우리가 그런 일들을 사전에 예측할 수 있었다면 수많은 문제들을 미연에 방지할 수 있었을 겁니다. 그것이 불가능한 일이었다고는 말하지 마세요. 우리가 직접 확인한 것들이니까. 다만 초반에 그것을 검토하는 일련의 사고 과정을 거치지 않았던 것뿐입니다."

"본부장님, 그럼 우리는 어떤 방향으로 변화해야 합니까?"

허를 찌르는 질문이었다.

"뭐라고요?"

"사고 과정의 첫 번째 단계가 '무엇을 바꾸어야 하는가?'라는 질문에 대답을 하는 거라면, 두 번째 단계는 '어떤 방향으로 바꾸어야 하는가?'라는 질문에 대한 답을 찾는 것입니다. 세 번째 단계도 필요하겠지요."

"그것은 '어떻게 변화를 일으킬 것인가?'로 정리할 수 있습니다."

나는 제약 요인 관리 5단계를 가리키면서 덧붙였다.

"우리가 사업부에서 예상할 수 있는 관성의 규모로 미루어보건대, 이 마지막 단계가 가장 중요한 것 같습니다."

"그런 것 같습니다."

나는 자리에서 일어나 화이트보드 앞으로 나아갔다.

"부장님, 우리가 지금 무엇을 발견했는지 아시겠습니까?"

나는 격앙된 감정을 주체할 수가 없었다.

"우리는 방금 가장 근본적인 것과 동시에 변화를 수용할 수 있는 비전까지도 발견한 겁니다!"

"난해하군요."

"부장님, 우리가 지금 궁금해하는 게 뭡니까? '무엇을 바꾸어야 하는가?', '어떤 방향으로 바꾸어야 하는가?', '어떻게 변화를 일으킬 것인가?' 이 세 가지 단순한 질문에 대답할 수 있는 능력입니다. 우리에게 필요한 것은 관리자가 가져야 할 가장 근본적인 역량입니다. 역으로 생각해봅시다. 이 세 가지 질문에 마땅한 답을 하지 못하는 경영자가 있다면 그를 경영자라 할 수 있겠습니까?"

루이스의 표정을 보니 그에게 나의 흥분이 전달된 것 같았다.

"동시에 이건 매우 복잡한 상황에서 핵심적인 문제를 밝혀낼 수 있는 능력을 의미합니다. 새로운 문제를 일으키지 않고도 모든 문제점들을 실제로 해결할 수 있는 능력, 그리고 무엇보다도 그렇게 주요한 변화를 어떤 저항이나 반대도 불러일으키지 않고 매끄럽게 이끌어나갈 수 있는 능력. 이게 뭘 의미하는지 상상이 됩니까?"

"본부장님, 그건 본부장님이 이미 해내신 일들이에요. 본부장님이 우리 공장에서 바로 그런 일들을 해내셨다는 말입니다."

"그렇기도 하고, 아니기도 합니다. 물론 우리가 해낸 일이긴 하지만, 요나 교수님이 안 계셨더라면 우리 모두 지금쯤 새 일자리를 찾아서 하릴없이 거리를 헤매고 있었을 겁니다. 그분이 왜 제 부탁을 거절했는지 이제야 알겠습니다. 교수님은 외부의 도움이 없이 스스로 터득할 수 있도록 기회를 주신 거였습니다."

"우리 모두가 요나 교수가 되어야 합니다. 또 그렇게 될 수 있습니다."

루이스가 환한 얼굴로 자리에서 일어났다. 그러고 나서 이 내성적인 사람이 나에게 한 행동은 매우 놀라운 것이었다. 루이스가 내 어깨에 팔을 두르며 말했다.

"본부장님을 위해 일할 수 있는 게 정말 자랑스럽습니다."

답은 이미 상식 속에 존재한다

끝없는 혁신의 늪에서 벗어날 단 하나의 비법

생산성 배가, 6시그마, 원가절감, 지식 경영, e-Business, SCM, BPR, CRM, TPM, TQM, IE, JIT, VE, TRIZ……. 기업의 혁신 담당자들은 이 같은 용어들을 무수히 들어봤을 것이다. 과연 이 같은 기법의 홍수 속에서 언제까지 헤매야 하는가? 문제를 해결할 수 있는 단 하나의 비법 같은 건 없을까? 나는 끊임없이 그 비법을 찾아 헤매다가 드디어 TOC(Theory Of Constraints: 제약이론)라는 보물을 발견했다.

여기저기서 쿵쾅거리는 기계음을 들으면서 한참 기업 컨설팅을 진행하고 있을 때 한 나이 지긋한 사장님께서 "여어 선생님! 혹시 이 책 읽어보셨습니까?" 하면서 건네준 책, 『더 골』. 이 책 속에서 TOC를 발견한 것이다. 알렉스 로고 공장장과 요나 교수의 극적인 만남. 바람 앞의 등불처럼 곧 수명이 다할 위기에 처한 공장이 최고의 흑자를 내는 공장으로 부활하기까지의 숨 가쁜 이야기에 나는 곧 빠져들었고 단숨에 완독했다. 읽고 난 후에도 한동안 흥분된 마음이 가라앉지 않고 며칠이나 지속되었다.

'이 책에 나와 있는 대로만 한다면 우리나라의 기업들도 끝없는 혁

신의 늪에서 벗어날 수 있겠구나. 바로 이 책이 정답이다.'

　이런 생각에 마음이 들떴기 때문이다.

엘리 골드렛은 왜 이런 책을 쓰게 되었을까?

지금으로부터 약 39년 전인 1976년 이스라엘의 어느 대학에서 "지렛대의 레버리지 포인트(작용점)만 찾아낸다면 지구라도 들어 올릴 수 있다"라고 한 아르키메데스의 말을 역설하며 물리학을 가르치던 사람이 있었다. 어느 날 그는 지인으로부터 자신이 운영하는 공장의 문제가 뭔지 찾아서 돈 좀 벌게 해달라는 부탁을 받는다. 그러자 그는 물리학자답게 제조공장이 움직이는 원리, 원칙을 논리적으로 파악해 문제를 풀어나갔고 결국 생산성을 두 배도 아닌 네 배까지 올리는 성과를 거둔다. 그 과정에서 개발한 것이 바로 DBR(드럼-버퍼-로프, Drum-Buffer-Rope)이다. 공장에서 일어나는 모든 일을 어떻게 하면 체계적으로 정리할 수 있을까를 끊임없이 생각한 끝에 공장의 질서를 찾아주는 이론을 발견했던 것이다. 이 사람이 바로 『더 골』의 저자 엘리 골드렛이다.

　이후 그는 이 이론을 이용한 소프트웨어를 개발하여 GM, GE 같은 여러 대기업 컨설팅을 하게 되는데 결과는 대성공이었다. 납기(납품 기일) 만족도 상승, 재고 감소, 리드 타임 단축이라는 성과가 이익 상승효과로 이어졌던 것이다. 그러자 그는 미국으로 건너가 본격적으로 컨설팅 사업을 시작하게 된다.

　그는 여러 기업에 자신이 개발한 소프트웨어의 알고리즘을 비공개로 하고 컨설팅을 진행했는데 문제는 여기서부터 나타나기 시작했다. 초창기에는 큰 성과가 나왔으나 몇 년이 지나고 소프트웨어 담당자들이 바뀌면서 이 이론에 익숙지 않은 사람들이 점점 사용을 꺼렸던 것이다. 그러자 그는 그들을 상대로 다시 몇 개월씩 재교육을 실시하는 번거로움을 감수해야 했다. 이때 그는 소프트웨어의 알고리즘을 비공개로 해서는 결코 성공할 수 없다는 사실을 절실히 깨닫고, 모든 것을 공개하기로 결정한다. 그리고 공개 방법 중 하나로 소설을 쓰기로 마음먹는다. 주위 사람들은 "공장에서 일어나는 일을 소설로 써봐야 누가 관심이나 갖겠어!?" 하며 말렸지만, 그는 자신이 개발한 이론을 전 세계에 알려야 한다는 일념으로 소설이라는 형식을 택했다. 그렇게 해서 탄생한 소설이 바로 『더 골』이다. 역시 결과는 대성공이었다. 이 책은 그가 만든 소프트웨어보다 훨씬 더 많이 팔려나갔다. 현재까지 35개국에 번역되어 전 세계적으로 1000만 부 이상 팔린 역사상 유례를 찾기 힘든 베스트셀러가 된 것이다.

왜 '더 골'이란 제목을 붙였을까?

이 책의 주인공인 서른여덟 살의 알렉스는 6개월 전에 부실덩어리인 베어링턴 공장의 책임자로 부임한 인물이다. 그는 공장을 정상화하기 위해 최선을 다했지만 이미 갖가지 문제점이 누적돼 있는 공장은 회생할 기미가 보이지 않는다. 마침내 그는 경영진으로부터 3개월 이내에 흑자를 내지 못하면 공장을 폐쇄할 거라는 최후통첩을 받는다. 설상가상으로 그와 동시에 가정에서도 환영받지 못한 채 이혼당하기 직전의 상태에 몰린다. 직장과 가정 모두로부터 퇴출 위기에 놓인 알렉스의 몸부림은 필사적이다. IMF를 겪고 미국발 금융 위기를 겪으며 저성장에 빠진 한국 기업, 장기 불황을 겪고 있는 일본 기업에서 일하는 직장인의 상황과도 딱 들어맞는 부분이다.

알렉스는 우연히 만난 옛 은사, 요나 교수가 마치 자신의 마음을 꿰뚫어보는 것 같은 표정으로 몇 가지 의미심장한 질문을 던지자 지푸라기라도 잡는 심정으로 그에게 매달린다. 요나 교수가 알렉스에게 처음으로 던진 핵심적인 질문은 바로 이것이다.

"자네 공장의 목표가 뭔가?"

너무나 평범하고 상식적인 질문인 것 같지만 바로 이 질문의 답을 찾아가는 과정에서 알렉스는 복잡하게 얽히고설킨 실타래 같은 공장의 문제점들을 하나하나 풀어나가게 된다. 저자 엘리 골드렛은 이 질문을 통해 문제를 해결하기 위해서는 마치 두더지 게임에 임하는 것처럼 이것저것을 해결하느라 고군분투하는 것이 아니라 뿌리에 박혀 있는 핵심적인 원인 한 가지를 밝혀내는 것이 일의 순서라고 말하고 있다. 또한 아무리 복잡한 문제도 우리의 상식 속에 답이 이미 존재하고 있다는 것을 다시 한 번 일깨워주고 있는 것이다.

TOC 도입 이후, 기업에는 어떤 변화가 일어났을까?

엘리 골드렛은 2004년 한국 TOC 컨퍼런스에서 "현재의 매출액을 4년 후 순이익과 동일하게 만들 수 있는 것이 바로 TOC다"라고 말하면서 GM의 캐딜락 사업부를 폐쇄 직전의 위기 상황에서 흑자 기업으로 살려낸 사례를 소개한 바 있다. 그 밖에도 GE, 포드, 보잉사, 필립스, 미해·공군, P&G, 델타항공, HP, BHP 등 미국의 수많은 기업들은 『더 골』에 등장하는 핵심 이론인 TOC를 도입한 이후 1년 만에 평균 순이익 73퍼센트의 성장을 이뤄냈다.

그렇다면 실제 우리나라 기업의 사례는 어떨까? LG전자, 삼성전기, 한화테크윈(구 삼성테크윈), 세플러코리아(구 한화그룹), 웅진식품 등 수많은 기업에서 TOC를 도입해 큰 성과를 내고 있다. 그중 LG전자 PCB 사업부에서는 도입 후 리드 타임이 34일에서 21일로, 납기 준수율은 51퍼센트에서 81퍼센트로 증가함에 따라 추가 주문이 늘어 매출액이 증가했으며, 그와 더불어 CAPA(생산능력, Capacity)까지 향상되어 연간 11억 원에 이르는 외주비를 절약하게 되었다. 그 결과 오산 공장에서 청주 공장으로까지 TOC를 확장 실시했다. 특히 각 공정 간의 인력 이동에 대해 엄격한 기준을 적용했던 노조 측에서 이 기준을 대폭 완화하고(예를 들어 어떤 공정에서 병목 현상이 일어났을 때, 즉시 다른 공정에 있는 인력들을 문제의 공정으로 투입시키는 식으로) 서로 돕고 화합하는 분위기로 바뀐 것이 가장 큰 성과라고 LG전자 직원들은 입을 모아 증언하고 있다. 반도체 리드프레임(lead frame)을 제조하는 한화테크윈의 경우에도 TOC 적용 4개월 만에 평균 리드 타임이 12일에서 6.6일로, 납기 준수율은 27퍼센트에서 70퍼센트로 늘고 재고는 57퍼센트로 줄어들면서 추가 주문량이 늘어 미국발 금융 위기를 안전하게 넘긴 바 있다. 중소기업의 경우에는 조명 부품 제조사인 새한텅스텐을 들 수 있는데 3개월 만에 4년 적자 기업에서 흑자 기업으로 탈바꿈했으며 지금도 지속적으로 이익을 내고 있다. 자동차 연료펌프를 만드는 코아비스의 사례는 더욱 주목할 만한데, 이 회사는 잔업과 특근, 주말 근무를 없애고도 리드 타임을 31.4일에서 3.3일로 대폭 줄였다. 반면 납기 준수율은 72퍼센트에서 96퍼센트로 늘었으며 그 결과, 폭스바겐에 연간 120만 대 신규 공급 계약을 체결하는 성과를 냈다.

질문이 곧 답이다

앞서 엘리 골드렛의 주위 사람들이 우려했듯이 누가 공장에서 일어나는 일들에 관심을 갖고 흥미롭게 읽겠느냐고 생각할지 모르지만, 이 책의 가장 매력적인 특징 중 하나는 한번 잡으면 끝까지 읽을 수밖에 없도록 만드는 흡입력이다. 독자들은 계속해서 이어지는 요나 교수의 질문에 스스로 생각에 빠지고, 끊임없이 새로운 아이디어를 떠올리며 해답을 찾으려고 노력한다. 마치 한편의 흥미진진한 추리소설에 빠져들어 범인이 누구인지 유추해내는 과정과 흡사하다. 이 방식은 실제로 엘리 골드렛이 기업 컨설팅을 할 때 사용한 소크라테스 기법을 그대로 재현한 것이다. 즉, 참여를 이끌어내기 위해 답을 먼저 말하지 않고 핵심적인 내용을 계속 질문한 이후 자연스럽게 구성원들 스스로 아이디어를 내어 문제를 해결해나가도록 유도하는 기법이다. 엘리 골드렛의 철저함과 탁월함을 확인할 수 있는 이 소크라테스 기법은 『더골』이 우리에게 선사하는 또 하나의 핵심적인 매력 포인트라 할 수 있다.

17년 동안 번역을 허락하지 않았던 『더 골』의 최신 개정판을 만나다

1984년에 미국에서 첫 출간된 이 책은 한국과 일본 기업의 무서운 성장세를 두려워한 저자의 의지대로 무려 17년 동안이나 번역을 허락하지 않았다가 2001년이 되어서야 비로소 국내에 소개될 수 있었다. 그 이후 14년이 지난 이 시점에 새롭게 출간되는 개정판에서는 좀 더 매끄러운 문장과 살아 있는 대화체, 자연스러운 우리말을 살리기 위해 최대한 노력했다.

이번 개정판을 통해 혁신을 꿈꾸는 기업의 경영자뿐 아니라 변화를 바라는 많은 직장인, 여러 고민에 휩싸여 있는 일반인 중 더 많은 사람들이 TOC의 매력을 맛보고 실생활에서 문제를 해결해나갈 비법을 찾는다면 역자로서 그보다 더한 기쁨과 영광은 없을 것이다.

2015년 7월
강승덕

거인의 어깨 위에서 사고하라
생산방식의 개념 vs. 생산방식의 적용
히타치 공구 엔지니어링 사례 분석

서론

린 생산방식(Lean production, 미국 매사추세츠 공과대학의 연구그룹이 1990년 도요타 생산방식으로 대표되는 일본식 생산 시스템에 붙인 이름. 생산 현장의 원자재와 재공품의 흐름을 분석하고 제조설비의 배치를 최적화해 중소 제조업체의 생산성을 20퍼센트 이상 높여주는 기법 – 옮긴이)이 인기를 끈 원인을 추적하다 보면 결국 도요타의 성공 스토리에 이른다. 도요타의 성공은 명백한 사실이었다. 도요타의 자동차 생산 대수는 자동차 업계의 기존 리더인 GM 못지않았는데, 도요타는 그 와중에 이윤까지 냈다. 2003년에서 2008년 사이, 도요타의 평균 매출액 대비 순이익률은 업계 평균보다 70퍼센트 높았지만 GM은 손해를 보고 있었다.[1] 도요타의 성공은 순전히 도요타 생산 시스템(TPS) 덕분이었다.[2]

적어도 도요타의 경영진만큼은 그렇게 확신하고 있다. 도요타에 떨어진 가장 시급한 도전 과제는 TPS를 회사의 DNA로 다음 세대에게 남기는 일일 것이다.

도요타가 일본 제조업의 기수로 여겨지는 만큼, 여러 다른 일본 제조업체에서도 린 생산방식을 많이 사용했을 거라 생각할 것이다. 그러나 놀랍게도 실상은 그렇지가 않다. 린 생산방식을 실시한 제조업체가 20퍼센트도 채 안 된다는 사실은 일본에서는 꽤 널리 알려진 사실이다. 어째서일까? 제조업체들이 린 생산방식을 실시하려는 시도 자체를 하지 않은 것은 아니다. 일본 내 수많은 기업들이 린 생산방식을 실행하고자 각고의 노력을 기울였으나 실패한 것이다. 그중 한 기업이 바로 히타치 공구 엔지니어링이다. 히타치가 린 생산방식을 실행하지 못한 것은 결코 노력이 부족해서가 아니었다. 히타치는 수차례 린 생산방식을 실행하려고 했지만 생산성이 떨어지는 바람에 하는 수 없이 기존 생산방식으로 돌아갈 수밖에 없었다.

일본 제조업체의 대부분이 린 생산방식을 실시하지 않은 원인을 지식이 부족한 탓으로 돌려서도 안 된다. 도요타는 자신들의 지식을 아낌없이 나눠주었다. 회사는 TPS를 사회 공유 지식으로 공개했고 심지어 동종업계 경쟁업체를 자사 공장으로 초빙하기까지 했다. 수많은 기업과 마찬가지로 히타치 또한 이용할 수 있는 지식이란 지식은 모조리 활용했고 접촉 가능한 전문가란 전문가는 모조리 동원하여 주저 없이 채용하기도 했다.

이 기업들이 린 생산방식을 실행하지 못한 원인이 하나 있다. 히타치 공구 엔지니어링 같은 회사를 객관적으로 지켜본 사람이라면 누구나 단번에 알 수 있는 원인이다. 그것은 바로 생산 환경에 존재하는 근본적인 차이이다. TPS 개발 당시, 오노 다이이치는 불특정 다수가 아닌 자신의 회사를 염두에 두었다. 따라서 오노가 개발한 강력한 도구가 생산 환경이 근본적으로 다른 기업에서는 먹히지 않은 것도 당연하다. 그렇다고 오노가 고안해낸 방식이 다른 환경에서 전혀 쓸모가 없다는 건 아니다. 오노 또한 우리와 똑같은 상황에 처했다는 사실을 깨닫는 순간 그의 천재성은 부각된다. 그 당시 일대 변혁을 가져온 생산방식은 헨리 포드가 개발한 일관(一貫)작업 방식(flow line method)이었다. 포드의 방식은 거의 모든 자동차 조립 현장뿐만 아니라 음료

및 탄약처럼 전혀 다른 업계에서도 이미 쓰이고 있었다. 게다가 일관 작업 방식은 요구량이 많아 한 가지 제품에 장비를 전용해야 하는 환경에서만 실행할 수 있고, 또 그런 환경에서만 실행해야 한다는 것이 당시의 통념이었다. 생산 수량이 그다지 많지 않은 경우에도 언제든 조립라인을 가동할 수 있다는 생각을 떠올린 사람은 아무도 없었다. 오노 한 사람을 제외하면 말이다.

오노는 포드식 방법의 기저를 이루는 개념들이 포괄적이라는 사실과, 적용 대상이 특정 유형의 환경으로 제한되지만 그 개념만은 보편적이라는 사실을 깨달았다. 오노는 시작점으로 삼을 뚜렷한 비전, 한 가지 부품의 생산에 장비를 전용하는 것이 현실적으로 불가능한 도요타의 환경에 적합한 응용법을 고안해낼 만한 천재성, 그러한 방식의 적용을 가로막고 있는 거대한 장애물을 뛰어넘겠다는 불굴의 의지를 모두 갖추고 있었다. 그 결과가 바로 TPS이다.

우리는 적확한 개념의 활용을 마다한다거나 누가 봐도 너무나 다른 환경에 똑같은 방식을 억지로 적용하려 하기보다, 오노의 발자취를 따라야 한다.

이 글에서 우리는 다음 사항을 이야기할 것이다

- 흐름(flow)의 근본 개념 — 이것은 린 생산방식이 토대로 삼고 있는 개념이기도 하다.
- 이러한 개념을 포괄적 적용하여 훨씬 광범위한 환경에서 사용할 수 있는 방법을 제시한다.
- 히타치 공구 엔지니어링이 이러한 적용으로 거둔 인상적인 성과들.

역사적 관점

제조업은 위대한 두 사상가, 헨리 포드와 오노 다이이치에 의해 모양을 갖추게 되었다. 포드는 일관작업 방식을 도입함으로써 대량생산에 일대 혁신을 가져왔다. 오노는 TPS로 재고에 대한 업계 전반의 개념을 자산에서 부담스러운 존재로 바꿔놓아 포드의 아이디어를 한 차원 끌어올렸다.

포드는 효과적인 생산의 열쇠가 작업의 전반적인 흐름 개선에 집중하는 데 있다고 생각했다. 이를 개선하기 위한 포드의 노력은 매우 성공적이어서, 1926년이 되자 철광석 채굴부터 5000개가 넘는 부품으로 이루어진 자동차의(철도 운송 준비를 마칠 때까지의) 리드 타임이 여든한 시간으로 대폭 줄었다![3] 80년이 흐른 뒤에도 그렇게 짧은 리드 타임을 달성하거나, 혹은 그에 근접한 기록을 낸 자동차 회사는 나타나지 않았다.

흐름이라 함은 작업에 투입된 재고가 이동 중이라는 뜻이다. 재고는 이동하지 않으면 쌓인다. 재고가 축적되면 공간을 차지한다. 따라서 더 나은 흐름을 달성하는 직관적인 방법은 재고가 축적되는 공간을 제한하는 것이다. 포드는 두 가지 공정 사이의 재공품(在工品, 생산 공정 중에 있는 미완성 제품 – 옮긴이)에 할당된 공간을 제한했다. 그가 시도한 최초의 일관작업이 재고를 한 공정에서 다른 공정으로 이동시키는 컨베이어 같은 기계적 수단을 전혀 갖추지 않았다는 사실이 말해주듯, 이것이 바로 일관작업의 핵심이다. 이 방식은 자칫 제한된 공간이 꽉 차게 되면 그 공정에 있는 작업자들이 생산을 중단해야 하는 위험 상황을 발생시킨다. 따라서 흐름 개선을 위해 포드는 부분 효율을 포기해야 했다. 이 말은 사회적 통념, 즉 모든 작업자와 모든 공정이 한시도 쉬지 않고 돌아가는 것이 효율적이라는 사고에 위배된다는 뜻이다. 또 자재가 지속적으로 가공되는 것을 가로막으면 작업의 생산량이 감소될 거라 생각할 수 있다.

포드가 공간을 제한하는 데 안주했다면, 이처럼 달갑지 않은 결과로 끝나고 말았을 것이다. 그러나 재고의 축적을 제한하는 데에서 얻을 수 있는 성과가 한 가지 더 있다. 그것은 흐름을 위태롭게 하는 진짜 문제를 매우 쉽게 포착할 수 있게 해준다는 것이다. 조립라인 내 어떤 공정이 잠깐 중단되면 곧 라인 전체가 중단된다. 포드는 문제가 뭔지 또렷하게 볼 수 있게 된 이 상황을 십분 활용하여 작업이 중단되는 상황을 미리 충분히 예측할 수 있었다. 그렇기 때문에 미리 문제를 발견하고 이를 해결함으로써 흐름의 균형을 개선했다.[4] 부분 효율을 포기하고 전반적인 흐름 개선에 집중하면서 얻게 된 최종 결과는 생산량의 놀라운 증가이다. 덕분에 헨리 포드는 당대 자동차 제조회사 중 그 어느 회사보다 작업자 1인당 생산량을 늘릴 수 있었다. 요약하면, 포드의 일관작업은 다음 네 가지 개념을 토대로 삼고 있다.

1. 흐름 개선(혹은 리드 타임 단축)은 작업의 1차적 목표이다.
2. 이 1차적 목표는 생산하지 않을 때 작업 방향을 지시해주는 실용적인 메커니즘으로 이용해야 한다(과잉생산을 예방).
3. 부분 효율은 포기해야 한다.
4. 흐름의 균형을 잡기 위한 집중적인 절차를 실행해야 한다.

포드처럼 오노의 1차적 목표도 도요타의 현황을 묻는 질문에 대한 그의 답변에 나타난 것처럼, 흐름을 개선하는 것(리드 타임을 줄이는 것)이었다.

"우리가 하는 일이라고는 고객의 주문이 떨어지는 순간부터 수금 때까지 시간을 확인하는 것뿐입니다. 우리는 그런 시간을 줄여나가고 있습니다……."[5]

두 번째 개념을 적용할 때 오노는 넘을 수 없을 것만 같은 장애물을 만났다. 단일 제품에 대한 수요가 높을 때는, 포드가 그랬던 것처럼, 한 작업 라인을 그 제품에 들어가는 부품을 생산하는 데 다 쓰는 게 당연하다. 하지만 당시 일본은 다품종 소량생산 시장이었다. 따라서 오노는 도요타에서 한 작업 라인을 전용할 수가 없었다. 앞에서도 말했다시피 이러한 상황에 직면한 나머지 다른 업체들은 그저 그 작업 라인을 사용할 엄두를 내지 못했을 뿐이었다. 반면 오노는 바로 그런 상황에서 그 작업 라인을 어떻게 활용할 수 있을까를 생각했다. 문제는 이렇게 할 경우 공간 제약의 메커니즘 때문에 결국 정체가 빚어진다는 것이었다. 즉 할당된 공간이 이미 꽉 찬 상태에서는(작업을 못 하는 상태) 조립에 필요한 부품을 조달하지 못한다. 오노는 슈퍼마켓에 대한 얘기를 들었을 때(그보다 훨씬 전인 1956년 미국 방문 중 슈퍼마켓을 실제로 보았을 때) 해결책이 떠올랐다고 글에서 밝히고 있다. 슈퍼마켓이나 도요타의 작업물 공급라인 모두 다양한 제품을 관리해야 한다는 사실을 깨달았던 것이다. 여기서 말하는 슈퍼마켓의 제품들은 복도를 빽빽이 채우고 있는 물건이 아니라 내부 창고에 보관 중인 물건을 가리킨다.

창고 안에서도 각 제품은 진열대의 일정한 공간을 차지하고 있는데 고객에게 선택받은 제품만이 밖에 있는 진열대로 다시 옮겨진다. 여기서 오노가 떠올린 것은 생산을 하지 않을 때 도요타의 작업을 지시할 수 있게 해줄 메커니즘이었다. 공정 사이에 일정한 공간만 사용함으로써 재공품 생산을 제한하기보다 부품당 쌓아놓아도 되는 수량을 분명하게 제한하는 것이었다. 이러한 깨달음을 바탕으로 오노는 간판(看板) 방식을 고안해냈다.

이 방식에 대해서는 수많은 기사 및 저서에서 이미 자세하게 다루었다. 이 글에서는 오노가 근본 개념에 얼마나 철저했는지를 보여주기 위해 그 핵심만 설명하려 한다. 두 가지 공정마다[6] 그 사이에 한 번씩, 각 부품에 대하여, 부품을 담아놓는 용기의 수와 용기당 들어가는 제품의 특정 개수를 정해서 재고의 적재 정도를 제한한다. 다른 업계에서 쓰는 용기와 마찬가지로 이때 쓰이는 용기에도 관련 서류를 붙인다. 하지만 이 서류의 한 페이지(보통은 카드 형태, 간판은 일본어로 카드라는 뜻)에는 부품의 명칭부호와 용기당 제품 개수를 명시한 페이지가 이례적인 방식으로 처리된다. 후속 공정에서 다음 작업을 위해 용기를 인수할 때, 그 카드는 용기와 함께 이동하는 게 아니라 선행 공정으로 되돌아간다. 이는 해당 공정에 용기가 인수되었고, 할당된 재고가 가득 채워지지 않았다는 사실을 알리기 위해서이다. 선행 공정은 그 경우에만 생산을 진행한다(해당 카드에 명시된 부품을 용기 하나에 채운다). 요컨대 간판 방식은 각 공정에 언제 무엇을 생산해야 할지를 알려주는 역할을 하지만 더욱 중요한 것은 이 방식이 생산하지 말아야 할 때를 알려준다는 점이다. 카드가 없으면 생산도 멈춰야 한다. 이것은 생산하지 말아야 할 때를 알려주는 실용적인 메커니즘으로 과잉생산을 막아준다. 오노는 메커니즘의 토대를 공간에서 재고로 바꿈으로써 포드의 개념을 확장하는 데 성공했다.

이렇게 흐름 개선에 집중하다 보면 부분 효율은 포기할 수밖에 없게 된다. 오노는 자신의 저서에서 이 문제를 반복적으로 제기하면서 곧바로 필요한 제품이 아니면 생산을 촉진해봐야 소용없다는 점을 강조한다. 아마도 이 점 때문에 TPS가 도요타 외부에 '적시 생산방식(just-in-time production)'으로 알려졌을 것이다.[7]

그런데 공장에 생산하지 말아야 할 때를 지시해주는 간판 시스템을 생산 현장에서 실시하자 생산량이 감소하는 바람에 흐름의 균형을 유지하기 위해 다시 어마어마한 노력을 해야 했다. 오노가 직면한 도전 과제는 포드가 직면했던 것보다 훨씬 큰 규모의 주문을 처리하는 것이었다.

이 도전 과제가 얼마나 어마어마했는지를 실감하기 위해서는 여러 가지 측면 중 하나만 강조해도 충분하다. 전용 라인 환경에서와 달리, 오노의 방식은 특정 공정이 생산해야 하는 부품을 자주 바꿀 수밖에 없는 방식이다. 대부분의 작업장에서는 생산 부품이 바뀌면 작업 준비도 다시 해야 하므로 추가 시간이 소요된다. 계획 단계부터 용기에는 비교적 적은 수량의 부품만 채우도록 정해졌으므로, 그러한 용기에 들어가야 하는 동일 1회분 생산량은 대개 작업 준비에 소요되는 시간에 비해 터무니없이 적었다. 초기에는 공정에서 작업 준비에 소요되는 시간이 생산에 소요되는 시간보다 더 많아지는 바람에 생산량이 급감했다. 그러니 오노가 거센 반발에 직면했던 것도 당연한 노릇이었다. 반발이 어찌나 거셌던지 오노는 1940년대 후반부터 1960년대 초반까지 자신의 생산방식을 일컬어 '오노의 혐오스러운 작업 방식'이라고 지칭하기까지 했다.[8]

부분적인 관점에서 보면, 대부분의 현장 인력들이 그랬듯, 말도 안 된다고 여겼음직한 방식을 묵묵히 밀고 나가 실행시킨 걸 보면 분명 오노(와 그의 상사들)에게는 비범한 결단력과 비전이 있었을 것이다. 오노는 작업 준비라는 장애물을 극복할 새로운 방법을 찾아야 했다. TPS가 전 세계적으로 유명세를 타기 전인 그 당시까지만 해도 작업 준비에 대처하는 전통적인 방법은 1회분의 규모를 늘리는 것이었다. 속칭 '1회 최적 생산량(Economical Batch Quantity)'이라 불리는 이 방법에 대한 글은 수천 편이 넘는다.[9]

'1회 최적 생산량'을 이용하면 리드 타임을 단축하려는 그의 도전은 실패로 끝나고 말 것이 분명했으므로 오노는 일체 관련 지식을 무시했다. 그보다 작업 준비에 소요되는 시간은 고정불변이 아니고, 여러 공정을 조정하여 현저히 줄일 수 있는 시간이라고 주장했다. 그는 작업 준비 시간 축소 기법 개발 및 실행을 주도하여 결국 도요타 전체의 작업 준비 시간을 줄였는데, 도요타에서는 준비 시간이 길어야 몇 분밖에 되지 않았다.[10] 현재 린 생산방식을 소량 생산 및 작업 준비 시간 축소와 밀접하게 관련짓는 것은 당연한 일이다.

그러나 흐름의 균형을 잡아주기 위해서는 작업 준비 시간이라는 장애물에 대처하는 것 이상으로 훨씬 많은 것이 필요했다. 대부분의 공정이 한 가지 부품의 전용이 아니라는 사실 때문에 직접 현장을 관찰하고도 흐름을 위험에 빠트리는 진짜 문제점이 무엇인지를 포착하기가 사실상 불가능에 가까웠다. 오노는 개선해야 할 사항이 너무나 많다는 사실과, 공정 개선을 위한 노력에 관심을 집중할 방법이 없으면 흐름의 균형을 잡는 데 너무 많은 시간이 걸린다는 점을 누구보다 잘 알고 있었다.

간판 방식이 그에게 그 해답을 제시해주었다. 린 생산방식을 암초와 물에 비유해보면 이게 무슨 소린지 이해하는 데 도움이 된다. 수위(水位)는 재고 수준이고, 암초는 흐름을 방해하는 문제점이라고 생각해보라. 강바닥에는 암초가 많고 그걸 치우려면 시간과 노력이 필요하다. 문제는 어떤 암초가 제거해야 할 만큼 큰 영향을 미치느냐이다. 수위를 낮추면 답을 얻을 수 있다. 수면 위로 툭 튀어나온 암초가 바로 제거해야 할 문제점인 것이다. 간판 방식 초창기에 합리적인 생산량을 달성하기 위해 오노는 특정 부품을 소량씩 담고 있는 용기를 여러 개 준비했다. 점차 용기의 개수를 줄여나가다가 각 용기에 담기는 부품의 수량도 줄였다. 흐름에 크게 지장을 주지만 않으면 용기 및 용기당 부품 수량을 계속해서 줄여나갔다. 흐름에 지장이 생겼을 때는 근본 원인을 정확히 집어내기 위해 '다섯 번 묻기(Five Whys)' 방법을 썼다. 그러한 문제는 수량을 더 줄이기 전에 해결해야 했다. 시간은 걸렸지만 이를 통해 생산성을 현저하게 높일 수 있었다.

지난 20년 동안 모든 자동차 회사가 저마다 이렇게 저렇게 도요타 방식을 도입하고 실행하여 큰 이득을 본 것은 사실이지만 도요타의 생산성은 타의 추종을 불허한다. 이 사실은 부문별 개선 노력에 집중하는 방법이 얼마나 중요한지를 말해준다. 유감스럽게도 여타 기업들의 개선 노력은 방향부터가 잘못되었다. 흐름 개선에 총체적 노력을 기울이기보다 원가절감에만 매달렸기 때문이다. 오노가 작업 준비 시간 단축에 많은 노력을 기울인 것은 원가절감을 위해서가 아니었다.

원가절감이 목표였다면 1회 최적 생산량을 추가적으로 줄여 작업 준비 횟수를 늘림으로써 절약한 시간을 '낭비'하지 않았을 것이다. 결함 부품의 수를 줄이려 노력한 것도 (사소한) 비용을 절약하기 위해서가 아니라 결함 부품 때문에 흐름에 차질이 생기는 것을 방지하기 위해서였다. 오노는 심지어 도요타 납품업체들을 압박해 가격을 깎거나 도요타의 급여 지급 총액을 줄이지도 않았다(원가의 두 가지 주요 요소). 그보다 모든 에너지를 흐름 개선에 투입했다.

혼란스러운 점은 흐름 개선에 초점을 맞추고 원가절감 문제는 무시한 결과, 단가가 훨씬 낮아졌다는 사실이다. 이것은 부분 효율을 포기함으로써 최종적으로는 노동력의 효율성이 향상된 것과 같은 맥락이다. 이 결과가 이상해 보인다면, 그것은 경영자들이 원가절감에 집중하기보다 생산량 향상에 집중하는 방향으로 일해야 한다는 개념을 아직 체득하지 못했기 때문이다. 원가절감에 집중할 때 나타나는 여러 결과 가운데 하나는 진행 중인 개선 과정을 촉진하려는 거의 모든 계획이 순식간에 수확체감(收穫遞減, 생산 요소 투입이 일정 수준을 넘으면 투입에 따르는 한계 생산성이 상대적으로 줄어드는 현상 – 옮긴이) 지점에 도달하고 그 결과 대부분이 립서비스로 전락하게 된다는 것이다. 그러나 이 문제는 너무나 광범위하기 때문에 이 글 속에 다 담을 수가 없다.

앞서 포드의 네 가지 개념을 말한 바 있지만, 다시 한번 강조하자면 포드와 오노 모두 다음의 네 가지 개념을 따랐다(이제부터는 이를 '흐름 개념'이라 부르려 한다).

1. 흐름 개선(혹은 리드 타임 단축)은 작업의 1차적 목표이다.
2. 이 1차적 목표는 생산하지 않을 때 작업 방향을 지시해주는 실용적인 메커니즘으로 이용해야 한다(과잉생산을 예방). 포드는 공간을 이용했고 오노는 재고를 이용했다.
3. 부분 효율은 포기해야 한다.

4. 흐름의 균형을 잡기 위한 집중적인 절차를 실행해야 한다. 포드는 직접 관찰을 이용했고 오노는 용기 개수와 용기당 부품 개수의 점진적 감소를 이용했다.

TPS의 한계

린 생산방식 개발에서 오노가 택한 접근 방식은 중요한 개념 하나를 보여준다. 실제 적용 상황과 적용할 때 토대로 삼는 근본 개념 사이에는 차이가 있다는 것이다. 근본 개념은 포괄적인 반면 실제 적용할 때는 특정 환경이 있다. 앞서 여러 사례를 통해 보았다시피, 이론을 실제 상황에 적용한다는 것은 결코 쉬운 일이 아니다. 여러 변수에 따른 새로운 문제에 대한 해결책을 모색해야 하기 때문이다. 명심해야 할 것은 우리가 이론을 현실에 적용할 때 환경을 가정(때때로 잠재적 가정)한다는 점이다. 그런데 만약 그 가정이 유효하지 않은 환경이라면 그 이론이 현실에 먹힐 거라 기대하면 안 된다. 이럴 경우에는 시간적 여유를 갖고 다시 처음부터 가정을 다듬는 작업을 수행해야 실패를 막을 수 있다.

TPS 이론에서 생산 환경이 안정적일 거라는 가정은 가장 지나친 생각이다. TPS는 세 가지 측면에서 안정성을 요한다.

첫 번째 측면은 린 생산방식을 실행하려면 적합한 환경이 선정되어 최고의 전문가들이 실행을 감독할 때조차 시간이 어마어마하게 들어간다는 사실에 주목하면 드러난다. 제프리 라이커가 『도요타 방식』에서 지적하듯 도요타 협력업체 지원센터(TSSC, Toyota Supplier Support Center, 도요타가 미국 기업에 TPS를 전수하기 위해 만든 조직)가 주도한 린 생산방식 실행도 생산라인당 최소 6개월에서 9개월이 걸린다.[11]

이는 거의 모든 생산라인에 흐름을 방해하는 요인의 가짓수가 얼마나 많은지를 안다면, 또 재고 감소라는 목표에 도달하면 간판 방식이 얼마나 민감해지는지를 안다면 전혀 놀랄 일이 아니다.

간판 방식은 실행하려면 시간이 오래 걸리므로 환경이 비교적 안정적이라는 가정, 즉 상당히 오랫동안 공정과 제품이 크게 바뀌지 않는다는 가정이 전제되어 있다. 물론 도요타의 환경은 비교적 안정적이다. 자동차 업계는 1년에 단 한 번만 변화를 허용하는데(모델을 변경할 때) 대개 해가 거듭되어도 부품의 대부분이 그대로이다. 그러나 다른 업계의 경우는 다르다. 가령, 전자업계 주요 부문의 경우, 대부분의 제품 수명은 6개월이 채 안 된다. 대부분의 다른 업계에도 제품과 공정의 불안정성은 어느 정도 존재한다. 예를 들어, 히타치 공구 엔지니어링은 절삭공구를 생산하는데, 비교적 안정적인 제품 유형임에도 치열한 경쟁 때문에 어쩔 수 없이 6개월마다 신기술을 요하는 신형 절삭공구를 출시하고 있다. 그런 환경에서 린 생산방식을 실행하기란 불가능하다.

TPS가 요구하는 안정성의 두 번째 측면은 특정한 시간 내에 제품 수요에 대한 안정성이 있느냐 없느냐 여부이다. 예를 들어 어떤 제품을 생산하기 위한 리드 타임이 2주인데 그 제품의 수요는 산발적이라고 가정해보자. 그 제품에 대한 주문이 평균적으로 분기당 한 건인 것이다. 현재 이 제품은 한 분기 중 2주 동안만 재공품 상태이다. 2주를 제외한 나머지 기간에는 작업 현장에 존재하지 않는다. 그러나 두 공정 사이마다 각 제품의 용기를 영구적으로 보유해야 하는 린 생산방식하에서는 얘기가 달라질 것이다.

히타치 공구 엔지니어링은 2만 가지가 넘는 SKU(재고 관리 코드)를 제작하고 있다. SKU의 대부분은 수요가 산발적이다. 각 SKU에 대하여 두 공정 사이마다 재고를 영구 보유해야 할 필요성 때문에, 히타치의 경우, 결국 현재보다 훨씬 많은 재공 재고를 보유해야 할 상황에 처하게 될 것이다. 이는 누가 봐도 오노 방식의 적용에는 적합하지 않은 환경이다.

그러나 TPS가 요구하는 안정성의 측면 중 가장 까다로운 측면은 수주에 따라 다양한 유형의 자원에 할당되는 총 작업량의 안정성이다. 대부분의 기업이 그렇듯, 주문은 처음부터 끝까지 한결같지가 않다. 이번주에 특정 공정에 떨어진 작업량은 생산능력에 한참 못 미쳤는데 다음주 작업량은 생산능력을 초과할 가능성이 농후하다는 뜻이다. 이처럼 보편적인 경우, 사전 제작을 못 하게 하는(즉, 예정보다 앞선 생산을 금지하는) 간판 방식을 따르면 2주차에 납품을 못 하게 될 것이다. 도요타의 주문은 비교적 안정적이지만 그럼에도 불구하고 도요타는 다달이 혼류 생산(하나의 라인에서 여러 차종을 생산하는 방식. 도요타가 처음 도입한 것으로 알려져 있다. 갈수록 다양해지는 소비자의 취향에 대응하기 위한 생산방식이다. – 옮긴이)을 제한하는 수주(및 인도 보장) 방식을 확립해야 했다. 대부분의 기업은 이 정도로 고객 쪽에 유리한 조건을 이행할 수가 없다.

　　안정성 요건은 생산력 향상과는 별개라는 점에 유념해야 한다. 이러한 안정성의 세 가지 측면은 모두 해당 기업이 자사 제품을 설계 및 판매하는 방식과 관련된 것이지 생산방식과는 무관하다. 유감스럽게도, 다수의 기업들이 세 가지 측면 모두는 아니더라도, 최소한 한 가지 측면에서 불안정성에 시달리고 있다.

　　그렇다고 해서, 린 생산방식의 여러 가정들이 유효하지 않은 환경에서는, 린 생산방식의 일부도 이용할 수 없다는 뜻이 아니다(U셀 방식은 여러 환경에서 요긴하게 쓰일 수 있으며 작업 준비 시간 단축 기법은 거의 모든 환경에서 이용이 가능하다). 그러나 그런 환경에서 도요타가 달성한 것과 동일한 규모의 성과, 즉 회사를 오늘의 지위까지 끌어올린 만큼 어마어마한 성과를 낼 수 있으리라 기대해도 된다는 의미는 아니다. 린 생산방식의 특정 기법 몇 가지를 활용한 뒤 몇 가지 원가절감 프로그램에 안주한 채, 린 생산방식을 실행했다고 착각해서는 안 된다.

불안정한 환경에서 흐름 개선은 어떤 영향을 미칠까?

포드와 오노는 우리로 하여금 흐름 개선(리드 타임 단축)이 결국 작업 효율을 높여준다는 사실에 눈뜨게 해주었다. 두 사람은 안정적인 환경에서 이를 입증해 보였지만 상대적으로 불안정한 환경에서는 어떤 일이 벌어질까?

불안정성의 첫 번째 측면은 짧은 제품 수명이다. 제품의 수명이 짧은 경우, 과잉생산은 제품의 가치를 떨어뜨린다. 또 수명이 짧기 때문에 생산 리드 타임이 길면 시장 수요를 놓치게 된다. 가령 어떤 제품의 수명이 약 6개월이고 그 제품의 리드 타임이 2개월이라고 가정해보자. 이렇게 긴 생산 리드 타임은 판매 손실을 초래하는데, 수요가 없어서가 아니라 제품의 수명 기간 동안 시장에 필요한 양만큼의 공급이 이루어지지 않기 때문이다.

불안정성의 두 번째 측면은 시간에 따른 제품의 수요이다. 산발적 수요에 따라 적용하는 SKU를 다수 보유하고 있는 환경에서는 관례에 따라 여분의 재고를 통해 이런 수요를 충족시킨다. 이러한 관행의 단점은 재고량이 많이 부족할 때 완제품 재고의 회전 속도가 지극히 느리다는 것이다. 이런 환경에서는 흐름 개선이 극적인 영향을 미친다.

불안정성의 세 번째 측면, 즉 전체 작업량이 불안정한 환경은 흐름 개선으로 가장 큰 이득을 볼 수 있는 경우라 할 수 있다. 이러한 환경에 처한 기업들은 대개 다양한 자원에 일시적으로 걸리는 과부하 때문에 납기 준수율이 비교적 낮은 편이고(90퍼센트가 안 된다), 결과적으로, 생산능력을 늘리는 경향이 있다. 경험에 따르면 그런 기업들이 흐름 개선에 성공할 경우 납기 준수율이 90퍼센트를 웃돌게 될 뿐만 아니라 유휴 생산능력도 50퍼센트에 육박하게 된다.[12]

오노는 포드가 도입한 개념이 단일 유형 제품의 대량생산에만 국한되지 않는다는 사실을 보여주었다. 제한이 덜한 환경에 이러한 개념을 적용할 때 만나게 되는 장애물이 넘을 수 없을 만큼 높아 보이기는 하지만, 오노는 천재성과 끈기를 가지고, 그것이 가능하다는 사실뿐만 아니라 어떻게 실행해야 하는지도 우리에게 보여주었다.

우리는 이제 다음과 같은 사실을 깨우치게 되었다.

- TPS는 비교적 안정적인 환경에만 국한된 것이다.
- 대부분의 환경이 불안정성 때문에 고심하고 있다.
- 비교적 불안정한 환경은 안정적인 환경에 비해 흐름 개선으로 훨씬 큰 이득을 얻을 수 있다.

위 사항을 깨달은 만큼 이제는 우리도 오노 다이이치의 뒤를 따라야 하지 않을까? 흐름 개선처럼 비교적 불안정한 환경에 적합한 효과적인 적용법을 알아내야 하지 않을까?

생산 공정에 시간 개념 적용하기

과잉생산을 제한하기 위한 메커니즘에서 가장 직시해야 할 개념은 재고가 아닌 시간이다. 사전 생산을 막고 싶다면 자재를 사전에 투입해서는 안 된다. 시간을 기반으로 삼으면 더욱 직관으로 판단할 수 있을 뿐 아니라, 생산 현장에서도 더 쉽게 받아들인다. 또한 불안정한 환경에도 적합하며, 흐름이 중단돼도 훨씬 덜 민감하게 반응한다. 시간 기반 메커니즘은 그것이 두 공정마다 들어가는 작업량을 제한하기보다 시스템 전체에 들어가는 전체 작업량을 즉시 제한할 수 있기 때문에 매우 강건하다.

일관작업이나 간판 기반 방식에서 공정 사이에 할당된 재고량은 최소로 제한된다(대개 한 시간 작업 분량보다 훨씬 적은 분량이다). 따라서 공정 하나가 잠깐 동안 중단되면 후속 공정들은 그 즉시 작업이 고갈되고 선행 공정들은 '장애'를 겪게 된다. 어떤 공정이든 고갈과 장애가 잡아먹은 누적 시간이 해당 공정의 유휴 생산능력을 넘어서게 되면, 그 기업의 생산량은 감소된다. 일관작업 및 여러 가지 간판 기반 방식에서는 어느 한 공정의 흐름에 차질이 생겼을 때 선행 및 후속 공정에 큰 영향을 미치는데, 만약 시간 개념의 방식을 쓰면 이런 문제는 나타나지 않는다. 왜냐하면 일단 현장에 떨어진 작업이 인위적인 제지를 받는 일이 없기 때문이다.

주문마다 시간 개념 방식을 쓸 때의 난점은 해당 자재의 투입 시기를 해당 주문 납품일 전 적절한 때로 제한해야 한다는 점이다. 그러나 그 적절한 때를 어떻게 계산한단 말인가? 컴퓨터가 산업 현장에 등장했을 때(1960년대 초반)에는 마침내 우리에게 각 자재 및 주문 건의 적절한 시기를 계산하는 데 요구되는 어마어마한 양의 세부 정보와 계산을 추리할 적합한 도구가 생긴 것처럼 보였다. 10년 이내에 바로 그런 일을 해주는 컴퓨터 프로그램들을 전 세계 기업들이 수없이 개발해냈다. 그러나 유감스럽게도 흐름 개선과 재공품 감소에는 별 이득을 주지 못했다.

문제는 자재를 하나의 완제품으로 완성하여 고객에게 인도할 준비를 마칠 때까지 걸리는 시간에 가장 큰 영향을 미치는 것이 대기 시간(Queue time)이지 실제 가공 시간(Process time)이 아니라는 점이다. 거의 모든 업계에서(공정 라인과 간판 방식을 이용하는 기업을 제외하면) 1회분 부품을 투입하는 시점은 리드 타임의 약 10퍼센트밖에 해당되지 않는다는 것이 통념이다. 그 결과, 자재 투입 시기 결정은 대기가 어디서 얼마나 오래 이어질지를 결정하고, 이는 다시 주문 완료까지 걸리는 시간을 결정하며, 이것이 다시 해당 자재의 투입 시기를 결정한다. 따라서 우리는 닭이 먼저냐, 달걀이 먼저냐와 같은 문제를 겪고 있었던 셈이다.

1970년대에는 절차(폐 루프 자재 소요 계획, closed loop MRP[Material Requirements Planning])를 반복함으로써, 즉 컴퓨터 시스템을 가동하여, 그 결과를 토대로 대기 시간이나 유휴 시간을 예측한 이후 납품일을 조정하는 식으로 문제를 해결하라고 권했다. 하지만 이러한 권장 사항은 오래가지 못했는데, 그 과정이 수렴되지 않기 때문이다. 몇 번을 반복해도 이 공정에서 제거한 과부하가 저 공정으로 옮아가는 식이었기 때문이다.

따라서 1970년대에 이미 이러한 컴퓨터 시스템의 활용이 정확한 자재 투입 시기를 생산 현장에 지시해주지 못했고, 그보다는 외주 업체로부터 자재를 주문하는 데 필요한 수량과 시기에 대한 정보를 제공하는 데 그쳤다. 이러한 시스템의 공식 명칭은 주요한 용도를 반영하여 자재 소요 계획(MRP)이라 불렸다.[13]

어마어마한 노력을 들이고도 생산 중단 시 조업을 지시해줄 실용적인 시간 기반 메커니즘을 얻지 못했다고 해서, 이를 안정성이 떨어지는 환경(다시 말해 흐름이 고르지 못한 고객 주문의 납품일도 맞춰줘야만 하는 환경)에서는 그러한 메커니즘을 개발하면 안 된다는 근거로 받아들여서는 안 된다. 여기에 낙담하여 시간을 실용적인 메커니즘으로 삼으려는 시도를 그만두어서도 안 된다. 단, 어마어마한 양의 세부 정보와 계산량의 처리를 통해 모든 것을 통제할 수 있다는 생각은 버려야 한다는 경고로 받아들이면 될 것이다.

우리는 좀더 넓은 시야에서 문제를 바라봐야 한다. 다시 처음으로 돌아가 시간의 개념에 따라 흐름을 개선하는 것, 즉 리드 타임을 단축하는 것을 목표로 삼아야 한다. 시간(공간이나 재고보다는)을 생산 중단 시 작업을 지시해줄 메커니즘의 기반으로 삼으려면 해당 자재를 가장 '적시'에 투입하기 위해 무조건 노력해야 한다. 그렇다면 여기서 '적시'란 무슨 뜻일까? '적시'라는 말은 린 생산방식의 핵심 개념임에도 양적인 의미가 아닌 비유적 의미로 쓰이고 있다. 린 생산방식에서 적시의 의미는 이제 막 완성되어 1초, 1분, 아니 한 시간 안에 선적할 준비를 갖추고 하역장에 있어야 할 부품이 아닌 것은 분명하다. 사실 제 아무리 뛰어난 간판 방식을 실행하고 있다 해도 이 부품이 곧바로 후속 공정에 들어가지는 않을 것이다(꽉 찬 용기들도 으레 공정 사이에서 대기한다는 사실에서 추론할 수 있다). 그렇다면, 우리는 어느 정도의 시간 간격을 '적시'라고 봐야 할까? 좀더 분명하게 말해보자. 자재 투입을 제한함으로써 과잉생산을 제한하고 싶다면, 납품일 얼마 전에 그 주문에 쓰일 자재를 투입해야 할까?

합리적인 해답에 도달할 수 있는 한 가지 방법은, 시간 간격의 선택이 모든 납품일을 맞추는 데 소요되는 주의 관리 정도에 미치는 영향을 살펴보는 것이다. 우리가 해당 주문을 처리하는 데 실제로 걸리는 시간에 딱 맞춰 자재를 투입한다고 가정해보자. 그러한 선택은 작업을 면밀히 감시해야 하므로 강도 높은 주의 관리가 필요하다. 작업이 조금이라도 늦어지거나, 심지어 작업 사이사이 부품 운반만 늦어져도 납품일을 맞출 수 없기 때문이다. 더욱이 그 어떤 대기행렬에서도 지연이 발생하지 않도록 하려면 정확한 일정 계획이 필요하다. 어떤 공정에서든 대기 중인 부품 투입 시기가 지연될 수 있기 때문이다. 제아무리 주의 관리를 한다고 하더라도 모든 납품일을 준수하기에는 역부족일 것이므로 이는 실용적인 선택이라고 할 수 없다. 따라서 우리는 좀더 긴 시간 간격, 즉 지연을 수용할 수 있을 정도로 안전한 시간 간격을 선택해야만 한다. 안전을 포함시켜야 할 필요성이 바로 납품 전 자재 투입의 시간 간격을 '타임버퍼'라 말하는 이유인 것이다.

더욱 긴 타임버퍼를 선택하게 되면 리드 타임이 길어지고 재공품도 늘어나지만 타임버퍼가 길다는 것은 안전한 시간도 늘어난다는 의미이므로, 주의 관리 정도는 현저히 줄고 해당 납품일에 맞춰 혹은 그 전에 완료할 수 있는 주문 건수는 크게 늘 것이다. 이는 비교적 짧은 타임버퍼에는 올바른 선택이지만, 타임버퍼가 길면 불길한 현상 하나가 또 고개를 쳐들게 된다. 우리가 염두에 두어야 할 것은 선택한 타임버퍼가 길면 길수록 자재 투입 시기가 빨라진다는 점인데, 그렇게 되면 생산현장에서 동시에 처리해야 할 주문 건수 또한 늘어나게 된다. 현장에 주문이 너무 여러 건 몰리면 교통 정체가 생긴다. 정체가 심할수록 우선순위를 가려내기 위한 주의 관리가 더욱 필요하다. 선택된 타임버퍼 길이의 함수로서 소요되는 주의 관리 정도를 〈그림1〉의 도표로 나타내보았다.

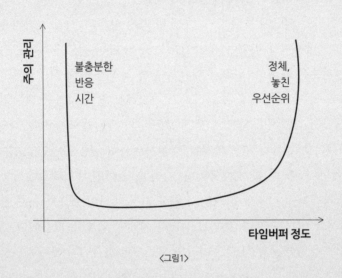

〈그림1〉

포드 방식이나 오노 방식을 실행 중인 작업장은 평균 수준의 리드타임을 유지하고 있는데 이는 실제 가공 시간보다 두세 배 정도밖에 길지 않아서 관리부 쪽에서 생산 현장 인력에 그때그때 어떤 작업을 해야 할지 지시하기 위해 주의를 기울일 필요가 거의 없다. 이는 단연위 도표의 좌측 하단 구석에 해당한다.

반면 대다수 작업장, 즉 관행을 따르고 있는 다른 작업장들은 그래프의 어디에 속할까?

앞서 말했듯, 종래의 공장에서는 동일한 1회분 부품을 투입하는데 전체 공정 중 10퍼센트의 시간밖에 쓰지 않는다. 전체 시간 중 약 90퍼센트를 자원 때문에 대기행렬 상태로 기다리거나 함께 조립할 다른 부품을 기다리는 데 보낸다. 우리가 포드 방식에서 배운 점, 오노 방식에서 추가로 배운 점은 1회분의 규모를 주어진 대로 받아들여서는 안 된다는 것이다. 1회 최적 생산량은 최적이 아니므로 우리는 일체형 흐름에 도달하기 위해 분투해야 하고 또 충분히 그럴 수 있다. 그런 확신으로 무장하면 1회분 부품이 처리 중일 때(혼합이나 경화 같은 공정은 제외) 한 개를 작업하는 동안 그 회분에 속하는 나머지 부품들은 대기 중이란 사실을 쉽게 깨달을 수 있다. 그 말인즉슨, 1회당 작업 규모가 열 배인 종래의 기업들(대부분의 생산 환경이 이에 속한다)의 경우 가공시간이 실질적으로 리드 타임의 1퍼센트도 안 된다는 뜻이다. 이러한 기업들의 전형적인 현상이 한 가지 더 있다. 우선순위 체계가 무엇이건, 우선순위 체계라는 것이 존재한다면 말이지만, 실제 우선순위 체계가 '긴급', '초긴급', '하던 일 일체 중단, 당장 시작'으로 구성되어 있다는 것이다. 이러한 회사들은 생각하고 말고 할 것도 없이 주의 관리 대 타임버퍼 도표에서 우측 최상단에 해당된다(〈그림1〉 참조).

우측 최상단에 해당된다는 것은 이미 손해가 예정된 상황에 처해 있다는 것이다. 리드 타임이 극히 길고(가공시간 대비), 재고량이 많으므로 십중팔구 이런 기업은 저조한 납기 준수율(90퍼센트 이하)로 고심하게 된다. 관리부에서 짧은 타임버퍼를 선택했더라면(도표 중 아래쪽 폭 넓은 부분으로 이동한다면) 상황이 지금보다 현저하게 개선되었을 거라는 사실을 알고 있는데도, 왜 종래의 경영 방식을 따라서 승산이 제로인 상황에 남아 있는 걸까?

그 답은 포드와 오노가 제시했다. 포드와 오노는 연구를 통해 이미 통상적인 관념과는 달리, 모든 자원을 항상 풀가동하는 것이 효율적이지 않다는 것을 명백하게 입증해냈다. 오히려 그 정반대가 옳다. 효율적인 작업장이 되려면 부분 효율은 단념해야 한다. 그러나 종래의 기업들은 전(全) 자원의 풀가동에 매진한다.

선행 자원들로 병목 현상이 일어나지 않을 때마다(대부분의 생산 환경이 그렇다) 때때로 작업거리가 떨어지는 상황이 발생한다. 그리고 이를 방지하기 위해 자재를 투입한다. 납품일이 훨씬 많이 남아 있는 주문 건(심지어 예상 주문 건)에도 자재를 투입한다. 그 결과 대기행렬은 더더욱 길어진다. 이 때문에 일부 주문을 제때 이행하지 못하게 되는데 이는 종종 다음과 같이 해석된다. '자재를 좀더 일찍 투입해야 한다.' 또는 이렇게 해석되기도 한다. '생산능력이 충분치 못하다.' 이런 원인들이 쌓이다 보면 결국 도표 경사면의 위로 올라간다는 사실을 우리는 어렵지 않게 내다볼 수 있다.

흐름 개선을 위한 훌륭한 시작점은 현(現) 리드 타임의 절반에 해당하는 타임버퍼를 선택하는 일이다. 그런 선택으로 기업은 어느새 도표의 평평한 부분 어딘가에 도달해 있게 된다. 최적 지점을 찾거나 계산하느라 시간만 허비해봐야 아무 소용이 없을 것이다. 즉각 얻을 수 있는 이득이 너무나 크기 때문에 한시라도 지체해서는 안 되며 흐름의 균형을 맞추기 위한 다음 노력은 도표 자체를 바꿔놓을 것이다.

해당 주문에 상응하는, 납품 전에 딱 맞는 타임버퍼(현 리드 타임의 절반)가 되기까지 자재 투입을 억제하면 납기 준수율은 크게 향상되고, 리드 타임이 현재 수준의 절반으로 줄어들 것이므로 과도한 재고 문제가 해소되어 재공품 상태의 재고가 현 수준의 절반 이하로 대폭 줄어들 것이다.

그러나 이러한 변화만으로 납기 준수율을 90퍼센트 후반대로 끌어올릴 수 있을 거라 기대해서는 안 된다. 단순한 이유로는 현장에 여전히 주문이 많이 남아 있기 때문이고, 제반 자원 앞에는 대기행렬이 여럿 있는데 해당 작업이 공정을 거치는 순서를 운에 맡겨버린다면 꽤 많은 주문의 납품일이 늦춰질 것이기 때문이다. 그렇기 때문에 우선순위를 체계적으로 정해야 한다. 그렇다고 해서 여기에 복잡한 알고리즘이 필요한 것은 아니다.

수주 건수는 지속적으로 바뀌며, 작업 내용도 건마다 다르고, 대기행렬의 길이도 계속 바뀌므로 흐름이 중단될 가능성은 여전히 존재한다는 사실을 잊지 말자. 슈하트가 물리학에서 제조업에 가져다준 교훈, 데밍(미국의 통계학자이자 품질관리 전문가 – 옮긴이)이 전 세계에 알린 교훈, 즉 노이즈(계획된 경로와 현실 간의 불규칙적인 차이 – 옮긴이)보다 정확하려는 노력(우리의 경우, 가변성이 높은 환경에서 모든 매개변수를 고려하는 복잡한 알고리즘을 사용하려는 노력이 되겠다)은 상황을 개선하기보다 악화시킨다. 그 결과는 의심의 여지 없이 납기 준수율의 개선이 아닌 악화라는 결과를 낳고 말 것이다.

리드 타임을 절반으로 줄였음에도 타임버퍼가 여전히 가공 시간보다 길다면 우선순위 체계를 어떻게 잡아야 하는지가 보인다. 그렇게 되면 작업 정체 현상이 급감하여 그 어떤 방해도 받지 않게 되므로 여러 건의 주문을 타임버퍼의 3분의 1밖에 안 되는 시간 안에 끝낼 수 있을 것이고, 다수의 주문은 타임버퍼의 처음 3분의 2에 해당하는 시간 내에 끝낼 수 있을 것이다. 그러한 깨달음을 토대로 삼아 '버퍼 관리'에 따라 우선순위를 배정한다. 1회분마다, 투입 이후 경과한 시간이 추적된다. 타임버퍼의 3분의 1 이하면 우선순위 색깔은 녹색이고, 경과 시간이 3분의 1 이상 3분의 2 이하면 우선순위 색깔은 황색이며, 3분의 2 이상이면 적색, 납품일이 지나면 흑색이다. 흑색이 적색보다 우선순위가 높다. 2회분의 색이 같을 때, 어느 회분을 먼저 진행해야 할지 결정하기 위하여 노력하는 것은 노이즈보다 정확하려는 노력의 훌륭한 본보기라고 할 수 있다.

그러한 시스템을 작업 현장에 적용하는 건 비교적 쉬운 편이다. 초기 단계에서는 실질적으로 어떠한 변화도 가하지 않고 자재 투입을 해당 납품일 전 기존 리드 타임의 절반으로 제한하고 작업 현장에 색깔별 우선순위 체계를 따르게 할 수 있다. 그 효과는 인상적이다. 들어간 노력에 비하면 더더욱 놀랍다. 첫 단계부터 나타나는 그러한 놀라운 효과(와 속도)를 직접 눈으로 보고 싶다면, 수천 가지 종류의 금속 주방용품을 생산하는 직원 2000명 규모 공장의 실제 납기 지연 비율을 나타낸 〈그림2〉를 보라.

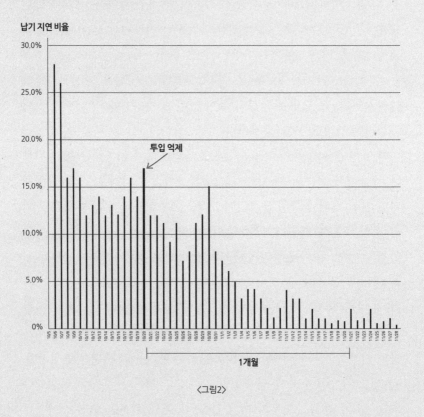

〈그림2〉

물론 부분 효율은 단념해야 한다. 그러지 않으면 너무 이른 시기에 자재를 투입해야 하는 압박이 계속될 것이기 때문이다. 경험에 따르면 작업 현장의 인력 전원이 이러한 긍정적인 영향을 깨닫는 속도에 따라 변화를 실행하는 데 저항하는 정도도 달라진다.

그러나 대부분의 생산 환경에는 납품일을 놓치는 주문이 여전히 존재하며 기회로 삼을 만한 개선 가능성도 여전히 무궁무진하게 남아 있다. 네 번째 개념 또한 실행으로 옮겨야 한다. 즉 흐름의 균형을 잡기 위한 집중 공정을 실행해야 한다는 뜻이다.

흐름의 균형을 잡기 위한 첫 번째 단계는 비교적 쉽다. 자재 투입 억제는 전에는 드러나지 않았던 남아도는 유휴 생산능력을 노출해준다. 그러나 여타 공정보다 유휴 생산능력이 적은 공정은 있게 마련이다. 그런 공정은 앞에 재고 대기행렬이 있으므로 지쳐 있다. 부분 효율을 단념해야 한다는 사실은 생산능력을 증진하는 데 필요한 단순한 조치를 파악하는 데 도움을 준다. 그러한 단순한 조치란 생산능력에 제약을 받은 공정이 점심시간이나 교대 시간에 계속 유휴 상태로 남아 있지 않도록 한다든지, 유휴 생산능력이 많은 능률이 떨어지는 공정에 작업을 떠넘기든지 하는 것이다.[14]

위와 같은 조치들은 생산능력을 향상시켜 주기 때문에, 대기행렬은 짧아지고 적색 상태에 도달하는 주문은 적어진다. 이는 타임버퍼가 필요 이상으로 길어진다는 것을 의미한다. 높은 납기 준수율을 저하시키지 않으면서 타임버퍼를 조절할 수 있는 효과적인 수단은 적색 주문이 총 수락 주문의 5퍼센트 이하일 때 타임버퍼를 줄이고 적색 주문의 비율이 10퍼센트 이상일 때 타임버퍼를 늘리는 것이다.

상기 조치를 따르는 기업은, 몇 개월 이내에 어느새 부쩍 높아진 납기 준수율, 상당히 짧아진 리드 타임, 풍부해진 유휴 생산능력이라는 결과를 맛보게 될 것이다. 여기서 '유휴 생산능력'이란 인력을 말하는데, 과거에는 이것의 실체가 드러나자 때때로(실은 너무 자주) 많은 최고경영진이 '규모를 바로잡고, 원가를 절감한다는' 명분으로 이들을 정리했다. 회사의 성장을 도운 주역들이 그에 대한 대가로 자신의 실직이나 동료의 실직이라는 보상을 받았던 것이다. 그런데 이것은 중대한 실수이자 판단 착오이다. 이런 조치 이후에는 예외 없이 직원들의 반발이 고조되었고 공장의 실적 역시 악화되어 오히려 원점보다 뒤처졌다. 바라건대 최고경영진의 이런 반응이 과거지사가 되었으면 한다.

실체가 드러난 유휴 생산능력에 대처하는 더욱 실용적인 방법은 이를 기회로 삼는 것이다. 마케팅 팀을 격려하여 개선된 작업 능률을 이용해서 매출을 더욱 늘리는 것이다. 매출이 늘어나면 진정한 의미의 병목 자원이 발생할 수 있다. 병목 자원의 제한적인 생산능력을 무시한 채로 신규 주문에 대한 납기 준수를 약속하면 결국에는 납기 준수율이 악화되어 고객들이 떨어져나가고 매출은 급격히 떨어진다. 판매 부서와 생산 부서 사이의 연대감 강화는 필수적이지만 이는 정말로 쉽지 않다. 납품일을 약속할 때는 반드시 병목 자원의 생산능력을 척도로 삼을 수 있도록 시스템을 마련해야 한다. 병목 자원은 주문을 위한 '드럼 소리'가 되고, '타임버퍼'는 납품일을 투입일로 바꿔주며 투입 억제 조치는 주문과 원자재 투입을 연결하는 '로프'가 된다. 이것이 바로 제약이론에 시간 개념을 적용한 방식 즉, '드럼-버퍼-로프' 즉 'DBR'이다. 지금 현재도 적색 주문의 원인에 관한 기록과 분석에 근거하여 작업 공정을 추가로 개선함으로써 전체적인 흐름을 개선하기 위한 실험이 곳곳에서 실시되고 있다.

히타치의 사례

2008년, 2만여 가지 절삭공구를 설계 및 제조하는 히타치 공구 엔지니어링은 240억 엔 규모의 기업이 되었다.

이 회사의 제품은 대개 수요가 산발적이고, 업계 관행상 6개월마다 새로운 공구 제품군을 출시해야 한다. 신제품군이 출시되면 기존의 제품군은 구식이 된다. 린 생산방식을 실행하려던 히타치의 노력이 고배를 마신 것은 당연하다.[15]

히타치 공구 엔지니어링 주식회사는 2000년 일본 내 네 군데 공장 중 한 군데에서 DBR을 실행하기 시작했다. 그 결과 공장 재고를 줄이고 리드 타임을 절반으로 줄이면서 납기 준수율이 급등(40퍼센트에서 85퍼센트)함과 동시에 동일한 노동력으로 선적 제품을 20퍼센트 늘릴 수 있었다. 그러자 회사는 DBR 실행을 확대했다. 2003년에는 네 개 공장에서 DBR을 실행하게 되었다.[16]

리드 타임의 현저한 감소 및 대응도 개선 덕분에 공급 사슬 내 재고를(외부 대리점) 8개월치에서 2.4개월치로 줄일 수 있었다. 재고 감소는 대리점의 투자수익률을 크게 개선해주었고, 그 결과 현금이 풀려 히타치와의 관계도 굳건해졌다. 그러니 대리점들에서 히타치 공구를 전보다 더욱 다양하게 들여놓게 되고, 결국 안정적인 시장에서 매출이 20퍼센트 신장하게 된 것도 당연한 일이었다.

2002년부터 2007년 사이에 원자재(금속)의 가격 상승 폭이 절삭공구의 판매 인상 폭보다 훨씬 컸다는 점을 염두에 둔 채 이 회사의 최종 실적을 평가해보면 진정한 파급효과를 알 수 있다. 그런 조건하에서라면 히타치의 이윤은 '제로'가 되어야 마땅했다. 그러나 히타치 공구 엔지니어링 주식회사의 연간 순이익은 2002년 3월에 종료되는 회계연도에 11억 엔에서 2007년 3월에 종료되는 회계연도에 53억 엔으로 급증했다. 5년 동안 순이익이 다섯 배나 뛴 셈이다. 히타치 공구 엔지니어링 주식회사의 이익률은 2002년 7.2퍼센트에서 2007년 21.9퍼센트로 급증했는데, 이는 해당 업계 사상 유례없는, 가장 높은 이익률이었다.[17]

DBR의 한계

앞에서도 강조했다시피 적용을 하다 보면 환경을 가정(때때로 숨은 가정)하게 되는데 그 가정이 유효하지 않은 환경에서도 적용할 수 있을 거라 기대하면 안 된다. DBR의 가정은 분명하다. DBR은 가공 시간이 현재의 리드 타임에 비해 매우 짧은(10퍼센트 이하) 경우에 적용 가능하다. 이러한 가정은 대부분까지는 아니더라도 다수의 전형적인 생산 환경에서는 유효하다. 그러나 전통적으로 프로젝트 환경이라 불리는 매우 광범위한 환경에는 절대로 유효하지가 않다.

프로젝트 환경의 경우 가공 시간이 비교적 길고 프로젝트를 완료하고자 하는 고객의 열의 때문에 작업장은 울며 겨자 먹기로 가공 시간의 겨우 두 배(아주 드물게는 세 배)밖에 안 되는 리드 타임을 약속하게 된다. 당연하게도 진행 과정이 너무 엉망이라 그 누구도 해당 프로젝트가 제때, 예산에 맞춰 100퍼센트 만족스럽게 완료되리라 기대하지 않는다. 무슨 일인가 날 거라고들 예상한다. 그러나 DBR의 가정이 유효하지 않으므로 DBR이 프로젝트 환경에 부적합하다고 결론지어서는 안 된다. 이때는 비교적 긴 가공 시간을 곧바로 처리할 수 있는 다른 방식을 적용해야 한다. 이러한 접근 방식을 '애로 사슬(critical chain)'이라 한다.[18]

---

* 옮긴이 주를 제외한 모든 주는 원서의 주를 그대로 해석한 것입니다.
* 옮긴이: 황금진

▣ 주

1 http://investing.money.msn.com/investments/key-ratios?symbol=TM
2 도요타 생산방식은 처음에는 전 세계적으로 '적시 생산(JIT, Just-In-Time)'이라는 명칭으로 알려졌다가 나중에 린 생산방식으로 알려졌다. 도요타에서는 커뮤니케이션 및 실행에 있어서 왜곡이 존재하기 때문에 린 생산방식이 TPS 정신을 제대로 포착하지 못한다고 주장한다.
3 헨리 포드의 『오늘과 내일』, Productivity Press, 1988년(초판은 1926년).
4 흐름의 균형을 잡는 것과 생산능력의 균형을 잡는 것은 다르다. 각 공정의 생산능력을 작업량에 맞추는데, 이는 일관작업의 균형을 잡을 때 흔히들 저지르는 실수이다.
5 오노 다이이치의 『도요타 생산방식』, Productivity, Inc. 1988년, p. ix(출판사 서문 중에서). 이 책과 다른 책에서 오노가 포드의 근본 개념을 전적으로 신뢰하고 있다는 점 또한 주목할 필요가 있다.
6 용기가 배치될 지점의 수를 줄이기 위해 오노는 단일 유형의 기계로 구성된 공정을 이용하기보다 U셀을 광범위하게 이용했다.
7 그럼에도 린 생산방식에 관한 문헌을 보면 TPS를 도입함으로써 부분 효율을 포기할 수밖에 없다는 내용을 딱히 강조하고 있지는 않다.
8 오노 다이이치와 미토 세쓰오의 『오늘과 내일을 위한 적시 생산』, Productivity Press, 1988년.
9 포드 W. 해리스의 첫 글은 〈팩토리: 매거진 오브 매니지먼트〉 10권 2호, 1913년 2월호, 135~136쪽, 152쪽에 게재되었다. 그후 이 주제에 관한 글은 거의 매달 게재되었다.
10 예를 들어, 도요타의 다이스 변경은 1940년대 두세 시간에서 1950년대에는 한 시간 이하, 최소 15분으로, 1960년대에는 3분으로 바뀌었다(오노의 저서 『도요타 생산방식』에 나와 있다).
11 제프리 K. 라이커 『도요타 방식』, McGraw-Hill, 2004년.
12 빅토리아 마빈과 스티븐 J. 볼더스톤, 『제약이론의 세계』, CRC Press LLC, 2000년. TOC에 관한 국제적인 문헌에 관한 보고서에서는 달성된 평균 성과를 분석했다: 리드 타임 70퍼센트 감소, 납기 준수율 44퍼센트 개선, 수익 · 생산량 · 이윤 76퍼센트 증가.
13 조지프 올리키, 『자재 소요 계획』, McGraw-Hill Book Company, 1975년.
14 엘리 골드렛, 제프 콕스, 『더 골』, North River Press, 1984년(한국어판은 2001년 동양북스 발행).
15 M. 엄블, E. 엄블, S. 무라카미의 〈국제 생산연구 저널(International Journal of Production Research)〉 중 '일본의 전통적인 제조 환경에서 제약이론 실행하기: 히타치 공구 엔지니어링 사례', 44권 10호, 2006년 5월 15일 판, 1863~1880년 파트.
16 같은 글.
17 『언제나 번영하는 기업으로 만들기 위한 안내서-생산, 유통, 마케팅, 판매』, Chukei Publishing, 2008년. 사토루 무라카미, 준 다카하시, 쇼타로 고바야시 196~207쪽.
18 엘리 골드렛, 『Critical Chain』, North River Press, 1996년(한국어판은 2004년 『한계를 넘어서』라는 제목으로 동양북스 발행).

현금 창출률(Throughput) : 판매를 통해서 돈을 창출해내는 비율.

재고(Inventory) : 판매하려는 물품을 만드는 데 투자한 총액.

운영비(Operation expense) : 재고를 현금으로 전환하기 위해 쓰는 총비용.

종속적 사건(Dependent events) : 어떤 사건이 일어나기 전에 선행되어 있는 사건을 일컬음. 후속 사건은 선행 사건의 영향으로 제한을 받게 된다.

통계적 변동(Statistical fluctuations) : 유동적인 흐름을 갖고 있는 예측 불가능한 정보.

병목 자원(Bottleneck resource) : 생산능력이 수요와 같거나 적은 자원.

비병목 자원(Non-bottleneck resource) : 생산능력이 수요보다 큰 자원.

작업 준비 시간(Setup time) : 기계가 다음 부품 가공을 위해 준비하는 동안 그 부품이 기계를 기다리는 시간.

가공 시간(Process time) : 원자재가 완제품으로 생산되기까지 실제로 소비되는 시간.

대기 시간(Queue time) : 원자재를 가공해야 할 기계가 먼저 투입된 원자재를 처리하면서 대기가 발생하는 시간.

유휴 시간(Wait time) : 대기 시간과는 달리 원자재가 조립될 다른 부품을 기다리는 데 소비하는 시간.

EBQ(Economical Batch Quantity) : 1회 최적 생산량

리드 타임(Lead time) : 제품이 완성되기까지 생산에 소요되는 총 시간.

버퍼(Buffer) : 공장 현금 창출률을 결정하는 병목 자원 바로 앞과 비병목 자원이 조립라인으로 연결되는 조립라인 바로 앞, 그리고 제품 출하장과 바로 앞에 몇 시간 또는 며칠 정도 여유 분량을 미리 비축해두는 일종의 완충재고를 말하며, 재고와는 다른 개념이다.

파레토의 법칙(Pareto's law) : 상위 20% 고객이 매출의 80%를 창출한다거나, 20%의 요소가 80%의 결과를 좌우한다는 법칙. 이와 상대적인 것으로 롱테일 법칙(Long Tail theory)이 있다.

제약 요인(Constraint) : 생산능력이 수요와 같거나 적은 자원을 병목 자원이라 하는데, 이는 주로 물질적인 자원을 뜻한다. 제약 요인은 물질적인 병목 자원뿐 아니라 시장 수요 같은 외부 요인 혹은 성과 측정, 정책, 절차 등 조직의 행동 패턴이나 관행, 관습 등 비물질적인 자원 중 병목 현상을 일으키는 자원을 통칭하는 용어이다.

5단계 시스템	
1단계	제약 요인을 찾아낸다.
2단계	제약 요인을 최대한 이용할 수 있는 방법을 선택한다.
3단계	다른 모든 공정을 위의 결정에 따라 진행한다.
4단계	제약 요인을 향상시킨다.
5단계	만일 4단계에서 제약 요인이 더 이상 성과를 제약하지 않게 되면 다시 1단계로 돌아간다.
	※경고! 그러나 관성이 제약 요인이 되지 않도록 주의한다.

엘리 골드렛
Eliyahu M. Goldratt

〈포춘〉으로부터 '비즈니스 업계의 대가', 〈비즈니스 위크〉로부터 '천재'라는 칭호를 받은 엘리 골드렛. 그는 이스라엘의 물리학자에서 전 세계 주요 기업 및 정부 기관의 컨설턴트 겸 고문으로 변신한 역사상 유례가 드문 사상가이자 교육자, 철학자, 과학자, 작가이자 경영학의 대가이다.

그가 창시한 TOC(제약이론, Theory Of Constraints), OPT(최적 생산 기술, Optimized Production Technology), DBR(드럼-버퍼-로프, Drum-Buffer-Rope), 사고 프로세스(Thinking Process), CCPM(애로 사슬 프로젝트 관리, Critical Chain Project Management), 그 밖의 TOC 파생 도구 등등은 세계의 수많은 기업과 경제에 지대한 영향을 미쳤는데 현재는 경영학뿐 아니라 보건, 교육, 카운슬링, 정부, 농업, 자기 계발 등등 각종 분야에서 널리 쓰이고 있다.

엘리 골드렛은 텔아비브 대학에서 이학(理學) 학사 학위를, 바 일란 대학에서 이학 석사 학위 및 철학 박사 학위를 받았으며 경영학과 교육학에 관한 업적 외에도 의료기기에서 점적관개(點滴灌漑, drip irrigation), 온도 센서 등등 수많은 분야에 특허를 보유하고 있는 발명가이자 과학자이다.

저서로는 『더 골1(The Goal)』, 『더 골2(It's Not Luck)』, 『한계를 넘어서(Critical Chain)』 등 10여 권이 있는데, 1984년에 출간한 대표작 『더 골1』은 35개국에서 1000만 부 이상 판매되었고, 전 세계 주요 경영대학에서는 지금도 필독 도서로 삼고 있다.

2011년 사망할 때까지 여러 분야의 TOC 개발을 위해 노력했던 엘리 골드렛은 다른 무엇보다도 타인의 생각을 유도해준 사상가로 앞으로도 오랫동안 기억될 것이다.

강승덕

한양대학교에서 산업공학 석사과정을 마치고 공장관리 기술사 및 ERP컨설턴트 자격을 취득했다. 한국능률협회컨설팅에 근무하면서 삼성 SDI(구 삼성전관)와 현대 모비스(구 현대정공)를 비롯한 여러 대기업을 컨설팅했던 그는 TOC를 알게 된 후, 그 매력에 빠져 한국TOC컨설팅(주)을 세웠다. 호주 STG 사와 미국 리얼라이제이션(Realization) 사에서 OPT 솔루션과 TOC에 대한 컨설팅 트레이닝을 직접 받았고 TOC 창시자인 엘리 골드렛을 한국에 최초로 초빙한 바 있다.

10여 년 동안 LG전자, 삼성전기, 한화테크윈(구 삼성테크윈), 셰플러코리아(구 한화그룹), 웅진식품, 코아비스 등등 수많은 국내 기업에 TOC 컨설팅을 진행해 큰 성과를 이끌어냈다. 주요 논문으로 「TOC의 Throughput 회계기법을 이용한 라인별 이익관리 시스템 구축에 관한 연구」가 있다.

ssdkang@hanmail.net

김일운

연세대학교 경영학과를 졸업하고 미국 애리조나 주립대학에서 MBA 과정을 수료했고, 네브래스카 주립대학에서 경영학 박사 학위를 받았다. 현재 오하이오 주 애크런 대학에서 회계학 및 국제경영학 교수로 재직 중이며, 경영대학에서 국제경영학 프로그램도 맡고 있다. 미국의 세 개 대학에서 강의한 경험이 있으며 한국, 일본, 독일에서 초빙교수로 강의를 하기도 했다. 연구 분야는 원가 회계, 재고 관리, 공장자동화, 제약이론, 국제회계학 등이다. 미국 골드렛연구소에서 컨설팅 요원으로 활동한 바 있다.

김효

연세대학교 물리치료학부 재활학과를 졸업한 후 인하대학교 부속병원에서 근무했다. 미국으로 건너가 뉴욕 주에서 물리치료사로 일하고 있다. 저서로 『영어신문에서 캐낸 알짜 독해 맛보기』가 있다.

THE GOAL

더 골 1 당신의 목표는 무엇인가?

1판 1쇄 발행 | 2001년 12월 20일
1판 47쇄 발행 | 2014년 10월 20일
2판 1쇄 발행 | 2015년 8월 15일
2판 13쇄 발행 | 2019년 5월 28일
3판 1쇄 발행 | 2019년 8월 15일
3판 13쇄 발행 | 2024년 9월 10일

지은이 | 엘리 골드렛, 제프 콕스
옮긴이 | 강승덕, 김일운, 김효
발행인 | 김태웅
기획편집 | 정상미, 엄초롱
디자인 | design PIN
마케팅 총괄 | 김철영
마케팅 | 서재욱, 오승수
온라인 마케팅 | 김도연
인터넷 관리 | 김상규
제 작 | 현대순
총 무 | 윤선미, 안서현, 지이슬
관 리 | 김훈희, 이국희, 김승훈, 최국호

발행처 | (주)동양북스
등 록 | 제2014-000055호
주 소 | 서울시 마포구 동교로22길 14 (04030)
구입 문의 | 전화 (02)337-1737 팩스 (02)334-6624
내용 문의 | 전화 (02)337-1739 이메일 dymg98@naver.com
네이버포스트 | post.naver.com/dymg98
인스타그램 | @shelter_dybook

ISBN 979-11-5768-530-1 04320
ISBN 979-11-5768-529-5(전 2권)